P. D. Guarinus Guarinus Cleric: Regul: sacchiarum sane'
ouum ornamenta exacta morum innocentia, modestia Regu=
lari disciplina pulchrius exornauit, ex hac uita
discessit Pridie' nonas Martij anno 1683
ætatis suæ 59.

# ARCHITETTURA
## CIVILE
DEL
## PADRE D. GUARINO
### GUARINI
CHERICO REGOLARE
## OPERA POSTUMA
*DEDICATA*
## A SUA SACRA REALE
# MAESTÁ.

IN TORINO, M.DCC.XXXVII.

Appreſſo Gianfrancefco Maireſſe all' Inſegna
di Santa Tereſa di GESU'.

## SACRA REALE MAESTA.

Vendo noi stabilito per soddisfare alle lunghe istanze di molti, di pubblicare finalmente quest' Opera d'Architettura Civile, che lasciò inedita, sopraggiunto dalla morte il nostro P. D. Guarino Guarini, a nessun altro certamente più che alla MAESTA VOSTRA noi dovevamo presentarla, e in segno di umilissima venerazione dedicarla. Chi

più

più di lei ama tutte le belle, e buone *Arti*, le favorisce, le ricovera, a loro dà la mano, e le solleva? Prova manifestissima di ciò è questa sua *Regia, e celebre Università*, in cui non v'hà scienza, non v'ha nobile disciplina alcuna, che sotto l'ombra del validissimo Patrocinio, e generosa munificenza della M. V. non si coltivi, e non fiorisca. Ciò fermamente ci ha fatto credere, che la M. V. fosse per aggradire quest'ultima fatica del nostro Padre, il quale se fosse in vita, non v'ha dubbio, che alla M. V. non l'offerisse. Da chi ha l'Opera raccolta, e veduta è stata giudicata di molta utilità, e vantaggio a tutti coloro, che di sì fatto studio si dilettano. Certo se dall'altre Opere date alla luce dall'*Autore* si può dirittamente giudicare di questa, noi ci persuadiamo, che con approvazione, e applauso comune debba essere ricevuta, siccome furono ricevute l'altre, che ben mostrano qual' eccellente Geometra fosse il P. *Guarini*, e quanto versato, e profondo in tutte le parti della *Matematica*, e in questa spezialmente dell' *Architettura Civile*, della cui somma perizia fanno indubitata fede, e la *Regia Cappella della Santissima Sindone*, e la nostra famosa *Chiesa di S. Lorenzo in Torino*, e quella di *S. Anna in Parigi*, e di *S. Vincenzio in Modena Patria* dell' ingegnosissimo *Autore*, e molte altre ancora in altre molte Città d'Italia, e fuori d'Italia. Si aggiugne, che avendo il P. *Guarini* fatto l'uffizio di nobile *Architetto* in servizio di questa *Real Corte*, a questa *Real Corte*, cioè a V. M. l'*Arte* sua d'*Architettura* dedicar convenivasi. In somma a' Piedi della M. V. ponghiamo quest'Opera, sapendo che non solamente della *Militare* propria de' gran Monarchi, ma della medesima *Civile Architettura* ancora Ella prende grandissimo piacere; e sperando che la M. V. sia per accogliere con lieta fronte il Libro, e l'ossequio nostro profondissimo, imploriamo finalmente da Dio alle Reali sue eccelse *Virtù* sì conosciute, e commendate da tutti, ò sia in *Pace*, ò sia in *Guerra* la dovuta rimunerazione, e per fine la M. V. umilissimamente inchiniamo.

Di V. S. R. M.

Umiliss., Divotiss., Ossequiosiss. Servidori, e Sudditi
i Padri Cherici Regolari di S. Lorenzo di Torino.

# AVVISO A' LETTORI.

Ra le Arti liberali, nelle quali occupati fi fono con tanto ftudio gli Uomini dotti, l'Architettura raffembra quella, che porta il vanto fopra tutte le altre, sì per la copia grande de' Volumi, de' quali viene arricchita, sì per la quantità de' fontuofi Edifizj, quali innalzati fi veggono, e nelle Città ricinte, e nelle Campagne aperte, e ne' quali affaticati fi fono, e i più celebri Architetti nel delinearne i difegni, e i più periti Artefici nell' efeguirne le idee. Nulladimeno all' Architettura è fopraggiunto ciò, che accade alla maggior parte delle fcienze più nobili, e più fublimi, cioè che quegli, che hanno pretefo di farla comparire con tutta la fua perfezione, non fi fono poi fermati a rapprefentarne ciò, che contiene di più utile, e a dichiararne ciò, che ha di più difficile: Alla qual cofa provedere volendo il noftro Padre D. Guarino Guarini, ha compofta la quì anneffa Architettura, nella quale non folamente fa comparire la bellezza di tal' Arte, ma di foprappiù minutamente dimoftra la maniera di porre in efecuzione quanto ha di vago l'Arte medefima, ed effendo tale l'intenzione di formare un' Architetto, lo và innalzando a poco a poco dalle cofe più facili, e piane alle più difficili, e fublimi, ed acciò fappia quello, che far deve, lo và illuminando in tutto ciò, che deve operare: La qual Opera prevenuto dalla morte non avendo egli potuto mandare alla luce, ha lafciato a noi la fatica di ripulirla, e riunirla in un Volume; nel che non poco ci ha follevati il Signor Bernardo Vittone Architetto Accademico della infigne Accademia di S. Luca di Roma, quale dopo aver rapportato il primo premio d'Architettura nel Concorfo dell' anno 1732. con fua gentile propenfione vi ha preftata la mano: Ecco pertanto, che al lodevole termine condotta la efponiamo al pubblico vantaggio, fperando, che fia per incontrare il genio di tutti, ed in principal maniera de' Studiofi, quali ritroveranno in effa un metodo facile, ed ordinato, e quale peranco non fi è veduto preffo Antichi, da' quali ha l'Autore raccolto il buono, ed inferito a fuo luogo, aggiungendovi opportunamente nuove cofe, che facilità maggiore arrecaffero. Il che ognuno potrà vedere leggendo l'Opera, che prefentiamo all' univerfale profitto, acciocchè dall'Autore il principale intento s'adempia, a cui per quanto a noi fu poffibile, vi abbiamo pofto, e attenzione, e ftudio, e diligenza.

FACUL-

FACULTAS REVERENDISSIMI PATRIS
# D. NICOLAI ANTINORI
*Præpositi Generalis Clericorum Regularium.*

Hoc Opus inscriptum *Architettura Civile* à q. P. D. Guarino Guarino compositum, & juxta assertionem Patrum, quibus id commisimus approbatum, ut Typis mandetur, quo ad nos spectat, facultatem concedimus. In quorum fidem præsentes Litteras manu propria subscripsimus, & solito nostro Sigillo firmavimus.
Romæ die 22. Octobris 1735.

**D. NICOLAUS ANTINORI** *Præpositus*
*Generalis Clericorum Regularium.*

D. Jo: Franciscus Cagnola C. R. Segr.

**INDICE**

# INDICE
## DE' TRATTATI, E DE' CAPITOLI,
Quali si contengono in quest' Architettura Civile.

TRATTATO PRIMO. Dell'Architettura in generale . . pag. 1.
  CAPO 1. Delle parti dell'Architettura . . . 1
      2. Delle Arti, che servono all'Architettura . 2
      3. Delle regole dell'Architettura in generale . 2
      4. Degl'instrumenti dell'Architettura . . 8
      5. De' principj di Geometria . . . 14
      6. Circa il partire le linee, e gli angoli . 18
      7. Delle proprietà essenziali degli angoli, e delle linee 22
      8. Delle proporzioni . . . . 25
      9. Delle proporzioni delle linee . . 28
    10. Delle proporzioni degli angoli, e delle linee 33

TRATTATO SECONDO. Della Ichnografia . . 38
  CAPO 1. Della maniera di livellare . . . 38
      2. Delle misure . . . . 43
      3. Del modo di rilevare i siti . . . 45
      4. Della natura de' siti, e loro proporzione . 48
      5. Modo di mettere in disegno il sito già misurato 53
      6. Delle figure, quali fanno le piante degli Edifizj 56
      7. Del modo in generale di disegnare le piante . 62
      8. Del modo di disporre un colonnato nel tondo . 71

TRATTATO TERZO. Della Ortografia elevata . 73
  CAPO 1. De' principj della Ortografia elevata . 73
      2. Del modo di piegare varie linee curve . 77
      3. Del numero degli ordini, e loro definizioni . 83
      4. Delle parti principali degli ordini, e loro proporzioni 87
      5. Delle proporzioni degli ordini dorici . 90
      6. Degli ordini jonici . . . 99
      7. Del modo di formare i capitelli jonici . 107
      8. Dell'ordine corinto . . . 111
      9. Circa i capitelli corinti . . 120
    10. Degli ordini composti . . . 124
    11. Delle Cornici mancanti . . . 129
    12. Delle colonne quadre, pentogole, sessagone, e simili 130
    13. Degli ordini eccedenti, o mancanti . 133
    14. De' Frontespizj . . . 137
    15. De' vari modi d'innalzare le facciate . 140
    16. Varie maniere d'adornare le facciate . 142
    17. Modo d'ornare le facciate con le colonne isolate 145
    18. Modo d'ornare le facciate con le colonne annesse 149
    19. Della mescolanza degli ordini . . 152
    20. Degli ordini legati, e sciolti . . 156

21. *Proporzionare una Prospettiva difettosa per cagione della vista* . . . . . pag. 157.
22. *Proporzionare una facciata, che sia difettosa per cagione del sito* . . . . . 161.
23. *Dell' Architettura obbliqua* . . . 169.
24. *Del sollevare una facciata sopra un piano obbliquo* 173.
25. *Degli ornamenti de' muri delle scale* . . 178.
26. *Delle volte, e varj modi di farle* . . 183.

**TRATTATO QUARTO.** *Dell' Ortografia gettata* . 191.
  **CAPO** 1. *D'alcuni principj d'Ortografia* . . 191.
    2. *Del modo di gettare in piano le superficie* . 193.
    3. *Delle projezioni delle superficie cilindriche* . 196.
    4. *Della projezione delle superficie de' coni variamente segate* 223.
    5. *Della projezione d'una superficie sferica segata da circoli paralelli* . . . . . 245.
    6. *Della projezione delle sfere segate da' circoli massimi* 254.
    7. *Delle sferoidi, e conoidi iperboliche, o paraboliche* 259.
    8. *Dello stendere la superficie d'un' anello* . 264.

**TRATTATO QUINTO.** *Della Geodesia* . 266.
  **CAPO** 1. *Della trasformazione delle superficie piane rettilinee in altre uguali* . . . . 266.
    2. *Della maniera d' ingrandire, e diminuire le superficie triangolari* . . . . . 271.
    3. *Del partire ogni piano in parti assegnate con paralelle ad un lato* . . . . 275.
    4. *Del partire ogni piano con linee, che nascono da un' assegnato punto* . . . . 278.
    5. *Del dividere un piano con linee condotte a piacimento* 281.
    6. *Del dividere una figura in più figure sempre simili alle primiere* . . . . . 282.
    7. *Delle figure isoperimetre* . . . 289.
    8. *Delle progressioni Geometriche* . . 292.
    9. *Della quadrazione, spartizione, ed accrescimento Geometrico del circolo* . . . 296.
    10. *Della trasformazione delle Elissi* . . 299.
    11. *Della trasformazione, e divisione delle parabole* 304.
    12. *Della divisione dell' iperbola* . . 306.

# TRATTATO I.
## DELL'ARCHITETTURA IN GENERALE, E SUOI PRINCIPJ.

Elle Facoltà, e Scienze prima d'ogn'altra cosa si dee cercare il loro ultimo scopo, ed a qual fine siano indirizzate, e pertanto l'Architettura, se la prendiamo come Vitruvio al Cap. I. Lib. I., è una Scienza, o cognizione ornata di più discipline, e varie erudizioni, che giudica l'opera delle altre Arti; ma se la riceviamo in più stretto significato, è una Facoltà, la quale si esercita in ordinare ogni sorta di Edifizj, secondo che insegna il Milliet nel suo Corso, o Mondo Matematico Tom. I. Tratt. X.. Egli è ben vero, che da questo Impiego, in cui si occupa l'Architetto ne siegue, che debba dar giudizio di quasi tutte le Arti, le quali si pongono in opera con proporzioni, e misure, perchè tutte convengono in una comoda Abitazione, e ben disposta; onde conforme Vitruvio insegna nel predetto Cap. I. Lib. I. deve intendersi della Scultura, della Pittura, dell'Arte Fusoria, o Metallica, dell'Arte Ferraria, della Lapidaria, e molte altre, le quali s'impiegano o nell'Edifizio, o negli ornamenti di una comoda Abitazione, perlocchè l'Architetto perito dopo aver appreso i precetti dell'Arte propria, sarà necessario, che instruiscasi anche ne' precetti delle altre Arti, le quali egli pone in opera, affinchè possa impiegare gli Artefici, e l'opere loro secondo la esigenza delle sue Fabbriche.

### CAPITOLO PRIMO.
#### Delle parti dell' Architettura, e sue varie Spezie.

'Architettura secondo i varj generi delle Fabbriche così variamente distinguesi. Vitruvio al Cap. III. Lib. I. la distinse prima in trè, cioè in Arte di edificare, in Arte di fare Orologj, o Gnomonica, ed in Mecanica, o Macchinaria; ma perchè gli altri Architetti moderni hanno rinunziata la Gnomonica a' Matematici, e di questa non trattano, come si vede nel Serlio, Paladio, Vignola, Capra, e Viola, ed in qualunque altro abbia scritto di Architettura; però si dee dire, ch'essendo questa Scienza un'Arte di edificare, includa solamente quelle parti, che concernono agli Edifizj, o siano di Legno, o di Pietra, e perciò includerà principalmente queste due parti, cioè la Macchinaria, che le serve a levar i suoi pesi, a trasportarli, a far lavorare i suoi Marmi, a far segare le sue Tavole, a difendere le sue Città; l'altra la edificazione, che prima, e principalmente intende, la quale si può suddividere in varie differenze, secondo le varie spezie di Fabbriche, che sono state instituite dalla necessità ad uso umano. La prima è la Militare, che si esercita nel fabbricare le Mura per difesa delle Città, ed anco per loro offesa, secondo richiede la occasione. La seconda è Civile, ed occupasi in ergere Fabbriche pubbliche di Basiliche, Teatri, Scene, Portici, Palazzi di ragione, Collisei, Piramidi, e simili altre cose. La terza,

ora Economica chiamasi, or privata, ed esercitasi nelle Fabbriche Civili sì, ma per Cittadini particolari. La quatra Rustica, che serve per la Campagna in edificar Case di Villa, disporre Giardini, ed altre a queste somiglianti cose. La quinta Acquatica, che travaglia nelle Acque o per condurle, o impedirle, o varcarle. La sesta Ecclesiastica, la quale innalza Tempj destinati al Culto Divino. E tutte queste parti di Architettura sono accompagnate dalla Macchinaria, che quasi sempre le serve.

Così serve alla Militare in far Macchine per votar Fossi, per trasportare Terreni, per far Ponti, per varcare Fiumi, ed altri molti simili ordigni; serve anche all'Edificatoria, ed Architettura, quasi indivisibile compagna in ogni suo Esercizio; le somministra maniere, e forze per porre in opera le sue vaste Idee, come si vedrà nel proseguimento del Libro.

Qualunque di queste parti, sia, o di Mecanica, o di Architettura, tiene due funzioni, ed occupasi in due maniere: l'una nel formar le Idee, o sia disegno, che fa per se stessa; l'altra è l'esecuzione, che fa per mezo delle Arti, delle quali è Maestra, e le cui opere dirige, ed instruisce; poichè l'Architetto non fabbrica Muri, non Tetti, non Macchine, nè Statue, nè Porte, nè Serrature, nè Mattoni, ma comanda a tutti questi Artefici, che adopera secondo la occasione; e l'opere loro indirizza secondo la idea, o disegno, che vi ha formato; e però delle idee di tutte queste Arti debb'esser perito, quanto basta, come dice Vitruvio Lib. I. Cap. I. citat.

Il Disegno, o Idea secondo Vitruvio, ha tre parti, delle quali la prima dicesi Ichnografia, che è la descrizione, ed espressione in carta di quello, che dee occupare la Fabbrica, che si disegna nel Piano: l'Ortografia, o Alzato chiamasi la seconda, che è la descrizione, ed espressione in carta della elevazione di una sua Faccia; la Scenografia la terza, che è la espressione d'una Fabbrica secondo che appare all'occhio, e si ha a vedere da un determinato punto; e tutte queste descrizioni ricercano una mediocre cognizione di disegno, richiedendosi che non solamente siano delineate secondo le debite regole, e proporzioni, ma di più propiamente, e diligentemente adombrate.

Quattro prerogative, e qualità perfezionano il Disegno, cioè la sodezza, se riguardasi in se stesso, l'Eurythmia, cioè l'ornamento, la Simmetrìa, cioè proporzioni di parti, e la Distribuzione, cioè che si dispongano tutte le parti nel suo proprio sito, che fa che l'Edifizio riesca comodo, e di aggradimento a chi lo gode.

## CAPITOLO SECONDO.

### Delle Arti, che servono all'Architettura.

Sono molte, e sì varie le Arti, che ancelle diconsi di questa Facoltà, che Vitruvio stimò, come abbiamo veduto, che fusse la sua unica professione, ed officio il comandare, e giudicar di tutte. La verità però si è, ch'Ella solamente imperà a quelle, che la debbono servire, e porre in effetto i suoi disegni, come I. la Lapidaria, che si esercita in tagliar pietre, e scorniciarle. II. La Statuaria, o s'impieghi in Figure, o in iscolpire fogliami.

III.

III. La Figulina, che fa, e cuoce Mattoni. IV. L'Arte Calcaria per la Calcina. V. La Platica, o di fare Stucchi. VI. L'Arte Fabbrile, tanto minuta, quanto grossiera. VII. La Metallica. VIII. La Ferraria. IX. La Pittura. X. L'Arte Plombaria. XI. L'Arte Dealbatoria. XII. La Pastinatoria, o cavatrice di terra, o pietre.

Altre fervono, e fono necessarie all'Architettura conseguentemente per saper assegnare il prezzo, e stimare l'opere fatte, e queste fono sei, cioè: I. L'Aritmetica pratica. II. L'Altimetria. III. La Planimetria. IV. La Geodesia. V. La Stereometria. VI. La Legge de servitutibus.

Delle quali la prima tratta le Regole de' numeri, massimamente le prime, e più principali. La seconda misura le linee; la terza la superficie; la quarta divide i Piani; la quinta misura i Corpi, e li spartisce; la sesta decide le liti nate per occasione di Fabbriche. Tratteremo adunque primieramente della stessa Architettura, e poi delle Arti, che dirige inquanto solamente aspettansi alla sua direzione in ordine alle Fabbriche.

E perchè l'Architettura, come facoltà, che in ogni sua operazione adopera le misure, dipende dalla Geometria, e vuol sapere almeno i primi suoi elementi; quindi è che ne' seguenti Capitoli porremo que' principj di Geometria, che sono più necessarj.

## CAPITOLO TERZO.

*Delle Regole d' Architettura in generale.*

L'Architettura, sebbene dipenda dalla Matematica, nulla meno ella è un'Arte adulatrice, che non vuole punto per la ragione disgustare il senso: onde sebbene molte regole sue sieguano i suoi dettami, quando però si tratta, che le sue dimostrazioni osservate siano per offendere la vista, le cangia, le lascia, ed infine contradice alle medesime; onde non sarà infruttuoso per sapere quello, che debba osservare l'Architetto, vedere il fine dell'Architettura, ed il suo modo di procedere.

### OSSERVAZIONE PRIMA.

*L'Architettura prima d'ogni altra cosa riguarda la comodità.*

Ciò dichiarasi, e sinceramente perchè l'Arte del fabbricare è nata dalla necessità, ed il bisogno fu il primo, che la ritrovò; onde anche i Popoli più barbari dell'America ebbero qualche sorta di Case, ove ripararsi dalle ingiurie de' tempi; dunque il primo scopo degli Uomini nel fabbricare, fu sovvenire al loro bisogno, e ritrovare negli Edifizj loro il proprio comodo. Onde Vitruvio Lib. I. Cap. III. afferma, che si deve aver riguardo dal prudente Architetto alla utilità; dicendo, *Utilitatis est ratio, emendata, & sine impeditione usu locorum dispositio, & ad regiones sui cujusque generis apta, & commoda distributio.* E quindi si deducono le seguenti osservazioni.

## OSSERVAZIONE SECONDA.

*L'Architettura non dee disporre in tal guisa le sue Fabbriche, che sian opposte al costume del Paese, e delle Persone.*

Segue ciò dall'antecedente; perchè se sarà contro l'uso del Paese, o delle Persone, non sarà comoda. Onde sarebbe inconveniente a' poveri Contadini fabbricare ampie Stanze, o ne' Paesi più freddi innalzarle troppo alte, e simili cose; però Vitruvio dice, *Et ad regiones sui cujusque generis apta, & commoda distributio*.

## OSSERVAZIONE TERZA.

Deve l'Architetto procedere discretamente. Perchè si dee mirare alla comodità di chi fabbrica, se lo pone in tale spesa, che, o non possa finire il disegno, o terminandolo sia necessario impoverirsi, e divenire mendico, ciò certamente non riuscirà di comodo, anzi di grave incomodo a quello, che dee goderlo; onde Cristo medesimo. Luc. Cap. 14. ℣. 28. dice, *Quis volens turrim ædificare non ne priùs sedens computat sumptus, qui necessarii sunt si habeat ad perficiendum, ne postquam posuerit fundamentum, & non potuerit perficere, omnes incipiant illudere ei, dicentes, hic homo cepit ædificare, & non potuit consumare*.

Quindi è, che per detto di Vitruvio nel Prologo del Lib. X. in Efeso eravi una Legge, che obbligava l'Architetto a finir le Fabbriche pubbliche del suo, se costavano più, che la quarta parte di quello, che avea detto avanti che la Fabbrica si cominciasse; onde Vitruvio desiderò, che tal Legge fusse anche osservata in Roma. *Utinam Dii immortales fecissent, quod ea Lex etiam Populo Romano non modò publicis, sed etiam privatis ædificiis esset constituta*: perchè in verità vi sono alcuni, che con pernicioso inganno inducono le genti a spese eccessive sotto specie di poca spesa, e rovinano le famiglie. E però il Serlio riprende Palladio, perchè avesse indotti i Signori Vicentini a fabbricare sì sontuosamente, che non resistendo alla spesa, quasi di tutti gli Edifizj si veggono solamente i principj. Però l'Architetto deve non tanto desiderare la pubblica magnificenza, quanto aver riguardo alle private forze, nè tanto in farsi onore nelle belle intraprese, quanto non danneggiar il compagno con metterlo in impossibili impegni. Sostengo adunque [non ostante il detto di Urbano VIII. che il dire sinceramente quanto sia per costare una Fabbrica, è più da un buon Cristiano, che da buon Architetto] che si dica il vero del di lei costo, acciocchè la rovina della eccessiva spesa non cada sopra l'Architetto, che non può acquistarne altro concetto, se non o d'Imperito, o d'Ingannatore, ambi titoli pregiudiziali alla sua riputazione.

## OSSERVAZIONE QUARTA.

*L'Architettura deve aver per oggetto, e scopo, anche la sicurezza delle Fabbriche.*

Seguita anche questo dallo stesso principio; perchè non tornarebbe a comodo dell'Abitante aver sempre da principiare, e tanto meno, che non

non potesse abitare sicuramente in Casa, o che dopo pochi anni, e gravissime spese, rovinando la Casa, dovesse di nuovo edificarla. Però Vitruvio dice, *Firmitatis habita erit ratio, cum fuerit fundamentorum ad solidum depressio, & ex quaque materia copiarum sine avaritia diligens electio.*

Nelle quali parole si ha d'avvertire, che la sodezza dell'Edifizio Vitruvio non la pone nella grossezza de' muri, perchè basta siano sufficienti; ma nella profondità de' fondamenti, e nella bontà, ed elezione delle materie, che del resto chi la perpetuità colloca solamente nella grossezza de' muri, vota le borse, accrescendo la spesa, e col carico aggrava piuttosto, ed indebolisce, di quello che rassodi l'Edifizio.

## OSSERVAZIONE QUINTA.

*L'Architettura ha per fine non men principale la beltà, e proporzioni delle parti.*

Nasce questo fine dalla stessa radice della utilità dell'abitazione, perchè qualunque oggetto o debile, o di poca grazia non riesce mai caro, o comodo a chi lo gode; onde la comodità per essere perfetta, deve essere aggradevole, ed allettativa, e però dice Vitruvio Lib. I. Cap. III. parlando dell'edificazione. *Hæc autem fieri debent ut habeatur ratio firmitatis, utilitatis, venustatis,* e abbasso dichiara in che consista questa bellezza, dicendo, *cum fuerit operis species grata, & elegans &c.* e al Lib. VI. Cap. II. *nulla Architecto major cura esse debet, nisi uti proportionibus.*

## OSSERVAZIONE SESTA.

*L'Architettura può correggere le regole antiche, e nuove inventare.*

La bellezza delle Fabbriche consiste in una proporzionata convenienza delle parti, per ottenere le quali gli Antichi con Vitruvio diedero certe, e determinate regole, delle quali alcuni sono così tenaci, che *nec latum unguem*, si partirebbono da queste, ma io giudicando discretamente, e da quello che occorre in ogni altra professione stimo, che si possa, e correggere qualche regola antica, ed aggiugnere qualche altra; e primieramente la esperienza stessa lo dimostra, perchè le Antichità Romane non sono precisamente secondo le regole di Vitruvio, nè le proporzioni del Baroccio, o degli altri moderni, che seguono in ogni Simmetria i documenti antichi; ma come si può vedere, e molte nuove proporzioni, e molti modi nuovi d'eseguire, si sono ritrovati a' tempi nostri, che non usarono gli Antichi; onde Alstedio asserisce: *Architecti, qui veram Architecturam callent non omninò à Vitruvio, sed ex ratione, & attenta observatione, optimoque veterum modo pendent*; ed il Chales nella sua Architettura Tom. I. pag. 709. asserisce: *licèt Antiquis haud dubiè multum debeamus, cùm ab iis, utpotè Magistris scientiarum principia acceperimus; non tamen iis tanquam mancipia ità addicti sumus, ut aliquid excogitandi facultas omnis adimatur.* E più abbasso conchiude: *Existimo igitur ut mediam quamdam viam ineamus, ut aliquid antiquis Architectis concedamus ordinis cujusque Symmetriam accuratè observandam, dispositionem tamen reliquam Architecti docti ingenio relinquendam.*

Si prova anche lo stesso; perchè mutando usanza gli Uomini, conseguentemente è mestiere il dire, che l'Architettura ordinata alla loro utilità cangiar si debba per accomodare l'abitazione, che solleva secondo i loro nuovi costumi.

E massimamente, che molte Arti si vanno di nuovo ritrovando, e come dice Cornelio Tacito l. 3. Annal. *Neque enim omnia apud priores meliora; nostra quoque ætas multa laudis, & Artis imitanda posteris tulit.* Onde non è da stupirsi, che un'Arte in qualche parte si cangj.

E si conferma, perchè l'Architettura Militare e l'Arte di guerreggiare nelle nuove macchine di fuoco, si è totalmente cangiata dall'antica, onde non dovrà parere cosa strana, se anche l'Architettura Civile in qualche parte si muterà.

## OSSERVAZIONE SETTIMA.

*Per serbare le dovute proporzioni in apparenza, l'Architettura devesi partire dalle regole, e dalle vere proporzioni.*

Ciò provasi: perchè siccome l'Architettura ha per fine di compiacere il senso; se il senso s'inganna, come molte volte adiviene, giudicando un'oggetto diritto per istorto, ed altro retto per pendente, e uno grande per piccolo, sarà necessario in questo caso soddisfarlo, e compiacere, acciocchè quello che gli sembra mancante, benchè non sia, con aggiugnere più del dovere, gli sembri giusto; onde Vitruvio lib. 6. Cap. 2.: *Cùm ergò constituta Symetriarum ratio fuerit, tunc etiam acuminis est proprium providere ad naturam loci, usum, aut speciem uti cum de Symetria sit detractum, aut adjectum, id videatur esse rectè formatum, sic ut in aspectu nihil desideretur; alia enim ad manum species videtur, alia in excelso, non eadem in concluso dissimilis in aperto, in quibus magni judicii est opera, quid tandem faciendum sit.* Apporta a questo proposito Vitruvio varj esempj degl'inganni dell'occhio, come delle prospettive, che gli sembrano prominenti, quando sono piane; de' remi nell'acqua, che appajono franti; onde benissimo argomenta, che per compiacere agli occhi, si dee levare, o aggiugnere alle Simmetrie, essendo che altro un'oggetto appare sotto l'occhio, altro appare in alto, altro in un luogo chiuso, altro in aperto. Onde vediamo ancora, che i Pittori, e gli Scultori fanno le Immagini, e le Statue rozze da lontano, e solamente quasi sbozzate, apparendo meglio così imperfette, che totalmente finite.

## OSSERVAZIONE OTTAVA.

*L'Architettura deve ubbidire alla natura del luogo, ed alla medesima ingegnosamente accomodarsi.*

Questa è una delle principali intenzioni, che possa avere l'Architetto di accomodarsi al luogo; per esempio: se il luogo è bisquadro, irregolare, e non capisce un quadrato, se non con gran perdita di sito; e meglio si accomoderebbe un' ovato, bisognerà che piuttosto ivi l'Architetto disegni un' ovato, che un quadro; se il sito sarà circondato da Case, nè può ricevere se non lume dall'alto, bisogna che l'Architetto scelga un genere, e difpofizione di Fabbrica, che riceva il lume dall'alto, e fimili cofe. Onde Vitruvio lib. 6. Cap. 2. afferifce: *Non puto oportere effe dubium, quin ad locorum naturas, aut necessitates detractiones, aut adjectiones fieri debeant, hæc autem etiam ingeniorum acuminibus, non folùm doctrinis efficiuntur.* Converrà dunque al fentimento di Vitruvio per accomodarfi alla neceffità del luogo cangiar le Simmetrie con aggiugnere, o detrarre qualche parte alle giufte mifure: onde l'Architetto dee faper prima le giufte proporzioni, acciocchè venga in chiaro quanto poffa levarne per accomodarfi al fito fenza fconcerto; e però fiegue, e conchiude: *Igitur ftatuenda eft primùm ratio Simetriarum, à qua fumatur fine dubitatione commutatio.*

## OSSERVAZIONE NONA.

*Le Simmetrie dell'Architettura poffono fenza fconcerto fra loro effere varie.*

SI prova; perchè non vi è fcienza, febben evidente, che non abbia non folamente varie, ma di più contrarie opinioni, ed anche in materie graviffime di Fede, di coftumi, e d'intereffe; onde quanto più potrà effere varia l'Architettura, che non fi compiace, fe non di piacere al fenfo; nè altra ragione la governa, fe non l'aggradimento di un ragionevole giudizio, e di un'occhio giudiziofo? Ciò efperimentafi nelle diverfe proporzioni, che danno gl'ingegnofi, e celebri Architetti moderni, come vedremo nelle Antichità Romane, che varianfi da' fentimenti di Vitruvio. Si può anche quefto conofcere, e nell'Architettura Gotica, la quale doveva pur piacere a que' tempi, e pur al giorno d'oggi non è punto ftimata, anzi derifa, benchè quegli Uomini veramente ingegnofi abbiano in effa erette Fabbriche sì artifiziofe, che chi con giuft'occhio le confidera, febbene non così efatte in Simmetria non lafciano però di effere meravigliofe, e degne di molta lode.

## OSSERVAZIONE DECIMA.

*L'Architettura non dev'effere tanto licenziofa, quanto la Profpettiva.*

LA Profpettiva, purchè inganni l'occhio, e faccia apparire la fuperficie del corpo, ottiene il fuo fine, e confeguifce quanto intende; onde anche in un'Architettura fregolata può confeguir con ogni lode il fuo fine. L'Architettura però non può confeguire il fuo fine di piacere all'occhio, fe non colle vere Simmetrie, effendo quefto l'ultimo fuo Scopo, non ingannare l'occhio. La Profpettiva dapoi non ha da riguardare alla folidità, e fermezza dell'opra, ma folamente a dilettare l'occhio. L'Architettura però penfa alla fodezza dell'opera, onde non può liberamente fare quanto la Profpettiva inventarfi.

## OSSERVAZIONE ONDECIMA.

*Non deve l'Architettura cercare materiali difpendiofi, e remoti.*

DOvendofi fare il tutto colla minore fpefa poffibile, non debbonfi pertanto adoperare que' materiali, che non effendo nel Paefe, non ponno no conseguirsi, se non con gravissima spesa; onde Vitruvio lib. 1. cap. 2. *Primùm Architectus ea non quæret, quæ non poterunt inveniri, aut parari, nisi magno pretio ; namque non in omnibus locis arenæ fossiciæ, nec cimentorum, nec Abietis, nec sapinorum, nec marmoris copia est, utendum autem est arena fluviatica, aut marina, lota, ubi non est arena fossicia, inopiæ quoque Abietis, aut sapinorum vitabuntur, utendo Cupresso, Populo, Ulmo, Pinu.* Si deve adunque l'Architetto contentare de' materiali, che ritrovansi nel paese, massimamente, che la materia non fa tanto bella la Fabbrica, quanto la bella disposizione.

## CAPITOLO QUARTO.

### Degl' Instrumenti dell'Architettura.

L'Istrumenti, di cui si serve l'Architettura per se unicamente, in quanto dirige le Arti a se soggette, sono pochi, perchè non sono, se non quelli, i quali servono per disegnare, e rappresentare le sue idee sulla carta; questi sono il Calamajo, ed inchiostro, la penna ben temperata, lo stile, o sia tira linee, il matitatojo, o ciò che usualmente chiamasi la penna da lapis, il Temperino, il Compasso, la Riga, la Squadra, e varj colori disciolti colla Gomma Arabica, intorno a quali si ponno dare varj avvertimenti per averli perfetti.

### OSSERVAZIONE PRIMA.

#### Per fare l'Inchiostro perfetto, e conservarlo.

Prendansi tre oncie di Galla, la quale sia e minuta, e grave, e crespa, e si pesti grossamente, di poi si metterà in infusione in tre, o quattro libre di vino, o di acqua Piovana chiara per quattro giorni al Sole; dopo questo, se gl'infonderanno due oncie di Vitriuolo Romano ben colorito, e chiaro, e pesto ben sottilmente, rimenando tutta la massa con un bastone di fico, e di belnuovo si lascierà al Sole per uno, o due giorni. Finalmente se gli porrà un'oncia di Gomma Arabica, che sia chiara, e lustra, e ben pesta con alquante scorze di Mela granate per farlo più lustro, e bello, e lasciato anche un giorno, il tutto si colerà per una pezza di lino assai fissa, e si conserverà in un vaso di vetro.

Il Calamajo dev'esser di vetro, o di terra cotta, o di piombo, o di materia, di cui non esca l'Inchiostro. La Bambagia sarà, o di seta flossa, o di seta di calzette nere vecchie, che è molto meglio; se farà troppo fluido, se gli aggiugnerà Gomma Arabica, se farà troppo tenace, s'infonderà acqua stillata di scorze di fave, o decozione ben colata di scorze di mela granate, avvertendo all'infonder di non scuotere il vaso, acciocchè sia puro, e senza feccia.

### OSSERVAZIONE SECONDA.

#### Del modo di temperare la Penna.

Le Penne debbono essere o di Corvo vecchio, o di Oca, o di Aquila, e dure, e lustre, e se di Oca piuttosto picciole, che grosse si hanno a scegliere, debbono non sempre stare a molle, perchè divengono troppo tenere, nè sempre al secco, perchè ne vengono i tratti rognosi, e smorti, ed il taglio dev'essere sottile, e picciolo, acciocchè i tratti siano gentili; al che servirà il Temperino di buon acciajo, e ben aguzzo in punta.

## OSSERVAZIONE TERZA.

*Dello Stile, o Tiralinee, e del Matitatojo, o penna da lapis.*

Ev'essere il Tiralinee di ferro dolce, e col bolino tagliato, e ben brunito, affinchè tiri le linee sottilissime. Il lapis dev'essere piombino, per potersi cancellare col pane fresco; detto in latino *Galena Molybdena*, ch'è secondo Plinio lib. 34. cap. 18., e secondo il Celsis lib. 2. cap. 5. sec. 3. pag. 258. una miniera imperfetta di piombo, e d'argento. Questo si eleggerà duro, ma che non sia pieno di gruppi, e troppo aspro, onde si accordi, che facilmente si possi aguzzare, e che non sì tosto dileguisi. Il lapis nero è una certa sorta di pietra nera, che nasce in Francia; ed è troppo aspro, e si adopera sulle pietre; siccome anche il crogivolo, cioè i pezzi di vasi, che adoperano gli Orefici a fondere l'oro, e servono sopra le pietre, e legni, siccome anche il carbone di Noccivola, o simile a questo, purchè sia dolce, ma però in mancanza del lapis piombino. La Penna dovrà essere d'ottone, ma leggiere, concava, ed aperta, in cui da due lati si possa inserire il lapis con due anelli, che lo stringono; poichè intromesso il lapis essendo fessa alquanto si dilata, onde cogli anelli là condotti si stringe.

## OSSERVAZIONE QUARTA.

*Circa la bontà della Riga, del Compasso, e delle Squadre.*

IL Clavio alla defin. 4. lib. 1. degli Elementi insegna la maniera di provare le Righe, se sieno diritte, o nò, ed è che prima si tiri colla Riga una linea, e poi si cangi, e la parte, che tocca la carta, si rivolti, e sia superiore, e l'altra, ch'era superiore divenga inferiore, e rimettendola appresso alla medesima riga come prima, ed all'opposta parte si tirerà un' altra riga; e se questa seconda cammina sopra alla prima, sarà la riga bonissima; dovrà essere di legno, piuttosto che di ottone, o di bronzo, imbrattando questa la carta, e scorrendo sopra essa, e difficilmente tenendosi ferma; sia pertanto di qualche legno duro, come Pero, Ebano, Verzino, o legno di Brasile, Sorbo, Busso, o qualche altro a questi simile, che sia duro, e che abbia le vene dilicate, e gentili per potersi tirar ad una perfetta dirittura.

Il Compasso avrà le punte di acciajo, e che aperto, con forza eguale, e parimente uguale movimento si chiuda, nè troppo duro, nè troppo molle, ma che con egual resistenza facilmente ceda alla mano. Non basta uno solamente, ma sonvi necessarj altri, e piccioli, e grandi, e di quelli che abbiano una punta colla scanelatura, che termini in somiglianza di punta di penna, o come dicesi colla punta di crena, e ciò dev'essere per iscrivere, come il Tiralinee, ed altri, che abbiano la penna da inserirvi il lapis ad una sommità, acciocchè si possano tirare i circoli morti, o falsi, per poterli poi cancellare; le punte debbono essere acute sì, ma forti, ed eguali, e che non taglino la carta.

Circa le Squadre saranno eziandio di legno, e ben duro, ed il modo di farle si dichiarerà abbasso, ove tratteremo del modo di porre una linea in isquadro con un'altra.

## OSSERVAZIONE QUINTA.

### Del nero, che serve per ombreggiar i disegni.

E' Necessario per dar qualche rilievo al disegno mostrare le sue parti, le quali debbono essere, o prominenti, o concave per ombreggiarlo. Onde a questo potrà servire nero di fumo stemperato nell'acqua con un poco di Gomma Arabica. Alcuni vi aggiungono un poco d'Indico, o di Tornasole, e credo sia anche migliore l'Inchiostro della China, ma che non sia alterato. I Pennelli saranno sottilissimi fatti di pelo di Sorgo Armeno, o di Vajo come altri dicono, che pure si vendono da Speziali, o Droghieri.

## OSSERVAZIONE SESTA.

### Come debbano scegliersi i Colori, quali son proprj per Carta.

Quando occorre di dover disegnare qualche opera di Marmo colorito, o tale, in cui convenga esprimere i colori, o per maggior distinzione, ed espressione delle Ortografie, è necessario conoscere i colori proprj per la Carta, i quali in genere vogliono essere trasparenti. Perciò questi saranno a proposito.

Pel Giallo. Zafferano, altramenti Croco, ovvero Gutta gomma, o qualche Giallo estratto da' fiori.

Pel Rosso. Lacca di grana, o Lacca di Verzino, Cinabro, e Minio.

Pel Verde. Sugo di Giglj pavonazzi, o di Ruta, oppure Verderame, che, acciocchè si possi adoperare, devi stemperare in aceto fortissimo.

Pel Turchino vivace non vi è altro, che oltramare di Lapislazzali, che sia dolce, e si stenda; lo smaltino, che a fresco, e sul muro poco gli cede, per non essere trasparente, nè distendevole, non è a proposito per la Carta.

Il Pavonazzo, e Violato, che tira al Turchino, lo fa l'Indico, e l'altro, che più ha del Rosso, il Tornasole, ed è più chiaro, e bello.

## OSSERVAZIONE SETTIMA.

### Modo di estrarre i Colori da diversi Fiori, ed Erbe.

Da que' Fiori, e quell'Erbe si può cavarne la tintura, che tingono le carte, o le pezze bianche, e sono i fiori di Genista, che fanno giallo; i Papaveri rossi, gli Amaranti, o Viole, o Pernice per fare il rosso; e pel verde la Malva, e Pimpinella.

Prima dunque si fa un liscio di soda de' Vetrari, e calcina viva, come si fa il liscio delle ceneri ordinario, e dopo che sarà colato, e chiarificato, si ponghino in esso i fiori, e l'erbe, dai quali si vuole cavar il colore, e si esponga ad un lentissimo fuoco finattanto, che il liscio abbia contratto il colore; il che si manifesterà, se i fiori, e l'erbe estratte dal detto liscio si vedranno scolorite, ed allora levati i fiori, si faccia bollire l'acqua con Allume di Rocca tanto, quanto può disciorsi nella stessa acqua, e quando sarà disciolto si getti il liscio in acqua pura entro un vaso mondo, e puro, ed allora il colore calando al fondo si lasci quietare, e poi destramente si versi l'acqua, non il colore, e con altr'acqua si sparga, e lasciato, che il color vada al fondo, di nuovo si getti, e ciò tante volte finchè l'acqua, che si versa, non sia più salsa, ed allora il colore sarà fatto, che sopra piatti di Majolica, o tavole bianche si seccherà all'ombra; si può far anche con liscio di calcina solamente, siccome insegna Antonio Peri lib. 7. cap. 105.

In altro modo per far verde, si prendano da' Gigli Pavonazzi le foglie più colorite, e Turchine, e pestate con un pò di Calcina viva, si sprema il sugo; altri vi pongono Allume di Rocca, indi si cola, e lasciato andar a fondo l'Allume, o la Calcina, si trasfonde in vasi, ove si sparge, acciocchè si possa facilmente asciugare, e seccarsi all'ombra.

Per far Turchino si adopererà sugo di bacche di mortella nello stesso modo, e così si può fare d'ogn'altro sugo, o fiore.

## OSSERVAZIONE OTTAVA.

*In qual maniera si debbano cavare i Colori dalle Radici, o Legni.*

PRendi per fare rosso radici di Robbia, o grana di Kermes, o legno di Brasile detto Verzino oncia una, e questi legni, o ridotti in polvere come il Kermes, o in pezzi sottilissimi, come la Robbia, ed il Verzino, si pongono nell'acquavite di prima cottura, in cui sia stata disfatta una libbra d'Allume in infusione per quattro giorni, indi a lento fuoco si cuoca a giusto piacimento, e quando sarà più lunga la cottura, sarà il colore più carico, e più oscuro, e poi si coli per un panno fisso, finattanto chè l'acqua n'esca quasi chiara, e quello che rimane, è rosso molto vivace, il quale si seccherà all'ombra sopra tavole di legno bianco, od in piatti di majolica, ch'è molto meglio.

## OSSERVAZIONE NONA.

*Modo di fare colore Incarnato.*

SI prendono i fiori di Carthamo, o Zafferano Saracinesco, che produce le frondi lunghette, dentate intorno, aspre, e spinose, il fusto alto un piede con un capitello nella sommità grande quanto una bacca d'oliva, ei fa i fiori di Zafferano, ed il seme bianco; si usano i suoi fiori, e chiusi in un sacco di tela grossa, si lavano molto bene, sicchè l'acqua n'esca chiara; indi si mettono in un bacino i fiori solamente, mescolando con essi cenere di Soda oncie due per ogni libbra, e si lasci riposare per un'ora, indi riposto il tutto nel sacchetto vi getterai sopra acqua tiepida, che n'uscirà colorita, la quale farai passare più e più volte finattanto, che sia ben colorata, ed allora lascierai, che vada al fondo il colore, e versata l'acqua avrai color incarnato, che per farlo più vivace stempererai con aceto stillato.

## OSSERVAZIONE DECIMA.

*Maniera di fare verde vivace per miniare.*

SI piglia Verderame fino polverizzato, Litargirio d'oro, Argento vivo e dell'uno, e dell'altro parti eguali, e si macina il tutto con orina di fanciullo sopra il Porfido per venti giorni; si cava, e si rimmacina, che fa verde bellissimo da miniare.

Si fa più facilmente con purificare, e lavare il Verderame. Si prende aceto fortissimo, e chiarissimo, ed infondesi nel Verderame, e si espone al Sole, e tira dal Verderame il colore; e perciò quando vedesi ben verde, si raccoglie in un'altro vaso, e si lascia asciugare all'ombra; e ciò si fa più, e più volte, finattanto che resti l'aceto ben colorito, se la prima volta non così perfettamente riuscisse; ma se l'aceto non è di vino puro e molto forte, non si fa tanto bene.

## OSSERVAZIONE UNDECIMA.

*Modo di dare la vivacità a' Colori.*

Ciò si eseguisce col sugo di limone ben chiaro, e colato, o pur anche d'Aranci agri, o coll'aceto distillato, e col liscio chiaro, e spezialmente di soda, perchè distemperati i colori in questi liquori, si fanno più vivaci; e se si bramassero lustri, ciò si può fare con infondervi lo Zucchero Candito, o Sapone. L'acqua ancora, ove sia stato in infusione l'Allume di Rocca rende splendidi, e più vivaci i Colori.

Ciò anche si consegue in quei Colori, che non sono di erbe, e fiori ma che hanno peso, e vanno a fondo con lavarli, e si fa a questo modo Sia per esempio il Cinabro, si ponga nell'acqua comune, e si mescoli, e s'intorbidi, e si lasci calar al fondo, ed avanti che totalmente si rischiari l acqua, si getti pian piano, acciocchè non esca il Cinabro, e così si replichi più volte, che resterà sempre più vivace, e puro; la Porporina però si lava col liscio.

Il Tornasole si rende più vivace, e si fa quasi azzurro se pongasi in infusione nella orina per una notte, e si macini con essa, e con un pò di Calcina.

## OSSERVAZIONE DUODECIMA.

*Per fare i Colori dai Minerali.*

Coi Minerali si fa il Cinabro, il Turchino, ed il Bianco.

PEr Cinabro si prendono parti uguali, e di argento vivo, e zolfo vergine il tutto in una pignata vernicata, e ben lutata al di fuori, avvertendo che sia aperta sopra i carboni ardenti finattanto ch'esca il fumo turchino, o giallo, e quando sarà finito, si dee coprire la pignatta col coperchio di terra, ed accrescergli fuoco maggiore finchè sia fatto.

Per fare l'azzurro, si fa nello stesso modo; ma si prendono oncie due di argento vivo, di Sal armoniaco oncia una, e di piombo altra oncia, e si mette al fuoco nello stesso modo, evaporato il fumo sarà fatto.

Si potrà anche per far il Turchino prendere di argento vivo oncia una, di Zolfo oncie tre, di Sal armoniaco oncie quattro, e fare come di sopra fu dimostrato.

Per fare bianco prendi del Litargirio ben trito, e poni in un vaso vernicato, ed infondi tanto di aceto, che superi quattro dita, e poco d'indi vedrai prendere colore di latte; versa adunque in un vaso l'aceto, ed infondi di nuovo, e ciò tante volte finchè l'aceto più non si colorisca; indi votalo in altro vaso, e tutto quell'aceto da diverse infusioni raccolto poni in un vaso solamente, e lascialo riposare finchè la materia bianca cali al fondo, al che gioverà l'acqua fredda sparsavi sopra, ed allora gettata tutta l'acqua, e l'aceto, lascierai seccare all'ombra la materia bianca, che sarà un bianco perfettissimo, ed impalpabile. Così Antonio Neri *de Arte Vitraria*; ma in quanto al Turchino a me non è riuscito, che sia bello, e vivace.

## OSSERVAZIONE DECIMATERZA.

*Erbe, Fiori, e Legni, che producono Colori.*

IL Color giallo, e aureo si cava dalla Ginesta, e dai suoi fiori. Dal Zafferano, ovvero Croco, che posto nell'acqua subito la colora; dal fiore di Malva, e di Nasturzio, ch'è giallo; da Gutgomma, che viene dall'India; dalla radice detta Curcuma, che viene parimenti dall'Indie, che infusa rende giallo, ed altramenti è detta Cipero, come vuole il Mattiolo Lib. 1. Cap. 4.

Il Color rosso si cava dall'Aramanto, ch'è un fiore di vivacissimo rosso, dal Balaustio, o fior di Melagranate, dalle foglie dell'Iperico, o Cori, o Perforata, dall'Andronseno, Asciro, e Bieta, le quali sono tutte Erbe, che hanno le foglie rosse, e danno un sugo sanguigno, e rosato, se si spreme dalle loro frondi.

Le Semenze anche di Kermes, che vengono di fuori; Il legno di Verzino, o di Sandalo rosso danno color rosso.

Le foglie di fiori di Peonia, le Cerase nere, i frutti di Sambucco, e sue bacche, i Papaveri selvaggi, che nascono ne' frumenti, e rosseggiano nel maturarsi, mandano un sugo rosso, che tende al Pavonazzo.

Le Semenze di Brionia, o Vite bianca, di cui tratta il Mattiolo Cap. 183, Lib. 4.

Ed il Rusco, che descrive Dioscoride Lib. 4. Cap. 148. fanno color rosso.

Ma principalmente le radici di Robbia, o Eritrodamo, di cui ragiona Dioscoride Lib. 3. Cap. 154. comunissima in Italia, della quale i Tintori fanno i loro colori rossi.

Il Turchino si cava da' fiori di Cicorea selvaggia, che sono fiori Turchini, e nascono fra il frumento di Giugno, e Luglio, ed altri detti di Ciano, che da un bottone si spargono in cinque foglie turchine trinciate, come il Garofano; si cava anche dall'Eliotropio, di cui parla Dioscoride Lib. 4. Cap. 192. le cui foglie stropicciate, prima fanno verde, e poi ceruleo,

ruleo, che accostasi al rosso, come il colore detto Tornasole; fa anche ceruleo, o turchino il Verbasco, o Blattaria, che ha il fior turchino, di cui parla il Mattiolo Cap. 106. Lib. 4.; e finalmente l'Isacide, o Glasto domestico, e selvaggio, di cui si fa l'Indico color turchino oscuro; lo stesso fa il sugo di Coccole di morrella, e dell'ultima pelle del fico nero. Lo Smaltino anche stemperato con latte di fico si fa conducevole, e si può stendere.

Il color verde lo danno le foglie de' Gigli pavonazzi, e di Acanti, e di Nigella, e di Melanzio, o Giotone, che nasce fra il frumento, le foglie di Ruta, e quasi ogni erba, il cui sugo tinge le Carte.

## CAPITOLO QUINTO.

*Principj di Geometria necessarj all'Architettura.*

Vanti di entrare a trattare dell'Architettura è mestiere esporre que' principj Geometrici, i quali sono necessarj all'esercizio della medesima, e questi sono di tre sorte; i primi sono semplici principj, che spiegheremo in questo Capitolo; i secondi sono alcune conclusioni, e proposizioni circa le Linee, gli Angoli, e le Figure necessarj alle sue operazioni; i terzi sono parimenti proposizioni, e conclusioni Matematiche, ma circa le proporzioni, o siano queste degli Angoli, o delle Linee, o Figure.

### OSSERVAZIONE PRIMA.

*S'espongono le Definizioni Matematiche circa gli Angoli, e le Linee.*

Lastra 1.
Tratt. 1.

Definizione prima. *Il punto è quello, che non ha parti*; perchè si concepisce dal nostro intelletto con inadequato concetto, ed imperfetto, come ultimo termine di una Linea, e però non deve aver parti, perchè più non sarebbe l'ultimo, se già includerebbe per esempio due parti, delle quali una sarebbe l'ultima, e l'altra la penultima, onde più non sarebbe l'ultimo termine. Ma se si concepisce perfettamente, e come quantità deve aver parti, essendo ciò proprietà essenziale della quantità.

Definizione seconda. *La Linea, è una lunghezza, che non ha larghezza, nè profondità*. Questa definizione si deve intender allo stesso modo in quanto, e di non avere nè larghezza, nè profondità; perchè in quanto a questo è ultimo termine della superficie.

Definizione terza. *La superficie è una larghezza, e lunghezza senza profondità*; perchè allo stesso modo si concepisce come ultimo termine del Corpo, il quale ha tutte le tre dimensioni, lunghezza, larghezza, e profondità.

Fig. 1.
Definizione quarta. *Linea retta è quella, che giace ugualmente fra i suoi termini*, cioè che non si curva, nè ad una parte, nè all'altra, ma da un punto si porta per la via più breve verso l'altro, nè occupa più spazio verso alcuna parte degli stessi punti.

Definizione quinta. *Superficie piana è quella, che passando da una linea all'altra, che sono i suoi termini, non occupa spazio più delle stesse linee*. Questa definizione s'intende, che una superficie piana sia quella, la

qua-

quale, se passa una linea retta per essa, in qualunque sito, che passi; *Lastra 1.*
tutta la tocchi, e sovra la medesima stendasi. *Tratt. 1.*

Definizione sesta. Angolo piano rettilineo è una inclinazione di due
linee rette fra loro, che si toccano in un punto. E' vero che si possono *Fig. 2.*
toccare due linee per diritto, ma così divengono una linea solamente,
bisogna dunque per fare Angolo, che l'una s'inclini verso l'altra, e perciò nell'Angolo si ponno considerare due ragioni; l'inclinazione delle linee, e lo spazio, che fra loro si chiude. La definizione s'intende della
inclinazione, e non dello spazio, che quì non si definisce, ed è come
l'Angolo A. B. C. della Figura seconda Lastra prima.

Definizione settima. Angolo retto è quando una linea non incli- *Fig. 3.*
nasi più da una parte, che dall'altra, e chiamasi quella linea perpendicolare; come nella figura terza la C. D. sovra la linea A. B. la quale
non pende verso A. nè pende verso B.

Definizione ottava. Angolo acuto è quello, ch'è minore del ret- *Fig. 4.*
to, siccome l'Angolo ottuso è quello, ch'è maggiore, così l' Angolo
B. D. H. della Figura quarta è acuto per essere minore in quanto allo
spazio, che include dell'Angolo retto A. D. C., e l'Angolo ottuso A.D.H.
ch'è maggiore del retto.

Definizione nona. Linee paralelle sono quelle, che per quanto si
allungano, non si toccheranno mai, come nella Figura quinta delle li- *Fig. 5.*
nee A. B., e C. D. Le linee se sono rette compongono le Figure rettilinee, le quali se sono uguali, fanno le Figure equilatere, e se comprendono Angoli eguali, equiangole.

## *OSSERVAZIONE SECONDA.*

### *Circa le Definizioni delle Superficie, e Figure Rettilinee.*

Definizione prima. Quadrato si dice quello, che ha i lati eguali,
e gli Angoli retti, così la Figura sesta C. A. D. B. è quadrata, *Fig. 6.*
perche ha tutti gli Angoli retti A. B., C. D., ed i lati eguali, come
C D, ad A B, e questi a D B., e C. A., e la linea tirata da un'Angolo
all'altro, come da C. in B. si dice diagonale.

Definizione seconda. Paralellogramo, o Quadrangolo, è una Figura, che ha i lati opposti eguali, e gli Angoli retti come la Figura *Fig. 7.*
settima A. C. D. B., che ha gli Angoli retti, come A. C. D. B., ed i
lati opposti eguali, come i due A. D., e C. B. fra loro, e gli altri due
A. C., e D. B. fra loro, ma non sono tutti eguali, e la linea, che
congiunge gli Angoli, si dice Diagonale, come C. D.

Definizione terza. Ogni Figura, che ha i lati tutti eguali, ma gli *Fig. 8.*
Angoli disuguali, si dice Rombo, e se ha i due lati opposti eguali chiamasi Romboide, ambe Figure bisquadre; tal'è la Figura ottava A.B.C.D.,
i di cui Angoli A. e D. sono acuti, ed i due C. B. ottusi; e pur anche
la linea, che congiunge gli Angoli, si dice Diagonale, che sempre in queste Figure lascia gli Angoli alterni, che sono i neri, o pure i bianchi
eguali; ma se i lati opposti non sono eguali si dice Trapezia irregolare,
e bisquadra.

Definizione quarta. Il Triangolo è quello, che ha tre lati solamente; *Fig. 9.*

Tal'è

Lastr.1. Tal'è la Figura nona A. B. C., e ve ne fono di tre varietà per cagio-
Trat.1. ne dei lati, ed altre tre per motivo degli Angoli. Se dunque ha tutti
tre i lati eguali fi chiama equilatero come il primo della Fig. nona, fe
n'ha due folamente eguali, dicefi Ifofcele, come il fecondo, fe tiene
tutti ineguali, fi appella Scaleno come il terzo: così fe ha un' Angolo
Fig. 10. retto come C. nel Triangolo A. C. B. fi dice Rettangolo come il primo
della Fig. 10.; fe n'avrà un'ottufo fi nomina Ambligonio come il fecondo, fe tutti tre acuti Offigonio chiamafi, come il terzo.

Definizione quinta. Le altre Figure fi appellano Moltrilatere, e
Fig. 11. pigliano il nome dalla moltitudine degli Angoli loro, come il Penta-
12. golo da cinque Angoli, il Seffagono da fei, l'Ottagono da otto Angoli,
e così degli altri.

## OSSERVAZIONE TERZA.

*Circa le Definizioni delle Figure Circolari, e primieramente circa
la Definizione del Circolo.*

Definizione prima. Il Circolo è una Figura piana comprefa da una
linea folamente detta Periferia, che comprende, e chiude un punto detto Centro, a cui le linee da lei condotte fono tutte eguali, come
Fig. 13. nella Figura decimaterza il circolo C. I. D. che comprefo dalla linea
detta Periferia, che ha il punto P., da cui tirate le linee P. I., e P. D.,
e P. C., e fimili, fono tutte eguali; onde P. farà il fuo centro, per
la qual cofa, fe vi farà una Figura, che fia comprefa da una linea
folamente, e non abbia punto in fe, a cui fi tirino le linee uguali,
farà Elifli, ovvero ovato, ma non circolo.

Definizione feconda. La linea, che paffa pel centro come C. D.
Fig. 14. nella Figura 13., e fi congiunge colla circonferenza, fi dice Diametro, fe poi fegata, e divifa, Semicircolo, come nella Fig. 14., e la linea P. I. farà Semidiametro.

Definizione terza. Le linee, le quali fono in ifquadro col Diame-
Fig. 15. tro, e finifcono nella circonferenza, fi dicono feni come nella Figura
15. F. A., il quale è ad Angoli retti al Diametro C. D.; fi dicono poi
applicate non tanto nel Circolo, quanto nella Elifli, ed Ovati. La linea E. A. fe dicefi feno retto, l'altra del complemento, ovvero all'
oppofto; fe F. A. farà feno retto, E. A. farà feno del complemento.

Fig. 16. Definizione quarta. La linea B. A., che prende, ed unifce due punti della circonferenza, ne paffa pel centro, fi dice *Subtenfa*, o *Corda*, o
fe è nella Elifli, ovvero Ovato, fi dice anche *Applicata*, come nella
Figura 16. La linea E. C., oppure F. I. in quadro colla Corda, o alzata della metà di effa dicefi fenoverfo, o Saetta.

Fig. 17. Definizione quinta. Le linee, che condotte dal Centro efcono
fuori, e fegano la Periferia, come O. G. nella Figura 17. fi dicono *Seganti*, e fe da un punto di fuori condotte toccano folamente il Circolo,
fi dicono *tangenti*, le quali due forte di linee fi congiungono infieme nel
punto G., onde la fegante termina nella tangente.

Definizione fefta. La mifura di un'Angolo, e la circonferenza di
un Arco è pezzo di Periferia, che abbia il Centro nell'Angolo, o fia
com-

compreso da' suoi lati, come nella Figura 18. l'Angolo C. P. D., onde l'Angolo retto è misurato dal quadrante come I. P. D.

Ora i Matematici con diversi argomenti sono andati cercando la quantità di ciascuna di queste linee, presupponendo il seno tutto, cioè il Semidiametro diviso in dieci millioni di parti, che ogni circolo sia diviso in 360. parti, ed ogni quarta parte di giro, o quadrante in 90., che chiamarono Gradi, ed ogni grado diviso in particelle 60., che dissero minuti. E così cercarono la quarta del seno, che sottende un minuto, due, tre, siccome di ciascun grado fino a novanta, ed a ciascun grado, e minuto assegnando il suo seno ne compresero tavole numeriche, che dissero tavole de' seni. Siccome trovarono la quantità delle seganti, e delle tangenti, nelle quali si cerca il Grado in fronte, ed a lato i minuti, e nell'aree si vede espresso in numeri la quantità del loro seno, o della loro segante, o tangente. La cognizione delle quali Tavole se non è necessaria, almeno è molto utile all'Architettura Militare, ed anche servirà in molte occasioni all'Architettura Civile.

## OSSERVAZIONE QUARTA.

### Dei principj Matematici.

OGni Scienza ha certe previe cognizioni evidenti, e per sè note, che si chiamano principj; e quelle de' Matematici sono le seguenti.

1. Quando una cosa è eguale a due altre, queste due sono eguali fra loro, e sarà maggiore, o minore di un'altra, e se questa abbia molti eguali, sarà di quelle uguali, o maggiore, o minore.

2. Se alle cose uguali sono aggiunte cose uguali, tutte rimangono eguali, e se dalle cose uguali sono levate cose uguali, quello che resta rimane uguale.

3. Quello, che non eccede l'altro, ne manca da esso, è uguale all'altro.

4. Il tutto è maggiore della sua parte, e a tutte loro è uguale.

5. Due linee rette non possono aver la stessa parte, cioè convenire nella stessa linea secondo una parte sola, e non secondo l'altra.

6. Se due linee cammineranno per gli stessi punti, faranno la stessa linea.

7. Tutti gli angoli retti sono uguali.

## OSSERVAZIONE QUINTA.

### Circa i Postulati.

DOmandano i Matematici, che sia lecito a loro fare alcune operazioni, che chiaramente, ed evidentemente si ponno fare, senza che alcuno li riprenda, e sono.

1. Che si conceda a loro tirare una linea da un punto all'altro.
2. Che si possa da loro continuare una linea.
3. Che si possa fare un circolo con qualunque centro, ed intervallo.

4. Che

18 DELL'ARCHITETTURA.

La str. 1.
Trat. 1.
4. Che si possa prendere da una grandezza data una parte o maggiore, o minore secondo che piace.

## CAPITOLO SESTO.
*Di alcune operazioni Matematiche circa il partire le Linee, e gli Angoli.*

Elle operazioni per così dire infinite, che i Matematici vanno esercitando con evidenti dimostrazioni, ne sceglieremo alcune le più principali, che sono necessarie all'Architettura, senza però arrecare le prove, perchè questo si è proprio uffizio della Matematica, di cui l'Architettura si professa discepola.

### OSSERVAZIONE PRIMA.

Fig. 19.
DI segare una determinata linea per mezzo. Sia A. B. la linea data nella Figura 19., e si tratti di volerla dividere per mezzo, all'intervallo di essa A. B., si tiri una porzione di circolo, fatto il centro in B., e collo stesso intervallo fatto centro in A., si prolunghino finattanto che s'incontrino come in C., ed in E., e dove si tagliano, si tiri la linea C. E. da un taglio all'altro, che tagliata sarà l'altra A. B. per mezzo in D., si prova questa operazione da Euclide Lib. 1. prop. 10.

### OSSERVAZIONE SECONDA.

*Del modo di fare un Angolo uguale all'altro sopra una linea data.*

Fig. 20.
SIa dato l'Angolo B. nella figura 20., e si abbia da fare un Angolo eguale; nel punto G. coll'intervallo, che piace B. A. centro B. si faccia un'Arco, e lo stesso si faccia nel centro G., e sia M N., che si faccia eguale all'Arco A., e dal centro G. per N. ed M., si tirin le linee G. N., G. M., e l'Angolo G. sarà eguale all'Angolo B. si prova p. 2. Trat. 4.

### OSSERVAZIONE TERZA.

*Come si abbia a dividere un Angolo per mezzo.*

Fig. 19.
QUesto si farà colla stessa regola, e figura della osservazione prima. Sia l'Angolo B. C. A. compreso da due lati C. A., C. B. se non sono eguali, si taglino da loro porzioni eguali, come sono le presenti C. A., e C. B., e qualunque distanza possa prendersi in essa, e dalle estremità di queste parti eguali si tiri la linea B. A., che dividasi per mezzo colla C. D., e questa dividerà anche l'Angolo in due parti eguali nella parte bianca A. C. D., e nella parte nera B. C. D. lo provo con Euclide prop. 4. Trat. 4.

## OSSERVAZIONE QUARTA.

*Del modo di follevare da un dato punto di una linea una perpendicolare.*

Sia l'A. B. come nella figura 21., ed il punto affegnato fia C., da cui fi debba follevare la normale, o perpendicolare C. F., fi tronchino due parti eguali da effa C. E., e C. D., e fatto centro in E., come fi è fatto nella precedente coll'intervallo di tutta la linea E. D. compofta dalle due parti eguali, fi faccia un Arco, e di nuovo fatto centro in D., e da dove interfecano in F. fi conduca una retta al punto C., e quefta farà normale, fi prova da Noi nel Trat. 4. prop. 8., ed Euclid. pr. 11. lib. 11.

Fig. 21.

## OSSERVAZIONE QUINTA.

*Maniera di tirare da un punto dato una retta Linea, e normale ad un'altra.*

Sia dato il punto C., e la linea A. B. come nella figura 22. fi faccia il centro nel punto dato C., e l'intervallo fia tale che colla circonferenza del Circolo fi feghi la linea data, e fiano i punti A., B., e quefta fi divida per mezzo, come abbiamo infegnato nella prima offervazione, in D. colla linea C. D., e quefta farà anche normale, perchè gli Angoli preffo B. sì il nero, come il bianco fono eguali, come prova Euclide prop. 12., e con effo lo provo Trat. 4. p. 9.

Fig. 22.

## OSSERVAZIONE SESTA.

*Della maniera di fare una Linea Paralella ad un'altra, tirandola da un dato punto.*

Sia data la linea C. B. come nella figura 23., a cui debbafi tirare una paralella nel punto dato A., fi tiri dal punto A. una linea, che feghi la data B. C. in D., e faccia l'Angolo nero, fi faccia lo fteffo all'Angolo A. tirando un'Arco dal centro A. eguale all'altro tirato collo fteffo intervallo dal centro D., e per la eftremità fua, ed il punto A. fi tiri una linea, perchè farà l'Angolo nero appreffo A. eguale al nero appreffo D., onde la linea F. E. farà paralella, come prova Euclide alla prop. 31., e con effo lui al Trat. 7. prop. 32. del noftro Euclide.

Fig. 23.

Si può fare anche una paralella, fe fatto centro nella linea data B. C. fi faranno due porzioni di circolo F., ed E., e pe' medefimi fi farà paffare una retta F. E., che li tocchi, perchè come ivi dimoftro F. E. farà paralella.

## OSSERVAZIONE SETTIMA.

*Modo di trovare il centro di un dato Circolo, o di un'Arco.*

Sia dato il fegamento di circolo, o pur anche un circolo intero B. T. C., come nella figura 24. qualunque fia, fi congiunghino

Fig. 24.

Laftr.1.
Trat.1.
con una linea i punti B C, a cui divifa per mezzo in D fi alzi una normale dal punto D in T, e fi prolunghi quanto fia neceffario, e poi fi congiunghi il punto B col punto T con una retta, che farà l'Angolo BTD. A quefto dunque fi faccia eguale l'Angolo TBA tirando la linea BA come ho infegnato nella precedente operazione; e dove fega la TD in A ivi farà il centro, Prova ciò Euclide prop. 25. lib. 3.

## OSSERVAZIONE OTTAVA.

*Del modo di trovare il Centro di un Circolo, che paffi per tre dati punti, purchè non fiano in linea retta.*

Fig. 25.

Siano dati tre punti BCD come nella figura 25., pe' quali debba paffare un Circolo, e però non debbono effere in retta linea. Si congiunghino colle linee BC, e CD, le quali fi divideranno per mezzo, e da que' punti s'innalzeranno quelle che fono a loro normali EA, e FA, le quali s'anderanno ad unire in un qualche punto come A, ove adunque fi unifcono in A, ivi farà il centro.

Fig. 26.

Si potrà anche fare con più facilità mettendo la punta del Compaffo in qualunque punto della periferia all'intervallo più che la metà del cerchio, e così dalla parte oppofta, e facendo due porzioni di circolo, che fi tagliano, e poi fare lo fteffo ne' due punti oppofti, e tirare in quefti due tagli, ed interfecazioni due linee, che anderanno a fegarfi in A come fi vede nella 26. figura: lo prova il Clavio nella poftilla, che fa alla prop. 5. del lib. 4. d'Eucl.

## OSSERVAZIONE NONA.

*Del modo di dividere una Circonferenza in due parti eguali.*

Fig. 27.

La operazione è la fteffa, perchè la AE perpendicolare alla BC come nella figura 27. divide nella precedente figura anche la circonferenza per mezzo in E come provo nel noftro Euclide prop. 27. Trat. 6. Coroll. 6.

Fig. 16.

## OSSERVAZIONE DECIMA.

*Maniera di duplicare un'Angolo, e fare un'Angolo la metà d'un'altro.*

Fig.28., e 29.

Sia l'Angolo CÆH come nella figura 28. che bifogni duplicare; fatto centro in Æ a qualunque diftanza fia a grado, fi tiri un Circolo, od una porzione di effo, CH, o pure RS nella figura 29. fia la bafe, fe RAS fuffe il triangolo; da poi fi trovi per la precedente un Circolo, che paffi per gli tre punti CÆH, il cui centro fia B, o pure per le tre RAS fe farà il triangolo RAS, e poi dal centro B fi tirino i due lati BC, e BH, o pure nella feconda figura i due lati BR, e BS, e farà fatto l'Angolo nero B al doppio dell'Angolo CÆH, o dell'Angolo RAS in qualunque modo che avvenga, febbene il punto B veniffe fuori dei

due

# TRATTATO I. CAP VI.

due lati C Æ, o EH, o pure della seconda figura AR, ed AS lo provo nel nostro Euclide Trat. 6. prop. 23. ed Euclide lib. 3. prop. 30.

Se poi di un'Angolo doppio se ne vorrà fare un semplice, o la metà solamente; troncati i lati eguali BC, BH nel triangolo nero centro B all'intervallo assunto BC, o BH si farà un circolo, dal qual eletto qualunque punto, che torni comodo come Æ, si tireranno i due lati Æ C, ed Æ H ai due punti prima eletti C, H; e così l'Angolo C Æ H sarà meno la metà dell'altro nero B; onde si cava, che gli Angoli al centro sono al doppio degli Angoli alla circonferenza.

## OSSERVAZIONE UNDECIMA.

*Dello accomodare una linea nel Circolo, che sia minore del Diametro.*

Sia data la linea E come nella figura 1. che bisogni allogare nel circolo in tal guisa che tocchi la sua circonferenza, e sia minore, che il Diametro. Tirato nel circolo il Diametro AD, si misuri la linea E in lui, e sia AC, e tirata dal centro A la circonferenza CB segherà il circolo in B, si congiunga dunque l'un punto coll'altro A, e B, e la linea E uguale all'AC, ed in conseguenza all'AB, sarà accomodata nel circolo. Provo questa operazione prop. 1. Trat. 7.

## OSSERVAZIONE DUODECIMA.

*Modo di tirare una linea da un dato punto, che tocchi il Circolo.*

Sia dato un circolo, il cui centro sia R, ed il punto sia V come nella figura 2., si congiunga il punto V col centro R, ed all'intervallo RV nel centro R, si faccia un circolo, ed un'Arco lungo quanto basti; Da poi dal punto P, dove il Semidiametro sega la circonferenza, si tiri allo stesso una normale PQ, e si unisca il punto Q col centro R, e dal dato punto V si tiri una linea pel punto T dove sega la circonferenza in T la linea V T, che questa toccherà la circonferenza in T, e farà tangente, siccome anche la QP è tangente; onde quando il punto non fosse assegnato, ma che si debba semplicemente tirare una tangente, basterà sollevare una normale dal punto P. Lo provo nel nostro Euclide Trat. 7. prop. 19., ed Euclid. prop. 17. lib. 3.

## DEDUZIONE.

NE consegue con Euclide prop. 16. lib. 3., che le tangenti PQ, e VT sono normali al Diametro, che passa per gli punti P, e T come vedesi dall'operazione.

## OSSERVAZIONE DECIMATERZA.

*Del modo di tirare una linea tangente paralella, ad una Sottensa.*

SI tagli per mezzo la sottensa BC, come nella figura 3., e dal centro Q si tiri per quella metà segnata col numero 2. la linea AQ,

e

Lastr. 2.   e dal punto, ove fega la fegante A Q, fi alzi la normale A D dal punto
Trat. 1.   A, e quefta farà paralella alla B C fottenfa. Si prova al Coroll. 5. Trat. 6. prop. 27. del noftro Euclide.

## OSSERVAZIONE DECIMAQUARTA.

*Come da un Circolo fi debba fegare un Arco, che capifca un'Angolo affegnato.*

Fig. 4.   SIa dato l'Angolo Q nella figura 4., e dal circolo affegnato AECB fi debba fegare un Arco, che capifca l'Angolo Q; fi conduca la tangente D G, che tocchi 'l circolo in A, e dal punto A fi tiri l'AB, la quale faccia colla tangente A G l'Angolo nero eguale all'Angolo Q come abbiamo infegnato di fopra, e taglierà in B l'Arco A E B, nel quale eletto qualunque punto come E, e tirati i lati A E, ed E B farà l'Angolo A E B eguale all'Angolo nero A, e però all'Angolo Q. Lo provo alla proporzione 19. Trat. 6. del noftro Euclide.

## OSSERVAZIONE DECIMAQUINTA.

*Maniera di fare un Circolo fenza l'ajuto del Centro.*

Fig. 5.   SIafi da defcrivere un circolo, nè fi poffa aver il centro, fi faccia come nella figura 5. con qualche ftromento l'Angolo ottufo VMP, e fi piantino due chiodi nel piano M e P, e fi muovano i lati in tal guifa, che vadano lambendo i chiodi a cagion di efempio da P per M fino ad V replicando i chiodi alla prima prefa diftanza, perchè l'Angolo M defcriverà un circolo, e fi raccoglie dall'antecedente, e la provo prop. 1. Trat. 18. del noftro Euclide.

    Si può fare anche di un'altra maniera. Sia il centro A, che però non fi poffa fapere, fia prefo un'altro centro O, e fia condotta una circonferenza H P C, e poi fi tirino le paralelle a piacimento dalla circonferenza fatta C P H, e tutte eguali fin là ove vuol farfi il circolo come al punto L, e feguenti; perchè le loro eftremità faranno nel circolo, come C L P I, e le altre, le quali co' punti eftremi L I fono nel circolo L I.

## CAPITOLO SETTIMO.

*Delle proprietà effenziali degli Angoli, e delle linee.*

E' Neceffario anche all'Architetto fapere alcune proprietà effenziali delle linee, e degli Angoli, perchè in molte occafioni potrà effere che s'inganni, fe non fa la loro proprietà, e ftimi o poffibile, od impoffibile un'operazione, che però farà in contrario.

    Si poffono adunque confiderare le linee in tre modi: o che fi feghino fra loro, o che fi tocchino, o che non fi feghino, nè fi tocchino; Gli Angoli eziandio in tre modi fi poffono prendere: o in un triangolo, o in due triangoli, o nel circolo, ed altre figure, e così delle linee, e così anche degli Angoli prefi in tutti quefti tre modi, fpiegheremo le proprietà.

## OSSERVAZIONE PRIMA.

*Delle proprietà delle linee, che si segano tra di loro.*

LA prima è, che facciano gli angoli opposti nella intersecazione uguali. Sieno le due linee, che si segano AC. nella figura 6., e BD. gli angoli opposti alla intersecazione sono BD. bianco, ed AC nero, e questi sono uguali fra loro, siccome uguali negli altri due AB., e DC. opposti pure alla cima. Lo prova Euclide alla prop. 15. lib. 1.

La seconda, che fra loro non possono fare, se non quattro angoli a quattro retti uguali; onde, come dimostra Proclo, attorno un dato punto non possono farsi se non angoli, i quali moltiplicati, quanto piace, saranno sempre uguali a quattro retti.

## OSSERVAZIONE SECONDA.

*Delle proprietà delle linee, che si toccano fra loro.*

LA prima, e principale è, che le linee, che si toccano, come la AB nella figura 7., e DC fanno due angoli eguali a due retti, perchè fatta la normale CI al punto I sarà l'angolo nero ICA retto, e l'angolo mezzo nero ICB ancora retto, onde gli angoli DCA nero, e DCB bianco fatti dalla linea DC, che tocca in C saranno uguali ad amendue; occupando lo stesso spazio. Così lo provo nel nostro Euclide prop. 10. trat. 4., ed Euclid. prop. 13. lib. 1.

La seconda è, che la linea perpendicolare è la brevissima, che cada dallo stesso punto, come nella figura 8. AD normale è la più breve, che BA, e che EA, come provo nel Coroll. 10. prop. 17. trat. 4 del nostro Euclide.

La terza ch'ella sola faccia gli angoli retti, e le altre tutte obbliqui, così DA fa due angoli BDA nero, ed ADC bianco retti: le altre come AB fanno l'angolo nero, e l'angolo ✱ obbliqui, e fra loro ineguali, uno acuto come l'angolo ✱, l'altro ottuso come il nero.

La quarta, che tirate da due punti di una linea, come EB mai non si congiungeranno insieme fuori di essa in A, se non sono maggiori della prima EB prese tutte due insieme.

## OSSERVAZIONE TERZA.

*Delle proprietà delle linee paralelle.*

QUando una linea sega due paralelle, prima fa gli angoli alterni eguali, come i due neri CAB, e ABH come nella figura 9. Secondo fa l'esterno A eguale all'interno, e opposto come il nero B, che sono dalla stessa parte verso D, H. Terzo fa gl'interni, ed alle stesse parti uguali a due retti come l'angolo ✱, e l'angolo nero B verso DH, oppure l'angolo nero A, ò l'angolo bianco B verso CG, come provo alla prop. 30. trat. 4. del nostro Euclide, con Euclide stesso lib. 1. prop. 20. Il che intendesi anche all'opposto, che

caden-

cadendo una linea sopra due altre, se farà gli angoli dotati d'una sola delle predette condizioni, avrà tutte le altre, e le linee, sovra cui cade, saranno paralele; lo provo prop. 27. 28. 29. trat. 4. con Euclide.

La quarta proprietà è, che se una linea sarà paralella a due come nella figura 10. quelle due saranno paralelle fra loro, come CD se sarà paralella alla AH e GK, queste AH e GK saranno paralelle fra loro, come provo prop. 31. trat. 4. del nostro Euclide.

La quinta proprietà è, che le linee, le quali congiungono le paralelle, ed eguali come AB, e CD siccome nella figura 11. sono anch' esse paralelle, ed eguali fra loro, come AC, e BD.

## *OSSERVAZIONE QUARTA.*

### *Delle proprietà degli Angoli in un Triangolo.*

PRimieramente ogni Angolo maggiore ha il lato maggiore, ed all' opposto; lo provo prop. 18. trat. 4. citat.

Secondariamente ogni Triangolo, che ha i lati eguali, ha gli Angoli opposti eguali.

Per terzo l'Angolo esterno di un Triangolo è uguale ai due Angoli opposti, ed interni, come l'Angolo esterno ADB è uguale all'Angolo A, ed all'Angolo E opposti, ed interni nel Triangolo EAD.

Per quarto di qualunque Triangolo siano gli Angoli, tutti sono eguali a due retti, come nel Triangolo EAD i tre Angoli A, ed E, e D interni sono eguali ai due retti.

Per ultimo tutti i Triangoli hanno i loro tre Angoli insieme eguali fra loro, perchè sono eguali a due retti, ed i retti sempre sono eguali, come provo prop. 17. Coroll. 2. trat. 4. citat.

## *OSSERVAZIONE QUINTA.*

### *Della proprietà degli Angoli in due Triangoli comparati fra loro.*

SE due Triangoli avranno due lati l'uno eguale all' altro in ciascuno, come AC a DG, e CB a GE, e l'Angolo compreso, ò verticale nero C eguale a G, sarà anche la base uguale, ò l'uno eguale onninamente all'altro, lo provo prop. 22. trat. 4. citat.

All' opposto poi, se avranno le basi DE, AB eguali, ed i lati corrispondenti eguali, saranno gli Angoli neri C e G opposti alla base uguali, ed i Triangoli eguali, lo provo trat. 4. prop. 23. cit.

Se vi saranno poi due Angoli in ciascun de' due Triangoli eguali ciascuno al suo corrispondente come A a D, e B a E, e questi abbiano anche un lato eguale, ò adjacente a tutti due gli Angoli, come sono i lati AB, e DE, oppure opposti ad uno degli Angoli, come CB, e GE, ovvero CA, e GD, questi avranno tutti i lati eguali, e saranno Triangoli eguali.

Di più se in un Triangolo vi farà un' altro Triangolo sulla stessa base, come BDC, e BEC nel Triangolo BAC questo incluso avrà l'Angolo compreso, e verticale D, ovvero E maggiore dell' Angolo

ver.i-

TRATTATO I. CAP. VII.   25

verticale nero A, dell'altro, che l'inchiude, ma i lati sempre mino- Laſtr. 2.
ri, che ſtipano, e ſerrano gli Angoli verticali, così i lati B D, e Trat. 1.
D C, ovvero B E, C E preſi amendue inſieme ſono minori, che i due Fig. 14.
B A, A C lati del Triangolo inchiudente preſi parimente inſieme.

Per fine avendo due Triangoli gli Angoli eguali, benchè i lati
ſieno diſuguali ſaranno almeno equiangoli, Come provo Coroll. 2.
prop. 17. trat. cit.

### DEDUZIONE.

Quindi ne ſiegue, che dai punti B, e C eſtremi della baſe non ſi
poſſono tirare due lati eguali a quelli tirati dagli ſteſſi punti verſo lo ſteſſo luogo, che non vadano a finire in A. Così ſe B Q
fuſſe eguale a B A, e D C a C A non potrebbono convenire, ſe non
in A. lo provo prop. 6. tratt. 4. cit.

### OSSERVAZIONE SESTA.

*Maniera di fare un Triangolo di tre linee date.*

Perchè come ſopra ho notato nella Oſſervazione ſeconda, e pro- Fig. 15.
vato prop. 20. trat. 4. del noſtro Euclide, è neceſſario, che due
linee ſieno maggiori della terza per congiungerſi in un punto fuori
di eſſa, perciò ſi ſcelgono due A e C inſieme maggiori della terza
B, e preſo l'intervallo di A, fatto il centro in G, ſi tiri un'Arco, e
miſurato l'intervallo della linea B ſi noti da G in F, e preſo il terzo intervallo C ſi tiri un'Arco H verſo G, e dove ſi ſegano in H, da
punti G ed F ſi tirino due rette, e ſarà fatto il triangolo G. H. F. dalle
date linee A, B, C.

## CAPITOLO OTTAVO.

### Delle Proporzioni.

Dovendo l'Architetto impiegarſi nelle ſimmetrie, e proporzioni, è neceſſario, che delle medeſime n'abbia qualche
cognizione: di queſte ne tratta Carlo Ceſare Oſio nelle ſue
precognizioni più neceſſarie nell'Architettura pag. 31., e preſuppone ſenza le medeſime non potere l'Architetto procedere giuſtamente nelle ſue operazioni.

### OSSERVAZIONE PRIMA.

*Proporzione è una corriſpondenza di due quantità nel commenſurarſi l'una coll'altra.*

S'Intende aver proporzione una quantità coll'altra, quando compa-
rata, ed applicata almeno coll'intelletto ad eſſa ſi vede eccedere,
ò mancare in determinata quantità, e però quello che non potrà commenſurarſi coll'altro non avrà alcuna proporzione collo ſteſſo. Così la
ſuper-

superfizie non ha proporzione colla linea, nè col corpo, perchè non può commensurarsi con esso lui, così l'Angolo non ha proporzione colla linea, perchè sendo di genere diverso non può l'una applicarsi all'altra, e commensurarsi.

## OSSERVAZIONE SECONDA.

*Vi sono proporzioni razionali, ed irrazionali.*

Così comunemente, ed è manifesto, perchè alcune proporzioni sono effabili, e si possono manifestare co' numeri; come la proporzione di un'oncia con un piede, ch'è di uno a dodici, ma altre sono ineffabili, nè col numero si possono manifestare, e però sono dette irrazionali, come del lato di un quadrato colla diagonale, perchè come provo Trat. 12. del nostro Euclide pr. 4. non ha alcuna corrispondenza di misura col medesimo.

## OSSERVAZIONE TERZA.

*La proporzione razionale si divide in due, di egualità, e d'inegualità.*

Egli è manifesto, perchè vi sono delle quantità eguali, ed ineguali.

## OSSERVAZIONE QUARTA.

*La proporzione ineguale è di maggiore, ò minore inegualità.*

Perchè ò si compari la quantità maggiore colla minore, e così ha proporzione maggiore, perchè la contiene più volte; a cagion di esempio il piede contiene un'oncia dodici volte; ò la quantità minore si paragona colla maggiore, e così è minore, perchè non la contiene intiera, così l'oncia non contiene del piede, se non la duodecima parte.

## OSSERVAZIONE QUINTA.

*La proporzione di maggiore inegualità è di cinque maniere.*

Perchè se la quantità maggiore contiene più volte la minore giustamente, come il piede contiene oncie dodici, ed è moltiplice, ò contiene solamente una volta, ed una parte di essa, che la divide ugualmente, come farebbe una linea di un'oncia, ed un quarto paragonata alla linea di un'oncia, e questa si chiama *superparticolare*, perchè è una particella di più dell'altra minore, ovvero contiene più parti, e si dice *superparticolare parziente*.

Che se la quantità maggiore contiene la minore più volte, ed una parte di essa, chiamasi *moltiplice superparticolare*, come il 26. contiene il 6. quattro volte, ed un terzo; che se contiene più volte, ed anche più parti, si dice moltiplice superparziente.

TRATTATO I. CAP. VIII.  27

E così sono cinque maniere di proporzioni di maggior inegualità, moltiplice, moltiplice superparticolare, moltiplice superparziente, superparticolare, e superparziente.

## OSSERVAZIONE SESTA.

*La proporzione di minore inegualità si divide pure in cinque spezie alla stessa maniera.*

PErchè la quantità minore può essere contenuta dalla maggiore negli stessi modi; ma quando la minore si compari alla maggiore, in vece di *super* si aggiugne *sub*, così sarà submoltiplice, submoltiplice subparticolare, submoltiplice subparziente, subparticolare, e subparziente.

## OSSERVAZIONE SETTIMA.

*Ciascuna di queste si denomina secondo la quantità delle parti, che contiene.*

LA proporzione moltiplice si dirà dupla, tripla, quadrupla &c. perchè conterrà due, tre, e quattro volte la minore; la submoltiplice, subdupla, subtripla, subquintupla, subsestupla, perchè tante volte sarà contenuta.

Così la proporzione moltiplice superparziente, si dice per esempio triplice triparziente le decime, se contiene la minore tre volte, e tre decime parti di essa, così si dirà, quadrupla bisparziente le quinte, perchè conterrà la minore quattro volte, e due quinti d'essa.

Ed in tal guisa si nominerà la submoltiplice, e subparziente, e si dirà subtriplice, subtriparziente le settime, ò subquintupla subquadriparziente le settime, perchè sarà contenuta dalla maggiore tante volte con tante sue parti, per esempio tre settimi, ò quattro settimi.

La proporzione moltiplice superparticolare si chiamerà per esempio triplice sesquialtera, se conterrà tre volte, e una metà di una parte, sesquiterza, se tre ed un terzo, sesquiquarta, se tre, ed un quarto, e così delle altre.

E la proporzione di minore inegualità della stessa sorta, pure si dirà submoltiplice sesquialtera, sesquiterza, sesquiquarta &c.

La proporzione superparticolare si denominerà eziandio superparticolare sesquialtera, sesquiterza, sesquiquarta, se conterrà una parte, ed una metà, od una parte, e un terzo.

E se sarà minore si dirà subparticolare sesquialtera, sesquiterza, sesquiquarta in pari maniera.

Se sarà superparticolare superparziente si dirà al predetto modo superparticolare bisparziente le terze, e triparziente le settime, e simili.

E se sarà di minore inegualità, si dirà pure subparticolare triparziente le decime, ò quadruparziente le settime.

Ed in tutte queste proporzioni superparzienti si ha da avvertire, che in occasione vi siano parti, che dividano egualmente, dette aliquote, e facciano una solamente, quella sarà proporzione superparticola-

28  TRATTATO I. CAP. VIII.

Laſtr.2. re, e non ſuperparziente, come 26. a 6., perchè benchè 26. conten-
Trat. 1. ga quattro volte il 6., e due ſeſti, que' due ſeſti però non fanno più che un terzo; onde è proporzione ſuperparticolare, e non ſuperparzien-te, benchè ſia eſpreſſa con numero 2., e dica due ſeſti.

E tanto parimenti deveſi ragionare della ſubparziente, che ſi dirà ſubparticolare, ogni volta che più parti di eſſa facciano una parte ſolamente aliquota, cioè una di quelle, che moltiplicate giuſtamente la compongono, come 2. moltiplicato per 3. fa 6. nel detto eſempio.

## CAPITOLO NONO.

### Delle proporzioni delle linee.

E linee, altre ſono proporzionali in lunghezza, altre ſono proporzionali in potenza. Quelle ſono proporzionali in lunghezza, quando ſi poſſono miſurare con una miſura comune, come il Palmo, ed il Piede, che ſi miſurano colle oncie. Quelle, che ſono proporzionali in potenza, ſono linee, i quadrati delle quali con una comune miſura di un pezzo di quadro di ſuperficie ſi poſſono miſurare: come i quadrati di un lato di due palmi E G con un quadrato di un lato di tre palmi B A, i quali ſono commenſurabili contenendo E G quadrati quattro, e B A quadrati nove: E quelle poi, e queſte due, ſono commenſurabili in lunghezza, ed in potenza, che hanno una comune miſura, e fanno i qua-
Fig. 16. drati, che ſi poſſono miſurare con una miſura comune.

### OSSERVAZIONE PRIMA.

*Maniera di levare da una linea data qualunque ſiaſi parte, che ſi richiegga.*

Abbiamo già veduto la diviſione della linea in parti eguali; ora dobbiamo dividerla in qualſiſia parte proporzionale, e di qualunque piacimento.

Fig. 17. Sia la linea A B, dalla quale ſi debba levare per eſempio la quinta parte; dal punto, ed eſtremo A come nella figura 17., ſi conduca l'A O come piace, che faccia angolo in A, e ſi tagli in tante parti elette a beneplacito, quante ſono quelle, delle quali la predetta è parte, come nell'eſempio in 5., perchè ſi deve detrarre la quinta parte; e dall'ultima parte O ſi tiri una linea all'eſtremo A di B A, e ſi faccia un triangolo A O B; e a queſta dall'ultima diviſione F ſi conduca una paralella verſo A B, che ſia F E, e la parte B E ſarà il quinto di B A lo provo alla prop. 12. trat. 10. del noſtro Euclid.

### DEDUZIONE.

Quindi ne viene di aggiugner ad una linea qualunque parte a piacimento, per eſempio ſia la linea E A, alla quale abbiaſi ad aggiugnere un quarto, ſi conduca la linea F A, e diviſa in quattro parti come piace, ſi tiri dal punto F eſtremo la linea E F,

e ſi

e si faccia il triangolo FEA, da poi alla predetta FA si aggiunga il quarto FO, e si tiri la paralella OB, indi si prolunghi la EA, che si deve aggiugner, e seghi la OB in B, e la EB sarà il quarto aggiunto.

Lastr. 2.
Trat. 1.

## OSSERVAZIONE SECONDA.

*Dello segare una linea simigliantemente ad un' altra, e secondo qualunque proporzione.*

Questa operazione è quasi la stessa, che la precedente; sia la retta AB, da dividersi come un' altra data che sia, per esempio, di tre parti come AC, si tiri dunque dall'estremo della data AB, l'altra AC, ò qualunque che sia, divisa come lei in tre parti, e si congiungano gli estremi C, B colla retta BC, e dalle divisioni della AC come P, Q si conducano paralelle alla CB, che segheranno la AB in M, ed N come la AC, ciò provo al Trat. 10. prop. 13. del nostro Euclid.

Fig. 18.

Quindi è, che possiamo anche segare la AB secondo qualunque proporzione, se seghiamo AC indeterminata in quella proporzione, che piace, ed il resto facciamo come prima.

### DEDUZIONE.

Quindi ne siegue, che le parti hanno la stessa proporzione insieme, così PQ, e QC sono nella stessa proporzione, che PL, e LO, ò MN, e NB ad esse uguali pel paralellismo delle linee PM, QN

## OSSERVAZIONE TERZA.

*Come date due linee rette si ritrovi la terza proporzionale.*

Sieno date due linee rette AB, ed AC, e si pongano in Angolo in A, da poi si prolunghi quella, che vogliamo sia la prima, e sii AC, da cui si tagli CQ eguale alla seconda AB, e l'estremità C della prima AC si congiunga coll'estremo B della seconda AB, e sia CB, a cui dalla Q dell'eguale CQ si conduca una paralella PQ, a cui si prolunghi la seconda AB, e sia BP, e questa farà la terza proporzionale BP lo provo alla prop. 14. lib. 10. del nostro Euclide.

Fig. 19.

### DEDUZIONE.

Se si volesse replicare la stessa proporzione ponendo AB per prima, si farà allo stesso modo prolungando CQ fino all'eguaglianza di BP, e facendo il rimanente, come prima.

OSSER-

## OSSERVAZIONE QUARTA.

*Come date tre linee rette si ritrovi la quarta proporzionale.*

Laſtr. 2.
Trat. I.
Fig. 20.

Abbianſi due linee A B, e B C, che ſi miſurino ſopra una data linea in A C, la terza linea delle date A D faccia Angolo con queſta in A all' eſtremo della prima linea A B, e ſi congiungano le eſtremità B, e D colla retta B D, ed a queſta congiungente dal punto C ſi tiri una parallela C H, e prolungata la linea A D in H, la D H ſarà la quarta proporzionale, e tale ſarà la A B alla B C, come la A D alla D H.

### DEDUZIONE.

Talvolta ſi vorrebbe l'ordine delle proporzioni prevertito, e che così fuſſe alla prima la ſeconda, come la quarta alla terza; ma ſi farà quaſi allo ſteſſo modo, ſe non che la terza A D non ſi dovrà congiungere alla prima in A, ma alla ſeconda in C, ed il rimanente ſi farà come prima; e ſarà nella figura D A la ſteſſa che A D, e la quarta proporzionale ſarà H D, che ſarà alla D A, come la A B alla B C.

## OSSERVAZIONE QUINTA.

*Date due linee rette, come ritrovaſi la Media proporzionale.*

Fig. 21.

Sieno date due linee rette A B, e B C, e ſi diſtendano in una linea A C, la quale ſi divida per mezzo in E, ed in eſſo fatto centro all' intervallo della ſua metà E C ſi tiri un' Arco, ò ſemicircolo A D C, e dal punto B ſi alzi la normale B D finchè termini nella circonferenza in D, perchè queſta ſarà la media proporzionale tra le due A B, e B C, ed in tal guiſa ſarà A B a B D, come B D a B C, come provo alla prop. 16. trat. 10. citat.

### DEDUZIONE.

SI può anche in queſto, data una linea A C, e la C D trovare la terza proporzionale, ſe fatto un ſemicircolo ſopra A C in eſſo ſi accomoderà la minore A D, perchè la terza proporzionale ſarà D C tirata dall' eſtremo D all' eſtremo C, perchè tale ſarà la A C alla A D, come la A D alla D C, come provo prop. 1. trat. 15. del noſtro Euclide; dove anche moſtro, che A D ſarà media proporzionale tra A C, ed A B.

## OSSERVAZIONE SESTA.

*Dividere una linea in parti tali, che abbiano col tutto continua proporzione.*

Fig. 22.

SIa E C, che biſogna dividere in tal guiſa, che la C E tutta, e la ſua parte maggiore ſia, come eſſa maggiore alla minore; che

ſi

fi dice da' Matematici. *Extrema, & media ratione dividere*.

Si raddoppi C E, ed arrivi in B, e fatto centro in E fi tiri all' intervallo di efsa C E il femicircolo C A B, e s'innalzi dal centro E la normale E A, poi fi divida l'aggiunta E B per mezzo in F, e fi tiri dal punto F all'eftremo A la retta F A, e quefta fi mifuri da F in D, ed il punto D diftinguerà due fegmenti D E, e D C, che faranno in continua proporzione con tutta la linea E C, e tale farà E C ad E D, come E D a D C; la provo prop. 17. trat. 10. cit.

Laftr.2.
Trat. 1.
Fig. 22.

## OSSERVAZIONE SETTIMA.

*Come fi debba fegare una linea in guifa, che i fegmenti fieno eftremi proporzionali di una data linea.*

SI deve fegare A C, in tal maniera, che A B data fia proporzionale fra due fegmenti A F, e F A; all'eftremo A s'innalzi A B, e dalla metà della data linea A C in E fi faccia il femicircolo C H A, e poi dall'eftremo B fi tiri una normale H B, che fega il circolo C H A, e dal punto H, ove fega, fi tiri una normale alla C A, e fia H F, che farà paralella, però eguale alla A B, e così farà divifa C A da F, in tal guifa, che C F farà ad F H, ovvero A B, come A B alla F A; bifogna però avvertire, che la data non dev'effere più che la metà dell'altra.

Fig. 23.

## OSSERVAZIONE OTTAVA.

*Data la media delle tre, e l'aggregato dell' eftreme, come fi poffano trovare l'eftreme continuamente proporzionali.*

Laftr.3.

SIa l'aggregato degli eftremi H I, e di lui fi faccia un circolo D B H A, e fi accomodi nel circolo duplicata la data media E C, e fia B C, la quale per la propofizione 13. lib. 5. degli Elementi di Euclide è fempre minore, benchè duplicata, dell'aggregato degli eftremi. Dapoi dalla metà fua E fi fpinga una normale a toccar la circonferenza A D, che quefta farà Diametro per la prima Trat. 6. del noftro Euclide, ed i fegmenti faranno eftremi proporzionali per la prop. 6. trat. 15. del noftro Euclide; onde l'E A farà alla E C, come E C all'E D, e così fi otterrà, quanto fi brama.

Fig. 1.

## OSSERVAZIONE NONA.

*Dati i due avanzi di tre lunghezze proporzionali, come fi poffano trovare tutte tre le lunghezze.*

SIano dati gli eccefsi A C, e C D, che fi compongano in una linea C A prolungata a gradimento in B, e da due punti C A fi alzino due normali della fteffa proporzione, che C A a D C, che fi può fare con duplicare, ò triplicare, ò moltiplicare ugualmente C A fopra A C, e D C fopra C F, e per li punti E F fi conduca una retta, che s'incon-

Fig. 2.

s'incontri colla DA in B, e sarà BD a BC, come BC a BA; lo provo prop. 7. trat. 15. citat., ed in tal guisa si avrà l'intento.

### DEDUZIONE.

Quindi si possono anche, dato un termine proporzionale, con un' avanzo trovare tutti tre i termini. Per esempio sia dato il termine BA, e l'avanzo CA, si troveranno i tre termini, se si leverà CA da BC, e così se ne avranno due BC, e BA, co'quali secondo la precedente osservazione terza si troverà la terza proporzionale.

### OSSERVAZIONE DECIMA.

*Maniera di aggiungere ad una linea parte tale, che la data, ed aggiunta sieno reciproche proporzionali.*

Sono reciprocamente proporzionali le quantità, quando sono, e fondamento, e termine della proporzione, e non sono in una solamente i due fondamenti, e nell'altra i due termini. Sia dunque data la linea AB, e BC, che si pongano in tal guisa, che facciano una sola linea CA col punto B, si applichi la terza BD, che faccia con CA qualunque Angolo, e poi si giri un Circolo, che passi per li tre punti per la Osservazione ottava del Cap. 6. DCA, indi si allunghi la DB fino alla circonferenza in F, e sarà fatto quanto si brama, e la BA come fondamento sarà alla DB termine, come la BF fondamento nella stessa linea alla BC termine nell'altra. Lo provo alla prop. 12. trat. 15. del nostro Euclide.

### OSSERVAZIONE UNDECIMA.

*Del modo di segare una linea in tal guisa, che i segmenti sieno reciprocamente proporzionali alle linee intere, ed al segmento di un' altra.*

Sia AB, ed il suo segmento CB, e la terza linea da segarsi sia DB, si congiunga coll'altra in B, e faccia qualunque Angolo B, e poi per la Osservazione ottava del Cap. 6. per li tre punti ACD si faccia passare un Circolo, che sia ADIC, e la linea DB sarà reciprocamente tagliata in maniera tale, che tutta la linea AB sarà alla DB tutta, come la IB parte della stessa DB alla parte dell'altra CB: lo provo alla prop. 20. trat. 15. del nostro Euclide.

## CAPITOLO DECIMO.

*Delle proporzioni degli Angoli, e de' Circoli, e Figure ne' medesimi.*    Laſtr. 3. Trat. 1.

Anno gli Angoli co'Circoli neceſſaria conneſſione, come che ſono miſurate le loro quantità dagli Archi, e parti di circonferenza, per la qual coſa non ſi può intendere la proporzione degli Angoli, ſenza quella de' Circoli; onde ſi debbano trattar inſieme.

### OSSERVAZIONE PRIMA.

*La proporzione degli Angoli in due Circoli eguali, ò pure negli ſteſſi è la ſteſſa, che quella degli Archi ſuttenſi, e de' ſettori.*

Sieno due Circoli ABHL, ed EFMN, e ſieno fatti in eſſi i due Angoli neri ACB, ed EDF, queſti avranno la ſteſſa proporzione fra loro, che l'Arco AB all'Arco EF, ò la ſteſſa, che il ſettore, cioè tutta la ſuperficie nera compreſa da due ſemidiametri, e dall' Arco ACB alla ſuperficie EDF, ò la ſteſſa, che l'Angolo alla circonferenza APB all'Angolo EQF: lo prova Euclide alla prop. 33. del lib. 6., ed io alla propoſizione 39. trat. 10. del noſtro Euclide.    Fig. 5.

### OSSERVAZIONE SECONDA.

*I Circoli diſuguali ſono fra loro, come i Quadrati, ed i Poligoni ſimili in eſſi deſcritti.*

Sia il Poligono, cioè figura di più lati, ma ſimile, cioè che abbia gli ſteſſi Angoli, e lo ſteſſo numero de' lati, come ABCDE deſcritto nel Circolo maggiore, e FHILM deſcritto nel Circolo minore, queſti hanno la ſteſſa proporzione, che i Circoli, cioè ſe l'ambito del Circolo maggiore ſarà la metà più, ò un terzo, od un quarto di più del minore, cioè avrà proporzione ſeſquialtera, ſeſquiterza, ſeſquiquarta, ò qualunque altra, ò ſuperparticolare, ò moltiplice, tale anche il Poligono maggiore ſarà al minore ABCD al Poligono FHILM, e tale ſarà anche il quadrato fatto del Diametro AD, il che s'intende non ſolamente delle circonferenze compreſe inſieme, e degli Angoli de' Poligoni, ma eziandio delle ſuperficie comparate fra loro chiuſe, ò da' Quadrati, ò da' Circoli, ò da' Poligoni; E queſto tutto non ſolamente, ſe ſaranno inſcritti dentro al Circolo, ma anche circonſcritti, lo provo prop. 40. trat. 10. citat.    Fig. 6.

## OSSERVAZIONE TERZA.

*Le circonferenze sì de' Circoli ineguali, sì de' simili Poligoni descritti in essi, siccome anche le corde simili, e gli Archi simili, hanno la stessa proporzione, che i Diametri de' Circoli ineguali.*

Fig. 6.

Sia la stessa figura, in cui sieno Archi, ò corde simili, cioè suttensi ad Angoli eguali, ò Poligoni simili, cioè che abbiano gli Angoli eguali ciascuno al suo corrispondente, questi avranno la stessa proporzione; che i Diametri, così AB Arco a FH Arco simile, ovvero AB linea suttensa, ò corda ad FH corda simile; ovvero AB CDE Poligono ad FHILM Poligono simile, come nella proposta figura, sarà come AD Diametro a FL Diametro: Lo provo alla prop. 42. fino alla prop. 45. trat. 10. del nostro Euclide.

## OSSERVAZIONE QUARTA.

*Qualunque figura rettilinea contiene due volte tanti Angoli retti di quel numero, che tiene fra le figure.*

Fig. 7. 8. 9.

IL Triangolo è la prima figura, e però gli Angoli suoi sono eguali a due retti. La Trapezia, ò Quadrata, o qualunque da quattro lati è la seconda. La terza è il Pentagolo, cioè figura di cinque lati, ò eguali, od ineguali, che equivalerà a sei Angoli retti. Così il Sessagono è la figura quarta, ò sia di lati eguali, od ineguali; dunque per essere la quarta equivalerà ad otto retti. La ragione si è, perchè ogni figura si può dividere in tanti triangoli, qual è il grado, che tiene fra le figure, i quali tutti equivalgono a due retti. Così il Trapezio in due Triangoli, il Pentagolo in tre, il Sessagono in quattro, e così degli altri: lo provo prop. 19. del nostro Euclide.

## OSSERVAZIONE QUINTA.

Fig. 10. 11.

OGni figura rettilinea equivale ad altrettanti Angoli retti, eccetto quattro; quanti tiene angoli, ò lati, e gli esteriori fatti da un lato prodotto, per quanto sieno nella figura i lati moltiplicati, sono eguali solamente a quattro retti.

A ragion di esempio: Nel Pentagolo B sono cinque lati, e cinque Angoli al centro B, adunque sarebbero eguali a retti dieci, ma levatone quattro restano sei. Così il Triangolo equivale a sei; ma detratto quattro restano due, e così di ogni altro, ò abbia lati eguali, ò disuguali fra loro in qualunque modo che sia.

Quanto poi agli Angoli esteriori, non tiene Angoli, ch'equivalgano più che a quattro retti, così prodotto il lato GE in D nel Pentagolo farà l'Angolo DGC, il quale con tutti gli altri della predetta figura farà solamente quattro retti, lo provo prop. 16. e 17. trat. 19. del nostro Euclide.

TRATTATO I. CAP. X.

## OSSERVAZIONE SESTA.

*Del modo di formare una linea curva, che si chiama quadratrice per dividere gli Angoli di qualunque data proporzione.*   Lastr. 3. Trat. 1.

NOn mai da' Matematici è stata trovata regola certa per dividere gli Angoli secondo qualunque data proporzione, espressa, ò co' numeri, ò colle linee; onde per dividerli con certezza senz' aver a tentare misurando, ò rimisurando più volte una circonferenza, hanno inventata una linea detta quadratrice, la quale si fa nel seguente modo, che insegna il Claudio lib. 6. Element., & lib. 7. Geomet. Practicæ, e Vincenzio Leotauto Delfinate nella sua Cyclomanzia amplifica.

Sopra il centro B si faccia una porzione di giro, che sia più di   Fig. 12. un quadrante ACH, ed il quadrante sia ABC, e questo si divida in tante parti, in quante si divide il Semidiametro ad elezione [ perchè quanto saranno più, anche più esatta sarà la descrizione di esse ] Noi abbiam diviso in parti dieci il quadrante AVC in quante il semidiametro AB, delle quali alcune si trasferiscono nel diametro prolungato in BL, e similmente quelle del quadrante si trasferiscono nel suo Arco prolungato, e nello stesso numero, sicchè tante parti eguali fra loro AVCH curva contiene, quante ADBL retta. Dappoi del centro B a ciascuna parte segnata nella circonferenza si tirino i semidiametri, come BE e gli altri fino a BV, ed VC BH. Indi da ciascuna parte del semidiametro sorgano normali ad esso, come sono DE fino all'OX, BF, LG, e si allungano in fino che s'incontrino in ciascheduno raggio; La prima nel primo come DE nel raggio, ò semidiametro BE nel punto E, così 'l secondo nel secondo, e così fino alla OX, che termina nel penultimo BV; E perchè il punto F non si può trovare, essendo lo stesso il semidiametro, e la perpendicolare, si trovino però i punti sotto esso I G per poter aver tanti punti, che bastino. Trovati adunque tutti questi punti dell' incontro delle normali al semidiametro co'raggi, si tirerà per essi con mano facile la linea desiderata, che si chiama quadratrice.

## OSSERVAZIONE SETTIMA.

*Se si farà un Circolo col Semidiametro della saetta, cioè colla normale più lunga, che sia nella quadratrice, il Semidiametro sarà eguale al suo quadrante.*

SIa la VXVB quadratrice, il quadrante del quale si forma, sia   Fig. 13. XVY, e però la saetta sia DB, col cui Semidiametro DB si   14. faccia il quadrante ZDB, dico, che il Semidiametro DX sarà eguale a questo Arco del quadrante ZDB fatto dalla saetta; così prova il Claudio cit., e noi nel nostro Euclide trat. 18. prop. 19. Coroll. 2., e nel Coroll. 3. si palesa, che anche ogni normale, che termini nella quadratrice della saetta resta eguale all'Arco, ch'ella sega, come RV normale alla BD è eguale all'Arco TB del predetto quadrante ZDB, ch'ella sega in T.

E 2   On le

36　TRATTATO I. CAP. X.

La ftr. 3.　　Onde facilmente fi farà qualfifia Quadrante, ed Arco eguale a
Trat. 1. qualfifia linea; fe fi farà proporzionale a'predetti, a cagion di efempio, fe farò un quadrante col femidiametro fefquialtero, ò fefquiter-
zo, ò triplo, ò quadruplo alla faetta DB, e tale farò la linea XD
Fig. 13. facendola della fteffa proporzione, ò fefquialtera, ò fefquiterza, ò tri-
14. pla, ò quadrupla, ò qualunque altra avrò eletta, quefta farà eguale al
quadrante di quella proporzionale alla faetta DB. Effendo che i circoli hanno, come abbiam' detto, la fteffa proporzione, che i Diametri: Eletta poi la proporzione, che vogliamo, e tirata la linea colla
faetta troveremo la quarta proporzionale alla XD per la Offervazione
quarta del Cap. 8.

E fimilmente anche fi farà di qualfifia normale RV alla faetta
DB, perchè qualunque moltiplicata proporzionalmente farà mifura di
un'Arco fimile a DB nel circolo fatto con un femidiametro della
fteffa proporzione alla faetta DB, onde fi potrà ancora ritrovare una
linea eguale al circolo, fe fi prenderà la linea eguale al quadrante quattro volte, ficcome il quadrante è la quarta parte di un circolo.

## OSSERVAZIONE OTTAVA.

*Maniera per dividere un'Angolo dato coll' ajuto della quadratrice fecondo la detta
proporzione.*

Fig. 14.　　SIa data la quadratrice AFKI, e la proporzione della linea V alla linea T, e l'Angolo S da dividerfi fecondo la proporzione
delle date linee V a T; fi faccia nel quadrante della quadratrice l'Angolo NDC eguale all'Angolo S per l'Offervazione feconda Cap. 6.
di quefto Trattato, e dal punto F, ove taglia la quadratura fi conduca una Paralella, e fia FE alla faetta DI, e fi faccia per l'Offervazione decima Cap. 8. di quefto Tratt. come le due infieme T,
ed V come fe foffe una linea, e proporzionata a T, così fia la ED
alla HD, che fia la quarta proporzionale, e fi tiri la paralella HK
alla faetta DI, e pel punto K, dove taglia la quadratrice, fi conduca il raggio, ò femidiametro DKM, e l'Angolo NDC eguale all'Angolo S farà divifo nella proporzione data dalla linea T
alla linea V.

## DEDUZIONE.

QUindi ne viene doverfi partir il quadrante di un circolo in qualfifia data proporzione, fe fi dividerà il raggio AD nello fteffo
modo proporzionalmente, e fi farà la fteffa operazione già infegnata.

*OSSER-*

# TRATTATO I. CAP. X.

## OSSERVAZIONE NONA.

Laftr. 3.
Trat. 1.

*Modo di coftituire nel Circolo una figura di Angoli dati ritrovati coll' ajuto della quadratrice.*

SI ha prima a ritrovare nel Semicircolo un Triangolo di due Angoli dati ritrovati per mezzo della quadratice, e fiano CIA, e CIB nel quadrante BIA come nella figura 15., fi mifuri due volte CA nel femicircolo AFE, così CB, e fieno gli Archi AF doppio di CA, e FE doppio di CB, e fi tirino le linee AF, e FE, e farà fatto il Triangolo AFE, che avrà l'Angolo AEF eguale all' Angolo CIB.

Fig. 15.

Se fi vorrà farlo nell' intero giro fi replicherà quattro volte a ciafcun' Arco. Prima nel femicircolo HA, HC, e CL, e di nuovo fi replicheranno nell' altro femicircolo gli Archi del quadrante ritrovati per mezzo della quadratrice, e fe gli Archi faranno tre, ò almeno due, fi formerà il Triangolo, fe faranno quattro, il quadrato; fe faranno cinque, il Pentagolo; fe faranno fei, il Seffagono; e fe gli Angoli faranno eguali, anche le figure avranno i lati eguali, altramenti difuguali, come fi vede nel Triangolo CAB defcritto nel Circolo AHLB, che ha i lati difuguali per motivo degli Archi difuguali.

TRAT.

# TRATTATO II.
## DELLA ICHNOGRAFIA.

Sſendo la Ichnografia, ſecondo che ſcrive Vitruvio Cap. 1. lib. 1. *ex qua capiuntur in ſolis arearum deſcriptiones*, cioè una deſcrizione in carta degli Edifizj, de quali nel piano, ove ſi dee fabbricare, ſi prendono le miſure per collocarvi la fabbrica; Quindi è che per ſaperla ordinare, e farla rettamente, biſogna ſapere prima, ſe il luogo, ove ſi dee fabbricare, è veramente piano, per poterlo ridurre, ſe non vi foſſe, e però primieramente fa di meſtieri ſaper livellare; Secondariamente prendere la miſura del piano offerto, e trasferirlo in carta; Per terzo conoſcere le miſure, che ſi coſtumano nel proprio Paeſe, ed anche quelle di altre Città per poter ridurre i ſiti alle ſteſſe miſure, e proporzionatamente ad eſſe trasferirle in diſegno; Per quarto convien ſaper formare la ſcala diviſa in minutiſſime parti proporzionali alle miſure del Paeſe; E per ultimo deveſi ſaper il modo, col quale ſi rappreſentano le parti dell' Edifizio, che occupano il piano del Diſegno.

## CAPO PRIMO.

### *Della maniera di livellare.*

#### OSSERVAZIONE PRIMA.

Laſtr. 1.
Trat. 2.

*Del porre un Piano, ò una linea a livello, e collocarla equidiſtante all' Orizzonte.*

Fig. 1. Sia il Cielo A C B, l'Orizzonte, cioè il Circolo, che lo divide per mezzo eſprima la linea A B, la terra ſia H, la linea equidiſtante tanto dalla parte I, quanto dalla parte L all' Orizzonte A B ſia I L, queſta ſi dirà linea livellata, e poſta in piano.

#### OSSERVAZIONE SECONDA.

*Indizio, che una linea, ò lato ſii a livello, è, ſe ſarà in quadro colla linea del contrapeſo, ò pendolo quieto, ò che il peſo ſopra di lei ripoſi.*

Fig. 1. La cagione di queſto ſi è, perchè ſecondo che i Matematici, e la ſperienza dimoſtrano, ogni peſo ſi porta per la linea retta, e verticale al centro, cioè per la linea C H nella figura prima, per la qual coſa ſe al piombo, ò peſo V pendente da N per il filo V N, ed eſprimente la verticale H C la linea L N, ò I L ſia normale, e ad Angoli retti, allora ſarà equidiſtante all' Orizzonte; Perchè la verticale ſecondo gli Aſtronomi cade ad Angoli retti nell' Orizzonte, come me quella, che viene dal punto efiftente fopra il noftro vertice, che è polo dell'Orizzonte. Effendò dunque la I L ad Angoli retti fopra la verticale C H farà gli Angoli alterni I N V, e B H N eguali, e però farà paralella, ed equidiftante, fecondo, che abbiamo detto al Cap. 6. Offerv. 3. Tratt. 1.

Lo fteffo anche è chiaro, fe pofta qualche palla tonda pefante come di piombo in N non corra verfo L, nè verfo I, quefto dimoftrerà la linea, ò riga I L equidiftante all'Orizzonte; perchè fe pendeffe ò verfo L, ò verfo I, il pefo tondo da quella parte fi porterebbe abbaffo, ed al fuo centro.

## OSSERVAZIONE TERZA.

*Per livellare fi adopera ò il pefo pendente da un filo, ò l'acqua, ò lo fpecchio dal fuo pefo equilibrato.*

Ciò egl'è, perchè vi dee fempre intervenire il pefo, che è quello, come nella prima Offervazione abbiam detto, dà la linea verticale H C nella figura prima normale all'Orizzonte, ò fia pefo di metallo, ò di acqua, ò di vetro.

## OSSERVAZIONE QUARTA.

*Modo di fare gli ftrumenti per livellare.*

SI faccia prima un regolo di ferro, ò di legno lungo quanto l'altezza di due uomini in circa, cioè fei in fette piedi liprandi, ò pure in 12. palmi almeno A B figura feconda, ed in quefto s'incavi un canale gentile, e paralello al lato A B, come M L, che fi cuopra fopra con un regolo fottile in tal guifa, che fia come una canna forata, di poi fopra due pezzi di tavola inchiodati a' capi M, N, ed L P fi tirino due linee in ifquadro come M N, ò pure L P., e da' punti M, e L fi fanno cadere due piombi P, e N.

Secondariamente per l'acqua fi farà una canna di latta, ò di ferro, ò di ottone dirittiffima chiufa da' Capi A B con due piccoli imbuti di vetro co' fuoi trafguardi X, D con due piccioli fori per mirare in egual altezza C, D, la quale abbia il fuo piede, che la foftenghi F, e per gl'imbuti di vetro s'empia la canna di acqua fino alla fommità, e quanto può capire la medefima.

In terzo luogo per lo fpecchio, come infegna Scipione Claramonte, fi farà un legno quadrato nella figura quarta alto quanto è l'altezza in circa dell'occhio umano, e fia da un fianco la linea IV. paralella ad un lato come A D, dal cui capo I penda un filo col piombo V, e d'avanti fia lo fpecchio C nel piano fteffo, e paralello co' fuoi lati ai lati del legno, ò paralipedo, e faranno apprestati tre ftrumenti i più principali per livellare, perchè quantunque ve ne fiano molti altri, pure non fono molto differenti da quefti, e nell'ufo fono il medefimo.

## OSSERVAZIONE QUINTA.
### Del modo di livellare semplice.

Laftr.1.
Trat.2.

Fig. 2.

IL livellare semplice si fa con una operazione solamente, qualunque istrumento s'adoperi: onde insegnerò di esercitarla in ognuno de' predetti modi. Preso adunque lo strumento della seconda figura si collocherà in tal guisa, che i due fili de' piombi P, N battano le linee sottoposte perfettamente, e sieno precisamente sopra esse, ed allora pel canale A B si mirerà un segno opposto Q, che sarà una carta a capo della verga, ò squadra TQ diritta, e posta a piombo, dapoi misurata l'altezza TQ divisa in minutissime parti, si paragonerà coll'altezza XY, se sarà minore il punto T, sarà più alto dall'Orizzonte, che il punto Y, e se sarà maggiore, sarà più basso.

Se si vorrà livellare in molta distanza si farà il Foro LM a modo di Cannocchiale serrando dentro due lenti, ò tre, ò pure mettendovi entro un Cannocchiale, e per aver il punto di mezzo in esso si porranno nel fuoco della lente, cioè ove si uniscono, e s'intersecano i raggi visuali, che è dentro il Cannocchiale poco distante dalla lente oculare, a cui si accosta l'occhio, due fili di ferro sottile in croce, che dividono l'orbe, ò tondo del Cannocchiale in quattro parti, e si procurerà, che questo centro sia egualmente distante dalla riga A B, quanto è il centro, ò mezzo della lente esteriore, e più lontana dall'occhio. Se questo istrumento avrà un canale nel mezzo, oltre al predetto foro, nel quale l'acqua si ponga per equilibrarla, sarà il Corobate descritto da Vitruvio lib. 8. Cap. 6.

Fig. 3.

Per adoperare l'istrumento, ò idrografo, ò libra acquaria, si empierà d'acqua nella terza figura la canna BA, finattanto chè esca per li due infondibili X, e D, e l'istrumento si collocherà in tal guisa, che tanto l'infondibile X, quanto l'infondibile D sieno egualmente pieni, e l'acqua in tutto sia vicina alla loro estremità, e allora si miri per le due mire A, B uno scopo, ò segno di carta posta sopra la bacchetta perpendicolare QT, e tanto sarà più alto il terreno in T, quanto sarà minore la distanza QT, che la distanza EF, e tanto più basso, quanto maggiore.

Fig. 4.

Per adoperare l'istrumento speculare, si collocherà il paralipedo ò legno BA della quarta figura agli Angoli retti, e perpendicolarmente, mediante il pendolo, e piombo IV, e poi piantata la verga TQ dalla sua estremità, alzandola, e deprimendola quanto bisogna, si mirerà lo specchio in tal guisa, che apparisca in lui rasente l'orlo, e lato inferiore C l'occhio del Livellante, che mira dal punto Q, ed allo stesso modo se TQ sarà minore, che CY il terreno in T sarà più alto, se maggiore più basso.

La ragione di questo è, perchè il raggio visivo, che ritorna all' occhio onde sortì, è sempre ad Angoli retti, e normali al piano, onde forse, come insegna Vitelione nel 5. dell' Optica prop. 11. e 12., Alazar prop. 11. lib. 4., Euclide Caroptrica Def. 2. Onde è anche normale alla linea verticale CY, ovvero VI, e perciò siccome abbiamo di sopra provato, la linea visuale CQ dev'esser' equidistante all'Orizzonte, il quale alla verticale è anch'egli normale. OSSER-

# TRATTATO II. CAP. I.

## OSSERVAZIONE SESTA.
### Del modo di livellare moltiplice.

Quando per la vastità del sito non si può livellare tutto in un punto, e con una stazione solamente, ma sarà necessario moltiplicarle, si chiamerà moltiplice, e si può fare in due modi: ò collocando più volte il livello, ovvero ponendolo una volta solamente, e conducendo più linee equidistanti. E per dare un'esempio al primo modo: si abbi a livellare il punto A, e vedere quanto sia più basso del punto I, come nella figura quinta, si collochi 'l livello E, e si miri lo scopo C, e D, e si noti distintamente l'altezza CA nella prima colonna, che sia piedi due, oncie tre, punti sette, e nell'altra colonna si noti l'altezza DH, che sia piede uno, oncie nove, punti cinque; indi si faccia la stazione G, e si miri alla stessa verga HD lo scopo L, e l'altro M opposto, e si noti l'altezza LH sotto la prima colonna, che sia piedi tre, oncie due, punti nove, e l'altro sotto la seconda MN piede uno, oncie tre, punti tre; Poi lasciata l'asta MN nello stesso luogo si trasferisca il livello in B, e si mirino li scopi O, e P, e presa la misura NO piedi tre, oncie sette, punti quattro, si noti sotto la prima colonna, siccome la PK sotto la seconda, che sia piedi due, oncie undeci, punti dieci. Finalmente trasferito il livello in V si misureranno gli scopi Y, Z, e si noterà sotto la prima colonna l'altezza KY piede uno, oncie nove, punti otto, e sotto la seconda l'altezza ZI piedi due, oncie sei, punti quattro. Fatto questo si sommano le colonne, e poi si leva la minore dalla maggiore, e quello, che resta è la minore altezza dal punto A rispetto al punto I, che come nell'esempio sarà piedi due, oncie quattro, piedi sei; e tanto si farà, se si tratterà solamente di ascendere, ò discendere.

| | | | | | |
|---|---|---|---|---|---|
| 2. | 3. | 7. | 1. | 9. | 5. |
| 3. | 2. | 9. | 1. | 3. | 3. |
| 3. | 7. | 4. | 2. | 11. | 10. |
| 1. | 9. | 8. | 2. | 6. | 4. |
| 10. | 11. | 4. | 8. | 6. | 10. |
| 8. | 6. | 10. | | | |
| 2. | 4. | 6. | | | |

Questo modo, benchè in pratica sia sicurissimo, secondo dimostra Scipione Claramonte *de usu speculi* nella par. 2. pag. 161. e seg., ciò non ostante in rigore Geometrico non è vero; perchè non istende un perfetto piano, e le CD, LM, OP, YZ linee non sono parallele, ma si piegano in un Poligono attorno al centro del mondo; Perchè

42 DELL'ARCHITETTURA.

*La fig. 1.*
*Trat. 2.*
il peso porta al Centro, come la linea verticale, e però le linee in isquadro col filo del piombo, e col peso dell'acqua vanno al Centro; onde le linee E, G, B, V poste a piombo vanno a congiungersi insieme nel centro del Mondo, e perciò le normali ad esse CD, LM, OP, YZ non possono esser paralelle, ma fra se inchinate, come esse sono, anzi nemmeno le aste, che sono a piombo, come CA, LH, ON, PK, possono essere paralelle, andandosi a congiungere nel centro, ove il piombo tende, ma perchè questa loro inclinazione non è sensibile, perciò in pratica riesce il modo sicurissimo.

Se però si tratta di livellare l'acque anche Geometricamente la regola vale, perchè nel fare il livello alle acque non ricercasi un piano perfetto, ma piuttosto un giro, ò sferica superficie equidistante dal centro, essendo tale il livello dell'acque, come prova Archimede, avendo la loro superficie equidistante dal centro.

*Fig. 6.*
L'altro modo si fa con una collocazione solamente, e propagasi colle paralelle. Sia nella sesta figura il punto A da livellarsi col punto C, si colloca il livello E, e rimirasi lo scopo D e G, e si nota come prima nella prima colonna la misura AD, nella seconda GH, da poi si mette lo scopo IF in tal guisa, che lo scopo F copra totalmente, e sia alla stessa altezza, che lo scopo G per chi mira dal punto D, ed il raggio visivo rada i tre punti D, F, G, e poi si aggiugnerà ad amendue le aste FB, e GL quella quantità, che sarà più appropofito per maggiormente avanzarsi, in tal guisa però, che siano eguali FB, e GL, e da B pel punto L si mirerà il punto K, e si noterà l'altezza HD nella prima colonna, nella seconda KM, indi si aggiugneranno eguali quantità alla GL, ed MK, e saranno LO, e KN, e così da O per N si mirerà lo scopo P, e si noterà nella prima Colonna l'altezza MN; e nella seconda QP, e se il piano più non cresce, ma cala, si porta la canna TZ tant'alta, che dal punto N per P si miri'l punto, ò scopo Z, e poi si leveranno le uguali quantità RP, e ZV, e da R per V si riguarderà allo scopo S, e si marcherà nella prima colonna l'altezza QP, e nella seconda SC, e così sommate amendue le colonne, e sottratta la somma minore dalla maggiore, quello che resterà, sarà quello, che più abbassa l'altezza maggiore, ed è di maggior somma del minore.

## OSSERVAZIONE SETTIMA.
### Del modo di livellare senza istrumento speziale.

*Fig. 8.*
Perchè in un picciolo spazio, quanto è la fondazione d'un'Edifizio, oppure nella propagazione di un muro non si richiede livellazione sì esatta; Questa si potrà fare con una riga ordinaria, AB come nella figura ottava, la quale si porrà sopra, ò sotto del filo CD in tal guisa, che tocchi, ma non prema il filo in alcun modo, e poi sopra la riga, la quale deve avere i lati paralelli, si porrà il livello, che adoperano i Muratori FGE, e se il filo, a cui è appeso il piombo GV, batte nel segno di mezzo I, il filo CD sarà posto a livello, il qual modo in picciolo, se la riga, ed il livello sono esatti, riesce

assai

assai giusto; e per assicurarsi più, si deve avertire; che il filo stia ben tirato, e che la riga si ponga piuttosto sotto il filo, e a mezzo della sua lunghezza.

Si potrà anche fare coll'acqua. Sia tirato il filo L N quanto si può, e sotto si ponga verso il suo mezzo la riga O P, e poi si bagnerà la riga nel suo mezzo per ogni lato, come nella figura 7., in tal guisa che il secco non impedisca il corso dell'acqua; indi si verserà dell'acqua nel suo mezzo in R, e se passa precisamente senza scorrere punto sotto la riga, ma cada dallo stesso luogo, ove l'acqua fu gettata, è segno che la linea L N sta a livello, che se qualche gocciola vi passi, quantunque non tutte scorrano, quello dà indizio, che la linea L N pende da quella parte, ove sen va la goccia.

## CAPO SECONDO.
### Delle Misure.

LE Misure sono state prese da un Uomo di proporzionata statura, e perchè questa era incerta per renderla stabile, e sicura in ogni luogo è stata decretata, ed esposta al pubblico, scolpita, o in Bronzo, o in Marmo.

I Romani adunque presero le loro Misure della larghezza delle dita, e però quattro fanno la larghezza d'un palmo; la cui misura è presa dal palmo della mano per la sua larghezza. Il palmo era la quarta parte d'un piede minore, e la sesta di un cubito, che dal più lungo dito della mano sino al vero mezzo della nocella del gomito si misura, e la quinta d'un piede maggiore. Il piede maggiore era la quinta parte del passo, e 125. passi componevano uno stadio, ed otto stadj, cioè mille passi componevano un miglio. Per le misure più esatte poi il dito era suddiviso in quattro grani, perchè quattro grani fanno la larghezza di un dito, e ciascun grano in quattro minuti. Presentemente però ogni Paese tiene le sue speziali misure, delle quali però molte corrispondono alle antiche.

## OSSERVAZIONE PRIMA.
### Si propongono varie sorte di piedi, o palmi.

SArebbe cosa lunga, ed inutile volere annoverare ogni sorta di Misure de' varj Paesi, e basterà di proporre le più celebri.

La linea T come nella figura 9. è il quarto del piede di Piemonte detto Liprando, al quale se aggiugnesi la metà T B della sua oncia fa un quarto di braccio Milanese, ed è lo stesso che un piede Modonese, o come due palmi Messinesi, o come due palmi Genovesi con qualche però menoma differenza spreggevole nelle Fabbriche.

La linea P è il quinto del piede Parigino, o del Re, ed è lo stesso che Pietro Sardi figura 4. pag. 108. dell'Architettura Militare chiama Geometrico, e si usa per tutta la Francia.

La linea R è il piede antico Romano preso da Ricciolo lib. 1. Geogr.

Geogr. cap. 3. ch'è lo stesso secondo lo Svelio lib. 2. cap. 2.; che il piede d'Ollanda, ed Io l'hò misurato con quello, che espone il Sardi figura 12. Arch. Militare pag. 130., e l'hò trovato lo stesso, e conviene col piede Greco mediocre, e con quello di Praga, secondo il Ricciolo Geogr. lib. 2. cap. 4.

<small>La str. 1.
Trat. 2</small>

La linea C è il quarto del braccio Cremonese, tolto da Alessandro Capra Archit. famigl. lib. 3. pag. 149.

<small>Fig. 9.</small>

La linea M è il quarto del palmo moderno Romano maggiore secondo lo stesso nel medesimo luogo.

La linea I è il quarto del piede Spagnuolo, e di Castiglia presso il Villalpando lib. 3. tav. 7.

La linea V è il quarto del piede Veneziano, che conviene quasi col Vicentino.

## OSSERVAZIONE SECONDA.

*Delle divisioni, e moltiplicazioni, che si sogliono fare delle predette misure.*

PErchè nell'uso delle misure, o bisogna moltiplicarle per accomodarle al suggetto misurato, o conviene suddividerle; perciò le misure odierne si suddividono in oncie 12., o piede, o braccio, o palmo, che sieno, o chiaminsi; ogni oncia si suddivide in 12. punti, ed ogni punto in 12. atomi, o momenti, o minuti: spezialmente il piede Liprando di Torino, o braccio di Modona si divide in dodici oncie, delle quali una è la T B, la quale è divisa in dodici punti. Ora sei piedi liprandi fanno quì un Trabuco, o Pertica, o Cavezzo, che chiamisi in altri Paesi. Ma perchè cinque oncie antiche Romane, come si può vedere dalla linea R paragonata colla T, fanno tre oncie Piemontesi, conseguentemente 20. oncie Romane antiche faranno un piede, e sessanta un mezzo Trabuco; onde un mezzo Trabuco farà eguale ad un passo, che comprende cinque piedi antichi, cioè oncie 60. antiche.

E perchè 125. passi Romani sono un Stadio, ed otto Stadj, cioè mille passi fanno un miglio, perciò 500. Trabuchi, o Pertiche misureranno un miglio. Tre miglia d'Italia fanno una Lega Francese. Quattro miglia suddette sono una Lega Germanica; e cinque miglia pure suddette sono una Lega Svedese. Così Pietro Appiano part. 1. Cosmog. cap. 10. Il Claudio nella sua Sfera cap. 1. pag. 210. Cluverio nell'introduzione della Geograf., Guglielmo Blaeu nel principio del nuovo Atl., ed altri; e secondo Antonio Pigafetta, e Gemmafrisio tre miglia Italiane compongono una Lega Spagnuola terrestre, perchè Gonzales de Mandoza nell'Indice della Storia Chinese, Simon Majolo ne' suoi giorni Canicolari collog. 10. Aloisio Cadamosto, Vaques Gamma, ed altri dicono, che la maritima consta di quattro miglia, onde conviene colla Lega Germana, siccome la Lega Svedese collo scheno, o Lega Egizia, contenendo per detto di Mattia Dogen 25000. piedi, cioè 5000. passi Romani.

# CAPO TERZO.

*Del modo di rilevare i Siti.*

PEr riportare i siti, e ridurli in disegno, bisogna adoperare, o la squadra, o la squadramobile, o la calamita. La squadra si fa con due legni, o regoli ben ispianati, e diritti posti insieme agli Angoli retti, come è nella figura dell'Osservazione settima del Cap. Primo di questo Trattato la squadra F G E. La squadramobile è un mezzo circolo diviso in 180. parti, che va fatto nel modo seguente.

Lastr. 1.ª Trat. 2.

## OSSERVAZIONE PRIMA.

*Modo di far, e distinguere in gradi la Squadramobile.*

SI tirino dallo stesso centro O quattro semicircoli almeno in una tavola, quanto più grande, tanto migliore; sia questa di legno, o di ottone, o di altra dura materia; i quali siano A B C estrinseco, come nella figura decima, e D E F intrinseco, che finiscano nella linea D F, che passi pel centro O comune a tutti; si dividerà l'intrinseco in 180. parti; prima dividendoli in tre colla stessa apertura di compasso, colla quale si è fatto il circolo, e poi queste in due, e saranno sei; ciascuna poi delle seste parti si suddividerà in tre, e saranno 18., che prenderanno tutti quattro i circoli, tirando le linee da ciascuna divisione verso il centro sino ad incontrare il circolo intrinseco. Poi queste 18. parti suddivise in due prenderanno i tre circoli interni, e saranno 36., finalmente ciascuna si dividerà in 5. che prenderanno solamente i due circoli interiori, e così saranno 180., che si chiameranno gradi, e dentro al circolo esteriore A B C si porranno i numeri, come vedesi nella figura: indi si fermerà sopra la linea D F un braccio stabile, o regolo sodo H O, ed attorno al centro O si snodi un'altro braccio mobile I X a modo di compasso in tal guisa che totalmente aperto rada la linea D F, e ciascuno abbia due mire H I, ed I X, le quali abbiano i suoi fori, e traguardi a piombo sopra la linea D F, che passa pel centro; e se il braccio I X attorno al centro O si avvolgerà con facilità non gradita, e non istasse da se fermo, e sodo nel sito, a cui si conduce, si potrà porre una chiave fatta a maniera di vite in X, che lo fermi stringendolo al piano A B C.

Fig. 10.

## OSSERVAZIONE SECONDA.

*Del tirar le linee sul piano, o sul terreno.*

SE le distanze son picciole si tirerà un filo da un punto all'altro, che sia ben tirato, e quello servirà in luogo di linea; ma se le distanze saranno grandi in tal guisa, che il filo non possa servire, allora sopra il terreno a piombo si pianteranno due o più bacchette, ovvero aste, in tal guisa, che la prima cuopra la seconda, e questa la terza a chi traguarda dallo stesso punto, e così successivamente, quanto farà di bisogno, in tal modo che sempre l'occhio ne miri tre almeno, che s'incontrino insieme nella stessa linea visuale, e perchè siano più visibili, alla lor cima si metterà una carta per iscopo, e quando fussero distantissime, si adopererà il Canocchiale per meglio vederle, e divisarle, e queste aste saranno in linea retta; onde appresso le medesime si potrà misurare, o tirare qualunque dirittura.

*Lastr.I. Trat.2.*

## OSSERVAZIONE TERZA.

*Modo di prendere i siti mediante gli angoli.*

Quando i siti sono grandi, e spacciati, colla squadramobile prendendo gli angoli, si potrà misurare il sito per trasportarlo sulla carta in tre maniere. La prima è con una stazione solamente nel mezzo, la seconda con due, la terza con tante, quante sono gli angoli della figura.

*Fig. II.*

Primieramente dunque siasi da misurare la figura H I L F G da un punto solamente, come nella figura 11. Piantato in ciascun'angolo il suo scopo, cioè un'asta, o canna a piombo con una carta in cima, ed eletto il punto in mezzo O, da lui si mirerà colla squadramobile a tutti gli angoli, ponendo il braccio stabile, per esempio che miri I, ed il mobile che traguardi alla H, posto il centro di essa precisamente nel punto O, e sulla carta si tireranno così alla rustica due linee da un punto per memoria, e fra loro si noteranno i gradi che si comprendono tra l'uno, e l'altro braccio. Indi si misureranno le linee O I, ed O H, ed il numero de' trabucchi, e piedi, e delle oncie si noterà sulla carta appresso alle linee tirate in essa prima, e seconda, attribuendo a ciascuna la sua propria misura.

Allo stesso modo si prenderà l'Angolo H O G, e tirando sulla carta dallo stesso punto un'altra linea, che facci angolo coll'ultima precedente, si noteranno fra loro i gradi inchiusi fra due bracci dell'Istromento, e misurata la linea O G, si noterà la sua lunghezza appresso la terza linea sulla carta, tirata dallo stesso punto; in tal guisa si prenderà l'angolo G O F, e sulla carta tirata la quarta linea, si noteranno fra la terza, e la quarta, siccome presso la quarta la lunghezza O F.

Finalmente nella stessa maniera si prenderanno gli angoli L O F, e si misurerà la lunghezza O L, notando appresso la quinta linea, e così farà preso tutto il sito per disegnarlo poi in carta secondo le predette misure; e la carta presentemente notata servirà per memoria delle misure, e degli angoli presi.

L'altro modo si può fare solamente a forza degli angoli senza punto misurare i lati. Eletto dunque il lato A B, che solamente si misurerà, si porrà il braccio stabile, che miri A come nella esposta figura, e poi il braccio mobile che miri E, e sulla carta con due linee si farà un'angolo acuto, ed a giudizio appresso a poco simile all'angolo A B E, e si noteranno i gradi della squadra 1. 2., e poi tenendo il braccio stabile fermo verso A si mirerà il punto D, e si noterà sulla carta, tirata una linea appresso alle altre due, che faccia l'angolo secondo;

a

# TRATTATO II. CAP. III.

a cagion di esempio si noteranno i gradi 1. 3.: finalmente tenendo ancora il braccio stabile verso A, si mirerà il punto C, e tirata una linea, che colle predette faccia il terzo angolo, si noterà l'Arco 1. 4.: Di poi all'altro canto A posta la squadra col braccio stabile si mirerà il punto B, e col mobile al punto C, e così al termine della prima linea sulla carta rappresentante il lato A B, si farà, tirando un'altra linea, l'angolo C A B, e si noterà l'angolo 5. 6. tra l'una, e l'altra, ed appresso alla linea, che esprime il lato A B, si porrà la sua misura per esempio Trab. 3. onc. 7. punt. 4. Così si farà dell'angolo D A C, e dell'angolo E A D, e si noterà l'angolo, o l'arco 5. 7., e 5. 8., onde resterà preso il sito per poterlo poi disegnare sulla carta.

Laftr. 2.
Trat. 2.
Fig. 11.

Il terzo modo si farà, mettendo la squadramobile sopra ciascun' angolo della figura, notando distintamente i gradi degli angoli, e la misura de' lati: a cagion di esempio, si misurerà l'angolo 8. A 5. posto il centro della squadra in A, Gr. 95., ed il lato A B trab. 3. pied. 4. onc. 7., e fatto lo stesso in B, si noteranno per esempio gradi 77., ed il lato B C trab. 1. piedi 5. oncie 6., e così tutti gli altri, e sarà preso il sito, se fatta la figura in carta di tanti lati come A B C D E, e così a vista d'occhio com'è quella, si noterà in ciascun lato la sua quantità, ed a ciascun'angolo i suoi gradi si marcheranno.

## OSSERVAZIONE QUARTA.

*Maniera di prendere i siti colla squadra stabile.*

Quando i siti sono per fabbriche, e sono piccioli, ed intrigati, sarà meglio adoperar la squadra. Sia dunque data la figura ABCDEFG, di cui bisogni prendere il suo sito; prima si vedrà, se vi è qualche muro Maestro, che prenda da un capo all'altro, e questo sia G L. Abbiasi adunque a misurare la Camera H E D L, si tiri il filo E I, e si applichi la squadra in tal guisa, che rada il suo lato, e così il filo sarà in isquadro al muro, indi si misureranno tutti i lati, e lo stesso filo, e fatta una figura a mano, ovvero abbozzo K come la pianta offerita, a ciascun lato si ascriverà la sua quantità dall'angolo H fino al filo, per esempio oncie 32. dalla I fino alla L oncie 96.; Il filo dalla I alla E oncie 72. il lato H E oncie 79. il lato E D oncie 108. il lato D L oncie 36., si noteranno anche le grossezze di ciascun muro, se saranno differenti; Indi si procederà a misurare la Camera V L C B allo stesso modo, avvertendo di metter sempre la squadra ad un muro de' già misurati, come la squadra V si pone al muro L H, siccome la squadra X, ed Y ai muri E H, ed X B già misurati. Non è però necessario assolutamente, perchè avendo la maniera di fare l'angolo EHI, come vedremo, abbiamo anche l'angolo G H E, ch'è il suo compimento, come abbiamo detto nel Tratt. 1. al Cap. 6. all'osserv. 2., ed avuto un'angolo in una Camera di quattro lati, basta quello colla misura de'lati per porre in disegno ogni altr' angolo. Notate adunque le misure di tutte le Camere, e delle perpendicolari, e del luogo, ove esse cadono in ciascuna stanza, avremo un'abbozzo, dal quale potremo disegnare in carta il sito proposto.

Laftr. 2.
Trat. 2.
Fig. 1.

48 DELL'ARCHITETTURA.

## OSSERVAZIONE QUINTA.

### Del levar i siti colla Bussola della Calamita.

Lastr. 2.
Trat. 2.

Fig. 2.

SE si avrà una Bussola della Calamita sicura, il cui circolo attorno non solamente sia diviso ne' 32. venti, ma ne' suoi 360. gradi, che abbiamo insegnato nel semicircolo della squadra mobile, com'è la Bussola Q, si potrà con quella prendere i siti, ma bisogna che sia collocata in un quadrato molto giusto di legno, ed una linea, che passi pel centro, e polo della Calamita, sia paralella ad un lato, e perpendicolare all' altro, come B A paralella alla C D, e normale alla C B Q, che passa pel centro I, e polo, sopra cui s'aggira la Calamita I V.

Sia dunque da prender il sito M L H N, si applicherà al muro H L la Bussola Q D col lato C Q, e nell' abbozzo si noterà l'Angolo V I A, che fa la Calamita colla linea B A, a cagion di esempio Gr. 20., dopoi lo stesso lato C Q si applicherà al lato N H, e nell' abbozzo T sulla carta si scriverà l'Angolo V I A Grad. 15., così si farà al lato N M, e si scriveranno Gradi 90. nell' abbozzo T, e così al lato M L, avvertendo anche di notare, se la Calamita resterà verso Levante, ò Ponente.

E così misurati i lati H L, H N, N M, e M L, e notate le misure, sarà apparecchiata la figura in carta, con cui si potrà proporzionatamente al vero disegnar il sito, che si desidera sulla carta. Si deve avvertire, se le mura sono disuguali, di porre sotto la squadra, ò sotto la Bussola una riga soda lunga almeno 4. ò 5. piedi liprandi, che ci assicuri della superficie del muro per qualche tratto sufficiente.

## CAPO QUARTO.

### Della natura dei siti, e loro proporzione in quanto agli Angoli del Mondo.

Eritamente Vitruvio ricerca, che l'Architetto *Astrologiam, Cœlique rationes cognitas habeat* lib. 1. cap. 1., che sappi Astronomia, e le ragioni del Cielo; perchè sebbene non dee immergersi nello studio di tale scienza, dee però saperne tanto, quanto basta a conoscere la posizione de' siti, e le sue qualità, per potere, secondo richiede la natura de' siti, così accomodare i disegni. Per darne adunque una prima cognizione.

## OSSERVAZIONE PRIMA.

### De' Circoli della Sfera Celeste.

Fig. 3.

I Circoli principali della Sfera sono otto, cioè l'Equatore F G H Z, il Zodiaco I H K Z, l'Orizzonte N H O Z, il Meridiano F D O N E G, i due Tropici L K, ed I C, ed i due piccioli cerchj polari R S,

# TRATTATO II. CAP. IV.

e P Q; lascio i due coluri, perchè sono inventati nella Sfera artifiziale, ò materiale per sostenere gli altri piuttosto, che per altro rispetto, e sono sufficientemente rappresentati nel meridiano, e nel cerchio D X E T Z. *La str. 2, Trat. 2,*

Se ponesi il Sole là, ove fa il giorno eguale alle notti, per esempio in H nell'Equatore, nel qual punto sia lontano egualmente da Poli E, e D, farà, aggirandosi attorno al Mondo, il Circolo massimo G H F Z nel viaggio diurno, perchè si terrà almeno sensibilmente in quel giorno col suo cammino in eguale distanza de' Poli D, ed E; Ma perchè a poco a poco nella successione de' giorni si accosta maggiormente or' a questo Polo, or all'altro; Quindi è, che quando giugne al termine prescritto, più non accostasi, ma comincia a tornar addietro. Questo adunque ultimo giro diurno che fa, se dalla parte Aquilonare chiamasi Tropico del Cancro, ed è L Z K X, quando il Sole si accosta al mezzo dì più al nostro vertice B a 22. di Giugno; Ma se dalla parte Australe, quel giro diurno appellasi Tropico del Capricorno, ed è I T C V, nel qual tempo a 21., ò 22. di Decembre il Sole và bassissimo, ed è discosto il più che possa dal nostro vertice nello stesso Meriggio: E perchè in questo passaggio dall'uno all'altro Tropico non giugne a finir un giro, ma và deviando da esso, non ritornando oggi a Mezzo dì nello stesso punto, dove fu jeri, ma sempre più verso l'uno de' Poli, e sempre più indietro del Firmamento; Quindi accade, che questi varj termini, che và al fine d'ogni giorno acquistando il Sole, formino al fine di tutto il suo corso annuale, fin' a tanto che da un Tropico ritorni al medesimo, un Circolo, che si chiama Zodiaco, il qual è I H K Z, che si divide primieramente per quattro punti, cioè H, e Z degli Equinozj, e ne' due I, K de' Solstizj. Ciascuna poi di queste parti si suddivide in tre, e così sono 12. Segni Celesti, che si numerano verso Oriente, e sono fra il punto H, e K l'Ariete, il Tauro, e Gemini, tra K, e Z il Cancro (che denomina il Tropico K L) il Leone, la Vergine, e da Z fino alla I la Libra, lo Scorpione, il Sagittario, e da I fino all' H il Capricorno [ che denomina il Tropico I C ] l'Acquario, il Pesce. *Fig. 3.*

Ogni Circolo della Sfera si divide in 360. gradi, onde ogni segno comprende 30. gradi, ed ogni mese ò poco più, ò poco meno compisce un Segno, onde in 365. giorni, e quasi ore 6. fornisce il Zodiaco il Sole, discostandosi nei Solstizj, cioè ne' punti K, ed I gradi 23. m. 30. dall'Equatore E H G Z. E perchè siamo in tal sito della terra, che vediam' il Polo Artico D sopra il nostro Orizzonte gradi 42. fino a 45. secondo i varj Paesi d'Italia; Quindi è, che l'Equatore, ch'è sempre un quarto di giro lontano da lui, resti basso, quanto il compimento dell' altezza del Polo per arrivar al Quadrante, e si deprima, quanto è l'Arco F N, onde il Sole, che nell' Inverno va gradi 23. m. 30. più basso nel Tropico del Capricorno in I, resta vicinissimo all'Orizzonte, nella State resta altissimo, e s'innalza l'Arco L N gradi 65. m. 30. fino a 68. m. 30., e mai non passa il punto sopra il nostro vertice B.

E perchè i Poli di ogni Circolo massimo nella Sfera sono distanti una quarta di Circolo, ò 90. gradi del suo Polo, anche i Poli del Zodia-

G

Zodiaco P, S sono distanti una quarta IP, ò KP, e perciò si sono posti ivi i due piccoli Circoli Artico PQ, e l'Antartico RS, ne' quali sono collocati i Poli del Zodiaco.

Ma perchè il corso diurno del Sole resta diviso rispetto a noi in due parti, di giorno, e di notte; quindi è, che si pone nella Sfera l'Orizzonte OZNH, il quale termina la luce del Sole, ed è chiamato Finitore, perchè da lui nasce l'Aurora, e il Sole, e in lui finisce, e sottentra la notte.

E perchè lo stesso giorno, e notte può essere divisa in due parti, si aggiugne il Meridiano OBEG, al quale giugnendo il Sole in ogni tempo dell'anno, egli è a mezzo del suo cammino diurno, e notturno.

Perchè dunque l'Orizzonte OHNZ taglia i giri diurni, che fa il Sole attorno il Mondo nella nostra Sfera obbliquamente, e XLY arco del Tropico del Cancro, e più che mezzo Circolo, dell'Equatore ZFH un mezzo Circolo, e del Tropico del Capricorno VIT meno di mezzo Circolo, perciò variano nella lunghezza, e brevità i giorni; la State sono lunghissimi, e maggiori delle notti; l'Inverno sono cortissimi, e minori delle notti, di mezzo tempo mediocri, ed eguali alle notti, perchè l'Equatore mezzo resta sopra, mezzo resta sotto l'Orizzonte.

Crescono i giorni sensibilmente presso l'Equatore, e si mutano di giorno in giorno; ma presso i Tropici poco, ò nulla crescono in tal guisa, che sembra il Sole stia fermo; E perciò quando è ne'Tropici, si dice essere ne'Solstizj.

## OSSERVAZIONE SECONDA.

### De' varj siti delle Fabbriche.

DAll'Osservazione antecedente si raccoglie, che le Fabbriche possono avere quattro siti principali. Il primo verso Austro, ò Mezzo dì, cioè verso N nella già detta figura terza, e questo è uno aspetto caldo, che gode più il Sole, che ogni altro: Perchè l'Inverno fino agli Equinozj, cioè nel tempo, che passa nel nascere dall'H fino alla T, e dalla T fino all'H nel Mezzo dì discende, ed ascende l'Arco FI, nel tramontare l'Arco ZV, ovvero VZ, gode per tutto il giorno il Sole, e la State lo gode quasi per ore 12. ogni giorno, quando il Sole passa a'Solstizj Estivi dagli Equinozj, e ritorna ad essi, e vede due fiate gli Archi YH Orientale, ZX Occidentale, FL Meridionale. Il secondo sito opposto a questo è Settentrionale, è freddo, e mira verso O direttamente, ed è sì poco mirato dal Sole, che solamente lo visita qualche ora del mattino, e qualche ora della sera. Il terzo sito mira l'Oriente, ed il punto H, è temperato, e vede nascer il Sole, ed è riscaldato da' suoi raggi fino a mezzo giorno, tanto di Estate, quanto d'Inverno. Il quarto sito mira Ponente, e parimente gode il Sole da mezzo giorno fino a sera, e lo vede tramontare, ed anche questo è temperato, ma più caldo del Levante, perchè il Sole lo batte, quando per la metà del giorno già ha preso vigore, e si è fatto ardente.

Tra

Tra questi siti vi sono i medj, che guardano i punti, ove nasce il Sole, ò tramonta ne' Solstizj, quando si trova ne' Tropici, e dovendo ritornare addietro poco si muove più verso i Poli, e sono nella precedente figura i punti T, V, X, Y. Quelli, che guardano il punto del Solstizio Estivo Y Orientale, vedono nascere il Sole per tutto l'Anno, e lo godono fino passato il mezzo giorno per qualche tempo, ma non lo vedono tramontare. Quelli, che mirano il punto T Solstizio Iberno Orientale, vedono nascere il Sole per tutto l'Anno, ma non gli batte fino a mezzo giorno: Così quelli, che mirano il Solstizio Estivo Occidentale, lo cominciano a vedere dopo mezzo giorno fino alla sera; e perciò della loro temperie, ò calore si hà da giudicare, secondo che sono meno, ò più percossi dal Sole, e da questi si può argomentare degli altri, i quali non sono diritti precisamente a questi punti, ma sono mezzani fra essi.

## OSSERVAZIONE TERZA.

### Di conoscer il sito della Casa rispetto agli Angoli del Mondo.

Sia la Casa il Quadrangolo posto nella figura quarta, e si desideri sapere, che posizione abbia rispetto agli Angoli del Mondo Austro, ò Mezzo dì, Tramontana, Levante, e Ponente; si applichi la Bussola della Calamita al suo muro, per esempio al lato QR, e se la linea Meridiana, sopra cui si ferma la saetta calamitata, è a piombo al muro QR, e fa angoli retti in essa, il muro guarderà colla faccia QR verso mezzo giorno, colla faccia YV verso Tramontana, RV sarà verso Oriente, QY verso Occidente. Che se fosse parallela la predetta linea come RV, allora il muro sarà verso Oriente, se sarà alla destra a chi mira, dove la saetta si volge, ed all'Occidente, se sarà alla sinistra del medesimo; che se farà Angolo semiretto, ò appresso a poco il lato QR, mirerà verso i Solstizj S, ò M, ed in conseguenza le altre mura verso D, ed I; facilmente poi si saprà dalla stessa Bussola, se mira S, ò G, perchè mira quel punto, verso il quale colla linea della Calamita fa angolo ottuso. Poni per modo d'esempio, che la linea AX non fosse in isquadro col muro QR, ma l'Angolo RXA fosse ottuso, si dovrebbe dire, che la faccia QR guarda verso il punto S Solstizio Iemale di Oriente, e così in ogni altro caso; ma perchè potrebbe essere, che taluno non avesse la Bussola, e per conseguenza non potesse trovare la linea meridiana, perciò insegnerò la maniera di ritrovarla nel più facil modo.

## OSSERVAZIONE QUARTA.

### Maniera di trovare la linea Meridiana.

Sarà facile trovare la linea Meridiana, che è la stessa della Calamita, a chi avrà un'Orologio da Sole Portabile, Orizzontale, ò Verticale stabile, in cui sia la linea Meridiana; perchè se quando l'ombra dello stile colla sua estremità la tocca, si sospenderà un filo a piombo sopra una tavola posta a livello, che con un lato tocchi 'l muro, od un filo equidiſtante da eſſo; l'ombra di quello ſtenderà ſopra la tavola la linea Meridiana, e perciò tirata una linea a lungo di eſſa, quella ſarà la linea Meridiana, e la ſua eſtremità più remota dal piombo quella ſarà l'eſtremità aquilonare, e di tramontana, ove la ſaetta calamitata ſi volge, e perciò ſi giudicherà del ſito del muro ſecondo la precedente Oſſervazione.

L'altro modo per trovar la linea Meridiana ſarà, ſe ſopra una tavola quadrata ſi pianterà a ſquadra uno ſtile A lungo tanto, che l'ombra ſua a mezza mattina non paſſi i lati della tavola, in cui ſtà fiſſo, ed intorno ad eſſo ſi farà uno, ò più circoli aſſai grandi, e poi poſta la tavola a livello in tal guiſa, che ogni lato ſuo ſia equidiſtante all'Orizzonte, come abbiam trattato, ed un lato di eſſa ſia equidiſtante dal muro, ò che rada un filo equidiſtante, ò ſia un lato applicato allo ſteſſo muro; ſi oſſervi la mattina, quando la eſtremità della mera ombra tocca un cerchio per eſempio in I, e ſe piace per più ſicurezza anche C, e poi il dopo pranzo s'attenderà, che l'ombra tocchi lo ſteſſo cerchio allo ſteſſo modo, che toccò la mattina in D, e B, e diviſi i cerchj per mezzo del centro A, ſi tirerà per la metà loro la linea A L, e queſta ſarà la Meridiana, ed il punto L ſarà verſo Aquilone, e lo ſtile reſterà verſo Mezzo dì, ſicchè ſe il lato T V foſſe quello applicato al muro, ſarebbe eſpoſto a Mezzo dì, ed inclinarebbe verſo il Solſtizio Iberno Occidentale per reſtare l'Angolo ottuſo alla ſiniſtra a chi mira verſo Tramontana, e verſo L, a cui la ſaetta calamitata ſi porta.

## OSSERVAZIONE QUINTA.

### Del modo di ſapere d'onde ſpirino i Venti.

PErchè ſe ſi può, e ſe il luogo lo concede, non biſogna eſporre ai Venti maſſime freddi ne' Paeſi freddi, ò caldi nelle Regioni calde le Camere più abitate per non rendere la loro abitazione infelice; Quindi è, che giova all'Architetto ſapere la varietà de' venti, e le qualità loro. Si miri dunque la figura dell'Oſſervazione terza, e ſi veda come da otto diametri è diviſa prima in 8. parti, ora da queſte ſpirano gli otto venti più principali. Da T la Tramontana, che è il punto, ove mira la Calamita, e dove ſi alza il Polo Artico ſecondo l'Argolo lib. 1. Efem. Cap. 6. vento freddo, e ſecco, che fa ſereno, che ſi dice anche Settentrione.

L'Auſtro A, ò Noto ſpira da Mezzo dì, vento caldo, ed umido nocivo, e mal ſano; ſecondo Ipocrate genera punture, febbri putride, cattarri, e gravezze di Capo. L Levante Subſolano, ed Euro, ſpira dall'Oriente, ove ſega l'Equatore, è caldo temperatamente, e ſecco, ed è ſalutevole, ma nell'Inverno è più freddo.

P Ponente, Zefiro, ò Favonio ſpira dall'Occidente, ove l'Equinoziale ſega l'Orizzonte, vento umido nella Italia ſecondo l'Argoli ſalutevole, nella State ſereno, ma in altri tempi genera pioggie, folgori, e tuoni, e nell'Inverno nevi, e queſti ſono i quattro venti principali.

Gli

# TRATTATO II. CAP. IV.

Gli altri quattro fra questi sono men principali, e sono G, ed è il vento detto Greco, spira dal Solstizio Estivo, ed Orientale, ove si sega il Tropico del Cancro coll' Orizzonte, e non molto lontano, ed è freddo, e secco, che cuopre il Cielo di nubi. G è Garbino, ò Libeccio, che spira all' opposto, di mala qualità, e mal sano, umido sempre, che fa distillare in pioggie gli alzati vapori, e spira dal Solstizio Occidentale d'Inverno. M Maestro spira dal Solstizio Estivo Occidentale tra Ponente, e Tramontana, ed è umido, e nuvoloso, e procelloso, e subitaneo, e non molto salubre per le subite mutazioni dell' aria, che genera. S Scirocco, che spira dal Solstizio Orientale d'Inverno tra Levante, ed Austro; è umido, ed empie l'aria di oscure nubi, e le fa disciogliere in pioggie, ed aggrava il Capo, e genera cattarri.

Tra questi vi sono i meno principali, e sono mezzi venti denominati co' i nomi de' suoi collaterali, e sono B Tramontana Maestro, ovvero Circio; C Tramontana Greco, ovvero Aquilone; D Greco Levante, ò Cesia; E Levante Scirocco, ovvero Euro; F Austro Scirocco, ovvero Fenizio, H Austro Garbino, ovvero Libonotto; I Garbin Ponente, ovvero Affrico; N Ponente Maestro, ò Coro.

Fra questi Venti ancora i Naviganti vi posero altri Venti, che si dicono quarte, e sono denominati dai loro principali, a' quali sono collaterali, specificando verso qual parte sono posti, per esempio il vento segnato 2. si dice Tramontana verso Maestro, e 3. Tramontana verso Greco, e così degli altri, e sono altri 16., che in tutto sono 32, de quali la notizia non conduce al nostro fine; perchè per saper a quai Venti sian' esposte le facciate de' Palazzi, basta sapere gli otto più principali, tirando gli altri alla natura di questi.

Nella figura dunque dell'Osservazione terza citata, la facciata QR sarà esposta agli Austri, VR al Levante, YV alla Tramontana, ed YQ ai Zefiri, e Ponente.

Si deve eziandio notare circa la qualità de' Venti, che piuttosto si deve stare alla esperienza de' luoghi particolari, che alle regole universali, mutano al più i Venti qualità secondo la varietà de' Paesi, come quì in Piemonte gli Austri a gran pena si sentono, e sono miti, e piacevoli, e non già nocivi, laddove in altre parti sono di non poco nocumento.

## CAPO QUINTO.

*Modo di mettere in disegno il sito già misurato.*

Rima di ogni altra operazione si deve fare la scala, la quale non è altro, che una piccola linea, che rappresenta il piede, ò il trabucco, ò pertica, della quale si è servito il Misuratore nel levar il sito, la quale sia tanto piccola, che moltiplicata quanto richiede la grandezza del sito reale, possa stendere i lati del sito tali, de quali la carta ne sia capace, e perciò tal volta per aver le oncie, sarà di mestiere dividerla in minutissime parti.

OSSER-

## OSSERVAZIONE PRIMA.

*Della maniera di dividere una linea proporzionalmente ad un' altra.*

SEbbene questo non sia assolutamente necessario all' Architetto, in molti casi sarà molto utile. Sia la linea A B come nella figura sesta, nella quale si prendano quelle parti, che più si bramano come 6., le quali sono piedi, che misurano un Trabucco, ò Pertica, e sia la linea AD unita ad essa in A, che bisogna dividere in altrettante parti; si tirino i punti 1. 2. 3. 4. 5. 6. fino a B, e le paralelle alla linea BD, che congiunge i loro estremi D, e B, e quelle segaranno AD in altrettante parti eguali, e disuguali, quante sono nell' A B, e colla stessa proporzione, come provo Tratt. 10. del nostro Euclide prop. 13., ed Euclide nel lib. 6. prop. 10.

## OSSERVAZIONE SECONDA.

*Modo di suddividere una parte piccola in minutissime parti.*

PErchè quasi sempre occorre, che i piedi nella scala siano tanto piccoli, che sia impossibile con qualunque punta di compasso volerli suddividere; Quindi è che bisognerà talora servirsi della predetta regola. Sia la scala A B di un trabucco diviso in sei piedi, come nella figura 7., e vorressimo avere ciascun piede suddiviso almeno in 6. parti; tiraremo alla A B sei paralelle eguali, e l'ultima sarà D C, i di cui estremi uniremo colle due perpendicolari AD, e BC, indi tiraremo le trasversali dall'ultimo termine del piede E nell'AB al principio di esso a D nella DC, e così faremo dell'altre, e sarà diviso ogni piede in sei parti. Quando adunque vorremo cinque sesti, misuraremo dall' A D fino alla E D sulla paralella I, e quando quattro sulla seconda, e simile; e se vorremo un piede, e cinque sesti misuraremo dall' A D fino alla F H sulla paralella prima, e se quattro sulla seconda, e se tre sulla terza, e così delle altre figure.

## OSSERVAZIONE TERZA.

*Come si debba porre in pianta un sito secondo il primo modo, mediante la cognizione degli Angoli.*

SIa l'abbozzo del sito colla misura degli Angoli di un lato T come nella figura 8. si faccia il Trabucco, secondo che abbiamo insegnato nell'antecedente, che sia X, ed un piccolo quadrante secondo la capacità della carta Q diviso, conforme abbiam insegnato nella Osservazione prima al Cap. 3. colla matita, o lapis piombino si tiri una linea occulta indiffinita A B, e si veda nell'abbozzo, quanto sia il lato conosciuto, e sia trab. 3. piedi 5. oncie 8., misuraremo dunque trab. 3. presi da X. piedi 5. oncie 8. secondo che nella precedente abbiamo insegnato, e termini dal punto A fino alla B la misura, e fatto centro nel

pun-

punto A, si farà una porzione di circolo dello stesso semidiametro, ch'è quadrante Q, e da lui presi i gradi notati nell'abbozzo T, per esempio gradi 33., si noteranno da C in D sopra l'Arco CD, e dal centro A si tirerà col lapis una linea occulta per D, che sarà AE, e così per l'arco a' gradi 18., secondo che sta notato nell'abbozzo, la linea AF, così si farà nel punto B, e fatto l'arco HL di eguale semidiametro al quadrante Q si misureranno gradi 35. notati nell'abbozzo T da H in L, e si tirerà col lapis la BE, ed i punti ritrovati E, ed F si congiungeranno colle linee espresse cogli altri punti, e sarà posto in pianta il sito AEFB, secondo le misure reali notate nell'abbozzo T; allo stesso modo si disegneranno gli altri siti, che si cavano colla squadramobile, i quai modi saranno da adoperarsi ne' siti vasti, dove non si possono tirare i fili, e misurarli.

## OSSERVAZIONE QUARTA.

### Del porre in pianta un sito misurato colla squadramobile.

Sia l'abbozzo la figura 9., e siano in lui notate le lunghezze delle perpendicolari, il punto, ove cadono, e la lunghezza de' lati, e si tiri sulla carta la linea occulta BC col lapis, e sopra la medesima, ove si crede più a proposito, secondo la capacità della carta, si alzi occulta la normale EA, e col compasso si misuri la sua lunghezza trab. 1. presi dalla scala della precedente osservazione, secondo che nota l'abbozzo, e perchè dal luogo, ove cade fino all'Angolo sono notati piedi due, perciò si fa la BA lunga piedi due presi dalla scala X della figura precedente, e si tirerà la BE, la quale dovrà essere piedi 13., giusto quello, che nota l'abbozzo, presi dalla scala X, e se non fussero, sarebbe indizio di errore; e perchè dall'A, ove cade la normale E, fino all'altr'angolo sono trabucchi due, perciò la linea AC si allungherà trabucchi due presi dalla scala X, dalla quale anche per fare il lato ED si prenderanno trabucchi due, piedi 4., come marca l'abbozzo, e posto il centro in E, si tirerà un pezzo di giro occulto verso D, così con trabucco uno, piedi 4. presi dalla scala, come vuole l'abbozzo, fatto centro in C, si noterà un'altra porzione di cerchio verso D, e dove si segano, ivi è l'angolo D secondo Euclide al lib. I. prop. 7. a noi 16.: onde tireremo i due lati ED, e CD, e sarà fatto il sito BECD. Così si disegnerà il sito CDHG, e perchè nell'abbozzo la normale LG si allontana trab. 1. dall'angolo C, perciò misurato CL trab. 1. preso col compasso della squadra, alzo la normale LG, e faccio il tutto come prima, e così resta posto in pianta il sito levato nell'abbozzo. Si dee solamente notare, che non è necessario avere le misure della normale AE, e del lato, che termina in essa, perchè basta o l'uno, o l'altro, perciocchè per la proposizione 7. lib. I. di Euclide, e per noi Tratt. 6. prop. 16. non può la BE, se non finire nel punto E.

## OSSERVAZIONE QUINTA.

*Modo di porre in pianta un sito colla Calamita.*

La str. 2.
Trat. 2.
Fig. 2.

Quando i siti si sono presi colla Bussola della Calamita, allo stesso modo si possono disegnare, ponendo appresso al lato della Bussola, che si è applicato al muro, o lato reale la riga, quando la Calamita farà lo stesso Angolo colla normale, che fece, quando si prese il sito nell'Osservazione 5. Cap. 3., per esempio mirando quella figura, al lato CQ della Bussola si applicherà la riga, e si anderà tanto volgendo, finchè il ferro calamitato VI colla BA faccia lo stesso angolo VIA, ed allora si tirarà la linea rappresentante HL, che si farà di tante parti prese dalla scala, quante sono quelle notate nell'abbozzo al lato HL.

## CAPO SESTO.

*Delle figure, le quali fanno le piante degli Edifizj.*

Quelle figure, che entrano le più frequenti negli Edifizj sono, o rettilinee, o circolari. Le rettilinee, quelle che entrano, per lo più sono i quadrati perfetti, ed i quadrangoli lunghi, che quasi sempre formano le stanze. L'altre figure di più lati rade volte si usano, per esser incomode ad allogarvi le usuali cose di Casa, onde si lasciano nelle Case ordinarie. Gli atrj, e simili parti, che sono più di passaggio, che di abitazione convengono a' luoghi pubblici, come Palaggi di ragione, Chiese, Torri, ed altre simili cose, siccome anche delle circolari si deve ragionare in pari maniera.

## OSSERVAZIONE PRIMA.

*Maniera di fare un quadrato, o rettangolo lungo.*

Fig. 10.

Sia data la AB, come nella figura 10., che s'allunghi quanto basti, e dai punti A, e B secondo che abbiamo insegnato al Tratt. I. del Cap. 2. nella Osservazione 5. si alzino due linee perpendicolari AC, e BD, e se si vorrà fare un quadrato si facciano lunghe quanto AB, si congiungano i punti C, e D, e sarà fatto, e si farà un rettangolo lungo, i lati AC, e DB si faranno lunghi a suo piacimento. Lo prova Euclide nella prop. 46. lib. I.

## OSSERVAZIONE SECONDA.

*Modo di far un circolo, e descriver in esso un quadrato.*

Las. III
Trat. 2.
Fig. 1.

Si giri l'un piede del Compasso, tenendo l'altro fermo in T, e si descriverà il circolo, che si dividerà in quattro parti, se sopra DB,

che

che passi pel centro si alzerà dallo stesso centro T la perpendicolare CA, prolungando fino alla circonferenza, e se si congiungeranno i punti di questi diametri A, B, C, D coi lati AD, AB, CD, e CB sarà fatto nel circolo il quadrato BADC. Lo prova Euclide nella prop. 3. lib. 4.

*Lastr. 3. Trat. 2. Fig. 1.*

## OSSERVAZIONE TERZA.

*Come attorno al Circolo si faccia un quadrato.*

Ciò facilmente si eseguisce o facendo delle paralelle a ciascun lato AD, BA, BC, e BD, che tocchino il circolo, o facendo delle perpendicolari a diametri fra sè normali. Per esempio siano AB, e DO diametri ad angoli retti in V; dalle loro estremità A, B, O, D, si spingano le normali SR, RQ, QT, e TS, che s'incontrino ne' punti S, R, Q, T, e sarà fatto il quadrato, che stringe, e circoscrive il circolo RQST.

*Fig. 2.*

## DEDUZIONE.

Si può da questa operazione dedurre di circoscrivere qualsisia altra figura, o facendo paralelle ai lati della figura inscritta, che tocchino il circolo, o normali a diametri, che congiungono gli angoli col centro, come insegna Euclide nel lib. 3. degli Elementi.

## OSSERVAZIONE QUARTA.

*Del modo di descrivere una figura di cinque lati, o Pentagola nel Circolo.*

Si faccia un circolo, o pur anche un semicircolo [ che tanto basta per l'operazione ] CAB, e si tirino in isquadra i semidiametri CE, BE, ed EA. Indi si divida per mezzo la BE in F, e si tiri la linea FA, la quale si misuri sopra il diametro CB dal punto F, e sia DF, e poi si tiri AD, e questa linea sarà un lato del Pentagolo, che misurerà cinque volte preso l'intervallo DA col compasso tutto il circolo CAD se fusse compiuto. Lo provo con Ptolomeo alla prop. 6. Tratt. 22. del nostro Euclide.

*Fig. 3.*

## OSSERVAZIONE QUINTA.

*Come si possa descrivere un Triangolo, ed un Sessagono nel Circolo.*

Facile è la Inscrizione dell'Esagono, o sia Sessagono, e del Triangolo, perchè si misurano colla stessa apertura di compasso, con cui si è fatto il circolo. Sia dunque il circolo BAC, ed eletto il punto L si misuri il semidiametro OL sopra LB, ed LC, e quella sarà la terza parte del circolo, e replicata da C in A due volte, darà l'altra terza; onde condotte le linee BA, BC, e CA sarà fatto il triangolo

*Fig. 4.*

H

58 DELL' ARCHITETTURA

Lastr. 3.
Trat. 2. golo, e se si congiungeranno le parti misurate col semidiametro come BL, si farà il Sessagono; si potrà anche trovare il punto A, tirando una linea dalla L per O centro, che cadrà in A metà dell'arco BAC.
Fig. 4. Si prova alla prop. 5. Tratt. 10. del nostro Euclide.

## DEDUZIONE.

Quindi avviene, che se gli archi de' circoli si dividono per mezzo, possono duplicarsi i lati delle figure, tirando le suttense alle predette divisioni; In tal guisa il quadrato si può ridurre in ottangolo, e così 'l Pentagolo in Decagono, così 'l Sessagono in Duodecagono, e queste anche con nuova suddivisione moltiplicare.

## OSSERVAZIONE SESTA.
*Modo di fare una figura nel Circolo di quindici lati.*

Fig. 5. SI descriverà nel circolo ADBC il Triangolo ABC, ed il Pentagolo, ovvero ad un suo lato DA, e la differenza, ed arco fra il lato BA del Triangolo, e DA del Pentagolo sarà DB, che diviso per mezzo in E, e tirate le suttense DE, ed EB faranno due lati del Quindecagono; lo provo con Euclide Tratt. 7. prop. 16. essendo il Triangolo di due unità differenti dal Pentagolo, ed il 3. moltiplicato per 5. fa 15.

## DEDUZIONE PRIMA.

Così anche succede in ogni altra figura, perchè il lato del Pentagolo, ed Esagono farà una figura di 30. lati; perchè 5. moltiplicato per 6. rende 30., e perchè il 5. dal 6. differisce solamente una unità, perciò l'arco, che resta tra l'uno, e l'altro lato delle dette figure suttende una linea, che è lato di una figura di 30. lati; così 'l lato del quadrato, e triangolo lascierà un'arco, che suttenderà il lato del Duodecagono, ed il lato del Quadrato, e Pentagolo lascierà un'arco, che avrà per suttensa il lato della figura di 20. lati.

## DEDUZIONE SECONDA.

Fig. 6. DA ciò ne siegue eziandio, come si possa ogni figura moltiplicare per tre, dividendo l'angolo al centro in tre parti, come nella figura dell'Osservazione quinta l'angolo BOA, che si fa, come abbiam detto Tratt. 1. Cap. 8. coll'ajuto della quadratrice; onde il circolo BAC sarebbe diviso in 9. parti, e si farebbe un Nonagono. Solamente l'Eptagono non si è potuto fare sin'ora con regola evidente; onde in occasione, che dovesse succedere, si potrà fare misurando il lato BC dell' Esagono sopra il lato DC del triangolo dal Diametro normale BA dal punto L in I, e facendo un'arco da L intervallo IL segherà in V l'arco DV, e sarà la settima parte, ed un lato dell'Eptagono.

OSSER.

## TRATTATO II. CAP. VI.

## OSSERVAZIONE SETTIMA.
*Dell' Ovato fatto con più porzioni di circolo.*

La ſtr. 3.
Trat. 2.

Siano due circoli, o contigui, o che ſi ſegano, o ſiano in qualunque ſpazio diſtanti, o uguali, o diſuguali. Si conduca una linea, che paſſi per gli centri loro A F, terminando in C, ed I punti delle loro circonferenze, e da qui ſi prendano due uguali parti C G, ed I O, che ſieno più lunghe della metà della linea tirata C I, e da'centri de' circoli A, e F, e coll'intervallo A O, e G F ſi tirino due archi M G H, e M O H, e da' punti, ove ſi ſegano M, ed H, ſi tirino per gli centri A, e F le due linee M V, M T, e le altre due H R, ed H S, e fatto centro in H ſi deſcriva coll'intervallo H S un'arco, che terminerà in R, e col centro M un'altr'arco coll'intervallo M T, che terminerà in V, e così ſarà fatto un'Ovato; e ſe i circoli ſaranno eguali, ſarà tanto acuto verſo C, quanto verſo I, ma ſe ſaranno ineguali, l'Ovato ſarà più acuto da quella parte, ove il circolo è più piccolo. Io provo queſt'operazione nel noſtro Euclide al Tratt. 18. prop. 6. alla pag. 283.

Fig. 7.

## OSSERVAZIONE OTTAVA.
*Del modo di formare una Elliſſe, od Ovato con due centri.*

LA Elliſſe propriamente non è la ſteſſa figura, che la precedente, benchè molto ſi accoſti, ed infatti ſi poſſa uſurpare l'una per l'altra. Per farla dunque, ſi tiri una linea F E uguale alla lunghezza, che vogliamo che abbia, e tirata la linea B A, ſi prenderà la metà della linea F E, ed eletto un punto C diſtante dalla linea B A, quanto vogliamo fare larga la Elliſſe, la miſureremo da C in A, e l'altra metà da C in B, e queſti due punti A, e C ſaranno i centri, o come altri lo chiamano i fuochi. Di poi ſi prenda ciaſcuna delle parti come F I col compaſſo, e poſto il centro in B ſi faccia un'Arco, indi preſo il compimento I E, ſi faccia col compaſſo dal centro A un'altro Arco, e dove ſi ſegano in O, ivi paſſerà l'ambito della Elliſſe, così con F S, ed S E, e così gli altri C C C; ſe dunque con mano ſicura per gli punti O, G, C, C, C, o gli altri così trovati ſi tirerà una linea, queſta ſarà una mezza Elliſſe, che replicata dall'altra parte formerà tutto il ſuo contorno. Queſto è il modo di farla in carta.

Fig. 8.

Ma in opera ſi fa più facilmente, perchè ne' due punti B, ed A ſi conficano due chiodi, attorno a' quali avvolgeſi una corda B C A, e con uno ſtile, od altra coſa da ſegnare; quando la corda liberamente corre attorno a' chiodi, tenendo ſempre ſteſe la B C, e B A, ſi tirerà una linea, che ſi porterà per gli punti C, C, C, G, O; e ſi formerà la Elliſſe.

## OSSERVAZIONE NONA.

*Modo di formare una Ellisse coll'ajuto di due Circoli.*

DEterminati i Diametri di una Ellisse, cioè le due linee in quadro, la massima DB, e la menoma FA nel punto C col semidiametro CB si faccia un circolo, e di nuovo nel medesimo centro all' intervallo CA si faccia il circolo minore, e dal punto, e centro C escano raggi come C E, C V, C E, i quali seghino le loro circonferenze, e da' punti de' loro segamenti come da E, si facciano le normali al Diametro maggiore BD, alle quali s'incontrino altre normali al minor Diametro FA, dedutte per gli punti II., che sono segati da' raggi EC, EC, nel circolo minore; dove adunque queste normali s'incontrano in O, O ed altri a queste simili, ivi passa la circonferenza della Ellisse; onde se per que' punti si condurrà destramente una linea curva, quella sarà una Ellisse com'è DOAOB, che è la metà di essa. Si prova da me nel Tratt. 24. del nostro Euclide prop. 67. pag. 429. *de Conicis*

## OSSERVAZIONE DECIMA.

*Come coll'ajuto di un Circolo solamente si possa formar una Ellisse.*

PEr formare una Ellisse dal circolo, basta segar una linea proporzionalmente, come sono i seni di un circolo fra loro. Sia il semicircolo ABC, dal quale diviso in parti eguali siano condotti i seni, o linee normali CL, FE, e gli altri, e BI, se è uguale, si seghi in parti BI, BM eguali ai seni predetti CL, ed EF, ma se disuguale egli è, come BH, si seghi in parti proporzionali per le paralelle prodotte FH, e FN, e le altre, e poi agli stessi punti BA, come si è fatto da parte, si applichino la BH al punto L, la BN al punto E perpendicolarmente ciascuna al suo corrispondente punto, perchè co' suoi estremi HN saranno in una Ellisse; e perciò se per essi con mano facile si condurrà una linea curva, quella sarà una Ellisse.

Lo stesso siegue, se giusta le divisioni del Diametro BA proporzionalmente si divida una linea, come la BD minore, o la DA maggiore, e a quella si applichino i seni LC, ed EF, e altri a questi simili normalmente, perchè cogli estremi loro saranno nella Ellisse; onde si potrà con dolce mano destramente condurla. Seguirà anche lo stesso, se si prendano le linee BN, e BH, e l'altre, e si applichino alla linea BD proporzionale a suoi punti corrispondenti L, ed E, e somiglianti a queste, come si vede nella figura; e lo stesso seguirà della proporzionale DA, se si applicheranno a suoi punti corrispondenti BN, BH, anzi nemmeno è necessario, che siano normali in qualunque de' predetti casi, ed operazioni, bastando solamente, che siano fra loro paralelle, ed applicate a' debiti punti. Lo provo nello stesso lib. alla prop. 72. della pag. 431.

## TRATTATO II. CAP. VI.

### OSSERVAZIONE UNDECIMA.

*Coll'ajuto delle suttense nel Circolo si può figurar una Ellisse.*

La str. 3.
Trat. 2.

Questa figura è sì necessaria all'Architetto, massimamente se vuol porre le sue fabbriche circolari in prospettiva, che non dovrà stupirsi, se moltiplico i modi di descriverla, fra quali è anche questo colla precedente inventata da me nel Tratt. 24. de Conicis prop. 72. pag. 432.

Sia dato il circolo, ovvero il quadrante BC, e si divida il circolo in quante parti sieno di suo piacimento CZ, ZG, GP, e finalmente PB, si conducono le suttense CZ fino al K e ZG fino a T e GP fino a V punti del semidiametro prodotto EB fino quanto basti in K: Dagli stessi punti ancora si conducano le perpendicolari al diametro CE, ZL, GH, PI, si determini poi il semidiametro minore, ovvero asse della Ellisse DE, e dal punto D al punto K, dove finì la CZ, si tiri la KMD, e pel punto, ove sega ZL in M, si tiri TNM dal punto T, ove finiva la suttensa GZ, e così dal punto N all'V, ove finiva la suttensa PG, si conduca la suttensa VON, perchè tutti questi punti, in cui queste ultimamente tirate KD, e TM, e VN si tagliano colle normali ZL, GH, e PI, che sono ON, MD, sono punti della Ellisse; onde se per essi si tira una linea curva dolcemente, sarà formata una Ellisse, o la sua quarta parte. Lo provo nella citata proposizione.

Fig. 12.

### OSSERVAZIONE DUODECIMA.

*Coll'ajuto d'un paralellogrammo, o trapezio, che abbia due lati paralelli, si può formar una Ellisse.*

Ancorchè nel Trattato citato insegni molte maniere, lascio ogni altra, e solamente questa per ultimo prescelgo. Sia il paralellogrammo FG, e se fusse trapezio, ed avesse due lati paralelli, uno più lungo dell'altro, non importarebbe, e sia in esso il Diametro FG, che sia l'asse maggiore della Ellisse, a lati paralelli si tirino molte paralelle IA, LC, ed altre ancora, e poi si trovi tra BI, e BA la media proporzionale BH per la osservazione 5. del cap. 7. al Tratt. preced., e si misuri di quà, e di là dalla B, e sia il termine H; così si trovi la media proporzionale tra LD, e DC, e sia DE, ed altrettanto si misuri verso C da D, ed i punti misurati H, ed E, e gli altri opposti saranno della Ellisse, onde per essi si potrà condurre la Ellisse FHEGA.

Fig. 13.

## CAPO SETTIMO.
### Del modo in generale di difegnare le Piante.

Laſtr.3.
Trat. 2.

IL faper perfettamente difegnare le Piante, ed effettuare i documenti della Jchnografia, dipende dall'Ortografia, e queſta dall'altra; onde difficilmente ſenza la cognizione d'amendue ſi può accignerſi tal'uno a difegnare una perfetta Jchnografia. Pure perchè biſogna cominciare da qualch'una di loro, ho deſtinato quì di dare que' documenti per notare le Piante Jchnografiche, le quali ſono più generali, e più indipendenti da qualunque altra cognizione.

### OSSERVAZIONE PRIMA.
*La pianta delle colonne come ſi diſegni, e come ſi diſtinguano i ſuoi ſpazj.*

LA pianta delle colonne non è altro, che un circolo tondo ombreggiato di qualche colore, e perchè la colonna ha l'aggetto della baſe, queſto ſi farà con un circolo eccentrico incluſo in un quadrato, il ſemidiametro del quale talvolta è per la metà più lungo del ſemidiametro della colonna, ma ordinariamente è qualche coſa meno, come ſi dirà a ſuo luogo, e queſto va inchiuſo in un quadrato, che eſprima il ſuo Dado, e Baſe, come ſi vede nella figura A G. Gli ſpazj tra le colonne iſolate ſi chiamano Intercolumnj, quando non portano alcun arco, e queſti fra loro non inchiudeſi; ſono ſecondo Vitruvio di cinque ſorte: Euſtylos è l'intercolumnio giuſto, e proporzionato, quando tra le piante d'una colonna, e l'altra s'inchiudono due Diametri di colonna, ed un quarto: più ſpeſſi di queſti ſono due, l'uno denſiſſimo, e quando le colonne non ſono più diſtanti di un Diametro di colonna, e mezzo, detto da lui Pienoſtylos; l'altro più largo detto Syſtylos ammette due Diametri. I più ampj eziandio ſono due; l'uno moderato, ed ammette tre Diametri, detto Diaſtylos; l'ultimo, e quinto ſmoderatamente largo, detto Areoſtylos, ammette tre Diametri, e mezzo, ed anche quattro in diſtanza fra la pianta delle colonne; ma ſe inchiuderanno l'arco, e ſe incominceranno da terra ſenz'alcuna coſa ſotto ſaranno diſtanti per ordinario tre Diametri, e mezzo, che ſe poi porteranno un'arco, ſarà la diſtanza di ſei fino ad otto Diametri, e di queſti ſpazj ne daremo più preciſe regole a ſuo luogo.

Fig. 14.

Le colonne doppie, che ſoſtentano, o che racchiudono archi, ſaranno diſtanti almeno un ſemidiametro, come A B.

Le colonne non iſolate ſono di cinque ſorte. Le prime ſono appoggiate al muro, come la colonna A al muro H, le quali talora ſono tanto vicine, che 'l muro taglia la Baſe. Le ſeconde diconſi immerſe nel muro, come la colonna C nel muro H, e per eſſere belle dovranno uſcir dal muro più della metà, come un ſemidiametro, e un terzo. Per terzo viene la colonna col retrocolumnio, come la colonna D, dietro alla quale è il retrocolumnio, o pilaſtrata, o leſena I attaccata

al

al muro L. Quarto si considera la colonna immersa nel retrocolumnio, o pilastrata, come la colonna E, ch'esce solamente due terzi dalla pilastrata O, che orna il muro M. Quinto la colonna in una nicchia, cioè in un concavo, che circonda la sua base, come la colonna G, la quale entra nella concavità del muro N, e tutte queste secondo le varie occasioni sono buone maniere per disporre le colonne, ed allora si porranno con quella distanza fra loro, che più piacerà, o richiederà l'arco, a cui accostansi, o che sostengono.

*Lastr. 3.*
*Trat. 2.*

*Fig. 14.*

## OSSERVAZIONE SECONDA.

*Come si disegni la pianta de' pilastri, e come si distinguano i suoi spazj.*

IL pilastro, in latino *pila*, è una colonna quadrata per ordinario, e perciò per la sua pianta si farà un quadro ombreggiato con attorno linee equidistanti pel quarto del suo lato, indicanti quello, che occupa la loro base, com'è il pilastro A, e questi sono pur anche di cinque sorte.

*Last. 4.*
*Trat. 2.*
*Fig. 1.*

Il primo si è il pilastro, che entra nel muro, che Vitruvio chiama *Parastatæ* come il pilastro E, il qual esce dal muro CD per la sua quarta parte, e se si trova dietro alle colonne, si chiama retrocolumnio, e se senza colonne, si chiama pilastrata, o lesena. Il secondo è il pilastro lesenato, come il pilastro F, il quale è come un muro quadro, da cui per ogni banda esce un quarto, o qualunque altra parte di lesena, o pilastrata. Il terzo è il pilastro quadrato, come è l'A, che è di quattro lati. Il quarto è il pilastro sessagono come è la G, che è di sei lati. Il quinto è un pilastro ottangolare come H: non ha dubbio, che si potrebbono fare triangolari, o pentagoli, o di altre simili figure; ma non mi ricordo di averne mai veduti, nè credo vi starebbono bene, se fussero di lati ineguali, perchè o un'angolo verrebbe in faccia, o appresso al muro, cosa che disdirebbe non poco. Gli spazj tra i pilastri saranno maggiori, che fra le colonne, ordinariamente di un quarto, quando son isolati, e non costeggiano, o non portano arco veruno: perchè in tal caso si faranno colle stesse regole, che le colonne. La grossezza de' pilastri, o colonnati, o lesenati, secondo Palladio al lib. 1 cap. 13. si possono fare un terzo del vano, fino a due terzi, e quando porti la necessità, eziandio quanto è tutto il vano.

## OSSERVAZIONE TERZA.

*Della pianta delle porte, e delle finestre, camini, e nicchie.*

LE porte sono di due sorte, o di tutta la casa, o delle stanze. Quelle di tutta la casa, come B si fanno larghe di quattro in otto piedi liprandi presi sulla scala V coi suoi battenti II, e lo squarcio IC, IC, con qualche adornamento, o di cornici, o di pilastri, o lesene, come AA, ed anco quando piacesse ornarla pomposamente di colonne; i battenti II si faranno almeno un quarto di piede, ovvero oncie tre, e lo squarcio il quar-

*Fig. 2.*

quarto dell'apertura, che volgerà sempre indietro, acciocchè resti dopo le spalle a chi entra. Le porte poi delle Camere si apriranno, dando a loro di larghezza piedi due, ed anche sino tre presi dalla scala V, ed i battenti più piccoli, ma che non siano meno di un ottavo di piede, e lo squarcio della medesima proporzione, com'è la porta D, nè dovranno essere troppo vicine, siccome ancora le finestre non dovranno essere in vicinanza degli angoli della Casa per non indebolirli, siccome avverte Palladio nel lib. 1. al cap. 25., e si faranno per fianco alle finestre per non impedire le camere, onde queste poi rendansi incapaci del letto.

Lastr. 4.
Trat. 2.

Fig. 2.

Il muro si marcherà, e distinguerà con qualche colore, come il muro CF.

Le finestre per ordinario saranno come le porte di grandezza, e di battente, e di squarcio; le vuole Palladio al cap. 25. del lib. 1. il quarto, od il quinto della larghezza delle stanze, ma vi si aggiugne il Poggio in Latino *Podiolum*, il quale come si vede nella finestra G non dovrà essere più grosso di mezzo piede, perchè sendo più grosso, impedirebbe l'affacciarsi alla finestra, e vi si deve aggiugnere per necessità il battente, affinchè le finestre di legno, incontrandosi con esso, restino serrate, e lo squarcio eziandio, acciocchè la luce dilatandosi rischiari molto più la stanza.

Il cammino H detto *Fumarium*, *infumibulum*, *spiramentum*, si disegnerà senza squarcio più largo delle finestre per ordinario, acciocchè resti comodo, di tre in quattro piedi, se non fusse di cucina, o simile, che si farà tal volta di cinque in sei.

La nicchia L, se il sito del muro lo permette, farà un semicircolo, che si farà per ordinario capace di una statua al naturale; onde si farà di semidiametro un piede, oppure tre quarti di esso, o secondo la grandezza della statua.

## OSSERVAZIONE QUARTA.

*De' Portici, Corritoj, e Gallerie, come si ponghino in pianta.*

I Portici sono fabbriche lunghe a piacimento sostenuti dalle colonne, o da pilastri in latino *Porticus*, *Deambulacrum*, ovvero se circondano un gran cortile, e si uniscono in quadro *Peristilium*, ciò che noi diciamo Chiostro.

Questi dunque si veggono di tre spezie, perchè o tengono colonne d'ambe le parti, e sono Portici, o vi sono colonne da una parte, e dall' altra il muro, e si dicono logge, come la A B, o tengono d'ambe le parti 'l muro interciso dalle finestre, o dalle porte, e queste sono propriamente Gallerie, o Corritoj *deambulacra*. I Xisti, come da Vitruvio al cap. 11. del lib. 5. si raccoglie, erano portici doppj, o triplici, ne' quali si esercitavano i Lottatori; Hypæthræ erano alee, o viali per passeggiare al Sole totalmente scoperti colle loro mura poco alte da una parte, e dall' altra, e questi erano anche detti *Subdiales*, *e Paradromis*.

Fig. 3.

Se il portico, o loggia sarà distinta con colonne, o pilastri, si potrà fare in tre modi, o tutto composto d'intercolumnj, ovvero composto di arcate, o interposto di arcate, e intercolumnj, com'è la loggia AB, nella

nella quale le colonne più vicine H I fanno l'intercolumnio, e le più lontane I L sostentano le arcate. E benchè si possano fare senza le contra-colonne P Q, e le altre: nulla di meno saranno più belle, e vaghe le logge, se le colonne saranno abbellite, ed accompagnate, o da contra-pilastri, o dalle colonne, che entrino nel muro.

Lastr. 4.
Trat. 2.

## OSSERVAZIONE QUINTA.

*Della pianta de' Vestibuli, Entrate, ed Anditi.*

IL vestibulo è una fabbrica circondata da tre mura, dal terzo lato aperto verso la strada, esposto a tutti, per dove entrasi in casa, come A nella pianta, ed alcuna volta è diviso dall'entrata con un muro, tal'altra con un tramezzo di tavole, che serve pel muro B C. L'Entrata *Atrium* è una fabbrica più lunga proporzionatamente, che larga, aperta verso il Cortile in prospettiva di chiunque entra B C D E. Vitruvio pone tre sorte d'Atrj cap. 4. lib. 6. Il primo nel quale le ali BD, ed E C sono la Diagonale d'un quadrato, del lato B C. Il secondo nel quale le ali predette sono una volta, e mezzo, o di proporzione sesquialtera al lato B C. Il terzo nel quale le ali sono una volta, e due terzi del lato BC. Del rimanente non è vero quello, che crede Palladio lib. 2. cap. 4. e 5., che gli Atrj fussero aperti nel mezzo, perchè Vitruvio, ove ciò insegna al cap. 3. lib. 6. non parla degli Atrj, ma de' Cavedj *Cavedium*, cioè de' Cortili, come vedremo, i quali essendo di Case private restano per dar lume alle finestre delle stanze, scoperti nel mezzo.

Fig. 4.

## OSSERVAZIONE SESTA.

*Della pianta delle Sale, e loro varietà.*

Vitruvio nel cap. 4. lib. 1. mette tre proporzioni di Sale; l'una quadra chiamata da lui *Exedra minor*, l'altra un terzo più lunga, che larga detta *Exedra major*. La terza è detta *Triclinium*, la proporzione della quale è al doppio della larghezza, e comunemente gli Architetti come Palladio cap. 22. lib. 1., e gli altri ammettono le stesse proporzioni nel disegnar le Sale.

Le Sale, dette *Aulæ*, erano di tre sorte: la prima con quattro colonne distanti dal muro, e si dicevano *Tersiatolæ*, o con mezze colonne attorno, che penetravano nelle mura, e si dicevano *Corinthiæ*, o colle finestre sublimi, che prendevano lume sopra il tetto delle camere, e queste erano dette Egizie, ed alcune avevano le colonne discoste dal muro attorno attorno, che sostenevano un poggio, dal quale per le finestre, il cui muro era sostenuto dalle colonne, si guardava nella Sala, come ne ha il disegno Palladio al lib. 2. cap. 9. 10. 11. Ma si facciano in qualunque modo, sempre dovranno essere di maggior capacità delle altre stanze, onde ordinariamente si fanno sopra l'Atrio B C D E della esposta figura in tal guisa, che siano almeno un quarto, ed al più un terzo più larghe delle stanze, ed a proporzione più lunghe, ne mai la sua lunghezza eccederà di altrettanto la sua larghezza. Siano chiare, e luminose, ma se-

Fig. 4.

con-

condo l'uso moderno, debbono prender il lume dal lato, le finestre però devono essere basse in tal guisa, che vi si possa affacciare.

*L. astr. 4.*
*Trat. 2.*

## OSSERVAZIONE SETTIMA.
### Del descrivere la pianta nelle stanze.

LA stessa proporzione è delle stanze, e delle sale, e crescono in lunghezza al più il doppio della loro larghezza secondo l'uso loro, come si può vedere nelle tre stanze della mentovata figura L M N O, P S Q R, ed F G H I.

*Fig. 4.*

Le condizioni delle buone stanze sono; primieramente che non sieno tutte uguali secondo il Viola cap. 31. lib. 1. pag. 94.; secondariamente che le porte delle stanze s'incontrino fra loro, e colle finestre, com'è il passaggio, ovvero incontramento M O S Q, e la X Z N O. Terzo, che abbiano almen due finestre. Quarto, che non guastino l'ordine esteriore colle loro finestre. Quinto, che le porte siano vicine alle mura, e massime ove sono le finestre per non occupar il luogo de' letti. Sesto, che non siano all'altre soggette, e che per entrarvi bisogni passare per molte altre. Settimo, che per entrare da una in un'altra non sia necessario passare per luoghi pubblici; le altre condizioni dipendono dalle Architetture particolari; onde le riservo a que'Trattati.

La varietà delle stanze dipende dal loro uso. Primieramente sono le Camere di udienza dette *Exedræ*, cioè luogo, ove erano molte sedie per sedere, e trattenersi in discorsi, e ricever visite, che alcuni vogliono fussero Sale. Secondo erano Tinelli detti *Triclinia*, o *Cœnationes*, o *Cœnacula* dove si mangiava. Terzo erano Camere da letto, e si diceano *Cubicula*, ed erano molto ornate, e pomposamente, le quali negli sposalizj si dicevano *Thalami*. Quarto Camere di ritirata, e segrete, e si chiamavano *Conclavia*, perchè teneansi serrate. Quinto Gabinetti detti *Gurgustia*. Sesto le stanze delle Donne, e si diceano *Ginæcea*. Settimo le stanze private, e domestiche, e si diceano *Oeci*. Ottavo le Camere pubbliche, ed Anticamere, e si chiamavano *Procœton Antithalamus*. Nono le stanze delle Damigelle, e serve, dette *Partenostrophium*. Decimo le stanze de'Servidori, e si dicevano *Procœtium*. Undecimo le stanze degli Uomini, o Cavalieri di corteggio, e si chiamavano *Andrones*, cioè senza Donne. Duodecimo l'Oratorio, che si appellava *Proseucha*, ovvero *Sacellum*. Decimoterzo la Segretaria, che si domandava *Tablinum, Cancellaria*. Decimoquarto lo studio, che si dicea *Musæum*. Decimoquinto la Libreria detta *Bibliotheca*. Decimosesto la Galleria de' quadri, ed immagini de' Maggiori, e si diceva *Pinotheca*. Decimosettimo l'Altana, o Belvedere, che chiamavasi *Præstega Prostegium*, e se scoperta *Pavimentum Subdiale*. Decimottavo qualche Camera di passaggio, o andito detto *Mesaula*.

Queste erano le parti nobili della Casa; ma le parti basse destinate a'servigj di essa principalmente erano le stalle, che si diceano *Equilia Præsepia*. Secondo, il suo Fenile detto *Fænile*. Terzo, il suo Letamajo detto *Fimentum, o Sterquilinium*. Quarto, la Corte nobile detta *Peristylium* per essere circondata da portici colonnati. Quinto, la Corte rustica detta *Compluvium, o Cavedium*. Sesto, la Corte bassa per li pollami, e si diceva *cohors*, *bors*, *o chors*, *o Gallinarium*, ovvero *Ornithon*. Settimo, il Giardino *Hortus*, *Viridarium*, e se era sopra i volti si dicea *Viridarium Pensile*. Ottavo, se era di qualche Principe il Serraglio per le Bestie, Fiere, o il Parco *Roborarium*, *o Vivarium*. Nono, le Peschiere dette *Piscinæ Ictiotrophium*. Decimo, i Granaj, se de' frutti detti *Oporothæca*, se de' frumenti detti *Horreum*, *Granarium*. Undecimo, le Guardarobbe, se destinate per conservare vestiti, dicevansi *Vestiarium*, se per biancherie dette *Lintearium*. Duodecimo, la dispensa detta *Promptuarium Cellarium Oenothæca*. Decimoterzo, la Cantina detta *Oenothæca*; o pure *Doliarium*, e s'era sotto terra *Hypogeum*, *o Cryptoporticus*. Decimoquarto, le Cucine *Culinæ*, *o Colinæ*. Decimoquinto la Bottiglieria, che si dicea *Urnarium*. Decimosesto, il luogo del Bucato, o da lavare i panni detto *Colimbes*, *o Aquarium*. Decimosettimo, l'Armeria detta *Armamentarium*. Decimottavo, i bagni detti *Lavacrum*, *Thermæ Balneum*, *Frigidarium*, *Caldarium*. Decimonono, la Bottega detta *Officina Ergasterium* se era d'artefice, s'era per rivendere *Taberna*. Vigesimo, l'Uccelliera detta *Aviarium Ornithoorotrophium*. Vigesimoprimo, le Comodità dette *Latrinæ*. Queste tutte sono parti delle case antiche in generale, e massimamente delle Case nobili, le quali tutte, o per lo più convengono anche alle Case moderne, e principalmente alle più nobili, benchè la loro disposizione sia molto differente dall'antica, come si dirà.

Lastr. 4.
Trat. 2.

## OSSERVAZIONE OTTAVA.

*Della pianta de' muri, che circondano le Camere.*

LE Mura, che circondano le Camere, dovranno essere grosse il decimo, o duodecimo della sua larghezza, se non fussero a più Solaj, che secondo la loro altezza, così si dovrà accrescere il muro per ordinario d'un quarto di piede per ogni Solajo, e se vi saranno volte molto più, quando non si tenesse il muro nel suo dovere colle chiavi di ferro, e la calcina fosse debole, e le pietre irregolari, così si dovrà crescere il muro, come si dirà nell'arte del muratore.

Si tirano dunque le mura con linee paralelle come si vede nell' esempio, e figura della osservazione quinta, lasciando vano lo spazio delle porte, e restringendosi nella parte delle finestre, risaltando ove si avanzano le pilastrate, e le mezze colonne, ed altra sorta di ornamenti, e si tingeranno di qualche colore, e se per sorte saranno di due spezie, cioè alcune dell'edifizio già fatto, altre di quello, che si deve fare, si tingeranno per distinguerle con due differenti colori.

Fig. 4.

Se si faranno più piani l'uno sopra l'altro, che anticamente era detta *Domus*. *Bistega*, se era a due piani; *Tristega* se era a tre; si faranno anche più piante, diminuendo la grossezza delle mure per ogni piano, in tal guisa però, che il carico sia compartito eguale, nè il voto resti solamente da una parte. Si proccurerà di non mettere le mura in aria, dette dagli Antichi *Interpensiva*, ma ogni vivo sia sopra il vivo, ed il muro sia sopra il muro. Nè si faranno troppo grosse, perchè la grossezza soverchia delle mura toglie il lume, mentre angustiato tra mura eccessive non può dilatarsi per le stanze col di più, che si accresce la spesa, ed il peso, onde poi accade che quando i materiali non sono più che buoni, oppressa la Fabbrica facilmente rovina.

## OSSERVAZIONE NONA.
#### Della pianta delle Scale.

LE Scale sono le più difficili parti, che abbia la Casa di allogare, massime che Vitruvio non ne diede regola, se non delle loro salite. Sonovi adunque tre sorte di Scale. Le prime sono quelle, che nell'ascendere si diminuiscono, ed hanno i gradi sempre più corti, o si accrescono come la Scala C, perchè se comincia da T, ascende diminuendo, ma se comincia da D, ascende crescendo, che anche si possano fare doppie, che prima crescano, e poi decrescano, avendo la prima i gradi convessi, e tondi, e gli altri concavi, qual è quella che pone il Serlio lib. 3. pag. 142. che si trova in Roma in Belvedere Giardino del Papa.

Secondo. Sono le Scale a rami, o bracci, che ascendono con gradini equidistanti, e paralelli, e sempre uguali; tali sono nel disegno la Scala B, e la Scala A, e possono farsi a due rami come nel disegno la Scala S, o a 3., o a 4. come la Scala B, o a 5. o a 6., come la Scala A, e queste tutte si possono fare o piene in mezzo, o vote, o a tromba, cioè colle volte che ascendono come le Scale, o colle volte a livello, ed allora non fanno, se non un giro, nè ascendono se non al primo piano; si possono anche fare che s'incontrino, e che salendo da due parti vengano le persone ad incontrarsi nel mezzo, come la Scala E a chi comincia salire da X e Z, siccome eziandio che si fuggano; ciò che succede a chi cominciasse a salire da E, e andasse a finire in X, Z, o che abbiano l'un, e l'altro come chi duplicasse la Scala X E Z per due altri rami, dopo essersi incontrati in E si voltassero le spalle per ascendere più alto verso Z, e X. Finalmente che si seguano come nella Scala A, se i due rami S R portassero tant'alto, che sotto al ramo I si potesse entrare, e salire verso Q P, perchè allora quando la Scala prima fusse in N sarebbe al doppio alta quanto in I: onde la Scala cominciata in I, che ascende sotto l'altra cominciata da N sarebbe alta in N quanto la prima in I, e tale, come afferisce Palladio nel lib. 1. al cap. 28., è la Scala di Sciamburg in Francia fatta dal Re Francesco.

La terza spezie di Scale è tonda, oppure ovata, come la Scala C, ove i gradini sono più stretti verso il centro, che verso la circonferenza, le quali si possono pur fare tutte a' predetti modi, o che si fuggano, come chi sale da L verso M, e verso H, o che s'incontrino, come chi sale da M, ed H, e sbocca da poi in L, o che facciano l'un, e l'altro, come chi salendo da L verso M, ed H, finalmente s'incontrerebbe in K, o che si seguano, come chi, quando la Scala fusse giunta in K, un'altra ne cominciasse sotto essa da K, e camminasse sotto essa verso H L. Possono anche farsi o a trombe salienti, o a volta a livello, ed allora ascendono solamente al primo piano; siccome altre possono farsi colla colonna in mezzo piena, altre vacue, e sospese come C, e tutte queste varietà quando sono ben tirate, e vagamente ornate riescono lodevolissime.

Le condizioni delle Scale ben collocate, sono queste. La prima che ricerca Palladio al lib. 1. del cap. 18., è, che non fiano immediatamente intraprefe in vicinanza della porta, ma nemmeno tanto lontane, che fi abbiano a cercare. Seconda, che sboccano non immediatamente nella Sala, ma neppure molto lontano da essa, e che s'abbia da far un miglio per ritrovarla. Terza, che non fia scoperta, o a portici, nè fi abbia andar ad essa per luoghi scoperti, per la grande incomodità che porta l'esporsi all'aria, principalmente da chi viene in Carozza chiusa, o fi trova mal difpofto, se però faranno scale pubbliche, come di Tempj, di Palagj, di Città, e Case pubbliche, ciò non è necessario fi offervi con tanta esattezza. Quarta, che l'ingresso, e l'uscita della Scala sia luogo tale, che riesca più grande della medesima Scala; onde la Scala del Palagio del Vice-Re di Napoli è ripresa per questa cagione. Quinta, che fia luminofa, ed ornata, così Palladio citat. sefta, che le fineftre nella Scala a tromba, e che afcende fi rincontrino ne' ripofi, come la Scala B, e che non fiano tante, quanti i ripofi come nella Scala S della citata figura. Se fuffe una sola fineftra farebbe diffettofa, la qual condizione non è neceffaria nelle Scale, che hanno il volto a livello, come fi prefuppone della Scala A. Settima, che non rompino l'ordine efteriore delle fineftre, non in quanto alla diftanza fra loro, non in quanto all'altezza, non in quanto alla grandezza; onde le fineftre delle Scale non fi faranno mai verfo le facciate, quando le medefime poteffero apportargli fconcerto, ma fi faranno prender lume da qualche cortile privato.

Laftr. 4.
Trat. 2.
Fig. 5.

Ottava, che fiano di falita facile, e con qualche ripofo, e piano ogni tanti gradini; onde Vitruvio nel lib. 9. al cap. 1. vuole nelle Scale, e gradi la proporzione di tre quinti dell'altezza alla larghezza. *Si enim*, dice, *altitudo contignationis divifa fuerit in tres partes, erit earum quinque in fcalis*. Palladio ricerca la proporzione della metà, così nel lib. 1. al cap. 18. Il Viola nel lib. 1. al cap. 35. ricerca due quinti; ma il mio parere farebbe, che non foffero meno di due quinti, nè più di tre; e però i gradini dovran'avere oncie 8., ovvero 9. di piede liprando di piano, e pedata, e 3.¼, o tre oncie, ed un quarto, o al più 4. di altezza; la lunghezza la più angufta dev'effere di piedi due liprandi, se non fuffero Scale rubate, e fegrete fatte folamente per comodità del Padrone. Ogni gradino avrà un poco di pendenza, perchè s'acquifta in fine tutta quell'altezza, che fi diftribuifce per ciafcuno, e ciò fi fa perchè l'acqua, fe per forte vi cada, poffa fcorrere, ed anche alla vifta fi renda più dolce, che in quanto al piede non toglie la difficoltà di falire.

Nona, richiedono alcuni con Vitruvio al cap. 3. del lib. 3. ragionando delle Scale de' Tempj, che non fiano di numero pari. *Gradus in fronte itá conftituendi funt uti fint fuper numero impares*. E ne rende la ragione; *nam cum dextro pede primus gradus afcendatur, item in fummo templo primus erit ponendus*: ma non la ftimo condizione neceffaria per ogni Scala. Decima, fi deve avvertire, che i ripofi non fieno nè troppo fpeffi; nè troppo rari, perchè troppo frequenti interrompono la carriera del falire, e diftanti e rari la fnervano, onde gli Antichi gli facevano dopo 15. in 20. gradini, e fe faranno anche ogni 10. gradini, non iftaranno male, eccettuando le Scale a lumaca, che fanno più giri,

perchè

perchè allora l'interrompimento del ripofo impedifce il profeguimento della Scala, o diminuzione dell'altezza. Ondecima, è meſtiere, che non veggaſi tutta inſieme, acciocchè non iſpaventiſi, chi deve afcendervi.

Io fo, che tutte queſte condizioni difficilmente in ogni Scala ſi poſſono oſſervare; ma l'ingegno del Diſegnatore proccurerà, che ottenga fe non tutte, almeno la maggior parte, eccettuando le Scale rubate, e fegrete, che faranno ſempre lodevoli, fe a' luoghi opportuni ſi diſporranno.

Le Scale a lumaca nel tondo, o nell'ovato, benchè da alcuni ſieno ſtimate men comode, fe però la più ſtretta parte del gradino avrà proporzione di uno a due, o almeno tre a cinque, farà comodiſſima, e forſe meglio che le ſcale uguali; perchè agli uomini quelle talora ſono troppo comode; onde ſono obbligati a fare due gradini in una volta; ma in queſte ognuno trova quel declive, che è più proprio al loro piede.

Le Scale ſenza gradi, ma a cordoni dovranno avere ragione di uno al tre al più, che è proporzione tripla.

Sarà alcuno forſe in afpettativa, che delle molte forte di ſtanze, le quali ho connumerato, aſſegni qui 'l proprio ſito, ma ciò appartiene alle Architetture ſpeziali; onde colà rimetto il Lettore.

## OSSERVAZIONE DECIMA.

### Della diſpoſizione univerſale dell'Edifizio.

MOlte condizioni richiede una pianta ben ordinata. La prima, che in qualunque Caſa la Porta maggiore ſempre ſia in mezzo, ſia il ſito biſquadro, ed irregolare quanto ſi voglia. 2. Che le fineſtre ſiano egualmente, ovvero corriſpondentemente compartite, cioè, che le più diſtanti da una parte abbiano corriſpondenti le più diſtanti dall' altra, e le più vicine allo ſteſſo modo le più vicine. 3. Che la facciata, e Porta principale non ſia men ornata dell'altre parti, e ſii almeno tanto, quanto richiede lo ſtato, e condizione del Padrone. 4. Che non vi ſia parte oſcura, nè Camera ſenza le ſue fineſtre. 5. Che il Cortile nobile ſia immediatamente dopo l'Atrio, e che la Scala abbia le condizioni accennate di ſopra. 6. Le più grandi Camere debbono eſſere le più eſpoſte, e le più piccole, e famigliari, le più remote; Le Cucine poi, e Lavelli, e Luoghi comuni, e tutte le altre parti ignobili onninamente naſcoſte ſì, ma comode. 7. E' neceſſario che ciaſcuna delle Camere goda quell'aſpetto, fe ſi può, che più fe le conviene; Perciò Vitruvio nel lib. 6. cap. 7. aſſegna a ciaſcun appartamento il ſuo luogo, dicendo: *Hiberna triclinia, & balnearia occidentem hibernum ſpectent, cubicula, & Bibliothecæ ad orientem ſpectare debent, triclinia Verna, & Autumnalia ad Orientem, , Æſtiva ad Septentrionem, Pinachotecæ, Pictorumque officinæ &c.* 8. Se il ſito è biſquadro ſi proccuri di rigettare il difetto nelle parti ignobili, e men pubbliche, e non diffonderlo, come fanno alcuni in ogni ſtanza, fe ſi può, riducendolo ſolamente ad un luogo. 9. Che gli appartamenti ſieno indipendenti ſì, ma per paſſare dall'uno all'altro non abbiaſi a paſſare per le Sale, e Luoghi pubblici,

blici, ma vi fia qualche paffaggio privato, e fenza fuggezione, che comodamente fi congiunga. 10. Che lo fteffo numero di appartamenti fia nelle parti laterali, e della fteffa grandezza, come infegna Palladio lib. 2. cap. 2. acciocchè abbia ogni parte la debita corrifpondenza, e fe pure vi foffe diverfità, quefta non dovrà apparire di fuori, nè nel Cortile nobile, nè fulle facciate.

Laftr.5.
Trat. 2.

## CAPO OTTAVO.
*Del modo di difporre un Colonnato nel tondo.*

NON è mediocre difficoltà l'aggiuftare nel tondo, ovvero ovato una pianta di un Chioftro Colonnato, detto *Periftylium*, maffime quando l'Architetto non vorrà lafciarfi condurre dalla figura, ma bramerà difporre con regola, e fimmetria tale le fue Colonne, o Pilaftri, che dilettino la vifta, e fra loro s'unifcano con grata corrifpondenza.

### OSSERVAZIONE PRIMA.
*Come non fi debbono variare le piante de' Pilaftri, o Colonne fra loro nel Chioftro tondo.*

Quefta Offervazione milita contro un certo, che ha fcritto nella Favella Spagnuola di Architettura; ma che però, per quanto dimoftra quefta fua opinione, poco n'intende. Egli adunque pretende, che per fare un Chioftro ovato fi partifca il giro A B in parti eguali fecondo il compiacimento del Difegnatore, ed elette alcune di quelle, o due infieme, o più per la pianta della Colonna, fi tireranno le due D L, e D M dal centro alla circonferenza dell'ovato, o del circolo in N O, e tirata un'altra porzione di circolo, o di ovato P Q paralella alla prima N O, farà formata la figura, nella quale fi formerà un'ovato tondo fecondo la fua capacità, e quefta farà la bafe della colonna. Ma che quefto modo fia piuttofto un fcherzo a parlar modeftamente, che un giudiziofo infegnamento, fi dimoftra, perchè prima farebbe un Chioftro, nel quale vi farebbono alcune Colonne groffe come le R, S, Z; altre fottili T, V, X, Y, e quelle che fono fottili, altre al pari delle più groffe, e non farebbono della fteffa proporzione, e farebbono più baffe, fecondo efige il lor diametro, e così 'l tetto del portico da una parte farebbe alto, dall'altra farebbe baffo. Secondo, le Colonne nell'ordine fteffo come O, R, S, Z verrebbono, altre di pianta ovata, altre di tonda, e però alcune apparirebbero più groffe, altre più fottili, e farebbero fcompagnate. Terzo, la fteffa Colonna ovata veduta da una parte farebbe ftretta, e perciò troppo fvelta, quando dall'altra farebbe larga, e proporzionata; onde non apparendo in quefto Chioftro pur un menomo accompagnamento, dee riprovarfi dall'Architettura per grave errore, benchè egli condanni troppo arditamente l'antica, e moderna Architettura, o Gotica, o Greca, o Romana, che mai adoperò sì moftruofa difpofizione.

Fig. 1.

OSSER-

## OSSERVAZIONE SECONDA.

*Del vero modo di disporre un Colonnato ovato, o tondo che sia.*

<small>Laftr.5.
Trat. 2.</small>

DIviso l'ovato, o circolo, o un suo quadrante nelle parti che uno vorrà, in A, e B, si faranno due circoli bassi nelle Colonne, e si tireranno le linee al centro F, e se si vuol fare un altro colonnato minore, ed interno in un ovato più piccolo, dove passano in C, D, si faranno due altri circoletti eguali a'primi, che saranno le basi delle Colonne più interne, e per formare i plinti tiraremo la L G paralella alla linea centrale A C F, e così I H, in tal guisa che tutte le rette sian equidistanti dal centro, e terminino ne' punti G, L, ovvero I, H, che siano di due circoli, od ovati paralelli, e che tocchino i circoli delle basi predette, le quali sono le curve B A G, Q L, D C I, ed V N.

<small>Fig. 2.</small>

Nè vale a dire col predetto Autore, che così le linee tutte non vanno al centro, come porta la natura del circolo, e dell'ovato, che è la sua ragione unica, e prima, per cui condanna l'errore d'ogni altro Architetto. Perchè finalmente si risponde prima, che l'ovato ha due centri, o fuochi, a' quali vanno le linee prodotte dalla circonferenza, onde non avendo centro in mezzo, a cui si portino le linee come il circolo, non siamo obbligati a tirarle a quel centro; e poi diciamo, che bastano le linee di mezzo, come F C A, e F D B, e se le altre non vanno al centro, sono però paralelle di quelle, che vanno al centro, e tanto basta.

## OSSERVAZIONE TERZA.

*Di un'altro più plausibile modo di disporre un Colonnato in una Ellissi, o Circolo.*

<small>Fig. 3.</small>

ELetti i punti I L nella Ellissi, od ovato I L M, si tireranno a quelli le tangenti, le quali sono L A, L V, che si trovano; così dal punto eletto I si tira una normale L N al diametro F M, e poi alle due F N, e F M si trova la terza proporzionale, secondo che insegno nella proposizione 3. del Cap. 8. al Tratt. I., e sia F A, e dal punto A all'I si tirerà la linea A I, e questa sarà la tangente, come insegno nella proposizione 17. del Tratt. 14. del nostro Euclide accresciuto, e così si farà per trovare la F V, dal cui estremo V si tirerà la tangente L V; a queste tangenti si alzeranno le normali O I, e P L, sopra le quali si collocheranno i centri delle basi del Chiostro ovato, e così le curve della Ellissi saranno in isquadro colle linee centrali L P, ed I O, e non saranno i plinti bisquadri, come al primo modo. Quì pure si fanno le linee de' plinti, o dadi, come Y Z paralele alle centrali L P, ovvero I O, che così i dadi verranno quasi quadri, che se andassero al centro, la linea R Y curva sarebbe più piccola, che la curva Z S, e non eguali.

TRAT.

# TRATTATO III.

### DELLA ORTOGRAFIA ELEVATA.

Ue forte di Ortografia deve fpeculare l'Architetto; l'una che prefuppone il piano, e da effo folleva il fuo Difegno; l'altra che non prefuppone alcun Difegno ful piano, ma quello, che fi difegna in alto, che poi fi deve gettare in piano, e vedere qual parte vien'occupata da effo: Però due fono le Ortografie, una fi dirà elevata, l'altra fi chiamerà depreffa; di quefta ne fcriveremo nel Trattato feguente; ora folamente della prima fiamo per difcorrere. La Ortografia dunque fecondo Vitruvio fi definifce. *Erecta frontis imago, modicèque picta rationibus, operis futuri figura*, cioè immagine d'una facciata elevata, deftramente ombreggiata, che rapprefenta le fimmetrie, ò le ragioni del futuro Edifizio; e più brevemente una elevazione delle facciate del futuro Edifizio, e di ogni loro fimmetria.

Laftr. 1.
Trat. 3.

## CAPO PRIMO.

### *De' primi principj della Ortografia elevata.*

Gni Arte appoggiafi a chiari, e facili, ed evidenti principj: Onde la Ortografia fecondo lo ftile delle altre Scienze tiene certe prime delineazioni, per cui variamente compone, e forma le fue idee, le quali nelle feguenti Offervazioni andremo annoverando; e fono in generale, diverfe forte di fporti detti *Projectiones*, e dagli altri Aggetti, i quali fi avanzano fuori di qualunque fabbrica a piombo, e con diverfe forme piegandofi, danno vaghezza all'Opera.

### OSSERVAZIONE PRIMA.

#### *Del modo di fare i Cavi, e i Vovoli.*

GLi Vovoli in Latino fi chiamano *Echini*, e fono prominenze, ò aggetti, che efcano fuori del muro, contornandofi in un quarto di tondo, come la figura B: fi fanno in due modi, il primo come B, determinata l'altezza C I, con una retta fi tira la normale C L, e fatto centro in C fi fa il quarto di giro I, L, che fi dice Vovolo, perchè fi fuole fcolpire a modo di Vovo, come vedremo più abbaffo; C L è il liftello, che ordinariamente vi và di fopra.

Fig. 1.

L'altro modo è, che fuppofta la O V dell'altezza, come nella figura A, fi conduca la normale O T eguale alla O V, e tirata la Diagonale T V, fi faccia un Triangolo equilatero T V N, e fatto centro nell'Apice N, fi tirerà l'Arco T V alla diftanza del lato T N.

I Cavetti, detti in Latino *Cavedo*, *Cavitas*, fono uno fporto, ed

accre-

accrefcimento, che fi getta in fuora, incavandofi un quarto di tondo, e fi faranno allo fteffo modo, che li Vovoli, pigliando i punti, da' quali vengono formati di fuora, ed all' oppofto; così il Cavetto F è fatto al primo modo dal centro E; ed il Cavetto G è fatto al fecondo modo dal centro H. Se quefti Vovoli fono voltati all' insù, come è K, fi dicono fupini, e così anche i Cavetti, come M.

Inoltre fe la linea T O è uguale all' I O, fi dicono retti, fe minore fi dicono immerfi, e mancanti, fe maggiore fi dicono emerfi, ed abbondanti, e finifcono per l'ordinario in un liftello.

## OSSERVAZIONE SECONDA.
*Del modo delle fafcie, de' liftelli, ed aftragali, del Gocciolatojo, de' Tori, e Plinti.*

Tutte quefte parti vengono comprefe, e dimoftrate infieme, perchè quafi fono lo fteffo fra loro, e fpezialmente nella figura 2.

Gradetto, quadretto, liftello, in Latino *Cimbia*, ò *Tenia*, è una prominenza piana chiufa fra due linee paralelle non molto diftanti, ch'efce fuora dal muro M, quanto ella è alta, come E.

Aftragalo, ò tondino è un rifalto, uno fporto, ch'è mezzo tondo, ed efce fuora, poco più che il fuo femidiametro, come E dal muro M.

La fafcia in Latino *Fafcia*, ovvero *Zona* come C è un proggetto, ò fporto piano fuora del muro M meno affai della fua larghezza, ch'è molto maggiore del liftello, come C chiufo in mezzo a due paralelle.

Il Gocciolatojo in Latino *Corona* è una prominenza piana chiufa fra due linee paralelle, che s'avanza fuori del muro M più, che la fua altezza.

Quefti due membri hanno quafi fempre fovra di fe il liftello, in cui con un poco di piegatura detta da Greci *Apophigis*, e da Vitruvio *Lifis*, benchè fecondo Filandro voglia dir Gola, in Latino *Flexura*, da noi addolcimento, vanno a finire.

Il Gocciolatojo è incavato in L; acciocchè l'acqua, che bagna la Cornice non ifcorra appreffo di lui, ma trovato l'impedimento L cada abbaffo.

Il Baftone, ò Toro in Latino *Thorus* è una prominenza propria delle Colonne di mezzo tondo, che fporta un poco più del fuo femidiametro, più groffo degli Aftragali, ò rondini, come H.

Plinto, ò Dado, ò Zoccolo è una mole chiufa dalle fuperficie paralelle per ogni lato men'alta, che larga, che fi pone fotto le Colonne, come D.

TRATTATO III. CAP. I. 75

## OSSERVAZIONE TERZA.
### Modo di formare la Gola dritta, e rovescia.

LA Gola in Greco *Sima* quando è dritta, *Simacium*, quando è rovescia, è un composto di Vovolo, e di Cavetto; onde come essi si fa in due modi: Il primo è, che determinata l'altezza O L, si divida per mezzo, e si tiri la normale P L, e l'occulta O Q eguale alla sua metà, e fatto centro in L col semidiametro N L si tiri il quadrante P N, e di nuovo collo stesso intervallo, fatto centro in O, si tiri alla contraria parte il quadrante N Q di sotto. Lastr. 4. Trat. 2. Fig. 3.

Si può fare anche in altro modo, come insegna Palladio Lib. 1. Cap. 26. pag. 57., e Cesare Osio; determinata l'altezza I C se le farà la normale I V lunga quanto è l'altezza I C, e si tirerà la diagonale C V, che divisa per mezzo in A si faranno due archi verso I, che si segaranno in I, e due verso B, in cui si segaranno all'intervallo della mezza diagonale C A, ovvero A V, e fatto centro con lo stesso intervallo in I, e B, si tireranno gli Archi A C, e A V, che faranno la gola rovescia.

Allo stesso modo si faranno le gole dritte R, e S, ma il centro più alto sarà all'opposto sito esteriore in H, ovvero in K, e sarà il cavo di sopra, ed il centro di sotto di dentro S, ovvero R, e farà il Vovolo di sotto; onde sarà gola dritta.

Queste due gole possono essere supine, e volte in sù, come avverrebbe, se il sodo della gola fosse disegnato non dalla parte S, ma dalla parte K, come sono le due, Y gola rovescia supina, e Z gola dritta supina.

Vi sono anche delle gole abbondanti, che sono più portate in fuora, che l'altezza loro; delle mancanti, che hanno meno di sporto, che le loro altezze, e sonvi ancora delle giuste, come quelle poste nell' esempio, che hanno tanto di sporto, quanto la loro altezza. Sono le gole ordinariamente terminate ne' listelli, come sono V I, e P L.

## OSSERVAZIONE QUARTA.
### Delle Gole rovescie, e de' Vovoli, che finiscono in Astragali, e de' Vovoli piani, e Cordoni.

QUeste quattro sorte di membri non sono in uso nelle Cornici antiche, ma bensì alcune volte le ho vedute praticate nelle Cornici moderne. Le Gole adunque rovescie, che finiscono ne' Vovoli sono come A, si faranno come l'altre mancanti però per la metà del suo sporto, come è I O, e sopra I O si disegnerà il tondo I C O. Fig. 4.

Così anche si farà del Vovolo, che finisce in Astragalo, come B perchè gli si darà di sporto la metà della sua altezza, come L, e Y, e colla distanza V Y trovato il centro T, si condurrà l'Arco V Y, indi sopra Y L si farà l'Astragalo, ò mezzo cerchio Y N L.

La figura K è una semplice diagonale, la quale è suttensa dal

K 2 Vovolo

76   DELL'ARCHITETTURA

La ftr. 1.   Vovolo, e la figura S è un'Astragalo, che ha più di mezzo tondo,
Trat. 3.    che nelle Cornici, che circondano qualche Quadro fa ottimo effetto.

## OSSERVAZIONE QUINTA.
### Diversi modi di formare i Cavetti delle Basi.

Fig. 5.   Questi Cavetti propriamente detti Scozie, perchè restano scuri per la loro concavità, sono proprj delle basi delle Colonne, e quando è una sola la Scozia, le si dà molto cavo, e quando sono due, poco. Il modo di farle è tale: determinata la sua altezza BA, che ordinariamente è chiusa da due listelli, si dividerà per mezzo colla linea puntata CID tirata ad angoli retti, e si trasporterà l'altezza AB orizzontalmente in V, e dal punto I, dove la CD taglia l'AB al punto V si tirerà l'occulta IV, che divisa per mezzo in O, dal punto O le si alzerà la normale OD, e dove sega la CD, in D fatto centro coll'intervallo ID si tirerà l'Arco IV, che formerà la scozia desiderata tutta di un'Arco.

Si può anche fare in altra maniera, come insegna Cesare Osio al Cap. 1. della prop. 12. alla pag. 176. e più chiaramente, e speditamente in questo modo. Tirata la HCN come prima in mezzo a due listelli, si piglierà l'altezza del superiore minore, e si metterà in HC, e C servirà per primo centro, dove cade la linea a piombo CM, tirando l'Arco MN all'intervallo CM, indi posto il compasso in H colla distanza HN si farà la porzione d'Arco NP, e tutto il giro MNP sarà la forma del Cavetto maggiore.

Il Cavetto minore, come insegna Cesare Osio citato alla pag. 259. del Cap. 3. alla prop. 6., si farà dividendo la sua altezza in 5. parti, ed a tre quinti di essa si tirerà la QR, e coll'intervallo eziandio di tre quinti si segnerà il punto Q rimoto da R, e con lo stesso intervallo si tirerà un'Arco, che sarà la scozia di minor cavo. Si potrà anche dividere l'altezza in quattro parti, ed a tre quarti tirata la SY normale all'altezza, ò paralella ai listelli, e fatto centro in T remota un quarto da S condurre un piccolo quadrante verso il listello superiore, e poi dal centro Y in distanza di tre quarti tirare un'altr'Arco verso l'inferiore, che darà un'altra spezie di scozia.

## OSSERVAZIONE SESTA.
### De' Guancialetti, e Scanalature.

Fig. 6.   I Guancialetti in Latino *Pulvinaria* sono una certa prominenza, che avanza fuora del muro meno di mezzo tondo, e si fa fra due listelli per ordinario, come ML, e NV; Presa dunque l'altezza MN coll'intervallo da' centri M, e N, si tireranno due Archi, che incrocichiano in O, e fatto centro in O intervallo OM, si tirerà un'Arco MN, che sarà il Guancialetto preteso.

Si può anche fare dividendo LV per mezzo in I, e tirata la

paralel-

paralella ai liſtelli, che ſia I P eguale a I L, ſi tirerà l'Arco L I V, che darà quello, che ſi brama.

Le Scanalature dette in Latino *Striæ* ſono incavate un mezzo giro, ſe ſon tonde, ma ſe ſon piane fanno un'angolo retto come R. Laſtr. 1. Trat. 3.

## CAPO SECONDO.

### *Del modo di piegare varie linee curve necesſarie all'Ortografia.*

Er la gonfiezza delle colonne, per le volute, e corpi ſpirali, è neceſſario ſaper condurre diverſe linee curve, le quali non formano per ſe ſteſſe figura alcuna, non ritornando al principio, da cui partirono: queſte ſono principalmente la parabola, la iperbola, la linea ſpirale, la concoide, ò conchile, l'ondeggiante, la linea di Proſpettiva, delle quali ſolamente tratteremo, in quanto poſſono ſervire all'Architettura, laſciando ad altri il ragionare più diffuſamente di eſſe; ad Apolonio Tianeo della parabola, e iperbola, a Nicomede della conchile, ed a Bullialbo della ſpirale, delle quali anche io moſtro le proprietà nel noſtro Euclide in varj Trattati.

### *OSSERVAZIONE PRIMA.*

*Maniera di piegare una ſpirale per varj punti.*

Piegare una ſpirale per varj punti ſi fa dividendo la circonferenza B A C D in tante parti eguali, quanto piacerà, ed in altrettante il ſemidiametro I B, e poi ſi tirano a ciaſcuna parte del circolo i ſemidiametri I A, I C, I D, e gli altri conſeguentemente, e poi la prima parte del I B ſi noti nel ſecondo diametro da A in E, le due nel terzo da C in F, le tre nel quarto da D in G, e coſì ſeguitamente fino all'ultimo, e poi per li punti B E F G ſi tiri la linea punteggiata B E F G P I, che queſta è la ſpirale. Si può anche fare trovando un'Arco, che paſſi per le due B E, e di nuovo un'altro, che paſſi per le due E F, e coſì ſeguitamente; che ſe voleſſe ſeguirſi ingrandendola, ſi allungheranno i ſemidiametri, e ſi noteranno le due parti del I B in eſſi con lo ſteſſo ordine, e ſi tirerà per quelle parti la linea B Q della ſpirale allungata. Fig. 7.

Che ſe ſi vorrà, che non finiſca nel centro, ma in qualche giro attorno ad eſſo, fatto il giro nel centro I minore, che B D H R, il reſto del ſemidiametro ſi dividerà in tante parti, quanto la circonferenza B A C D H R, e ſi farà allo ſteſſo modo.

Similmente ſe ſi bramaſſe, che foſſe doppia, e ſi avvolgeſſe in due giri, ciò ſi farà, ſe il ſemidiametro I B, ò parte di eſſo contigua alla circonferenza ſi dividerà in altrettante parti, quanto la circonferenza, e ſe ſi bramerà, che pieghiſi in tre giri, ſi dividerà l'I B ſemidiametro, ò una parte di eſſo, che reſta verſo la circonferenza in tre volte tante parti, in quante è diviſa la ſteſſa circonferenza, e traſpor

78　DELL' ARCHITETTURA

portate le parti come prima, e con lo stesso ordine daranno i punti, per cui si potranno tirare due, ò tre spirali, ed anche più, se in più minute parti sarà diviso il semidiametro IB, ò qualche parte sua, che si accosta alla circonferenza BDHR.

## OSSERVAZIONE SECONDA.

*Maniera di piegare una linea spirale con più giri, che quanto più si accostano al centro, tanto più si stringono insieme.*

LA spirale precedente, se si piegherà con più giri, farà i secondi equidistanti ai primi; onde perchè le volute del Capitello Jonico non sono equidistanti, sarà necessario insegnare il modo di farle piegare in tal guisa, che i secondi giri sempre più s'accostino ai primi: ciò ch'è invenzione di Giacomo Barozzi da Vignola nella sua Architettura Lamina 10.

Sopra l'AB lunga a piacimento s'erga il semidiametro del circolo generante BC, e si congiunga AC, facendosi il triangolo ACB, e poi dal centro A si tiri l'Arco DB, e se si vorrà fare la voluta in tre piegamenti coll'occhio in mezzo, si tolga lo spazio dell'occhio, e sia BI, ed il resto dell'Arco sia diviso in tre parti, e ciascuna in quattro, nelle quali si presuppone divisa la circonferenza del circolo generante, e saranno 12, col semidiametro BC si faccia il circolo generante FLHG, e si divida in quattro parti con due diametri, e ciascuna delle Parti di BC si trasporti sovra ciascun semidiametro; la CB sia EF, la BM sia l'EN, la BP sia la HE, e così l'altre per ordine, perchè essendo tutte ineguali saranno le spire condotte per esse non equidistanti. Se si vorrà tirare col compasso, presa la distanza CB si metterà il centro sovra il semidiametro EG tanto distante dal punto N, e si tirerà l'Arco FN, similmente preso l'intervallo BM si trasporterà da O sopra EF, e fatto ivi centro si condurrà la NH. Egl'è ben vero, che i centri non sono precisamente sovra i diametri, ma tanto vicini, che praticamente si possono mettere sovra gli stessi, oppure farsi due Archi, che s'intersechino verso E cogl'intervalli stessi, ivi nel loro segamento sarà il centro per tirare i quadranti delle volute.

## OSSERVAZIONE TERZA.

*Modo di tirare una linea spirale cogli Archi.*

PErchè come provo alla Proposizione 6. Tratt. 8. del nostro Euclide, quegli Archi si congiungano senz'angolo alcuno fra loro, che hanno i centri sulle stesse linee, e perciò ivi faccio a questo modo qualunque ovale: questa cognizione mi ha dato campo di piegare una linea spirale con varj Archi. Si faccia per esempio il Pentagolo, e fatto centro in V, si tiri l'Arco AD, ed eletta la distanza a beneplacito, si tiri un'altra AE, che faccia come la predetta; ciò fatto, centro in T, si tiri l'Arco EB, di nuovo fatto lo stesso in L si descriva

l'Arco

l'Arco BC, e poi alla distanza IC si tiri l'Arco CF, e così seguendo si farà la voluta, ò spirale DAEBCF, la quale se si farà più giri, li farà equidistanti al primo: che se si volesse duplicare, sarà facile, perchè basterà pigliare il semidiametro minore TE del primo Arco EF, e così le seguenti.

Lastr. 2.
Trat. 3.

Che se si vorrà fare con più giri, e con regola certa, si dividerà prima la data linea in tante parti, quanti sono i lati della figura, ed occhio, attorno al quale si ha da girare, e sia per esempio il sessagono, e però l'AB si dividerà in nove parti, e poi fatto un circolo, che sia di semidiametro una mezza parte di più che AB, attorno al centro si farà un sessagono, ò qualsisia eletta figura, a cui lati siano ciascuno quanto una parte d'AB, e si prolungheranno in sei lati fino alla circonferenza, e faranno gli angoli del sessagono, come COI; posto adunque il centro in I si tirerà l'Arco CO, e posto il centro sullo stesso lato all'altro estremo T si tirerà l'Arco OP, e fatto centro V nell'estremo seguente del secondo lato TV si tirerà l'Arco PN, e così fatti i centri successivamente sugli angoli, ed estremo de' lati del piccolo esagono ITV si condurrà il primo giro della spirale COPNM, e per fare il secondo giro, si farà lo stesso col medesimo ordine, cominciando dall'intervallo IM, e così del terzo IQ; che se si vorrà duplicare, basterà prendere il primo intervallo minore come IR, e fare lo stesso come prima.

Fig. 2.

## OSSERVAZIONE QUARTA.

*Come si debba tirare una spirale con più giri, ma che sempre si accostino fra di loro nell' accostarsi al centro coll' ajuto degli Archi.*

Ciò si fa facilmente, se dentro la prima figura, che forma l'occhio, si farà una figura minore, sovra i di cui lati si tiri la seconda spira, e così della terza, come nella data figura, nella quale la prima spira è fatta sopra il quadrato maggiore; la seconda sovra il mezzano; la terza sovra il più piccolo. Il diametro IB si prenderà quanto è l'ambito di ciascun quadrato, cioè quanto sono i quattro lati del grande, i quattro del mediocre, e i quattro del piccolo, ed allo stesso modo, che nella precedente, se si vorrà, si potrà duplicare.

Fig. 3.

Si può fare anche in altro modo, dividendosi il diametro dell'occhio di mezzo in quante parti, quanto è la circonferenza, per esempio in otto parti, e si tireranno tanti Archi sempre minori, quanti sono gli angoli; l'Arco più grande, ò di maggior diametro sia tra IA, e IB; l'Arco di diametro un'ottavo più corto sia tra BI, e BC, l'altro due ottavi più piccolo di diametro tra CI, e ID, e così degli altri, e da poi posto il piede del compasso sul centro L, e dilatatolo fin'all'opposta circonferenza LIE si tirerà l'Arco EF, indi al punto, ò meno un'ottavo, dilatato il compasso al F, si tirerà l'Arco FG, e così degli altri, e si farà la spira EFG, e le altre.

Fig. 4.

OSSER-

## OSSERVAZIONE QUINTA.

*Modo di tirare una spirale, ma che non sia da' proprj centri.*

Questo è il modo, che insegnano alcuni, il quale è anche assai bello, e viene molto bene, perchè quantunque gli Archi facciano angoli speculativamente, nulladimeno non si conoscono.

Diviso il circolo generante in otto parti, si farà l'occhio nel mezzo come piacerà, ma nelle volute è il quinto del diametro, e si tireranno i suoi diametri per le parti del circolo diviso, e pel centro, e poi cominciando da I tre parti delle otto lontano dall' O, si tirerà all' intervallo I B l'Arco BC; da poi posto il compasso al seguente punto L all' intervallo L C, si tirerà l'Arco C D, e così degli altri, e si farà la prima voluta B D F, indi sovra gli stessi punti, ma colle distanze minori I F e simili, si farà la seconda voluta F G P, e così anche la terza cominciando colla distanza I P.

## OSSERVAZIONE SESTA.

*Come si possa fare una spirale ovata.*

Si faccia una spirale sovra una linea sola, facendo gli Archi della spirale semicircoli, lo che si farà dividendo l'occhio di mezzo in sei parti, e si tirerà dalla più lontana I dal centro il semicircolo A B C, indi pur dalla più lontana V il semicircolo C D E, da poi fatto centro all' I, ma nella parte prossimamente più vicina si tirerà l'altro semicircolo E F G, e così degli altri. Ora tutti questi semicircoli si convertiranno in mezze ellissi, facendo che ciascuna passi, ò per la metà, ò per un terzo, ò come piacerà di ciascuno spazio tra un circolo, e l'altro, come E F per la Osservazione 9. 10. 11. del Trattato 2., e così la spirale di tonda passerà in ovata, come è la spirale fatta coi punti.

Se si volesse, che fossero equidistanti, nel fare i semicircoli s'adopereranno solamente due centri. Si potranno anche fare sovra l'Osservazione 4., ò qualunque altra spirale fatta con una quarta di circolo, se ciascuna quarta di circolo si muterà in una quarta d'ellissi allo stesso modo.

## OSSERVAZIONE SETTIMA.

*Maniera di condurre una linea ondeggiante.*

Si tira la linea A B, sopra la quale si voglia fare una linea ondeggiante, e si accompagna con due altre parallele equidistanti, se l'onde debbono essere equidistanti, oppure come piace che siano C D, E M; s'innalza sovra d'esse la normale G H, e dalla medesima si prendono tante parti eguali a piacimento, e siano P G, G N, le quali alternamente si congiungano insieme colle linee H N, N M, M D, e dall' altra parte H P, P E, E C, da poi posto il compasso sovra E con
un

# TRATTATO III. CAP. II.

un piede, l'altro stefo fino ad A si tiri l'Arco AI, indi cangiato centro, e posto sovra P si dilati il compasso fino ad I, e si tiri l'Arco IV, di nuovo fatto centro in H si tiri l'Arco VP, indi in N si tiri l'Arco PL, finalmente in M, e si tiri l'Arco LB, e così seguitamente, quanto piace, si può prolungare l'ondeggiata, come appare.

Laftr. 1.
Trat. 3.
Fig. 1.

## OSSERVAZIONE OTTAVA.
*Modo di piegare una linea parabolica.*

SI faccia un triangolo ACB, circa il quale debbasi piegare la parabola divisa per mezzo la linea BA in D, si conduca dalla vertice C la linea CD, ed in essa prese le parti, che si vogliono, delle quali una sia FD, pel punto F dall'angolo A si conduca la KA, e la paralella HG alla base BA, la quale seghi il triangolo in H; si tiri adunque pel punto H la paralella LK al diametro CD, fino che s'incontri con la AK, ed il punto K sarà della parabola; onde si tirerà per questo, ed altri punti ritrovati allo stesso modo BCA, così provo nel Tratt. 24. prop. 62. alla Efpen. 15. del nostro Euclide: ove anche noto, che dividendosi AX paralella a CD in parti eguali, ed in altrettante DA, e tirando da B ad AX le linee, come BQ, che incontrino colle paralelle condotte dalle parti eguali DA, saranno gl' incontri punti nella parabola. Si possono anche condurre per parti eguali del diametro CD non solamente dal punto A, ma eziandio dal punto B, che s'incontrino colle stesse paralelle, come MN condotte dall'applicata, ò base BD; e non solamente dal Diametro CD, ma eziandio dalle parti eguali prese in esso prolungato, come in CO.

Fig. 8.

Ma più chiaramente, e facilmente si dividerà la CT in quante parti piace, ed in altrettante la TA, che da T a qualunque angolo s'innalza; e presa la TB eguale alla CT prolungata da B, per le parti eguali di TA, come TL, si condurranno le linee, come BE, BO, ovvero BF, e dalla TV, e sue parti eguali s'innalzeranno le linee IE, che s'incontrino in E con la BE, e l'altre, come VF in F, e per li punti OEFC passerà la linea curva parabolica, che si condurrà a mano leggermente.

Fig. 3.

E se si vorrà produrre, si farà allo stesso modo, prese parti eguali in TA prolungata in R, ed in TC prolungata in Q, perchè per li punti degl'incontri, come D passerà la stessa linea parabolica, e si potrà prolungare in infinito.

## OSSERVAZIONE NONA.
*Modo di piegare la linea iperbolica.*

SIa dato un triangolo, ò un angolo BAC, e da un punto si tirino più linee, come da L, le quali vadino a finire nell'uno, ò nell'altro lato BA, ò AC, il quale punto L dev'essere vicino ad uno de' lati, qual è AB, si trasferiscano poi le distanze LF all'altro capo della linea stessa, e sia NH, così DL, e EI all'altro ca-

Fig. 4.

L po

## 82 DELL'ARCHITETTURA

La ſtr. 3. po della ſteſſa linea DLEI, ed i punti LEN ſaranno nella linea
Trat. 3. iperbolica: onde ſe ſi troveranno molti de' detti punti, ſi potrà per
eſſi tirar la linea iperbole, qual è QLEON, e ſe ſi vorranno altri punti, lo ſteſſo ſi potrà fare in ogni altro punto ritrovato, come
Fig. 4. in O come ſi è fatto in L; così provo nel Tratt. 24. del noſtro Euclide alla prop. 60., e pongo nel luogo citato molti altri modi di formare le dette linee; ma queſti ho tolti ſolamente a propoſito per le gonfiezze delle colonne, e che non obbligano a trovare le medie proporzionali.

### OSSERVAZIONE DECIMA.
*Come ſi debba formare la linea conchile.*

Queſta è una linea, che trovò Nicomede, di cui dimoſtrò quell' inſigne proprietà di mai toccare una linea, a cui ſempre s'accoſti, e con cui diviſe un' angolo in tre parti uguali, che poi ſenza ſapere di queſto ritrovato adoperò Giacomo Baroccio a delineare la gonfiezza delle colonne.

Fig. 5. Si tiri la linea AP, e da eſſa ſi tiri una perpendicolare CD, ed eletto qualunque punto C, da quello alla linea prima AP ſi tirino molte linee come CF, CG, CH, e l'altre fino a CO, e più a piacimento, le quali quanto ſaranno più vicine, ſaranno più a propoſito: di poi ſcelto un' intervallo arbitrario, come AD, ſi trasferiſca ſovra ciaſcuna, come IF, LG, MH, fino a BO, e poi per l'eſtremità D, F, G, H fino ad O ſi tiri deſtramente una linea, che queſta ſarà la conchile, la quale non converrà giammai colla BA, ma bensì con qualunque altra viciniſſima ad eſſa, qual'è la linea RL, come provo nel Tratt. 18. del noſtro Euclide alla prop. 27. della Eſpen. 4.

### OSSERVAZIONE UNDECIMA.
*Della linea curva optica, e ſua formazione.*

Chiamo queſta curva optica, perchè naſce da' raggi viſuali, che
Fig. 6. terminano in altezze eguali, ed equidiſtanti. Sia dunque la linea AT, ſovra la quale ſi ergano le normali, ed equidiſtanti AB, LC, HD, e l'altre fino a TX, e più ſe piace, le quali terminano in un' altra paralella BX alla prima tirata AT, e poi dal punto A ſi tirino a ciaſcuna i raggi, e linee rette AD, AE, AF, AG, AX, e dove ſegano le predette linee normali eguali, ed equidiſtanti, come K MIVH, per quei punti paſſi una linea, che ſarà la curva, che ſi deſidera, e queſta dimoſtro nel Tratt. 28. del noſtro Euclide alla prop. 28., che non mai giungerà a toccare la BX, ne meno l'AT.

## CAPO TERZO.

*Del numero degli ordini, e delle loro definizioni.*

Li ordini dell'Architettura secondo Carlo Cesare Osio altro non sono, che un compimento di varie parti proporzionali, ch'esce dalla sodezza de' muri, il quale diletta, e soddisfa l'occhio di chi lo mira; ed è ben difficile sapere qual sia la radice di questo diletto, non meno che difficile ella è la notizia della radice della bellezza d'un vago vestito; massime che talvolta veggiamo, che gli uomini cangiano mode, e che quello, che prima era ammirato per bello, vien poi abborrito per diforme, e quello, che piace a una nazione dispiace all'altra, e nello stesso nostro affare veggiamo, che l'Architettura Romana prima spiacque ai Goti, e l'Architettura Gotica a noi stessi dispiace; onde par necessario, avanti che procediamo più oltre, di vedere a quall'occhio si debba aggradire, e se a qualunque, o pur solamente a' giudiziosi, e ragionevoli, e sovra tutto intendenti dell'arte.

## *OSSERVAZIONE PRIMA.*

*L'occhio, al quale deve dilettare la simmetria degli ordini, deve essere giudizioso, e libero da ogni propensione.*

SE vogliamo nelle nostre disposizioni obbedire a varj sensi d'occhio di qualunque persona, qual sarebbe mai quel disegnatore, che si fidasse di poter in tal guisa disporre le sue invenzioni, che da tutti fossero applaudite, ed aggradite, quando vi si trovano alcuni così gonfj della propria stima, che non sanno vedere gli artifizj altrui, se non con disprezzarli; altri sono dotati di un genio critico, ed invidioso, che non possono, se non parlarne male, altri solamente per ignoranza, e poca capacità non sanno giudicare la perfezione dell'opera; altri non assuefatti restano sovrapresi all'insolito aspetto, ancorchè bello; altri da genio del proprio Paese portati abborriscono quello, ch'è contro la loro consuetudine; altri finalmente portati dalla propria natura seguono le proprie inclinazioni, così ad un'uomo grave dispiaceranno i soverchj ornamenti, ad un'altro, che si diletta delle cose gentili, incresceranno gli ornamenti semplici, e massicci. Così di Caligola, dice Suetonio, che mosso dal suo cuore invidioso, se incontrava qualche vago giovane, e di copiosi capelli ornato, lo faceva radere per difformarlo; non potendo soffrire la sua bellezza, e perchè si vegga, che ciò nasceva dal suo genio perverso, pensò di sopprimere i versi d'Omero, e quasi era risoluto di far levare le Immagini, e gli scritti di Titolivio, e di Virgilio da tutte le Librerie, di questi dicendo, che era povero d'ingegno, dell'altro, che era troppo abbondante in parole.

In quanto alla ignoranza certo che ella non è giudice conveniente dell'operazioni dell'Architettura, siccome nemeno nell'altre discipline, e perciò se giudica, o le pitture, o le sculture, per ordinario esce in giudizj inetti, ed all'opposto del vero, ed il Kircheto nel lib.

7. alla pag. 544., riferisce, che i Greci, e gli Africani, e gli Egizj, ed i Siri venendo a Roma sul principio non potevano sentire le musiche Romane. *Orientis Populi, Græci, Siri, Ægyptii, Africani hic Romæ commorantes delicatissimam Romanorum musicam sustinere vix possunt, suosque inconditos clamores dictæ musicæ multis parasangis præseferunt*: Ciò certamente nasce dal non intendere l'artifizio della musica Romana: l'assuefazione anche di vedere l'opposto non permette di formare buon giudizio della perfezione di un'opera, essendo che vediamo in materia di vestiti, che piaciono molte usanze evidentemente deformi, e che tolgono il corpo della sua giusta proporzione, e con tuttociò sono gradite, perchè sono in uso, e seguitate.

Onde stimo, che l'aggradimento, che deve dare agli occhi l'Ortografia, debba intendersi non di ognuno, ma di quei, che liberi da ogni passione, e assai capaci dell'arte possono esser giudici competenti, e che la maggior parte concorre nello stesso sentimento.

## OSSERVAZIONE SECONDA.

*Sono secondo gli Antichi cinque gli ordini dell'Architettura.*

VUotonio citando Aristotele afferisce, che *homo ipse secundum Protagoram quod Aristotiles alicubi approbat, est quasi prototypus omnis exactæ Symmetriæ*. Perciò l'Architettura secondo Vitruvio lib. 4. Cap. I. prese le sue prime proporzioni dell'umana statura. *In ea æde*, cioè nella Ionia, *cum voluissent columnas collocare, non habentes symmetrias earum, dimensi sunt virilis pedis vestigium, & cum invenissent pedem sextam partem esse altitudinis in homine, eam in columnam transtulerunt, & qua crassitudine fecerunt bassim scapi, eam sexies cum capitulo in altitudinem extulerunt, ità dorica columna virilis corporis proportionem, & firmitatem, & venustatem in Ædificiis præstare cœpit*. Vedendo dunque riuscita la proporzione presa dalla statura umana virile, volendo di nuovo innalzar un Tempio a Diana, presero le misure dalla proporzione muliebre, e la fecero di otto parti; onde conchiude Vitruvio *ità duobus discriminibus columnarum inventionem unam virili sine ornatu nudam specie, alteram muliebri subtilitate, & ornatu, symmetriaq; sunt imitati, id verò, quod Jones fecerunt, est denominatum Jonicum*. Il terzo poi lo presero dalle Vergini, come egli stesso afferisce; *Tertium verò, quod corinthium dicitur virginalis habet gracilitatis imitationem*.

Sicchè in questo capo Vitruvio non riconosce se non tre ordini, benchè poi al Capo settimo tratti dell'Ordine Toscano, quasi d'ordine Forestiero, e sopraggiunto; onde all'ordine Toscano dà l'altezza di sette moduli, che egli stesso Testifica al Capo primo esser da poi stata data all'Ordine Dorico. *Posteri gracilioribus modulis delectati*, dice egli, *septem crassitudinis diametros in altitudinem columnæ Doricæ constituerunt*. Sicchè Vitruvio non conobbe, se non quattro Ordini, tre Greci, e proprj Dorico, Jonico, e Corinto, e il quarto Forastiero detto Toscano.

Il più antico fu il Dorico ritrovato da Doro, che in Argo Città del Peloponese, o Morea, edificò con tali simmetrie un Tempio a Giunone; l'altro fu ritrovato in Jonia Provincia dell'Asia dalle colonnie greche, che imitando la statura delle Matrone, siccome il Dorico

imita

imita la virile, formarono un Tempio a Diana; il terzo fu ritrovato in Corinto da Calimaco, imitando la statura, e bellezza virginale.

 Dapoi i Romani trovarono il composto, aggiustando insieme il Jonico, ed il Corinto: ma se si deve parlar sinceramente l'ordine composto così poco distinguesi dal Corinto, ed il Toscano dal Dorico, che quasi sono lo stesso: onde il P. Miliet Dechales nel Tratt. 10. del Tom. I. alla p. 21. p. 723. ebbe a dire, *differentiam hujus ordinis à Corinthiaco vix invenio, nisi penes Capitellum*, e Vuotonio, *postremus est compositus ordo cujus nomen index est illius naturæ, nam hæc columna aud aliud est, quàm mixtura præcedentium ornamentorum, furtim constituens novam speciem, & licet opulentissime sit compta, tamen eò indigentissima est quod omnem suam pulchritudinem mutuo capiat, ejus longitudo, ut aliquid proprii habeat, est decem Diametrorum*. Si vede adunque, che più d'uno mette in dubbio, se l'ordine Composito sia nuovo ordine: onde alla prop. 1. del Tratt. cit. il detto Dechales p. 708. riferisce, che i neutrali *plus nimio antiquitati addicti tres tantum agnoscunt Græcos, scilicet Doricum, Jonicum, Corinthiacum. Tuscum verò quasi rusticum, compositum verò, ut confusionis parentem, ab hac disciplina procul amandant*. Vi è di più che presentemente si usa un'ordine assai vago composto di Jonico Corinto in altra forma, perchè ha l'abbaco Corinto, il vovolo, e l'altezza del Capitello Jonica, e le volute al modo dell'ordine composto; per la qual cosa se stasse a me a decidere queste differenze, direi che solamente tre sono gli ordini Greci semplici, e originali, de' quali poi se ne possono comporre molti altri, e de' quali è stata fatta molta varietà d'ordini, come si vede fra le antichità Romane, e con Teopompo affermarei, che l'ordine Dorico è una specie di Toscano, ma più compito, e che 'l composto è lo stesso, che il Corinto, ma più ordinato; massime che vi è opinione che l'Architettura prima, che in Grecia, fiorisse in Italia: onde riferisce Casiodoro l. 7. *statuas primum Tusci in Italia invenisse referuntur*, perchè mentre erano eccellenti statuarj, non potevano non avere molta cognizione di Architettura. Posti dunque i tre principali li suddivideremo in nove per aver copia d'invenzioni, lasciando gli altri nel loro posto di composti, sendo che a questi nostri tempi non vi è solamente il Romano, ma molti altri, e così da sei diametri fino a dieci daremo a ciascun'ordine un semidiametro di più in altezza a tutta la colonna appresso a poco.

## OSSERVAZIONE TERZA.
### Della distinzione degli ordini.

GLi ordini per le diverse composizioni, che si fanno di essi quasi sono fra di loro confusi, e l'uno poco meno si distingue dall'altro. Sia per esempio, se noi guardiamo la cornice del Dorico, che dà Giacomo Baroccio, non si distingue da quella del Jonico, benchè i fregi siano distinti, nè questa dalla composta, e principalmente la Jonica, che ha tutti gli stessi membri, sebbene non con lo stesso ordine della composta: così anche la Jonica, che delinea Palladio nel lib. 1. del Cap. 17. poco differisce dalla composta, che esibisce nel lib. 1. Cap. 18., avendo i modiglioni come essa, e solamente il

Vovolo di più, e così anche descrive l'una, e l'altra il Viola al lib. 1. del Cap. 25., e 34., e benchè i modiglioni siano o più intagliati, o un poco variati quanto alla sua piegatura; non pare però che possa indurre differenza notabile in questa parte sì principale tra un'ordine, e l'altro; Poco anche differisce la Jonica dalla Corinta, che ci dà Sebastiano Serlio al lib. 4. pag. 4., e questa confusione è nata dalle opere Antiche Romane, le quali essendo composte hanno voluto gli Autori applicare a quell'Ordine, a cui più si accostavano, ma noi, che vogliamo dare distinta cognizione de' tre Ordini, attribuiremo alla base Dorica il solo Toro con un'astragalo, al Capitello il Vovolo sotto l'abaco, all'Architrave una sola fascia, al Fregio le metope, ed i Triglifi, alla Cornice al più i chiodi pendenti; la Corona, sotto cui la gola rovescia sovra il Vovolo.

All'Ordine Jonico nella base una Scozia, e un Toro, e due Tori sovra il dado, al Capitello le volute, e l'abaco delineeremo non quadro, il Fregio scolpito, la Cornice col dentello, e le Colonne accanalate, o cave tutte, o tutte colme.

Al Corinto concederemo nella base due Tori, o due cavi sovra il dado, nel Capitello i caulicoli, e le foglie, nella Cornice i modiglioni, ed il Vovolo scolpito, l'Architrave avrà tre fascie, il Fregio farà scolpito, e pulvinato, le Colonne al terzo bugnate, nel resto scanalate; benchè sembri, che Vitruvio al Cap. 2. lib. 4. attribuisca i modiglioni all'ordine Dorico, dicendo, *ita uti ante in doricis Trigliphorum, & mutilorum est inventa ratio*: non intende, che siano stati ritrovati i modiglioni per l'ordine Dorico, ma colla occasione del ritrovato de' Triglifi, sono anche stati ritrovati in altre opere i modiglioni; onde prima dice, che essendo stati ritrovati i Triglifi con occasione di certe tavole dipinte, colle quali gli Antichi coprivano le teste de' travi segati al piano del muro, acciocchè non fussero disgradevoli alla veduta, dapoi altri in altre opere posero sovra questi i canterj, e li smussarono, che diedero occasione di trovare i modiglioni. Ità, dice egli, *divisione tignorum tecta Trigliphorum dispositione usum habere in doricis operibus coeperunt: Postea alii in aliis operibus ad perpendiculum Trigliphorum canterios prominentes projecerunt, eorumque projecturas sinuaverunt; ex eo uti è tygnorum dispositionibus Triglhisi, ità è canteriorum projecturis mutilorum sub coronis ratio est inventa*; e perciò nel Cap. 3. seguente non concede alla cornice Dorica, se non due gole, dritta la prima, e rovescia la seconda, l'una sovra l'altra, sotto al Gocciolatojo senza scolpirvi il dentello, che riserva al Jonico, e senza modiglioni, che attribuisce al Corinto.

## OSSERVAZIONE QUARTA.

*In che consiste la proporzione, e bellezza degli Ordini.*

E' difficile investigare, in che propriamente consista la Simmetria, e quella corrispondenza delle parti, per le quali un'ortografia ben disegnata tanto diletta l'occhio, e forsi non è men difficile, che il sapere da che venga la discordanza de' suoni nella Musica, o la varietà de' colori nella Pittura; e pure l'Architettura, che tanto siegue le Simmetrie, dovrebbe sapere, che cosa sieno, ed in che la lor natura consista per poterla esprimere ne' suoi ritrovati.

E quanto a me direi, che proporzione altro non fia, che una convenienza di parti, in tal guifa mifurata, che niuna ecceda, e manchi dall'altra, in tal maniera, che fembri nè troppo grande, nè troppo piccola a fua comparazione; poichè l'occhio non compaffa, ma giudica le quantità relativamente piccole, o grandi fecondo quelle, che gli fono vicine, e che vede infieme con effe; fe dunque una quantità farà picoliffima appreffo ad una grandiffima l'occhio giudicherà l'una più piccola del dovere, l'altra molto più grande con fuo difgufto, e difpiacere: perchè in fomma ogni fenfo refta offefo dagli eftremi; un colore troppo vivace abbaglia la vifta, un' odore troppo acuto aggrava l'odorato, un fapore troppo mordente al palato non gufta. Quindi deturpa la bellezza di un volto, o un nafo prominente, o troppo fchiacciato, o la bocca troppo larga, o le labbra troppo groffe, o pur fottili, o le guancie troppo gonfie, o concave, o gli occhi troppo grandi, o piccoli, perchè quel lor eccesso fa, che le altre parti fembrino, o più piccole, o più grandi del dovere. Così vediamo che l'Afino è diforme tra quadrupedi, perchè ha troppo groffa la tefta, le orecchie troppo lunghe, le gambe troppo fottili, la coda troppo corta rifpetto al refto del corpo. Così il Porco ha il mufo troppo lungo, gli occhi troppo piccoli, le gambe, e la coda troppo fottili rifpetto alla fua corpulenza, e però viene ftimato fra gli animali deforme. E per ragionare più a propofito al foggetto: l'Architettura Gotica non piace, perchè in fomma per quanto fiano groffe le fue Colonne, la lunghezza eccedente le fa parere fottili; per quanto fiano larghe le fue Chiefe, l'altezza fmifurata le fa parer angufte; per quanto fiano ampie le fue fineftre, l'elevazion foverchia le fa parer troppo ftrette, e così di molte altre fue parti: onde l'Architetto per ben ordinare i fuoi difegni, non dovrà eccedere fmoderatamente in alcuna fua parte.

## CAPO QUARTO.

*Delle parti principali, di cui fi compongono gli ordini, e delle loro Proporzioni.*

Erchè non fempre l'Architetto può ftare legato al rigor degli ordini, fia per ragion della materia, fia a cagione del fito, perciò ftimo bene dare prima alcune regole generali, acciocchè egli in ogni cafo poffa rendere proporzionate le fue invenzioni, benchè non offervi sì efattamente i precetti, che gli ordini prefcrivono, e vada per varie invenzioni fuora del ficuro fentiero, che nella difpofizione degli ordini ha ritrovato la lunga efperienza di molti fecoli.

## OSSERVAZIONE PRIMA.

*Delle parti, che compongono ogni ordine.*

IN ogni ordine sono tre parti principali il Piedestallo, la Colonna, e la Cornice. La Colonna spezialmente ha tanto dilettato i Romani, che Andrea Fulvio asserisce, che solamente per ornamento, senz'alcuna necessità di sostenere, era da loro posta negli edifizj; ciò che pur osservasi a' giorni nostri, adornandosi le Capelle colle Colonne, e le Chiese con mezze Colonne, e pilastrate, che non servono, che per ornamento. Il Piedestallo detto *Stylobata* si divide in tre parti, cioè nel basamento, o cornice inferiore, nel timpano, ch'è una mole piana di quattro faccie uguali, e nella sua cornice superiore; la Colonna tiene parimenti tre parti, la base detta *Basis*, il fusto della Colonna detto *Scapus*, ed il suo Capitello in latino *Capitellum*; di tre parti costa altresì la Cornice dell'Architrave detto *Architrabs*, o *Epistylium*, del fregio detto *Zophorus*, e della Cornice detta *Cornix*.

Egl'è vero, che i Piedestalli non sono parti essenziali, e necessariamente requisite, come la Colonna, e la Cornice colle parti loro componenti, anzi che nemeno la base assolutamente è necessaria non avendola le Colonne doriche secondo gli Antichi, come diremo.

## OSSERVAZIONE SECONDA.

*Si espongono diverse regole generali circa la Simmetria di ogni ordine.*

PErchè talora non si può osservare la commensurazione di ogni ordine, sarà bene dare alcune regole generali, le quali in ogni sorta di disposizioni possano servire.

La prima dunque sia, che non si replichi mai lo stesso membro nella stessa Cornice, massimamente immediato, ovvero eguale di grandezza: onde si potranno ammettere per esempio due gole rovescie, purchè l'una sia piccola, l'altra grande, e che una non sia immediata all'altra, ma sempre sarà opera più corretta, quando sia diversa.

La seconda è, che tra un membro, e l'altro vi sia un listello, il quale è propriamente l'ultimo termine di ciascuno, che li determina, e li distingue.

La terza è, che i membri abbiano ordinariamente tanto di sporto, quanto la loro altezza, eccetto il Gocciolatojo, che nelle cornici degli ordini è più sportato, di quello sia alto. La quarta è che la cornice sia tutta il quarto della Colonna compreso il fregio, e l'Architrave; il Piedestallo il terzo, la cornice sola quanto il diametro, il fregio quanto tre quarti di esso, e l'Architrave altrettanto, e questo non s'intende rigorosamente, ma appresso a poco, perchè Palladio lib. 10., il Viola lib. 2. dà a tutte le sue Cornici il quinto, e nell'Anfiteatro di Pola si trova il terzo, come anche nell'Arco di Nerva, che apporta il Serlio lib. 3. pag. 45.

La quinta, che le Colonne siano più sottili alla cima per ordinario il sesto del suo diametro, ma i Pilastri, e Colonne Attiche non vogliono effer diminuite ; ma debbono follevarfi tutte uguali, ed a piombo.

La fefta, che nella Cornice il Gocciolatojo, e la gola fiano di grandezza poco differenti, ficcome i modiglioni, e dentello, i quali faranno poco differenti d'altezza; il Vovo farà fempre men alto del dentello, e de' modiglioni; ficcome le gole rovefcie, ed i Cavetti.

La fettima, che l'Architrave fcolpito fi poffa fare più che tre quarti, e poffi arrivare ad un modulo.

L'ottava, che nell'Architrave le fafcie una ecceda l'altra, ficchè la fuperiore fia maggiore delle altre minori.

La nona, che nel Capitello l'Abaco fia il fefto del diametro della Colonna, e la Campana quanto il diametro, quando vi fi richieda, come nel Corinto; negli altri poi non fia più alto coll'Abaco del femidiametro.

La decima, che nella bafe il Toro fuperiore fia minore dell'inferiore, e la Scozia minore del primo Toro.

La undecima, che nel Piedeftallo le Cornici non fiano più del femidiametro. E tutte quefte regole s'hanno da intendere, quando per cagione del luogo, e fito non fia neceffario alterarle, della qual cofa trattaremo più abbaffo.

## OSSERVAZIONE TERZA.
### Del Modulo, e fua divifione.

PEr proporzionare ciafcuna parte negli ordini, e dare a tutti una conveniente grandezza gli Architetti con Vitruvio lib. 3. Cap. 3. hanno prefo il femidiametro della Colonna; ed i più antichi con lo fteffo lo vanno fuddividendo fecondo porta la grandezza del membro, che vogliono fare, così Vitruvio per far la bafe Attica dà la terza parte al plinto, e le due rimanenti le divide in quattro, delle quali, una dà al Toro fuperiore, l'altre tre delle quattro le divide per mezzo, ed una dà al Toro inferiore, l'altra alla Scozia co' fuoi liftelli: Ma perchè quefto modo per la frequente fuddivifione è penofo, il Vignola divide il femidiametro in parti 12., o 18. dette minuti, delle quali ne prende, quanto è neceffario per ciafcun membro; altri più moderni dividono in parti 30. come Palladio, il Cales; ma io lo dividerò in parti, o diti dodici, poichè bafta quefta divifione per dare proporzione ad ogni membro, e dall'altra parte ha relazione colla divifione comune del piede, perchè fe fi fa qual parte fia il femidiametro della Colonna del piede; fi fa anche qual parte fia ogni minuto del Modulo dell'oncia. Per efempio io fo, che il femidiametro è il quarto del piede, anche un dito del Modulo è la quarta parte d'un' oncia; che fe il femidiametro è due piedi, anche un dito farà due oncie, e così facilmente le mifure proporzionali del Modulo fi potranno ridurre alle reali del piede.

# DELL' ARCHITETTURA

## CAPO QUINTO.

Laſt. 4.
Trat. 3.

### Delle proporzioni degli Ordini Dorici.

Econdo il noſtro ſentimento tre ſono gli Ordini Dorici, che ſi avanzano l'uno ſopra l'altro per un ſemidiametro preſo dal fuſto della medeſima Colonna; benchè gli altri la prendino dalla Colonna compreſa la baſe, ed il capitello; ma anche differenziano molto più ogni ordine; mentre fanno, che l'uno ſopravanzi l'altro un diametro intiero; che però, benchè il Capitello creſca molto più nell'ordine Corinto, che negli altri, reſta però la Colonna nello ſteſſo fuſto, che la Jonica, la quale reſtarebbe minore, ſe l'ordine Corinto creſceſſe ſolamente un ſemidiametro ſopra il Jonico. Ma io benchè non accreſca gli ordini più che un ſemidiametro l'un ſopra l'altro, ritrovo però, che ſono i fuſti, o maggiori, o almeno eguali a fuſti delle Colonne degli ordini inferiori, come ſi vedrà appreſſo.

In queſti tre ordini comprendiamo primieramente l'ordine Toſcano, ſecondariamente l'ordine Dorico proprio, per terzo l'ordine Dorico un poco più ornato, che il Dorico ordinario, i quali tre ſono eſpreſſi nella Laſtra quarta di queſto Trattato, e per cominciare dal primo.

### OSSERVAZIONE PRIMA.

*Si ſpiegano le proporzioni dell'ordine Toſcano.*

Benchè Vitruvio nel lib. 4. al Cap. 7. dia alla Colonna Toſcana ſette diametri di altezza, che eziandio attribuiſce alla Dorica, perciò è paruto a Sebaſtian Serlio nel lib. 4. da pag. 6. di dargli ſolamente ſei diametri, che pure per Teſtimonio di Vitruvio fu l'antica proporzione Dorica lib. 3. Cap. 2., e con ragione, perchè dovendo eſſere ordine più ſodo, e men ornato vuolſi per conſeguenza, che ſia la di lui Colonna molto più ſoda di fuſto, e però di ſei diametri.

Sia dunque il ſemidiametro diviſo in parti 12., che chiameremo diti; il fuſto della Colonna avrà Moduli 10., e queſte ſaranno le ſue parti.

|  | Altezza. D. | Sporto. D. |  | Altezza. D | Sporto. D |
|---|---|---|---|---|---|
| Liſtello all'imo ſcapo V | 1 | 1 $\frac{1}{3}$ | Capitello ſarà alto | 8. |  |
| Collarino, o Aſtragalo I | 1 |  | Piano del Capitello |  |  |
| Sotto cui il Liſtello | $\frac{1}{2}$ | 1. | *Hypotrachelium* G | 3. |  |
| Baſe alta in tutto diti | 7 | 4. | Liſtello, o *Tenia* ſotto l'ovolo |  | $\frac{1}{2}$ | $\frac{1}{2}$ |
| Dado ſegnato M *Plintus* | 4 | 4. | Vovolo F, o *Eſchinus* | 2 | 2 $\frac{1}{2}$ |
| Toro ſegnato L *Torus* | 3 | 2 $\frac{1}{2}$ | Abaco, ovvero *Abacus* E | 2 | 3 |
|  |  |  | Sopra cui il Liſtello | 1 | 4 |

Tutti queſti Liſtelli ſotto non ſaranno quadri, ma avranno il ſuo
addol-

addolcimento detto *Apofygis*, e fi uniranno col piano con un poco di piegamento, come moſtra la figura fteſſa.

Piedeſtallo, o Stillobata anticamente fu tondo, ed al preſente quadro, farà alto il terzo della Colonna compreſo il Capitello, e la baſe, cioè Moduli 4.

Laſtr. 4.
Trat. 3

|  | Altezza. D. | Sporto. D. |  | Altezza. D. | Sporto. D. |
|---|---|---|---|---|---|
| Il Baſamento | 6. | 2. | Liſtello coll'Apoſige | 2. | 1. |
| Dado dello ſteſſo ſegnato O | 3. | 2. |  |  |  |

Piano del Piedeſtallo *Timpanum* farà Moduli 3. largo Moduli 2. diti 8.

Cimaſa, o ſua Cornice farà diti 6.

|  | Altezza. D. | Sporto. D. |  | Altezza. D. | Sporto. D. |
|---|---|---|---|---|---|
| Gola roveſcia ſegnata N | 4. | 3. | Liſtello ſopra eſſo | 2. | 4. |

La Cornice farà il quarto dell'altezza della Colonna colla baſe, e Capitello, cioè Moduli tre compreſo l'Architrave, ed il fregio, ed i ſuoi membri ſono queſti.

|  | Altezza. D. | Sporto. D. |  | Altezza. D. | Sporto. D. |
|---|---|---|---|---|---|
| E prima l'Architrave D detto *Epyſtylium* | 8. |  | Fregio piano detto *Zophorus* | 12. |  |
| Faſcia, o Liſtello ſopra di lui | 2. | 2. |  |  |  |

Cornice Modulo uno, diti due, le cui parti ſono.

|  | Altezza. D. | Sporto. D. |  | Altezza. D. | Sporto. D. |
|---|---|---|---|---|---|
| Gola roveſcia C detta *Sima* | 3. | 3. | Liſtello coll'Apoſige ſopra eſſo. | 1. | 10. |
| Liſtello ſopra lei detto *Regulus* | 1. | 4. | Aſtragalo, *Aſtragalus* | 2. | 11. |
| Gocciolatojo detto *Corona* | 4. | 9. | Vovolo A *Echinus* | 3. | 14. |

## OSSEVAZIONE SECONDA.

*Si ſpiegano le proporzioni dell'ordine Dorico ſecondo.*

L'Ordine Dorico ſecondo avrà il fuſto della Colonna di cinque diametri, e mezzo, o Moduli 11., e tali faranno i ſuoi membri.

|  | Altezza. D. | Sporto. D. |  | Altezza. D. | Sporto. D. |
|---|---|---|---|---|---|
| Liſtello all'Imo ſcapo coll' Apoſige ſegnato V | 1. | 1. | Aſtragalo, o Tondino | 1. | 2. |
| Liſtello al ſupremo ſcapo coll'Apoſige. | ½. | 1. |  |  |  |

La Baſe avrà parti, o diti ſette, e mezzo, ed il ſuo ſporto dal vivo della Colonna diti quattro.        Altez-

Lib. 4.
Trat. 3.

|  | Altezza. D. | Sporto. D. |  | Altezza. D. | Sporto. D. |
|---|---|---|---|---|---|
| Di cui il Dado O | $3\frac{1}{2}$ | 4. | Astragalo M sopra esso | $1\frac{1}{2}$ | 2. |
| Toro N sopra di lui | $2\frac{1}{2}$ | 4. | | | |

Capitello avrà d'altezza diti dieci, il suo sporto sarà parti cinque.

|  | Altezza. D. | Sporto. D. |  | Altezza. D. | Sporto. D. |
|---|---|---|---|---|---|
| L'Ipotrachelio, o piano L con rose. | $3\frac{1}{2}$ | | Vovolo H | 2. | 3. |
| Listello addolcito detto *Regulus*. | $\frac{1}{2}$ | $\frac{1}{2}$ | Abbaco G. | 2. | 4. |
| Altro Listello sopra esso. | $\frac{1}{2}$ | 1. | Listello coll'Aposige | $\frac{1}{2}$ | 5. |

Piedestallo sarà alto moduli quattro, diti quattro, ed il suo piano sarà largo moduli due, diti otto, detto *Timpanum*. Il Basamento sotto il Timpano sarà diti sei, e mezzo, e sporge diti tre.

|  | Altezza. D. | Sporto. D. |  | Altezza. D. | Sporto. D. |
|---|---|---|---|---|---|
| Dado di essa. | 4. | 3. | Listello coll'Aposige | 1. | 1. |
| Tondino. | $1\frac{1}{2}$ | 2. | | | |

La Cornice sopra li Piedestallo sarà alta diti sei, e mezzo, sporgerà parti cinque, saranno i suoi membri.

|  | Altezza. D. | Sporto. D. |  | Altezza. D. | Sporto. D. |
|---|---|---|---|---|---|
| Listello addolcito | 1. | 1. | Gola rovescia | 3. | 4. |
| Astragalo | $1\frac{1}{2}$ | 2. | Listello sopra la Gola | 1. | 5. |

La Cornice tutta sarà alta moduli tre, e parti quattro, che sono diti quaranta, le cui parti sono.

|  | Altezza. D. | Sporto. D. |  | Altezza. D. | Sporto. D. |
|---|---|---|---|---|---|
| L'Architrave, o Fascia F. | 9. | 0. | Listello | 2. | 2. |

Fregio co' Triglifi viene segnato F., questi vanno alti diti 16. larghi diti $8\frac{1}{2}$. compartiti in tre piani, e due Canali. I piani saranno larghi dita $1\frac{1}{2}$., e tanto eziandio i Canali, che saranno triangolari, nè arriveranno agli estremi de' Triglifi, essendo solamente lunghi dita 12. e lascieranno una fascia in cima alta diti $1\frac{1}{2}$., ed all'ultimo in fondo un'altra alta $1\frac{1}{2}$. I Triglifi saranno fra loro distanti parti 14., e si faranno un poco colmi verso la cima, come si vede nel Disegno.

La Cornice sarà larga diti 14., e sporgerà altrettanto, e tali saranno i suoi membri.

|  | Altezza. D. | Sporto. D. |  | Altezza. D. | Sporto. D. |
|---|---|---|---|---|---|
| Il Listello D | 2. | 2. | Gocciolatojo, o Corona B | 4. | $10\frac{1}{2}$ |
| Gola rovescia C | 3. | 4. | Listello addolcito | 1. | $11\frac{1}{2}$ |
| Listello sopra essa | 1. | 5. | Vovolo segnato A | 3. | 14. |

# TRATTATO III. CAP. V.

## OSSERVAZIONE TERZA.
*Si determinano le proporzioni dell'ordine Dorico terzo.*

L'Ordine Dorico più sublime avrà il fusto della colonna di diametri sei, ed il semidiametro, come si farà sempre diviso in dodici parti, renderà proporzionati tutti i suoi membri. Lastr.4. Trat. 3

|  | Altezza. | Sporto. |  | Altezza. | Sporto. |
|---|---|---|---|---|---|
|  | D | D |  | D | D |
| Listello, ò regolo addolcito all'imo scapo | 1. | 1. | Astragalo, ò Tondino | 1. | 2. |
| Listello addolcito al supremo scapo | $\frac{1}{2}$ | 1. |  |  |  |

E questi due membri fanno il Colarino detto *Torquis*.
Base della Colonna è alta diti 8., e di sporto si avanza diti 4.

|  | Altezza. | Sporto. |  | Altezza. | Sporto. |
|---|---|---|---|---|---|
|  | D | D |  | D | D |
| Di cui il Dado S | 3.$\frac{1}{2}$ | 4. | Cavetto quadro | 1. | 1. |
| Toro sopra esso R | 2.$\frac{1}{2}$ | 4. | Astragalo Q | 2. | 2. |

Capitello alto un modulo, sporge parti cinque, e sono i suoi membri.

|  | Altezza. | Sporto. |  | Altezza. | Sporto. |
|---|---|---|---|---|---|
|  | D | D |  | D | D |
| Ipotrachelio, ò piano con una rosa nel mezzo, ò legatura | 4. |  | Vovolo O | 2.$\frac{1}{2}$ | 3.$\frac{1}{2}$ |
| Listello coll'Aposige | $\frac{1}{2}$ | $\frac{1}{2}$ | Abbaco quadrato L | 2. | 4. |
| Astragalo sopra esso | 1. | 1.$\frac{1}{2}$ | Listello addolcito | 1. | 5. |

Questo Capitello sugli Angoli ha i fiori, detti nasturzi del Perù dal Clusio, i quali spiegano le sue foglie gialle, macchiate di rosso nel mezzo da un Cornetto, che stà attraversato alla sua gamba; per riempiere adunque gli Angoli dell'Abbaco, che restano dal tondo del Vovolo, e adornare variamente questo Capitello mi è paruto a proposito scolpirvi questi fiori, i quali coi loro Cornetti si toccano nel fregio da una parte, e dall'altra colle gambe si collegano, e colle loro foglie superiori sporgendo in fuori s'accomodano vagamente nell'Angolo dell'Abbaco; come si può vedere nella sua Icnografia segnata 10.

Il piedestallo sarà alto colla Cimasa, ò Cornice superiore, e Basamento moduli quattro, diti otto, ed il suo piano sarà largo quanto la base moduli due, diti otto. Il Basamento di esso sarà punti sette, e saranno i suoi membri.

|  | Altezza. | Sporto. |  | Altezza. | Sporto. |
|---|---|---|---|---|---|
|  | D | D |  | D | D |
| Dado Z | 4. | 3. | Listello addolcito | 1. | 1. |
| Astragalo V | 2. | 2. |  |  |  |

Il Timpano sarà alto moduli tre, largo due, diti otto. Cornice, ò Cimasa sopra esso parti sette, di sporto parti cinque.

Laſt. 4.
Trat. 3.

|  | Altezza. | Sporto. |  | Altezza. | Sporto |
|---|---|---|---|---|---|
|  | D | D |  | D | D |
| Liſtello con l'Apoſige | 1. | 1. | Gola roveſcia T | 3. | 4. |
| Aſtragalo X | 2. | 2. | Liſtello | 1. | 5. |

Cornice coll'Architrave, ed il fregio moduli quattro, ſuo ſporto modulo uno, e mezzo.

|  | Altezza. | Sporto. |  | Altezza. | Sporto. |
|---|---|---|---|---|---|
|  | D | D |  | D | D |
| Architrave, ò ſua faſcia H | 1 | 0. | Goccie ſotto triglifi con |  |  |
| Liſtello ſopra eſſo G | 2. | 2. | un piccolo liſtello I | 1.$\frac{1}{2}$ | 1. |

Il Fregio è alto parti diciotto ſcolpito con triglifi, i quali erano Tavole, colle quali gli Antichi coprivano le teſte de' Travi, da cui preſero l'invenzione di adornare il fregio Dorico, come aſſeriſce Vitruvio lib. 4. c. 1.

Queſti ſporgono fuori del piano di fregio un dito, alti quanto è lo ſteſſo fregio diti diciotto, ſono piani, e ſolamente incavati con due ſcanalature intiere triangolari nel mezzo, e due ſcanalature dimezzate, che ſmuſſano le coſte, fanno tre ſcanalature, e laſciano tre piani, ciaſcun de quali è diti due, e tali anche ſono le ſcanalature intiere, onde fanno tutta la larghezza del triglifo parti, ò diti dodici. Tra un triglifo, e l'altro reſta un piano largo diti diciotto, quanto è alto, nel quale ſcolpivano teſchi di Buoi coronati, e adornati pel ſagrifizio, ed anche alternativamente tazze, che pur ſervivano al ſagrifizio. Ora vi ſi ſcolpiſcono quegl' intaglj, che ſono a propoſito alla Fabbrica, ò al Conſtruttore di eſſa.

La Cornice, benchè Vitruvio al lib. 3. del cap. 3., ed il Serlio al lib. 4. la facciano alta un modulo, a me ha paruto troppo baſſa ſopra di un fregio molto elevato. Onde ſeguendo il Vignola, e Leon Battiſta Alberti, e Scamozzio, i quali la fanno appreſſo a poco un modulo, e mezzo, appoggiati all'antichità Romane, tale l'ho fatta anch' io, e benchè ſia più, che la quarta parte della colonna, tutta la cornice nulla meno non arriva a un terzo, eſſendo però opinione di molti, che la cornice poſſa arrivare a un terzo della colonna. I ſuoi membri ſono

|  | Altezza. | Sporto. |  | Altezza. | Sporto |
|---|---|---|---|---|---|
|  | D | D |  | D | D |
| Faſcia E che ſi piega ſopra i triglifi | 2. | 1. | Corona, ò Gocciolatojo B | 4. | 12. |
| Gola D | 3. | 4. | Liſtello addolcito ſopra eſſo | 1. | 13. |
| Liſtello ſopra eſſo | 1. | 5. | Gola dritta, ò Sima A | 4. | 17. |
| Chiodi pendenti, ò Goccie C | 2. | 6. | Liſtello | 1. | 18. |

## OSSERVAZIONE QUARTA.
*Del modo di diminuire le Colonne Doriche, e di gonfiarle nel suo terzo.*

IO diminuisco tutte le Colonne pel sesto del suo Diametro, cioè due diti da una parte, e due dall'altra, sapendo benissimo, che la diminuzione della Colonna dipende dal sito, e altezza di essa, e che le Colonne più alte di fusto secondo Vitruvio vanno men diminuite, scemando l'aria, e l'altezza la loro naturale grossezza, di cui trattarò abbasso: onde quì per ora mi appiglio a una certa diminuzione, la quale in disegno sia sufficiente, rimettendo l'accrescerla, ò diminuirla, a chi disegnerà le colonne per un determinato sito. Questa mia diminuzione accordasi a quella del Serlio, e del Vignola, indifferentemente a tutte le Colonne. Circa poi al modo di farle gonfie ci serviremo in queste colonne della Linea Iperbolica; sia dunque assegnato un punto distante da G mezzo della Colonna, quanto è la sua metà, ò a beneplacito, secondo la gonfiezza si vorrà maggiore, ò minore sopra la linea Orizzontale G 2. tirata dalla cima della Colonna, e si faccia la linea 2. 3. eguale alla linea 5. 4. ò distante, ò vicina che sia, indi dal punto 2. si tiri la linea 2. 6., che passi pel punto 7. imoscapo della Colonna, e si faccia la 2. 8. eguale alla 6. 7., indi fra queste si tirino molte altre linee pel punto 2. alla linea 4. 6. fino alla linea 8. 3. Si trasportino poi le loro distanze dal punto 2. alla linea 8. 3. sopra le medesime dalla linea 4. 6. come è la linea 2. 10., la quale si trasporti in 9. 11., e per quei punti come 7. 11. 12. 5. si tiri una linea, che sarà curva, e darà un vago aspetto di gonfiezza alla Colonna, come si raccoglie dalla Osservazione 9. Cap. 2. di questo Trattato: essendo questa la medesima operazione, che colà insegnasi per tirare una linea iperbolica.

Lastr. 4
Trat. 3.

## OSSERVAZIONE QUINTA.
*Delle varie opinioni degli Autori circa il Piedestallo dell'ordine Dorico.*

QUest'ordine si trova molto variato appresso gli Autori, e non convengono in altro, eccetto che ne' membri del capitello, in cui quali dispongono i membri allo stesso modo, variando solamente ne' quadretti, ò regoli sotto il Vovolo, de' quali alcuni ne ammettono tre, altri due, altri pongono un listello, indi più alto un Astragalo sotto il Vovolo; negli altri membri eccetto che in questi discordano: E primieramente nel Piedestallo, che gli Antichi esclusero da quest'ordine. Il Serlio lib. 4. lo fa alto, quanto la diagonale del quadrato della base, e così il Bosio al Tratt. 3. del Cap. 21., il Vignola lo fa di moduli 6., Palladio al lib. 1. del Cap. 15. moduli 4., e due terzi. Il Viola lib. 2. Cap. 19. discorda dal Vignola di un terzo di meno. Il Chales lo fa un terzo dell'altezza della Colonna. I membri sono parimenti differenti secondo le diverse opinioni. Il Vignola adorna il Basamento di un mezzo modulo con un dado, una gola, un bastone, un quadretto, e la cornice superiore l'abbellisce di mezzo modulo con un quadretto, con una gola rovefcia, con un Gocciolatojo, fopra cui pone il cavetto col fuo liftello. Così il Bofio, e quafi lo Scamozzi, come fi può vedere nella Cornice 14., e nel Bafamento 13. Sebaftiano Serlio avendo riguardo alla fodezza dell'ordine vefte con minori membri le fue Cornici, ed alle medefime ammette la quinta parte della diagonale, in cui mifura il dado, quali membri quafi fono gli fteffi, che i noftri. Palladio lo dà di due forte, una delle quali è la Cornice 15., ed il Bafamento 16., l'altra è la Cornice 17., ed il Bafamento 18. lo feguita il Viola accrefcendo anche in vece di un Liftello un'Aftragalo: Onde fi vede, che quefto Piedeftallo preffo gli Autori è a beneplacito, e folamente mi pare, che non convenga adornarlo tanto, che agli altri ordini non fia, che aggiungere, e perciò in quefto ho feguitato piuttofto il Serlio; che men l'adorna, che gli altri, i quali al mio giudizio l'adornano di foverchio.

Laftr.4.
Trat. 3

## OSSERVAZIONE SESTA.

*Varie opinioni degli Autori circa la Colonna Dorica.*

Variano parimente gli Autori nella Colonna, e primieramente in quanto allo fcapo, che ficcome afferifce Vitruvio al lib. 4. del Cap. 1. altri fecero di fei diametri, altri di fette; fecondariamente differifcono quanto alla diminuzione, che altri col Chales reftrinfero un quinto; altri col Vignola un fefto, altri un'ottavo, come il Viola, ò un nono.

La Bafe gli Antichi efclufero, come in Roma fi vede nel Tempio della Pietà al Carcere Juliano defcritto dal Serlio lib. 3. Così parimente fi trova il fecondo ordine dell'Anfiteatro di Pola; e l'Arco trionfale a Verona tiene eziandio le Colonne Doriche del terz'ordine fenza bafi, così le prime del Teatro di Marcello a Roma; ficcome nel Duomo di Siracufa fi veggono groffiffime colonne Doriche accanalate, ma fenza bafe; nè Vitruvio ancorchè defcriva minutamente molte bafi, nullameno parla niente della Dorica.

Per la qual cofa Sebaftian Serlio al lib. 4. Cap. 6., Palladio nel lib. 1. Cap. 15. Il Viola al lib. 2. Cap. 12. alle medefime attribuifcono la bafe attica, che defcrive Vitruvio al Cap. 3. del lib. 3., e con loro confpirano Bullant, e Delorme Francefi, Cataneo, Leon Battifta Alberti, Daniello Barbaro, Scamozzi più moderni. Il Rufconi, e Cefare Cefariano fente cogli Antichi, e nega la bafe. Il Vignola folamente è del mio parere, molto convenientemente concedendo a queft'ordine la bafe di un Toro folamente, ma io un poco più liberale gli ho conceduto un Toro, ed un'Aftragalo mediante un canale quadrato, fe così piacerà. Il capitello parimenti è vario; Leon Battifta Alberti l'innalza un modulo, e mezzo; gli altri tutti attribuifcongli un modulo; alcuni gli danno li tre liftelli; altri in vece dei due liftelli gli fanno un tondino, ed alcuni gli danno maggior aggetto, che alla bafe; altri fi contengono nello fporto della bafe, come Sebaftiano Serlio, ed altri.

Le

# TRATTATO III. CAP. V.

Le fcanalature fono arbitrarie, e fi fanno, fe così aggrada; ma convengano il Serlio, ed il Vignola, e Viola, e Palladio, e quafi tutti, che le fcanalature fiano fenza piano fra mezzo. Io per differenziarle dalle Joniche l'ho fatte fcanalate fino al terzo con canali rilevati, ò tondi, ò triangolati, che in opera riefcono molto bene, benchè gli Autori non parlino punto di quefto modo di fcanalare, ed hò riferbato l'altre varie forte di fcanalature per gli ordini Jonici, e Corinti, che richieggono più adornamento. Laftra 4. Trat. 3.

## OSSERVAZIONE SETTIMA.

*Delle varie proporzioni, colle quali gli Autori diftinguono le Cornici Doriche.*

L'Architrave, ò Epiftilio Dorico alcuni diftinguono in due fafcie, come Palladio, Leon Battifta Alberti, lo Scamozzi, il Viola, tutti però convengono in dargli un modulo d'altezza, eccetto il Scamozzi, che gli dà un modulo, ed un fefto. Siccome anche tutti lo coronano con un regolo folamente, da cui fotto i triglifi pendono le goccie. Ognuno fa il fregio della fteffa altezza di un modulo, e mezzo, ficcome il regolo fuperiore dividono in triglifi allo fteffo modo, e fanno quadrate le metope.

La Cornice circa l'altezza è molto varia, Bullant Francefe ad effa concede cinque fefti di un modulo; Barbaro un modulo intiero, ficcome anche Vitruvio, e 'l Cefariano, ed il Serlio, ed il Cataneo; Palladio l'accrefce di un decimo; Delorme di un'ottavo; Viola d'un fefto; l'Alberti, ed il Vignola di un terzo; Scamozzi la fa un modulo, e due quinti, e quefta varietà nafce dall'opere antiche Romane, le quali all'ordine Dorico talora impofero una Cornice compofta, che crediamo fia quella, che ha i dentelli, ed i modiglioni; onde per inferirvi i detti membri l'accrebbero d'altezza. Io gli hò data al più un modulo, e mezzo, parendomi, che difdirebbe fopra sì alto fregio una Cornice sì baffa. Variano ancora nella forma, perchè alcuni, come il Vignola, ed il Chales gli concedono il dentello, ed altri come il Vignola fteffo, ed il Viola gli attribuifcono i modiglioni quadri, moffi dalle Antichità Romane, tra le quali fi trovano Cornici di tal forta. Così il Chales Tom. 1. Tratt. 10. prop. 2. porta la Cornice del Teatro di Marcello dentata; ma quefta fecondo il Serlio lib. 3. pag. 45. è dell'Ordine Jonico. Antonio Labacco defcrive la Cornice coi modiglioni quadri del Tempio d'Antonio, e Fauftina, che apporta il Viola, ed il Vignola per un'altra Cornice dell'Ordine Dorico; ma il detto Antonio confeffa effere d'ordine mifto, ficcome fi può raccogliere dalle Colonne fcanalate alla Corintia dal Capitello eccedente, e dalla Gola fcolpita. Così nè fi può dir Dorica la Cornice dell'Arco di Verona, che apporta il Serlio alla pag. 136. del lib. 3. per non effer fopra alcuna Colonna, ò Pilaftri Dorici; ma una mera Cornice fatta a capriccio, come anche il tondino intagliato lo dimoftra. Nè parimente quella fegnata 32. nella Laftra quinta di quefto Trattato, effendo i dentelli in altro modo fcolpiti, benchè l'Autore del Paralello dell'Architettura, ed il Chales l'apportino come Dorica. Adunque la Cornice ce Dorica non deve aver dentello, e però il Serlio seguitando Vitruvio la fa come la Cornice 19. facendo la Corona, ò Gocciolatojo con due piccole gole rovescie superiore, e inferiore, alte un mezzo modulo, e la gola dritta con un regolo parimente di mezzo modulo; Palladio al lib. 3. del cap. 15., ed il Viola al luogo citato la delineano come la Cornice 20. sopra il fregio ponendo prima un Cavetto; indi un Vovolo, di sopra la Corona cinta da una gola rovescia, sopra cui stà la gola dritta colle misure espresse nella figura.

*Lastra 4  
Trat. 3.*

## OSSERVAZIONE OTTAVA.

### Delle Cornici libere dell'Ordine Dorico.

NOn v'è quasi Fabbrica, à cui non siano necessarie le Cornici, benchè non siano sostentate nè dalle Colonne, nè da' Pilastri, e però m'è paruto necessario porre qualche invenzione delle Cornici libere, ed indipendenti; acciocchè chiunque vorrà, se ne possa servire nelle occasioni. Queste sono le figure 23. 24. 25. e 26. della Lastra IV., le quali stimo tutte d'ordine Dorico; benchè alcuni abbiano i Triglifi, i quali sono come modiglioni, che sporgono in fuori, ma perchè sono nel fregio, perciò si debbono dire Triglifi rilevati più che modiglioni.

La Cornice 23. è stata adoperata da me con ottimo effetto, e la 24. nel Palazzo del Serenissimo Principe di Carignano a Torino; la 25. pur in un Palazzo di detto Principe a Racconigi; la 26. è quella, che il Serlio al lib. 4. del cap. 9., ed altri attribuiscono all'ordine composto, che nell'Anfiteatro, ò Coliseo Romano è la più sublime, e corona l'ordine composto: Ma la sua semplicità ben appalesa non doversi dire composta, ma fatta di capriccio, come quella, che coronava le ultime cime, ed intagliata, ò distinta sottilmente sarebbe stata troppo minuta; e però Palladio, ed il Viola, ed il Vignola, ed altri s'ingegnano d'inventarla in altro modo, come diremo al suo luogo.

Le misure delle dette Cornici, come anche di ogn'altra si possono raccorre dalla stessa figura, essendo con ogni diligenza possibile state da me compartite, massime che dalla varietà, in cui sono gli Autori nell'assegnare le proporzioni si riconosce troppo sottile il loro scrupoloso ingegno; egl'è bensì vero, che non molto dobbiamo discostarci da esse per far opere tali, che rieschino emendate, e perfette.

## OSSERVAZIONE NONA.

### Circa il mettere il Capitello, ò la base Dorica in pianta, e formare la sua Icnografia.

E' facile questa Icnografia, perchè si prende il semidiametro de' quadretti, Astragalo, e Vovolo, e si fanno altrettanti circoli concentrici, attorno a' quali si farà un quadrato, che abbia i suoi lati lunghi, quanto è largo il piano dell'Abaco, e tanto si farà della goletta

# TRATTATO III. CAP. V.

ta rovefcia, che corona l'Abaco per far la fua Icnografia, e così farà fatta, come appare nella figura fegnata 10., a cui fe aggiungeranfi fu i fianchi i fiori, come qui ho fatto, farà la Icnografia del fupremo ordine Dorico.

Altrettanto fi farà per fare la Icnografia della bafe, formando tanti circoli, eccetto il dado, che fi farà quadrato allo ſteſſo modo, che il piano dell'Abaco nel Capitello, come appare nella figura 21.

E tanto fi farà del fuſto della Colonna diſtinguendolo ciaſcun quarto in 6. ſcanalature, ò tonde, ò triangolari, come appare nella figura 22.: le ſcanalature l'infegno a fare alla Offervazione 6. del Cap. I. di queſto Trattato.

## OSSERVAZIONE DECIMA.

*Delle impoſte dell'ordine Dorico.*

LE impoſte fono i capitelli de' Pilaſtri chiamati da Greci *Paraſtatæ*, le quali fra le colonne foſtentano l'Arco, ed anche le Cornici, che s'aggirano attorno all'Arco, fi fanno allo ſteſſo modo.

Il più ornato come nella figura 23. farà alto un modulo, in cui farà il liſtello di un mezzo dito, l'Aſtragalo di 1., il Vovolo di 2., il liſtello di un mezzo, gli altri faranno quali moſtra la figura 24. ò 25. per gli ordini men' ornati.

## CAPO SESTO.

### Degli ordini Jonici.

Noſtri tre ordini Jonici fono di fuſto, il primo moduli 13., il fecondo moduli 14., il terzo moduli 15., ed in ciò non mi diparto dalla dottrina di Vitruvio, e de' più celebri Autori, perchè per detto di Sebaſtian Serlio al cap. 7. del lib. 4. ſi fa generalmente di otto diametri compreſa la baſe, e capitello; onde, quegli eſcluſi, reſta il fuſto di 7., che fono 14. moduli, e tal'è il fentimento di Vitruvio al lib. 4. del cap. 1., anzi ivi più abbaſſo la fa ancora di otto diametri, e mezzo: onde Palladio ardiſce follevarla a 9. diametri, ma in verità eſſendo i capitelli in queſt' ordine sì baſſi, il renderla più ſvelta farebbe camminare contro la dovuta fimmetria, che debbono aver le fue parti; dovendoſi ben piuttoſto al contrario diminuire il fuſto, ed innalzare il capitello.

## OSSERVAZIONE PRIMA.

*Delle Simmetrie del primo ordine Jonico.*

IL primo ordine Jonico avrà pel fuſto, ò ſcapo della Colonna moduli 13., quattro de' quali contiene la linea X, e farà ſcanalato fenza piano.

La ftra∫
Tratt.3.

|  | Altezza. | Sporto. |  | Altezza. | Sporto. |
|---|---|---|---|---|---|
|  | D | D |  | D | D |
| Il liftello all'Imo fcapo E | 1. | 1. | Aftragalo fopra effo | 1.½ | 2. |
| Il liftello al fupremo fcapo F | ½ | 1. |  |  |  |

La bafe della colonna farà 10. diti d'altezza, fporgerà diti 4. faranno i fuoi membri.

|  | Altezza. | Sporto. |  | Altezza. | Sporto. |
|---|---|---|---|---|---|
|  | D | D |  | D | D |
| Dado, ò Plinto A | 3.½ | 4. | Liftello fopra il Dado | ½ | 4.½ |

Il Cavetto B fporge quanto il liftello dell'imo fcapo della Colonna dal vivo di effa nel fuo più cavo . . . . . . . . . 2. 1.
Liftello fopra effo . . ½ 2.½
Toro C . . . . . 2. 3.½

E così col liftello dell'imo fcapo porge tutta la bafe diti quattro.
Capitello della Colonna avrà d'altezza diti 14., l'Abaco avrà di fporto al fupremo liftello diti 4. da voluta a voluta faranno moduli 2. diti 15., i rifcontri delle volute faranno diftanti tra loro moduli 2. Onde dal centro delle volute, e piombo dell'imo fcapo, l'ultimo cimbo della voluta fporgerà in fuori dita 6. e mezzo; Come fi faccia la voluta lo defcriveremo abbaffo in una Offervazione fpeziale, l'altre parti faranno.

|  | Altezza. | Sporto |  | Altezza. | Sporto |
|---|---|---|---|---|---|
|  | D | D |  | D | D |
| L'Ipotrachelio, ò piano del capitello G | - | 4. | Piano della voluta I | 2.½ | 1.½ |
| Liftello addolcito fopra di lui | ½ | ½ | Suo liftello | ½ | 2. |
| Aftragalo fopra il detto liftello | 1. | 1. | Gola dell'Abaco L | 2. | 2.½ |
| Vovolo H | 3. | 3. | Suo liftello | ½ | 4. |

L'Abaco del Capitello Jonico non ha piano, e non cofta più, che della gola, e fuo liftello, ficcome anche il piano delle volute fporge meno, che il Vovolo, e fi ritira in dietro. Architrave Q alto parti, ò diti 14. fporge parti 3.

|  | Altezza. | Sporto |  | Altezza. | Sporto. |
|---|---|---|---|---|---|
|  | D | D |  | D | D |
| Fafcia 1. M | - | 5. | Cavetto O | 2. | 3. |
| Fafcia 2. N | - | 6. 1. | Liftello fopra effo | 1. | 3 |

Fregio piano, ma fcolpito alto parti, ò diti 16. fegnato P.
Cornice alta diti 18., e il fuo fporto parimenti farà diciotto diti, le cui parti fono.

|  | Altezza. | Sporto |  | Altezza. | Sporto. |
|---|---|---|---|---|---|
|  | D | D |  | D | D |
| Gola rovefcia Q | 2. | 1.½ | Liftello fopra effo | ½ | 5.½ |
| Liftello fopra lei | ½ | 2. | Vovolo S | 2. | 7.½ |
| Dentello R | 4.½ | 5. |  |  |  |

Liftel-

| | | | | | |
|---|---|---|---|---|---|
| Liſtello ſopra eſſo | . . | 1. | 8. | | |
| Gocciolatojo T | . . . | 3. | 14. | Gola dritta V - - 3. $17.\frac{1}{2}$ | La ſtra 5. |
| Liſtello ſopra di lui | - $\frac{1}{2}$ | $14.\frac{1}{2}$ | | Liſtello di lei - - - 1. 18. | Trat. 3. |

La proporzione de' dentelli ordinariamente è queſta, la larghezza loro ſarà due terzi dell' altezza, lo ſporto quanto è la larghezza, ed il canale fra loro la metà della larghezza. Nel noſtro eſempio l'altezza è diti 4. e mezzo, la larghezza diti 3., lo ſporto 3., lo ſpazio fra mezzo diti 1. e mezzo, e così viene ad eſſere il mezzo di un dentello ſul mezzo della colonna, ſicchè con tre dentelli, e tre ſpazj vengono ad eſſere 15. dita, quanto è dal mezzo del dentello R fino all'ultimo dentello, cioè 10. di ſemidiametro della colonna, cioè alla cima è diti dieci, e cinque di ſporto compreſo lo ſteſſo dentello.

La baſe di queſta colonna in forma maggiore è ſegnata col numero 28., ed il ſuo modulo è la linea 27., acciocchè ſi poſſa meglio vedere, e diſtinguere ogni ſua parte. Il Piedeſtallo, ò ſtilobata di queſt' ordine aggiunge ſopra gli ordini precedenti Dorici nel corniciamento ſuperiore la corona, ò gocciolatojo, e nel baſamento la gola roveſcia, e ſi fa a queſto modo. L'altezza di tutto il Piedeſtallo ſarà moduli cinque, il baſamento ſarà diti ſette, la cornice ſuperiore, ò coronamento diti ſette.

| | Altezza. | Sporto. | | Altezza. | Sporto. |
|---|---|---|---|---|---|
| | D | D | | D | D |
| Dado del Baſamento - | 3. | 4. | Il Liſtello col ſuo addolcimento - - - - | 1. | 1. |
| Golla roveſcia - - - | 2. | $3.\frac{1}{2}$ | Vovolo - - - - | 2. | 3. |
| Tondino - - - - | 1. | $1.\frac{1}{2}$ | Liſtello ſopra eſſo - | 1. | $3.\frac{1}{2}$ |
| Quadretto, ò Liſtello addolcito - - - - | 1. | 1. | Gocciolatojo - - | 2. | $4.\frac{1}{2}$ |
| Il ſuo coronamento avrà di ſporto diti cinque. | | | Liſtello ſopra eſſo | 1. | 5. |

## OSSERVAZIONE SECONDA.

*Delle ſimmetrie dell' ordine Jonico ſecondo.*

Queſt' ordine ſiccome anche il ſeguente, eccetto che la baſe, la quale è Attica, ſi può dire, che ſia tutto di mia invenzione, e ſiccome il Jonico primo è ſtato preſo dalla ſtatura matronale, imitando colla baſe il zoccolo feminile, e colle volute del capitello l'inviluppamento, ò treccie de' capelli, così anche io in queſto ho poſte le volute, e perchè ſogliono le Donne infiorarſi il capo, così vi hò inſerito una corona Imperiale di fiore roſſo, che dal fuſto, ſpargendo in un mazzo di foglie, cagiona i fiori pendenti, quali eſprime il capitello propoſto.

Il fuſto dunque della colonna in queſt'ordine avrà quattordici moduli, e ſarà ſcanalato colle ſcanalature tramezzate da un liſtello piano all' uſanza ordinaria, come inſegnaremo più abbaſſo, e le ſue parti ſaranno queſte.

DELL' ARCHITETTURA

La ſtra 5.
Tratt. 3.

|  | Altezza. Sporto. |  |  | Altezza. Sporto. |  |
|---|---|---|---|---|---|
|  | D | D |  | D | D |
| Liſtello all'imo ſcapo coll' Apoſige E | 1. | 1. | Aſtragalo, che col liſtello fa il Colarino F | 1. | 2. |
| Liſtello al ſupremo ſcapo coll'Apoſige F | 1. | 1. |  |  |  |

La baſe di queſt' ordine è preciſamente Attica, è alta diti dieci, e ſporge diti cinque, i cui membri ſono

|  | Altezza. Sporto. |  |  | Altezza. Sporto. |  |
|---|---|---|---|---|---|
|  | D | D |  | D | D |
| Dado A | $3.\frac{1}{2}$ | 5. | Cavetto fra Tori C | $1.\frac{1}{2}$ | 1. |
| Toro inferiore B | $2.\frac{1}{2}$ | 5. | Liſtello ſuperiore ſmuſ- |  |  |
| Liſtello | $\frac{1}{2}$ | 3. | ſato | $\frac{1}{2}$ | 2. |
|  |  |  | Toro ſuperiore D | 2. | $2.\frac{1}{2}$ |

Queſta baſe, acciocchè meglio ſi veggano i ſuoi membri, è replicata in grande nella figura 29. Il Capitello s'innalza diti 16.

L'Abaco ſi uſurpa diti 3., delle quali porzioni una è pel Vovoletto roveſcio, il liſtello n'ha una metà, l'altro reſta al piano. Lo ſpazio, ond' eſcono le volute, è diti 4. I fiori pendenti prendono il reſto: ma acciocchè s'intenda meglio lo deſcriverò a parte a parte più abbaſſo.

La Cornice avrà diti 28. di altezza coll' Architrave, che di queſti n'avrà quattordici, il fregio ſe ne prenderà 15., e reſteranno 19. per la Cornice ſolamente, di cui lo ſporto s'avanzerà pure diti 19.; onde la Cornice tutta ſarà alta la quarta parte dell' altezza della colonna appreſſo a poco.

L'Architrave dunque s'innalza diti 14., ſporge diti 3., e ſono i ſuoi membri

|  | Altezza. Sporto. |  |  | Altezza. Sporto. |  |
|---|---|---|---|---|---|
|  | D | D |  | D | D |
| Faſcia prima I | | 5. | Faſcia ſeconda L | 6. | 1. |
| Goletta roveſcia, che la copre | $\frac{1}{2}$ | $\frac{1}{2}$ | Cavetto M | $1.\frac{1}{2}$ | $2.\frac{1}{2}$ |
|  |  |  | Liſtello | 1. | 3. |

Il fregio K ſarà ſcolpito, benchè non neceſſariamente a fogliami, ò a ſcanalature, ò in qualunque altro modo, ſarà alto diti 15., la Cornice ſi adornerà di queſti membri.

|  | Altezza. Sporto. |  |  | Altezza. Sporto. |  |
|---|---|---|---|---|---|
|  | D | D |  | D | D |
| Gola roveſcia N | 2. | 2. | Vovolo ſcolpito P | 2. | 8. |
| Liſtello | $\frac{1}{2}$ | $2.\frac{1}{2}$ | Liſtello | 1. | 9. |
| Perle pendenti, ò Gemme in Nicchia | | 5. 5. | Gocciolatojo, ò Corona Q | 3. | 15. |
|  |  |  | Liſtello ſopra eſſo | $\frac{1}{2}$ | $15.\frac{1}{2}$ |
| Sono lontane fra loro diti $4.\frac{1}{2}$ |  |  | Gola dritta R | 3. | $18.\frac{1}{2}$ |
|  |  |  | Liſtello | 1. | 19. |
| Liſtello | 1. | 6. |  |  |  |

Il Piedeſtallo ſarà alto moduli cinque, diti cinque, cioè il quarto della colonna tutta, il ſuo nudo ſarà largo moduli 2. diti 10., ed è ſegnato col numero 22. Il baſamento numererà diti otto. Il coronamento pur diti otto; onde il timpano ſarà moduli tre, parti ſette.

Altezza

# TRATTATO III. CAP. VI.

|  | Altezza. | Sporto. |  | Altezza. | Sporto. |
|---|---|---|---|---|---|
|  | D | D |  | D | D |
| Dado del Basamento | 4. | 5. | Tondino, ò Astragalo | 1. | 1. |
| Gola rovescia sopra esso | 3. | 4.$\frac{1}{2}$ | Vovolo | 2.$\frac{1}{2}$ | 4.$\frac{1}{2}$ |
| Tondino | 1. | 1.$\frac{1}{2}$ | Corona, ò Gocciolatojo | 3. | 5. |
| Listello addolcito | 1. | 1. | Listello addolcito | 1. | 6. |
| Coronamento, ò Cimasa avrà il Listello addolcito | $\frac{1}{2}$ | $\frac{1}{2}$ |  |  |  |

Lastra 5.
Trat. 3.

## OSSERVAZIONE TERZA.

*Proporzioni dell'ordine Jonico terzo.*

L'Ordine Jonico terzo riguarda parimente la venustà, ed ornamenti delle matrone, perchè in vece del Vovolo ha posto nel Capitello un cinto di gemme; dalle volute pende pure una collana di gemme, e da' fianchi, ove si congiungono, gemmati pendenti, nel mezzo d'onde nascono, s'innalza un fiore, e l'Abaco quadro bensì, ma risaltato sopra le volute, che ho sperimentato riuscir molto bene nella facciata della Nunziata di Messina. La Cornice pure in vece di dentello è circondata dalla frangia segnata O, da cui pendono perle, che sono tutti ornamenti proprj della Matrona.

L'altezza del fusto della Colonna sarà moduli 15. meno diti 4. per essere il Capitello assai svelto, e sarà scanalato colle scanalature convesse, e saranno i suoi membri.

|  | Altezza. | Sporto. |  | Altezza. | Sporto. |
|---|---|---|---|---|---|
|  | D | D |  | D | D |
| Listello all'imo scapo addolcito | 1. | 1. | Astragalo F | 1. | 2. |
| Listello del collarino addolcito E | 1. | 1. |  |  |  |

La base alta diti 11. si sporge diti 5. tiene i membri notati nella figura 30.

|  | Altezza. | Sporto. |  | Altezza. | Sporto. |
|---|---|---|---|---|---|
|  | D | D |  | D | D |
| Dado inferiore | 3.$\frac{1}{2}$ | 5. | Listello | $\frac{1}{2}$ | 3. |
| Listello | $\frac{1}{2}$ | 4.$\frac{1}{2}$ | Cavetto superiore | 1. | 1. |
| Cavetto inferiore | 1.$\frac{1}{2}$ | 2.$\frac{1}{2}$ | Listello superiore | $\frac{1}{2}$ | 2. |
| Listello superiore | $\frac{1}{2}$ | 3. | Toro | 2. | 2.$\frac{2}{3}$ |
| Bastone | 1. | 3.$\frac{1}{2}$ |  |  |  |

Il Cavetto s'insegna a fare nel Cap. 1. di questo Trattato all'Osservazione quinta.

Il Capitello è alto diti diciotto, il fregio ne ha 7. e mezzo, il Listello mezzo, il cinto di gemme 3., lo spazio onde sortono le volute 4., l'Abaco 3., di cui tratteremo abbasso in una figura più grande. La Cornice è moduli 4. diti 4.

L'Architrave avrà diti quindici, e saranno i suoi membri.

Altezza

## DELL' ARCHITETTURA

|  | Altezza. | Sporto. |  | Altezza. | Sporto. |
|---|---|---|---|---|---|
|  | D | D |  | D | D |
| Lastra 5 Trat. 3. Fascia prima K | 5. |  | Listello | 1. | 2. |
| Goletta rovescia | 1. | 1. | Cavetto M | 2. | 4. |
| Fascia seconda L | 6.½ | 1.½ | Listello | 1. | 4. |

Il fregio N si prenderà parti, ò diti sedeci, e farà scolpito.

La Cornice avrà parti 21., e sporgerà altrettanto, e saranno i suoi membri.

|  | Altezza. | Sporto. |  | Altezza. | Sporto. |
|---|---|---|---|---|---|
|  | D | D |  | D | D |
| Perle pendenti dalle frangie | 1. | 2. | Gola ascendente, e congiunta alla Corona sopra il Listello | 2. | 12. |
| Sono distanti fra loro diti 4. |  |  |  |  |  |
| Frangie O | 6. | 2. | Gocciolatojo Q | 3. | 17. |
| Listello sopra esse | 1. | 2.½ | Listello addolcito | ½ | 17.½ |
| Vovolo, ò festone di fiori P | 3. | 5.½ | Gola dritta R | 3. | 20. |
|  |  |  | Listello | 1. | 21. |
| Listello sopra esso | 1. | 6. |  |  |  |

Il Piedestallo segnato col numero 23. s'innalzerà comprese le Cornici moduli cinque, parti otto, il Timpano moduli 4. diti 2., largo moduli 2. diti 10., quanto è il dado della base.

Il Basamento avrà questi membri.

|  | Altezza. | Sporto. |  | Altezza. | Sporto. |
|---|---|---|---|---|---|
|  | D | D |  | D | D |
| Dado primo | 3. | 5. | Tondino | 1. | 1.½ |
| Dado secondo | 2. | 4.½ | Listello addolcito | 1. | 1. |
| Gola rovescia | 2. | 4. |  |  |  |

Il Coronamento, ò Cimasa avrà d'altezza parti 9., s'avanzerà in fuori parti 6.

|  | Altezza. | Sporto. |  | Altezza. | Sporto. |
|---|---|---|---|---|---|
|  | D | D |  | D | D |
| Listello addolcito | 1. | 1. | Listello | 1. | 4.½ |
| Bastone, ò Astragalo | 1. | 2. | Gocciolatojo | 3. | 5.½ |
| Vovolo | 2.½ | 4. | Listello sopra | 1. | 6. |

L'imposta sarà comune a tutti, e tre gli ordini segnata col numero 24. sarà alta mod. 1., la prima fascia sarà dita 3., la seconda 4., la gola rovescia 2., il gocciolatojo 2., listello 1., lo sporto sarà dita 4., la cornice, che gira attorno alla circonferenza dell'Arco è allo stesso modo, ma si lascia la corona, ò gocciolatojo, ed è di diti 12.

## OSSERVAZIONE QUARTA.

*Della diminuzione, e gonfiamento delle Colonne Joniche.*

Questa si potrà fare, se piace, di un sesto, come abbiamo fatto alle altre; circa poi il gonfiarla si farà colla linea Parabolica alla Osservazione 8. Cap. 2. di questo Trattato spiegata; si descriverà dunque a questo modo. Al terzo notato 3. si tirerà la linea Z 3. di 13. diti, e si prenderà una porzione 3. 4. di tre diti, che si

dividerà

## TRATTATO III. CAP. VI.

dividerà in parti 4., e da esse si tirano paralelle all'asse della colonna E F come la 4. 8., e dall' 8. prolungáta la 3. Z in due moduli 12. circa, si tirerà la 2. 8., che segarà l'asse E F in 9., si dividerà dunque la porzione Z 9. in quattro parti eguali, e si tireranno le linee 7. 2., e 6. 2., e 5. 2.; ove adunque tagliano le normali, ò paralelle all' asse F E prima tirate, si condurrà una linea, che passerà per li punti 5. 6. 7., e darà la gonfiezza della colonna superiore. Così si farà dell'inferiore, ma queste paralelle all' asse saranno solamente tra se distanti un mezzo dito, e tirata la 2. 11. allo stesso modo si tirerà la 10. 2., ed allo stesso modo si condurrà per li punti, dove sega la curva 3. 10. 11. per la gonfiezza inferiore della colonna.

Si potrà anche fare colla linea conchile, che insegna il Vignola, senza però sapere che linea fosse, a questo modo tirata al terzo della colonna la linea Z 3. di dita 13. si tireranno anche tutte le altre allo stesso modo, che prima, come la 6. 9. 2., e l'altre 7. 2., e 6. 2., e simili. Indi si trasporterà in tutte la stessa distanza Z 3. in ognuna di loro dall' asse E F, e terminerà ne'punti 11. 10. 3. 6. 7. 8., per li quali si tirerà una linea curva, che darà gonfiamento alla colonna.

Last. 7.
Trat. 3.

## OSSERVAZIONE QUINTA.

### Delle Cornici libere nell'ordine Dorico.

Queste Cornici, le quali sono indipendenti dalle Colonne Doriche, si possono facilmente applicare ad esse, perchè basta, che un Dentello venga a piombo sul mezzo della Colonna; sia dunque la Cornice 25., la quale alternativamente ha un Dentello, ed un Tulipano, ò altro simile fiore pendente, che sono alti dita 6., larghi 4., il voto fra loro occupato dal fiore è diti 6., la gola di sotto è alta diti 3., la gola di sopra diti 3., i due listelli sopra, e sotto il Dentello dito uno, fra entrambi il resto è parti 9.

La Cornice 26. è colle stesse misure, varia solamente nel Dentello, il quale è sodo, ed è scolpito solamente a scanalature.

La Cornice 34. riesce vaga in opera, prima s'adombra in un Cavetto alto diti 4. sopra il Dentello alto diti 5., largo 5. e mezzo, l'uno è lontano dall'altro diti 12., nel quale spazio evvi una pina pendente, ò simil altro frutto. Sopra vi è un largo listello di un dito; indi un continuo festone di diti 5. sopra un'altro listello eguale, indi la Corona, e la Gola di 9. dita.

La Cornice 33. in vece di Dentelli ha foglie di lauro pendenti; del resto è simile all'altre, ed ha quasi le stesse misure. La Cornice 32. ha il Dentello scolpito secondo una Cornice delle terme Diocleziane in Roma apportata dall' Autore del paralello dell' Architettura per una Cornice Dorica, benchè in vero sia Jonica.

## OSSERVAZIONE SESTA.

*Opinioni varie degli Autori circa la Base, ò Piedestallo dell' Ordine Jonico.*

Secondo il Serlio lib. 4. cap. 7. pag. 40. il Timpano della stilobata, ò Piedestallo dell' ordine Dorico è quanto il Plinto, ò dado della base, e la metà di più, della quale altezza il sesto si darà al basamento, ed un' altro sesto alla cornice di sopra. Il Vignola, e l'Osio pag. 144. cap. 2. lo fa moduli 6. colle sue due cornici, ciascuna delle quali prende mezzo modulo. Palladio al lib. 1. del cap. 16. alla pag. 32. moduli 3., ed un sesto innalza il Timpano; alla cornice superiore dà quattro quinti, all'inferiore concede un mezzo modulo, e lo seguita il Viola lib. 2. cap. 29. Onde si vede, che la Base, ò Piedestallo di questo ordine è arbitrario, ed insomma si deve fare secondo il bisogno, accostandosi al più che si può alle misure più belle ·

## OSSERVAZIONE SETTIMA.

*Delle varie opinioni degli Autori circa la Colonna Jonica.*

Vitruvio al lib. 3. cap 3. descrive diligentemente la Base Jonica, ma vien ripresa dal Serlio, e si vede, che non fu seguita dalle antichità Romane, come afferisce Palladio al lib. 4. del cap. 13. pag. 48., e da' moderni, per avere il Toro superiore, il quale è 6. parti delle 12. di tutta la base, e quasi quanto il dado, che ne prende 7. Onde le otto parti, che rimangono distribuite alle due scozie, ai due bastoni, ed ai quattro regoli, rendono tutte queste parti troppo minute in risguardo dell'altre; E però il Serlio, ed il Vignola proccurarono di emendarla, ma con poco buon successo, se le da loro studiate, e corrette incontrano i medesimi mancamenti. Palladio vi sottopone la base attica, che è bellissima, e sommamente da tutti lodata, e così il Viola benchè egli porti anche la Jonica, ma un poco più corretta; onde io l'ho ridotta alla proporzione spiegata nel terzo ordine Jonico, che mi pare stia assai bene. Cesare Cesarini la varia, e pone il Toro sopra il Plinto, ed i due cavi di sopra, ciò, che a mio giudizio non può non riportare applauso.

La Colonna è di varia grandezza. Vitruvio la fece di moduli 17. colla base, e col capitello. Il Serlio di moduli 16. Il Vignola di moduli 18. con un capitello solamente di due terzi d'un modulo, ò diti 8., ed una base di un modulo. Tale anche la fa Palladio lib. 1. cap. 16., ma pare, che troppo eccedano in altezza, come di sopra ho notato, e però io vi ho aggiunto l'Ipotrachelio, che non deve avere la Colonna Jonica, benchè fra le antichità Romane si veggano molti capitelli Jonici, che sono anche ornati con esso; del resto tutti formano il capitello allo stesso modo, che insegnaremo abbasso.

## OSSERVAZIONE OTTAVA.

*Delle varie Simmetrie, che concedono gli Autori alla Cornice Jonica.*

Tutti danno all'Architrave Jonico tre fascie, nè punto lo distinguono in quanto agli adornamenti, e sculture dallo stesso Corinto. Io glie ne ho dato solamente due per distinguerlo da esso.   Last. 5. Trat. 3.

Variano grandemente nella Cornice; Palladio, e lo Scamozzi, ed il Viola contro il senso di Vitruvio, e d'ogn'altro, la sostengono coi modiglioni, i quali son proprj dell'Ordine Corinto. Il Vignola, e Cesare Osio la fanno, come la nostra del primo Ordine Jonico. Il Serlio lascia il Vovolo, e fa il Dentello più alto al doppio, che largo, e sportato in fuori, quanto la sua altezza, e lo spazio fra loro due terzi della larghezza, che è la proporzione, che le dà Vitruvio al lib. 3. del cap. 3.

# CAPO SETTIMO.

*Del modo di formare i Capitelli Jonici.*

Perchè in piccolo disegnamento non si può spiegare la formazione del Capitello Jonico, perciò è stato necessario fare una Lastra speziale, che sarà la 6., che in grande mostri la formazione loro, ed in conseguenza ha bisognato formare un Capitello speziale.   Last. 6. Trat. 3.

## OSSERVAZIONE PRIMA.

*Della formazione del Capitello Jonico del primo ordine.*

Questo è il Capitello ordinario, che descrive Vitruvio lib. 3. cap. 3., e con lui tutti gli Autori non dipartendosi da' suoi insegnamenti, i quali sono ridotti alle nostre misure.

Prima l'Abaco AB alla fig. 20. della Lastra 6. avrà di sporto, oltre il vivo dello scapo superiore, ch'è parti 20. parti 4., onde farà largo, e lungo parti 28., e perfetto quadro, costerà di una gola rovescia di diti 2. col quadretto di mezzo dito; onde il tutto sarà diti 2. e mezzo, l'occhio della voluta sarà lontano dal mezzo parti 12. Vitruvio la fa parti 12. e tre quarti, e fa l'Abaco più piccolo del nostro un dito, ma sembra più proporzionato l'Abaco alla voluta, la quale la fa diti 10. e due terzi, noi la faremo 11. e diti 6., e mezzo saranno dall'Abaco fino al centro dell'occhio, il quale sarà di ampiezza un dito; la voluta prima in EF sarà larga diti tre compreso il Listello, la voluta seconda in FG sarà larga diti 2., la voluta terza in GH sarà larga diti 1. dal centro della voluta fino a M vi saranno diti 5. e mezzo.

Per far la voluta potremo adoperare ciascuno di quei modi, che abbiamo insegnato nel Cap. 2. di questo Trattato nell'Offervazione 1., e nelle seguenti, ma la più facile sarà dividere l'occhio in 6. parti,

Laft. 6.
Trat. 3.
e prima fare un quadretto col lato di tutte 6., e poi di 4., e poi di 2.; l'uno concentrico all'altro; dapoi posta la punta del Compasso nell'angolo 1. più alto, e più verso il centro del maggior quadrato si tirarà il primo quarto della voluta 2. 3. fino al lato prolungato 1. 3., indi posta la punta del compasso nell'altr'angolo su la stessa linea 1. 3. si tirarà l'altra parte di voluta 3. 4. fino al lato del quadrato prolungato in 4., indi posto il piede del compasso più vicino al 4. sopra lo stesso lato prolungato nel terzo angolo del quadrato maggiore si tirarà il quarto di voluta 2. 5. al lato prolungato in 5.: finalmente posto il piede del compasso nel quarto angolo sullo stesso lato prolungato in 5. si tirarà l'ultimo quarto della voluta al lato prolungato in 6. ove si ha da offervare, ch'essendo il lato del quadrato un dito, e cangiando escluso il primo tre lati diminuisce la voluta 3. diti, onde resta 2. 6. di altri tre diti. Lo stesso si fa del quadrato interno medio, e si volge la voluta 7. 8. 9. 10., e perchè questo quadrato è due terzi di un dito, quindi è, che cangiando dopo la prima, tre volte la punta del compasso per ogni angolo, e per ogni volta due terzi nel fine sono sei terzi, cioè due dita, che è lo spazio 6. 10., così si farà dell'interno quadrato più piccolo di tutti, e si tirarà la voluta 10. 11. 12. 1. più ristretta di ogni altra, e perchè è un terzo ogni suo lato, ne viene, che diminuendosi tre volte lo spazio 10. 1. resta d'un terzo. L'occhio poi di mezzo si scolpirà con una rosa, o altra cosa a questa simile.

  Il secondo giro delle volute si formerà allo stesso modo restringendo il compasso da principio un mezzo dito, e seguendo collo stesso ordine come prima, e verrà il Listello, che s'andrà diminuendo secondo va la voluta.

  L'altre parti già sono state prescritte, e ridotte a misura nel Capitolo precedente all'Osservazione prima cioè.

|  | Altezza. | Sporto. |  | Altezza. | Sporto. |
|---|---|---|---|---|---|
|  | D | D |  | D. | D. |
| Ipotrachelio | 20. | 4. | Piano della voluta N | 2½. | 1½. |
| Listello addolcito · · |  | ½. | ½. | Suo Listello - - | ½. | 2. |
| Bastone, o fusarolo P | 1. | 1. | Gola dell'Abaco, ove men sporge | 2. | 2½. |
| Vovolo O scolpito | 3. | 3. | Listello sopra lei | ½. | 4. |

  La figura 22. è la Icnografia del Capitello col Vovolo in piano, e le volute, debbono farsi da' fianchi, che da Vitruvio son detti Cuscinetti, o Guanciali, scolpite a modo di Gigli, i quali sono i due Q R collegati in mezzo col bottone T.

  La figura 23. è il Capitello stesso veduto da' fianchi coi due Gigli, o Guanciali aggroppati insieme.

## OSSERVAZIONE SECONDA.

*Della composizione del secondo Capitello Ionico.*

Questo Capitello ha l'Abaco cavato in un quadrato, che ha di sporto fuori dal vivo superiore della Colonna parti 5.; onde in tutto è parti 30. come si esprime nella Lastra 6. fig. 27. nel quadrato pun-

# TRATTATO III. CAP VII.

puntato 27., nel quale dal mezzo R si prenderà un modulo RP, siccome ST, e si tirarà la PT, che fa un suo corno. Da poi dal centro V si misurarà mod. 1. dito 1. fino a O, e si tiraranno le rette OP, e XO, e così si farà da tutti i lati come nella pianta del mezzo Capitello 27. si vede, si prenderanno poi diti 12$\frac{1}{2}$, e dal centro V si tirarà a quell'intervallo un circolo, che si partirà in 16. parti, e ciascuna farà il centro d'un fiore, ed ogni fiore avrà il diametro diti cinque, e in quello che resta dal fiore fino al corno PT si caveranno le volute, che avranno di sporto diti 21.; l'altre parti avranno le seguenti proporzioni.

|  | Altezza. D. | Sporto. D. |  | Altezza. D. | Sporto. D. |
|---|---|---|---|---|---|
| L'Abaco farà alto | 3. | 5. | Tondino L - - | 1. | 2. |
| Vovolo rovescio K. | 1. | 5. | Listello sotto al Tondino. - - - | $\frac{1}{2}$ | 1. |
| Listello sotto esso | $\frac{1}{4}$ | 4$\frac{1}{2}$ | Fiori nel più alto |  | 3. |
| Piano dell'Abaco I. | 1$\frac{1}{4}$ | 4. | Nel più basso MN. | 4$\frac{1}{2}$ | 5. |
| Spazio ond'escono le volute, ed i fiori IL | 4. |  | Pendenza del fiore QR. - | 3. | 5. |
|  |  |  | Compreso il fiore, e la pendenza | 7$\frac{1}{2}$ |  |

Le volute si piegheranno con un giro solamente, e si faranno ne' modi già insegnati al Cap. 2.: l'occhio delle volute si farà più basso diti 7. dell'Abaco, e lontano dal mezzo diti 10., le volute sortiranno da un fogliame, e dal mezzo di loro esciranno molte foglie, le quali sono quelle delle Corone Imperiali, o de' Giglj, che empiranno quel luogo, ove l'Abaco si ritira.

## OSSERVAZIONE TERZA.

*Del Capitello Ionico della terza spezie, e sue misure.*

Questo Capitello si rappresenta nella figura 24., che dimostra la Ortografia, e nella figura 25., che rappresenta la Jcnografia di lui nella Lastra 6. di questo Trattato.

Si facci adunque nella figura 25. il quadrato, o semiquadrato ABCD di diti 30. per ogni lato, e preso l'intervallo d'un dito, e mezzo si faccia il quadrante su gli Angoli A, B, indi presa la misura del mezzo di dita 7. si faccia il piccolo risalto di mezzo dito EF per ogni lato dall' una parte, e dall'altra. Presa poi la distanza FG diti 27. si tiraranno due porzioni di cerchio verso V nella figura 27.: ed ivi fatto centro si tiraranno gli Archi GH, ed FK con la stessa apertura di diti 27., che si faranno lunghi dita 7$\frac{1}{2}$, e così si farà di ogni altra parte, e faranno gli Archi delle volute, le quali si termineranno a Balaustro, come si vede nel disegno, e in distanza di 13. diti dal centro M della Colonna, si faranno le rose, dal cui mezzo pendono le gemme, ed i pendenti, i quali debbono esser lontani dal vivo della Colonna di cima almeno un mezzo dito. Pel cinto gemmato si farà il circolo ML coll'intervallo di diti dodici, ed in distanza MO di diti dieci e mezzo, si farà un altro circolo pel Listello sotto le gemme, e finalmente il circolo

Laft. 6.
Trat. 3.

còlo del vivo della Colonna al fupremo fcapo di diti 10.: le volute nafceranno da punti L N ciafcuna lontana dal mezzo diti 2. e mezzo, e coperte da un gran fogliame fi porteranno curvandofi in G B per rivoltarfi, che fi faranno di due giri fecondo le regole date al Cap. 2. della Offervazione 1., e feg. di quefto Trattato, e l'occhio loro fi farà lontano dal mezzo diti 10., e di fotto l'Abaco diti 5 $\frac{1}{2}$., e fra loro diti 20., e dal mezzo di loro fortirà un gran fiore fino al Vovoletto dell'Abaco. Il piano della voluta farà largo parti 2., di cui un quarto occuperà il Liftello, tutta la voluta farà alta diti 9.

Il refto fi farà come abbiamo infegnato all'Offervazione terza del Capitolo precedente, e come fi può vedere nella figura 25. quì efpreffa.

## OSSERVAZIONE QUARTA.

### De' tre generi di Scanalature dell'ordine Ionico.

LA fcanalatura del primo ordine Ionico non ha piani, come nella pianta 25.: la feconda tiene i fuoi piani, come nella figura 22.: la terza in luogo delle Scanalature concave, le ha conveffe. Le Scanalature col piano faranno un mezzo circolo, come fono nella figura 22., e fenza piano un fefto di circolo, come nella figura 25., ed anche fportate in fuori fenza piano, come fono nella figura 27., e quefte tre fpezie fono proprie dell'ordine Ionico. L'altre Scanalature efpreffe nella figura 28. 30. 19. fono corinte, ficcome le cornici e 31., e 32., e 33. col fuo modulo 35. fono cornici libere dell'ordine Corinto, delle quali trattaremo appreffo.

## OSSERVAZIONE QUINTA.

### Se la Bafe Attica conftituifca un' Ordine.

Giacchè abbiamo trattato delle Bafi Attiche, è bene fciorre una curiofità, che muove Bernardo Baldo nel libro impreffo in Amfterdam l'Anno 1649. *De fignificatione vocabulorum Vitruvianorum*, ed è fe gli Antichi aveffero un'Ordine proprio di Architettura, ed egli rifponde, che non raccogliendolo da Vitruvio, il quale al lib. 4. del Cap. 6. propone di dar le Leggi, che fi hanno da offervare nelle porte facre Doriche, Ioniche, ed Attiche, da poi conchiude: *Si quas rationes ædium facrarum oportet fieri Doricis, Ionicis, Corinthiifque operibus, quod potuit attigiffe*. Onde fi vede, che quelle, che chiamò Attiche, le chiama poi Corinte, nè le diftingue da effe; Filandro al lib. 3. del Cap. 3. crede che le Colonne di quefte Bafi fuffero quadre, perchè Plinio le chiama Attiche, ma le Colonne poffono ufurparfi in ogni Ordine, onde non poffono fare un' Ordine proprio, e fpeziale.

CAPO

# TRATTATO III. CAP. VIII.

## CAPO OTTAVO.

L'Ordine Corinto è l'ultimo, e più ornato di tutti ritrovato da Callimaco in Corinto, ed è tolto dal decoro, e ſtatura Virginale; come gli altri io lo ſuddivido in tre maniere, le quali ſono tutte vaghe, e molto ornate, che nelle ſeguenti Oſſervazioni andremo diviſando.  Laſt. 7. Trat. 3.

### OSSERVAZIONE PRIMA.
*Del primo Ordine Corinto, e ſue proporzioni.*

IL fuſto della Colonna del primo ordine Corinto è ſolamente 15. moduli, e queſto ho fatto, acciocchè l'ultimo, che creſce due moduli ſopra queſto, non rieſca troppo ſvelto; perchè riuſcirebbe poco meno d'undici moduli, e benchè le antichità Romane vi ſiano le Colonne dell'Arco di Coſtantino, le quali ſono alte 30. palmi, e dovrebbero eſſer groſſe palmi 3.; e pur ſon meno che due palmi, e mezzo, onde rieſcono di dodici diametri, e più ſecondo le miſure, che porge il Serlio al lib. 8. alla pag. 115., ſiccome quelle che apporta Palladio al lib. 4. del Cap. 14., che ſono nel Tempio di S. Steffano, un tempo della Dea Veſta, ſon Colonne di undici diametri in altezza, con tutto ciò non ho voluto, che il terzo ordine eccedeſſe di molto dieci diametri compreſa la Baſe, ed il Capitello per non dipartirmi dal comune ſenſo degli Autori, i quali non paſſano più oltre nell'altezz delle Colonne. Nè ella è coſa nuova, che le Colonne di un'ordine non eccedano punto quelle dell'Inferiore in quanto al fuſto; perchè Palladio fa di fuſto le Colonne Joniche diametri otto, e un ſeſto, ed il fuſto delle Corinte diametri ſette, e cinque ſeſti, come ſi può raccogliere dalle ſue miſure al Cap. 16., e 17. lib. 1.

Coſì il Vignola non pone le Colonne compoſte maggiori delle Corinte, per qual coſa anch'io ho fatto che il fuſto del primo ordine Corinto poco ecceda il Supremo Jonico, e ſolamente $\frac{1}{2}$; ſiccome anche tale eccefſo ſolamente gli dona Sebaſtiano Serlio, e ſi raccoglie dalle ſue miſure al lib. 4. del Cap. 7., ed 8.: onde determinato il fuſto di 15. moduli, e ſe piace 15. $\frac{1}{2}$ ſaranno le ſue parti, come ſi può vedere nella Laſtra ſettima, e miſurare col modulo B.

|  | Altezza | Sporto |  | Altezza | Sporto |
|---|---|---|---|---|---|
|  | D | D |  | D | D |
| Dado della baſe ſegnato 30. | - | 3. | 5. | | |
| Toro inferiore | $2\frac{1}{2}$ | 5. | | | |
| Liſtello ſopra eſſo | $\frac{1}{2}$ | $3\frac{1}{2}$ | Liſtello ſopra eſſo | $\frac{1}{4}$ | 2. |
| Cavetto inferiore | $1\frac{1}{2}$ | $1\frac{1}{2}$ | Cavetto ſuperiore | 1. | 1. |
| Liſtello ſopra eſſo | $\frac{1}{2}$ | 2. | Liſtello | $\frac{1}{4}$ | $1\frac{1}{2}$ |
| Baſtone, o Tondino | $\frac{1}{2}$ | $2\frac{1}{2}$ | Toro ſuperiore | $1\frac{1}{2}$ | $2\frac{1}{4}$ |

Il Capitello s'inſegnerà a fare nel Capo ſeguente, e ſi ſpiegheranno ivi le ſue miſure, ragioni, e proporzioni. In tutto è alto diti

14., e non ha volute, ma folamente foglie d'Iride, o fia Giglio turchino, come fi vede nel difegno.

Laft. 5.
Trat. 3.

La Cornice farà alta moduli quattro, e mezzo, ed avrà in vece di modiglioni ordinarj i fiori chiamati bocca di Lupo, o di Cane detti da Plinio Cinocefali, cioè di Cane per effer fatte a foggia di bocca d'Animale, la qual maniera nella Cornice ho provato far ottimo effetto.

L'Architrave farà alto 15. diti, e li fuoi membri fono

|  | Altezza D | Sporto D |  | Altezza D | Sporto D |
|---|---|---|---|---|---|
| Fafcia prima C | $2\frac{1}{2}$ |  | Fafcia terza E | $4\frac{1}{2}$ | $1\frac{1}{2}$ |
| Fufarolo, o Baftone | $\frac{1}{2}$ | $\frac{1}{2}$ | Liftello | $\frac{1}{2}$ | 1 |
| Fafcia feconda D | $3\frac{1}{2}$ | $\frac{1}{2}$ | Gola rovefcia F | 2 | 3. |
| Goletta | 1 | 1 | Liftello | $\frac{1}{2}$ | $3\frac{1}{2}$ |

Il fregio G farà a fomiglianza di guancialetto, e farà della fteffa altezza, che l'Architrave di 15. diti, e s'incaverà con fcanalature, o fi adornerà colle fculture. La Cornice farà alta diti 24. e fporgerà altrettanto, e faranno i fuoi membri.

|  | Altezza D | Sporto D |  | Altezza D | Sporto D |
|---|---|---|---|---|---|
| Liftello primo | $\frac{1}{2}$ | $\frac{1}{2}$ | Goletta rovefcia M | 1 | 9 |
| Tondino | 1 | 1 |  |  |  |
| Gola rovefcia H | 3 | 4 | Gocciolatojo I | $3\frac{1}{2}$ | 19 |
| Liftello fopra effa | $\frac{1}{2}$ | $4\frac{1}{2}$ | Gola rovefcia, o Cavetto | 1 | 20 |
| Fufarolo, o Aftragalo | 1 | 5 | Liftello fopra effo | $\frac{1}{2}$ | $20\frac{1}{2}$ |
| Vovolo fcolpito L | $3\frac{1}{2}$ | $7\frac{1}{2}$ | Gola dritta O | 3 | 24 |
| Liftello | $\frac{1}{2}$ | 8 | Liftello fopra effo | 1 | 24 |
| Spazio de' modiglioni detti mutili | - | 4. |  |  |  |

I modiglioni fcolpiti a fiori detti Cinocefali efciranno fiori colle foglie fuperiori, e copriranno un dito, e mezzo in altezza in Gocciolatojo, e però faranno lunghi diti 14., faranno larghi diti 6., e faranno diftanti gli uni dagli altri diti 9.; onde dalla metà del modiglione, che cade ful mezzo della Colonna faranno diti 18., cioè dieci di vivo di Colonna, e 8. di fporto delle Cornici inferiori, i quali faranno occupati da un modiglione, e mezzo, che fono diti 9., e pone uno fpazio fra loro, che fono altri diti 9. Le foglie pendenti, ed inferiori de' modiglioni faranno più ftrette un dito; onde faranno diti 5., avendo le fuperiori, che coprono il Gocciolatojo diti 6.

Il Piedeftallo in altezza avrà moduli 6.

Il Bafamento farà alto diti 9., e quefti faranno i fuoi membri.

|  | Altezza D | Sporto D |  | Altezza D | Sporto D |
|---|---|---|---|---|---|
| Dado | $2\frac{1}{2}$ | 5 | Gola rovefcia | - | 2 | 2 |
| Baftone, o Tondone | $1\frac{1}{2}$ | 5 | Baftone, o Tondino | 1 | $1\frac{1}{2}$ |
| Liftello, o regolo | 1 | 4 | Regolo | 1 | $\frac{1}{2}$ |

La Cimafa, o Coronamento avrà parti, o diti 10. faranno i fuoi membri

# TRATTATO III. CAP. VIII.

|  | Altezza | Sporto |  | Altezza | Sporto |
|---|---|---|---|---|---|
|  | D | D |  | D | D |
| Listello | $\frac{1}{2}$ | $\frac{1}{2}$ | Fusarolo, o Tondino | 1 | 1 |
| Astragalo | 1 | $1\frac{1}{2}$ | Vovolo | 2 | 3 |
| Ipotrachelio, o fregio | 3 |  | Gocciolatojo | $2\frac{1}{2}$ | $4\frac{1}{2}$ |
| Listello | $\frac{1}{2}$ | $\frac{1}{2}$ | Listello | $\frac{1}{2}$ | 5 |

Il Timpano avrà in altezza moduli 4. diti 5., e farà largo moduli 2. diti 10.

## OSSERVAZIONE SECONDA.

*Delle proporzioni, e misure dell'ordine secondo Corinto.*

Quest'ordine è il proprio Corinto, che descrive Vitruvio cogli altri seguaci, alcuni lo innalzano colla Base, e Capitello moduli 20., altri 18., ma io mi appiglio al mezzo, e l'innalzo moduli 19., e un sesto, acciocchè il fusto della Colonna venga precisamente di 16. moduli, e potrebbe esser 16., e $\frac{2}{3}$.

La sua Cimbia all'impo scapo, ed il Collarino sono come nel precedente.

Il Capitello colle sue simmetrie, e misure lo descriverò nel Cap. seguente.

La Base è la 21. in forma maggiore, l'altezza è modulo uno, e tutti i membri sono della stessa grandezza, e numero, eccetto i bastoni tra le scozie, che sono due, e però s'aggiunge un dito, e ambidue prendono un dito, e mezzo.

La Cornice è la stessa, che la precedente, e solamente variano i modiglioni, che sono gli ordinarj, che mostraremo in grande nel Capitolo seguente.

Il fregio è un modulo, e diti 5., che va a forma di guanciale scolpito.

L'Architrave è un modulo, e parti 5.; onde la Cornice tutta è moduli quattro, diti dieci, ed è lo stesso che la precedente in quanto a' membri, e le misure, ma aggiugne il Fusarolo sotto la gola alto un dito, e la gola col listello diti $3\frac{1}{2}$.

Il Basamento pur anche si può fare come il precedente aggiugnendo quattro diti al Timpano in tal guisa che venghi alto moduli 4., e diti 9.

## OSSERVAZIONE TERZA.

*Dell'ordine Corinto supremo, e sue misure.*

L'Ordine Corinto supremo lo faccio ondeggiante, il qual ordine non fu conosciuto da' Greci, e Romani, che secondo alcuni si stupirono, quando fra l'altre spoglie del Tempio Gerosolimitano furono portate alcune Colonne torte, che finora si conservano nel Vaticano; Onde in tutte le antichità Romane, e Greche non si trova neppure una Colonna storta; Però alcuni hanno giudicato, che ciò sia un'ordine

ne speziale, ma perchè tutte le Colonne, benchè Doriche, o Joni- <sub>Laſt. 5.</sub> <sub>Trat. 3.</sub> che possono esser a vite, o torte; quindi è, che non essendo accompagnate da alcuna propria Cornice non si può chiamar ordine. Siccome anche le Basi Attiche, come quelle, che non hanno propria Colonna, e Cornice non possono constituire, come abbiamo detto, ordine alcuno speziale. Io dunque, acciocchè potessero constituire un ordine proprio, e intiero, vi ho aggiunto la Cornice ondeggiante, e l'ho posta in pratica in una Capella benchè di stucco a Messina, che mi è riuscita in sommo grado vistosa.

Le Colonne dunque a vite, e storte si possono fare in due modi. L'uno è quello, che soglio praticare; l'altro l'insegna il Vignola. E in quanto al primo, fatta la Colonna dritta, e diminuita, e gonfia, secondo le regole antecedenti, o secondo quello insegnerò quì appresso, si tireranno due linee dall'alto al basso, quanto è lunga la Colonna, paralelle al suo lato, e curve, secondo che porta la sua gonfiaggione, distanti da esso lato, quanto è il semidiametro della Colonna, di cui due porzioni sono l'AB, BC, poi divisa tutta l'altezza della Colonna in parti 12., o più, se più piccole si vorranno far l'onde, si tireranno per ciascuna divisione le rette AB, EF, ed HG, e tutte le altre paralelle alla base. Di poi dai punti ove segano l'equidistanti a' lati già tirate, cioè da' punti A a G, e così da B a H, alternativamente si tireranno le linee AC, BH, lasciandone una di mezzo, come EF senza tirar da' suoi estremi queste linee. Indi dal punto G, come centro, si stenderà il Compasso in O sino al lato della Colonna, che passa per I, e si tirerà l'arco IL, similmente posto il Compasso in O, ed apertolo fino a I si farà l'arco IN, e così degli altri, e lo stesso si farà all'altra banda, ponendo prima il Compasso in E, acciò venga concavo, dove dall'altra parte è convesso, ed allo stesso modo s'andrà seguendo fino alla fine.

L'altro modo si vede nella figura 29.: si farà dunque alla base della Colonna un semicircolo, il cui semidiametro sia un modulo, e si dividerà in quattro parti, conducendo a ciascuna dal centro il semidiametro, indi collo stesso centro si farà un circolo, il cui semidiametro sarà il terzo del maggiore, e dove vien segato da semidiametri ne' punti 1. 2. 3. 4. 5. si tireranno le normali puntate. Divisa poi l'altezza della Colonna in 12. parti, come prima, ciascuna si suddividerà in 4., e per le divisioni si tireranno le paralelle alla base, come si vede; indi preso dalla Colonna delineata a parte diminuita, e gonfiata, e divisa in altrettante parti con altrettante paralelle ciascun semidiametro, secondo va crescendo, indi decrescendo, e trasportato nella paralella sua corrispondente, si misurerà cominciando dalla normale 3. d'ambe le parti, indi alla seconda paralella dalla normale 2., poi dalla normale 1 alla quarta della normale 2., di nuovo alla quinta della normale 3., e poi si seguirà dall'altra parte, misurando prima dalla normale 4., poi dalla 5., e poi ritornando in dietro dalla normale 4., di nuovo, e sempre d'ambe le parti seguendo fino al fine. Il che eseguito per gli punti estremi notati in ciascuna paralella si piegherà una linea, che formarà l'onda delle Colonne torte; circa le scanalature vedremo appresso.

L'altezza del fusto di questa Colonna è di moduli 17., ma si potrebbe

# TRATTATO III. CAP. VIII.

be fare di moduli 17.½, e forse 18. perche l'onda fa apparire meno svelta la Colonna, il qual modulo è appresso alla Colonna nella lastra settima segnata A.

Last. 7.
Trat. 3.

|  | Altezza D | Sporto D |  | Altezza D | Sporto D |
|---|---|---|---|---|---|
| La Cimbia inferiore diti | 1 | 1 | Collarino | 1 | 2 |
| La superiore | ½ | 1 |  |  |  |

Insegnarò a fare il Capitello di quest'ordine nel Cap. seguente colle sue proporzioni, e ragioni.

La base è segnata in grande nella figura 32., ed è di diti 13. colle stesse parti, e simmetrie dell'antecedente, se non che aggiugne un bastone sopra al Toro Superiore di un dito d'Altezza.

E queste tre basi anderebbono tutte scolpite, come si vede nelle 3. fig. 30. 31. 32.

La Cornice avrà d'Altezza in tutto moduli cinque, e un sesto, ma ella solamente farà moduli 2., e un quarto; l'Architrave farà diti 18.

|  | Altezza D | Sporto D |  | Altezza D | Sporto D |
|---|---|---|---|---|---|
| Prima fascia | 3 | - | Listello | ½ | 2½ |
| Fusarolo | ½ | ½ | Fusarolo | 1 | 3 |
| Seconda fascia | 4 | 1 | Gola rovescia | 2 | 4½ |
| Goletta | 1 | 1½ | Listello | 1 | 5 |
| Terza fascia | 5 | 2 |  |  |  |

Questo Architrave ondeggia a somiglianza della gola rovescia del Cornicione, come insegnaremo appresso; E così anche il fregio sarà ondeggiante, ed a guisa di due guancialetti, come si vede nel disegno.

La Cornice avrà questi membri.

|  | Altezza D | Sporto D |  | Altezza D | Sporto D |
|---|---|---|---|---|---|
| Prima la Gola rovescia | 3½ | 4 | Listello sopra essa | ½ | 7½ |
| Listello | ½ | 4½ | Gocciolatojo scanalato | 3 | 20 |
| Astragalo | 1 | 5½ | Cavetto scolpito | 1 | 21 |
| Festone, o Cordone di tutto sporto | 5 | 10½ | Listello | ½ | 21½ |
| Spazio di Modiglioni | 6 | 6 | Gola dritta | 3 | 24½ |
| Goletta, che gira attorno a fiori pendenti, come si vede nella pianta | 1 | 7 | Listello | ½ | 25 |

Questa Cornice, come si vede, tiene in vece di modiglioni nasturzi scolpiti, che sono legati per gli suoi Cornetti, onde si dilatano dal festone sottoposto. Il mezzo de' modiglioni caderà precisamente sul vivo della Colonna da una parte, e dall'altra, e fra loro sarà un Tulipano pendente, o Giunchilia, o simil sorta di fiori, e la goletta superiore farà attorno loro un mezzo tondo, e su gli angoli qualche cosa di più, come si vede nella pianta, e Icnografia della stessa cornice posta a canto nella fig. 27., la quale mostra l'onda della stessa cornice, con cui inegualmente esce dal vivo, la quale si farà con tal'ordine.

Laft. 7.  dine. Si dividerà tutta la larghezza del Liftello fupremo ( che è coi
Trat.3.  due fporti, ed il vivo, o diametro della Colonna di fopra diti 70.) in
parti 7., ed a ciafcheduna dall'una, e dall'altra parte toccheran diti 5.,
e fi tireranno le paralelle puntate nella figura 27. come A B, e le altre ; e tirata la linea C D colla diftanza di due intervalli I L diti 10.
pofto il piè del Compaffo in L fi farà un'arco, e di nuovo in I, e fi
farà un'altr'arco, che s'incrocicchia col primo in B, ed in B fatto centro fi tirerà l'onda concava I L, e così in F, e fi tireranno l'onde concave oppofte, indi pofto il piede del Compaffo fopra le linee Q H,
G P intermedie paralelle collo fteffo intervallo tanto vicino, quanto bifogna, come in Q fi congiungeranno l'onde concave già fatte con onde
conveffe, e farà fatta la prima onda del Liftello della Cornice, ed a
quefto modo fi fegneranno tutti gli altri fporti di ciafcun membro, eccetto quelli della goletta attorno a' fiori pendenti, che fi faranno girare attorno al centro de' fiori V diftante un dito, e mezzo dallo fporto
del feftone col femidiametro di diti 9., e i centri de' fiori fi faranno tutti
fulla fteffa linea, come quello di mezzo, anche quelli degli angoli,
fe fi vorrà fare l'onda, che non folamente ondeggi come quefta avanti,
e indietro, ma in alto, e baffo, fi farà praticamente, perchè la Sagma,
che infegnaremo a fare a fuo luogo o di legno, o di laftra d'ottone,
o ferro bianco condotta per l'onda C I L D dalla parte D C, e pel piano dalla parte G H farà quello, che defiderafi.

Il Piedeftallo di queft' ordine farà moduli fette.

Il fuo Bafamento prenderà diti 10. di quefti, la Cimafa, ò Coronamento diti 12., onde al Timpano refteranno moduli cinque, diti
due, e farà largo diti 30. quanto è il Dado della bafe. Sotto gli fi potrà aggiungere un zoccolo di dita 5., ò 6., e quefte faranno le fue
parti, le quali, come la Cornice, ondeggieranno nella figura 26.

|                      | Altezza. D | Sporto. D |                      | Altezza. D | Sporto. D |
|----------------------|------------|-----------|----------------------|------------|-----------|
| Dado primo fenza onda | 6.         | 6.        | Cordone              | 2.         | 5.        |
| Dado fecondo         | 3.         | 5.        | Tondino, ò Aftragalo | 1.         | 2.        |
| Gola rovefcia        | 3.         | 2.        | Liftello             | 1.         | 1.        |

Il Coronamento avrà quefti membri ondeggianti come la Cornice.

|            | Altezza. D | Sporto. D |                  | Altezza. D | Sporto. D |
|------------|------------|-----------|------------------|------------|-----------|
| Liftello   | $\frac{1}{2}$ | $\frac{1}{2}$ | Vovolo       | 2.         | 4.        |
| Colarino   | 1.         | 2.        | Gocciolatojo     | $2\frac{1}{2}$ | $4\frac{1}{2}$ |
| Fregio     |            | 3.        | Goletta rovefcia | 1.         | $5\frac{1}{2}$ |
| Liftello   | $\frac{1}{2}$ | 1.     | Liftello         | $\frac{1}{2}$ | 6.    |
| Aftragalo, ò Tondino | 1. | 2.   |                  |            |           |

La impofta fignata col numero 25. fervirà per tutti quefti tre
ordini, farà alta un modulo, e mezzo, ed avrà il fuo fregio fcanalato, come fi vede nella figura, e faranno i fuoi membri.

|          | Altezza. D | Sporto. D |                      | Altezza. D | Sporto. D |
|----------|------------|-----------|----------------------|------------|-----------|
| Liftello |            | $\frac{1}{2}$ | Liftello, e Tondino come |            |           |
| Tondino  | 1.         | 2.        | prima                | $1\frac{1}{2}$ | 2.    |
| Fregio   |            | 8.        |                      |            |           |

Al-

TRATTATO III. CAP. VIII. 117

|  | Altezza. Sporto.<br>D    D |  | Altezza. Sporto.<br>D    D |
|---|---|---|---|
| Vovolo, ò Gola, ò Ca- | | Goletta rovefcia | 1.   5.$\frac{1}{2}$ |
| vetto | 2.    4. | Liftello | $\frac{1}{2}$   6. |
| Gocciolatojo | 2.$\frac{1}{2}$   4.$\frac{1}{2}$ | | |

Laft. 7. Trat. 3.

Giro attorno all'Arco largo diti 18.

|  | Altezza. Sporto.<br>D    D |  | Altezza. Sporto.<br>D    D |
|---|---|---|---|
| Fafcia prima | 2.$\frac{1}{2}$ | Liftello | 1.   3. |
| Goletta | 1.    1. | Cavetto | 2.   5. |
| Liftello | $\frac{1}{2}$   1.$\frac{1}{2}$ | Liftello | 1.   6. |
| Fafcia feconda 2. | 3.    2. | | |

## OSSERVAZIONE QUARTA.

### Delle Cornici Corinte libere.

PEr variare la Cornice Corinta, bafta variare il modiglione, effendo quella, come abbiamo detto, la fua fpecifica differenza, però nella laftra fefta nella figura fegnata 31. i modiglioni fono fcolpiti con tefte di Cherubini, de' quali uno fi efprime nella figura 34., da cui pendono feftoni. Ho fatto anche in opera a Meffina la Cornice 43., nella quale in luogo del modiglione di mezzo vi è una cappa di mare, e da' modiglioni, e dalle cappe pendono feftoni legati infieme con un panno pendente.

Nella figura 32. rapprefento una Cornice, nella quale in vece di modiglioni fono foglie.

In quefta finalmente rapprefento una figura a onda, che và alto, e baffo, le quali onde fi fanno, come abbiamo infegnato di fopra, e i modiglioni fono fingolari, perchè vanno in tondo; e fecondo il piano, e fecondo l'alzato, come fi vede nella figura 24., che è Icnografia della Cornice, e nella figura 23., che è la fua Ortografia, ciò, che nella fig. 21. efpreffo vedefi un poco più in grande fecondo ambedue le piegature; dai modiglioni pendono piccoli Giglj, e dal mezzo di effi Giunchiglie. La Cornice avrà di aggetto, ò fporto 20. diti. Il fregio farà fcolpito in onda, e fimile farà l'Architrave. Efibifco anche nella Laftra XI. dell'Architettura Ecclefiaftica una Cornice per la metà ondata, e l'altra dritta, che ho fatto in S. Lorenzo di Torino. Nella feguente Laftra vi fono molte forte di modiglioni per variare le Cornici.

## OSSERVAZIONE QUINTA.

### Delle Scanalature a vite.

LE fcanalature a vite fono ftate ufate affai da Goti, ma non l'hanno difprezzate i Romani, e fe ne veggono ancora al porrico di S. Lorenzo *extra muros* in Roma, e Palladio apporta il Tempio fotto Trevi tra Fuligno, e Spoleti, dove le Colonne della Capella fon fatte a vite.

Si dividerà dunque tutta l'altezza della Colonna in 12. parti, e ciascheduna in 4., come si vede fatto nel primo ordine, e per esse si tireranno le paralelle puntate; e poi fatto un semicircolo sul diametro dell'imoscapo, e diviso in 4. parti si tireranno delle paralelle al lato esteriore delle due divisioni collaterali 7. 6., e l'asse, ò perpendicolare dalla divisione di mezzo 8., e per li punti, dove segano, si faranno passare le linee torte 9. 10. 6. 16., e così dell'altre da' più bassi punti successivamente a' più alti.

Lo stesso si farà nella Colonna ondata, se si vorrà fare scanalata, ma le linee collaterali ai lati, che s'ergono per il lungo della Colonna andranno ondeggiando, secondo va il lato della stessa Colonna.

Le scanalature dritte di quest'ordine si faranno convesse, e concave, saranno le scanalature concave ripiene di canali colmi fin'al terzo, e del resto resteranno tutte concave, come si vede nell'ordine secondo Corinto Lastra VII. lasciando i piani fra una scanalatura, e l'altra.

O pure si faranno tutte concave, ed i piani si faranno colmi, come si vede nella Lastra VI. nella Icnografia 28., e nell'Ortografia 30., siccome anco si potranno fare tutte concave, ma i piani larghi quanto le scanalature concave, delle quali la metà sia data a un cordone rilevato, che cammini per mezzo i piani, e s'avvolga attorno alle scanalature, come si vede nell'Ortografia 29., e si trova nel Tempio di Nerva in Roma, che apporta Antonio Labacco, ed anche nelle due Colonne del Panteon della Capella grande, che sono incontro alle Porta, che descrive Serlio lib. 3. pag. 13.

## OSSERVAZIONE SESTA.

### Della diminuzione, e gonfiaggione della Colonna Corintia.

IN distanza dal centro V nella figura 20. sian tirate sopra la linea R V le tre normali R S T La prima in distanza da V quanto è il semidiametro del primo terzo della Colonna, la V S quanto dell'imo scapo, la T V quanto del supremo scapo, e poi sopra al centro V coll'intervallo R V maggiore, si faccia un quadrante, e dove sega le predette normali si tirino delle paralelle alla linea R V, e fra queste tre, quattro altre tutte equidistanti, e lascieranno sei spazj. Si divida dunque la Colonna in 9. parti eguali, e per esse si tirino delle paralelle alla linea della Base, e dalla linea di mezzo, ed asse 8. della Colonna si trasporti ciascuna delle predette linee ultimamente tirate nella figura 20. d'ambe le parti, cominciando dalla linea Z, e trasportandola sulla linea Y 9. dell'imo scapo, indi la seguente verso V sulla linea 12. 13., indi l'altra sulla linea 14. 15., e finalmente R V sulla linea seguente del primo terzo della Colonna; indi ritornando in dietro si trasporteranno tutte le altre fino a X, che sarà del supremo scapo della colonna, e per questi punti segnati d'ambe le parti si tirerà una curva con dolce mano, che sarà la gonfiaggione della Colonna, la quale a questo modo sarà curvata con una porzione della linea Ellittica, la insegniamo a fare all'Osservazione 10. Tratt. 1. Cap. 1. La parte R S, che gonfia la Colonna sovra un dito, la S T, che la diminuisce, due dita.

TRATTATO III. CAP. VIII.

## OSSERVAZIONE SETTIMA.

*Delle varie proporzioni del Piedeſtallo Corinto appreſſo gli Autori.*

IL Serlio alza il Timpano quanto è largo il Dado della Colonna, e due terzi di più, e due ſettimi di eſſo concede al Baſamento, ed alla Cornice di ſopra. Palladio lo fa il terzo della Colonna intiera colle ſue parti. Laſt. 7. Trat. 3.

Il Vignola lo fa moduli 5.$\frac{2}{3}$ e di ſopra più $\frac{1}{5}$ dà alla Cornice di ſotto e $\frac{2}{3}$, ed $\frac{2}{5}$ a quella di ſopra. Ma ſecondo il Serlio eſſendo il Piedeſtallo arbitrario, e dipendendo la ſua altezza dalla neceſſità ſi potrà far come piace.

Gli Antichi fecero i Piedeſtalli conforme riferiſce Palladio lib. 1. cap. 19. alcune volte quadri, come ſono nell'Arco de' Leoni a Verona, altre volte per la metà della luce degli Archi come nell'Arco di Tito a S. Maria nuova in Roma, ed in quello di Trajano ſul Porto di Ancona. Altri, i quali io ſieguo, la fecero pel terzo della Colonna, come ſi vede in un'Arco, che è in Pola Città di Dalmazia, nell'Arco di Ceſare Auguſto a Suſa nel Piemonte nelle radici dell'Alpi, e nell'Anfiteatro di Roma nell'ordine Dorico, e Corinto, onde è adornato. E tale è la regola di Vitruvio nel ſeſto libro, il quale vuole, che ne' Teatri il Poggio, che è lo ſteſſo, ch'il Piedeſtallo ſia il terzo dell'altezza della Colonna.

## OSSERVAZIONE OTTAVA.

*Varie miſure circa la Colonna Corinta.*

NOn convengono nè gli Autori, nè le Antichità Romane circa l'altezza delle Colonne Corinte, perchè com'abbiam' veduto, altri l'innalzano dieci diametri, altri nove, e nell'Arco di Coſtantino ſi trovano di tredici diametri, e altrove d'undici.

Nelle foglie anche nel Capitello variano, ponendovi ſolamente un giro di foglie, come ſono i Capitelli del Tempio di Nimes, che delinea Palladio al lib. 4. del cap. 19. Alcuni non hanno i piccoli Caulicoli ſotto al fiore, ma due Vitriccj, che ſi collegano inſieme, come nel Tempio di Giove Stattore, che deſcrive lo ſteſſo al Cap. 8. del lib. 4.

Le baſi pur anche ſon varie, e condecentemente vi pongono ſotto anche la baſe Attica.

## OSSERVAZIONE NONA.

*Della varietà delle Cornici Corinte.*

VItruvio non ha dato alcuna miſura delle Cornici Corinte, condanna ſolamente nel 4. lib. al Cap. 2. i Denticoli, e modiglioni in una ſteſſa Cornice, attribuendo i Denticoli all'Opere Joniche. *Sic in Jonicis Denticuli in projecturis, aſſerum habent rationem. Itaque in Græ-*

120  DELL'ARCHITETTURA

Laft. 7.
Trat. 3.

*cis operibus nemo sub mutilo Denticulos conflituit; non enim possunt sub Canteriis asseres esse*. Vitruvio dunque condanna i Dentelli, che esprimevano i piccoli travi sotto a' modiglioni, ch'esprimevano i travi grossi nelle Cornici, le quali dice essere state trovate dalle soffitte, ò gronde de' tetti, ne' quali si pongono prima i travi più grossi, e poi i più sottili per ricevere i coppi. Con tuttociò le antichità Romane con più di licenza posero il Dentello sotto il modiglione; ma alcuni non lo scolpirono come si vede nella cornice, che è sopra la porta del Panteon, e nella cornice, che adorna l'arco trionfale di Benevento, come nota il Serlio al lib. 3. da pag. 112., siccome anche nella cornice maggiore dell'arco di Constantino, ed in molte altre. Altri nulladimeno non guardando più che tanto alla origine delle cornici, e proprietà delle cose, avidi d'adornare, e di piacere, scolpirono i denticoli sotto i modiglioni nella cornice corinta. Tale si vede nell'arco trionfale di Pola, che pone il Serlio al lib. 4. da pag. 124., ed in quel di Verona, che pone alla pag. 129. del lib. 3., la maggior parte però non ammette simile errore, che il Serlio in più luoghi gravemente riprende, e son contenti de' semplici modiglioni, e tale anche è il mio parere stimando le cornici dei dentelli, e modiglioni arricchite, opere più composte, che corinte.

Egli è vero, che Palladio al lib. 1. del Cap. 17. alla pag. 43., ed il Vignola, ed il Viola al lib. 2. del Cap. 34., il Chales al Tratt. 10. prop. 14. ammettono simili cornici, e le fanno corinte. Ma questo è fare un'abito alla Spagnuola, e dire ch'è alla Francese, perchè mentre abbiamo Vitruvio, il quale afferma, che i Greci giammai posero insieme dentelli, e modiglioni, chiara cosa ella è, che una simil cornice non potrà dirsi Greca, ma di capriccio, come io la stimo, e lodo come bella, ma non come propria, e mi stupisco più di Palladio, che di alcun'altro, il quale al Cap. 20. del lib. 1., che intitola degli abusi, condanna grandemente il sortire dalla proprietà delle cose, che rappresentano; onde riprova i cartocci, che sostentano le Colonne per non essere probabile, che tali invogli cedenti sostentino gravi pesi, come anche i Frontespizj spezzati, perchè non rappresentano l'effetto de' Tetti, che difendono dalle pioggie uniti in un comignolo, per la qual cosa tanto più doveva per la stessa ragione, che muove Vitruvio riprovare anche i denticoli sotto i modiglioni, e massime se siano intagliati.

## CAPO NONO.
### Del modo di ordinare i Capitelli Corinti.

Laft. 8.
Trat. 3.

Essendo il Capitello Corinto in piccolo, e difficilmente potendosi esprimere, e tanto meno insegnare la sua composizione è stato necessario farne una lastra speziale, che è la VIII. di questo Trattato, ove in maggior forma sono rappresentati il Capitello 21., e 23. del primo ordine Corinto, il Capitello 20. del secondo, il Capitello 22., e 24. del terzo, colle sue Icnografie, ed anche i modiglioni in grande col modo di farli.

OSSER-

# TRATTATO III. CAP. IX.

## OSSERVAZIONE PRIMA.

*Modo di fare i Capitelli Corinti del secondo ordine, e delle sue simmetrie.*

IL Capitello Corinto 10. senza l'Abaco sarà alto due moduli, cioè quanto è l'imo scapo della Colonna, l'Abaco è il sesto d'un diametro, o un terzo d'un modulo, e queste sono le misure de' suoi membri. Last. 9. Trat. 3.

|  | Altezza. | Sporto. |  | Altezza. | Sporto. |
|---|---|---|---|---|---|
|  | D | D |  | D | D |
| Le prime foglie EF prese a piombo | 8 | 2 | Distanza dalle seconde |  |  |
| Ripiegatura EN | $2\frac{1}{2}$ | 5 | alle terze sotto i Cau- |  |  |
| Foglie seconde EG prese a piombo | 8 | 4 | licoli presa a piombo. | $2\frac{1}{2}$ | 5 |
| Ripiegatura GM | $2\frac{1}{2}$ | 7 | Voluta | $5\frac{1}{2}$ | $10\frac{1}{2}$ |

Occhio della voluta sarà sotto all'abaco diti tre, sopra alle foglie $2\frac{1}{2}$ sarà lontano dal mezzo $7\frac{1}{2}$., la qual distanza si deve prendere dalla pianta su la diagonale AC il piano della voluta nel suo più largo dito 1., e $\frac{1}{2}$.

L'abaco sarà alto diti 4., il Vovolo sarà diti uno, e mezzo. Il listello un mezzo dito, il piano due dita.

La Campana del Capitello s'alzerà a piombo mod. 1. diti 8., si piegarà diti 3., farà il suo labbro P un dito.

Le volute piccole sotto il fiore saranno alte diti 3., sporteranno diti 3., ed il fiore diti 4. Per fare la pianta, o la metà di essa, che tanto basta, si farà un quadro, che sia per ogni lato moduli tre, e si tireranno le diagonali AC, AB. Indi si misureranno due moduli su le dette diagonali, come AO, e dal punto O le normali, come OQ, che tocchino i lati del quadrato in Q, e questi saranno i corni. Presa dunque la distanza da corno a corno RQ, si tireranno verso I due piccole porzioni di giro dai centri R, e Q, che s'incrocicchino in I, e fatto centro in I, con lo stesso intervallo si girerà l'arco RTQ, che darà la conveniente curvità all'abaco; Poi fatto centro in A alla distanza AV di diti 10., ch'è il vivo del supremo scapo, si farà un giro, che si dividerà in 16. parti, e due di quelle daranno la larghezza delle foglie, alle quali si darà lo sporto soprasegnato.

Il lembo esteriore della voluta sulla diagonale AO, sporgerà fuori del vivo dello scapo supremo diti $10\frac{1}{2}$. Il lembo interiore allo stesso modo diti $2\frac{1}{2}$ si segneranno anche le Scanalature, che dovranno essere 24. e sei per ogni quarta.

## OSSERVAZIONE SECONDA.

*Delle misure, e simmetrie del Capitello Corinto primo.*

Questo Capitello è di mia propria invenzione segnato col numero 11. riesce benissimo in opera, e massime lontano dall'occhio, perchè non essendo ne' suoi adornamenti troppo sminuzzato, anzi sodo,

Laſt. 7.
Trat. 3.

ſodo , ed avendo ſcuri profondi ſpicca egregiamente , come ho provato nel ſecondo ordine della facciata di Meſſina , e ne' Capitelli de' Pilaſtri eſteriori della Cupola del S. Sudario a Torino . Mi ſono ingegnato ſeguendo l'eſempio di Calimaco , che coll'eſempio de' fiori d'Acanto, che nacquero attorno ad un ceſto , da cui era ſtato oppreſſo , trovò le foglie, ed i caulicoli del Capitello Corinto , come aſſeriſce Vitruvio al Cap. 1. del lib. 4., parimente anche io di formar un Capitello colle diſpoſizioni dell'Iride , o Giglio Turchino , il quale ha tre foglie ſollevata , l'altre tre pendenti , e però potrebbe chiamarſi Gallico , che negli anni ſcorſi deſiderava il Re di Francia , avendo propoſto premj a chi di quella nazione trovaſſe un ordine nuovo , che Gallico ſi chiamaſſe .

Le ſue miſure dunque ſaranno le ſeguenti : le prime foglie AC ſaranno alte diti 9., ſporgeranno diti $3\frac{1}{2}$., e ſopra queſte ſaranno l'altre CD più alte diti 2., che fanno come foglie doppie naſcenti da' medeſimi principj , ſporgeranno diti 3., la ripiegatura BC ſarà alta diti due , tra queſte foglie naſcono i bottoni II, e in mezzo a dette il fiore, che con le foglie dritte ſi ſolleva cinque diti ſopra l'abaco , che ſerve in luogo di fiore, dell'altre tre una piega nel mezzo , l'altre due nel luogo delle volute diſtendono a' corni del Capitello , le quali ſono alte 21. dita , cioè AF, e lunghe 10., cioè AE, EF, e dall'eſtremità loro ſino al Collarino laſciano un modulo , cioè lo ſpazio AE. Tutta la Campana è diti 22., e l'abaco diti $3\frac{1}{2}$., de' quali uno è il Vovolo , un $\frac{1}{2}$ il liſtello , due il ſuo piano , del quale un dito vien occupato dal gambale delle foglie , che eſtendonſi a' corni ; la pianta di queſto Capitello ſi fa come la precedente in quanto all'abaco : In quanto alle foglie le prime ſono 8., e ſporgon diti $2\frac{1}{2}$. Le ſeconde quelle di mezzo ſporgono in fuori quanto le corna diti 4., e quelle ſù le diagonali diti 9. dal vivo della Colonna di ſopra. Le altre miſure facilmente ſi poſſono raccogliere dalle ſteſſe figure ſenza altro diſcorſo .

Un'altro Capitello 23. pure vi è cavato dal fiore detto Aquileja, ò Aquilina incognito agli Antichi detto da' Franceſi Angolia pavonazzo , o bianco di Primavera , il quale nelle opere ſode corinte non laſcia di aver il ſuo luogo di bellezza ; Queſto fiore tiene ò quattro, ovvero otto piccole Campane, ò Calici , le quali finiſcono in un cornetto , che ſi rivolta in dentro, ed altre volte in fuori, e fa come piccole volute . Tra queſte ſono altre foglie diritte, le quali naſcono da principio de' Calici nel finir de' cornetti , e ſi dilattano fra l'uno, e l' altro . Ho poſto dunque queſte otto foglie , che s'innalzano fra' Calici , quattro ſotto alle cornici , e quattro ſotto il mezzo dell'abaco, ed i Calici, o Campane del fiore da una parte , e dall'altra , ed ho laſciato , che i cornetti , in cui finiſcono i Calici , vadino a terminare ſul Collarino , e ſervono per empiere quel vano , che reſta tra un cornetto, e l'altro .

Queſte dunque avranno d'altezza diti 10., ſporgeranno come nella pianta dita $2\frac{1}{2}$; i cornetti ſaranno altri dita 12., i Calici dita 11., le foglie fra eſſi dita 13., ed occuparanno dell'abaco diti $2\frac{1}{2}$., che ſarà alto $3\frac{1}{2}$ come l'altro .

La pianta in quanto all'abaco ſarà come l'altre ; in quanto a' fiori

fiori farà compartito in giro del supremo scapo in 16. parti, delle quali otto si daranno alle foglie inferiori con dita 7. di sporto, ed alle superiori ancora quattro, cioè a quelle, che vengono su i Corni, e sporgeranno dal vivo diti 11., e quattro a quelle, che vengono nel mezzo di essi, e sporgano dita sette. Le altre parti otto del circolo si daranno a' Calici, che sporgeranno dita 7.

## OSSERVAZIONE TERZA.
### Del Capitello Corinto del Terz'Ordine, e delle sue simmetrie.

Questo Capitello l'ho posto in opera molte volte, e riesce di ottima venustà; Egli ha la Campana un poco più elevata dell'altre, ed è di diti quattro; le prime foglie sono di Palma, e s'alzano diti 9., e quando son ben fatte riescono molto bene; i Datteri sopra esse s'alzano di più diti 5., e da qui fino alle volute vi sono diti 18., i quali occupano diti 11., cioè gli otto, che rimangono della Campana, e tre dell'abaco, e le seconde foglie dopo i Datteri, ascendendo fino ad esse, sembra che le sostentino, onde sopra esse s'innalzano diti 4., e dal Collarino diti 18.

Le volute nascono dal mezzo del Capitello, e ripiegandosi, ed avvolgendosi, vengono a stringere una corona di lauro, che esce dal mezzo dell'occhio loro isolata, come si vede nella pianta, che ha di sporto diti 5., ed è grossa dita due, e dal Collarino fino al mezzo di essa, o al centro degli occhi è l'altezza di diti 22., e la detta corona è distaccata dalla Campana dita trè. Da mezzo alle volute esce un pennacchio con sette foglie, e su per le volute, crescendo sempre, si avvolgono foglie, che adombrano dette volute. La pianta è la medesima del Corinto, eccetto che ha le volute più grandi, e che toccano la Campana, e la corona, ch'è totalmente staccata dalla medesima, ed è sostentata dalle volute nel mezzo, e ne' corni, ove s'avvolgono attorno a lei.

L'abaco pure è lo stesso, eccetto che va a somiglianza di onde, le quali si sono marcate a parte nella fig. 25., e si fanno in tal modo. Prima si faranno la corona dell'abaco, e la sua concavità del centro Y 1. 2. 3., e si dividerà il suo giro in parti 10., e per quella al centro Y si tireranno le linee; indi si prenderà il punto 4. tanto distante dal punto 2. ò 5., quanto due parti prese, cioè 2. 5., e fatto centro in 4. si tirerà l'arco 2. 5., così fatto centro in 9. si condurrà l'arco 5. 6., indi in 7. allo stesso modo, e si piegherà l'arco 6. 3., e fatto in tal guisa dall'altra parte, si farà la prima linea ondata esprimente l'ultimo margine del Vovolo, e così si farà del listello, e del vivo dell'abaco, e sarà fatto l'abaco ondato.

Il Capitello 24. è della stessa proporzione, che il precedente 22., ma l'abaco ondeggia dall'alto al basso, il resto si comprende dal medesimo disegno, e riesce benissimo in opera, le prime foglie sono penne, in luogo delle seconde sono festoni pendenti, in vece di fiore vi è la testa d'un Cherubino, le cui ali formano due volute.

L'onde dell'abaco si fanno come quelle delle cornici.

## DELL' ARCHITETTURA

Laft. 8.
Trat. 3.

## OSSERVAZIONE QUARTA.

*Delle varie forta di modiglioni.*

I Modiglioni ordinarj fono efpreffi in maggior forma nelle figure 28. 29. 30.: la 28. efprime il fianco, la 29. la parte di fotto, la 30. la parte in faccia; il modulo delle quali è X. Il modo di piegare le fue volute fi vede nella figura 26. 27., e fi farà con tal regola. Sia pofta la fquadra tre dita lontana dal fuo principio 14., e l'angolo fi fermi nel punto 12., e l'un braccio tocchi la fua eftremità piu baffa 11., e fi fegnano le due linee 12. 11., e 12. 10., e poi fatto centro in 8. con un piede del compaffo in tal guifa, che l'altro tocchi i due lati 14. 12., e 14. 11.: nell'aggirarfi fi formi un circoletto, e cangiato centro in 12. fi eftenda l'altro piede del Compaffo fin dove il detto circolo fega la linea 11. 12. in 15., e fi tiri la 15. 13., indi cangiato il compaffo in 13. colla fteffa apertura fi marchi il punto 10., e fi tiri da effo, come centro, l'arco 13. 16., all'eftremo del quale fi farà un circoletto di dita 2. di diametro, in tal guifa che s'includa entro la lunghezza del modiglione, che è dita 10.

Le altre figure 31. 32. 33. 34. 35. 36. 37. 38. 39. fono diverfe forme di modiglioni ufate dagli Antichi, maffime la 39. mifurate col modulo **X**, ch'è la comune mifura di quefti Capitelli.

## CAPO DECIMO.

### *Degli ordini compofti.*

HO fempre ftimato, che non vi fia un'ordine folamente compofto, effendo che, trovandofi almeno tre ordini femplici, fe non quattro, ciafcun coll'altro fi poteva mifchiare, e comporre; onde quanto al mio giudizio fono quattro gli ordini compofti. Il primo Corinto, Dorico, e Jonico, ed è quello, che fi dice dagli altri Compofto, perchè egli ha il vovolo, ed il baftone proprio del Dorico; le volute le medefime del Jonico, e le foglie, e l'abaco del Corinto. Il fecondo è Jonico, e Corinto. Il terzo Corinto, e Dorico. Il quarto Dorico, e Jonico, e così tutti gli ordini fi unifcono variamente in acconcie compofizioni, come fi vedrà.

## OSSERVAZIONE PRIMA.

*Dell'ordine compofto di Corinto, Dorico, e Ionico.*

I Romani volendo pur emulare i Greci, ed avere un'ordine proprio, non potendo efcire dalle proporzioni Greche dedotte nell'ordine Dorico dagli uomini, nell'Ionico dalle Matrone, nel Corinto dalle Vergini, penfarono d'unire infieme tutta le tre proporzioni, e di comporne una terza, ficcome quelli, che avevano coll'impero unite quefte varie nazioni fotto le leggi latine; e però unirono in un fol Capitello il vovolo, ed il fufarolo Dorico; le volute Joniche, e le foglie coll'a-

baco

baco Corinto. Però essendo quest'ordine di novella invenzione non fu conosciuto da Vitruvio, ma si vede però nell'arco di Tito Vespesiano in Roma, come afferisce il Serlio al lib. 4. del cap. 9., e degli Argentieri appresso S. Giorgio, che apporta nel lib. 3., siccome al dir del Viola al cap. 37. del lib. 2. in un Tempio di Bacco, e nell'Arco, e parimenti nel Battisterio, che dicesi di Costantino; e Antonio Labacco apporta un'ordine sontuosissimo composto d'un Tempio antico tra il Quirinale, ed il Campidoglio in un luogo detto il Pantano. Questo Capitello si fa, come il Corinto, in quanto alla disposizione, e sporto delle foglie, ed in quanto all'abaco, ma differente nel resto, si rimiri la IX. Lastra alla figura 20.; ed in quanto all'altezza le volute occupano 11. diti di questi otto, che restano dalle foglie, e tre ne prende dall'abaco, che occupa in quel sito la larghezza, come si può veder nella pianta; costa di parti 9. la massima distanza del lembo esteriore del supremo scapo, e di 11. la minima, e dito uno, e si farà nella medesima maniera, che le volute Ioniche, o pure si faranno i tre giri delle volute equidistanti, cioè il primo quarto 6., il secondo 5½, il terzo 5. il quarto 4½, il quinto 4., e così facendo 12. quadranti, resterà l'occhio di semediametro un mezzo dito.

Sotto l'abaco lo spazio, onde esce la voluta è di un dito, e mezzo; il vovolo più basso due dita, e mezzo, il bastone uno, il listello mezzo uno, e lo spazio, che resta fino alle foglie, o fine inferiore delle volute resta diti 2½.

La proporzione della Colonna non è maggiore della Corinta, se ella si fa secondo il Vignola di dieci diametri; che se ella si fa di nove, come il Serlio, e Palladio, resta poi il fusto suo minore dell'Ionico. Per la qual cosa sinceramente parlando, questa Colonna essendo composta, non ha propria proporzione, ma si può servire di tutte secondo il suo beneplacito; onde ancorchè il fusto solo della Colonna fusse 7. Teste, o diametri, non sarebbe inconveniente; ma per mio parere sarà più che la Ionica, di moduli 15., e sempre starà bene piuttosto più svelta, che meno.

La Cornice di quest'ordine, che sia sua propria, fu inventata da' Romani, se non volessimo dire, che quella sia ripresa da Vitruvio, che sotto a' modiglioni pone il dentello, come si vede nel Tempio citato da Antonio Labacco nell'Arco di Tito, e Vespasiano nel Portico degli Argentieri, e nell'Arco di Costantino; ma perchè questa stessa Cornice fu posta da loro anche sopra il Capitello Corinto, non pare che perciò si possa dir propria di quest'ordine; massime che il Palladio al Lib. 1. del Cap. 17. alla pag. 43., ed il Vignola l'attribuiscono all'ordine Corinto; ne assegnano al composto altra Cornice, se non Palladio con differenti modiglioni, ed il Vignola senza modiglioni, come la Jonica, e così Viola, e gli altri; per lo che ho stimato necessario d'inventar una Cornice, che si possa dire composta di tutti tre gli ordini, siccome era il Capitello, la quale è notata col numero 21., e misurata collo stesso modulo, e questi saranno i suoi membri. L'Architrave sarà come il Corinto: Il fregio avrà i Triglifi sportati in fuori alti diti 18., larghi 12. esciran fuori dal vivo verso la cima diti 4. abbasso 2., a mezzo 1.; avrà 5. scanalature alte

diti

diti 16., due d'un dito, e mezzo vote, e tre fino a mezzo piene di globi piccoli larghi un dito, i piani faranno larghi un dito, le metope faranno larghe diti 18. in tal guifa, che da mezzo Triglifo all' altro mezzo faranno diti 30., e faranno fcolpiti di qualche vago intaglio, fopra quefti farà la fafcia alta un dito, e fopra la medefima il dentello largo diti 3., ed il vano fra loro farà un dito, ed un quarto, e faranno alti dita 4. fportati 3., e fpenderanno fopra i Triglifi, e gli altri 5. colla fafcia di fotto, ed il Vovolo di fopra fi ritireranno, e s'andranno piegando attorno ad effi per avanzarfi fecondo il loro fporto; fopra il Liftello farà un terzo; il Baftone $\frac{1}{2}$ il Vovolo dita 3., lo fpazio de'modiglioni dita 4., e faranno lontani gli uni dagli altri dita 14., e larghi dita 6., onde dal mezzo il Triglifo, d'onde pende una rofa fino a mezzo modiglione, faranno dita 10., e tra l'uno, e l'altro 4., e di là fino a mezzo alle rofe, ed a mezzo Triglifo dita 10., e così feguitamente; onde verranno due modiglioni vicini a due lontani. La goletta, che s'aggira attorno a modiglioni dito uno, che faranno lunghi dita 9., e fporgeranno cogli altri membri di fotto diti 18., e colla goletta di fopra 19. Il gocciolatojo piegato a modo di Giglio fcanalato diti 4., Goletta 1., Liftello $\frac{1}{2}$, Gola 3., Liftello dito 1., lo fporto loro farà dita 5. onde tutta la Cornice farà dita 24.

## OSSERVAZIONE SECONDA.

*Dell' ordine Jonico Corinto, e fue proporzioni.*

Queft' ordine cofta del Capitello colle fole volute, come fi vede nel Capitello 23. la qual maniera in opera riefce affai bene, e benchè il Capitello Jonico abbia il Vovolo, ed il Tondino nulladimeno non è propriamente fuo, ma prefo dal Dorico, che fu prima di lui ritrovato. Onde per fare un Capitello, che fia compofto di Jonico bifogna folamente efcludere il Vovolo, come fi vede nel prefente. Le fue mifure fono le fteffe, che del Compofto fegnato 20., e tiene la fteffa pianta. La fua Cornice è quella fegnata 26. ed è alta, e fportata moduli 2., e fono i fuoi membri.

Gola rovefcia alta diti 2., Liftello dito $\frac{1}{2}$, Dentello alto diti 4., largo 3., fporto 4., fpazio, ò fcuro diti 1. $\frac{1}{4}$, e faranno da mezzo a mezzo de'modiglioni fovrapofti quattro intieri, e due mezzi con quattro fcuri, che fono diti 16.; fopra il Dentello fporgerà il fuo Liftello mezzo dito, il Baftone 1., il Vovolo 3., il Liftello $\frac{1}{2}$, fpazio de' modiglioni 3. $\frac{1}{2}$, lo fporto dal vivo diti 9., dal quale fi fporgerà il modiglione diti 10, e colla goletta faranno 19., farà largo diti 6., e dall' uno all'altro faranno diti 10. Il Gocciolatojo farà alto diti 3., la Goletta 1., il Liftello $\frac{1}{2}$, la Gola 3., l'ultimo Liftello un dito, e fporgeranno diti 5., e dal vivo diti 24.

Quefta è la Cornice, che attribuifce il Vignola all'ordine compofto, e che Vitruvio condanna, come impropria: Ma chi voleva comporre quefta Cornice di Jonico, e Corinto bifognava faceffe colla prefcritta regola, perchè non farebbe ftato aggradevole alla vifta, benchè

chè più proprio il Dentello sopra i modiglioni, onde in tal caso si dovrà intendere, come un Trave intercisò, che a lungo del muro sia posto sotto alle teste de' Travi, ch'esprimono i modiglioni per sostentarle.

## OSSERVAZIONE TERZA.

*Dell'ordine Dorico Cornico, e sue simmetrie.*

IL Capitello 14. esprime una composizione non ingrata di Dorico, e Corinto. Le foglie saranno diti 8. compartite, come le seconde Corinte, ed il resto di dita 4. sarà scanalato; onde la Campana sarà dita 12., e sporgerà dita 2., e finirà un Listello alto diti 1., sopra cui il Bastone avrà dito 1.$\frac{1}{2}$., il Vovolo scolpito sarà dita 3., l'Abaco fatto come il Corinto avrà il piano alto dita 3., il Listello 1., ed il Vovoletto 1.$\frac{1}{2}$., e perchè nel concavo dell'Abaco sporge più il Vovolo di lui, di là si farà nascere un fiore.

La sua Cornice sarà la 17., la quale s'adorna co' i Triglifi, e modiglioni, e che per Dorica apportano il Serlio al Lib. 4. del Cap. 6. alla pag. 20. nella Cornice segnata A. Il Vignola nell'ordine Jonico; il Rusconi nel Cap. 4. di Vitruvio alla pag. 78. Il Viola al Lib. 2. del Cap. 18. alla pag. 66. Tale ancora la riconosce l'Autore del Paralello dell'Architettura, e questi sono i suoi membri.

L'Architrave diti 12., fregio 18., la prima fascia diti 4., la seconda 6., la Tenia, ò lista 2., ed i Chiodi, ò Goccie sotto il Triglifo di numero 6. alti diti 2., l'Architrave avrà i Triglifi piani, che cadono sul mezzo della colonna alti diti 16., e col Listello 18., larghi diti 12. Le Scanalature saranno 3. intiere, e due mezze, larghe dita 1.$\frac{1}{2}$., alte dita 14., i piani 1.$\frac{1}{2}$ di numero 4. onde insieme faranno diti 12. Il Listello, che s'aggirerà attorno a' Triglifi sarà alto dita 2., di sporto 1., il Listelletto $\frac{1}{2}$., il Bastone dito 1., il Vovolo 3., il listello $\frac{1}{2}$. Il piano, e lo spazio dei modiglioni diri 3., e sarà sportato colle parti inferiori fra tutte diti 5., i modiglioni saranno larghi dita 12., lunghi 12., e si porranno a piombo sopra i Triglifi; il vovoletto sopra essi sporgerà un dito di più, alto un dito, ed il gocciolatojo dita 18. preso dal vivo, il quale s'innalzerà diti 4.$\frac{1}{2}$; il cavetto sopra esso dita 1.$\frac{1}{2}$., il listello $\frac{1}{2}$., la Gola 3., il suo listello 1. collo sporto dita 5., che in tutto saranno dita 22., e l'altezza in tutto dita 18. Evvi un'altra cornice pur Dorica, che inventò il Vignola, come egli asserisce, ma non applicò ad ordine alcuno, ma io l'ho ridotta a quelle misure, che possono servire alle Colonne, e sono tali.

La prima fascia diti 3.$\frac{1}{2}$., la seconda diti 5., il listello $\frac{1}{2}$., il vovolo 2., listello 1. l'Architrave con i Triglifi larghi dita 5., alti 12., rilevato nel suo maggior risalto dita 4., nel meno dita 1., al piede dita 2. con due scanalature d'un dito tra piani larghi diro 1. metope fra i Triglifi diti 10., in tal guisa che sopra il vivo di sopra della Colonna viene una metopa, e due Triglifi, che fanno dita 20. la prima fascia intagliata a chiodi, o goccie dita due, che resta fra Triglifi, il listello $\frac{1}{2}$. modiglioni alti 4. lunghi 10. larghi dita 5. con un cavetto, che li circonda alto un dito, e sopra il suo listello $\frac{1}{2}$, che in tutto con quello di sotto sono dita 6., e col modiglione sporge fuor del vivo dita 15. Gocciolatojo alto 3., Goletta 1., Listello $\frac{1}{2}$, Gola $3\frac{1}{2}$, Listello 1. collo sporto di dita 6. di più, che sono in tutto di sporto diti 21. avendo altrettanto d'altezza compresi i chiodi.

## OSSERVAZIONE QUARTA.

*Dell'ordine Dorico, e Ionico, e sue proporzioni.*

IL Capitello è segnato col numero 25., ed è molto usato a' nostri tempi, massime ne' Palazzi, ed è opinione, che fusse invenzione di Michel Angelo Buonaroti, e che l'adoperasse nel Campidoglio, ch' egli fece con Architettura molto bella, e ben intesa d'ordine Ionico, ma invero non è, perchè in quelli le volute non sono su i fianchi, ma i guanciali, o cussini, come nell'ordine Ionico fatti a gigli, e nella faccia d'avanti l'abaco, e sopra il Vovolo immediatamente, dal quale escono le volute; Questo Capitello dunque ha l'abaco dell'Ionico del terzo ordine stellato, e le volute dell'Ionico, ma ordinate da tutte le quattro faccie, come il composto nella parte, dove imita il Ionico, dall'occhio delle quali pende un festone, che adorna l'Ipotrachelio, o piano del Capitello, ed i suoi membri sono i seguenti. Piano diti 5., listello $\frac{1}{2}$, bastone 1., vovolo 3. spazio fra l'abaco, e 'l vovolo, d'onde escono le volute, diti $2\frac{1}{2}$, volute come nel composto, abaco come pur nel composto, o fatto a stella, come nell'ordine terzo Ionico.

La cornice 28. è propria di quest' ordine, la quale descrive il Vignola per cornice Dorica, ma già sopra abbiam fatto vedere, che piuttosto si deve dire composta, non avendo la Dorica i dentelli, secondo la descrive Vitruvio, a cui come testimonio di vista, e di quei tempi dobbiamo credere.

Architrave diti 12., in cui la prima fascia diti $4\frac{1}{2}$, la seconda $5\frac{1}{2}$. il listello diti 2., le goccie sotto i Triglifi diti 2., il fregio diti 18., nel quale i Triglifi alti diti 16. colla sua fascia di sopra alta diti 2., scanalature triangolari 2. larghe diti 2., e due mezze a' lati larghe dito 1. con tre ripiani larghi diti 2., le scanalature saranno alte diti 15., e lascieranno un dito non scanalato. La Gola rovescia della cornice dita 3., il listello $\frac{1}{2}$, Dentello alto 4. sportato 3. largo $2\frac{1}{2}$ collo spazio $1\frac{1}{2}$, in tal guisa che da mezzo Triglifo a mezzo Triglifo vengono dentelli 7. e due mezzi, e scuri intermedj otto, che fanno diti 30. cavetto $1\frac{1}{2}$. listello $\frac{1}{2}$. Gocciolatojo 4. sportato dal vivo diti 15. cavetto diti 1. listello $\frac{1}{2}$ Gola diritta 3. listello 1., che in tutto faranno la cornice alta modulo $1\frac{1}{2}$.

## OSSERVAZIONE QUINTA.

*Delle varie foglie, colle quali si sogliono vestire i Capitelli.*

TUtti i Capitelli, eccetto i Toscani, hanno qualche foglia, che li adorna, ma principalmente i Capitelli Corinti, e composti. Gli

Antichi ebbero tre maniere di foglie, cioè di Giglio, come abbiamo fatto nel Capitello del secondo ordine Corinto lastra VII., di Olivo, come nel Capitello dello stesso ordine alla lastra VIII. figura 10., e di foglie di Rovere, come nel Capitello composto alla lastra IX. nella fig. 10. Io ho aggiunto le foglie di Garofano, o Papavero, come si vede nell'ordine terzo Corinto alla lastra 7., e le foglie d'Ortica, o di rose tonde, e dentate, come nel Capitello composto Corinto, e Dorico. Così anche ho provato, che le foglie di Palma, come nel Capitello 12. riescono benissimo; e se in vece di foglie si porranno piume, e si formerà quasi sopra la colonna un cimiero, comparirà parimente benissimo. Ho fatto i Capitelli a una Capella dedicata a S. Luigi Re di Francia del terz'ordine Corinto; ma in vece delle prime, e seconde foglie erano due corone colle sue gemme, e merli, che non erano disaggradevoli.

## CAPO UNDECIMO.
### Delle Cornici mancanti.

A necessità, e tallor il capriccio hanno persuaso di fare alcune cornici mancanti, ed in quanto alla necessità, due cagioni principali vi sono, una quando manca l'altezza, l'altra quando non gli può dare tutto lo sporto, che converrebbe, ed allora si levano alcuni membri, o si convertono in fascie, ed in quanto al primo.

## OSSERVAZIONE PRIMA.
### Delle cornici, alle quali manca alcun membro principale.

Molte volte le cornici si fanno servire per imposte degli archi, ed allora essendo incomoda la lor altezza si leva il fregio, unendo l'Architrave alla cornice, come si vede nella lastra IX. nella cornice Dorica 36., Jonica 37., Corinta 35., le quali anche si fanno, quando ci serviamo di queste cornici senza colonna, ne abbiamo altezza tale, che basti, che allora levando il fregio, e se si vuol più ricca, intagliando, o scanalando le fascie, queste sottentrano, e fanno l'uffizio di fregio.

Ma non solamente si lascia il fregio, ma anche qualche membro della stessa cornice, e massime quando vanno in alto, e però i membri per esser veduti distintamente debbon essere molto grandi; Perciò l'Architetto del Collìseo nella cornice del terz'ordine Corinto lasciò il Gocciolatojo, e la fece come la cornice 32., e nell'ultimo ordine composto fece una cornice molto massiccia, la qual è la 34., benchè la dovesse fare più gentile della Corinta; ma come nota il Serlio al lib. 4. del cap. 8. la fece per motivo dell'altezza eccedente.

Molti anche nelle Cornici lasciano la Gola, anzi sempre si lascia, quando vi va sopra il frontispizio, ed in vece di Gola diritta si fa la Gola rovescia un poco più grande, come si vede nella lastra IX. alla

130 DELL'ARCHITETTURA

Laſt. 9. figura 35., e 36., e 37., altri il Gocciolatojo, come nell'arco di Ve-
Trat. 3. rona, e nella 32., che è la terza del Colliſeo. La cornice 29. è la
cornice Dorica, che dà Vitruvio, ed il Serlio al lib. 4. del cap. 6.,
ma ſenza Gola diritta, e coi Trigliſi bozzoluti. La cornice 33. è la
Corinta compoſta, ma ſemplice, e ſenza Gola. La cornice 30., che
ſolamente conſta di modiglioni, e gocciolatojo è in Roma nelle Ro-
vine della Baſilica del foro tranſitorio, che apporta il Serlio lib. 3. pag.
80., e nel Cortile del Tempio di Trajano, che apporta Antonio Labacco alla pag. 11.

Del che ſi può prendere argomento di variar le cornici ſecondo il luogo, ove vanno, per accomodarle alla viſta.

## OSSERVAZIONE SECONDA.

*Delle cornici, che mancano di ſporto.*

Quando le Cornici debbono terminare in qualche Pilaſtro, o muro
a piombo, che non vi è tanto di riſalto, e ſporto fuori dal muro medeſimo, che baſti a ricevere tutta la cornice, in tal guiſa,
che terminando in eſſa la parte, che più ſporge dal Pilaſtro, ſembra-
rebbe tagliata, e ſarebbe diſaggradevole alla veduta; perciò biſogna,
inanzi che v'arrivi, diminuirla di ſporto, il che ſi fa traſmutando alcuni membri in faſcie, come ſi vede nella cornice 37. della laſtra IX.,
nella quale il Dentello, ed il Vovolo ſi convertono in faſcie, e così
lo ſporto CA viene a diminuirſi nello ſporto DB, ma ciò ſi deve fare con qualche occaſione, o di Pilaſtro, o di Colonna di qualche faſcia a piombo, ſopra cui finiſca la Cornice intera, ed indi cominci
la mancante.

## CAPO DUODECIMO.

*De' Pilaſtri, o Colonne quadre, delle Pentagole, Seſſagone,
Ottangole, o ſimili.*

Erchè queſte Colonne hanno qualche varietà dalle deſcritte;
però è ſtato neceſſario farne un Capitolo a parte.

## OSSERVAZIONE PRIMA.

*Diminuzione, o gonfiamento, che ricevono le Colonne, che non ſono tonde.*

Varie appreſſo gli Architetti ſono le maniere di ſminuir le Colonne, e circa la quantità della lor diminuzione; Già abbiamo
veduto, che il Vignola è il primo, ſeguito poi da Ceſare Oſio, e dal
Cales, che diminuiſce la Colonna colla linea conchile; Il Serlio la diminuiſce dal terzo in ſù per li due ſeguenti terzi colla linea ellitica.
Palladio la diminuiſce da un terzo in ſù per li due ſeguenti terzi con

una

una linea retta. Pietro Antonio Barca la fminuifce dall'imo fcapo fino al fupremo con una linea retta.

Molti lafciano a piombo il primo terzo, come Palladio al lib. 1. del Cap. 13.: Il Serlio al lib. 4. del Cap. 5., i quali lafciando a piombo il primo terzo, diminuifcono il reftante, e pretendono così dargli anche la gonfiagione neceffaria, che piuttofto è apparente, che vera; Il Vignola come abbiamo veduto le gonfia un dito nel primo terzo; Il Barca fembra che le diminuifca; Enrico Wottonio Inglefe fi ride delle Colonne gonfiate, dicendo, *mihi repræhendenda eft confuetudo, quæ multis in locis, nefcio quo pacto, inolevit columnas in medio inflandi quafi tympanite, vel hydrope laborarent fine ullo autentico exemplo, quod fciam; & valdè invenufto meo judicio afpectu*. Filandro pure cap. 2. lib. 3. dice: *Romæ obfervavimus in veterum operis divifo fcapo in partes tres unam ad perpendiculum tornatam, duabus reliquis fenfim retractis, quod contracturæ genus multò gratiffimum*.

Con tutto ciò la maggior parte degli Architetti ammette nelle Colonne tonde un poco di gonfio; e prima Vitruvio al lib. 3. nel cap. 3., il quale infegna, che *Craffitudines ftriarum faciendæ funt, quantum adjectio in media columna ex defcriptione invenietur*, e nel cap. 2. del lib. 3. medefimo foggiugne, *de adjectione, quæ adjicitur in mediis columnis, quæ apud Grecos extafis appellatur in extremo libro erit formata ratio ejus, quemadmodum mollis, & conveniens efficiatur*. Ed oltre chè Palladio, ed il Serlio, che in vero non l'aggiungono ne' luoghi citati, l'ammettono, e le vogliano gonfie; Il Villapando ftima effere in errore coloro, i quali credono il contrario, *ut à vero aberraffe credendus fit, qui hoc pulcherrimum columnæ ornamentum contra naturam fuiffe dixit*, così dice egli parlando della gonfiagione delle Colonne.

In quanto poi alla quantità della diminuzione molti vogliono fia diminuita fecondo la lunghezza della Colonna, cioè meno quanto la Colonna è più lunga, affermando per ragione, che la diftanza della cima più che dal piede le fa parere più piccole, ma lafciando quefta confiderazione da difcuterfi abbaffo, fono ftate varie le opinioni della diminuzione affoluta; Vitruvio diminuifce le Colonne Tofcane il quarto, così al lib. 4. del cap. 7., e lo fegue Sebaftiano Serlio lib. 4. cap. 5. Vitruvio però lib. 3. cap. 2., e Guilelmo Filandro, il Rufconi, ed il Cefariani le diminuifcono almeno il fefto, quando fono di 15. piedi, e l'altre più alte fempre meno.

Palladio le diminuifce due delle tredici parti; Wotonio a ciafcun ordine dona diverfa reftrizione, le Tofcane le riftringe il quarto, le Doriche il quinto, le Corinte il fettimo, le Compofte l'ottavo, e pare di confeguenza, che le Joniche, che lafcia, le debba reftringere il fefto. Il Caramuel trattando tutti gli altri da fciocchi, ed anche Vitruvio fteffo defcrive un Pentagolo nel circolo inferiore dell'imo fcapo, e dentro al Pentagolo il circolo defcritto, che riefce minore quafi un quinto, reftringe la Colonna al fupremo fcapo, ma non ha ragione per una invenzione sì facile di tanto gonfiarfi, ficchè poi abbia a fprezzare, e fchernire tutti gli altri, che certamente fon più Architetti, che lui, che mai ha fatto fabbrica alcuna, ficcome nemmeno il Chales, ma fcrivono lo fcritto, e fe pur aggiungono qualche cofa, non hanno

L.aft.10. hanno alcun fondamento nella esperienza. In questa dunque varietà
Trat.3. d'opinioni credo, che si debba ricorrere alla esperienza, che è praticata comunemente da tutti gli operarj in Italia, ed è quella, che abbiamo posto di restringere al supremo scapo un sesto, e dilatarla al primo terzo un dodicesimo, nel qual luogo oltre a tutti gli altri anche la fa Alberto Durero: benchè Leone Alberti al lib. 6. del cap. 13., la faccia alla metà, cioè alla quarta parte delle 7., in cui divide tutta l'altezza.

 Venendo dunque al nostro proposito, dico primieramente, che le contracolonne, o pilastrate dette in latino *Antæ*, *Stathmi*, ò *Parastatæ*, che escano fuori del muro per accompagnar le Colonne un quarto, o un sesto di diametro, o anche meno, si debbono fare contro Filandro al lib. 3. nel cap. 2. senza diminuzione, perchè sebbene le Colonne debbono diminuirsi, perchè hanno forma, come di tronchi d'alberi; non così i Pilastri, che mostrano legni lavorati, e tanto più, se è un Pilastro quadro come D, o lesenato come C, che sempre è più vago; tali sono le Pilastrate interne, ed esterne del Panteon; tali nel Portico di Pompeo, e nell'Anfiteatro, ed arco di Verona, e parimente nell'Anfiteatro di Pola, e nel poggio reale di Napoli; tali dal Serlio son considerate al p. 3.; tali le fece Bramante nel suo Tempio; queste sono nel Tempio di Trevi, e nella Basilica di S. Pietro, ed in tutte le Chiese di Roma, anzi di tutta l'Italia eccetto qualchuna in Milano.

 Secondariamente le Colonne ottangolari, o Pentagole, o Sessagone, o di altra simile figura si potranno far diminuite, se piacerà, ma questa diminuzione, acciocchè riesca bene, dovrà esser senza gonfiamento, e così dovranno diminuirsi, o come insegna Palladio per li due terzi solamente, quale è il Pilastro B, o come insegna il Barca per tutta la Colonna colle linee rette, e ciò perchè mostrano d'esser legni lavorati, e cavati da un tronco più sottile in alto, che abbasso. Possono però non diminuirsi, ma imitando la Colonna più che non fa il Pilastro, staranno meglio diminuite. Quando le Contrapilastrate non sono diminuite, ed hanno avanti la Colonna; farà bene, se la Cornice si risguarda sopra la Colonna, e non ha d'aggetto, quanto essa, ma si ritira sul muro, di farla risaltare sopra il Pilastro quel poco, in cui differisce la contrapilastrata non diminuita dalla Colonna diminuita, acciocchè non si porti più dentro dal vivo, quando si colloca sopra lo stesso Pilastro.

## OSSERVAZIONE SECONDA.

### De' Capitelli, e basi delle Colonne, che non sono tonde.

LE basi de' Pilastri saranno quadre, come essi sono, se saranno lesenati, come C farà lo stesso effetto la base, ed il Plinto, non così nelle Ottangole, Pentagole, Sessagone, perchè sebbene i tori, ed i cavetti saranno della stessa figura, il dado però sempre farà quadro.

 Il Capitello coll'abaco, se farà Dorico, o Jonico, se non è diminuita

nuita la Pilaſtrata, ſi farà maggiore quanto porta di più, cioè il ſeſto maggiore, ma ſe ſarà Corinto, o Compoſto, tutta la differenza s'aſſorbirà dallo ſporto della Campana, che ſarà minore, quanto ne viene occupato dall'abaco, ed egli non s'accreſcerà punto, benchè non ſia diminuito il Pilaſtro.

## OSSERVAZIONE TERZA.

*Dell'altezza delle Contrapilaſtrate, e Colonne non tonde, e Colonne anneſſe al muro.*

IL Serlio al lib. 4. da pag. 65. vuole, che le Colonne attaccate al muro ſiano un diametro più alto delle ordinarie, ma parmi, che baſti un modulo; il che tanto più ſi verifica delle Contrapilaſtrate, e Laſene, quando non ſono accompagnate dalle Colonne. La ragione di ciò è, perchè le Colonne iſolate ſono diminuite alla viſta dall'aria circoſtante, non le anneſſe al muro; onde ſi poſſono fare più ſvelte, e ſe ſono Pilaſtri tanto più, perchè non ſon diminuiti, ed eſſendo iſolati ſi accreſce la lor groſſezza per vederſi per il più quaſi per Diagonale.

Il che ſi conferma, perchè anche Vitruvio al lib. 5. del cap. 9. ne' portici delle Scene fa le Colonne Doriche di quatordici moduli, le Joniche, e le Corinte di 17. non compreſo il Capitello in niuna di eſſe.

## CAPO DECIMOTERZO,

*Degli Ordini eccedenti, o mancanti.*

Ltre gli Ordini già numerati, chi vuol chiudere dentro a' termini dell'Architettura ogni maniera di fabbrica, biſogna, che ammetta anche due Ordini, l'uno de' quali ſi può dire eccedente, che è il Gottico, il quale eccede ogni proporzione Greca, e Romana, l'altro è l'Atlantico, o Caritide, il quale è minore d'ogni proporzione accennata, de' quali brevemente tratteremo in queſto Capitolo.

## OSSERVAZIONE PRIMA.

*Dell'Ordine Gotico, e ſue proporzioni.*

I Goti benchè fieriſſimi, e gente nata piuttoſto a diſtruggere, che ad edificare, aſſuefacendoſi a poco a poco alle arie più dolci dell' Italia, e della Spagna, e Francia, finalmente divennero non ſolamente Criſtiani, ma Religioſi, e pij, e di deſtruttori de' Tempj ſi fecero alla fine non ſolamente liberali, ma anche ingegnoſi edificatori. Quindi è, che con lor modo di fabbricare, o che la portaſſero dal lor Paeſe, o che l'inventaſſero di nuovo negli ſteſſi Paeſi da loro conquiſtati; l'Europa ſi popolò di varj Tempj, il quale fu poi ſeguitato per lungo tratto di tempo anche dopo, che eſſi furono aboliti, e ridotti al niente. Il perchè nella Spagna oltre le altre ſi vede la gran Chieſa di Siviglia nell'Andaluſia, la Cattedrale di Salamanca in Caſtiglia, la gran
Chie-

Chiesa della B. V. di Rens in Campagna, la principale di Parigi in Francia, il Duomo di Milano in Lombardia, e la Certosa. La Chiesa della Città in Bologna, la primaria di Siena nella Toscana, e molte altre infinite edificate con grande spesa, e non senza grand'arte. Or di quest'Architettura, che si sappia, non sono stati mai dati precetti, o assegnate le proporzioni, ma come nata senza Maestro, così si è andata propagando, imitando ossequiosi i Nepoti quello, che avevano veduto eseguito dagli Avi; e perchè gli uomini di quel tempo avevano per singolare leggiadria il comparire svelti, e minuti, come si vede negli antichi ritratti, così a loro piacque conseguentemente nelle loro Chiese, che fecero proporzionatamente alla larghezza molto elevate; onde seguendo lo stile nelle altre cose fecero eziandio le Colonne di somma sveltezza, e quando la necessità portò pel peso eccessivo di farle più grosse per non perdere la loro amata sottilezza n'unirono molte insieme, e ne fecero come un composto, come si può vedere dalla pianta segnata 20. nella Lastra XI., ciascuna delle quali portava un piede de' quattro, che formano la volta a crocciera, della qual maniera di volte molto si dilettarono. Ed oltre questa tanto ambita sveltezza parve anche, che affettassero un'altro fine totalmente opposto all'Architettura Romana. Perchè là, ove questa ebbe per principale intento la fortezza, e ne fece pompa anche nella soda disposizione degli edifizj, quella ebbe per iscopo di ergere molti Forti sì, ma che sembrassero deboli, e che servissero di miracolo, come stessero in piedi. Laonde si vedrà una grossissima Guglia di un Campanile appoggiata stabilmente sopra sottilissime Colonne: Archi che si ripiegano sopra il lor piede, che pende in aria, nè s'appoggia a Colonna, che lo sostenti. Torrette tutte traforate, che finiscono in acutissime piramidi; finestre estremamente elevate; volte senza fianchi. Ed ebbero fino ardimento di collocare un'angolo d'una altissima Torre sopra d'un'arco, come nella Chiesa maggiore di Rens si vede, o sopra una Colonna, come al Tempio della nostra Dama di Parigi, o pure fondarlo sulla cima di una volta, o sopra quattro Colonne, come S. Paolo a Londra, un'altissima Cupola sopra quattro Colonne, come nel Duomo di Milano. Da questa ambizione anche nacque di far le Torri pendenti, come la Torre degli Asinelli a Bologna, e la Torre del Duomo di Pisa, le quali sebben non sono di aggradimento alla vista, fanno però stupire gl'intelletti, e rendono gli spettatori atterriti; onde di questi due opposti fini qual sia più glorioso, sarebbe degno problema di un'accademico ingegno. E da questi Gottici esempj, credo, che resa più ardimentosa l'Architettura Romana abbi finalmente osato di sollevare le Cupole sopra quattro Pilastri, come già se ne veggono, oltre la prima di Firenze, e poi S. Pietro a Roma, torreggiare molte altre, ed in Roma, e per molte Città d'Italia.

Ma per ritornare all'ordine Gottico vi sono colonne di tre sorte, alcune sono di 20. moduli, come la Colonna 21., altre di 18., altre di 15. I Capitelli ordinariamente non eccedevano un modulo, ne avevano volute; ma dal quadro con uno smusso discendevano nel tondo, ò ottangolare, come fi vede nel Capitello 22.; alcuni altri imitavano i Dorici, come il Capitello 23. Le foglie di quefti Capitelli erano varie, ma tutte di baffo rilievo, e non ripiegate in fuori, fcolpite ordinariamente a foglie di Cardone, ò Cardo, che era la foglia più applaudita nell'opere Gottiche; l'Abaco per l'ordinario confifteva in un groffo cordone, che ammetteva fopra il piano. La Bafe era un Vovolo rovefcio con una grande fcozia diftinta da' fuoi liftelli, oppure una fcozia, che terminava in un Vovolo rovefcio, come la Bafe della Colonna 22. Le fcanalature erano a vite, parte conveffe, parte concave, come fi vede nella Colonna 21., ma larghe con liftelli diftinti.

Queft' ordine non ha Cornice, perchè i Goti impoftavano gli Archi immediatamente fulle Colonne, nè adoperavano Colonne, fe non per foftenere gli Archi, e i piedi delle crociere, e de' volti; onde i Pilaftri delle loro Chiefe facevano, come la pianta 20., di tante Colonnette fra fe unite, ed immerfe in un gran pilaftro, quanti erano i principj delle volte, che dovevano effer collocate fopra effe, e fe una volta era più baffa, l'altra più alta fenza interporre Cornice, e far nuovo ordine, ò diminuirlo, facevano feguire paffato il primo Capitello, e prolungavano la fteffa Colonna al fecondo fotto al volto più alto per foftenerlo. Le Cornici dunque le facevano fotto le gronde, ò dove credevano ftaffero meglio nelle parti efteriori de' Tempj, le quali diftinguevano con colonnate, ò pilaftrate, che finivano pure in Archi, i quali facevano terzanetti, e le Cornici erano inteffute d'archetti in varie guife fra fe interzati, ed incavalcati, come fi vede nella Cornice 24.; ovvero facevano fafce variamente fcolpite, e maffime con circoli in varie guife fra lor conneffi, e di fogliami adornati. La varietà di quefte Cornici è grande, ne comprefa fotto determinate regole; onde non fe ne può dare una certa difpofizione, fe non che poco ufavano di gole, molto degli Aftragali, e Vovoli rovefci, e di Liftelli.

## OSSERVAZIONE SECONDA.

*Degli ordini mancanti, ò baftardi, e fue proporzioni.*

Queft' ordine fi dice anche Atlantico Charitido, e Paranifico, perchè in vece de' Pilaftri fi ponevano Uomini, ò Ninfe, ò Matrone, che foftenessero qualche Cornice, perchè, come dice Vitruvio al lib. 1. del cap. 1., i Greci avevano fuperato la Città di Caria nella Morea, perchè i loro Cittadini avendo acconfentito a' Perfiani, uccifi gli Uomini, conduffero le Matrone co' loro più fontuofi adornamenti in trionfo, ed a perpetua memoria pofero le loro Statue, che foftenessero i pubblici Portici. Ideo, dice egli, *qui tunc Architecti fuerunt, ædificiis publicis defignaverunt Cariatum imagines oneri ferendo collocatas.* La fteffa ragione fu anche degli Uomini, perchè vinti i Perfi da Paufania, *ex eo multi Statuas Perficas fuftinentes Epiftylia, & ornamenta eorum collocaverunt.* Sono poi chiamati Atlanti, perchè Atlante fi finge foftenere il Cielo: Onde dall'offizio di foftenere, come egli afferifce, furono detti Atlanti, e Telamoni ancora appreffo a' Romani, ch'

è una

Laſt.11. è una parola dedotta dal Greco, che ſignifica affaticato, ed op-
Trat.3. preſſo.

Queſt' ordine dunque non ſolamente è ſtato in uſo appreſſo a'Greci, ma anche a'Romani, i quali per teſtimonio di Vitruvio li chiamavano Telamoni, ed anche appreſſo i Gotici, come ſi vede quaſi in tutti i loro edifizj.

La proporzione di queſt'ordine è tolta dalla ſtatura umana nel più largo delle ſpalle, ove gli uomini ſono larghi due teſte; onde gli uomini di otto teſte vengono ad eſſer quattro larghezze, e di ſei tre larghezze, e di dieci teſte cinque larghezze, e però il Pilaſtro di queſt' ordine deve avere cinque, quattro, ò almeno tre larghezze in altezza ſenza il Capitello, come ſi può vedere ne' Pilaſtri 25. 26. 27. 28. 29., il modulo de quali è la linea A. Queſt'ordine non ha Colonne, avendo Statue in vece di eſſe; onde ſi può diſtinguere in tre generi di Statue, di Pilaſtri detti *Paraſtatæ*, di Menſole dette da' Greci *Hiperſerides*. Le Statue ſono per ordinario appoggiate al muro, e ſoſtentano il Capitello, il quale per ſervare le proprietà dovrebbe eſſer ſcolpito, ò a modo di Ceſto carico di frutti, ò fiori; ò a modo di Camauro con più corone; ò a foggia di Turbante cogl'invoglj di bende, come ſono i Capitelli 31. 32. 33., il modulo de' quali è la linea B. I Pilaſtri anch'eſſi entrano nel muro, e riſaltano da eſſi quanto piace, ma ordinariamente meno, che la metà, come ſi può vedere nell'Arco trionfale di Lucio Settimio Severo al Campidoglio, e nell'Arco di Coſtantino al Coliſeo in Roma; i ſuoi Capitelli, che ſono andati inventando, poſſono eſſere ed il 34. e 35. e 36. e 37. e 38., i quali potranno anche ſervire ſe piacerà per Colonna; tal'ora ſi ſono fatti ſenza Baſe, ò Pilaſtri, e tali ſono nell'Arco di Verona al Caſtel Vecchio apportato dal Serlio al lib. 3. della pag. 127., ma ſtaranno bene con un poco di Zoccolo, ò di Baſe, al che potran ſervire le due 39. e 40. Le Menſole riſaltano inegualmente dal muro, piegandoſi a modo di Triglifo, ò di Modiglioni, come rappreſenta la figura 26. e 30., e ſopra queſti ordinariamente ſi mette un Dado, ò Abaco quadro con un po di cornice, che lo coroni, come ſi vede ne' predetti 26. e 30., e tal'ora incominciano ſtretti, e verſo la cima s'allargano a modo di Piramide roveſcia, come eſprime la Menſola 29.

La Cornice di queſt'ordine dev'eſſere delle mancanti, e potrà eſſer un Diametro, ò poco più, come ſi vede nella Laſtra citata nelle Statue, Pilaſtri, ò Menſole 25. 26., ed altre contigue. Se queſte Cornici andranno alte ſi potranno fare di maggiore ſporto per farle più viſtoſe, e diſtinguibili.

CAPO

## TRATTATO III. CAP. XIV.

## CAPO DECIMOQUARTO.

### De' Frontespizj.

Frontespizj, ò Remenati, che latinamente si dicono *Frontispicia*, ovvero *Repla*, ò *Fastigia*, anticamente erano ornamenti, che si ponevano solamente a' Tempj Sacri, e però Baldo interprete delle parole Vitruviane cita Livio, che dice, *& ea pecunia Clipea inaureata in fastigia Jovis ædis posuerunt*. E però Cesare affettando la divinità terminò il suo Palazzo col Frontespizio. Onde Salmazio comentando, e spiegando Solino al num. 12. 13. dice *Domus Cæsarum Procerumque cum fastigio erant ædificatæ, quod proprium fuit Templorum, & Ædium Sacrarum; Primus Cæsar fastigium habere cœpit inter alia Divinitatis insignia, quod sequentes Cæsares imitati fuerunt, & posteà etiam alii proceres usurparunt*. I Frontespizj adunque erano molti triangolari, che sorgevano sopra le facciate de'Tempj ornate delle stesse Cornici, che adombravano le Colonne, de quali brevemente tratteremo.

### OSSERVAZIONE PRIMA.

#### Del modo di fare li Frontespizj triangolari, e curvi.

Sia tirata la BC nella Lastra XI. alla figura 41. in isquadro dal mezzo B della Cornice, sopra cui si vuol fare il Frontespizio, la quale deve esser intiera, che deve ò finire per esempio in I, ò che termini realmente, ò che finisca tirandosi più in dentro, lasciando tutta la lunghezza BI, sopra cui si ha da fare il Frontespizio, più sportata in fuori; Indi presa la misura BI si trasporterà nella linea a squadra BC, e posto il piede del Compasso in C, l'altro si estenderà sino a I, e si noterà la distanza CI in CB, che sarà CD, e si tirerà da D a I la linea DI, che farà l'angolo del Frontespizio, sotto a cui sarà la Gola rovescia col suo listello, e sopra si farà la Gola diritta, la quale si dovrà tralasciare nella Cornice per farla solamente nel Frontespizio; ma se si vorrà far tondo si tirerà l'Arco LD dal centro predetto C sopra il listello della Gola rovescia BL, e poi sopra vi si farà la Gola dritta, e sotto tutti gli altri membri della Cornice della stessa altezza di ciascuno tanto nel Frontespizio angolare, quanto nel tondo, in tal guisa, che i Listelli, e le Gole, e le Corone, i Vovoli, i Dentelli, i Cavetti, e qualunque sorta di membri abbiano la stessa altezza perpendicolare, ò all'Arco LD, ò alla linea ID, che della Cornice BH, in tal modo, che tanto sia alto OP, QR, quanto BH. Quando dunque s'avrà a fare una Cornice, che porti Frontespizio, si farà senza Gola dritta, come la L, la quale dovrà salire pel Frontespizio predetto.

## OSSERVAZIONE SECONDA.

*Della disposizione delle Mensole, e Modiglioni, e Dentelli ne' Frontespizj.*

SEbbene la Cornice del Frontespizio sale, nulladimeno i Dentelli, e Modiglioni dovranno cadere a piombo secondo lo stile Romano, come si vede nella Cornice 41. e 42., dove i Dentelli cadono sopra i Dentelli della Cornice, che porta il Frontespizio, ne sono altrimenti nello squadro colla linea D I, così nella 42. i Modiglioni non vanno al centro dell'Arco del Frontespizio, ma sono a piombo, e sono terminati lateralmente da una parte, e dall'altra con linee paralelle a Modiglioni della Cornice, che porta il Frontespizio; Ciò si vede in tutte le Opere Romane ne' Frontespizj, e Fastigj de' Tempj appresso Palladio, come in quello del Panteon al lib. 4. nella pag. 19., e nel Tempio di Nerva alla pag. 25., e nel Tempio d'Antonino, e Faustina alla pag. 33., e nel Tempio di Giove, e nel Monte Quirinale alla pag. 43., anzi in alcuni fino li Vovoli cadevano a piombo, come nel Tempio della Fortuna virile appresso allo stesso al lib. 4. nella pag. 50., e nel Palazzo del Monte Quirinale appresso il Serlio al lib. 3. nella pag. 77., solamente nell'Arco di Verona a Castelvecchio, ch'egli delinea al lib. 3. nella pag. 127. si veggono i modiglioni a squadra col Frontespizio, ma il Serlio in quell'Arco riprende molte altre cose, come i Dentelli, i Modiglioni nella stessa Cornice, che anche Vitruvio danna; onde quel Vitruvio, che lo disegnò detto Cerchio, non fu Vitruvio Autore dell'Architettura, che s'intitola Polione.

## OSSERVAZIONE TERZA.

*Se tutti i membri della Cornice debbano mettersi nel Frontespizio e della stessa altezza.*

IL Cales stima, che tutti i membri della Cornice debbano adornare il Frontespizio; ma s'inganna, non essendo ciò necessario; Prima, perchè sempre egli ha di più la Gola diritta, che la Cornice ricusa portando Frontespizio; Secondo, fra le antichità Romane vi è qualche esempio, che ammette non tanti membri nel Frontespizio, quanti nella sua Cornice, e per portarne uno, ciò si vede ne' Frontespizj delle Nicchie dell'Arco di Verona a Castelvecchio; perciò ho fatto il Frontespizio 43. della parte segnata V V, che non ha tutti i membri, che sono nella Cornice.

Circa l'altra difficoltà il Caramuel insegna, come si vede nella Cornice 44. di far cadere la normale A K dall'estremo della Cornice, ed a quella prolungare tutti i membri di essa, e dove tagliano la predetta normale A K, da quei punti tirare le ascendenti del Frontespizio, come K Y, A Z, e l'altre, ma a questo modo ciascun membro del Frontespizio verrà minore, che il membro stesso nella Cornice, il quale difetto è contro ad ogni stile Greco, e Romano, che fecero i membri tanto della Cornice, quanto del suo Frontespizio tutti eguali, li, e però io tengo questa regola per falsa, ò almeno infruttuosa, facendo anzi più bella vista la Cornice uguale, che più stretta ne' remenati.

## OSSERVAZIONE QUARTA.
*Del Frontespizio ondato in parte retto, ed in parte curvo, e de' Frontespizj spezzati.*

Varie al giorno d'oggi sono le forme de' Frontespizj; quando gli antichi non usavano, se non la forma triangolare, e rarissime volte la tonda, massime ne' Frontespizj de' Tempj; E fra gli altri più vaghi vi è l'ondato, come si vede nella Cornice 43. a banda sinistra è il curvo, e il retto si vede a banda diritta. Si fa l'ondato a questo modo. Tirata la linea in isquadro 4. 5. lunga quanto la 4. 7. si tirerà la diagonale 7. 5., e sopra il quarto d'essa appresso il numero 36. si farà centro per tirare l'arco 2. 3., e seguenti, e poi in 3. si farà centro per tirare l'arco 8. 9. cogli altri più piccoli, e poi in 4., si farà centro per tirare l'arco 3. 6., e gli altri, e la linea 3. 8. condotta dal punto 3. 6. al punto 3. terminerà i primi archi 2. 3., siccome l'altra 3. 4. terminerà i secondi 8. 9., e gli altri archi. I terzi 3. 6. coi paralelli suoi termineranno nel mezzo, e così si porrà fare il primo giro dall'altra parte, seguendo poi fino al mezzo 6. con linee diritte. Altri fanno i frontespizj dal punto 3. volti in contrario mettendo il centro nel punto 6. come lo fa il Viola nel lib. 2. alla pag. 63. Altri lo fanno doppio sopra il tondo tirando il retto, il quale deve procedere dalla Cornice più ritirata in dentro, nè può aver tutti i membri per esser occupata dal tondo, che gli sta avanti portato dalla Cornice, che risalta più in fuori.

Palladio al lib. 1. del cap. 20. alla pag. 51. riprova i frontespizj, che non si uniscono nel mezzo, ma sono spezzati, e finiscono non ascendendo più che fino al punto 3., ove tutti i suoi membri finiscono a piombo, come si vede nella parte 7. X., questi frontespizj adunque condanna Palladio, perchè essendo così spezzati non pare, che servono a riparare la pioggia, pel cui uso sono stati introdotti; ma in ciò mi sembra abbia torto, perchè se potevo lasciare totalmente il frontespizio, e contentarmi della Cornice solamente, tanto più lo potrò coprire in parte, e lasciar l'altra scoperta, giacchè potevo lasciarla totalmente esposta all'acque. Sopra il frontespizio gli Antichi ponevano gli Acroterj *Acroteria*, i quali erano Piedestalli, o Zoccoli, che portavano le Statue, i quali sono i due V V, quel di mezzo era sul falso cadendo a piombo sul vano della Porta, ma i laterali cadevano a piombo sopra le Colonne, ovvero i Pilastri degli Angoli.

# DELL'ARCHITETTURA

## CAPO DECIMOQUINTO.

*De' varj modi d'innalzare le facciate.*

Rascorsi gli elementi tempo è, che veniamo a farne un composto, e diamo i modi di adornare qualunque facciata si sia proposta, e d'essa formarne qualche ben compartito, ed aggradevole disegno. Sono dunque sei principali i modi, coi quali si possono adornare.

Il primo adornando solamente le finestre, e le porte in varie guise, come si dirà; il secondo è a fasce, le quali in varj campi spartiscono tutto il sito; il terzo è la rustica; il quarto è a rilievi prominenti; il quinto a risquadri incavati nel muro; il sesto è cogli ordini già insegnati, che spartiscono la faccia in varj intercollunj, ovvero arcate, che portino le sue cornici. In questo Capitolo tratteremo de' primi cinque, riserbando gli altri a' Capitoli seguenti.

## OSSERVAZIONE PRIMA.

*In quanti modi s'adornino le finestre.*

Vitruvio nel lib. 4. al cap. 6. espone il modo di fare le porte de' Tempj, ma come egli prende la misura dell'altezza, non può servire per le Stanze, che molte volte essendo basse, farebbono la porta sì depressa, per cui impedirebbesi l'ingresso; nè punto parla delle finestre, o perchè le facessero senza ornamenti, come si vede nel Tempio di Bacco, che apporta il Serlio al lib. 3. nella pag. 19., nel Tempio della Pace alla pag. 21. ne' seguenti, o perchè non ne facessero, affettando l'oscurità per rendere più risplendente il fuoco de' sacrifizj. Per la qual cosa bisogna camminar per altra strada, e dare regole le più sicure, più universali, e men ligate per poter servire ad ogni genere di fabbrica.

La prima regola sia, che debbono le finestre esser tutte uguali, siano grandi le stanze, o piccole, le quali sono di seguito in un medesimo piano. Onde dovrà l'Architetto eleggere quell'altezza, che potrà accomodarsi a tutte le Stanze.

La seconda è, che siano ordinate corrispondentemente di quà, e di là del mezzo, o che siano tutte equidistanti fra loro, o solamente equidistanti quelle, che sono in equidistanza dal mezzo.

La terza si è, che non siano nè troppo grandi, come avverte Palladio al lib. 1. nel cap. 25., nè troppo piccole, perchè le troppo grandi rendono la Casa fredda, le troppo piccole la rendono oscura, e la sua larghezza non deve dipendere nè dall'altezza delle Stanze, nè dalla larghezza; ma come abbiamo detto de' poggioli, de' poggi, delle balaustrate, e scale, dalla comodità umana, e però dovrà la finestra esser di tal grandezza, che almeno due uomini vi si possano insieme affacciare, onde dovrà esser non meno di due piedi liprandi, nè più di tre. La quarta è, che la loro altezza, parlando della luce solamente, e del vano, nelle Doriche sia meno di due larghezze, nelle Joniche

niche di due larghezze, nelle Corinte di due larghezze, e mezza, e ciò non rigorofamente, ma appreſſo a poco fecondo la comodità, che porgerà l'altezza delle Stanze.

Laſt. 12. 13. 14. Trat. 3.

La quinta ſi è, che attorno alla fineſtra ſi farà ſempre una Cornice, la quale farà i fianchi, Erte, o Pilaſtrate della fineſtra dette *Antepagmenta*, o *Stathmi*, e volgendo ſopra eſſa formerà il ſupercilio, o ſuperliminare, e queſta fecondo il Serlio al lib. 4. alla pag. 22., e Palladio al lib. 1. nel cap. 15. alla pag. 55. ſi farà la ſeſta parte della larghezza della luce, o al più della quinta; per eſempio ſe la fineſtra è larga tre piedi, la cornice ſi farà mezzo piede, e i ſuoi membri faranno, quali abbiamo aſſegnato in ciaſcun'ordine alle cornici, che girano attorno agli archi, cioè una o più faſce dette da Vitruvio nel lib. 4. al cap. 6. *Cordæ*, e nella parte più eſteriore il Vovolo, o Gola rovefcia col fuo Cavetto.

La feſta è, che le fineſtre ſi potranno adornare in varie guiſe, e prima colle ſue cornici, che ſolamente le circondano, come nella Laſtra XIV. ſono le fineſtre A, M, e vi ſi può mettere ogni ſorta di cornici, che parerà, ſervata appreſſo a poco almeno la predetta proporzione. La feconda a fronteſpizio, quando ſopra alla cornice di circonferenza predetta ſe gli farà ſopra una cornice, che porti il fronteſpizio, come ſono le fineſtre ſegnate A. La terza è a cartelle, e volute, quando in vece di cornice, che le copra, ſi faranno attorno alla cornice ambiente cartelle, pelli, e volute, o fogliami, che adornano, come ſono nella Laſtra XIII. le fineſtre C. La quarta è a modiglioni, quando s'aggiungono alla parte d'avanti di quà, e di là due faſce, o piane, o ſcolpite, che finifcono in due modiglioni, i quali ſi avanzano in fuori, e ſporgendo, portano la cornice, che faccia ſottocielo ſopra la fineſtra, come è nella Laſtra XIV., la fineſtra L, e queſti modiglioni non dovranno eſſere più larghi della cornice ambiente. La quinta è quando s'adornano con colonne, e pilaſtrate, come ſe fuſſero porte, e di ciò daremo le ſue regole abbaſſo. La ſeſta è quando ſi abbelliſce con termini, e di ciò pure ſi dovran ſervare le regole, che nelle porte, e che ne' colonnati ſi preſcrivono. E queſti ſono i varj modi, coi quali poſſono ornarſi le fineſtre, ne' quali tutti ſi dovrà oſſervare, che non eccedano tanto in larghezza, che ſembrino poi nane in altezza. Onde le Doriche compreſi tutti gli adornamenti non faranno meno d'una larghezza, e mezza fino a due. Le Joniche arriveranno alle due larghezze, ma poco paſſeranno; le Corinte ſupereranno le due larghezze.

Circa il Poggio detto *Podium*, ſi farà almeno una cornice, che ordinariamente è di pietra, la quale ſporga in fuori, e porti gli adornamenti prendendo tutta la larghezza loro, quando non ſi faccia la cornice ambiente, che giri anche di ſotto, come nelle fineſtre M, M Laſtra XIV., o non vi ſia il poggio, o balauſtrato come nella Laſtra XIII., le fineſtre A, e C, o almeno compartito come nella fineſtra O Laſtra XIV., per la qual coſa tutte le cornici, e faſcie delle fineſtre non ſi faranno molto rilevate per non uſcire ſul falſo di ſoverchio; onde ſe ſi adorneranno le fineſtre colle colonne, o Atlanti, o ſimili adornamenti di gran rilievo biſognerà, che il muro inferiore ſia

molto

molto più grosso, e lasci tanto spotto, quanto sa necessario per portare almeno il vivo delle colonne, che le fiancheggiano. Circa le mezze finestre, o le finestre superiori s'ha d'avvertire, che la luce loro sia in tutte, o alte, o basse, che siano della stessa larghezza, e corrispondenza a piombo, la più alta colla più bassa, e se è necessario vi sia qualche differenza, che siano piuttosto le superiori più strette. Dovranno anche corrispondere a piombo i mezzi delle finestre, ne mai si collocherà una finestra sul piano, altrimenti, oltre la vista deforme, rendesi la fabbrica rovinosa, essendo tagliati dalle finestre superiori i muri, che sono fra gl'inferiori.

## OSSERVAZIONE SECONDA.

### Degli adornamenti, e proporzioni delle Porte.

LE Porte se sono delle Stanze, ordinariamente non s'adornano, ma se vorranno nobilitarsi, e adornarsi, serviranno le stesse regole, che danno proporzione alle finestre, ma se sono di tutta la Casa, oltre le regole, che abbiamo detto circa l'adornar le finestre, e circa i varj modi d'adornamenti s'osserveranno ancora le seguenti. Primo, che la Porta sia in mezzo, venga a qualunque modo si voglia il sito, o sia bisquadro, come esser si voglia, ed in caso che non si possa, piuttosto se ne faranno due in ugual distanza dal mezzo. Secondo, dovrà esser larga quattro piedi liprandi, e mezzo, o cinque, cioè tanto quanto possa entrare una Carozza, quando non fosse casa tanto plebea, che ciò non fusse necessario.

Terzo, non dovrà la luce sua esser tanto alta, che escluda gli adornamenti di sopra, essendo pur necessario almeno una qualche cornice, che porti frontespizio, ed in tal guisa in qualche modo nobilitarla.

Quarto, sopra la Porta dovrà sempre esser un vano, o sia finestra, o sia arcata, come si vede nella Lastra 13., e 14. nelle finestre L, A, C, O, e sue arcate.

Quinto, il liminare detto *Hyperthyrum* deve sollevarsi dalla strada almeno un mezzo piede per dare lo scolo alle acque interne, e proibire l'ingresso all'esterne, e deve essere di pietra dura per resistere alle ruote de' Carri, o Carrozze.

## CAPO DECIMOSESTO.

### Delle fascie, rilievi, bisquadri, e dell'opera rustica, con cui s'adornano le facciate.

SI diletta taluno in vece d'abbondare negli ornamenti delle finestre d'ornare il muro fra esse, che si fa ne' quattro predetti modi, de' quali assegnaremo qualche regola, e divisaremo le varie maniere in questo Capitolo.

# TRATTATO III. CAP. XVI.

## OSSERVAZIONE PRIMA.

### Dell'opera rustica.

L'Opera rustica il Serlio la confonde coll'ordine Toscano, e ne parla al cap. 5., come se fusse lo stesso, ma si vede non essere; perchè si può applicare a tutti gli ordini, ed infatti l'Anfiteatro di Verona, e quel di Pola d'opera Dorica sono però adornati con opera rustica. Secondo, perchè dell'opere rustiche ve ne sono di sì gentili, che possono servire al Corinto, siccome si vede nel Palazzo antico di monte Cavallo, che espone il Serlio al lib. 3. da pag. 76. Terzo, perchè di lui non si assegnono nè colonne, nè cornici, nè pilastri, nè membro alcuno, onde si deve dire, che sia un semplice adornamento nato dalla stessa natura della fabbrica di pietra, la quale già avendo le commisure delle pietre, come nel Collifeo di Roma ben adornate, le vollero far maggiormente apparire con farle rilevate, e prominenti. Vi sono dunque tre sorta di rustico; il primo è totalmente ruvido in faccia colle coste, ed angoli smussati, ed abbattuti, che propriamente si dice rustico, come sono nella Lastra 13. le arcate, e pilastrate B, O, a lastra di diamante, come nella lastra 12. il fondamento A, o a punta di diamante, come il fondamento D, e C, nella stessa lastra, o che finiscono in un punto come D, o in una linea, come è la striscia C, le quali debbon esser piane, e battute almen di grosso, se non di sottile. Il primo modo conviene al Dorico, il terzo al Jonico, il secondo si può accoppiare al Corinto, che è a lastre di diamante, come sarebbe A nella lastra 12. coi profili ben tirati, ed acuti.

Il primo rustico si adopera nelle porte della Città, o de'recinti delle Ville, ne'primi basamenti de'pilastri ove sono le finestre delle Cantine, ed in ogni altro luogo, ove si voglia fare ostentazione di robustezza, e sodezza, come si vede nell'arcate B lastra 13., e se si vorrà, si potrà anche mettere ne'Palazzi Urbani, giacchè evvi l'esempio del Palazzo del Gran Duca in Firenze tutto d'opera rustica. Il secondo però a punta di diamante converrà maggiormente alla Città, quale è il Palazzo prima de'Duchi, ora del Signor Marchese Villa in Ferrara. Il terzo è maggiormente adoperato, e quasi non vi è Palazzo, che non abbia o le cantonate, o le prime fondamenta compartite a quel modo. E non solamente si possono disporre a'corsi come nella lastra 12. A, D, C, ma anche a Gelosia, o a Mandola, come Vitruvio lib. 2. cap. 8. *opus reticulatum*, come si vede nella lastra 12. il muro B, e si potrebbono compartire non meno, che i lastricati in molte altre figure, come ho fatto in qualche occasione.

## OSSERVAZIONE SECONDA.

#### Dell'opera a fascie.

L'Altro modo d'ornar le facciate è compartirle in diverse fascie, le quali tirano dall'alto al basso, e siano risquadrate da fascie eguali per traverso, le quali giugnendo così nell'ultima fascia, che al livello corre da un fianco all'altro, e sostiene l'ultima cornice sotto il tetto, dividono tutta la facciata in varj campi, e corrispondenti, ne' quali son le finestre, tale è il muro C nella Lastra 12., e queste fascie non dovranno essere men larghe, che il decimo, o duodecimo della sua altezza, finchè incontrino l'altra fascia, che corre a livello, sopra cui corre una piccola cornice, ed indi segua sin al fine, in tal guisa che quando sia giunta al decimo, o duodecimo della sua larghezza, ivi trovi qualche fascia, o cornice, o altro ornamento, che l'interrompa, e poi di nuovo segua innalzandosi altrettanto; a questo modo è fatto il Palazzo nuovo del Serenissimo di Parma, in cui le fascie sono di ambe le parti continuamente accompagnate colle cornici in quella Città, ed in tal guisa ho fatto il Palazzo del Serenissimo Prencipe di Carignano a Racconigi, ove le fascie a piombo sono solamente attraversate dalle fascie a livello senza alcuna cornice, se non l'ultima, che è framezzo. Quì poi a Torino le fascie non sono piane, ma colla cornice, e scolpite a stelle, e divise non solamente dalle fascie, che corrono a traverso, ma anche dalle cornici, che l'interrompono, onde fanno una superbissima vista.

## OSSERVAZIONE TERZA.

#### Dell'opere a Rilievo.

SI dice opera a Rilievo, quando tra una finestra, e l'altra, o sovra, o sotto esse evvi un risalto colle cornici attorno, e compartito in qualche vaga figura, che accompagni il sito, come si vede nella Lastra 13. ne' compartiti F.; A questo modo in Torino sono adornati tutti i Palazzi di Piazza Reale, e fanno all'occhio una vaghissima pompa. Se ne servirono qualche poco i Romani, come si vede nel Panteon; se ne serve anche il Serlio ne' suoi disegni lib. 4. cap. 6. pag. 31., e 34., e altrove.

## OSSERVAZIONE QUARTA.

#### Dell' opera à Risquadri.

NOn differisce questa opera dall'antecedente, se non in questo solamente, che là ove l'antecedente risalta in fuori, questa s'incava in dentro, e finge come tanti Quadri attaccati tra le finestre, o sopra, o sotto esse, e negli angoli degli archi, accomodandogli colla figura al sito, ove sono. Tali sono gl'Incavi, e Risquadri C nella Lastra 14., e gl'Incavi G nella Lastra 13.

Questi sono i varj modi, che esclusi gli ordini, si possono adoperare negli adornamenti delle facciate, mischiandogli anche insieme, se piace, o adoperandone molti, o pochi, secondo piacerà abbondare negli ornamenti, o tenersi al massiccio. Per esempio si possono adoperare le pietre rustiche al primo ordine, non al secondo, le fascie farle correre a traverso non a piombo, e simile regola secondo altrui piacimento.

La st. 12. 13. 14. Trat. 3.

## CAPO DECIMOSETTIMO.
*Del modo d'ornar le facciate co'gli ordini d'Architettura coi Pilastri, e colle Colonne Isolate.*

Oltre i predetti modi si possono ornar le facciate, o tutte, o in parte cogli ordini dell'Architettura, le cui proporzioni, e simmettrie già ho insegnate, e solamente qui si ha da mostrare, come si uniscono insieme, e si compongono. Nel che s'ha d'avvertire; che quando e' un sol ordine, vi sono due modi di composizione, l'una di Pilastri uniti a Colonne, l'altra di Colonne solamente, o Pilastri soli isolati, e non attigui, ovvero annessi ad alcun Pilastro. Quando dunque s'adoperano i Pilastri, o Colonne unicamente si può fare in tre modi, o a Colonne equidistanti, e si dice Intercolunnio, o a Colonne, che sostentano gli archi, e si dicono Arcate, o a Intercolunnii, ed Arcate a vicenda, e tutti questi possono farsi, o colle Cornici Continue, o colle Cornici spezzate. E quanto al primo modo colle continue Cornici.

## OSSERVAZIONE PRIMA.

*Dell' Intercolunnio Dorico, Jonico, e Corinto.*

L'Intercolunnio si vede nella Lastra XII., il Dorico nelle Colonne G., e il Jonico nelle Colonne H., e lo stesso s'intende del Corinto, e son Colonne disposte, o tutte equidistanti, come le Colonne G., o alternatamente equidistanti come le Colonne H., E già come abbiamo detto si possono ordinare cogli spazj, secondo Vitruvio Lib. 3. Cap. 2. strettissimi, e si dicono Pygnostilos; più larghi, e si dicono Systilos; Proporzionati, e si dicono Eustylos; Più larghi del dovere, e si dicono Dyastylos, ed anche più larghi, e si chiamano Areostylos; ma lasciati questi due estremi, come deformi, assegnerò in ciascun' ordine le distanze, e strette, e medie, e larghe.

Nell' ordine adunque Dorico le strettissime distanze saranno di due metope, e due Triglifi, in tal guisa però che una metà d'un Triglifo cada sopra il mezzo della Colonna, e l'altra sopra l'altra, come sono nella Lastra XIV. le due Colonne FF., e l'altre EE., tra il centro delle quali cadono due mezzi Triglifi, due metope, ed un Triglifo intiero, e da mezza a mezza Colonna è la distanza di diti 60., cioè di moduli $4\frac{1}{2}$. Il mediocre è come nelle Colonne G., tra i centri delle quali s'interpongono due mezzi Triglifi, tre metope, e due Triglifi intieri, che è la distanza di diti 110. che sono moduli die-

Laft.12.
13. 14.
Trat.3.

ci, e s'interpongono tra il centro di Colonna, e Colonna due mezzi Triglifi, tre intieri, e quattro metope, e lo difegna il ferlio in una fua facciata al lib. 4. pag. 29. al cap. 6.

Circa il Jonico; Perche ogni Dentello colfuo fpazio è dita 4'. perciò due faranno dita 9. e otto faranno tre moduli cioè dita 36. Però aggiunti quattro Dentelli, che fono diti 18. faranno quattro moduli, e mezzo dita 54. e Dentelli 12., che s'interporranno tra i centri delle Colonne nell' ordine ftrettiffimo Pyenoftylos, o fyftylos. Nell' ordine mediocre s'interporranno Dentelli 16., che fon diti 72., o moduli 6: e farà l'Euftylos, i quali fono le due Colonne Laterali HH. nella Laftra XII. L'ordine Larghiffimo Pyaftylos, o Areoftylos farà di 20. Dentelli, che fono dita 90., e moduli 7½. quali fono le Colonne HH. di mezzo nella Laftra accennata.

Il Corinto avra per l'ordine ftrettiffimo tra i centri delle Colonne quàttro modiglioni, e quattro rofe, in tal guifa però che il mezzo d'un modiglione cada fopra il Centro della Colonna, e faranno diti 64., occupando una rofa con un modiglione diti 16., che fono moduli 5., e un terzo. Nel modo temperato faranno cinque modiglioni, e cinque rofe, che fono diti 80. che fono moduli 6., e due Terzi, Nell' ordine larghiffimo faranno fei modiglioni, e fei rofe, cioè diti 96., che fono moduli otto. L'Intercolunnio mediocre fi può vedere nelle due Colonne laterali LL. nella Laftra XII.

## OSSERVAZIONE SECONDA.

### Delle Arcate Doriche, Joniche, e Corinte.

LE Arcate fopra le Colonne fon riprefe dal ferlio al lib. 4. pag. 28. e 30. come cofa falfiffima, perche i quattro angoli dell' arco fopra il tondo della Colonna pafferanno fuori del vivo, e invero ancorche fi veggano in molte parti maffime ne' Clauftri antichi de' Religiofi, fono però dannabili, e prefi da Goti, che in quefto furono oltra modo licenziofi. Jo dunque coftumo in cafo, che la neceffità, ovvero l'altrui volere mi fpinga à mettere gli archi immediati fopra le Colonne, farle come moftra la pianta M. o N. Laftra 12. e riefcono beniffimo, e fe temo, che il piè dell' arco fia troppo debole, l'ordino di pietra.

Quando dunque fi vorranno fare arcate fulle Colonne s'ha d'avvertire, che le Doriche fiano non meno d'una larghezza, e mezza in altezza; ma meno che due. Le Joniche fiano almeno appreffo a poco due larghezze, e le Corinte piu di due larghezze fino a due, e mezzo; Tali le fa Palladio come fi puo vedere ne fuoi ordini nel lib. 1. Tali le fà lo Scamozzi, ne fi difcofta il ferlio nelle facciate fue al lib. 4., Tali anche le fa il Viola al lib. da pag. 58., e pag. 108., che quafi in tutto fegue Palladio. Solamente il Vignola ne fuoi ordini le fa in ciafcuno, fino nel Tofcano fteffo, piu di due larghezze, il che fatto fenz' occafione, o neceffità di fito pare in confeguenza, che l'ordine piu rozzo, e nano fia accompagnato dalle arcate tanto elevate, quanto il più fvelto. Il Cales perche non pone nulla del proprio

# TRATTATO III. CAP. XVII.

in questa professione seguita il Vignola nell' ordine Dorico Tom. 1. pag. 714.

Laft 12. 13. 14. Trat. 3.

Nell' ordine dunque Dorico tra centri delle Colonne s'interporranno cinque Triglifi, e cinque metope, in tal guisa però, che il mezzo d'un Triglifo cada sopra il Centro della Colonna, che saranno 150. diti, e moduli 12 ½. se dunque, si prenderà la metà di questa larghezza esclusi moduli due, che farà l'altezza dell' arco, e la si congiungerà coll' altezza della Colonna di moduli 14., sarà moduli 20 ½., e le due larghezze sarebbono moduli 21. sicchè l'arcata riesce meno delle due larghezze, ma non meno d'una, e mezzo, che sono moduli 15; che se bisognasse un poco renderla svelta, si aggiugnerà o sotto la Colonna un poco di Zoccolo, o sotto l'arco un poco di diritto, che se bisognerà intozzarla, si potrà fare un'arco men di mezzo tondo, cioè un mezzo ovato, ed Ellirico, o fare le Colonne moduli 13., come sono le Colonne O O O nella Lastra 12.

Nell'ordine Jonico tra centro, e centro di Colonna saranno Dentelli 32., che sono diti 144., che sono moduli 12.; onde l'altezza dell' arcata sarà moduli 20., levando due moduli dalla larghezza 12. per la grossezza della Colonna. La Colonna dunque è alta moduli 15. in quest'ordine, la metà della larghezza è diametri cinque, che fanno 20. quanto si richiede all'arcata Jonica.

Nell'ordine Corinto tra centro, e centro saranno modiglioni 10., e rose 10.; che fanno 16. diti, fra l'uno, e l'altro diti 160., che sono moduli 13., e ⅓ levati moduli due pel sodo delle Colonne, rimangono moduli 11., e ⅓ per la luce, e vano dell' arcata, che duplicata da' moduli 22., e ⅔ la Colonna è 19. moduli, e un sesto, la metà del voto 5. ⅔, sicchè l'altezza tutta sarà moduli 24., e sesti quattro, cioè due terzi più che il doppio della larghezza, che è solamente 22., e due terzi.

## OSSERVAZIONE TERZA.

*Degli Intercolunnj interposti all'Arcate nell'ordine Dorico, Jonico, e Corinto.*

Quando s'interpongono gl'Archi agli Intercolunnj, sopra le Colonne immediatamente va una cornice, che lega insieme le due Colonne, e sopra la Cornice colloca i suoi piedi l'arco, come si vede nella Lastra 12. nelle Colonne Doriche I, e nelle Corinte L, che sono legate insieme dalle Cornici P, e Q, le quali o possono esser Architravi, come P P, o Cornici mancanti, come Q Q, ovvero anche Cornici intiere, che però s'usa di raro, ma a qualunque modo che sia, si farà il tutto come nelle due precedenti, aggiugnendo però la metà tanto in larghezza, quanto è l'altezza della Cornice, per quanto premetteranno i Modiglioni, i Dentelli, o i Triglifi, che adornano le Cornici superiori, agli Archi.

Alla Cornice Dorica s'aggiugnerà, ed un Triglifo, ed una Metopa, benchè sia più che l'altezza dell'Architrave P, e saranno da un centro di Colonna all'altro sei Triglifi, e sei Metope da T all'altro T nella Lastra accennata.

Alla

148   DELL' ARCHITETTURA

Laſt. 12.
13. 14
Trat. 3.

Alla Jonica s'aggiugneranno quattro Dentelli, o ſei coi ſuoi ſpazj.
Alla Cornice Corinta due modiglioni, e due roſe, e ſaranno 12. roſe, e 12. modiglioni da un centro di Colonna all'altro, come nella Cornice V V della medeſima Laſtra, e ſi vede anche coi punti marcato ſulla pianta.

## OSSERVAZIONE QUARTA.

*Degli Intercolunnj degli altri ordini aggiunti Dorici, Jonici, e Corinti.*

Siccome il determinare le larghezze, e diſtanze delle Colonne fra loro dipende dai Triglifi, Dentelli, e Modiglioni, coſì anche deve ſuccedere in queſti aggiunti, eccetto il Toſcano, che è totalmente libero per non avere alcune delle accennate parti.

Circa dunque il terz'ordine Dorico un Triglifo, ed una Metopa occupa diti 22 $\frac{1}{2}$. Onde l'Intercolunnio ſtrettiſſimo ſarà allo ſteſſo modo tra centro, e centro di Colonna di diti 67$\frac{1}{2}$., che fanno tre Triglifi, e tre Metope, con queſto che la metà de' Triglifi cada ſopra il centro delle Colonne. Il più largo ſarà di quattro Triglifi, e quattro Metope da centro, e centro di Colonna al modo predetto, che ſono diti 90., che ſono moduli 7$\frac{1}{2}$. Il larghiſſimo poi ſarà di diti 112$\frac{1}{2}$ cioè di cinque Triglifi, e cinque Metope.

L'ordine Jonico ſecondo ha gl'iſteſſi Intercolunnj, che è il primo proprio, e già ſpiegato, eſſendo la medeſima diſtanza delle Perle nella Nicchia, che dei Dentelli.

Il terzo ordine ha le Perle, che ſon lontane fra loro diti 4., onde s'interporranno nello ſtrettiſſimo diti 56., che ſono Perle 14. nel più largo Perle 18., che ſono diti 72., o moduli 5., nel più ampio diti 84., che ſono Perle 21., e Moduli 6.

Circa il Corinto primo gode degli ſteſſi Intercolunnj, che il ſecondo proprio, e già ſpiegato avendo la ſteſſa diſtanza de' modiglioni.

Circa il Terzo i fiori nel ſuo mezzo ſono fra lor diſtanti dita 20., perchè il più ſtretto Intercolunnio ſarà di tre fiori, che ſono dita 100., prendendo ſempre da mezzo a mezzo fiore, e da centro a centro della Colonna.

## OSSERVAZIONE QUINTA.

*Delle Arcate negli altri ordini aggiunti, Dorico, Jonico, e Corinto.*

IL Toſcano, come ha l'Intercolunnio libero, coſì anche gli Archi, avvertendo ſolamente, che poco ecceda una larghezza, e mezzo la medeſima, ſe la neceſſità non richiedeſſe altrimenti.

Nell'ordine Dorico ſopraggiunto, e ſecondo, perchè le Metope coi Triglifi occupano diti 22$^{\text{t}}$, ſei Metope, e ſei Triglifi occuperanno diti 135., che ſono Moduli 11$\frac{1}{2}$, levatone due pel ſemidiametro d'ambe le Colonne, rimangono 9$\frac{1}{2}$: L'altezza dunque dell'Arco ſarà poco più, che 4., e un quarto, cioè due dita di più per la diminuzione delle Colonne, ciò che congiunto a' moduli 13., pe' quali s'innalza la Co-

lonna,

## TRATTATO III. CAP. XVII.

lonna, farà moduli 17., e $\frac{1}{2}$, onde farà meno, che le due larghezze, che farebbono 19. moduli.

Laft 12.
13. 14.
Trat. 5.

Circa l'ordine Jonico secondo, come l'abbiamo detto degl'Intercolunnj, si farà come il primo.

Il secondo ordine Jonico si farà di larghezza Perle 34., e ponendo diti 4$\frac{1}{2}$. per ciascuna Perla sono diti 153., cioè moduli 12. diti 9., de' quali detratti moduli 2. pel semidiametro delle Colonne restano dieci moduli, diti 9., i quali divisi per metà restano moduli 5., e diti 4$\frac{1}{2}$ pel semidiametro dell'Arco, che colla Colonna alta moduli 16. diti 2. fanno moduli 21. diti 6., e tali sono le due larghezze di moduli 10., diti 9., perchè duplicate fanno moduli 21$\frac{1}{2}$.

Il terzo ordine Jonico avrà Perle 40., che sono diti 160. a dita 4. per distanza di Perla, che sono moduli 13., e un terzo da centro a centro di Colonna; onde levati due per le semigrossezze rimangono pel vano 11. moduli, dita 4., la cui metà di cinque moduli, diti otto fa il semidiametro dell'Arco, che aggiunto a' moduli 17. diti 6. di altezza di Colonna fanno moduli 23., diti 2., e colla diminuzione 4., che è al doppio della larghezza, che è 23., diti 4.

L'ordine Corinto primo si curverà in Archi, conforme abbiamo detto del secondo, e verrà assai bene.

L'ordine Corinto terzo avrà di largo fra centri delle Colonne fiori 9. in distanza di 20. diti da mezzo a mezzo fiore, che sono diti 180., che fanno moduli 15., e levati due per le due mezze Colonne, resta il vano moduli 13., la cui metà dà la Saetta dell'Arco, cioè moduli 6., e mezzo; la Colonna s'innalza moduli 20, e mezzo, quali con moduli 6., e mezzo fanno 27. più che le due larghezze, che sono 26.: si potrà anche fare d'otto fiori, che sarebbono diti 160., e sono moduli 13., e mezzo; onde il vano sarebbe di moduli 11. dita 4., e la metà 5. dita 8., che colla Colonna farebbono moduli 26. diti 2., quando le due larghezze sarebbono moduli 22$\frac{1}{2}$. Dell'Architettura colle Cornici spezzate ne parleremo abbasso.

## CAPO DECIMOOTTAVO.

*Del modo di ornar le facciate cogli ordini d'Architettura colle Colonne annesse, ovvero vicine ai Pilastri.*

Questa è la seconda maniera di ornare le facciate, il che si può eseguir in tre modi, cioè o con gl'Intercolunnj, o colle Arcate, o pure interpolatamente con Arcate, e Intercolunnj; come per prendere con una figura tutti tre i modi diamo l'esempio nella Lastra 13. ove l'Arcata è HH; gl'Intercolunnj sono EE, i quali sono piuttosto porte tra i Pilastri, ed a questo modo in Torino è adornata la Piazza, che chiamano del Castello.

## OSSERVAZIONE PRIMA.

*Laſt. 12. 13. 14 Trat. 3.*

*Dell'Arcate fra Pilaſtri nell'ordine Dorico, Jonico, e Corinto.*

PRimieramente i Pilaſtri, o ſiano anneſſi alle Colonne, o ſiano diſtaccati da eſſe, o ſiano colle contracolonne, come nella Laſtra 13. i Pilaſtri H E, o nella Nicchia, o ſenza contracolonna, ſi faranno almeno tanto larghi, quanto è il Dado della Colonna, e un dito di più, e quando ſon due, come nell'eſempio tengono i Pilaſtri E H ſi faranno al doppio larghi, e groſſi quanto il muro, che vi va ſopra.

Secondariamente ſe vi ſono contracolonne dette *Paraſtatæ*, ovvero *Stathmi*, le quali ſono nella Laſtra 13., e ſegnate I, I; le Colonne ſi porranno diſtanti da eſſe, quanto ſono i due aggetti, o ſporti del Plinto. Se ſaranno Colonne, o Pilaſtrate, o Laſene, o Colonne quadre, che chiamanſi, ſiccome le I I, I I, ſi faranno avanzate tanto dal muro, quanto è la Cornice dell'impoſta, e qualche coſa di più, ſpezialmente le Colonne, le quali come avverte il Vignola, e traſcura Palladio, debbono eſcire per paleſare la loro rotondità, e raccoglier le Cornici dell'impoſte, almeno due terzi del Diametro fuori del muro.

In terzo luogo l'Arcata dovrà eſſer più baſſa tanto, quanto almeno baſti per capirvi la Cornice ambiente, ſi può anche fare, che la ſommità della Cornice ambiente s'aggiri ſotto il Collarino della Colonna, che ſcorra a lungo del muro, come ſi vede in K nella Laſtra 13., che ſi chiamava *Protherides*, o *Proceres*, e ſi ſuole ſcolpire con teſte di Leone, o Maſcherone.

In quarto luogo s'avrà avvertenza d'innalzare l'arcate, e li ſpazj fra le pilaſtrate nell'ordine Dorico meno di due larghezze, nel Jonico le due larghezze, e nel Corinto più che le due larghezze; pertanto ſi prenderà l'altezza della Colonna con Baſe, e Capitello, e ſe ſi vorrà, che corra il Collarino fino ad eſſo eſcluſivè, e queſta altezza prima, levati 5. diti per la Cornice ambiente l'arco, diviſa per mezzo ſarà la larghezza, che ſi dovrà dividere unita colla larghezza del dado della Colonna per le diſtanze de' Modiglioni, o Dentelli, o Triglifi preſi da mezzo a mezzo, e ſe la diviſione viene preciſa, ſta bene; ma ſe vi è qualche coſa di più, s'unirà colla larghezza della Pilaſtrata, la quale unita colla larghezza del vano dell'arco dovrà capire preciſamente il numero predetto dividente, ſenza che reſti coſa alcuna nell'ordine Jonico.

Se però ſarà ordine Corinto ſi prenderà meno della metà della predetta altezza, ſe ſarà Dorico più, affinchè venga l'arcata meno, ovvero più ſvelta ſecondo l'eſigenza dell'ordine; per eſempio la Colonna Corinta ha moduli 10., e un terzo, che ſono diti 144. levati diti 6. ſono 238., la metà è 129., aggiunto il baſamento diti 34. fa diti 153. diviſo queſto numero per lo ſpazio de' modiglioni diti 16. danno ſpazj 9., e reſtano 9. diti, che nell'ordine Corinto fa più ſvelta l'Arcata, per la qual coſa levata la larghezza del Plinto 34., e dita 9., reſtano 110. dita per l'Arcata, ma ſi farà di 108., ed in tal guiſa ſi farà più ſvelta, e ſi darà più luogo alla cornice ambiente, che

coſì

così resteranno diti otto per essa. In tal modo si potrà specular in ogni ordine, onde lo lascio all'ingegno, ed industria de' Virtuosi.

In ultimo luogo, se non potesse l'Arcata arrivare alla debita proporzione, che si vuole, si potrà ajutare secondo farà bisogno, e si porrà per renderla più svelta accrescere le pilastrate, ed aggiugnere qualche Zoccolo, o eleggere minor numero de' Modiglioni, Dentelli, o Triglifi, e per deprimere eleggere al contrario maggior numero delle dette parti, oppure sciegliere le Colonne menosvelte, o far che l'arco non arrivi fino alla Cornice, ma resti sotto al Collarino della Colonna con tutta la Cornice ambiente.

*Last. 12. 13. 14. Trat. 3.*

## *OSSERVAZIONE SECONDA.*

### *Delle Pilastrate senza Archi.*

Quando si vorranno fare Pilastrate senz'Archi si faranno d'altezza fino all'imposta, ed il sopraciglio L si farà un poco più basso, lasciando correre l'imposta sopra esso, e per far proporzionato il vano all'ordine, che si adopera, si prenderà l'altezza fino all'imposta meno cinque diti, che servono per la fascia L, e questa divisa per mezzo si dividerà come sopra per la distanza de' Modiglioni, Triglifi, o Dentelli presa da mezzo a mezzo, e nell'ordine Corinto si lascierà, che resti qualche residuo; nel Jonico, che la divisione sia senza residuo; nel Dorico si prenderà qualche cosa di più, che non capisce nel numero diviso.

## *OSSERVAZIONE TERZA.*

### *Delle Pilastrate congiunte colle Lasene, o colle Colonne sopra i Piedestalli.*

Le stesse regole si debbono osservare per le Colonne, che sono sopra i Piedestalli, avvertendo però, che l'altezza si ha da prendere con tutto il Piedestallo; come nella lastra 13. l'altezza fino al Collarino con tutto il Piedestallo M N è moduli 20., che danno diti 240. detratte dita 4. per la Cornice ambiente restano 236. la metà è 118., aggiunto il Pilastro, che dovrà esser grosso almeno quanto il Plinto del Piedestallo, cioè diti 42. saranno diti 160., che capiranno Dentelli 34. dividendo per dita 4., e mezzo, che è la distanza de' Dentelli da mezzo a mezzo, e resteranno 7., levato adunque un Dentello, che sono 4., e mezzo, e così resterà 155., e mezzo, e possiamo dire 156., che sono moduli 13., e tanto è fra centri delle Colonne O O. Allo stesso modo si faranno le Pilastrate senz'Archi.

*OSSER-*

## OSSERVAZIONE QUARTA.

*Delle Lafene, o Contrapilaftrate fole, ed accompagnate colle Colonne.*

Avanti di proceder più oltre, necessario confidero di avvertir qualche cosa circa le Contrapilaftrate dette *Paraftatæ*, o *Stathmi*; quando saranno congiunte colle Colonne si dovranno fare scanalate, e sode com'esse, ma non dello stesso colore, e però se le Colonne sono e di marmo, e di colore oscuro, elleno debbono essere di marmo, e di color chiaro, o all'opposto, e ciò per farle spiccare.

Se poi non saranno congiunte colle Colonne, o accompagnate con esse si potranno ornare differentemente dalle Colonne, così si vede nella lastra 14. la Lesena, o Contracolonna S scanalata per traverso dentro un risquadro, e l'altra pur S risquadrata pure con un pendone di gemme, così si può scolpire a fogliami, a Rabeschi, a Candelliero, a Grottesco, a Trofei, a Festoni di foglie di frutti, a Fiori, a Scaglie, a Colane, a Chiodi, a Bende, a Compartimento, a Cartelle, a Medaglie, ed in qualunque altro modo, che possa scolpirsi in un fregio.

## CAPO DECIMONONO.
### Della mescolanza degli ordini, e loro legamenti.

Si mischiano gli ordini insieme, quando in una facciata s'adoperano ordini diversi, si legano, quando si mescolano col Rustico, e coll'opera a punta di diamante, o simile.

La mescolanza si fa in tre modi, o soprapponendo Colonna a Colonne, o Lafena a Lafene come nella lastra 13. le Colonne P P sopra le Colonne M N, o nella 14. per gli ordini mancanti D, D, D, D, sopra le Colonne inferiori E F, ovvero frapponendo un'ordine all'altro, come è l'ordine F frapposto all'ordine E O. Finalmente inferendo un'ordine coll'altro, che è mia propria invenzione come è l'ordine Q inserito nell'ordine P, de' quali modi tutti faremo alcune osservazioni per ben esercitarli.

## OSSERVAZIONE PRIMA.
### Della soprappofizione degli ordini.

Quando si sovrappone un'ordine all'altro per sentimento del Serlio al lib. 4. nella pag. 65., sarà meglio fare le Colonne inferiori senza Piedeftallo per farle più grosse, ed aver maggior campo da diminuirle, con tutto ciò non è regola necessaria; in questo medesimo luogo assegna quattro modi di soprapporre le Colonne ad altre Colonne.

Il primo è di fare il Timpano del Piedeftallo largo quanto è la Colonna d'abbasso; onde il modulo della Colonna superiore sarà otto dita, lasciandone 4. per l'aggetto della base, che si farà il più piccolo, che si potrà.

Il secondo è di Vitruvio nel lib. 5. al cap. 7. ove dice: *Columnæ summæ medianarum minus sint quarta parte, Epistylia, & Coronæ quinta parte*, e di sopra parlando delle Colonne medie: *Supra podium columnæ cum Capitulis, & spinis aliæ quarta parte ejusdem Diametri*. Sicchè a questo modo il modulo delle Colonne superiori sarebbe dita 9., e la fronte, o timpano del Piedestallo dita 24., la base sporgerebbe dita tre, ed a questo modo son diminuite le Colonne PP dalle Colonne inferiori nella lastra 13., benchè per essere Corinte eccedano i tre quarti: circa poi alla Cornice Vitruvio vuole, che sia men diminuita, che la Cornice inferiore del quinto; ma io la lascierei nella sua proporzione supplendo l'aggetto a ciò, che desidera Vitruvio, perchè essendo più distante, comparisce proporzionata, quando vedendosi più obbliquamente per l'altezza, gli aggetti compariscono maggiori, e suppliscono alla diminuzione della lontananza.

Last.12. 13. 14. Trat. 3.

Il terzo, ch'egli pone, fu osservato nel Teatro di Marcello, ed è, che le Colonne siano tanto grosse abbasso, quanto l'inferiori alla cima; onde sarebbono di 10. dita di semidiametro.

Il quarto è posto in opera nel Collifeo Romano, ed è di fare le Colonne superiori senza alcuna diminuzione, massimamente quando s'avessero a soprapporre molti ordini sopra gli altri, come sono nel Collifeo, e tanto più, quanto che le Colonne fossero annesse al muro, come son quelle, ovvero fossero contrapilastrate.

Ma a qualunque modo si faccia, in primo luogo gli aggetti massime de' Piedestalli, e delle Basi si faranno scarsissimi.

Per secondo i membri delle Basi, o Basamenti delle Colonne, e Piedestalli si faranno di quelli, che hanno ò poco, ò niuno aggetto, come di Tori, d'Astragali, Cavetti, e simili, e ciò affinchè non sieno mangiati dal Dado, e Plinto inferiore.

Per terzo, che i Plinti siano più alti dell' ordinario, acciocchè non restino totalmente coperti dalla Cornice inferiore, e perciò si farà Lesbia, cioè che la faccia non sia a piombo, ma sia ripiegata in fuori come si vede nella Lastra XIV. nella Base X, e Zoccolo X, la qual piegatura da Vitruvio si chiama *Lysis*, e si faceva nella Base, perciò chiamata Lesbia, e si vede nella Base delle Colonne dell'Arco trionfale di Verona, come si può avvertire nel Serlio nel lib. 3. alla pag. 131. nella figura segnata G, e nel fregio segnato D.

Per quarto gli ordini superiori saranno i più svelti, così vediamo essere stato fatto nel Collifeo, ove l'inferiore è il Dorico, sopra cui il Jonico, indi più alto il Corinto, e finalmente il Composto. Così si vede nel Portico di Pompeo, dove il primo è Dorico, il secondo Corinto: Così nel Teatro di Marcello, dove il primo è Dorico, il secondo è Jonico.

In quinto luogo i membri nelle Cornici saranno pochi, e grandi, e solamente quei, che servono per distinzione degli ordini, ò poco più, onde si lascieranno le piccole gole rovescie, e tutti i membri più minuti, e così fecero i Romani nella Cornice dell' ordine composto nel Collifeo, che fecero semplicissima.

Per sesto, che i centri delle Colonne cadano l'uno sopra l'altro a piombo, e se la fabbrica si ritira in dentro assai, sulla stesfa linea in ifquadro col muro, e s'è tonda fulla fteffa linea, che và al centro.

## OSSERVAZIONE SECONDA.

### Della fuperpofizione de' Termini, e delle Statue.

NOn è neceffario diminuire l'altezza dei termini, ma folamente offervare gli avvertimenti precedenti; poichè già da fe fono ordini mancanti trovati efpreffamente per fupplire, ove non è fufficiente altezza per compartire un' ordine; onde bafterà farli tanto larghi, quanto fon groffe le Colonne inferiori alla cima; come fono i termini a' modiglioni D D nella Laftra XIV.

Circa poi alle Statue fopra le Colonne fi faranno un terzo della Colonna con Bafe, e Capitello, e tali fono nel Tempio di Nerva, che adduce Antonio Labacco alla pag. 14., e maffime quando la vifta le vedrà troppo obbliquamente, e tali fono le Statue R nella Laftra XIV.

Però quando fi potranno vedere in una diftanza proporzionata farà fufficiente, fe fiano di un quarto, e tali fono al Tempio di Giove, ch' efpone Palladio nel lib. 4. al Cap. 12. alla pag. 43., ma per lo più fono le Statue, che egli pone fopra le Colonne i due fettimi di effa Colonna comprefa la Bafe, e il Capitello.

I Piedeftalli delle Statue per ordinario fi fanno due terzi della Statua larghi di Timpano, quanto ella è nelle fpalle, bafterà però anche la metà, quando la neceffità del poggio, ò d'altra corrifpondenza non richiegga altrimenti.

## OSSERVAZIONE TERZA.

### Della interpofizione degli Ordini.

QUegli Ordini, che s'interpongono ad altri, debbon effer d' inferior condizione, ò al più la fteffa, ma meno ornata; così fece Palladio attorno alla Sala pubblica di Vicenza, ove tutte le Colonne fon Doriche; ma l'interpofte meno ornate, e così le fuperiori fono Joniche; ma eziandio l'interpofte meno adornate. Io nella Laftra XIV. faccio le Colonne E E Corinte, e l'interpofte F F Doriche; fi poffono fare come fono nell' efempio due Intercolunnj, e in mezzo un' arco, ed anche fenza intercolunnj, ma in qualunque maniera, che fi faccia, bifogna, che le Pilaftrate G G G G fieno tanto fpinte in fuori, quanto è l' aggetto della Cornice fegnato colla linea puntata H H H nella fteffa Laftra. Del refto fi offerveranno le fteffe regole, che abbiamo efpofto nel far l'Arcate, e gl' Intercolunnj, come ognuno può vedere.

# TRATTATO III. CAP. XIX.

## OSSERVAZIONE QUARTA.
### Dell' inserimento degli Ordini.

Laft. 14.
Trat. 3.

S'Innesta un Ordine coll'altro, quando l'inferiore accorda la sua Cornice coll'Architrave dell'altro, in tal guisa, che quello, che è membro, e molto sporge nell'inferiore, sia fascia nel più elevato, come si può vedere nelle due Cornici nella Jonica T, che s'accorda coll'Architrave Corinto, ed V con la Dorica, che s'accorda pur collo stesso nella Lastra XIV.; Egli è vero, che bisogna alterar un poco qualche membro, ma non è alterazione, che lo deformi, e renda disdicevole, come si può vedere, e misurare nelle predette Cornici T, e V della Lastra medesima.

E' mestiere anche accordare i Triglifi coll' Arcate, ed Intercolunnii in tal guisa, che il Triglifo corrisponda ai modiglioni, ed un Triglifo venga in mezzo all' Intercolunnio, ed in mezzo all' Arcata, che non è poca difficoltà, come si vede nell' Ordine QQ dell'Ordine Dorico intrecciato coll' Ordine Corinto PPPP alla Lastra XIV., ove si può conoscere, che questo modo riesce ornatissimo entrando il Jonico, e Dorico dietro al Capitello Corinto, e stendendogli un ornatissimo fregio.

In quanto alle misure saranno le seguenti del Dorico, e Corinto; Architrave Dorico, e prime foglie Corinte diti 8. fregio fino all' altezza delle scanalature, e resto del Capitello fino all'Abaco 16.

| | | | |
|---|---|---|---|
| Campo delle Metope, che resta senza Scanalature, ed Abaco del Capitello Corinto diti | 2. | Gocciolatojo del Dorico, e fascia terza dell'Architrave Corinto | 4. |
| Fascia seconda sopra le Metope, e fascia prima dell' Architrave Corinto | 2. $\frac{1}{4}$ | Astragalo, o Cavetto | 1. |
| | | Listello | $\frac{1}{2}$ |
| Gola rovescia, e seconda fascia dell'Architrave Corinto | 3. | Gola dritta Dorica, Gola rovescia Corinta | 3. |
| | | Listello sopra essa dito | 1. |
| Listello sopra la Gola, e bastoncino dell'Architrave | 1. | | |

Le misure poi del Jonico, e Corinto saranno queste.

Architrave fino a mezzo alle seconde foglie, e il fregio prenderà il resto dell' altezza del Capitello Corinto.

| | | | |
|---|---|---|---|
| Gola rovescia col Listello Jonico, e prima fascia dell' Architrave Corinto diti | 3. | Listello sopra essi dito | 1. |
| Dentello Jonico, e seconda fascia Corinta diti | 3. $\frac{1}{2}$ | Gola diritta Dorica, e rovescia Corinta | 3. |
| Listello, e Bastoncino | 1. | Listello | 1. |
| Gocciolatojo, e terza fascia | 4. | | |

I Triglifi con le Metope occupano diti 30., e tanto occuperanno due modiglioni, e due rose, cioè 6. saranno per li modiglioni, e

156      DELL' ARCHITETTURA

Laft.14. dita 9. per le rofe, e così s'accorderanno le rofe, e i modiglioni, co-
Trat.3. me i Triglifi, e le Metope.

Parimente i Dentelli faranno larghi dita 4., due diti, e mezzo faranno per la fronte del Dentello, ed un dito, e mezzo per lo fcuro: onde otto Dentelli faranno diti 32., e così faranno quanto è il naturale fpazio di due modiglioni, e due rofe, che fono 16. dita per ciafcuno modiglione, e rofa.

E perchè fi diminuifce lo fpazio de' modiglioni d'un dito, quando s'accompagna con la Cornice Dorica, quindi bifogna avvertire, che lo fporto della Cornice Corinta fino a' modiglioni dev' effere di dita 8., che così la Colonna, che è al fupremo fcapo è dita 20., coi due fporti di otto dita, che fono 16., farà dita 36. quanto occupano tre modiglioni, e due rofe, ciò ch'è neceffario quando la Cornice fi ritira, e rifguarda fopra la Colonna.

## CAPO VIGESIMO.

*Degli Ordini legati, e fciolti, ovvero interrotti.*

Ltre le predette maniere d'ornare le facciate vi fono anche due altre forte di variazioni. L'una è quando fi legano gli Ordini con qualche pietra, che gl' interrompe; l'altra è quando fi tagliano, e il lor corfo fi lafcia interrotto da qualche vano, ed ambidue i modi ben adoperati non folamente non fono difettofi, ma dilettevoli affai alla veduta, e graziofi infieme.

## OSSERVAZIONE PRIMA.

*Delle varie forte di legamenti.*

SI legano in varie guife gli ordini; Il primo, e più comune con pietre ruftiche, o a punta di Diamante, come è l'ordine B nella Laftra XIV., dove la Colonna Dorica è legata da pietre ruftiche, e fi fa dividendo l'altezza della Colonna in parti difuguali, a cagion d'efempio in nove, e le parti uguali per efempio quattro fi danno alla legatura ruftica, le cinque al fufto della Colonna, come fi vede nella Colonna Y, ed alle volte fi fa fcanalato il fufto, ma non le pietre ruftiche, alle volte ambidue, ed altre nè l'uno, nè l'altre, nè debbono le pietre effer molto rilevate, ma al più un dito, e mezzo.

La feconda maniera è con feftoni, o bende, che fi fingono di baffo rilievo, avvitichiati alle Colonne, e quefto s'adopra fpezialmente nell'Ordine terzo Corinto fatto a fomiglianza di onda.

Il terzo modo è un qualche annello, ò fibbia, che fi mette ordinariamente al terzo della Colonna quando fono di due pezzi per coprire la conneffione, ma non è modo troppo applaudito, e folamente introdotto dalla neceffità. Ed in quanto alle fibbie l'ho talvolta pofte non folamente nelle Colonne, ma ne' Cornicioni, come fi vede

nella

nella Laſtra XIV. in Z, che non fa mal'effetto; ma biſogna, che leghi ſolamente la gola ultima diritta, ed il Gocciolatojo.

Laſt. 14. Trat. 3.

Il quarto con qualche veſte, come fa il Serlio nelle ſue cinquanta Porte, nella Porta decimaterza, ove veſte le Colonne con una intrecciatura di ceſta, ò di ſtuoja.

## OSSERVAZIONE SECONDA.
### Degli Ordini interrotti.

S'Interrompono gli Ordini, quando la loro Cornice in vece di ſeguitar ſopra l'Arco, viene interrotta del medeſimo Arco, ò in tutto, ò in parte, interrompendo, ò tutta la Cornice, ò ſolamente l'Architrave, ed il fregio, ò l'uno dei due, ed allora il fronteſpizio l'uniſce, come ſi vede in R alla Laſtra XIV., dove la Cornice è totalmente interrotta, piegandoſi in dentro, e terminando al ſolito, ed il fronteſpizio l'uniſce aſcendendo l'Arco fino al livello della Cornice, e ſe vi ſarà l'Arco ſotto come in R, ſi potrà fare ò l'uno, ò l'altro fronteſpizio tanto curvo, quanto angolare, ma ſe non vi ſarà alcun'Arco, come ſi può fare, dovendo allora il fronteſpizio ſervire per Arco, ſi farà tondo.

## OSSERVAZIONE TERZA.
*Non ſolamente ſi legano col ruſtico le Colonne, ma anche le Cornici medeſime.*

QUeſto l'ho veduto con bell'effetto in uſo in diverſe porte di Giardino; anzi n'ho veduto di ſimili Cornici un Palazzo intiero, ed il Serlio nelle ſue cinquanta Porte ſi ſervì di queſto modo nella quinta, nella ſeſta, nella ſettima, nella diciotteſima, nella decimanona, nella venteſima prima, ſeconda, e nona.

## CAPO VIGESIMOPRIMO.

*Del rendere proporzionata la Proſpettiva, che ſembri difettoſa per cagione della viſta.*

DUe cagioni principali poſſono una, e ben proporzionata Architettura in ſe far parere deforme, e ſpiacevole agli occhi noſtri: Una è la forza della noſtra immaginativa, che paragona, e giudica, quando diſtornata dalle coſe vicine degli oggetti veduti, forma ſiniſtro giudizio; come per darne un eſempio: Io tiro le linee in iſquadra aſſai giuſtamente alla viſta ſola, in tal guiſa, che rade volte m'inganno; ma ſe ſulla carta evvi un'altra linea già tirata a caſo, ſenza che ſia in iſquadra, quella mi ſorprende il giudizio, nè mi laſcia operare giuſtamente: Onde Vitruvio nel lib. 6. al cap. 2. dice; *Cum conſtituta ſymetriarum ratio fuerit tunc etiam*

*etiam acuminis est proprium substractionibus, vel adjectionibus temperaturas efficere; non enim veros videtur habere visus effectus; sed fallitur sæpe ab ejus judicio mens.*

L'altra cagione principale è il sito, quando, ò debbon esser mirati gli oggetti, ò da luogo troppo vicino, ò troppo lontano. Il primo inganno non si può emendare, se non con un buon giudizio, e con sapere come in tale occasione apparifcono gli oggetti, affinchè l'Architetto possa dare il conveniente rimedio; l'altro inganno ha qualche regola certa, che lo corregge, e circa il primo porremo le seguenti Osservazioni,

## OSSERVAZIONE PRIMA.

*Tutti gli Oggetti, che si veggono in un largo sito, apparifcono piccoli, e minuti.*

Questa Osservazione la esperienza la conferma, e la ragione l'approva, perchè comparato col grande estremamente il piccolo appare più piccolo di quello, che egli è; così quando in un gran campo si pongono i fondamenti, e già si veggono distinte le Camere, e le Sale, essendo condotte a fior di terra sembrano piccole, che poi innalzate le mura divengano grandi agli occhi nostri. Così un gran Palazzo appresso a qualche scoglio non par molto grande, rendendolo piccolo la grandezza del vasto sasso vicino.

## OSSERVAZIONE SECONDA.

*Ogni Oggetto più elevato sopra d'un Monte, che lo domina, appare basso.*

Ciò si vede chiaramente nelle Città edificate su i Monti comparate con altre innalzate in una gran pianura, che in quelle le Torri sembrano molto alte, in quelle benchè altissime non apparifcono d'eccessiva altezza.

## OSSERVAZIONE TERZA.

*Tutto quello, che si vede in luogo chiuso da muri, ò circondato da essi, sembra più grosso; quello, che si vede all'aperto circondato d'aria, pare più sottile.*

Questa proposizione la conobbe anche Vitruvio nel lib. 6. al Cap. 2. *Non eadem species esse videtur in concluso, dissimilis in aperto*, e ciò avviene non tanto dalle linee visuali, che veggano l'oggetto con angolo differente, perchè si presuppone sia lo stesso, ma dalla forza delle ombre, perchè nel chiuso l'ombre sono più cariche, e fanno vedere più terminati gli oggetti, che nell'aperto, venendo il chiaro da tutte le parti, non così alla vista gli rappresenta distinti. Perciò Vitruvio nel lib. 4. al Cap. 4. comanda, che le Colonne interne

terne fieno men groffe delle efteriori ne' Portici doppj un nono. *Craf- situdines autem earum extenuentur bis rationibus uti fi octava parte erunt, quæ sunt in fronte kæ fiant novem partes.*

## OSSERVAZIONE QUARTA.

*Tutti gli Oggetti, che fono fotto l'occhio pajono più ruvidi, e groffieri che i lontani dall'occhio.*

Questa pur anche è veriffima Offervazione dell'Aquilonio nel lib. 4. alla prop. 11., effendo che l'occhio in qualche diftanza non vede le minime parti diftinte, e però non può conofcere la ruvidezza degli Oggetti, che confifte nella inegualità delle minime parti. Onde anche i Pittori non finifcono coll'ultime diligenze quei quadri, che fi hanno a vedere da lungi.

## OSSERVAZIONE QUINTA.

*Quanto in più numerofe parti fono divifi gli Oggetti, tanto apparifcono più grandi, e men numerofe apparifcono più piccoli.*

Questa Offervazione fu conofciuta anche da Vitruvio al lib. 4. del Cap. 4., il quale offervò, che le Colonne fcanalate fempre fembrano più groffe delle lifcie. *Hoc autem,* dice egli, *efficit ea ratio, quod oculis plura, & crebriora figna tangendo majore vifus circuitione pervagatur.* E ne adduce la ragione, perchè la vifta più fi dilata, vedendo più fuperfizie rilevate dal piano, perchè non folamente vede il piano, ma di più i loro fianchi, ò curvità, per le quali più fi diffonde.

## OSSERVAZIONE SESTA.

*Gli Oggetti, che fono bianchi pajono più grandi, che di colore ofcuro, ò nero, e più illuminati.*

Si prova oltre all'efperienza da quel dettato Filofofo, che *album eft difgregativum vifus.* Il bianco ha forza di difgregar, e dilatar la vifta, e perciò le cofe bianche pajono fempre maggiori di quelle, che fono d'altro colore; maffime che nel bianco ogni finuofità fi conofce a motivo dell'ombre, che nel bianco più fi vedono, che in qualunque altra fpezie di colore; Che poi apparifcono più luminofe è sì manifefto, che nelle Contrade ftrette, ed ofcure per aver luce maggiore nelle ftanze bafta imbiancare l'oppofto muro del Vicino.

*OSSER-*

## OSSERVAZIONE SETTIMA.

*Il luogo, ovvero Oggetto più illuminato sembra maggiore di quello, che sia l'oscuro.*

Perchè l'ombra degli Oggetti maggiormente fa distinguere le prominenze, e tutti i loro risalti, perciò la vista maggiormente si stende. Così le parti minute maggiormente si veggono, onde l'immaginazione nel veder molte cose si persuade, che il luogo sia molto capace.

## OSSERVAZIONE OTTAVA.

*Un' Oggetto rustico appresso ad un pulito, brutto appresso al bello, di vivace colore appresso un men vivace maggiormente spicca, e par più bello, e più grande.*

Questa Osservazione ne viene da quel principio Filosofico, *opposita juxta seposita magis elucescunt*, che spiccano maggiormente, e fan pompa di se più grande gli oggetti posti al paragone de' suoi contrarj.

## OSSERVAZIONE NONA.

*Tutti quegli Oggetti, che sono traforati, pe' quali si veggono altri d'altra simmetria, che siano maggiori di essi restano confusi, ed anche talvolta se sono minori.*

Chiaramente si conosce da un' esempio: da che Papa Innocenzo X. fece fare la Cattedra di S. Pietro dietro il Tabernacolo di bronzo traforato fatto prima da Urbano; a quelli, i quali vi entrano in S. Pietro, quel Tabernacolo non fa più sì pomposa, e vaga vista, di quello, che faceva quando isolato, non restava interrotto, e confuso dall'Architettura posteriore della Cattedra. Le Colonne pur interne della gran Piazza, che fece fare Papa Alessandro sembrano confuse, se non si mirano dal Centro.

## OSSERVAZIONE DECIMA.

*Dell' emendare i predetti disordini.*

Ciò non si può fare con regola sicura, perchè dipendendo dall'immaginazione, e avendo gran varietà d'accidenti è impossibile a tutti di poter assegnare il loro proprio rimedio, il quale sarà facile, quando sarà manifesta la cagion dell'errore; poichè allora non sarà necessario, se non servirsi dell'opposto modo; quel che par grande farlo più piccolo, acciocchè sembra eguale; quello, che è troppo chiaro devesi far oscuro; quel che è troppo ruvido si deve ripulire; con una certa discrezione però, e giudizio pratico, acciocchè non dia

nell'

nell' opposto, e si verifichi il proverbio; *Incidit in scyllam cupiens vitare Carybdim*; e tale è il sentimento di Vitruvio, che non si possa dare in ciò regola certa; ma che l'Architetto debba servirsi d'un' acuto, e discreto giudizio, perchè nel Cap. 2. del lib. 6. finalmente conchiude. *Cum ergò, quæ sunt vera falsa videantur, & nonnulla aliter, quam sint oculis probentur, non puto oportere esse dubium, quod ad locorum naturas, aut necessitates adjectiones, aut detractiones fieri debeant, sed itaut nihil in his operibus desideretur. Hæc autem ingeniorum acuminibus non solùm doctrinis efficiuntur.* E però vuole, che prima si disegni secondo le regole, e poi che fatta la pianta si consideri, dove per cagione del sito, ò delle parti circonstanti può la vista ingannarsi, e secondo, che si conosce, così devonsi correggere le già ordinate simmetrie, e però ivi conchiude: *Igitur statuenda est primum symmetriarum ratio, à qua sumatur sine dubitatione commutatio. Deinde explicetur operis futuri, & locorum imum spatium longitudinis, & latitudinis, cujus cum semel fuerit constituta magnitudo sequatur eam proportionis ad decorem apparatio.*

## CAPO VIGESIMOSECONDO.

*Maniera di proporzionar una facciata, che paja difettosa per cagion del sito.*

Bbiamo già avvertito, che la vista s'inganna talvolta per cagion della situazione degli oggetti, ora bisogna spiegare come ciò, e in che caso addivenga, onde si possa prescrivere il sufficiente rimedio.

Due difetti può avere il sito, l'uno, che nasce dalla propria natura, per esempio, che sia bisquadro, montuoso, ò simile, l'altro dal sito di chi vede, che non può mettersi in posto tale, che possa mirar l'oggetto, come si deve. Onde bisogna prima sapere da che luogo debba mirarsi un'oggetto per vederli giusto, acciocchè indi si raccolga, quali siano le situazioni, da cui mirando gli oggetti l'occhio non resti appagato.

### OSSERVAZIONE PRIMA.

*Per vedere direttamente l'occhio immoto deve avere l'oggetto parallelo, in tal guisa, che il raggio centrale sia in isquadro coll' oggetto, e coll' occhio in distanza di due volte tanto, quanto è largo l'oggetto.*

HO trattato dell' occhio, e del modo, che succede in noi la veduta nella mia Filosofia, o plauti filosofici alla Disp. 8. espensione prima, e seguenti. Ma ora vuò stare a quello, che stabiliscono gli altri, e massime i pratici, gli eruditi nella perspettiva, da cui però io non dissento, questi adunque saranno il Guidubaldi lib. 1. perspectivæ pag. 33., ed Ignazio Danti nella Prospettiva del Vignola alla regola seconda del cap. 5., i quali pongono la linea della sezione normale al raggio visuale perpendicolare all' occhio, e ciò nasce,

Laſt. 3.  come dice il Danti nello ſteſſo Capo, perchè queſta linea della ſezio-
Trat. 3.  ne, benchè ſi ponga fuori per comodità di porre le coſe in proſpettiva, ſtà però dentro all'occhio, onde dice all'annotazione 1. del cap.
6. *Una delle principali operazioni di proſpettiva è collocare il punto della diſtanza giuſtamente al ſuo luogo, che ſolamente per queſta importantiſſima operazione, ho coſì minutamente eſaminata l'anatomia dell'occhio, e moſtrato come alla Prop. 5. ſi è detto, che dentro alla pupilla dell'occhio poſſino capire due terzi d'angolo retto, o poco più, e queſto l'ho fatto, perchè biſogna, che la proſpettiva ſia viſta tutta in un'occhiata ſenza punto movere nè la teſta, nè l'occhio.
E però ſebbene ho detto, che i due terzi dell'Angolo retto capiſcono nell'occhio,
perchè fanno la diſtanza troppo corta, ſarà ben fatto di fare detto angolo minore. Laonde ho determinato, che ſi debba prendere l'angolo del triangolo, o veramente gli ſia dupla.*

    Queſta è la dottrina, che danno gli Eruditi nella Perſpettiva,
che tanto più ſi conferma dalle noſtre dottrine, e dall'eſperienze di
Giovanni Walleo, di Fr. Silvio, e di Antonio Molinetti addotte da
noi alla Diſp. 8. Eſpenſione quarta della noſtra Filoſofia, che prova-
no, che le ſpezie nell'occhio s'incrocicchiano, onde formano un triangolo molto acuto, e però Ignazio Danti appoggiato all'eſperienza richiede una diſtanza di due volte tanto, quanto è largo l'oggetto, e
ſe dell'altezza ſi tratti, vorrà eſſere quaſi quattro volte tanto, eſſendo
che l'occhio di chi mira, fiſſa il punto di mezzo, e l'aſſe del Triangolo, o piramide viſiva nel punto alto quanto egli è, come afferma-
no i detti perſpettivi; onde la metà ſola della baſe reſta ſuperiore
all'occhio, onde vorrà eſſere quattro volte tanto la diſtanza, meno
Fig. 7. due volte l'altezza dell'occhio. Per intelligenza di che, ſia l'occhio
A, la ſuperfizie veduta GH, la cui larghezza BC, la metà del raggio viſuale, ed aſſe AD, per fare un Triangolo in altezza, di cui
parimente l'aſſe, o linea di mezzo ſia AD, la metà DC della DB
larghezza ſarà ſopra D, e ſarà DE, l'altra ſotto DL, ma perchè
la terra impediſce ſarà DV, onde DE, detratto due volte DV, dovrà miſurare la diſtanza DE, per la qual coſa ſe VD, che è ſempre la ſteſſa, ſarà piccola in riguardo dell'altezza, la DE dovrà miſurare quaſi quattro fiate la diſtanza AD, ma per non camminare ſu
gli eſtremi, e perchè come ſono varie le pupille, così è probabile,
che anche ſiano varie le diſtanze di chi vede, però eleggeranno tre
altezze per la diſtanza viſiva.

## *OSSERVAZIONE SECONDA.*

*Poſto l'oggetto oppoſto all'occhio immoto in debita diſtanza, ne ſeguono
alla viſta varj effetti, che non ſeguirebbono in altro ſito,
e più vicina diſtanza.*

Quando l'occhio avrà l'oggetto in faccia, e ſarà diſtante, come
abbiamo detto; Primo, n'avviene, come prova il Guidubaldo
nella prop. 24. e 25. lib. 1., che le paralelle in ſe ſiano anche
paralelle all'occhio, purchè ſiano paralelle alla ſezione, così le paralelle

TRATTATO III. CAP. XXII.

lelle PN, ed NO, e l'altre attraverſo MN, e OK appariſcono pa- Laſt. 3.
ralelle nella ſezione DBC, e le prime ſi eſprimono per le due OP, Trat. 3.
LE, l'altre per le due HL, GI, perchè ſono paralele ad eſſa, e Fig. 8.
tali anco appariſcono all'occhio, ſtando che, come abbiam veduto con
Ignazio Danti; queſta ſezione ſi deve intendere dentro all'occhio, e
che ſia quella ſuperfizie dentro eſſo, nella quale ſi dipingono gli oggetti, o ſia l'Uvea Tonica, come io penſo nella mia Filoſofia, ò ſia
la Retina, come altri. Secondo, per la ſteſſa ragione, per la quale
ſono normali al piano, a cui è normale la ſezione, ſono anche eſſe
fra loro normali, perchè ſono paralele fra loro, tali ſi rappreſentano NP, ed MQ nella ſezione DBC per le linee GF, ed LE.

Terzo, non ſaranno paralele nella ſezione quelle linee, che non
ſono paralelle ad eſſa ſezione, ma come prova il Guidubaldi alla prop.
28. nel lib. 1. ſembrerà, che vadano ad unirſi in un punto tant' alto, quanto è l'occhio, benchè ſiano fra loro paralele, così le linee
OM, e KN normali alla ſezione DBC ſi rappreſentano per le linee
HG, LI, che vanno ad unirſi nel punto B nella ſezione DBC alto quanto l'occhio A come prova lo ſteſſo Guidubaldi alla prop. 28.
nel lib. 1.

Quarto, ſuccederà lo ſteſſo, ſebbene non ſiano nè paralele alla ſezione, nè normali ad eſſa, nè in un piano normale al medeſimo, perchè rappreſentate nella ſezione DBC, ſi andranno ſempre
ad unire in B punto tanto alto, quanto è l'occhio in A, come prova il
Guidubaldi alla prop. 29. nel lib. 1.

## OSSERVAZIONE TERZA.

*Moſſo l'occhio, e traſportata l'aſſe in altra parte le linee, che ſi vedevano prima
paralelle anch'eſſe vanno ad unirſi in un punto.*

PErchè come prova il predetto Guidubaldi nella prop. 29. in qua- Fig. 8.
lunque maniera, che ſian diſpoſte le linee nell'oggetto, ſe non
ſono paralele alla ſezione ſempre s'andranno ad unire in un punto,
ne ſembreranno paralele alla viſta, per la qual coſa, ſe il punto R
ſi leva, ed alzandoſi l'occhio A ſi traſporta più alto in Y, le linee
MQ, e PN nella ſezione DBC, cioè all'occhio A non ſaranno più
rappreſentate per le linee normali, come LE, GF, ma per le altre linee, che andranno ad unirſi in un punto alto quanto è l'occhio,
e che ſia nell'aſſe AR elevato ad Y, e l'altezza dell'occhio non ſarà
più VA normale all'aſſe primiera A, ma AX normale all'aſſe elevato ad Y, e la ſezione DBC non ſarebbe più normale all'aſſe A
R, ma all'elevato AY.

## OSSERVAZIONE QUARTA.

Laft. 3.
Trat. 3.

*Quando abbiamo una distanza competente, che sia tre volte l'altezza, e due volte quanto la larghezza appresso a poco, non è necessario fare alcuna emendazione nell' Architettura, se non per cagione degli aggetti.*

SI prova, perchè allora la nostra Architettura tiene dall'occhio nostro distanza tale, che può esser mirata tutta insieme, ed in punto in bianco, o normalmente, come abbiamo spiegato, onde si vede nella sua propria forma, e secondo le sue vere proporzioni come fosse dipinta in un quadro di prospettiva. E però il Serlio nel lib. 1. alla pag. 8., ed il Caramel, che lo segue nel Tratt. 7. al Cap. 8. parlando universalmente, e senz' alcuna restrizione non parlano discretamente.

Che poi nelle Architetture, che si possono mirar nel debito modo si debba fare qualche emendazione per gli aggetti, è manifesto in caso, che si voglia, che la facciata comparisca precisamente secondo il disegno, e che le parti superiori, o per cagione di qualche Cornice, che sporga in fuori, o per cagione, che la parte superiore si ritiri in dentro: Per esempio sia la facciata D E sopra il piano B C,

Fig. 9.

che sia mirata nella debita distanza in A, e sopra essa sorga la seconda elevazione I H, certa cosa è, che impedita dall' avanzo E I la vista sarà trasportata in F, onde chi vorrà, che si veda tutta l'altezza I L, bisognerà elevarla di più tutta l'altezza I F: Per la qual cosa nel disegnare bisogna sempre aver avvertenza, che gli aggetti, e sporti, e ritirate in dentro delle Fabbriche, prendono molto dell' altezza, onde quando dovrà avere proporzione alla sua larghezza, e vi saranno simili impedimenti, bisognerà nel Disegno sollevare più la Fabbrica del dovere, acciocchè in opera apparisca proporzionata.

## OSSERVAZIONE QUINTA.

*Quando non abbiamo la debita distanza, non solamente perchè apparisca proporzionata alla vista s' ha da correggere l'Architettura per gli sporti, ed avanzamenti delle parti inferiori, ma anche nelle stesse sue parti, e talora in ciascun membro.*

Laft. 15
Trat. 3.
Fig. 1.

QUando non si potrà mirare la Fabbrica in una conveniente distanza, allor l'altezza diventa come pianura, e quello, che si vede in esso sarà come si vedesse sul piano, per dichiarazione di che sia l'occhio in A, la sua altezza A B, il punto, in cui si porta la vista D, il piano naturale B C. Or poniamo, che per vedere l'oggetto elevato in H, l'occhio abbia da portare l'asse al punto G, per non avere la distanza conveniente da vedere C H tutta insieme, e che sia necessario, che alzi gli occhi, ed in conseguenza, che la normale ad essi A D si trasporti da D in G, che è l'asse,

allo-

allora la fezione, che è fempre in ifquadro con lui farà V L, e l'al- Laft.15
tezza dell'occhio farà A F, o N L, onde l'altezza H L non farà più Trat.3.
normale all'affe, come era in D, nè paralella alla fezione V L, e Fig. 1.
però farà come il piano B C, o poniamo B M, quando l'occhio mirava in D.

Dal che fi raccoglie prima, che in tal cafo le Colonne appariranno più fottili in cima, che in fondo, fecondo che dice Vitruvio nel lib. 3. al cap. 2., che perciò comanda, che quanto più fon alte le Colonne, tanto più fi debbono tenere più groffe alla cima, onde Guiglelmo Filandro lib. 3. cap. 2. efponendolo dice; *Adverte in Columnarum contractura, quo altiores funt, minus contrahi, namque plus ab oculo abfunt, graciliora apparent*, e tale è il fentimento di Palladio nel lib. 1. al Cap. 13., e così degli altri, de' quali fi ride il Caramuel nella fua Architettura Spagnuola al Tratt. 7. nell'Art. 4. alla pag. 51. Secondo che nelle Cornici i membri pofti a piombo pareranno men alti, che quei pofti a livello, onde nel gocciolatojo il Cielo di fotto, o piano a livello pare molto più largo, e l'altro pofto a piombo più baffo.

Terzo, che procede dallo fteffo, che le Fronti, e Frontefpizj fembrerà che vadino in dietro, e fiano fupini, e tale fu il fenfo di Vitruvio. *Cum fteterimus contra frontes*, dice egli lib. 3. cap. 3., *ab oculo lineæ duæ fi extenfæ fuerint, & una tetigerit imam operis partem, altera fummam, quæ fummam tetigerit longior fiet. Ita quo longior vifus lineæ procedit, refupinatam facit ejus fpeciem*. Tale anche fu il fentimento di Alberto Durero, dell'Aguilonio nel lib. 4. alla Prop. 2. del Rufconi nel lib. 3. alla pag. 65., e d'Ignazio Danti Arm. 1. al Cap. 6. della prima Regola della Profpettiva del Vignola, de' quali primi due fi burla Caramuel nel cit. luogo, dicendo, che dovevano tenere altri occhi de' noftri, ma pure Ignazio Danti è di parere, che il punto di profpettiva prefo troppo vicino faccia parere la fabbrica dipinta rovefciata all'indietro, il che neceffariamente fegue, mentre per effer troppo fotto, vediamo la facciata, come fe foffe in terra diftefa, e non elevata in alto.

Quindi nafce per quarto, che le Volute ne' Capitelli Jonici fembrino fchiacciate, e lenticolari.

Quinto, che i Capitelli Corinti fembrino troppo corti, e le foglie troppo piegate.

Per fefto ne viene anche da quefto, che i Tempj rondi, e che non fi poffono fare di giro molto ampi debbano effer molto fvelti, acciocchè non fembrano troppo baffi, ficcome le Statue, e Colonne pofte in alto in fimil fito debbono effer più lunghe del naturale, e molti altri fimili fconcerti, de' quali andremo divifando nelle feguenti Offervazioni il convenevole rimedio.

OSSER-

## DELL' ARCHITETTURA

## OSSERVAZIONE SESTA.

*La forza dell' immaginazione corregge le Immagini, e la spezie degli occhi in molte occasione.*

Laſt.15
Trat.3.

Fig. 2.

Benchè più d'una fiata l'immaginazione ſi laſci ingannar dalla viſta, è però anche certo, che in molte occaſioni la forza giudicativa corregge gli errori degli occhi, o in tutto, o in parte; e per darne un'indizio, certa coſa è, che le linee parallele ſul piano vedute con Angoli ſempre uguali delle linee viſuali ſecondo le regole della perſpettiva pareranno ſempre uguali; ſia dunque dato il piano CAN normale al piano NCDO, ſiano le paralelle CD, FE, HG, LM, NO e normali allo ſteſſo piano, e queſte ſiano Baſi agli Angoli uguali FAE, ed HAG, ed LAM, ed NAO fatti da raggj viſuali terminanti le ſteſſe linee, e derivanti dall' A occhio, che le mira dal punto A, e farà dunque ACN piana ſuperfizie, e le linee in eſſa AC, AF, AH, &c. ſaranno nello ſteſſo piano, ma perchè le compagne AE, AG, AM, AO, fanno ſempre lo ſteſſo Angolo ſaranno in una ſuperfizie di cono, e ſarà come la ſuperfizie del cono QIV ſopra il piano TX, a cui eſſendo l'Aſſe IZ normale, le linee ſulla ſuperfizie di eſſo, e la ſteſſa ſuperfizie attorno attorno fa angoli eguali colla tavola, e ſuperfizie TX, ma ſe a queſta ſarà un' altra ſuperfizie perpendicolare, che ſeghi il cono predetto QIV quella ſezione farà un' Iperbola, o Parabola, o Elliſſi, le quali abbiamo dichiarato nel Tratt. 2. alla pag. 8., e Tratt. 3. alla prop. 8. e 9., e che ciò ſegua lo dichiaro con Apollonio nel noſtro Euclide nel Tratt. 24. alla Eſpenſ. 1.: Eſſendo dunque la NCDO normale al piano NAC, farà ſegando il cono AOD un Parabola, Iperbola, o Elliſſi, cioè una linea curva, quando agli occhi dovrebbe parere retta, ed equidiſtante. Ora chi non sà, che ſe nel piano ſi deſcriverà una tal linea, ad ogni modo all' occhio non parerà retta, nè parallela alla linea NC, nè le NO, LM, e l'altre pareranno eguali, perchè benchè ſia vero, che appajono agli occhi eguali, e che perciò la OGD dovrebbe parere retta, paralella, pure perchè il giudizio, o ſia per ſua virtù naturale, ovvero per l'aſſuefazione è ſolito veder le paralelle ſul piano accoſtarſi inſieme, e non gir parallele; queſta OGD, che non s'accoſta non giudicherà paralella, ſiccome nemmeno ſe ſi accoſta più del dovere, o meno, e non vada a ferire al punto alto quanto egli è, come abbiamo detto, nemmeno le giudicherà parallele. Dunque egli è vero, che l'immaginazione, ed il giudizio in più d'un caſo corregge l'occhio, onde ſi conchiude, che non ſempre è neceſſaria la correzione, o non così rigoroſa, laſciando anche qualche parte di eſſa al giudizio; la linea OGD è un' Elliſſi, che ſi forma facilmente facendo il triangolo CAB, e miſurando AF, AH dal punto A ſopra la linea AC prolungata, indi facendo eguali le linee, che hanno le ſteſſe lettere, e per li punti OMCED tirata deſtramente la linea farà un' Iperbole, che potrà ſervire per gonfiare le Colonne, come abbiamo inſegnato di ſopra colla linea Iperbolica.

Per

Per feconda ragione può fervire allo ftesso, che noi quando vediamo ful piano orizzontale un circolo qualche poco lontano, non lo vediamo circolo, ma Elliffi, ovvero ovato, come prova l'Aguilonio nelle Perfpettive al lib. 4. alla prop. 66., e pure non vi è alcuno, che in vero, come moftra l'occhio, lo giudichi, ma lo ftimerà un circolo, quale egli è veramente. Così vogliono i Medici, e per l'efperienza addotta di Giovanni Uvaleo, che le fpezie s'incrocicchino, e che fi ftendino nella retina al rovefcio, nulladimeno vogliono, che la forza dell'immaginativa le dirizzi, ed alla fantafia le rapprefenti, quali fono; ficcome per la medefima cagione par, che la noftra vifta termini all'oggetto, febbene termina alle fpezie di effe, che fono nell'occhio.

Laft.15.
Trat. 3.

## OSSERVAZIONE SETTIMA.

*Ogni Colonna, che s'abbia da vedere da luogo più vicino del dovere fecondo l'ordine, in cui è, fi farà piuttofto fottile, che groffa.*

SI prova, perchè come dimoftra l'Aguilonio nel lib. 4. alla prop. 84. quando fi mira un corpo tondo da vicino, benchè fi veda la minor parte della fua circonferenza, fembra però maggiore, perchè le linee vifuali fanno angolo maggiore.

## OSSERVAZIONE OTTAVA.

*Le Colonne vedute da luogo troppo vicino come in un Tempio, o Sala, ove non fi poffa difcoftare, quanto più alte fono, tanto appariranno men diminuite.*

LA ragione è affegnata da Vitruvio, perchè delle linee vifuali fono più lunghe quelle, che giungono alla cima, che quelle, che arrivano al principio, e perciò fanno l'angolo vifivo minor del dovere; ond'egli infegna, che le Colonne di 15. piedi debbano diminuirfi due duodecimi, fe arrivano a venti due decimiterzi, fe a trenta due decimiquarti, fe a quaranta due decimiquinti, fe a cinquanta due decimi fefti; altri in altro modo, ma poco differentemente.

## OSSERVAZIONE NONA.

*Le Cornici vedute da troppo vicino fi debbono accrefcere d'elevazione, e diminuirfi di fporto.*

IN quefto poffiamo aver regola più efatta; fia dunque l'aggetto di una Cornice HQ, che fi debba vedere dalla diftanza minore del dovere, che farebbe in A, fi tiri la AH, ed AQ due linee vifuali, e tra loro centro A fi conduca l'archetto BC, poi dal punto E fi tiri EH, e fatto centro E l'archetto eguale OL, collo fteffo intervallo fi tiri per L la linea ELP, la quale darà l'HP, che farà l'aggetto della Cornice veduta dal punto E, e con tutto ciò lodarei, che

Fig. 3.

nem-

Lan.15.
Trat. 3.

nemmeno si diminuisse tanto lasciando luogo alla immaginazione di correggere anch'ella per cagione della distanza, che ben sà esser troppo vicina.

Fig. 3.

Poniamo ora, che sia il piombo di qualche membro della Cornice H I, che si deve vedere dal punto troppo vicino E, si farà la stessa operazione, ma con ordine opposto si tirerà prima l'E H, e l'E I, e poi l'Arco O L, indi l'A H con distanza competente, e si farà centro A lo stesso archetto B C, e per C si tirerà la linea A V, e l'H V sarà la elevazione della Cornice maggiore, che H I.

Insegna Vitruvio al lib. 4. per questa ragione di far pendere in fuora la dodicesima parte delle loro altezze ciascuna parte delle opere, che andrebbono poste a piombo; ma forsi talora si richiederà anche più, e però ho data la regola precedente, che serve secondo il bisogno.

## OSSERVAZIONE DECIMA.

*I Muri, e le Statue, da cui non si può prendere la debita distanza debbono farsi più alte del dovere, acciocchè apparifcano proporzionate.*

Fig. 4.

PEr eseguire ciò, si può adoperare la regola precedente, che è di aggrandire le normali altezze, con altra regola eziandio si può fare, sia il Muro, o Colonna B I, sopra il quale sia una Statua, o Colonna, ò altra simil cosa, che si voglia aggrandire più del naturale per non potersi discostare più che A, si tirino le due linee visuali A C, ed A I, e s'innalzi la normale I L, che sarà la linea della sezione. Quanto adunque è più grande la linea L C, che I L, tanto và più lunga del dovere la Statua. Il Caramuel la prende dal piede, e fa l'angolo D A B eguale all'angolo L A I, e tanto più innalza la Statua, quanto è più grande I C, che D B, onde le fa oltre ogni vedere sproporzionate. Crede anche, che le linee trasversali, o voglia dire orizzontali poste in alto non si diminuiscono, e lo tiene per primo, ed evidente principio in ogni caso, la qual cosa non è, se non per quanto può vedere l'occhio immoto nella dovuta distanza.

## OSSERVAZIONE UNDECIMA.

*I Volti, e le Cupole pajono più basse di quello, che sono, e gli Angoli ottusi men acuti.*

CIò prova l'Aguilonio lib. 4. Optic. pag. 39. in quanto alle Sfere, ed in quanto agli Angoli lo prova alla prop. 1. del lib. 4., e la esperienza stessa lo conferma, che il Sole, che è tondo, par piano, ed i Volti pajono sempre meno svelti di quello sono, e massime le Cupole di mezzo tondo, le quali dal terzo in su pajono piane, occupando una luce men chiara il loro fondo, e nascondendo la loro curvità, che in quel sito è poca; Però chi vorrà far Volte svelte bisognerà non servirsi del semicircolo, ma farle come insegneremo abbasso.

OSSER-

*OSSERVAZIONE DUODECIMA.*     Laft. 15 Trat. 3.

*Tutti i Muri, che si vedono per obbliquo, e non in faccia sembrano più alti dalla parte più vicina, che dalla più lontana.*

Questa Osservazione per se stessa è manifesta, e solamente conviene dire, che una parte all'occhio è vicina, e l'altra resta lontana, e però bisogna, che si veda men alta; onde dato il caso, che la Fabbrica non si potesse mirare in faccia, e si volesse, che apparisce a livello, bisognerebbe collocarla fuori di livello più alta da una parte, che dall'altra, ma ciò avverrà rade volte.

## CAPO VIGESIMOTERZO.

### Dell' Architettura obbliqua.

IL Serlio nel Lib. 1. al Cap. 6. dà qualche insegnamento di questa Architettura; ed il Caramuel ne fa un Trattato intiero con molte figure, ed è un' Architettura, che si adopera non solamente a diminuire, ovvero accrescere le cornici proporzionatamente, e qualsisia dato disegno, ma serve anche all' Architettura delle Scale, ed a' suoi Volti, e però dovendo noi trattare delle Scale è conveniente proporre questa cognizione.

*OSSERVAZIONE PRIMA.*

*L'Architettura obbliqua consiste servata la quantità de' lati nell' obbliquare gli Angoli.*

Per intendere questa Osservazione si miri la figura quinta, il quadrato E D B A sarà obbliquato, se servata la quantità de' lati B A, A E, E D, D B, a cui saranno eguali i lati D E, E L, L F, F D, si cangieranno gli Angoli, perchè là ove nel quadrato E A D B gli Angoli sono retti, nel quadrato L E F D sono obbliqui, e due sono acuti, cioè E, ed F, e due sono ottusi, che sono L, e D.    Fig. 5.

*OSSERVAZIONE SECONDA.*

*Del modo di obbliquar un Circolo, o Ellissi, o qualsisia figura tonda.*

Sia dato il semicircolo D A C, o qualsisia figura tonda, cui sia di mestiere obbliquarla, si dividerà la sua circonferenza, o la metà, che basta in tante parti a piacimento, per esempio in 4., e per esse si condurranno paralelle alla base D C, che saranno 2. 1. 4. 5. 7. 8. fino alla normale D E a D C alzata dal punto D si tiri la linea D G, che faccia colla D E qualunque Angolo farà bisogno per esempio F D E, e poi da' punti predetti D 1. 5. 8. E si tireranno le linee paralelle alla predetta D G, che siano 1. 3. 5. 6. 8. 9. E H,    Fig. 5.

Y          e poi

e poi trasportata la lunghezza D B in F, si tirerà alla D E la paralella F L, dalla quale si misureranno N 7., ed O 4., e P 2. sulle stesse linee 8. 9. 5. 6. 1. 3. secondo il loro ordine, e per li punti si condurrà la curva G L D, e questo sarà il semicircolo obbliquato.

Last.15
Trat.3

## OSSERVAZIONE TERZA.

*Del modo di obbliquar le Cornici, e terminarle.*

Fig. 6.

Sia data la Cornice D B C retta, si tiri la perpendicolare D C, che taglierà a squadra tutti i suoi membri; si faccia poi l'Angolo B D E qualunque siasi, ed alla D C si tiri una linea paralella E F, e da ciascun membro della Cornice data si tiri una linea paralella ad E D, e saranno tutti i membri obbliquati, i quali si termineranno prendendo la misura del listello B D, e così d'ogni altro membro, e trasportatolo sopra ciascun membro dello stesso genere, e sue linee, ma obbliquati dalla linea E F verso D, e dove marcano i termini notati, ivi si terminerà ciascun membro secondo la sua figura, e dovuta terminazione, in tal guisa però che tutte le linee terminatrici, che cadono a piombo nella retta, anche restano a piombo nell'obbliqua.

La precedente Cornice è terminata all'insù, ma allo stesso modo và terminata all'ingiù, come si può vedere dalla Cornice; in caso poi, che si volesse fare una Cornice proporzionale, si terminerà come l'altra Cornice.

## OSSERVAZIONE QUARTA.

*Modo di fare una Voluta obbliqua.*

Fig. 7.

Per fare una Voluta obbliqua si farà prima una Voluta retta A B C, come ho insegnato di sopra, e poi tirata la B A, che passi pel Centro, e pel suo principio A, si condurrà un'altra paralella D E, ed a questa molte perpendicolari, secondo che tornerà meglio comodo, massime per li principj, e termini di ciascuna spira, e dove queste toccano la D E, si tireranno l'altre paralelle obblique, sopra le quali si trasporteranno tutte le linee tirate a traverso alla Voluta A B C, e prima la E A in E F, e D B in D G, e si tirerà la linea paralella F G, dalla quale si misureranno le trasversali, come 1. 2. in 3. 4. poi 5. 6. in 7. 8., e così dell'altre, e per li punti notati F. 4. 8., e gli altri si piegherà con mano leggera la Voluta F 8. G 4. cogli altri giri, e sarà la voluta obbliqua.

OSSER-

# TRATTATO III. CAP. XXII.

## OSSERVAZIONE QUINTA.

*Modo di fare un Capitello, ovvero una Base obbliqua.*

Laft.13.
Trat. 3.

Tirata la linea AB si tirerà un'altra ad Angoli obbliqui, come Fig. 8. piacerà, che sia HK, sopra la linea AB si misureranno tutte le altezze del Capitello, che per esempio sia Corinto, e per quelle si tireranno le linee parallele all'HK, che saranno prima quelle dell'Abaco PQ, e poi quelle delle Volute ML, indi delle seconde foglie IO, e poi delle prime FE; e finalmente del Collarino CD, fatto questo si trasporteranno sopra le dette linee obblique le larghezze del Capitello Corinto, come dell'Abaco in AH, HK, e così dell' altre, prendendo sempre la misura della linea AB di mezzo verso il di fuori, e dietro alle dette misure si disegneranno le Cornici obblique dell'Abaco, e del Collarino, le volute obblique, e le foglie, come si vede nella figura. E tanto si farà di qualunque altro Capitello, o Dorico, o Jonico, o composto, che fosse.

## OSSERVAZIONE SESTA.

*Tutti gli adornamenti, i quali debbono avere proporzione in se stessi, e la larghezza ha da esser proporzionata all'altezza, vengono sproporzionati, e difettosi con obbliquarli.*

Si prova, perchè la larghezza, ed altezza di una cosa si prende sempre per le linee più brevi, che sono le perpendicolari, come Fig. 8. prova Proclo, ed io nel mio Euclide nel Tratt. 4. alla prop. 19.; adunque tutte le Colonne obbliquate, tutti i Capitelli saranno più sottili delle Colonne non obblique, essendo il diametro superiore della Colonna retta BT, dell'obbliqua sarà TV, onde sarà molto più sottile la Colonna di quello deve, in risguardo dell'altezza, che rimane la stessa.

Di più la stessa Colonna da una parte parerà larga, dall'altra parte sarà stretta, perchè obbliquandosi il giro della base, ed imo scapo si fa ovato, come mostra la prima Osservazione, onde dalla parte obbliqua sarà più stretta, e dall'altra più larga, ch'è un'oggetto da ridere.

Terzo, sarà anche quel Capitello oggetto spiacevole, nel quale da una parte si vedranno le Volute giuste, dall'altra bisquadre, e storte; le foglie da una parte diritte, dall'altra obbliquate; l'Abaco da una parte a livello, dall'altra fuori del livello, e molte altre simili inconvenienze.

## OSSERVAZIONE SETTIMA.

*Se si porranno insieme altre Colonne obblique, altre rette non concorderanno, nè daranno vaghezza alla veduta, anzi all' opposito spiaceranno.*

SI prova, perchè le obblique saranno più sottili delle rette, e chi le vorrà fare egualmente grosse, farà i Capitelli, e le Basi più larghe di quello si deve, onde sempre s'incorrerà in qualche assurdo, o mancamento.

## OSSERVAZIONE OTTAVA.

*Le Colonne obblique in isola non si potranno collocare senza pericolo.*

SI prova ciò, perchè andrebbono poste in una base pendente, onde il peso le farebbe sdrucciolare fuori di esse, che perciò Vitruvio nel lib. 2. al Cap. 8. condanna, come soggetto al precipizio, il porre nelle Fabbriche i mattoni, e le pietre pendenti, e non in piano.
Per la qual cosa mi stupisco come il Caramuel nella sua Architettura scritta nello Spagnuolo Idioma adorni le scale co' colonnati obbliqui accompagnati coi retti ne' piani, ed ancor di più faccia ciò, che è più deforme, cioè una Colonna mezza dritta, mezza obbliqua contro ad ogni uso dell'Architettura Romana, e quel, che è peggio si rida, e condanni il costume Romano, che è di fare per quanto obbliqua ascenda la scala sempre le Colonne rette, ed i Balaustri retti, secondo quel principio, che mai non si deve per cagione del sito sproporzionare la Fabbrica.

## OSSERVAZIONE NONA.

*Tutti quegli adornamenti, che non debbono avere proporzione in se, ma solamente o in lunghezza, o in altezza, staranno benissimo obbliquati nell' obbliquarsi del piano.*

CIò si manifesta, perchè la Cornice obbliqua è della stessa proporzione, che la retta, e però l'esser obbliquo non toglie la proporzione, come si raccoglie dal lib. 6. alla pag. 10. d'Euclide, ma solamente l'egualità, perilchè la Cornice obbliqua, benchè men alta, che la retta, sarà però proporzionata in se stessa, onde si potrà adoperare tanto quanto la retta, massime essendo già in uso ne' frontespizj principalmente spezzata la loro terminazione obbliqua.
Quando anche l'essere obbliquo non fosse tale, che portasse seco una disuguaglianza molto evidente, si potrà colla Cornice a livello, e retta congiungere l'obbliqua, ed ascendente, e questo è in uso in molte scale, e per così dire in quasi tutte, le quali s'abbiano d'adornarle colle Cornici, che corrono per li ripiani.

## TRATTATO III. CAP. XXIII.

### OSSERVAZIONE DECIMA.

*Chi vorrà fare una Cornice più piccola, o più grande, ma con le stesse proporzioni la farà obbliqua per ottenere l'intento.*

Laft. 15.
Trat. 3.

Tale è l'X V Z più baffa alla T X V, oppure la T X V alla X V Z, che fono ambidue colle fteffe proporzioni di membri. E' ben vero, che fi termineranno ambidue in tal cafo non con una terminazione obbliqua, ch'è la terminazione V Z, ma con la retta T V, prendendo la prolungazione degli Aggetti, e de' Sporti non da una obbliqua, ma da una linea perpendicolare, e che faccia Angoli retti coi membri della Cornice, la quale è la X V nella Cornice X T V.

Fig. 6.

## CAPO VIGESIMOQUARTO.

*Del follevare un'Architettura, o Facciata fopra un piano obbliquo.*

Uando la Facciata, che deve ornare fi ftende fopra una linea dritta, è tanto facile il farla, che non è neceffario darne regola alcuna, poichè bafta prendere tutte le diftanze efpreffe nella Pianta dal mezzo, e trafportarle pure dal mezzo fopra un'altra carta, dando a loro la proporzionata altezza, e delineandole colla loro debita figura, indi deftramente fi debbono ombreggiare; ma quando farà di più Angoli, o tonda, ovvero ovata, o di fimil'altra figura farà più difficile, onde vi fi richiede qualche ammaeftramento.

Laft. 16
Trat. 3

### OSSERVAZIONE PRIMA.

*Modo di elevare l'Ortografia fopra qualfifia Icnografia circolare eftrinfeca.*

Quanto fi dirà della Icnografia circolare, tanto fi ha da intendere di qualfifia altra figura, che nel Circolo fi defcriva, anzi di qualfifia Angolare, faccia, che Angolo fi voglia, o molti, o un folamente, perchè il Circolo di tutti egualmente è capace, e lo fteffo modo, che ferve pel Circolo, ferve per ogni altra forta, eccetto l'ovato, e le Icnografie in effo defcritte, come vedremo appreffo. Sia dunque la Icnografia A, che è d'un Cafino, o Pinacolo per un Giardino per ritirarfi nella State, e maffime fulla fera a cena fatto pel Sereniffimo Principe di Carignano nel Giardino delizioiffimo, e vaftiffimo di Racconigi; e fia la linea D B il mezzo della Icnografia, dalla quale fi debbano prendere tutte le larghezze.

Si tirerà in difparte la linea E F del piano, e fopra effa in ifquadro la linea della elevazione G H, fopra quefta fi mifurino tutte le altezze fecondo le debite proporzioni dell'ordine, che fi pretende fare con linee occulte tirate colla matita, come la 2. 3. altezza del

Piede-

Piedeſtallo 4. 5. delle baſi 6. 7. de' fuſti delle Colonne 8. 9. del fine de' Capitelli, e così tutte le altre, non però ſi hanno da tirare da ciaſcun membro delle Cornici, ma ſolamente delle parti principali, acciocchè da quelle ſi comprenda la proporzione dell' alzato, e ſi poſſa vedere appreſſo a poco, ſe corriſponda alla larghezza.

Da poi per fare Piedeſtalli dalla linea D B della pianta ſi prenderà in iſquadro ciaſcun Angolo di eſſi ( ſi tralaſciano quelli, che reſtano coperti, nè ſi poſſono vedere ) come ſono gli Angoli 10. 11. 12. ſi traſporteranno nella linea G H dall' una, e dall' altra parte, e ſi tireranno le paralelle ad eſſa 16. 17. 18., e così dall' altra parte, lo ſteſſo ſi farà ſucceſſivamente degli altri, come degli Angoli 13. 14. 15., e ſi traſporteranno col compaſſo nella linea G H dell'elevazione tanto dall'una, quanto dall'altra parte, e poi ſi termineranno colle Cornici dando a loro gli aggetti convenienti.

Lo ſteſſo ſi farà delle Colonne, ma le diſtanze dalla linea D B ſi prenderanno dal centro de' cerchj delle Colonne, che poi tirate le linee centrali nell' alzato nella ſteſſa diſtanza dalla linea G H, ch' era nella pianta della linea D B paralelle alla ſteſſa G H, ſe le aggiugnerà da poi dall' una, e dall' altra parte la debita groſſezza, tanto dell' imo, quanto del ſupremo ſcapo; il tutto ſia con linee occulte, ſotto cui ſi faranno le loro baſi, e ſopra i loro Capitelli nella conveniente altezza, e nell' ordine dovuto; indi ſi finiranno con tirare le loro linee manifeſte del loro fuſto, ſopra ſi farà l'Architrave 20. 21., il fregio 22. 23., la Cornice 24. 25., e perchè non ha riſalto alcuno, baſta ſenza prender dalla pianta alcuna miſura terminarla coi debiti ſporti, ma ſe aveſſe qualche riſalto ſarebbe ſtato meſtiere marcarla ſulla pianta per poter terminare ogni ſuo riſalto nell' alzato, ovvero ortografia, quando non ſi terminaſſe di pratica, come ſi ſuol fare. Così ſi è fatto per darne un' eſempio nella Cornice de' Piedeſtalli, la quale è notata nella Icnografia colla linea paralella punteggiata, che attorno ad eſſi ſi cinge, i cui Angoli ſi ſono traſportati nella Cornice 2. 3. delle Cimaſe, o Coronamenti per terminarli al debito modo, ciaſcuno colla ſteſſa diſtanza in iſquadro dalla G H, che nella pianta aveva dalla B D.

Fatta l'elevazione, ed ortografia della prima pianta A, ſe ſi vorrà proſeguire, variando diſegno, per non confondere la prima pianta, ſe ne farà un' altra a parte, come la Icnografia L, la quale è de' ſperoni della Cupola colle ſue faſcie, e coi compartimenti eſteriori.

Per ridurre dunque gli ſperoni alla ſua ortografia ſi prenderà la miſura della linea D K del mezzo a ciaſcun Angolo de' Speroni, laſciando ſolamente quelli, che reſtano coperti, quale è l'Angolo 26., e gli altri ſimili; E queſte miſure allo ſteſſo modo, che de' Pilaſtri, ſi porteranno dall' una, e dall' altra parte della linea G H dell' elevazione, e ſi tireranno le linee paralelle ad eſſe; quelle, che ſono più interne più lunghe ſino alla 29. 30., quelle, che ſono eſteriori, che vanno più corte ſino alla 27. 28., e poi ciaſcuna ſi congiungerà alla ſua corriſpondente, come ſi vede colle linee curve, che rappreſentano la loro figura, che tira al triangolare, la quale una di eſſe è la linea 31. 32., e tra loro le loro fineſtre colla ſteſſa regola de' Piedeſtalli.

Sopra

# TRATTATO III. CAP. XXIV.

Sopra si farà la sua Cornice 31. 32., e poi il Zoccolo 34. 35., o dritto della Cupola, il cui compartimento si prenderà dal Circolo 32. 33. nella Icnografia L. Last.16 Trat.3.

Il compartimento della Cupola si può fare in due modi, ò con dividere la sua circonferenza in parti eguali, come è la 36. 38., e la 37. 40., oppure in parti disuguali, che insegnaremo abbasso.

Divisa dunque la sua curvatura 36. 38., e 37. 40. in parti sei eguali dall'una all'altra si tireranno le paralelle 41. 42. 43. 44., e le altre fino alla cima, e poi prese le misure della linea G H fino alla predetta curvatura sulle predette linee fino a' punti, ove s'intersecano 42. 43., e gli altri tutti si trasporteranno sopra la D K dal centro D, i quali sono i due 45. 46. e 48. 49., e gli altri fino al centro D, e poi determinate quante divisioni, o compartimenti si vogliono fare, si noteranno i punti nel maggiore de' Circoli 45. 46., e da quei si dedurranno i raggj al centro D, come uno d'essi è 47. D; il che fatto sarà appresstata la pianta.

Si prenderanno dunque le distanze dalla linea di mezzo D K fino a ciascun incrocicchiamento delle linee centrali, o raggj 47. D, e simili coi Circoli 45. 46.; e cogli altri, e ciascuna distanza si porterà nell' ortografia, misurandola dalla G H sopra la linea corrispondente, cioè le distanze delle divisioni del più gran Circolo della Icnografia sopra la più gran linea dell'Ortografia, la quale è la 37. 36., e poi del più piccolo 45. 46. sopra la 41. 42., indi il terzo 48. 49. sopra la 44. 43., e così tutti gli altri, e per quei punti notati si tireranno linee curve, che saranno tante Ellissi, le quali daranno i compartimenti nella Cupola 36. H 37.

Per far poi le punte di Diamante si tirerà un Circolo maggiore, il quale è il punteggiato 38. 36., e dal centro, onde si è tirato, pel mezzo delle parti 36. 42., e 42. 43. si tireranno le linee, che determineranno i punti, in cui finiscono le punte di Diamante, del quale uno si è il punto 50., per questi dunque si tireranno delle paralelle come le prime, come è 50. 51., e poi si farà la Icnografia M, trasportando in essa le distanze da G H a' punti 50., o 51., e marcandoli sopra la K N, e poi si tireranno i Circoli dal centro K per le notate distanze, e poi si compartirà la circonferenza maggiore in tante parti, come prima, per tirare i raggj, de' quali uno sia K N, acciocchè la punta di Diamante venga nel mezzo di ciascun compartimento, e poi le intersecazioni si porteranno sopra le stesse linee nella Ortografia, delle quali una si è la 51. 50., e così si otterranno tutti i punti, ne' quali finiscono le punte di Diamante.

Fatte l'esterne parti se si vorrà formar l'interno come i pilastri 52. nella Icnografia A si farà allo stesso modo, lasciando però di segnare con linee visibili le parti, che saranno occupate dalle già delineate esteriori, onde si ha sempre d'avvertire di delineare prima quello, che è più estrinseco, e poi l'intrinseco, e più ascosto.

OSSER-

## OSSERVAZIONE SECONDA.

*Modo di elevare qualunque Ortografia sopra la Icnografia ovata, ed intrinseca.*

Last.16
Trat.3.

BEnchè quanto alla regola sia lo stesso l'innalzare un'Ortografia estrinseca, quanto l'intrinseca, nulladimeno per darne l'esempio, e perchè l'ovato nel descriverlo ha qualche spezial difficoltà, e massime nella Cupola, perciò ho voluto abbondare col dare questo secondo esempio.

Sia la pianta P ovata, e la linea di mezzo in essa sia 2. 3. si tiri dunque in disparte la linea fondamentale 4. 5., e poi la linea della elevazione normale ad essa OR in essa si noteranno tutte le altezze secondo le proporzioni dovute all'ordine, che s'intende di fare, almeno le più universali, e si tireranno le paralelle occulte, come 14. 15. delle basi, 16. 17. del supremo scapo, 18. 19. de'Capitelli; così dell'Architrave, e Fregio, e Cornice prima, indi dell'altezza degli Archi 20. 21. dell'Architrave secondo, o sua fascia 23. 24., e così tutte le altre fino a' 25. 26., sopra cui si determineranno i giri esteriori della Cupola 25. R 26., che danno la forma, ed il tutto colle linee occulte fatte con la matita, o sia lapis piombino.

Quando dunque tutte le altezze saranno determinate dalla Icnografia P si prenderanno tutte le distanze in isquadro, il che sempre s'intende dalla linea di mezzo 2. e 3. a ciascun Angolo, o punto, che serva all'elevazione, o si voglia rappresentare in essa, e si trasporterà sopra quella linea occulta della Ortografia, che le appartiene, misurandola dalla OR dall'una, e dall'altra parte; Per esempio gli Angoli 9. e 8., e 10. si trasporteranno sopra la 4. 5., i centri 6. 7. per formar le Colonne si trasporteranno sopra la 14. 15., e la 19. 18., a cui si tirano appresso le sue grossezze, gli Angoli 11. 12. 13. della Cornice si trasporteranno nella 27. 28. per avere gli Sporti delle Cornici, così i punti della 29. 30., in cui sono compartiti i Triglifi nella 23. 24. per compartirgli in essa, e tanto si farà di qualsisia altro punto, e quando nella pianta non si avesse potuto notar tutto ciò, che convenisse di trasportare, bisognerà fare un'altra pianta, come abbiamo fatto per li compartimenti della Cupola.

Per piegare l'Arcate laterali 33. 34. fatto l'ovato, ovvero Ellissi F, sopra della quale si debbono collocare 35. 36., e notato il luogo trasportato dalla pianta P, dove cominciano 37. 38., si farà l'arco, o quadrante, che basta in disparte, di diametro quanto è lunga la 40. 37., e diviso in quante parti piacerà si faranno cadere le normali da essi sopra la 32. 36., come una di esse è la 38. 39., e le distanze de' punti, in cui terminano come 39. dal centro 36. si trasporteranno dal mezzo 40. in ambi le parti verso la 37., e la 38., ed il punto 32. ultimo dovrà cadere nel punto 38. e 37., e da questi punti s'innalzeranno paralelle alla linea del mezzo 35. 41., come una di esse è 42. 43., e dal punto 37. si tirerà la normale ad esse 37. 48. Da questa linea dunque si misureranno tutte le linee del quadrante ciascuna dal suo punto, tale la 31. 36., e si segnerà nella 45. 46.

46. tale la 38. 39., e si segnerà nella 43. 44.; e poi per li punti terminanti si tirerà la curva 37. 43. 46. 48., che farà l'Arcata pretesa, che si trasporterà nell'alzata 33. 34. ricopiandola nella sua debita distanza dal mezzo, o secondo è 35. 37. fino a 48., e nella sua stessa altezza 46. 45., ed altre, presa dalla linea 27, 28., nella stessa guisa si farà la semiarcata 49. 21. ricopiata la figura 31. 38. 58.

Last. 18.
Trat. 3.

Circa la Cupola si compartiranno prima giri estremi 26. R, e 25. R in parti disuguali, che vadano strignendosi a proporzione del giro almeno appresso a poco. Col semidiametro adunque, col quale si è fatto il giro 25. R, si farà il giro punteggiato R 51. in quella distanza da 26., che si vorrà, che sia il compartimento nel suo principio, che sarà per esempio 26. 51., il quale vada ad unirsi in R, e poi la distanza 26. 51. si trasporterà da 51. in 52. 54., che si stenderà paralella alla base della Cupola 25. 26. fino al 53. Dapoi presa la distanza 54. 52. si trasferirà da 52. in 55., e si tirerà la paralella 55. 56. 57., e così si farà delle altre fino alla cima.

Si farà poi in disparte la pianta 58. 59. 41. cogli stessi compartimenti, che abbiamo determinato di fare 26. 51., che sono qui 60. 61. e 62. 63., e si produrranno i raggj, e centrali 60. 58., e 61. 58., e gli altri; si prenderanno dapoi gl'intervalli della linea O R in isquadro sopra ciascheduna 53. 54., ovvero 56. 57. fino al giro esteriore estremo fino ai punti d'esso 66. 67., e si trasporteranno per ordine sulla linea 58. 41. come è 58. 64., e l'altra 58. 65., e così l'altre. Da questi punti adunque dovranno condursi porzioni d'Ellissi non paralelle al primo giro, come nel Circolo, ma proporzionali, onde sarà necessario far un'operazione di tal modo.

Si farà al punto 58. un'angolo acuto colla linea 58. 41., che sarà 41. 58. 68., e sia la linea 68. 58. uguale alla 58. 59., e si tiri la linea 41. 68., a cui si tireranno le linee paralelle da' punti 64. 65., e le altre. Dapoi col raggio 58. 60. conducendo un poco d'Arco dal centro 58. si seghi la linea 41. 68., su cui si segni il punto 70., dal quale si tirerà al centro 58. la linea 58. 70., e così si farà d'ogn'altra, le quali segaranno le paralelle 54. 71., e 65. 72., e l'altre ne' punti, de' quali ciascuno si dovrà trasportare nella sua linea corrispondente, cioè i punti marcati nella 58. 70. dalla intersecazione delle paralelle nella stessa distanza dal centro 53. si dovranno trasportare nella linea 58. 70., e così tutte le altre; e poi per li punti impressi si tireranno l'Ellissi 54. 73. e 65. 74., e le altre, le quali saranno l'Ellissi simili, che richiedonsi; per far adunque le Ellissi, o Coste nell'Ortografia 75. R, e 76. R, si prenderanno le distanze in isquadro nella Icnografia dalla linea di mezzo 58. 59. a ciascun punto, ch'è nella centrale 60. 58. come uno di quelli è il punto 77., e si trasporterà dalla linea dell'elevazione R O da una parte, e dall'altra, per esempio l'intervallo del punto 60. in 75. e 76., del punto 77. nella linea 53. 66. del punto 78. nella linea 57. e 67., così degli altri, e per li punti notati si tireranno le linee curve R 75., ed R 76. Così cogl'intervalli de' punti, che sono nella linea 61. 58. trasportati sulle stesse linee 25. 26., 53. 66., 57. 67., e gli altri si condurranno le due R 79., ed R 80.

Ma perchè le due Coste, o Fasce R 81. 82., e R 83. 84. sono più innanzi, e rilevate nella Icnografia P sono ritirate, come l'8. 2., e gli altri raggj, o centrali, presi i punti da un'Arco più vicino al R O, che R 26. trasferiscansi nella 4. 30., e da esse condotte le Ellissi proporzionali 85. 86. 87. 88., e prese l'intersecazioni nelle centrali 3. 2., e le distanze di esse da 3. 2., e trasportate sulle linee 25. 26., 53. 66., e 57. 67., e notati i punti, e distanze dalla R O, e finalmente condotte le curve R 81., ed R 82., e l'altre R 83., ed R 84. rimangano formate le Coste predette; e tanto basti per le Ortografie obblique, servendo questi documenti non tanto all'ovate, o circolari, quanto alle figure rettilinee angolari d'ogni sorta.

## CAPO VIGESIMOQUINTO.

### Degli ornamenti de' muri delle scale.

Già ho ragionato delle Scale al Tratt. 2. nel Cap. 7. alla Osservazione 9., e distinti tutti i suoi generi, i quali si riducono principalmente a due, che fanno appropofito in questo luogo, che sono le rette, e le tonde; Pertanto per potere in ambedue questi modi dare i convenienti documenti per sollevarne le Ortografie.

### OSSERVAZIONE PRIMA.

*Per adornare le Scale non si deve adoperare l'Architettura obbliqua.*

Infra gli altri documenti, che nella sua Architettura dà il Caramuel uno da lui più stimato è di adoperare gli ordini obbliquati in tutte le Scale, onde perciò nella parte quarta porta ogni ordine obbliquato, e l'adatta alle Scale, condannando con derisione per grave errore il modo ordinario, che noi delineato abbiamo nella Lastra XV. di questo Trattato, ma egli corregge un difetto con un'altro maggiore, e per levare un'errore, n'ammette molti. Che finalmente è molto meglio ammettere una semplice, e sola obbliquità, che fa la Cornice sopra il Capitello, che lascia il Triangolo, o Romboide, mentre l'Abaco và a livello, e la Cornice colla Scala ascende, che spargere il male aspetto della predetta figura per tutto l'ordine, e farlo obbliquo; quando è contro ogni senso degli antichi, e moderni Architetti, contro ogni esperienza, ed usanza non ammettere alcuna obbliquazione, e massime per le ragioni assegnate di sopra all'Osservazione 4. nel Cap. 22., massime che non mancano modi d'ornare le Scale, il cui volto, o tetto ascende senza adoperare gli ordini obbliqui, che spiegheremo nelle seguenti Osservazioni.

## TRATTATO III. CAP. XXV.

### OSSERVAZIONE SECONDA.

*Diversi modi di sostentare le Cornici saglienti senza obbliquar i Capitelli.*    Last. 17. Trat. 3.

IL primo modo si esprime nel Capitello D nella Lastra XVII., sopra il quale vi è un fogliame, che porta la Cornice sagliente.

Il secondo nel Capitello E, il quale non ha Abaco, ma è qual Giglio, che termina nella Cornice abbassando le foglie, ove ella si deprime, elevandole, dove ella è più elevata.

Il terzo si esprime nel Capitello F, sopra cui è un'Uccello giacente, che in quella positura par, che sostenti le Cornici.

E da questo ogni Architetto potrà trovar qualche altra, ed anche più bella invenzione per fuggire il Zoccolo, o Triangolo senza entrare negli ordini obbliqui.

### OSSERVAZIONE TERZA.

*Maniera di ornar le Scale colle Cornici saglienti senza adoperare gli ordini.*

IL primo modo, che è più facile, egl'è a fascie, ed a risquadri,   Fig. 1. ne' quali non vi è alcun sconcerto, che siano Romboidi, come ho detto nell'Osservazione 7. al Cap. 22., tali sono nella Lastra XVII., onde se saranno ornate in varie guise faranno nobilissima vista.

Il secondo è cogli Atlanti, o Cariatidi in vece di Colonne, massime se saranno rivolti per fianco, volti con la faccia verso l'ascesa,   Fig. 2. quasi che si sforzino d'ascendere, e sopra il capo in vece di Capitelli abbiano ghirlande di fiori, che le coronino.

Il terzo con ovati, o tondi a medaglie legate insieme, ed attaccate alla Cornice, come si può vedere nella medaglia num. 3.   Fig. 3.

### OSSERVAZIONE QUARTA.

*Modo d'adoperare gli Ordini nelle Cornici, che salgono, colle Scale.*

QUesto modo si può vedere nella Lastra XVII. num. 4. adoperata da me nella Scala del Signor Principe Filiberto di Savoja, ove la Cornice GH curvandosi un poco s'adatta sopra il Capitello in H, e si porta a livello sopra esso: d'onde di nuovo si spicca per ascendere allo stesso modo sopra la Colonna più alta.

### OSSERVAZIONE QUINTA.

*Come si adoperino gli Ordini nelle Scale, che hanno i volti a livello.*

QUando le Scale hanno il volto a livello in due modi si possono adoperare gli Ordini; Il primo è facendo tutto il muro per quanto ascende la Scala, o piano, o compartito a fascie fino all' ultimo piano, dal quale si fa camminar un dado a livello, che si porti

attorno

attorno al muro della stanza, in cui la Scala si trova, e sopra quello fino alla volta si compartono gli Ordini colle loro Cornici sopra, e riuscirà bene, quando il luogo sia largo, nè troppo svelto.

L'altra è di far camminare a livello il sotto cielo dell'Architrave, a cui, incominciando dal primo gradino, ascendano le Colonne, le quali, secondo che la Scala và ascendendo, si faranno più corte, e più sottili, e sopra loro il Cornicione nella stessa maniera. Il qual modo quasi pone le Colonne in prospettiva, e la Cornice ancora, e non può se non far bene in opera; quando la salita sarà poca, e dolce, tanto meglio se si farà senza gradini.

Io non apporto il terzo, che è di cominciar gli ordini al principio della Scala, in cui non si debba curare, che siano tagliati da'gradini, perchè è proprio de' Gotti, e totalmente barbaro all'Architettura Romana.

## OSSERVAZIONE SESTA.

*Del disegnare, e rappresentare una Scala a lumaca, e del modo di adornarla.*

Last.18. Trat. 3.

LE Scale a lumaca nell'esprimerle in disegno tengono la stessa difficoltà, che le piante obblique, e qualche cosa di più per essere non solamente obblique, ma anche ascendenti. Sia data la pianta A B C, nella quale segnati siano i gradini 1. 2. 3. 4. 5. 6. 7. 8., e gli altri successivamente, e sia colonnata. Per fare sopra questa pianta la Ortografia dovuta si conduca la linea di mezzo dal centro O, che passi in B, e si prolungherà fino in D, da poi si piglieranno dall'esterno cerchio della pianta tutte le linee provenienti da sezione de'gradini colla curva A B C, normali alla linea A C, come sono 1. 9., 2. 10., 3. 11., 4. 12., 5. 13., e simili, e si trasporteranno dall'una, e dall'altra parte dell'Asse B D, e poi eletta l'altezza de' gradini si farà con la medesima la Scala E F segnata con piccole particelle, ciascuna delle quali sarà l'altezza di ciascun gradino: Ciò fatto si condurrà una linea paralella alla A C da' punti G, ed H, che servirà di base, o di piano all'Ortografia di detta Scala; quindi presa una particella della linea E F si rapporterà sopra la linea 1. 9. dalla linea H G fino al punto 9, e sarà 9. 14.; così prese due particelle della detta E F si trasferiranno sopra la seconda linea 2. 10., e sarà 10. 15., e così di mano in mano si anderà aggiungendo una particella a misura, che si accostiamo all'Asse, e dall'Asse in alto: quali punti ci determineranno il piano di ciascun gradino, ed avremo il taglio della Scala verso il muro esteriore; l'avremo di più verso l'anima, o vogliam dire tromba della Scala medesima, se nell'operare osservaremo le medesime regole, prendendo la misura rettamente dalla O B fino all'incontro, che fa ogni gradino col cerchio, o vestigio I K L, e trasferendola nella propria Ortografia de' gradini per i punti, de' quali conducasi una curva, e questa ci dimostrerà il di più, che rimane a disegnarsi e circa le Cornici, e circa le Colonne, e circa i Balaustri,

lauſtri, e ſimili membri, per i quali ſi oſſerveranno i precetti altrove preſcritti.

Fatte le parti eſteriori allo ſteſſo modo ſi faranno le interiori, laſciando però quello, che dalle eſteriori reſta occupato, e così s'avrà anche il giro interno aſcendente colle Colonne, e Cornici fra giri delle baſi. Adunque ſi deſcriveranno i ſuoi gradi, che dovranno marcarſi ſolamente da una parte, acciocchè dall'altra reſti viſibile il volto, o la ſoffitta ſotto a'gradini, e così ſarà diſegnata la Scala a lumaca, come ſi può vedere nella figura 18.

## OSSERVAZIONE SETTIMA.

*Condizione degli adornamenti delle Scale.*

DI ſopra mi ricordo aver aſſegnato molte condizioni, e regole, che concernono alle Scale, così nel Tratt. 2. al Cap. 7. dell'Oſſervazione 9., onde non reſta altro che dire, ſe non degli adornamenti.

E primieramente gli ſporti de' Cornicioni ſaranno ſcarſi, maſſime nelle Scale, che ſono coſteggiate da'loro muri per eſſer il ſito ſtretto, e così le Cornici di molto ſporto lo renderebbono molto più ſtretto; Secondariamente, che ſiano i volti ſvelti più de'due quadri, o almeno due quadri, perchè la Scala, che aſcende, toglie molto della loro altezza, ſe ſalgono con eſſi. Si deve però anche in ciò fuggire il ſoverchio, perchè l'altezza eccedente diminuiſce la larghezza.

Terzo le Cornici ſi debbono mantenere equidiſtanti alla Scala in tal guiſa, che non ſalgano nemmeno, nè più della ſteſſa, e tanto ſi deve oſſervare de'volti, e delle ſoffitte ſopra eſſa, quando accompagnano la ſua ſalita.

Quarto, nell'unirſi le Cornici aſcendenti colle Cornici a livello ſi debbono congiugnere in una linea a piombo, e ſe queſta è ſopra una faſcia in mezzo alla ſteſſa, ovvero fuori totalmente da eſſa, così nella Laſtra XV. è ben congiunta nella Cornice X: la parte 40. 41. coll'altra aſcendente 41. 42., e la congiunzione della deſcendente 40. 43. è deforme.

Quinto, ſe ſi faceſſero le nicchie dovrebbono eſſer ovate, quando non foſſero ne'ripiani, perchè a modo d'arcate il lor piano è dove ſi poſa la ſtatua, ed eſſendo a livello poco ſi confà col reſto degli ornamenti aſcendenti.

Seſto, ſe ſi faranno Colonnate, o Pilaſtrate, quando giungono al ripiano ſi dovranno l'eſtreme collocare ſul piano, ſe il ſito lo comporterà, perchè ſe ſi poſano fuori da' piani ſu i gradini, che aſcendono, una reſterà baſſa ſul ramo, che finiſce, l'altra alta ſul ramo, che comincia, e così il volto ſopra i ripiano riuſcirebbe più alto da una parte, che dall'altra.

Settimo, debbono eſſer dalla banda ſiniſtra della caſa, acciocchè poſſa voltarſi la perſona più facilmente verſo la ſiniſtra parte, che verſo la deſtra, ma non è condizione, che ſia molto oſſervata.

Circa

Circa le Scale, che sono sotto un volto a livello. Primo è da osservare, che non istanno bene, quando il volto copre un ramo solamente, il quale sia assai lungo, perchè dal basso parerà troppo svelto, e poi salito, che sarà, sembrerà basso.

In secondo luogo i basamenti, e le Cornici saranno di poco sporto, perchè essendo in alto a chi comincia ascendere pareranno di soverchio sporto.

In terzo non dovranno esser coperte parte da un volto alto, parte da un basso, se non fosse qualche poco sul principio.

In quarto non si entrerà in esse per la parte stessa, nella quale finisce la Scala, ma per la parte opposta, in tal guisa, che la Scala, se si potrà, resti o tutta, o in gran parte in faccia a chi ascende, perchè essendo a diversi rami farà di se stessa graziosa pompa.

In quinto i rami delle Scale saranno eguali, e se la differenza è poca nelle Scale, i cui rami sono divisi da' muri, è sopportabile; ma nelle Scale aperte, in cui si possono vedere ambidue i rami, è gran difetto.

In ultimo luogo in ogni Scala nè i gradini per maggior magnificenza si faranno più grandi, e più bassi del dovere; nè i poggi più alti, nè i ballaustri, nè i fregj delle stanze, nè le scanzie, ne' simili altre cose, le quali servono alla comodità umana, e però diceva Vitruvio al lib. 5. nel Cap. 7. al mezzo; *Sunt enim res, quæ & in pusillo, & in magno Theatro necesse est eadem magnitudine fieri propter usum, uti gradus Diazomata*, che sono i fregj, o i raggj: *Pluteos, Itinera, Ascensus, Pulpita, Tribunalia, & si quæ alia intercurrunt, ex quibus necessitas cogit discedere à symmetria ne impediatur usus.*

## OSSERVAZIONE OTTAVA.

### De' Ballaustri, che adornano le Scale.

SI faranno di oncie 20. d'altezza, cioè un piede liprando, e due terzi, o al più due piedi coi suoi basamenti, e Cornice superiore, essi saranno da 12. in 15. oncie, e se si può si proccurerà di fuggire, che il Zoccolo al piede, e quadro alla cima non sia tagliato obbliquamente, ma si faranno finire o in foglie, o a volute, o a fiorami, ovvero a ovati, o in qualunque altro modo, e se vi sono Piedestalli, che interrompano la Cornice superiore si farà terminare in essi.

# TRATTATO III. CAP. XXVI.

## CAPO VIGESIMOSESTO.

*Delle Volte, e varj modi di farle.*

Laft. 19.
Trat. 3.

LE Volte sono la principale parte delle Fabbriche, e gli Autori, che hanno scritto d'Architettura se la passano sì brevemente, che alcuni nemmeno ne parlano, quando sono le più difficili non tanto da inventar, e porre in disegno, ma anche da porre in opera; Nè quanto a me saprei citare luogo alcuno in Vitruvio, nel quale delle volte dasse qualche ammaestramento. Palladio solamente, che io sappia al Cap. 24. del lib. 1. tocca qualche cosa delle Volte, ma sì brevemente, che a gran pena ne distingue le spezie, e dice, che vi sono sei sorta di Volti, cioè a Crociera, a Fascia, a Remenato (che sono quelli, che non arrivano al semicircolo) Ritondi, a Lunette, a Conca, le quali due ultime maniere sono state ritrovate da' moderni; le quattro prime furono anche usate dagli Antichi. Tanto dice egli de' Volti, nè di loro dà altri documenti; ma io ora diviserò le spezie, proporrò diverse maniere, ed invenzioni di Volte, e finalmente quando sarà il suo luogo tratterò di porle in opera tanto di mattoni favellando, quanto di marmo, nel che non vi è piccola industria, come si vedrà al suo luogo: ora con diverse Osservazioni andremo divisando le varie maniere di Volte.

## OSSERVAZIONE PRIMA.

*Tutti i Volti nascono da sei corpi tondi, che tagliati per mezzo fanno sei sorte di Volti primi, ed elementarj.*

QUesti Corpi sono il Cilindro, il quale tagliato per mezzo constituisce il Volto a tromba, come il Volto A, e serve per li Corridori, e Chiostri; Il Cono come B di questi si fanno le Guglie de' Campanili, ed è un Corpo come un pane di zucchero, o una piramide tonda; Il Cono, che non finisce in punta, ma in una retta linea come C, ed è un Corpo solamente da me considerato nel mio Euclide al Tratt. 34. nella prop. 26. ora questi due Corpi se saranno sopra gli Angoli delle Camere tagliati in varie guise possono constituire come andrò spiegando varie sorte di Volte, e questi sono Corpi, i quali tengono qualche superficie piana; ma vi sono altri tre totalmente conneffi, questi sono primieramente la Sfera, che tagliata per mezzo fa il Volto a Cupola. Secondo il Corpo Ellitico, ovvero ovato, che tagliato per mezzo quel segamento resta circolare come D. Terzo, il corpo Lenticolare, che è ovato, quando è segato per mezzo fa la sezione ancora ovata, come è il corpo segnato E, e siccome il primo innalza il Volto più svelto delle Sfere nelle Cupole, così questo lo fa più basso di esse, ed ambidue possono servire per fare i Volti sopra le Icnografie ovate tanto se saranno di mezzo Circolo, quanto se saranno Remenati, e meno di esso, se s'induranno tagliate per l'Asse maggiore.

Fig. 1.

OSSER-

## OSSERVAZIONE SECONDA.

### Delle spezie de' Volti, che nascono dal Cilindro.

Laft.19.
Trat.3.

SE un pezzo di Cilindro già tagliato per mezzo farà di nuovo tagliato per diagonale, come si vede nel Cilindro ABCDEF tagliato per le diagonali, e diviso prima in AGC, e poi in BGD
Fig. 2. farà quattro parti, delle quali due serviranno pel Volto a crociera, due per le Volte a padiglione, o a conca; per le Volte a crociera saranno le due ABEG, GFDC, le quali congiunte con altre due della stessa maniera saranno il Volto a crociera MNOP, perchè OPQM è della stessa condizione, e figura, che DCGF. Tali essendo l'altre
Fig. 3. fanno la crociera NPM, e LPO, e le quattro Arcate su i quattro muri; delle quali una di loro è MQO.

Per le Volte poi a padiglione saranno le due BGC, ed AGD, perchè congiunte con altre due della stessa altezza, e figura faranno
Fig. 4. la Volta a padiglione RSTVX, poichè la Volta, e parte XSR è la stessa figura, che la BGC, ed essendo l'altre simili, si vengono ad unire in X, la qual sorta di Volta non ebbero gli Antichi, come dice Palladio al citato luogo.

Fig. 5. Se poi il Cilindro sarà tagliato ad angoli retti, e se sarà in una parte lunga, e seguita, sarà volto, come dice il Serlio lib. 5. de' Tempj p. 17. a ponte, o come altri a tromba, ma se sarà tagliato ad angoli retti, ma le sezioni saranno vicine, si chiamerà arco, o fascia, e se sarà tagliato obbliquamente, ma con linee paralelle saranno fascie, e trombe obblique. Tal'è il Semicilindro RY 7. 6., e tal'è la sua fascia 3. 8., 5. 6., 4. Y.

Avanti di procedere si deve notare, che sebbene ho dato l'esempio delle Volte a Padiglione, ed a Crociera sopra le Camere quadre, lo stesso però seguirà nelle Camere di qualunque altra figura, come Triangolari, Sessagone, Pentagole, Ottangole, perciocchè siamo in libertà di formar l'Angolo HDC secondo che elige il sito, e l'Angolo, che da' lati sino al punto di mezzo, tirando due linee, si può fare in qualunque dato luogo, e sito.

## OSSERVAZIONE TERZA.

### Delle spezie delle Volte, che nascono dal Cono.

Questi generi di Volte non sono ancora state usate se non da me, e gli ho adoperati assai bene, e con bella vista, massime che sono fortissimi.

Primieramente già abbiamo detto, che il Cono posto in piedi forma le guglie de' Campanili, e se sarà sopra una base tonda for-
Fig. 6. merà le guglie tonde, e se sopra una base ovata contornerà le guglie ovali; ma oltre a questo se sarà tagliato per mezzo cominciando dal suo vertice A farà il Semicono ABCD, allora se si taglierà colle diagonali ED, e FC farà le due sezioni EGD, e DGC, e lascierà due parti, l'una sarà AFGE, e l'altra GBDC, le qua-

li

li ferviranno a formare due forte di Volte.

Poniamo dunque, che l'Angolo F A E foffe l'Angolo d'una ftanza, per efempio retto, per effer la Camera quadrata, e che A F, e A E foffero i fuoi lati fino alla metà, chi ne congiungerà quattro eguali infieme farà la Volta H L M K I, che fono quattro porzioni di Cono unite infieme, delle quali una è la 2. I, 3. M, e così l'altra; il qual genere di Volta l'ho pofto in opera a Racconigi nel Palaggio di delizie del Signor Principe di Carignano, e riefce beniffimo.

L'altra G B D C fervirà a formare una Volta, che renderà timore, effendo che il fuo centro G farà pendente abbaffo, e quafi a punta di diamante rivolte in giù, fe quattro di quelle s'uniranno infieme, effendo però forte per li Volti diagonali G D, e C G, che la foftentano.

Ma fe fi vorrà, che il mezzo G fia più alto che B, fi fegherà in 6. ad Angoli retti, e fi prenderanno per fare le Volte quattro porzioni, delle quali una è la G F E 6., e così fi farà la Volta, com' efprimefi nella figura 8.: La quarta parte è R Q P 7. della fteffa forma come nella figura del Cono E F G 6.

Se poi il Cono fi taglierà con due fezioni paralelle, come nella fefta figura 2. 4. 3. E 6. F fi faranno le fafcie a fquarcio.

Se i Coni avranno la bafe ovale, ed ellitica lo fteffo fuccederà, e le Volte verranno meno di mezzo tondo.

Le due porzioni nella prima figura F G D, ed E G C fervono allo fteffo modo, che nel Cilindro per far una Volta a Padiglione, perchè come provo nel noftro Euclide Tratt. 24. Deffin. 9., e nel Tratt. 25. alla Prop. 5., e Prop. 22. tanto fono Ellifi le fezioni del Cilindro quanto del Cono, benchè l'uno, e l'altro aveffero le fue bafi non tonde, ma ellitiche, è ben vero, che poi il centro fi deve porre a mezzo alle Diagonali, fe forfe non fi voleffe fare un Padiglione in una ftanza, che aveffe il lato C D più largo, che E F, ed il fuo piano foffe il Trapezio E F D C, che allora fervirebbono come fono per li due lati E F, e C D; ferviranno ancora non folamente per le Camere quadrate, ma di qualunque figura, come fi è detto del Cilindro.

## OSSERVAZIONE QUARTA.

*Delle Volte, che nafcono dal Cono, che finifce in una linea.*

Quefto genere di Volta nemmeno fin'ora fi è ufata, non effendo nemmeno tra' Corpi fin'ora quefto Cono annoverato, avendolo io confiderato il primo nel noftro Euclide Tratt. 25. alla Efpen. 2. pr. 8.

Sia dunque un tal Cono A C D B E, e fia tagliato in ifquadro in F G, e fi prefupponga l'angolo G A F di qualche Camera, ed una metà de' fuoi muri la lunghezza A G, e A F fi formerà la figura E D A F G, che prefa quattro volte comporrà la Volta di una Camera, in cui gli Angoli faranno tanto alti, quanto è il centro, o mezzo della Volta; come si può vedere nella figura 10., ove la quarta parte della Volta M I O P K è la figura N M H L K della stessa maniera, che è G E F A D.

Last. 19
Trat. 3.
Fig. 10.

## OSSERVAZIONE QUINTA.

### Delle Volte Gotiche.

Fig. 11.

LE Volte Gotiche sono lo stesso che a Crociera, ma laddove le Crociere Romane son fatte di quattro parti di Cilindro tagliato, come si è detto nell' Oss. 2. i Goti quel quarto, come ivi è G D F C, lo spartivano in due parti, e di queste ne prendevano di ciascuna una porzione, la quale cominciava da D, e C, ma non perveniva alla metà dell'Arco in F, ed era meno della detta metà, onde formavano la Volta espressa nella figura 11. A B C D E, in cui E G A è una parte di Cilindro, ovvero diciamo ancora di Cono, la cui base C A, ovvero I A, oppure I D, o qualunque altra non arriva a un quarto di cerchio. E sebbene eglino sempre adoperassero porzioni di cerchj non vi è dubbio, che si potrebbono adoperare anche porzioni d'Ellissi; queste Volte non sono più in uso, potrebbono però qualche volta venir a comodo.

## OSSERVAZIONE SESTA.

### Delle Volte, che nascono dalla mezza Sfera, o del Corpo Ellitico, o del Corpo Lenticolare.

TUtti questi Corpi danno la stessa maniera di Volte, e già pel primo è noto, che senz'alcuna sezione per se medesimo fa una Volta di una mezza sfera, ovvero di un mezzo ovato, o che sia collocato sopra un piano ovale, e così la sua circonferenza farà di mezzo circolo, o finalmente d'un mezzo ovato, ma che ne abbia la circonferenza d'un circolo, nemmeno sia collocato in piano circolare; ma tutto sia ovato, ed ellitico, ed in quanto al sito, ed in quanto alla sua circonferenza, la quale potrà esser nulladimeno in due modi, o più alta del mezzo circolo, o più bassa di esso, la più alta sarà come nella figura dell' Osserv. 1. segnata D, supposto, che la sua base non sia circolare, ma ellitica, la più bassa sarà come E nella stessa figura.

Fig. 12.

Ma quando si vorrà segare, allora nascerà la Volta a vela, come si può vedere nella semisfera, o semisferoide A B C D E, che tagliata da quattro parti colle sezioni normali al piano, in cui posa B K E, e C G B, C H D, e D F E forma una Volta, che finisce in quattro punte D, E, C, B, come se fossero tante vele latine, o triangolari. Queste Volte Palladio le chiama tonde, e dice di averne veduto una appresso gli Antichi nelle Terme di Tito, ciò, che può essere, ma se ne servirono ben di rado.

Se il Corpo sarà sferoide, due Archi almeno verranno necessariamente fariamente elliſſi, ed ovati, altri due ſaranno circoli, ſe ſaranno le ſezioni paralelle al circolo maſſimo, che gli dà il tondo, come provo al Tratt. 25. Eſpen. 3. alla p. 9. e 10. del noſtro Euclide.

Laſt. 19.
Trat. 3.
Fig. 12.

Se farà lenticolare, tutti i taglj ſaranno elliſſi, e ſaranno tanto nell'uno, quanto nell'altro Corpi ineguali in altezza il più delle volte.

E ſe le Camere non foſſero quadrate, ma di qualunque altra figura ſempre ſuccederà lo ſteſſo, e i taglj ſaranno o circoli, o elliſſi, e ſe ſaranno nella sfera equidiſtanti dal centro, o ſopra un ſito equilatero, ſaranno tutte le ſezioni ſemicircoli eguali in altezza, ma ſe ſaranno ſferoidi, o lenti, benchè il ſito, ſopra cui ſi volgono, ſia di lati eguali, ſaranno le ſezioni non ſolamente ellitiche, ma anche diſuguali in altezza il più delle volte.

Oltre a' predetti taglj normali al piano, in cui ſi colloca la ſemisfera, o ſemisferoide, o ſemilente, vi è un taglio paralello, il quale nella figura è GHKF, e così rimangono ſolamente gli Angoli G KB, HGC, ovvero HFD, e KFE, i quali ſono le vele delle Cupole, le quali portano il loro giro GHKF, e queſto taglio fu ignoto totalmente agli Antichi, ed è ſolamente invenzione moderna.

## OSSERVAZIONE SETTIMA.

### Delle Volte a lunette triangolari, e tonde.

IN tutti i Corpi predetti ſi poſſono fare due ſorte di taglj, uno è triangolare, ed è, come ſe foſſe dato in una sfera, o ſferoide, ovvero in un Cilindro, o Cono un taglio obbliquo, ma che non arrivaſſe al mezzo, nè tagliaſſe l'aſſe de' predetti Corpi, ma foſſe più corto del loro ſemidiametro, e poi fattone un'altro dell'altra parte in triangolo, che arrivaſſe fino al predetto, e tagliaſſe via una porzione de' predetti Corpi, che ſarebbe come una mezza fetta, o ſquarcio di melone, che imita quaſi una ſemiluna ſcema, e da poi quel voto foſſe riempito con un pezzo di Cilindro tagliato triangolarmente collo ſteſſo angolo del taglio, ed alto quanto è lo ſteſſo taglio.

Tale nel quarto della Volta ABCD è il taglio HGF, ed il taglio FGE, i quali ſono come un ſemitaglio di melone, ch'è il Corpo EFHG, e perchè il Semicilindro LMNEHO è alto quanto il predetto taglio, cioè quanto GF, perciò tagliato anch'eſſo collo ſteſſo angolo EGH, farà le ſteſſe porzioni d'Elliſſi FH, e FE, e riempirà il vano EFH, facendo la lunetta EMHF, ora ſe la Volta di qualunque ſorta ſarà interciſa da molte lunette, ſi chiamerà a lunette.

Fig. 13.

E perchè la punta FG potrebbe eſſer ſtata laſciata con tagliar in tondo, o in quadro, o ſecondo qualunque altro modo, quindi naſcono lunette, o tonde, o ſomiglianti, come nella fig. 14., perchè il taglio VYT è in tondo nel quarto della Volta PQSR, quindi è, che anche la lunetta VTX ſia tonda, il cui vacuo empito con un pezzo di Cilindro, che ſia tagliato ſullo ſteſſo metro, e modello compiſce la lunetta VTXZ.

Fig. 14.

A a 2            OSSER-

## OSSERVAZIONE OTTAVA.

*Del modo di disegnare le Volte.*

Laſt.19.
Trat.3.

IL diſegno nelle Volte non porta ſeco molta difficoltà, perchè circa il tondo lo ſteſſo compaſſo lo deſcrive, circa l'ovato, e Volto ellitico già nell'Oſſ. 7., e ſeguenti al Tratt. 2. nel cap. 6. ho dato diverſe regole di formarlo nel dargli il ſeſto, ſolamente in ciaſcun genere di Volte ſi poſſono avere certe avvertenze, che le fanno riuſcire più grate all'occhio.

Primieramente le Volte a conca, o a padiglione, quanto ſaran meno ſvelte, tanto ſaran più belle, perchè facendoſi nelle Camere per ordinario, che non hanno molta altezza, ſe ſi fanno di poca elevazione renderanno la ſtanza più ſvelta; l'ordinario però, che gli ſi ſuol dare è di un quarto del ſuo diametro, e il meno un quinto, e per farle parere come piane, ſi potrà fare la cornice, ſopra cui ſi poſa nello ſpiccarſi del Volto dal muro dopo eſſerſi principiata la Volta.

Secondariamente circa le Volte a tromba ſi deve avvertire di dargli ſempre un poco di piede diritto ſopra la cornice, che ſarà tanto maggiore, quanto la cornice avrà più di ſporto, e quando non abbia lunette, ſi procurerà d'interromperlo con qualche faſcia.

Fig. 15.

In terzo luogo circa le Volte a crociera, quando le Camere ſon molto lunghe non ſi prenderanno gli ſpigoli delle crociere dagli angoli della Camera, ma meno, acciocchè non venghino troppo lunghi, come ſi può vedere nella figura 15., i di cui ſpigoli ſono 2. 3., e 4. 5., che non ſon preſi dagli angoli della ſtanza, la ſua altezza 7. 8. ſarà il terzo della larghezza, o il quarto della diagonale appreſſo a poco.

Fig. 16.

In quarto luogo le Volte a lunette ſi faranno in tal guiſa, che ſiano paralelli i loro ſpigoli, o coſte agli angoli della Volta, onde ſiccome ſi può vedere nella fig. 16. ſe gli angoli della Volta nelle Camere lunghe andranno a terminare nel mezzo come A B, e C D, biſognerà fare ſu i lati più corti C B, A D, tante lunette, benchè più piccole, quanto ſopra ha più lunghi C A, B D, che coſì i lati, o gli ſpigoli delle lunette come C I, e gli altri verranno paralelli agli ſpigoli, o alle coſte diagonali della Volta C D, e B A.

Laſt 20.
Fg. 1.

Ma ſe gli ſpigoli, o le coſte, o gli angoli della Volta ſaranno in iſquadro, come nella Icnografia della Volta L F O H i due angoli E F, E O, allora le lunette ne' lati più corti F O, e L H ſaranno eguali alle lunette de' lati più lunghi L F, H O, e ſe vi ſarà qualche diſcrepanza nelle commenſurazioni de' lati, perchè per eſempio il lato L F foſſe più che un terzo del lato F O, ſi rigetterà la differenza ne'piedi, ed impoſte le lunette, onde in tal caſo ſarà più lungo M N impoſta dal lato maggiore, che P Q.

Per dare la conveniente forma alle lunette, e per aſſegnare la conveniente altezza all'arco a piombo della lunetta, che s'uniſce col muro, ſi piglierà in iſquadro la diſtanza della lunetta 3. 2., e ſi traſporterà parimente in iſquadro dall' V piombo nel muro all' Y giro della Volta, e ſi noterà il punto Y, e poi ſi farà paſſare per quel punto

# TRATTATO III. CAP. XXVI.

punto Y la tangente YZ, e Z fino al principio della lunetta fegnato 4. è l'altezza de' detti Archi. Altri come nella figura la fanno paffare pel punto predetto, e pel mezzo della Volta, cioè per li due punti L, e P, fin tanto che termini nel muro O.

Laft.20.
Trat. 3.

Se fi dovranno compartir le lunette in una Volta tonda, ovvero ovata fi faranno fempre cogli fpigoli eguali come nella fig. 2. fono i due fpigoli AB, AC, il che s'intende in ogni forta di lunette, e fi difegneranno prendendo, come ho infegnato nelle Ortografie tonde, le diftanze di ciafcun fuo punto della Icnografia dal mezzo in ifquadro, e trafportandole medefimamente in ifquadro dal mezzo nell'Ortografia, e gli darà allo fteffo modo la fua forma, come fi vede nella figura.

Fig. 2.

In quinto luogo circa le Volte a guglia non è uopo di dirne altro, fe non che la fua proporzione è almeno di tre larghezze, o diametri della bafe, e al più farà quattro, avvertendo, che fe la bafe è ovale, fi deve prendere il diametro più lungo.

In fefto luogo circa le Volte a vela fi difegneranno così nel piano, che deve effere o quadro, o di qualche figura regolare, o poco più lungo del quadro; fi farà il circolo ABC dal mezzo della diagonale E, come centro, oppure fi faranno due mezzi circoli, che fi congiungeranno colle linee rette in B, e D, ove fono diftanti, e farà fatta la pianta.

Fig. 3.

Circa l'alzato fi farà il femicircolo fopra la cornice OH dal centro P punto di mezzo, e poi prefa la mifura della metà della diagonale FE, dallo fteffo centro fi tirerà l'arco QRS, che farà il giro fupremo della volta.

Finalmente circa le Volte femisferiche, o femisferoidali, o lenticolari, s'ha da avvertire, che non fi caricheranno col lanternino, come fi fa alle cupole, perchè quando fono tonde, ovvero meno del tondo non lo poffono portare, e perciò in tal cafo, o bifognerà difegnarla in piedi, o fiano mezze fferoidi, o fiano mezze lenti, in tal guifa, che l'affe maggiore refti a piombo.

## OSSERVAZIONE NONA.

### Delle Volte a fafcie.

Quefta forta di Volte è mia particolare, e l'ho pofta in opera non fenza molta varietà, e foddisfazione delle genti.

Compartifco adunque la Camera, e vado tirando da muro in muro, o in quadro, o per linea diagonale varie fafcie, le quali facciano in fe fteffe qualche compartimento, e poi gli fpazj, che rimangono, riempio di diverfe Volte fecondo la capacità del campo, che lafciano per dare efempio di molti; che ho fatto fpezialmente a Racconigi, ecco n'efibifco un difegno nella fig. 4.

Fig. 4.

Quefta maniera mi ha fomminiftrato una gran varietà di Volte, le quali fanno nobiliffima vifta, e lafciano campi egregj per la pittura.

OSSER-

## OSSERVAZIONE DECIMA.

*Delle Volte a fascie piane.*

La st. 20.
Trat. 3.

Questa maniera nemmeno è conosciuta, e si può fare in due modi, o con lastre di marmo piane, che facciano varie figure, e si congiunghino insieme colle loro connessioni sopra squadra, ed angoli ottusi, oppure con tellai di legni grossi a sufficienza, per esempio quattro in cinque oncie, i quali poi si riempiano di mattoni posti in piano, che facciano la Volta grossa un quarto di mattone, quanto è la sua grossezza, e queste Volte, oltre che sono belle, e lasciano bei campi per dipingere, sono anche molto leggiere per farle in quei luoghi, dove la debolezza de' muri non soffre Volte.

Fig. 5.

Si consideri adunque la pianta nella fig. 5. esposta per modo di esempio, e siano i quattro tellai nella pianta A B C D, i quali più lunghi pel lato 3. 2. si vadino ad unire nell'alzato nel punto I, questi faranno nel mezzo la figura 3. 4., 5. 6., che si potrà voltar a conca, o a stella, i quattro quadrati s'empieranno con mattoni, che siano un poco colmi; li quattro triangoli, de' quali uno è 2. 3. 7. si volteranno a lunetta, ed i quattro L, M, N, O si volteranno un poco a conca, ch'empita poi di calcina farà un piano, o sottocielo triangolare.

## OSSERVAZIONE UNDECIMA.

*Delle Volte piane.*

Questa maniera è pur mia speziale, ed è più bella assai delle soffitte a travature, e più comoda delle soffitte ancora a compartimenti; perchè quelle sono nido di topi, che entrano dentro le asse di quei rilievi, e sono d'inquietudine nella notte agli Abitatori, ma in questa sorta di Volte, essendo tutte sode, non entrano sorci, ed hanno la bellezza de' compartimenti, e sono molto più sode delle soffitte, perchè là, ove quelle tremano al calpestio delle persone, che camminano sopra, onde poi ne discende continua polvere, queste essendo sù travi grossi, e se fa bisogno anche armati, rifiancati, e rinserrati da' mattoni, che fanno le volticciuole, non tremano, e tanto meno lasciano cadere alcuna polve, e per darne l'esempio si consideri la fig. 6., la quale ho fatta a' Mezzani, e Camere superiori del Serenissimo Principe di Carignano a Racconigi per li Cavalieri, benchè alle stanze prime nobili vi siano più vaghi compartimenti, come forse ne darò le figure.

Fig. 6.

Nell'accennata figura dunque A B, C D, e gli altri sono travi sopra i quali sono fatte le volticciuole d'un quarto di mattone, le quali son fatte a padiglione, come si vede nell'elevazione. In Francia pongono assai spesso i travi, e l'uno coll'altro murano con gesso. In Italia pongono mattoni da lastricare da un trave all'altro, ma siccome in questi modi è necessario adoperare piccoli travi, così tal sorta di Volte è soggetta al tremore, e per conseguenza alla polvere; onde nelle stanze, in cui per la bassezza non debbonsi far le Volte più alte, queste Volte piane sono le più comode, e non men belle d'ogni altra.

TRAT-

# TRATTATO IV.
## DELL' ORTOGRAFIA GETTATA.

Uesta Ortografia, siccome è opposta nel suo titolo all' antecedente, così anche nel suo modo di operare; perchè là dove in quella le superfizie piane s' innalzano con linee perpendicolari, per dare a loro corpo, e formare la Fabbrica, questa per lo contrario i corpi in alto sospesi con linee perpendicolari riduce in piano per istendere la loro superficie: Non è però questa di quella meno utile, anzi chè assolutamente necessaria all'Architetto, abbenchè poco conosciuta dalla Italiana Architettura, solamente dalla Francese in molte occasioni egregiamente adoperata. Perchè adunque per tagliare le pietre, e ritrovare le giuste forme è necessario sapere, quali sieno le loro superfizie, acciocchè fatte, e tagliate secondo quelle, quando si pongono in opera, si assettino al suo luogo, e convengano colle altre, perciò è stata ritrovata questa Ortografia, che appunto mette le loro superfizie in piano, e le forma, come sono in alto, e sarebbono nel proprio loro luogo, di questa abbiamo a ragionare.

## CAPO PRIMO.
### *Di alcuni principj di Ortografia.*

A Ortografia non è altro, secondo che provo nel nostro Euclide al Tratt. 26. alla def. 1., che una impressione, terminazione, o vestigio notato nel piano di una superfizie ad esso normale, la quale circondi un'altra elevata dal detto piano; dal qual vestigio così normalmente impresso si conosca, qual parte copra, ed occupi del piano medesimo.

Nella projezione adunque, ovvero Ortografia primieramente evvi il piano primigenio, che è quello, che gettare si deve nel piano soggetto. Secondariamente vi sono le linee projettrici, le quali moltiplicate, e spesse fanno l' uffizio della superfizie ambiente il piano primigenio, e però da esso partendosi, cadono perpendicolarmente sul piano, che riceve la projezione. Evvi in terzo luogo il piano projettorio, ed ortografo, che è quello, che riceve la projezione, ed in cui le predette linee projicienti vanno a finire. Evvi finalmente la figura gettata nel piano ortografo: E sebbene si potrebbe la projezione eseguire colle linee oblique, purchè fossero parallele, questo però non serve all'Architetto, se non in qualche caso; onde l'Ortografia sempre esprimesi per linee normali, perchè queste rappresentano sempre il piano primigenio allo stesso modo; le altre secondo la varia obbliquità variamente lo esprimono; per lo chè non avendo una certa, e determinata maniera di espressione, non può da loro prender l'Architetto sicure, e determinate le sue misure.

OSSER-

## OSSERVAZIONE PRIMA.

Laft. 1. Trat. 4.

*La linea paralella al piano projetterio si descrive in essa in una linea uguale, se non è paralella, o è curva, in se si getta, e passa in una linea più breve, ma se è perpendicolare diventa un punto.*

Fig. 1.

TUtte queste projezioni le provo nel nostro Euclide al Tratt. 26. alla prop. 5. onde presupponendole vere, mi farò solamente a dichiararle.

Sieno nella fig. 1. le linee projettrici I E, ed A F, le quali abbiano a gettare sul piano projettorio A E la linea primigenia I F; la linea gettata nel piano sarà A E, la quale è uguale alla primigenia I F.

Ma non sia paralella, come H G, le di cui linee projcienti sono H D, e B G, allora la linea gettata in piano sarebbe D B più corta, che la curva H L F.

Finalmente si getti la linea L M normale al piano, sarà la sua projettrice la linea M C, che imprimerà nel piano il punto C.

## OSSERVAZIONE SECONDA.

*Le linee paralelle gettate in piano oblique, o non oblique, ad esso restano paralelle.*

Fig. 2.

SIano le linee A B, ed H L, le quali non sono paralelle al piano G D; le linee projettrici della B A siano B D, e A C, della L H siano H E, ed L G, le linee gettate nel piano projettorio C D, e G E, le quali sono paralelle, come provo al Tratt. 26. nella prop. 6. del nostro Euclide.

## OSSERVAZIONE TERZA.

*Ogni angolo, se ha lati paralelli al piano ortografo, si getta in un' angolo eguale, se ha solamente la base in un' angolo maggiore, se non ha alcun lato paralello in un' angolo minore.*

Fig. 3.

SIa l'Angolo primigenio A X T di lati paralelli al piano P V O; nel quale l'Angolo V sia l'Angolo gettato dalle perpendicolari projcienti A P, T O, ed X V: Si prova nel citato libro alla prop. 7. del Tratt. 26., che l'Angolo V sarà uguale all'Angolo X, ma se fosse l'Angolo X del Triangolo I X L, che ha la base I L paralella al piano P O V, allora l'Angolo V sarà maggiore dell'Angolo X del Triangolo I X L, ma se il Triangolo X T I tutto obbliquo fosse il primigenio, l'Angolo X sarà maggiore dell'Angolo gettato V, se poi fosse l'Angolo, che si suppone retto, o fosse del Triangolo X T I non paralello, o fosse del Triangolo A T X paralello, purché il lato A X sia paralello al piano ortografo P O V, sempre rimarrà retto, come si può vedere nella prop. 8. del detto Tratt., dove provo tutte queste Osservazioni.

*OSSER-*

## OSSERVAZIONE QUARTA.

*Ogni fuperfizie perpendicolare al piano ortografo gettata, diventa una linea.*

Sia la figura dell' Offervazione prima, e fia la fuperfizie primigenia il circolo HLFGCOI, le linee projcienti faranno IE, HD, LC, GB, FA, le quali tutte caderanno nella linea EA, onde la projezione della detta fuperfizie farà la EA, come provo alla prop. 8. del cit. Tratt. 26. del noftro Euclide.

## OSSERVAZIONE QUINTA.

*La fuperfizie paralella al piano ortografo fi getta in eguale, e fimile fuperfizie.*

Sia la primigenia fuperfizie il cerchio GEC, il quale fi getti nel piano ortografo DK colle normali projcienti GL, EI, GH, AB, gettato, che farà, fi contornerà nella figura LIH, la quale anche ella farà circolo non folamente, come è il circolo GEC primigenio, ma anche farà a lui eguale, effendo che tutte le linee AG, AE, AC, che vengono dal centro A nella fuperfizie primigenia, fono eguali a quelle, che vengono dal centro B nella figura gettata, come fono LB, IB, ed HB, e lo provo alla prop. 9. dello fteffo Trattato.

## DEDUZIONE.

Quindi fi può raccogliere, come le fuperfizie fi gettino, quando fono o paralelle, o perpendicolari, e non folamente effe, ma eziandio le fue parti; Così nella fig. dell. Off. 1. le parti gettate della fuperfizie normale fono ED, ch' efprime gli Archi HI, ed IO; un' altra è DC, ch' efprime l'Arco CG, e così d'ogni altra; e tanto avviene nella fuperfizie paralella, perchè le parti intraprefe tra le paralelle projcienti nella figura gettata efprimono le parti della figura primigenia, anzi non folamente l'efprimono, ma fono a loro fomiglianti, ed anche uguali, tali fono gli Archi OI, ed IH eguali agli Archi FG, e GC, primigenj nella figura di quefta Offervazione.

## CAPO SECONDO.

*Del modo di gettare in piano le fuperfizie obblique, rettilinee, e curve.*

Ichiarate le propofizioni più facili, che fono quafi i primi principj, ora fono per cominciare a porre in efecuzione gli fteffi precetti dell' arte; e prima di tutto ci fi offre la fuperfizie, non già quando è perpendicolare, o quando è paralella

Loſſ. 1.
Trat. 4.

ralella, avendo già di ciò aſſai ragionato, ma quando col piano ortografo fa qualche Angolo, che chiamaſi Angolo della inclinazione, il quale è quello, che fa la ſuperfizie, che ſi ha a gettare in piano collo ſteſſo piano ortografo, che la riceve. Che ſebbene talvolta addiviene, anzi il più delle volte, che queſti due piani non ſi ſegano, è però ſempre vero, che, inclinando l'uno all' altro, prodotti quanto baſtaſſe, alla fine ſi ſegarebbero. Onde a quella ſezione ſi potrebbe tirare ſopra ciaſcun piano una perpendicolare, e così farebbono due linee ſopra due piani, che comprenderebbono un'Angolo, il quale è quello, che ſi dice d'inclinazione, come ſpiego nel Coroll. 3. nella prop. 4. al Tratt. 22. del noſtro Euclide.

## OSSERVAZIONE PRIMA.

*Dato l'Angolo della inclinazione de' piani ſi inſegna a gettare in piano una ſuperfizie obbliqua, che abbia un lato parallelo al lato ortografo.*

Fig. 5.

Sia dato l'Angolo A, di cui due lati uno AC ſia ſopra il piano ortografo, l'altro AB ſia ſopra il piano primigenio, o da gettarſi, che ſia il pentagolo IF, e ſtia perpendicolarmente ſopra il lato GF, in tal guiſa, che la impreſſione, e marca della linea AB, ſia ED normale al lato GF della figura da gettarſi IF, cioè al lato, il quale ſi ſuppone parallelo al piano ortografo.

Ciò preſuppoſto ſi traſferiſcano gli Angoli I, ed H nella linea DE per mezzo delle normali IK, e KH, e perchè DE è la marca, o veſtigio d'AB lato, in eſſo ſi traſferiſcano gl' intervalli DK, e DE, cioè DK ſi traſporti in AL, e DE in AB; da poi ſi facciano cadere delle normali dalla AB ſopra la ſteſſa AC, che ſi ſuppone nel piano ortografo, e ſiano le linee BC, ed LM, le quali notino i punti C, ed M.

Eſſendo adunque, che GF ſi pone, e preſuppone parallela al piano, per la Oſſ. 2. farà della ſteſſa miſura; onde ſarà la linea 3. 4. eguale alla linea GF, a cui ſi tiri normale la linea 5. 7., la quale eſprima la linea CA alla ſezione normale, e però in eſſa ſi traſferiſcano i punti AM, che ſia 5. 8., ed eſprimenti le parti di DE per l'Oſſ. 5., AC che ſia 5. 7., ſi tiri dunque per l' 8. la parallella 6. 2. a 4. 3. ſi traſferiſcano poi le diſtanze KH in 8. 2., e KI in 8. 6., perchè ſono le ſteſſe nella linea 6. 2., e nella linea IH, per eſſere ambedue parallele a GF, o 4. 3., che ſi ſuppone parallela al piano.

Finalmente queſti punti s'uniſcano inſieme colle linee 3. 6., 6. 7., 7. 2., 2. 4., e la figura 2. 4. 3. 6. 7. ſarà la figura HFGIE gettata in piano: lo provo alla prop. 11. nel Tratt. 25. del noſtro Euclide, benchè ciaſcuno dalle antecedenti Oſſervazioni lo poſſa facilmente raccogliere.

OSSER-

## OSSERVAZIONE SECONDA.

*Modo di gettare in piano una superfizie rettilinea, che non abbia alcun lato paralello al piano ortografo, dato l'Angolo di un lato della figura col piano, e l'Angolo della inclinazione.*

Sia dato il Sessagono G B C D &c., e l'Angolo della inclinazione sia K, e l'Angolo del lato D C della figura sessagona colla sezione P O sia l'Angolo P, poichè non avendo questa figura alcun lato paralello al piano, nemmeno sarà paralello alla sezione de' piani, essendo l'una proprietà conseguente dell' altra, così nel Coroll. 2. alla prop. 4. nel Tratt. 22. del nostro Euclide.

Ciò dunque presupposto si conduca G Q perpendicolare alla sezione P O, ed a quella Q G si tirino da ciascun Angolo le normali A K, F H, B I &c., le quali essendo normali a Q G saranno anche paralelle alla sezione P O, e però saranno eguali nella figura, che si deve gettare per la Osservazione 1. essendo paralelle al piano ortografo.

E perchè Q G è vestigio, o marca della linea K M, però si trasferiscano da Q G tutti gl'intervalli, e distanze della sezione P O, come Q G, Q H &c. in K M, e siano K M, e K R, e le altre. Si facciano poi cadere le normali da punti notati in K M sopra la linea del piano ortografo K L, che siano M L, ed R T, e le altre, e così si vedranno nel piano ortografo le predette distanze, e le parti della linea Q G gettate in piano.

Tirata dunque la linea 6. 5., che esprima la sezione P O, se li condurrà la perpendicolare 5. 2., che esprima la K L, indi si trasporteranno le distanze degli Angoli del sessagono diminuite, come sono K L, e K T, e le altre nella linea 5. 2., e saranno 5. 2., 5. 7., e le altre, e per quei punti, come 2. 7., e gli altri si tireranno le normali punteggiate 7. 3., ed altre simili, le quali si faranno eguali alle linee punteggiate del sessagono primigenio, ciascuna alla sua corrispondente, come la punteggiata 3. 7. sarà eguale alla linea H F, e così tutte le altre, perchè, come abbiamo detto, sono della stessa lunghezza.

Per li punti dunque terminativi di queste linee, come da 2. a 3. si condurranno le linee rette, le quali sono 3. 2., e l'altre simili, e così il sessagono A B C D F sarà gettato in piano nella figura sessagona 2. 3. 5.

## OSSERVAZIONE TERZA.

*Del modo di gettare in piano le superfizie tonde, ovvero ovate, o di qualunque figura compresa da linee curve dato l'Angolo della inclinazione.*

Sia dato il circolo B H G da gettarsi in piano, e l'Angolo della inclinazione sia A, ed il lato A P sia espresso nella linea, o diametro C B normale della sezione F E.

Diviso

Lafl. 1.
Trat. 4.
Fig. 7.

Divifo adunque il circolo, o qualunque figura curvilinea in più parti, da quelle fi tireranno le normali a BC, e paralelle alla fezione FE, come GH, e l'altre, e poi tutti i punti, che marcano in BC normale della fezione FE, fi trafporteranno in AP, e da quei punti fi faranno cadere le normali fopra AO, la quale con tutte le fue parti marcate dalle predette normali farà ML, a cui per quelle ftefle parti fi tireranno le normali ad effa, qual è NK, e fi faranno tutte eguali alle loro corrifpondenti in tal guifa, che NK fia eguale a GH, e le altre alle altre del circolo primigenio BHG: Per l'eftremità dunque di quefte linee normali con dolce mano fi condurrà una linea curva, ch' efprima il circolo BHG foprappofto al piano OA, in quella guifa, che moftra l'Angolo A, cioè lontano dalla parte B, e vicino alla parte C. In quefta projezione fi ha da notare, che la figura curvilinea gettata è una elliffi, perchè come provo nella prop. 13. e 14. del noftro Euclide ogni circolo gettato non paralello al piano fi trasforma in elliffi, ed ogni elliffi, o fa un circolo, o fa un'altra elliffi.

## CAPO TERZO.

### Della projezione delle fuperfizie Cilindriche.

IL tondo non fi può ridurre in piano, fe non per diverfe parti, ed appreffo a poco; effendo che il tondo non s'aggiufta col piano, fe non fi prende a fimil modo, onde per dichiarazione di ciò avanti d'andar più oltre porremo una figura, la quale potrà far capire il modo, col quale vogliamo gettare in piano le fuperfizie rotonde; onde primieramente fi deve avvertire, che quanto più fi vanno moltiplicando i piani infcritti nel corpo conveffo, tanto più fi và accoftando alla loro rotondità.

Fig. 8.

Sia il cono retto BAC, nel quale fia infcritto il triangolo BTA, farà minore la fua bafe BT de' fuoi lati prefi infieme BQ, e QT, e per confeguenza anche le fuperfizie triangolari più larghe, TQA, e QAB faranno maggiori, maffime effendo più lunghe per effere più pendenti; Adunque i due Triangoli TAQ, e QAB infieme prefi s'accoftano più all'eguaglianza della porzione tonda del cono TBA, la quale giace fopra il fegamento circolare TBQ, che certo è maggiore d'effi per effere l'Arco TQB maggiore delle futtenfe TQ, e QB, che non fa il triangolo TAB minore d'ambidue, e così fi dica degli altri Triangoli, come FAC, ed ACF maggiori di FAI, ed IAC, che l'FAC, così i due, che reftano CAI, ed IAF minori, che CAT, e però gli otto Triangoli infcritti predetti s'accofteranno più all'uguaglianza della fuperfizie conveffa del cono, che i quattro fuppofti. Il modo dunque noftro di trovare la fuperfizie de' corpi farà infcrivere in effi molte fuperfizie piane, che fi accoftino alla loro fuperfizie curva, il più che fia poffibile.

OSSER-

# TRATTATO IV. CAP. III. 197

## OSSERVAZIONE PRIMA.

*Se vi saranno tanti piani, quanti gl' inscritti in un Cilindro di lati eguali ad essi, e simili di figura, questi tutti insieme eguaglieranno i predetti piani inscritti.*

Laft. 1.
Trat. 4.

Sia un pezzo di Cilindro H F B E A, ed in lui siano inscritti i piani D B C A, ed F D E C, e gli altri, e poi si facciano simili di figura, ed uguali di lati i trapezj piani M G, L T, e gli altri, che siano, quanti sono gl' inscritti nel Cilindro. Certa cosa è, che ognuno sarà eguale a ciascuno inscritto, di cui imita la figura, ed uguaglia i lati, così G M uguaglierà l'inscritto D B C A; il trapezio L T l'inscritto D F C E, e così gli altri saranno eguali agli altri, onde anche tutti, cioè la figura P Q M N piana uguaglierà la figura inscritta H F D B E C A.

Fig. 9.

## OSSERVAZIONE SECONDA.

*Del modo di gettare in piano la superfizie di un Cilindro concavo segato da un' altro ad angoli retti.*

Sia dato un Cilindro concavo nella Lastra 2. fig. 1., di cui la metà della base, o del suo anello sia C A B, e D F E, segato da due superfizie cilindriche, le quali come perpendicolari al piano facciano i giri K M N, O P Q, tra le quali resti chiuso come si vede nella prima figura Lastra 3., ove il Cilindro A B C D resta chiuso, e segato dalla superfizie cilindrica E F G H, e si debbano gettare in piano le parti del segato cilindro, cioè le parti della Fig. 2. Lastra 3. segnata K: E perciò nella Fig. 1. della Lastra 2. si faccia un' altro circolo tramezzante li due dell'anello, e sia G L H, e diviso uno di essi in quante parti piacerà per esempio in 6., si conducano i suoi raggi, o semidiametri al centro, come sono A 3. 12., e gli altri, e da' punti, ove segano i circoli, si facciano cadere perpendicolari alla linea B C, come sono 1. 4., 2. 5., 3. 6., e le altre prolungate giù come si vede, quali tagliano il pezzo di Cilindro K N, O Q in 7. 8. 9., ed in 16. 17. 18., qual cosa si deve fare di tutte le altre, e basterebbe per gettare in piano la superfizie interna F 1. 10. D, la quale sarebbe M 7. 16. R, e così dall'altra parte, ma noi vogliamo da ciò cavare anche le superfizie stesse per rendere utile la projezione.

Laft. 2.
Fig. 1.

Però da parte si conduca la linea S T Fig. 2., e se sarà desiderata la superfizie interna, si estenderanno sopra la medesima le parti del circolo, o quadrante F 1. 10. D misurandolo con parti piccole al possibile, e trasferendole da S T, talmente che S 50. Fig. 2. sia eguale a D 10. Fig. 1., 50. 51. a 10. 1., e finalmente 51. T sia uguale ad I F, da' quali punti si alzino le normali S 52., 50. 53., 51. 54., T 55., da poi si prenda l'intervallo 19. M Fig. 1., e si trasferisca dal punto S Fig. 2. sulla linea S 52. nel punto 56., così 20. 7. si trasferisca dal punto 50. sulla linea 50. 53. nel punto 57., così 23.

Fig. 2.

16.

Laft. 2.
Trat. 4.
Fig. 2.

16. fi trasferifca da 51. in 58., e così D R fi trasferifca da T in 59. in tal guifa, che le linee interclufe tra la fezione B C, e 'l circolo K N fiano eguali alle interclufe tra la linea S T, ed i punti fegnati 56. 57. 58. 59., pe' quali deftramente fi tirerà una curva 56. 59., così fi faccia pur anche delle diftanze dell'Arco O Q dalla linea B C prendendo ciafcuna diftanza, come 19. P, e trasferendola da S in 60., 20. 13. in 50. 61., 23. 26. in 51. 62., e D 27. in T 63., ed avremo i punti 60. 61. 62. 63., pe' quali fi condurrà la curva 60. 63., e così avremo la fuperfizie del quadrante del Cilindro D 10. 1. F intraprefa tra le due fuperfizie K M N, O P Q, la quale diftefa in piano farà 56. 59. 60. 63., e tali faranno gli altri quadranti, e tanto fi farà, fe fi voleffe la fuperfizie efteriore C A B, pigliando le mifure, che provengono da effe come fovra, la 3. 9. da B C, fino al circolo K N, ovvero O Q, la di cui operazione, come fuppofta intefa, non fi è qui per la fcarfezza del fito dimoftrata, ma offervandofi la Laftra 3. di quefto Tratt. nella Fig. 3. fi vede tutta la fuperfizie efteriore del femicilindro B A C fegnata colle lettere L M N O, che parimente equivale alla fuperfizie del cilindro fegnato K, effendo eguale L M N O Fig. 3. a P Q R S Fig. 2.

## OSSERVAZIONE TERZA.

*Modo di ritrovare le fuperfizie conjuntive delle parti del medefimo Semicilindro concavo, gettate in piano.*

Fig. 1. 2.

SIa da ritrovarfi la fuperfizie, colla quale fi unifce il pezzo d'anello fodo predetto 1. 2. 3., A L F coll'altro pezzo attiguo 10. 11. 12., la quale fuperfizie dovrebbe applicarfi alla linea 50. 52. della fig. 2. fatta in difparte, perchè quella appartiene originariamente al taglio 3. 1.; fovra quefta dunque fi mifuri l'intervallo 1. 2., e fia 50. 64., e l'intervallo 2. 3. fia 64. 65., e così di tutte le altre, come fi vede in 66. 67., e da quei punti fi alzino normali alla linea S T, indi fi mifuri l'intervallo 21. 8. fig. 1., e fi trasferifca da 64. in 71. fig. 2., così 22. 9. fi trasferifca in 65. 70., ed avremo i punti 57. 70. 71., pe' quali fi condurrà la curva 70. 57., operando medefimamente per le diftanze, che fi ftendono fino all'Arco O Q, cioè trasferendo 21. 14. in 64. 73., e così 22. 15. in 65. 72., ed avremo anche i punti 72. 73. 61., pe' quali parimente condurraffi la curva 72. 61., e così fi farà di tutte le altre commeffure, pigliando le diftanze, che dalle medefime provengono dalla linea B C fino al punto ricercato, trasferendole nella fua corrifpondente della fig. 2., come vedefi nella fuperfizie conjuntiva 59. 58. 63. 62. appartenente al taglio 10. 11. 12., qual'è applicata alla linea 51. 54.

*Modo di unire affieme l'interna, ed efterna fuperfizie del predetto cilindro fegato, diftefe ful piano.*

ORa ci rimane di unire le due fuperfizie infieme, cioè l'efterna C A B, ed interna D F E; per unirle converrà in primo luogo

# TRATTATO IV. CAP. III.

go diftendere l'efterna, come abbiamo delineato nella Laftra 3. fig. 3., nella quale LMNO indicano la fuperfizie efteriore, fovra la quale dobbiamo applicare, e ftendere anche l'interna, in modo tale, che ciafcun pezzo dell'una refti fovrappofto al fuo corrifpondente nell'altra, per la qual cofa è neceffario fpezzare la fuperfizie interna in porzioni, le quali fi applicheranno in modo, che ciafcuna fia fopra la fua, e che l'avanzo dell'interna dall'efterna fia talmente ripartito, che ne refti uguale porzione tanto da un lato, quanto dall'altro, come fi vede nel pezzo fegnato X, il quale applicato fovra la porzione 1. 2. 3. 4. refta uguale tanto verfo 1. 3., che verfo 2. 4.. Quanto poi a fegare dette porzioni fecondo la maggiore, o minore loro inclinazione prefupponiamoci la linea PQ della prefente figura fia equivalente alla ST, fopra la quale fi può fare la medefima operazione, che fi è fatta nella pofizione femplice dell'interna fuperfizie per avere i punti, per quali condurre le curve, come fi è fovra dimoftrato: effendo quefta figura la metà più piccola di quella della Laftra 2., ma però in tutto alla medefima corrifpondente, tanto che puonno amendue paragonarfi fra di loro fecondo le loro mifure, per mezzo delle quali ciafcuna può concepire la detta dimoftrazione.

Laft. 2., e 3. Trat. 4.

## OSSERVAZIONE QUARTA.

*Modo di ritrovare la fuperfizie interna di un Cilindro concavo, fegato rettamente da due fuperfizie angolari, e paralelle.*

Quefto è diverfo cafo, ma fondato fulle medefime regole; fia dunque lo fteffo Cilindro dell'Offervazione precedente CAB, D FE fig. 1. Laftra 2., e le linee fiano fopra le paralelle VPX, ZYM, fimilmente condotte 1. 30. 38. 2. 31., 3. 32., e le altre, opra le quali fi fuppongano innalzate le loro fuperfizie perpendicolarmente all'Affe del Cilindro, e così farà gettata in piano la porzione del Cilindro precedente tra le due linee angolari, e farà l'apparato compito, come meglio fi può vedere nella fig. 4. Laftra 3., ove fi vede il predetto Cilindro fegato dalla medefima fuperfizie; d'onde fi deve eftrarre la fuperfizie concava del Cilindro fegato in angolo dalle fuperfizie VPX, e ZYM, come vedefi nella fig. 5. della Laftra 3., ove la defiderata fuperfizie Cilindrica fi trova fcavata dalla fuperfizie angolare, e fovrapofta ad un'altra fuperfizie eguale.

Fig. 1.

Ma dovendola ora ftendere in piano prenderemo nella fig. 2. Laftra 2. la linea ST, ch' efprime per i punti S 50. 51. T la fuperfizie interna diftefa. Da poi fi prenda la diftanza 19. P, e fi trafporti da S in 60., e di nuovo la diftanza 20. 30., e fi fegni 50. 68.: Così 23. 33. fi trasferifca in 51. 69., e finalmente T 74. fi uguaglj a D 34., e per quei punti fi conduca una curva, che fia 74. 60., lo fteffo fi faccia degli altri intervalli dell'altra linea angolare ZYM, come per efempio la Y 19. fi trasferifca da 5. in 52., così 20. 38. fia 50. 53., 23. 39. fi trasferifca da 51. in 54., e finalmente D 40. fi eguaglj a T. 55. Se dunque per detti punti ritrovati 52. 53. 54. 55. fi condurrà una curva, farà da ogni parte termi-

Fig. 2.

nata

100　　DELL' ARCHITETTURA

Laft. 2. Trat. 4. nata la superfizie 60. 74. 52. 55., la quale sarà quella che coprirà, e vestirà l'interno del Cilindro F 1. 10. D segato dalla superfizie angolare suddetta.

Fig. 2. Ma se si vorranno le superfizie conjuntive, allo stesso modo converrà operare, come abbiamo insegnato di sopra, perchè le larghezze saranno anche le medesime 50. 64. 65. prese dalla congiunzione 1. 2. 3., le quali prolungate fino a segare ambe le superfizie 60. 74. 52. 55., serviranno per trasportarvi in esse la distanza 21. 31., che sarà 64. 75., si trasferirà 22. 32. in 65. 76., e pe' punti 75. 76. 68. si tirerà una retta, che compirà la superfizie conjuntiva 1. 2. 3., lo stesso si farà anche della parte inferiore, pigliando la distanza 21. 42. trasferendola in 64. 77., e 22. 42. in 65. 78., e tirandosi da' punti 78. 77. 53. un'altra retta darà l'altra superfizie di commessura eguale anche a quella della connessione 1. 2. 3., lo stesso si farà di tutte le altre: allo stesso modo distendeti la superfizie esteriore, come si può vedere nella Lastra 3. fig. 6.

Per dimostrare le due superfizie, cioè l'interna, ed esterna unitamente prenderemo la detta fig. 6. Lastra 3., ove vedesi primieramente distesa la superfizie esteriore segnata ABCDEF duplicata; sovra la metà della quale, cioè sopra ABCD dovendo stendere la superfizie interna poco avanti dimostrata, divideremo ciascuna delle medesime in parti eguali come si vede, indi spezzando la superfizie interna, come abbiamo detto della fig. 3., applicaremo ciascun pezzo dell'una sopra il suo corrispondente nell'altra, in modo tale, che l'avanzo resti anche diviso egualmente per parte, come si è parimente nell'antecedente Capo dimostrato; il che fatto si troveranno le linee curve, che le circondano colla stessa regola, e maniera, con la quale si sono stese, e ritrovate le superfizie nella Lastra 2. fig. 2. Quanto poi alle linee di commettitura, quantunque non corrispondano colle già dimostrate in detta Lastra, questo avviene, perchè essendo quivi vedute in scorcio, non puonno fare l'effetto, che fanno quelle distese in piano, e quantunque la commessura 1. 2. 3. della prima fig. Lastra 2. resti dimostrata con una sola linea, e quivi sia ciascuna di dette commessure dimostrata con due, questo è perchè essendo unite due superfizie assieme non puonno formare, che una sola linea di commessura restando comune ad ambedue; Quando divise ciascuna si appropria parte di quella, come estremità, o termine di corpo.

## OSSERVAZIONE QUINTA.

*Modo di ritrovare la superfizie interna di un Cilindro segato da due sperfizie tonde paralelle, ma non rette all'Asse del Cilindro.*

SIa la medesima superfizie del Cilindro CAB nella stessa Lastra 2. fig. 1, con tutte le linee paralelle, e raggj diviso, e questo sia segato da due superfizie, come si vede in 43. 44. 45. 46., e come anche si può chiaramente vedere nella Lastra 3. alla fig. 7., onde si vede il medesimo Cilindro segato dalla stessa superfizie.

Condu-

# TRATTATO IV. CAP. III.

Conducafi come prima in difparte la linea 80. 81. fig. 3., nella quale fi ftenderà tutto il femicilindro D 10. 1. FE richiedendofi tutto, effendo la fuperficie obbliqua all'Affe del Cilindro predetto. Poi la linea BC fi replichi più abbaffo per non prendere sì remote diftanze in 47. 48.: Si prenderanno in effa le diftanze 1. 2., e fi trafporteranno in 80. 82., così 3. 4. fi trasferirà in 83. 84., così 5. 6. in 85. 86., e finalmente 7. 8. in 87. 88., e così delle altre, operando anche nel medefimo modo per la fuperficie più lontana 45. 46., come dalla fig. fi vede, pigliando però tutte le mifure, perchè qui la metà non bafta per effere la fezione obbliqua, tirando poi per i punti avuti due paralele, le quali ci daranno la fuperficie chiufa, che veftirà il detto Semicilindro, come dalla figura 3. meglio fi vede.

Allo fteffo modo fi faranno le fuperficie di commeffura, trafportandofi le diftanze 1. 3. 10. 12., e le altre fovra la linea 80. 81. ne' punti 90. 91. 92. 93., indi fi prenda la diftanza, che vi è da 48. in 46., e fi trafporti da 91. in 94., così prendafi 9. 10., e fi porti fovra la linea 90. fino in 95., ed avremo i punti 94. 95. 79., pe' quali condurremo un'altra curva, che farà la linea di commeffura del pezzo DGC, e così fi farà di tutte le altre fuperficie, che fegaranno il detto Cilindro, purchè coll'Affe del medefimo facciano gli Angoli retti, ed allo fteffo modo non folamente fi ritroveranno le fuperficie interne, e le commeffure, ma anche l'efterne, che lo circondano.

Laft. 2.
Trat. 4.
Fig. 1.

Fig. 3.

*Modo di unire affieme l'interna, ed efterna fuperficie del predetto Cilindro obbliquamente fegato.*

Devefi in primo luogo diftendere l'efterna fuperficie del detto Cilindro, il che fi può fare, come fi è detto dell'interna: Ciò fuppofto offervafi la figura 8. nella Laftra 3., ove fi vede la pretefa fuperficie diftefa in piano; ora ci refta d'applicarvi, ed unirvi fopra l'interna; il che devefi fare come fi è fin ora dimoftrato, fpezzando le parti di detta fuperficie interna, ed applicando i pezzi ciafcuno fopra il fuo corrifpondente, in modo tale, che l'avanzo refti egualmente ripartito tra l'una, e l'altra, adoperando pur anche l'arte medefima nel ritrovare i termini per poterla chiudere, unendo poi gli Angoli dell'una cogli Angoli dell'altra con linee rette, le quali rapprefenteranno le fuperficie di commeffura, il che meglio dalla fig. fi può vedere.

## OSSERVAZIONE SESTA.

*Maniera di ritrovare la fuperficie d'un Cilindro fegato da una parte da un piano obbliquo, e dall'altra da una fuperficie Cilindrica rettangola all'affe del predetto Cilindro.*

Sia il Semicilindro ellittico, ovvero ovale ABCD nella Laftra 2. fig. 4., di cui fia in primo luogo neceffario ritrovare la fuperficie

Fig. 4.

cie interna, e perchè il Cilindro ellittico si può segare in tal modo da una superficie piana, che la sezione sia un circolo, si presupponga, che questa sezione espressa per la linea BD sia di tal condizione, e siano l'interno EH, ed esterno BL quadranti di essa, e la BD uguali la GL semidiametro, dall'altra parte poi sia tagliato da una superficie cilindrica rettangola all'asse, come mostra la fig. 9. della Lastra 3., la quale è tagliata dalla superficie cilindrica in tal guisa, che l'asse QP resti ortogonale all'asse del cilindro MN, restando la superficie piana dall'altra parte obbliqua, come si vede in HI.

Dividasi adunque il circolo esteriore BL, o l'interiore EH in più parti a piacimento, e per esse si tirino le porzioni di raggj LH, ed 1. 2., e le altre, e da' punti, che segano ne' quadranti, si deducano le perpendicolari a BG, una delle quali sia 2. 18.: S'innalzi poi dal punto B una perpendicolare alla BG, e paralella all'asse GL, che sia BK, e da' punti predetti HL, 2. 1. si conducano le normali alla linea BK, le quali sono H 4., 2. 5., e simili. Dalla retta poi BK alla retta, ed uguale, come si presuppone BD, si tiri la linea DK, ed a questa da ciascun punto della BK si conducano tutte le altre paralelle, le quali sono 3. 6., 4. 7., 5. 8., e simili, e da' punti, ove tagliano la BD, si conducano paralelle alla CD, che finiscano nel circolo del cilindro CA, quali sono 6. 19. 9., 7. 20. 10., oppure le 8. 21. 11., che saranno linee tirate nella superficie del cilindro, ma gettate nel piano CADB, ed ancora il cilindro, la cui sezione BELH sarà gettato in piano, il quale, se si finge tagliato da una superficie perpendicolare al piano; la sua projezione sarà per l'Osserv. 4. Cap. 1. la linea MN, perchè, come ivi dimostro, tutte le linee ortogonali al piano, divengono linee rette, che sono BD, ed MN, siccome per l'Osservazione 1. la superficie cilindrica diventa un circolo, come la CA.

Fatto questo si prolunghi la linea AG, e sia GO, dalla quale all'intervallo di H 2., ed L 1. s'innalzino le normali altrettanto distanti da GL, e siano 12. 14., 13. 15.; e così s'alzino le altre altrettanto distanti da GL, quanto da essa è distante ogni altro punto 16. 17. E, ed ogni altro corrispondente, e così dalle perpendicolari tirate sarà diviso GO, come BG dalle normali già nel principio dedotte, delle quali una fu 2. 18.

Si trasferiscano adunque in esse paralelle le loro elevate altezze dell'estrema superficie prese da NM, come NM in G 22., ed M 19. in 13. 15., e le altre dell'istessa condizione, siccome quelle dell' interna M 20. in G 23., ed M 21. in 12. 14., e così delle altre: Segnati adunque tutti questi punti, per essi destramente si condurranno linee curve, come 22. 15. O esterna, e 23. 14. P interna, e saranno le due ellissi della superficie rettangola segante il cilindro espressa, come dissi, per la linea MN.

Avendo dunque nel Cilindro ACBD la sezione ortogonale all' asse, che fa la linea MN espressa nel quadrante ellittico 22. 15. O, 23. 14. P possiamo descrivere la superficie interna, ed esterna: Getteremo adunque in una linea retta con piccole parti, che praticamente te s'adequino al quadrante intrinſeco 23. 14. P, la QR fig. 6. colle ſue parti in tal guiſa diſpoſte, che Q 24. ſia eguale alli 23. 14., e coſì tutte le altre, e per que' punti ſi conducano perpendicolari alla QR, come 28. Q 33., e 22. 34. 24., e coſì le altre, delle quali ciaſcuna uguaglieraſſi alla ſua corriſpondente nel Cilindro C A B D; a queſto modo QR uguaglierà il giro 23. 14. P, il Diametro del quale è M 10., e qualunque lunghezza in eſſo corriſponde a qualunque altezza del giro 23. 14. P, per eſempio M 10. all'altezza G 23., ed M 21. all'altezza 12. 14., la linea poi, che corriſponde al punto 23., che ſega QR, qual è Q 23. ſarà lunga quanto 10. 7. nel Cilindro C D A B, e la 24. 32. ſarà lunga quanto la 21. 8., ed a queſto modo ſi termineranno tutte le altre linee, e per i punti terminativi 28. 32. 29. ſi condurrà la curva 28. 29.

Da poi il rimanente delle medeſime linee del Cilindro C D A B ſi traſporterà nel rimanente delle normali a QR, coſì 10. 10. ſi traſporterà in Q 23., 21. 11. in 24. 34., e coſì tutte le altre, e per queſti altri punti terminativi 23. 24. 35. ſi tirerà un'altra linea 33. 35., la quale ſarà il termine della ſuperficie del Cilindro, ove incontra nella ſuperficie C A, e l'altra già tirata 28. 29. terminerà nella ſezione obbliqua D B, e coſì ſarà fatta la ſuperficie interna 28. 29. 33. 35.

Nella ſteſſa guiſa s'intenderà la ſuperficie eſteriore, facendo prima la QS con piccoliſſime parti eguale alla 22. 15. O colle ſue parti, e diviſioni eguali, come Q 25. alla 22. 15., e coſì tutte le altre, dalle quali s'innalzeranno le paralelle, e normali a QS, come ſono le 30. 37., e 28. 39., e le altre, poi ſi termineranno facendo N D eguale alla Q 30., ſiccome 19. 6. eguale alla 25. 38., e coſì l'altre alle altre, e ſi tirerà la curva 30. 38. 31., lo ſteſſo ſi farà dall'altra parte, e 19. 9. uguaglierà la 25. 39. NC la Q 37., e ſimili, e per i punti terminativi 36. 39. 37. ſi condurrà la curva 36. 37., e coſì ſarà compita, e poſta in piano la ſuperficie eſterna del Cilindro C D A B, che ſarà la 31. 38. 30., 36. 39. 37.

## OSSERVAZIONE SETTIMA.

*Del modo di ſtendere nel piano le ſuperficie unitive del predetto Cilindro.*

PErchè fingiamo il predetto Cilindro concavo, e di diverſi pezzi, quaſi di doghe di botte compoſto, ſe ſi vorranno conoſcere le ſuperficie unitive, le quali s'interpongono nella copulazione d'una parte coll'altra, ſi farà al ſeguente modo.

Poichè noi abbiamo eſpreſſe nelle linee 22. 23., e nelle 14. 15. fig. 5., e nell'altre dello ſteſſo modo, che congiungono il giro eſteriore coll'interiore, e le ſue larghezze, e lunghezze nelle paralelle 28. Q, e 25. 38. fig. 6., e nelle altre poco fa ritrovate dobbiamo applicare a ritrovare la ſuperficie di congiungimento 14. 15., e queſta ſarà per la lunghezza eſteriore 38. 39., e però dal punto 25. ſovra la linea SQ, in qual parte ſi vorrà, ſi traſporterà l'intervallo 14. 15., che ſarà 25. 40., e ſi condurrà la normale 41. 42., ſopra la quale ſi traſpor-

Laſt. 2.
Traſt. 4.
traſporterà il termine intrinſeco 14. 31. in 40. 41., o 21. 8., che è la ſteſſa, e ſi condurrà la retta 38. 41., e da queſta parte ſarà terminata la ſuperficie.

Fig. 4.
5. 6.
Ma perchè queſta ſuperficie in quanto termina nel Cilindro C A fig. 4. non fa il ſuo termine in una linea retta, non eſſendo retta la ſuperficie, in cui termina, ma curva, è neceſſario avere i punti di mezzo, i quali ſi eſeguiſcono per mezzo delle linee puntate, le quali provengono da' mezzi, come X Y provenienti dal mezzo ✣ pigliando la diſtanza ſovra la puntata X Y ponendo un piede del compaſſo nella linea M N, e diſtendendo l'altro fino in Y, ſi porterà detta diſtanza in 43. 44., ed avremo i punti 39. 44. 41., per i quali tirata una curva compirà tutta la ſuperficie unitiva 38. 42. 39. 44. 41., che fa la commeſſura 14. 15.

*Modo di unire aſſieme ambe le dette ſuperficie per formarne i corpi.*

Queſto non s'allontana dalle antecedenti dimoſtrazioni, ſe non in quanto alla varietà della figura, imperocchè conſiderata nella Laſtra 3. fig. 9. ſegnata, come ſi è dimoſtrato dalle ſuperficie I H, ed M N, e diſteſa per l'Oſſervazione 6. di queſto Trattato la ſuperficie eſterna, ſi ſpezzerà parimente l'interna, applicando l'una ſovra l'altra nel modo, che ſi è nelle precedenti inſegnato, cioè quanto alle larghezze ripoſte in modo, che l'avanzo dell'una coll'altra reſti metà per parte, quanto poi all'eſporle per i ſegmenti, queſto ſi opererà come ſi è operato nell'Oſſerv. 1. di queſto Trattato unendo gli angoli con linee di commeſſura obblique, perchè non ſi puole la figura diverſamente eſprimere, che come ſi vede.

### DEDUZIONE.

Tutte le linee di commeſſura, che in queſte figure reſtano comuni a due pezzi come ſono nella fig. 10. Laſtra 3. le linee 1. 2., 1. 3., le quali reſtano ciaſcuna fine, e termine della ſua ſuperficie, ſi devono conſiderare come una ſola, come ſi conſidarebbe, ſe foſſero tanti pezzi d'anello uniti aſſieme. Dal che ne ſiegue, che ciaſcuna di dette linee, le quali ſono conſiderate di commeſſura, e che unendoſi aſſieme le ſuperficie, che contengono, ſi uniſcono anche loro, e ne compongono una ſola, reſtino tutte eguali, come dall' eſempio ſi vede, eſſendo 1. 2. eguale ad 1. 3., il che s'intende di tutte le altre di tal genere.

### OSSERVAZIONE OTTAVA.

*Del modo di ſtendere in piano la ſuperficie d' un Semicilindro concavo ſegato da una parte da una ſuperficie piana, ed obbliqua, e dall'altra da un Cilindro parimente obbliquo.*

Laſt. 1.
Fig. 11.
Sia dato il Cilindro A B C D E Laſtra 1. fig. 11., il quale ſia ſegato dalla ſuperficie piana L M N O, la qual ſuperficie per il la-

to

# TRATTATO IV. CAP. III.

tò NL faccia angolo retto colla linea AD, e conseguentemente coll' Laſt. 1.
aſſe del Cilindro paralello a detta linea; per il lato poi LM ſia po- Trat. 4.
ſto obbliquamente, in modo che faccia l'angolo B ottuſo, e l'angolo Fig. 1.
A acuto, dal che ne ſiegue eſſere detta ſuperficie inclinata, o declinante più dalla parte N, che dalla parte O; dall' altra parte poi incontri nel Cilindro poſto pendente HCIF, talmente che la ſezione
del primo Cilindro reſti più grande dalla parte CO, che dalla parte
DN, ed una ſuperficie reſti tagliata nell' altra.

Ciò ſuppoſto reſtaci da gettare in piano le ſuperficie del ſegato Laſt. 4.
Cilindro, cioè la ſuperficie contenuta tra le due già menzionate, che Fig. 1.
ſono ON, e DEC. Facciaſi dunque a parte un ſemicircolo, come
nella Laſtra 4. fig. 1., che ſia ABC, il quale rappreſenti la ſuperficie eſteriore del predetto Cilindro, tirandovi dal medeſimo centro
G un' altro mezzo cerchio minore del primo, e ſia DEF, il quale
rappreſenti la ſuperficie interna del medeſimo Cilindro; nello ſpazio
poi, che paſſa fra queſti due circoli ſi tiri un circolo medio, e ſarà
HIL, i quali circoli rappreſentano la groſſezza del Cilindro. Divi-
daſi uno di detti cerchj in quante parti più aggradirà, ſiccome nella
preſente figura vedeſi diviſo in 6., e da' punti ritrovati ſi tireranno
raggi al centro G, che ſegano tutti tre i circoli, come vedeſi il raggio 1. 2. 3., e 4. 5. 6., e così ſi opererà di tutti gli altri; Prolungato poi il Diametro AC in M, ſi condurranno da' punti di ſezione de predetti raggj, come 7. 8. 9. BIE linee paralelle al Diametro
ACM dalla parte deſtra, e ſaranno B 10., I 11., E 12., così 7. 15.,
8. 14., 9. 13., lo ſteſſo facendo d'ogni altro.

Prolungato poi il Semidiametro BG in N ſi tireranno parimente paralelle al medeſimo provenienti da' detti punti 1. 2. 3., 7. 8. 9.,
e le altre, come vedeſi BN, 3. 18., 9. 21., e ſimili. Ora preſuppoſta la ſezione della ſuperficie piana, che fa nella Laſtra 4. fig. 11.
NO, che equivalga, e ſia della medeſima natura la ſezione, che fa
la ſuperficie AO Laſtra 4. fig. 1., ſi prolunghi dalla parte deſtra la
linea CO in P, e preſa la diſtanza dalla parte ſiniſtra il punto A
ſi trasferirà in C, da poi preſa la diſtanza nella linea AC dal punto H al punto 25., i quali procedono dalla ſezione, e punto 6., ſi
trasferiſca ſulla linea CP dal punto 26. al punto 27., punti, che hanno parimente la ſua origine dalla ſezione, e punto 6. predetto, indi preſa la diſtanza da 28. in 29. ſi trasferirà ſulla retta da 30. in
31.; così G 32. ſi traſporti da P in 33., 34. 35. ſi trasferiſca in 30.
36., L 37. ſi trasferirà da 26. in 38., e finalmente CO ſi trasferirà da C in 39., ed avremo i punti 39. 38. 36. 33. 31. 27. 23., per
i quali deſtramente ſi condurrà la curva 39. 33. 23., la quale equivalerà al cerchio ABC, e dimoſtrerà la ſuperficie eſteriore del Semicilindro ricercato, avvertendo, che nel diſegno per maggior chiarezza ſi è dimoſtrato con tre ſorte di linee, cioè rette, puntate, ed
interrotte, ſovra qual coſa ſi deve avvertire, che quando taluno
prende una miſura in una linea retta, deve traſportarla ſovra un' altra retta della medeſima natura, e quando ſi miſurerà ſovra una
puntata ſi porterà la miſura ſopra l'altra puntata della ſteſſa ſpecie,
e così anche delle interrotte; ſicchè quanto ſi è dimoſtrato della ſuperficie

Laſt. 4.
Trat. 4.
Fig. 1.

perficie eſteriore s'intenderà detto anche della media, ed interna, le quali qualora taluno non aveſſe chiaramente inteſo, potrà miſurarle dalla figura, la quale ſi è procurata di fare con quella diligenza, che è ſtata più poſſibile, unendo poi i tre punti di caduna commeſſura aſſieme con linee rette, come vedeſi 27. 40., 31. 42., e le altre, ed in queſta guiſa ſarà compito l'apparato neceſſario per diſtendere nel piano la ſuperficie del Cilindro ſegata dalla ſuperficie piana, ed obbliqua, che è quanto ſi ricervava.

Reſtaci ancora addeſſo a gettare in piano l'altra parte del Cilindro, che reſta, o viene ſegata dall'altro Cilindro poſto obbliquamente, come vedeſi nella fig. 11. della Laſtra 1. la ſezione C E D di un Cilindro nell'altro.

Preſuppoſta parimente l'obbliquità della linea H C Laſtra 1. equivalere all'obbliquità della O Q Laſtra 4. fig. 1. prenderemo la diſtanza da C O, e la traſporteremo dal detto punto C in 43., e perchè il Cilindro ſottopoſto all'altro ſi ritrova pendente, fa per la propoſ. 22. del Tratt. 25. del noſtro Euclide la ſezione nel medeſimo ellitica; onde conſiderato l'aſſe maggiore, o più lungo dell'elliſſi, che ſia R N, ed il minore R S, ſi formerà con detti Semidiametri l'elliſſi, ò un quarto d'eſſa, che tanto baſta, come ſi vede in R S N, del quale reſta neceſſario farſene un modello di carta che regga, o di cartone ſottile, o d'altra materia ſoda; indi preſa la diſtanza L. 44. ſi traſporterà in C 45., ed al punto 45. s'applicherà l'angolo S del quadrante, ponendolo in modo, che la linea R S ſi combacia colla linea C M, tirando una porzione d'elliſſi dal punto 45. finchè s'incontri la linea 26. 28. nel punto 46., e parimente preſa la diſtanza da 34. a 21. ſi trasferirà da C in 47., nel qual punto applicato parimente l'angolo S del quadrante nel modo ſuddetto tiraremo un'altra porzione d'elliſſi dal punto 47. finchè incontri la 9. 36. nel punto 48. Lo ſteſſo ſi farà, ſe tolta la miſura da G in N, ſi traſporterà da C in 49., applicandovi anche nel punto 49. l'angolo S del quadrante, tirando un'elliſſi 49. 10., così 28. 18. ſi trasferirà da C in 50., e dal punto 50. ſi tirerà l'elliſſi 50. 13., e H 51. darà 52. 53., e finalmente A Q darà il punto 54., da' quali punti 54. 53. 13. 10. 48. 46. 43. ſi condurrà una curva, la quale determinerà la ſuperficie eſterna predetta, lo ſteſſo operando per conſeguire i punti del circolo medio, ed interno, come meglio dalla figura appare, unendo poi le linee di commeſſura con linee curve, che ſono 53. 54. 46. 12. 14. 15., e le altre, ed in queſto modo ſarà compito tutto l'apparato per diſtendere in piano il Cilindro contenuto tra le due ſuperficie accennate.

## OSSERVAZIONE NONA.

*Dello ſtendere in piano le ſuperficie conjuntive dello ſteſſo Cilindro.*

Fig. 2.

SI conduca la retta A B fig. 2., ſovra la quale ſi ſtenda ciaſcuna parte del circolo interno D E F con picciliſſime aperture di compaſſo, in modo che D 4. fig. 1. ſia A C fig. 2., 4. 1. fig. 1. ſia C D fig.

fig. 2., e così d'ogni altra, da poi dedotte da' detti punti notati sulla linea AB le normali ad essa, come sono A 2., C 3., D 4., F 5., e le altre, prendasi la misura della linea CP fig. 1. dal punto C fino in 70., e si trasporti dal punto A fino in 16. fig. 2., così presa la distanza, che vi è dal punto 71. alla linea CP nella interrotta 71. 40. si trasferirà da C in 17., e parimente 72. 61. si trasferirà da D in 15., e 73. 60. si trasporterà da F in 18., e così di tutti gli altri punti, come si vede, si tirerà poi una curva 16. 17. 15. 18. 19., la quale vestirà la superficie interna del Cilindro 70. 71. 72. 73. 42. 40., e dovendo stendere la linea, che sega la superficie, che deve vestire l'altra sezione del Cilindro, si prenderà la distanza da CP in 45. fig. 1., e si trasferirà da A in 2. fig. 2., così preso l'intervallo dal punto 75. alla linea CP sovra l'interrotta 75. 40., si porterà da C in 3., così 63. 61. si porterà da D in 4., e finalmente 12. 60. si porterà da F in 5., e così delle altre, ed avremo i punti 2. 3. 4. 5 6. 20., per i quali si condurrà un'altra curva, che vestirà l'interno del Cilindro 74. 75. 63. 12. 15. 52.

Ma dovendo poi su questa superficie trovare, e stendere le linee di commessura, per esempio dovendo stendere la superficie 1. 2. 3. fig. 1. si osserverà qual linea nella fig. 2. appartiene a questa commessura, e sarà D 4., si prenda dunque la distanza 1. 2., e si trasporti da D in 10., e 2. 3. si trasferisca da 10. in 11., e così delle altre, che appartengono agli altri tagli, indi presa la distanza da 30. in 36. si trasporterà da 11. in 14., e si uniranno i punti 14. 15. con una retta, che rappresenterà la commessura 1. 2. 3. per la sezione 36. 72., e presa la distanza da 30. in 48. si trasporterà da 11. in 13., e così 60. 62. si trasferirà da 10. in 12., ed avremo i punti 12. 13. 4., i quali si uniranno con una curva, che rappresenterà la sezione 1. 2. 3. per il taglio 63. 62. 48., e così si farà d'ogni altra linea di commessura, come vedesi eseguito nella fig. 2.

*Modo di unire assieme l'interna, ed esterna superficie.*

SI porti nuovamente nella Lastra 5. fig. 2. la linea AB, nella quale si stenda la superficie esterna ABC fig. 1. Lastra 4., talmente che A 6. Lastra 4. sia eguale ad A 2. Lastra 5., così 6. 3. della prima uguaglj 2. 3. della seconda, ed il tutto si eseguisca come si è insegnato nella superficie interna. Indi presi tutti i pezzi dell'intrinseca superficie già distesi, come 16. 2., 17. 3., e gli altri, si applicheranno, e adatteranno ciascuno sopra il suo corrispondente in modo tale, come abbiamo detto, che la maggior grandezza dell'uno coll'altro sia talmente distribuita, che ne sopravanzi tanto per parte. Indi per tagliare detta superficie si trasferiranno le misure usate nella fig. 2. Lastra 4., cioè 16. 2. si trasferirà in 30. 31., e 20. 21. in 32. 33., quali si chiuderanno nello stesso modo, che si sono chiuse nella Lastra 4., con ciò che le linee di commessura non uguaglieranno più quelle della Lastra 4., stante che quelle sono distese, e queste inclinate, ed avremo il corpo solido de' pezzi unitivi, come si ricerca.

OSSER-

# DELL'ARCHITETTURA

## OSSERVAZIONE DECIMA.

Laft. 4.
Trat. 4. *Modo di ritrovare la superficie d'un semicilindro, che abbia la sua circonferenza retta all'asse, il quale sia segato da una superficie piana, che non sia ad angoli retti nè all'asse del Cilindro, nè al piano, ove è il detto asse, nè al piano, ove il detto asse si stende, e dall'altra parte sia segato da una superficie conica, l'asse della quale sia retto all'asse del Cilindro proposto.*

Fig. 3. Sia nella fig. 3. della Lastra 4. il Semicilindro IHCD, l'asse del quale sia NE, e sia segato dalla superficie IFGH, la quale sia inclinata, l'inclinazione della quale si può comprendere dagli angoli, che fa l'asse NE colla linea IH, essendo l'angolo INE ottuso, e l'angolo ENH acuto, onde da questo si può dedurre essere la detta superficie piana inclinata, non rettangola nè all'asse del Cilindro, nè al piano, ove è il detto asse, essendo parimente inclinato per altra parte, come scorgesi dagli angoli disuguali, cioè dall'angolo DIP originato dalla linea DI, e dalla linea PV ottuso, e l'opposto DIV acuto, dal che ne siegue essere parimente inclinata detta superficie, e non retta al piano, ove l'asse del Cono si stende, e dall'altra parte sia segata dalla superficie conica MGL, l'asse della quale sia retto all'asse del Cilindro, come vedesi l'asse ML del Cono essere ad angoli retti coll'asse NE del Cilindro predetto.

Fig. 4. Si descriva come nella fig. 4. il Semicircolo esterno ABC, ed interno DEF, tra li quali si descriva un mezzo cerchio medio GHI, come si è fin'ora nelle antecedenti operato, uno de'quali diviso a piacimento, si condurranno da'punti delle divisioni i raggi loro al centro O, dalle sezioni de'quali si condurranno parallele alla BO, le quali si distendino fino alla linea KL, come si vede 1. 4., 2. 5., 3. 6., ma condotta poi la linea LM, che rappresenti l'obbliquità della superficie, che sega il Cilindro dalla parte rappresentata per IH Lastra 4. fig. 3., si prenderà la distanza KM, e fatto centro in C si descriverà una porzione d'arco, che sarà NP, indi si tirerà una tangente al detto arco, che parta dal punto A, ed incontri, o le sia tangente nel punto P, dal qual punto si eleverà una normale alla linea AP, che sarà PC, nella quale si trasferiranno tutte le linee, che provengono dalle sezioni 1. 2. 3., e le altre, come vedesi il punto 7 in 10., il punto 8. in 11., e 9. in 12. &c. Quindi fatto centro in C si trasferiranno con porzioni d'arco dalla linea CP nella CN, e siano 10. 13., 11. 14., e 12. 15., e così anche tutte le altre: Quindi si condurrà la linea NQ, la quale faccia l'angolo RNQ eguale all'angolo dell'inclinazione CAP, e da quei punti 13. 14. 15., e gli altri si condurranno parallele alla NQ come sono 13. 16., 14. 17., e 15. 18., e così delle altre, indi elevata una normale dal punto N alla linea CN, che sia NR si trasferiranno nella medesima i punti delle sezioni de'raggi ne'circoli, cioè OB sia NR, OH sia NS, OE sia NT, 3. 9. sia NV, 2. 8. sia NX, e finalmente 1. 7. sia NY, per quali punti si condurranno parallele alla CN come sono R 21., S 20., e T 19., e così delle altre, e ne'

punti

# TRATTATO IV. CAP. III.

punti, ove s'incontrano le paralelle alla C N colle paralelle alla N Q, si condurranno linee rette, come sono 18. 16., 21. 19., e le altre, le quali rappresentano la sezione 1. 2. 3., e B H E, e per quei punti si condurranno linee curve, come è N 18. 21. C, le quali rappresenteranno il taglio, che fa nel Cilindro proposto la superficie piana obbliquamente posta.

Lastra 4.
Trat. 4.
Fig. 4.

Evvi ora da dimostrare, come si esprima, ò si getti la sezione del Cilindro nel Cono, come si vede nella fig. 3. supposto l'asse del Cono nella linea L K, la quale è retta all'asse del Cilindro, ed il vestigio della superficie conica segante sia espresso per la linea X Z, si prolungherà in primo luogo la linea C N a piacere, come in 22., e dal punto L si prenderà la distanza L Z, e si trasferirà da 22. in 23., così 24. 25. si trasferirà da 22. in 26., e 27. 28. si porterà da 22. in 29., e 6. 30. si trasporterà da 22. in 31., e finalmente K X si trasferirà da 22. in 32., e così d'ogni altra distanza procedente da' punti medj, ed intrinseci, indi fissando una punta del compasso nel punto 22., e distendendo l'altra fino al punto 26. si descriverà una porzione d'arco, finchè incontri la V 33., indi restringendolo nel punto 29. si descriverà una porzione d'arco, finchè incontri la linea R 34., e nuovamente ristretto fino al punto 31., si descriverà un'altra porzione d'arco finchè incontri la detta linea V 33. nel punto 35., ed avremo i punti 23. 33. 34. 35. 32., per i quali destramente si condurrà la curva 32. 34. 23., la quale rappresenterà la sezione del Circolo esterno; lo stesso anche si farà di tutti gli altri punti, come vedesi dalla figura, innalzandogli con porzioni di cerchio, in modo, che ciascuna incontri la sua corrispondente, quali ci daranno i punti medj, ed intrinseci, pe' quali si devono condurre le altre due curve, che rappresentano le altre due sezioni degli altri due circoli medio, ed intrinseco, i quali punti, o sezioni si uniranno assieme con linee curve, le quali rappresenteranno la commessura come si vede 35. 36., 34. 37., 33. 38., e così farà compito l'apparato per stendere in piano la superficie del Cilindro segato dalla superficie conica, e superficie piana inclinata, e declinante.

Quando vogliasi stendere la superficie interna nel piano si osserverà la maniera già esposta.

Si tiri una linea a parte, che sia A B, e si trasferiscano in essa le parti del circolo interno D I E, come si è fatto fin'ora, in modo che D 1. sia A C, ed 1. E sia C D, e così delle altre, poi da' detti punti si conducano linee in squadro alla detta linea A B, come sono 3. 4., 5. 6., e le altre; indi preso l'intervallo, che vi è dal punto N al punto 26. fig. 3., si trasporterà dal punto A al punto 4. fig. 5., che quivi resta fuori del Rame, e dall'altra parte dal punto N al punto 15. si trasferirà dal punto A al punto 2., così Y 16. si trasferirà da C in 3. nella seconda linea, e Y 38. si trasferirà da C in 4., così T 19. si porterà da D in 7., e T 37. da D in 8., e così d'ogni altro punto, ed avremo nella 5. fig. i punti, o termini, per quali si condurrà dalla parte 3. 5. 7. una curva, che vestirà, e coprirà la superficie segata dalla superficie piana inclinata,

Laft. 4.
Trat. 4.

ta, e declinante, cioè la fuperficie 15. 16. 19., e la curva, che fi averà dall'altra parte veftirà, e coprirà la fuperficie 31. 37. 36. 38. 26.

## OSSERVAZIONE UNDECIMA.
*Modo di ritrovare la fuperficie unitiva, o di commeffura dello fteffo Cilindro.*

Fig. 4. e 5.

Quefto fi fa nello fteffo modo, che abbiamo detto nell'Offervazione nona: Si offerverà in primo luogo qual linea di commeffura s'intende gettare in piano, ed avendo da gettare la commeffura appartenente alla linea 7. 8., che per ordine appartiene alla fezione, o commeffura B H E, fi offerverà come fia trafportata detta commeffura nella fig. a parte, ed effendo la fua corrifpondente 34. 21. 37. 19., fi porterà in primo luogo la mifura B H E dalla parte, che è più appropofito della linea 7. 8., in modo che B H fia D F, ed H E fia F G, per quali punti fi condurranno paralelle alla linea 7. 8., che fono 9. 10., 11. 12., indi prefo l'intervallo da R a 21. fi trasferirà da G in 11., come fopra una linea alla medefima fezione appartenente; unendo il punto 11., ed il punto 7. con una retta, la quale rapprefenterà la commeffura B E, indi trasferendo l'intervallo R 34. da G in 12., e così S 39. da F in 10. avremo i punti 8. 10. 12., per condurre una curva, che rapprefenterà la linea di commeffura 34. 39. 37. gettata in piano; e colla medefima maniera fi getteranno tutte le altre.

Ma fe qualchuno defideraffe l'impreffione, che fi fa nel piano inclinato fuddetto dal Cilindro nella fua naturale grandezza, cioè prefa detta fuperficie impreffa, e diftefa orizzontalmente, quefto fi confeguirà a quefto modo.

Fig. 4.

Suppofte le perpendicolari 1. 2. 3., che prolungate come abbiamo detto in 4. 5. 6., e le altre della fteffa natura, fi incontrano neceffariamente colla linea L M, dall'incontro delle quali, cioè da'punti 40. 41. 42. fi alzino normali alla linea L M, come fono 40. 45., 41. 46., 42. 47., e le altre, indi prefa la diftanza, che vi è da N in ✠ fi trasferirà da M in 50., con ciò che M 50. fia normale ad M L, qual linea L 50. fegherà tutte le normali alla linea L M ultimamente dedotte ne' punti 48. 49. 50., e gli altri come dalla fig., e prefa la diftanza di 13. 16. fi trasferirà da 48. in 45., 14. 17. da 49. in 46., 15. 18. da 50. in 47., e così tutte le altre, quali ci daranno i punti, pe'quali fi condurranno le tre curve, che dimoftreranno l'impreffione di detto Cilindro nella fuperficie predetta, il che meglio dalla figura fi può conofcere.

Quanto poi ad unire affieme l'interna, ed efterna fuperficie non fi è quì dichiarato, ftimando fuperfluo, e tediofo lo ftenderfi nel ripetere una medefima cofa in diverfi capi, imperocchè l'operazione medefima infegnata fin'ora può fervire anche per la prefente, come ciafcuno dalla fig. 2. Laftra 5. può chiaramente vedere.

OSSER-

# TRATTATO IV. CAP. III.

## OSSERVAZIONE DUODECIMA.

Laft. 5.
Trat. 4.

*Modo di ridurre in piano la superficie d'un Cilindro segato da una parte da una superficie obbliqua, ed inclinata, e dall'altra da un Cilindro perpendicolare.*

Nella precedente Osservazione si presupponeva conosciuto il giro del Cilindro circolare retto all'asse, ma qui si presuppone conosciuta la stessa sezione piana: Onde si ha da ritrovare la scorza, e giro sodo dello stesso Cilindro, la quale operazione si potrebbe anche fare colla precedente regola, siccome quella con questa, onde s'aggiunge per abbondare in ammaestramenti.

Fig. 3.

Siavi nella Lastra 5. fig. 3. il Cilindro ABCD segato dalla superficie piana obbliqua, ed inclinata BDEF, e dall'altra parte sia segato da un Cilindro perpendicolare come si vede GHAC.

Abbiasi adunque da gettare in piano la detta superficie del Cilindro, si farà come nella Lastra 6. fig. 1. il semicircolo massimo ABC, dentro del quale se ne farà un'altro, che dimostrerà la grossezza della scorza, tra'quali due cerchj si condurrà un cerchio medio, qual sarà GHI, quali divisi in porzioni a gradimento, si condurranno da'punti eletti i raggj al centro O, come sono 1. 4., e gli altri, da'quali punti, o sezioni si faranno cadere perpendicolari alla linea CA, o paralelle al diametro BO, come sono 1. 7., 2. 8, 3. 9., e gli altri, come dalla fig. 1. si vede, e medesimamente da'punti, o sezioni BHE, 10. 11. 12. si condurranno paralelle alla linea CA, finchè incontrino nella linea CL, come sono BL 12. 13., e le altre: Indi conosciuta l'obbliquità della superficie piana, che sega il Cilindro, quella si applicherà alla linea CA, come si vede nella linea NP, che si accosta più alla linea CA dalla parte C, che dalla parte A, indi da' punti C, ed A si condurranno due normali alla linea NP, quali saranno CQ, ed AR, le quali s'uniranno colla linea QR, e dimostreranno la grossezza del Cilindro per la linea NP, la quale divisa per metà sarà il semidiametro dello stesso Cilindro.

Laft. 6.
Fig. 1.

Ciò supposto fatto centro in C si descriva un'arco ML, e da qualsisia punto di detto arco, come da M si porterà il semidiametro suddetto, cioè la linea SN, ovvero SP perpendicolare alla linea CA, finchè incontri nel punto M, come vedesi MT, e nuovamente fatto centro C si porteranno con porzioni d'arco tutte le altezze, che sono nella linea LC sopra la MC, la quale rappresenta la inclinazione della superficie piana suddetta, come vedesi LM 13. 16., e così tutte le altre, come meglio dalla figura si vede; indi da'punti della linea MC si faranno cadere normali alla CA, come sono MT 16. 21., 20. 22., e le altre segnando le linee provenienti da'punti de' circoli estrinseci con linee rette, quelle nate da'circoli medj con linee puntate, e quelle originate da'circoli intrinseci con linee interrotte, come si è fin'ora fatto per maggior chiarezza. Ciò fatto prenderassi la distanza da C in T, e si trasporterà da O in 23., così C 21. da 24. in 25., e dall'altra parte da 26. in 9., e finalmente C 22. si trasporterà da I in 27., e da G in 28., avvertendo di sempre

trasfe-

trasferire le distanze tolte da una linea, che procede da un punto sovra un'altra della stessa natura, e proveniente dal medesimo punto; come per esempio T C originato dal punto B si trasporta sopra la linea O 23., che nasce dal medesimo punto B, così C 21. nato dal punto 12. si porterà sopra le linee 24. 25., e 26. 9., perchè la prima nasce dal medesimo punto 12., e la seconda nasce dal punto 3. corrispondente, e della medesima natura del punto 12., così s'intende delle puntate nate dal circolo medio, e delle interrotte nate dal circolo interno, pe' quali punti A 28., 9. 23., 25. 27. C si condurrà destramente una curva, che dimostrerà la superficie esteriore gettata in piano; nè più mi stendo in dimostrazioni sovra questo fatto circa la superficie media, ed intrinseca essendo la stessa cosa, avvertendo, come dissi, di trasferire ciascuna misura presa sulla linea C T, che nasce da qualunque punto medio, o intrinseco sovra qualunque linea al medesimo corrispondente, come si è nella operazione della superficie esterna dimostrato, ed avremo i punti, pe' quali si condurranno sì la media, che l'intrinseca, il che meglio dalla figura si può capire, unendo poi le dette tre curve assieme con linee rette, quali rappresentano le linee di commessura, come sono 27. 29., 25. 30., 23. 31., e le altre, ed in questo modo sarà gettata in piano la sezione del Cilindro nella superficie piana obbliqua, ed inclinata, ed è disteso l'apparato per stenderla in piano.

Da poi da' punti di detta figura gettata si condurranno paralelle al diametro O V, e normali alla linea N P, quali sono C Q, I 32., F 33., 27. 34., 25. 36., 23. 37., 9. 38., 28. 39., ed A R, e così tutte le altre, come si vede dalla figura, indi tirata la porzione del Cilindro X Y si vedrà quella segare tutte queste paralelle ultimamente condotte, come si vede in X 40. 41. 42. 43. 44. Y.

Ma se parimente si desiderasse vedere, o formare l'impressione, o marca, che fa il Cilindro predetto nella superficie piana inclinata, ed obbliqua nella sua naturale grandezza, cioè se si mettesse detta superficie in modo, che fosse retta per ogni parte alla nostra linea visiva, questo si conseguirà a questo modo.

Conducasi una paralella alla linea C A, e sia Q R, nella quale siano fatte cadere le linee dalla superficie gettata, come si vede 27. 34., 25. 36., e le altre, indi presa la distanza dal centro O al punto B si trasferirà da 37. in 45., così 24. 12., ovvero 26. 3. si trasferirà da 36. in 48., e dall'altra parte da 38. in 51., così 6. G si trasferisca da 39. in 55., e dall'altra parte da 34. in 54., ed avremo i punti R 55. 51. 45. 48. 54. Q, pe' quali destramente si condurrà una curva, che rappresenterà la sezione esteriore, o impressione del Cilindro nella superficie suddetta, operando parimente nello stesso modo per la superficie intrinseca, e media prendendo la misura dalla media, ed intrinseca superiore, trasferendole ciascuna in una linea corrispondente come si è fatto della prima, il che chiaramente la figura dimostra, unendo poi le dette tre curve con linee rette di commessura, come sono 48. 50., 51. 53., e le altre.

#### TRATTATO IV. CAP. III.

*Modo di stendere in piano la superficie del Cilindro contenuta tra la superficie piana, obbliqua, ed inclinata, ed il Cilindro perpendicolare.*   Laſt. 6.
Trat. 4.

Facciaſi in primo luogo, come nella figura 2. Laſtra 6. la linea AB, la quale rappreſenti la linea NP fig. 1., nella quale ſi ſten- Fig. 2. da con piccoliſſime aperture di compaſſo la ſuperficie interna del Cilindro AB fig. 3., eſſendo queſta figura appartenente, e dello steſſo diametro, che il Cilindro NPXY fig. prima, in modo che A C fig. 3. ſia A 2. fig. 2., CD ſia 2. 3., e così degli altri punti preſi due volte, come ſi vede, in tal guiſa, che la linea A fig. 2. appartenga al taglio D fig. 1., così 2. appartenghi a 4., 3. ad 1., e così degli altri: Preſa dunque la linea proveniente dal punto D fig. 1. nel Cilindro NPXY, cioè D 59. 60. ſi porterà D 59. dal punto A fig. 2. in 10., e 59. 60. ſi trasferirà da A in 11., così preſa la diſtanza da 62. in 61., ſi trasferirà da 2. in 12., e 62. 63. ſi porterà dall'altra parte da 2. in 13. fig. 2., così 64. 7. ſi trasferiſca da 3. in 14., e 64. 65. ſi trasferirà dall'altra parte da 3. in 15., e finalmente tutte le miſure ſi prenderanno dalla linea NP verſo la ſuperficie gettata nella fig. 1., e ſi porteranno alla ſiniſtra dalla linea AB verſo 10. 12. 14., così quelle, che reſteranno dalla parte del veſtigio XY del Cilindro perpendicolare ſi porteranno alla deſtra, da' quali miſure trasferite avremo i punti 10. 12. 14. K 16. 17. 18., pe' quali ſi condurrà la curva, che veſtirà la ſuperficie ſegata dalla predetta ſuperficie piana, obbliqua, ed inclinata, cioè la ſuperficie F 29. 30. 31. 7. 61. D, lo ſteſſo facendo dall'altra parte ſi averà pe' punti 11. 13. 15. 19. 20. 21. 22. una linea, che veſtirà la ſuperficie ſegata dal Cilindro XY, come ſi è ſin'ora dimoſtrato.

*Modo di ſtendere in piano le ſuperficie conjuntive dello ſteſſo Cilindro.*

Queſta operazione non ſi diſcoſta dalle antecedenti, ſe non per la variazione della forma, e miſure, eſſendo la medeſima, che le altre in tutto il reſtante; imperocchè ſcelta, o eletta la commeſſura, che vogliamo gettare in piano, qual ſia per eſempio 4. 5. 6. ſi è in primo luogo da oſſervare a qual linea appartenga detto taglio, ed appartenendo alla linea 12. 13., ſi miſurerà la diſtanza da 4. a 5., e da 5. a 6. fig. 1., e ſi porterà da 2. a 7., e da 7. a 8. fig. 2., ne' quali punti ſi condurranno due paralelle alla linea 12. 13., quali ſono 23. 24., e 25. 26., indi preſa la diſtanza da 81. in 28. ſi porterà da 8. in 25., e parimente da 81. 44. ſi porterà da 8. in 26., così 59. 80. ſi porti da 7. in 23., e 59. 60. ſi trasferiſca da 7. in 24., e pe' punti 12. 23. 25. ſi condurrà una retta, che rappreſenterà la commeſſura 4. 5. 6. per la parte, o taglio 61. 80. 28., e dall'altra parte ſi uniranno i punti 13. 24. 26. con una curva, la quale rappreſenterà la medeſima commeſſura 4. 5. 6. per il taglio 63. 60. 44., e così ſarà di ogni altra linea di commeſſura.

Quanto poi ad unire aſſieme le ſuperficie del predetto Cilindro, cioè l'interna, ed eſterna per formarne i pezzi ſodi, colla medeſima Laſt. 5. maniera ſi farà, come ſi è fatto ſin'ora conducendo nella Laſtra 5. Fig. 4. fig.

fig. 5. una linea A B, nella quale si stenderà con piccolissime aperture di compasso l'esterna superficie della fig. 3. Lastra 6., cioè la superficie E F H I presa due volte, come dalla figura si vede, terminandola col portare su ciascuna linea la sua misura corrispondente, come si è sin'ora insegnato, indi sopra la medesima linea A B si applicheranno le parti, o porzioni spezzate della fig. 2. Lastra 6. in modo, che la linea A B, che medesimamente le sega, s'adatti sopra l'A B della fig. 5. Lastra 5. nel modo, che abbiamo di già parlato per il sopra più dell'una all'altra, unendole assieme a quattro angoli con linee di commessura, come abbiamo operato per il passato, e dalla detta figura si può vedere.

Last. 5.
Trat. 4.
Fig. 4.

## OSSERVAZIONE DECIMATERZA.

*Modo di gettare in piano la superficie d'un semicilindro concavo segato da una parte da un piano obbliquo, ed inclinato come sopra, la cui sezione sia nota, e dall'altra parte da un Cilindro, l'asse del quale sia ad angoli retti con un vestigio del Cilindro proposto.*

Fig. 5.

Siavi nella fig. 7. della Lastra 5. il Cilindro A B C D, che sia segato da una parte da una superficie obbliqua, ed inclinata, come si è veduto nella precedente, e dall'altra dal Cilindro perpendicolare E C F G, in modo che l'asse di detto Cilindro perpendicolare sega ad angoli retti il vestigio C D del Cilindro proposto.

Si descriverà in primo luogo come nella fig. 4. Lastra 6. coll'ajuto del centro O il circolo massimo A B C come si è fatto negli altri, dentro del quale se ne inscriva un'altro a piacimento; lo spazio tra questi cerchj dinoterà la scorza, o sodezza del Cilindro proposto, fra quali si inscriverà il circolo medio, come vedesi eseguito, e diviso uno di essi in quante parti piacerà, si condurranno dalle divisioni suddette i raggj loro al centro O, come si è sin'ora operato, e le sezioni de' medesimi si segneranno co' numeri 1. 2. 3. &c., da' quali punti, o sezioni si condurranno normali alla linea C A, come 1. 4., 2. 5., 3. 6., e così tutte le altre, indi eletta l'obbliquità, che s'intende dare alla superficie piana, per esempio C L, che dimostra quella obbliquità, che fa colla linea C A l'angolo C, si condurranno tutte le normali, o parallele originate da' punti delle sezioni, si condurranno, dico, le normali da' punti della detta linea C A alla linea C L, come si vede 4. 7., 5. 8., 6. 9., e così tutte le altre, indi dal punto C elevata una normale a C A, e parallela a B O si porteranno nella medesima tutte le dette sezioni con parallele alla C A, come sono B 11., 12. 13., 14. 15., e le altre, indi fatto centro C coll'intervallo C 11. si descriverà un'arco 11. 16., nella quale porzione si porterà perpendicolarmente il semidiametro del Cilindro A C M N, cioè la linea P C, ovvero P L, che sia 16. 17., e si uniranno i punti 16. C con una retta obbliquata, come si vede: Indi condotta una linea, che parta dal punto 17., e faccia colla linea 17. 16. qualunque

Last. 6.
Fig. 4.

que

## TRATTATO IV. CAP. III.

punto 21. fatto centro P fi defcriverà un'arco, che parta dalla linea 25. 22., e fi prolungherà, finchè incontri la linea 2. 12., effendo dette linee prodotte da' punti 22., e 2., da' quali ha anche origine la corda 24. 21., e l'arco fuddetto farà 25. 12., così prefa l'altra diftanza 23. 10. originata dal punto 19. fi defcriverà un'arco, qual farà 26. 16., e fi ftenderà dall'una all'altra parte delle linee originate dal punto 19., ed 1., effendo detti punti della fteffa natura ; e finalmente prefa la diftanza BX fi porterà dal centro P nel diametro BO nel punto 27., ed avremo i punti Q 25. 26. 27. 16. 12. R, pe' quali deftramente condurre la curva Q 27. R, che rapprefenterà la fuperficie efteriore del Cilindro fegata dalla fuperficie efteriore del cono; operando parimente nella fteffa maniera per la fuperficie interna, e media, come refta dalla figura notato, unendole poi con linee di commeffura, come fono 18. 16., 15. 12., e le altre di tal genere: Lo fteffo parimente fi otterrà per il taglio, o unione del Cilindro coll'interna fuperficie del cono, imperocchè eletta a piacere la groffezza del detto cono fi efprimerà colla linea MN, e l'altra ST pofte alla fteffa diftanza delle prime, e nuovamente prefe tutte le mifure della fuperficie efterna dal diametro BO, fi eftenderanno fino alla fuperficie interna del cono predetto, come per efempio BM fi porterà dal centro P nel diametro BO, e nel punto 30., così 23. 31. fi porterà dal centro P, e col medefimo intervallo fi defcriverà l'arco 33. 7., finchè incontri le linee procedenti da' punti 19. 1. fuddetti, e collo fteffo ordine, che fi è dimoftrato di fopra, e finalmente 24. 31. fi porterà dal centro P, e fi defcriverà l'arco 34. 10., ed avremo i punti S 34. 33. 30. 7. 10. T, pe' quali condurre un'altra curva, che farà l'interna fuperficie del Cilindro fegata dall'interna fuperficie del cono, lo fteffo intendendofi d'ogni altra mifura per l'operazione dell' interna, e media fuperficie, come dalla figura meglio fi può vedere, unendo dette tre curve affieme con linea di commeffura, come fono 9. 7., 12. 10., e le altre.

Ora debbafi ftendere in piano quella fuperficie interna del Cilindro, che s'interpone tra le due fuperficie del cono QR, ed ST; fi conduca la retta MN fig. 5., ed in effa mifurato lo fpazio con picColiffime aperture di compaffo fi ftenda il circolo DEF con tutte le fue parti per efempio D 6. fia N. 40., 6. 5. fia 40. 41., e 5. E fia 41. 42., e così le altre, e poi da'detti punti N 40 41. 42., e gli altri fi eleveranno normali alla MN, nel modo, che fi è efeguito fin'ora, e come fono N 43., 40. 44., 41. 45., e le altre, indi prefa qualunque mifura della linea CA fig. 4. fino a qual fi fia punto nel taglio della fuperficie interna, fi porterà fopra qualunque linea corrifpondente dalla linea MN fig. 5., come farebbe F 50. fig. 4. fi porterà da M in 80. fig. 15., così F 51. fi porterà da M in 81., così 61. 52. fi porterà da 82. in 83, e 61. 53. fi trasferirà da 82. in 84. e così di tutte, quali ci daranno i punti, pe' quali condurre la curva 80. 83. 90., che coprirà l'interna fuperficie del Cilindro fegata dall' efterna fuperficie del cono, ed all'incontro avremo i punti 81. 84. 43., pe' quali condurre un'altra curva, che veftirà l'interna fuperficie

Laft. 7.  cie del Cilindro fegata dall'interna fuperficie del cono, ciò che fi è
Trat. 4. pretefo dimoftrare.

 Ma defiderando di più trovare a detta fuperficie diftefa le linee di commeffura fi opererà nella maniera fin'ora nelle antecedenti operazioni dimoftrata, cioè diftefa, o trafportata la linea, o commeffura 5. 3. 1. in 41. 70. 46. fi dedurranno da'detti punti 70. 46. paralel-

Fig. 4. le alla linea 41. 45., come fono 70. 47., e 46. 48. Quindi prefa la diftanza nella fig. 4. da 55. in 16. fi porterà nella fig. 5. da 46. in 50., e nuovamente prefo 55. 7. nella detta fig. 4. fi porterà da 46. in 48. fig. 5., e così 56. 17. fi porterà da 70. in 47., e parimente 56. 8. fi porterà da 70. in 49., ed avremo i punti 71. 47. 50., pe' quali condurre una curva, che rapprefenterà la commeffura 1. 3. 5. efpreffa per la linea 16. 18., e dall'altra parte avremo i punti 45. 49. 48., pe' quali condurre un'altra curva, che rapprefenterà la commeffura 5. 3. 1. efpreffa per la linea 7. 9., e così d'ogni altra.

 Ed effendo anche neceffario di unire le due fuperficie affieme, come fi è fatto fin'ora, fi condurrà una linea nella Laftra 5., che fia HI, nella quale fi ftenderà con piccoliffime aperture la fuperficie efter-

Laftr. 5. na del circolo maggiore, in modo chè C 22. Laftra 7. fig. 4. fia H
Fig. 10. 10. Laftra 5. fig. 10., e 22. 19. fia 10. 11., così 19. B fia 11. 12., e così anche tutte le altre fino in I, da' quali punti dedutte normali alla linea HI fi fegneranno H 13., 10. 14., 11. 15., 12. 16., e finalmente I 17. fegnando parimente le reftanti, indi prefo l'intervallo da C in Q fi porterà da H in 18. Laftra 5., e parimente C S fi porterà da H in 13., così anche 60. 25. fi porterà da 10. in 19. Laftra 5., e 60. 34. fi porterà da 10. in 14., e finalmente 61. 52. fi porti da 11. in 20., e 61. 53. da 11. in 15., e così d'ogni altra mifura, che fi porterà fovra la fua corrifpondente, ed avremo i punti, pe' quali condurre la curva 21. 20. 19. 18., e l'altra, che farà 13. 14. 15. 16. 17., le quali chiuderanno la fuperficie efteriore del Cilindro fegato dall'efterna, ed interna fuperficie del cono fuddetto.

 Ora ci refta folamente d'applicarvi fopra l'interna fuperficie calcolandola nel modo, che fi è in tutti gli altri capi dimoftrato, come fi vede anche nella fig. 7., ove ogni pezzo pofto fovra il fuo lafcia eguale lo fpazio tanto da un lato, che dall'altro, qual fuperficie per tagliarla fi porteranno tutte le mifure prefe nella Laftra 7. alla fig. 5. ciafcuna fopra il pezzo fuo corrifpondente, come fi è nelle antecedenti operato, e come dalla figura meglio fi può vedere.

 Se poi fi defideraffe ancora avere il veftigio, che fa l'interna, ed efterna fuperficie del Cilindro nel cono fuddetto, fi prolungherà

Laftr. 7. l'affe del cono fuori della carta nella fig. 4., ed anche la linea KL
Fig. 6. finchè lo incontri, e prefa quella lunghezza dell'apice, o punta del cono in ciafcuna diftanza nella linea KL fi porterà dal centro X, e con quell'intervallo defcritto l'arco AB fig. 6. fi uguaglierà all'arco 62. Q fig. 4., così prefa la diftanza da K in 21. fi trasferirà da A in C, e fatto nuovamente centro X fi defcriverà l'arco CD fig. 6., e fi farà uguale all'arco 25. 63. fig. 4., così prefa la diftanza K 20. fi porterà da A in E, e fatto centro X fi defcriverà l'arco EF, che fi uguaglierà all'arco 64. 26., e finalmente prefa la diftanza KX fi

porterà

TRATTATO IV. CAP. IV. 223

porterà da A in G, e G farà il punto dell'eſtremità del Cilindro, Laſt. 7.
il di cui quadrante farà G F B D, così ſi fara del circolo medio, ed Fig. 6.
interno, e lo ſteſſo parimente ſi oſſerverà, qualora ſi deſideraſſe l'in- Trat. 4.
tera impreſſione del Cilindro predetto dall'altra parte.

## CAPO QUARTO.

*Del modo di gettare, e ſtendere in piano le ſuperficie
de'Coni variamente ſegate.*

 Bbiamo trattato aſſai de' Cilindri, ora tratteremo di ſten-
dere le ſuperficie de'Coni, che ſono corpi fatti a ſomiglian-
za d'una piramide, ma tonda, come abbiamo detto nel
primo Trattato, per gettare, e ſtendere le ſuperficie de'
quali biſogna premettere la ſeguente Oſſervazione.

## OSSERVAZIONE PRIMA.

*Eſſendovi tanti triangoli piani poſti inſieme, i quali adequino in numero tutti
i triangoli inſcritti in un cono, ed abbiano eguale baſe, ed altezza
ſtenderanno una figura, o ſuperficie eguale alla figura
di più lati inſcritta nel cono.*

Sia il cono A B C E Laſtra 1. fig. 12., nella quale ſia inſcritta una
piramide di più lati, i quali ſiano B A C, C A D, e D A E, Laſt. 1.
dico, che queſta figura inſcritta B A C D E ſi uguaglierà alla figura pia- Fig. 12.
na H I M, la quale ſia compoſta di tanti triangoli, quanti ſono nella
ſteſſa figura inſcritta, cioè I H K, K H L, ed M H L, i quali ſiano
della medeſima altezza, ed abbiano le baſi uguali; la qual coſa ſi
può dimoſtrare per la propoſizione 4º., o 23. del noſtro Euclide,
perchè ciaſcuno de' detti triangoli ſarà eguale al ſuo corriſpondente
inſcritto, che ha ugual baſe, ed altezza; come I H K ſarà uguale a
B A C, così K H L a C A D, ed M L H a D A E, onde tutta la
figura I H L ſarà uguale a tutta la figura inſcritta nel cono B A E,
per la qual coſa nelle ſeguenti Oſſervazioni deſcrivendo noi i triangoli uguali a quei, che ſono inſcritti ne' coni, faremo una figura,
la quale ſarà uguale a tutta la figura inſcritta in eſſa, ed eſſendo di
più lati, come ho detto nel principio di queſto Trattato, eſprimerà anche la ſuperficie dello ſteſſo cono, e ſi accoſterà quaſi quaſi alla ſua
ugualità.

OSSER-

## OSSERVAZIONE SECONDA.

*Modo di stendere in piano la superficie esterna, ed interna d'un cono, la base del quale sia conosciuta circolare, e retta all'asse di detto cono.*

Last. 8.
Fig. 1.

Sia del quadrante di un cono, ovvero del suo anello, che tanto basta la base A B C D, che sia nota, ed il triangolo G D F sia la metà dell'interno, siccome B E G dell'esterno, che sono i due triangoli, che il cono mostrarebbe nella sua sezione, se fosse tagliato per mezzo, la quale si deve concepire colla mente, quasi che stasse perpendicolarmente sopra l'anello A B C D, ora di questo cono sia necessario trovare l'interna, ed esterna superficie più prossima, che si potrà; si divida l'arco A B in quante parti piacerà, per esempio in 3., e si conducano i raggi al centro G, come sono G 10. G 11., sinchè segano il quadrante interno D C, da' quali punti, cioè da quelli, che provengono dal quadrante esterno, si dedurranno normali sinchè incontrino la linea B G, come sono 10. 12., ed 11. 13., e si prolungheranno al punto E esterno, come anche le normali dedutte dalle sezioni intrinseche si condurranno dalla linea B G al punto F, come dalla fig. si vede, ed in questa forma sarà compito l'apparato per stendere in piano la superficie di detto cono.

Fig. 2.

Conducasi poi a parte, come nella fig. 2. la linea 20. 21., nella quale si porterà la lunghezza della linea B E fig. 1., e fatto centro nel punto 20. si descriverà coll'intervallo suddetto una porzione d'arco, qual sarà 22. 23., nella qual porzione si stenderà la curva B 11. fig. 1., in modo che sia 21. 22., e 21. 23., tirando da' punti 22. 23. due linee al centro, o punto 20., le quali chiuderanno due superficie esterne, cioè due pezzi del cono della fig. 1., ma dovendo sovra queste superficie esterne applicarvi le superficie interne, in modo che ciascun pezzo rappresenti la scorza, o corpo dell'istesso pezzo, si dedurranno in primo luogo due normali alla linea B E da' punti D, ed F, come sono D H, e F I, fig. 1., ed indi presa la distanza E I, e trasportata da 20. in 2. fig. 2. si descriverà un'arco, che sarà 2. 3. 4., qual'arco si suddividerà per metà in ogni pezzo, come si vede in 5. 6., e presa la distanza da I in H fig. 1. si porterà nel punto 5., e si descriverà un'arco, qual sarà 11. 10., e parimente dal punto 6. si descriverà un'altro arco, come si vede. Di poi presa la distanza 4. 6., ovvero 6. 2. si porterà da 10. in 7., oppure da 11. in 8., e così dall'altra parte tirando da' punti 7. 8. due linee fino al punto 5., e facendo lo stesso dall'altra parte, avremo due pezzi di cono sodi, quasi che fossero due doghe di botte distese in piano nella naturale loro grandezza, unendo poi gli angoli dell'una, e dell'altra superficie con linee, come sono 5. 10., 8. 21., e 7. 22., sarà compita la projezione della sesta parte del cono suddetto, essendo tutti gli altri pezzi di simile forma.

Le superficie poi conjuntive saranno le stesse, come B D, ed F E, essendo tutte le altre di simile specie, e la superficie di fronte, cioè l'impressione del cono nella superficie piana farà la medesima, che il quadrante A B C D, che le serve anche di base.

OSSER-

# TRATTATO IV. CAP. IV.

## OSSERVAZIONE TERZA.

*Modo di trovare la superficie di un cono, che sia segato da una superficie angolare, normale all'asse di esso cono, e faccia un'arco, nel quale termini il detto cono.*

Laſt 5.
Trat 4.
Fig. 11.

Sia il cono A B C nella fig. 11. della Laſtra 5., il quale ſia poſto perpendicolarmente ſopra la ſuperficie angolare D E F G H, e faccia l'arco, o impreſſione nella detta ſuperficie angolare, che deve ſervire di baſe al medeſimo cono; quali ſuperficie debbanſi gettare, e ſtendere in un piano.

Si faccia in primo luogo il quadrante A B C D fig. 3., qual diviſo in porzioni a gradimento, come 1. 2. ſi condurranno i raggi al centro G, come ſono 1. 3., 2. 4., e da' punti delle ſezioni loro ſi condurranno normali alla linea G B, come ſono 1. 5., 2. 6., e le altre; quindi fatto un triangolo rappreſentante la ſezione del cono, come G D E ſi condurrà dal punto D una paralella alla linea B E, la quale formerà un' altro triangolo G D F, che rappreſenterà la ſezione interna del cono, di poi da' punti 5. 6., come procedenti dalla ſuperficie eſterna del quadrante ſuddetto ſi condurranno linee al punto E, come ſono 5. E, 6. E, e le altre, e da' punti naſcenti dalle ſezioni della ſuperficie interna ſi condurranno linee al punto F, come ſi vede per le linee puntate; fatto queſto ſi condurrà la linea G H, la quale rappreſenterà la ſuperficie angolare, che ſega detto cono.

Laſt. 8.
Fig. 3.

Ciò ſuppoſto ſi faccia collo ſteſſo tenore il cono A B C, traſportando tutte le miſure, che ſono dall'aſſe A E fig. 3. nella linea G B dall'una, e dall'altra parte dell'aſſe C D fig. 4. da E A in E B, come G 5. fig. 3. ſi trasferirà da E in F, e da E in G fig. 4., così G 6. ſi porterà da E in H, e da E in I, e così ſi farà di tutte le altre, avvertendo ſolamente di condurre al punto C quelle, che ſi ſono condotte al punto E nella fig. 3., e di condurre al punto K quelle, che ſi ſono condotte al punto F: Ciò fatto ſi conduca dalla ſezione G H, e dal punto H una paralella alla linea G A finchè incontri l'aſſe del cono della fig. 4., come ſi vede H 2., così parimente conducaſi dal punto I una paralella alla detta linea G A, finchè incontri nella fig. 4. le linee eſteriori più proſſime all'aſſe ſuddetto, come ſono F C, e G C ne' punti 3. 4., e finalmente dedutta una paralella dalla ſezione K finchè incontri le linee più vicine all'aſſe, come ſono H C, ed I C ne' punti 5. 6., avremo i punti A 6. 4. 2. 3. 5. B, pe' quali condurre la curva A 2 B, che rappreſenterà la ſezione di facciata, che fa la linea, o ſuperficie G H nel cono predetto di fianco, e lo ſteſſo anche ſi conſeguirà per la ſuperficie interna, ſe da ciaſcun punto, in cui le pontate procedenti dal quadrante interno ſegano la linea G H, ſi dedurranno paralelle alla retta G A, finchè ogni paralella incontri la ſua corriſpondente, ed avremo anche i punti, pe' quali condurre un' altra curva, che rappreſenterà la projezione della ſuperficie interna ſuddetta ſegata dalla ſuperficie angolare.

Fig. 4.

Ff

Lafl. 8.
Trat. 4.
Fig. 4.
Ora fa dimeſtieri ritrovare l'arco, o impreſſione, che fa il cono nella ſuperficie angolare poſto nella ſua naturale grandezza; Per la qual coſa ſi eleveranno da' punti eſterni linee perpendicolari alla GA, e paralelle alla ED, come 5. 7., 3. 8., 2. D, 4. 9., 6. 10., e le altre procedenti da' punti del cono interno; indi preſa la lunghezza della linea GH fig. 3. ſi trasferirà da E in D fig. 4., così GI fig. 3. ſi porterà da 20. in 8., e da 21. in 9. fig. 4., e finalmente GK ſi porterà da 22. in 7., e da 23. in 10., ed avremo i punti A 10. 9. D 3. 7. B, pe' quali condurre la curva ABD, che rappreſenterà l'impreſſione, o veſtigio della ſuperficie eſterna del cono ſegato dalla ſuperficie angolare nella ſua naturale grandezza; lo ſteſſo anche ſi oſſerverà, ſe ſi vorrà deſcrivere l'impreſſione dell'interna come ſovra, prendendo ciaſcuna miſura nella linea GH dal punto G ſino a ciaſcuna delle pontate ſi trasferirà ſovra la ſua corriſpondente, ed avremo tutti gli altri punti, pe' quali condurre un'altra curva, che eſprimerà il veſtigio della ſuperficie interna del cono impreſſo nella ſuperficie angolare, ch'è quanto ſi proponeva.

Fig. 5.
Ma avendoſi da ſtendere la di lui ſuperficie, cioè l'interna, ſi prenderà la diſtanza dal punto K al punto 22. fig. 4., e fatto centro in 40. fig. 5., ſi deſcriverà un'arco, che ſarà 41. 42., nel quale ſi ſtenderà con piccole aperture di compaſſo la ſuperficie interna del quadrante DC fig. 3., cioè D 4. ſia 41. 43., 4. 3. ſia 43. 44., e 3. C ſia 44. 42., quali punti ſi condurranno al centro 40., come dalla fig. 5. ſi vede, indi preſa la diſtanza da K in 12. ſi porterà dal centro 40. nella linea 40. 43. nel punto 45., così preſa la diſtanza K 13. ſi porterà ſu la 40. 44. nel punto 46., e finalmente K 14. ſi porterà ſu la linea 40. 42. nel punto 47., pe' quali punti 41. 45. 46. 47. ſi condurrà una curva, che rappreſenterà la quarta parte della ſuperficie del cono ſegata nel modo ſovra eſpreſſo.

Qualora poi ſi deſideraſſero le ſuperficie di commeſſura, come della commeſſura 4. 2. ſi prenderà la larghezza dell'anello, cioè la diſtanza BD fig. 3., e ſi porterà ſovra la linea 40. 43., ed alla medeſima diſtanza ſi condurrà una paralella alla detta linea 40. 43., come ſi vede in 48. 49., indi parimente dedutte due normali alla linea FD da' punti D, ed F, che ſono DL, ed FM fig. 3. ſi prenderà la diſtanza, che vi è da E in M, e ſi porterà nel centro 40. fig. 5., e con quell'intervallo ſi deſcriverà un'arco, che ſarà 48. 50., il quale ſegherà tutte le ſuperficie di commeſſura, che appartengono all'unione FE fig. 3., onde preſa la diſtanza dal centro C della fig. 4. ſino al punto 15., punto, che rappreſenta la commeſſura del cono appartenente al taglio 4. 2. nella ſua naturale longhezza, e traſportata dal punto 48. ſino in 49., rappreſenterà la ſuperficie di commeſſura appartenente al taglio predetto, unendo i punti 48. 40., e 49. 45. con due rette, le quali dimoſtreranno il contenuto nella ſuperficie di commeſſura: Allo ſteſſo modo ſi potranno fare le altre, come vedeſi nella fig. eſpreſſo.

Occorrendo poi di dovere unire ambe le ſuperficie aſſieme, ſi ſtenderà in primo luogo la ſuperficie eſterna, prendendo la miſura, che vi è da C in B fig. 4., e fatto centro X collo ſteſſo intervallo

vallo fi defcriverà l'arco 20. 21., come dalla fig. 6., nel quale fi ften- Laft. 8.
derà, come fopra, la fuperficie efterna del quadrante A 1. 2. B fig. Trat.4.
3. in 21. 22. 23. 20. come fi vede, quali punti per mezzo di una ret- Fig. 6.
ta fi uniranno al centro X, come fi è fatto nelle antecedenti; così
prefo l'intervallo EM fig. 3. fi porterà dal centro X, e fi defcive-
rà un'arco, che farà 24. 25., il quale farà fegato dalle linee 22. X,
e 23. X, come anche fi vede, indi divifi fopra l'arco 24. 25. tutti
gl'intervalli per mezzo, come 24. 26., e così gli altri, fi fegnerà in
ciafcuno d'effi il punto della divifione, come fi vede fegnato in 1.,
e prefa la diftanza 24. 1. fi porterà da 21. in 5., e da 22. in 6., e
7. come fi vede, e così degli altri, quali punti 6. e 7. fi uniranno
nel punto 1. per mezzo delle rette 6. 1., e 7. 1., e così delle altre:
Di poi prefa la diftanza 40. 41. fig. 5. fi porterà dal punto fegnato
1. fino in 27. fig. 6., così 40. 45. fi porterà da 1. in 28., e dall'altro punto 2. in 29., e così d'ogni altro, quali punti fi uniranno con
una curva, la quale chiuderà l'interna fuperficie del pezzo di cono ricercato, e coll'ifteffo ordine fi termineranno, e chiuderanno tutte le altre,
unendo gli angoli dell'una, e dell'altra fuperficie con linee rette, come fono 27. 21. 1. X, e gli altri.

## OSSERVAZIONE QUARTA.

*Modo di gettare in piano la fuperficie di un Cono concavo, e circolare fegato
da una fuperficie concava di un Cilindro perpendicolare
all' affe del Cono.*

SIa dato un Cono concavo retto, e circolare, la di cui figura è Laft. 9.
efpreffa nella Laftra 9. alla fig. 1. fegnata ABCD, il quale Fig. 1.
fia fegato dalla fuperficie concava EFGHI, e faccia l'impreffione
o veftigio dell' interna, ed efterna fua fuperficie nel Cilindro, o fuperficie concava fuddetta, le fuperficie de'quali debbano gettarfi, e ftenderfi in piano, come fi è propofto.
    Si defcrivano, come nella Laftra 8. fig. 7. li quadranti AB, Laftr.8.
CD, quali fi dividano nelle porzioni fopr'accennate a piacimento, Fig.7.8.
come fono 1. 2. 3., 4. 5. 6., e fra il quadrante AB, ed il quadrante CD fi defcriva un'arco medio, da'punti, o divifioni de'quali fi conducano raggj al centro E, come fono 3. 1., e 6. 4.: Da'
punti poi, o fezioni de'raggj co'quadranti fuddetti fi dedurranno normali alla linea BE, come fono 3. 7., 6. 8., e le altre: Indi le fopra notate B 6., 3. A delineate nella BA fi prolungheranno fino al
punto F come appartenenti alla fuperficie efterna, così quelle normali dedutte dal quadrante medio fi prolungheranno al punto G, come appartenenti alla fezione media, e così parimente fi farà delle
linee provenienti dal circolo interno, le quali fi prolungheranno al
punto H come appartenenti al medefimo cerchio; quali per maggior
chiarezza fi fegneranno, come fi è fatto fin'ora, cioè le efterne fuperficie con linee rette, le medie con linee puntate, e l'interne con
linee interrotte. Di poi a parte trasferite dette mifure, come fi vede

228         DELL'ARCHITETTURA

Laſt. 8.   nella fig. 8., cioè EB fig. 7. in 40. 21., e 20. 22. fig. 8., così E 8.
Trat. 4.   ſi porterà da 20. in 23. 24., ed E 7. ſi trasferirà da 20. in 25. 26.,
Fig. 7. 8. e così di tutte le altre tanto del medio, che dell'interno arco, trasferendo anche i punti HGF fig. 7. in 27. 28. 29. fig. 8., ed in queglì terminando ogni linea ad eſſi appartenente, ſi riporterà tutta la figura 7. nell'ottava due volte, e ſi deſcriverà nella fig. 7., con qual ſi ſia apertura, la ſuperficie concava, che ſega il cono predetto, qual ſarà EK, e dove ſega le linee provenienti dall'eſterna ſuperficie del cono, come la ſezione della linea 7. F, ſi ſegnerà col punto 9., la linea 8. F ſi ſegnerà col punto 10., e BF ſarà ſegnata col punto K, da' quali punti 9. 10. K ſi faranno paralele alla linea E 20. finchè ciaſcuna incontri la ſua corriſpondente, come la linea, che parte dal punto 9. ſegherà la 23. 29., e 24. 29. ne' punti 30. 31., così la linea, che naſce dal punto 10. ſi condurrà, finchè incontri la 25. 29., e 26. 29. ne' punti 32. 33., e finalmente quella, che naſce dal punto K ſi condurrà, finchè incontri l'aſſe del cono 29. 20. nel punto 34., per le quali ſezioni ſarà facile condurre una curva, che ſarà 21. 30. 32. 34. 33. 31. 22., la quale rappreſenterà l'eſterna ſuperficie del Cono ſegata dalla ſuperficie concava ſuddetta. Con lo ſteſſo ordine procederemo nelle linee puntate, ed interrotte, unendo aſſieme le tre ſuperficie con linee or curve, or rette, come ſi vede notato 31. 35., 33. 36., 34. 37., e le altre.

*Modo di ſtendere in piano la ſuperficie concava ſuddetta colla impreſſione, o veſtigio del Cono laſciatovi nella ſua naturale grandezza.*

SUppoſta detta ſuperficie d'una materia, che ſi poſſa ſtendere, come di cartone, o di rame, o di qual ſi ſia altra ſimile ſorta, o veramente ſi concepiſca colla mente tale, che ſtendere ſi poſſa: Diſcorreremo in primo luogo del modo di delineare, o ſtendere la ſuperficie eſteriore del Cono impreſſa nella medeſima ſuperficie concava nella ſteſſa figura, che ſi trova, e per ciò fare ſi eleveranno da' punti 31. 33. 34. 32. 30. fig. 8. perpendicolari alla linea 22. 21., come ſono 31. 38., 33. 39., 34. 40., 32. 41., e 30. 42., indi miſurata la lunghezza della linea EK fig. 7. ſi trasferirà da 20. in 40., così miſurata la diſtanza 10. E con piccoliſſime aperture di compaſſo ſi trasferirà da 43. in 41., e dall'altra parte da 44. in 39, così finalmente miſurato 9. E ſi porterà da 45. in 42., e dall'altra parte da 46. in 38., ed avremo i punti, per li quali condurre la curva 21. 42. 41. 40. 39. 38. 22., che rappreſenterà il veſtigio, o impreſſione del Cono ſuddetto laſciata nella ſuperficie concava, la quale ſi trova nella ſua naturale grandezza, oſſervando la ſteſſa maniera per la deſcrizione della media, ed interna ſuperficie, come meglio dalla figura ſi può vedere, quali ſuperficie ſi uniranno aſſieme con linee, che contengono in ſe i punti antecedentemente ricavati, come ſono 42. 46., 41. 47., 40. 48. &c.

  Secondariamente dobbiamo ſtendere la ſuperficie interna del cono ſegata dal Cilindro ſopra menzionato, e ſi fa a queſta maniera:
Fig. 9.   Coll'intervallo HD fig. 7. ſi deſcriva un'arco dal centro 20. fig. 9,
e ſia

e fia 21. 22., nel quale con piccoliffime aperture di compaffo fi traf- Laft. 8.
ferifca la fuperficie interna del quadrante D 4. 1. C fig. 7., e fia 21. Trat. 4.
23. 24. 22., e da' punti fuddetti fi condurranno raggi al centro 20., Fig. 9.
come fi è efeguito nelle antecedenti Offervazioni: Di poi prefo l'intervallo H 11. fig. 7., punto, che procede da una linea nata dalla
fezione del quadrante interno, e trasferita nella linea 20. 23. fig. 9.,
fi fegnerà il punto del fuo termine, come 25., così prefo l'intervallo H
12. fi trasferirà nella linea 20. 24., e nel punto 26., e finalmente H 13.
fi porterà nella linea 20. 22. nel punto 27., per li quali fe condurremo una curva 21. 25. 26. 27., quefta rapprefenterà la metà del
femicono interno diftefa in piano. E finalmente defiderandofi le fuperficie unitive fi prenderà la diftanza 1. 3. fig. 7., ed a quella diftanza fi condurrà una parallela alla linea 20. 25. fig. 9., ed un' altra alla 20. 26., quali fono 28. 29., e 30. 31., e di nuovo dedutta
dal punto H fig. 7. una normale all' HD, qual farà HL, fi prenderà la diftanza FL, e colla medefima fi defcriverà l'arco 28. 30.,
unendo i punti 28. 30. col punto 20. con due rette, le quali rap-
prefentano le fuperficie unitive dal punto H al punto F, ma aven-
dole anche a terminare dall' altra parte, fi offerverà a qual taglio appartenga la linea 20. 25., ed appartenendo al taglio 1. 2. 3. fi prenderà la diftanza FN come appartenente al medefimo taglio 1. 2. 3.,
e fi porterà da 28. in 29., ma terminando il cono in una fuperficie
cilindrica, refta neceffario condurre anche una parallela rapprefen-
tante la fezione 2. nel circolo medio, che tramezza le due 20. 25.,
e 28. 29., quale farà 32. 33. fig. 9., e prefa dal punto G la diftanza fino in X effendo il punto X proveniente dal taglio 2. fi porterà
da 32. in 33., e fi uniranno i punti 25. 23. 29. con una linea alquanto curvata, quale farà 25. 29., e così fi farà d'ogni altra.

Ciò fatto abbiamo quanto bafta per unire affieme le due fuperficie, quali formano i pezzi fo del cono: fi ftenderà in primo luogo la fuperficie efterna nella fteffa maniera dell' interna, cioè coll'in- Fig. 10.
tervallo FB fig. 7. fi defcriverà l'arco 30. 31. fig. 10., nel quale fi
trasferirà il quadrante efterno B 6., e 3. A, come fi vede nella detta figura marcato co' numeri 30. 32. 33. 31., quali fi uniranno nel
centro X per via delle rette X 30., X 32., e le altre, e prefo parimente l'intervallo FL fi defcriverà dal medefimo centro un' arco,
il quale farà 34. 35., quale farà fegato da' raggi già condotti, alla fteffa maniera prefo l'intervallo FN fig. 7. fi porterà da X in 36. fig.
10., così F 15. fi trasferirà da X in 37., e finalmente FK fi porterà da X in 38., unendo i punti 30. 36. 37. 38. con una curva, la
quale rapprefenterà la fuperficie efterna del detto Cono fegato dalla
fuperficie cilindrica concava; quindi divifi gl'intervalli nella linea 34.
35. per metà come fono 1. 2. 3. fi condurranno da' detti punti
linee parallele a ciafcuna delle laterali come fi è fatto di fopra, e come fono le linee 1. 4., ed 1. 5., e le altre, e prefa la diftanza 20.
21. fig. 9. fi porterà da 1. in 4. fig. 10., e così 20. 25. fig. 9. fi porterà da 1. in 5. fig. 10., e così d'ogni altra, unendo i punti 4. 5.
con una linea, la quale accompagni la linea 30. 36., e gli angoli d'
amendue colle rette 4. 30., e 5. 36., ed 1. X &c., e così faranno
diftefi

Laſt. 9.  diſteſi i pezzi ſodi del Cono ſuddetto ſegato dalla ſuperficie cilindri-
Trat. 4. ca concava, come ſi era propoſto.

## OSSERVAZIONE QUINTA.

*Modo di gettare, e ſtendere in piano la ſuperficie d'un Cono concavo circolare
ſegato da una ſuperficie conveſſa d'un Cilindro perpendicolare
all'aſſe del Cono.*

Queſta Oſſervazione ſi porrà in opera come la precedente, ſe non
che l'arco E K ſi collocherà al contrario, come è collocato l'arco
B Q nella medeſima Laſtra 8. fig. 7.

## OSSERVAZIONE SESTA.

*Modo di gettare in piano la ſuperficie d'un Cono, il cui apice finiſce in una
linea retta, che ſia ſegato da una ſuperficie Cilindrica retta
all'aſſe del Cono.*

Fig. 2.  Queſto Cono abbiamo deſcritto alla Prop. 8. Tratt. 25. del noſtro Euclide, ed ivi abbiamo provato, che le ſue ſezioni normali all'aſſe ſono elliſſi, come ſi rappreſenta nel Cono fatto
in diſparte, ove ſi vede, che tutte le ſezioni del medeſimo finiſcono nella retta BC in QMH, nel quale tutte le ſezioni fatte normali all'aſſe ſono tante elliſſi, e le medeſime elliſſi reſtano più acute, quanto più ſi accoſtano alla linea BC.

Sia dunque un Cono di queſta ſorta, che abbia per baſe un circolo, il quale ſia ſoprappoſto ad un pezzo di Cilindro retto all'aſſe di
detto Cono, come il Cono ABCDE, che ſia incaſſato nel pezzo
di Cilindro FGHI, e debbanſi ritrovare, e ſtendere le di lui ſuperficie compreſe tra le ſuperficie del Cilindro, cioè tra l'interna, ed
eſterna.

Fig. 4.  Si deſcriva come nella fig. 4. un quadrante, che ſia AB col
centro C, entro del quale dal medeſimo centro ſe ne deſcriva un altro a piacimento, che ſia DE, fra' quali due ſe ne deſcriverà un
medio, qual ſarà FG, i quali tre archi ſerviranno di baſe al Cono
preſcritto, quali diviſi come prima in porzioni a piacimento, ſi dedurranno dalle medeſime raggi al Centro C, come ſono 1. 2. 3., 4
5. 6., e da queſti punti ſi laſcieranno cadere perpendicolari alla linea, o diametro BC, come ſono 6. 9., 3. 7., e le altre, quali ſi condurranno al punto H, come BH, H 9., H 7., quali formeranno
la figura d'un ſemicono nell'eſterna ſuperficie. Quindi condotte due
parallelle alla linea BH, che partano da' punti G, ed E ſi prolungheranno, finchè incontrino nell'aſſe del Cono CH, come EK, e
GI. Nel punto K come eſtremo, o apice dell'interna ſuperficie di
detto Cono condurremo le linee 10. 12. E, come provenienti dall'
interna ſuperficie del quadrante ſopra deſcritto, e nel punto I condurremo

durremo le linee puntate 11. 8. G, le quali dimoſtreranno la media Laſt. 9. ſuperficie del Cono: Dopo di queſto eleggaſi a piacere la porzione Trat.4. del Cilindro, che ſega il detto Cono, e ſia L B interna, ed N M Fig. 12. eſterna, le quali taglieranno tutte le linee, che formano il Cono propoſto, e queſto ſarà l'apparato per gettare in piano le ſuperficie del Cono ſegate, e contenute tra le ſuperficie del Cilindro.

Prolungaſi la linea C B fino in D fig. 5., ed in qualſiſia pun- Fig. 5. to della medeſima fatto centro come in 20. ſi trasferiranno da una parte, e dall'altra tutte le miſure contenute tra C, e B fig. 4., in modo che C B ſia 20. E, e 20. D fig. 5., C 9. ſia 20. 23., e 20. 24., C 7. ſia 20. 21., e 20. 22., e così andremo facendo, e circa le medie, e circa l'interne. Da' quali punti poi dedutte normali alla C D ſopra menzionata, ſi prolungheranno quanto fa di meſtieri, oſſervando però ſempre la diſtinzione ſin'ora notata per la qualità delle linee come viene dalla fig. dimoſtrato.

Oſſervandoſi poi dove la linea L B fig. 4. ſega ciaſcuna delle linee, che formano il Cono, da ciaſcuno di detti punti ſi condurranno paralelle alla B D, finchè ciaſcuna incontri colla ſua corriſpondente, e volendo dimoſtrare la ſezione ſuddetta nella ſuperficie eſterna del Cono nella fig. 5. ſi condurrà dal punto 13. una paralella alla B D, la quale ſegherà la linea 21. 29., e 22. 27. ne' punti 16. 15., ed eſſendo le dette linee 21. 29., e 22. 27. della ſteſſa natura della linea 9. H, e conſeguentemente deveſi nelle medeſime ſegnare la ſezione ſuddetta ne' punti 15. 16.; Così parimente dedutta dal punto 14. fig. 4. un'altra paralella alla ſuddetta B D ſi prolungherà, finchè incontri le linee 23. 30., e 24. 26. ne' punti 17. 18., e finalmente dal punto L ſe ne condurrà un'altra, qual ſarà L O P, la quale darà i punti O P nelle due eſtreme E 31., e D 25., ed avremo i punti O 17. 16. 20. 15. 18. P, pe' quali far paſſare la curva O 20. P, che veſtirà l'eſterna ſuperficie del Cono ſegata dall'interna ſuperficie del Cilindro gettata in piano.

Nella ſteſſa maniera ſi opererà per la projezione della media, ed interna ſuperficie del Cono predetto terminante nell'interna ſuperficie del medeſimo Cilindro, deducendo dalle ſezioni delle linee puntate dal medio quadrante colla linea L B, paralelle alla medeſima B D, finchè ognuna incontri colla ſua corriſpondente, e trovaremo i punti, per li quali condurre deſtramente la curva, che chiuderà la media ſuperficie del Cono, tagliata anche dall'interna ſuperficie del Cilindro; e collo ſteſſo ordine ſi opererà per la projezione della interna, come dalla fig. 5. meglio ſi apprende.

E dovendo gettare anche il taglio del Cono ſuddetto fatto dalla eſterna ſuperficie del Cilindro, ſi potrà tenere la medeſima maniera, togliendo ciaſcuna paralella dalle ſezioni delle linee eſterne, medie, ed interne del Cono della fig. 4. colla curva M N, finchè ognuna incontri la ſua corriſpondente, come abbiamo operato nella projezione ſuperiore, e trovaremo anche i punti, pe' quali condurre le tre curve, che dimoſtrano la ſezione nella fig. 5. fatta dall'eſterna ſuperficie del Cilindro nel Cono predetto.

Avver-

Laſt. 3.
Fig. 4.
5. 6.

Avvertaſi, che il Cono della fig. 4. reſta eſpoſto per fianco, e perciò ogni linea, che parte dalla baſe, finiſce ne' punti H I K, quali punti ſi devono intendere linee gettate, come ne' principj di queſto Trattato ſi è dimoſtrato: Nella figura quinta il medeſimo Cono viene eſpoſto per facciata, ſupponendoſi, che per i punti 25. 26. 27. 29. 30. 31. paſſi una retta, in cui finiſce l'apice del Cono predetto, come ſi è preteſo dimoſtrare.

Ma volendovi a detto Cono ritrovare, e ſtendere la ſuperficie in piano, per eſempio l'interna, ſi condurranno primieramente da' punti 1. 4. fig. 4. due paralelle alla B C, che finiſcano nell' aſſe del Cono A H, come ſono 1. 40., e 4. 41., indi preſa la diſtanza da C in D fig. 4., ſi trasferirà da 50. in 51. fig. 6., C 40. fig. 4. ſi porterà da 50. in 53. fig. 6., e C 41. fig. 4. ſi porterà da 50. in 52. fig. 6 Ciò fatto prendaſi la lunghezza della linea K E fig. 4., e ſi trasferiſca da 50. in 57. fig. 6., di poi preſa con piccoliſſime aperture di compaſſo la porzione dell' arco E 4. fig. 4., e fatto centro in 57. ſi deſcriverà un' arco, come parimente pigliata la diſtanza K 12., e fatto centro in 52. fig. 6. ſi deſcriverà un' altro arco, e dove s' incontrano, ivi ſi ſegna il punto 56., e preſa nuovamente la diſtanza 4. 1. fig. 4., e fatto centro in 56. fig. 6. ſi deſcriverà un' arco, come parimente preſa la lunghezza della linea K 10. ſi porterà nel punto 53., e col medeſimo intervallo ſi deſcriverà un' altro arco, nell' incontro de' quali ſi avrà il punto 55., e finalmente preſa la diſtanza 1. D fig. 4., e fatto centro in 55. ſi deſcriverà colla medeſima un' altro arco, e colla diſtanza K C fatto centro in 51. ſe ne deſcriverà un'altro, nell' incontro de' quali ſi ſegna il punto 54., ed avendo i punti 54. 51., 55. 53., 56. 52., 57. 50. con quattro rette, per punti 54. 55. 56. 57. ſi condurrà deſtramente una curva, che veſtirà l'interna ſuperficie del Cono diſteſa in piano conſiderata ſegata da una ſuperficie piana retta all' aſſe del medeſimo.

Ma dovendoſi in detta ſuperficie diſteſa ritrovare quel pezzo di anello contenuto tra le due ſuperficie del Cilindro, cioè tra l'interna L B, ed eſterna M N, ſi piglierà in primo luogo la diſtanza da K in 46. fig. 4., e ſi porterà da 50. in 64. fig. 6., e K 47. ſi trasferirà da 50. in 65., K 44. ſi porterà da 52. in 62., e K 45. ſi trasferirà da 52. in 63.; così K 42. ſi porterà da 53. in 60., e K 43. ſi porterà da 53. in 61., e finalmente K L ſi porterà da 51. in 58., e K N da 51. in 59., ed avremo i punti 58. 60. 62. 64., per quali condurre deſtramente una curva, che veſtirà l'interna ſuperficie del Cono ſegata dall'interna ſuperficie del Cilindro, ed all'incontro avremo i punti 59. 61. 63. 65., per quali condurre un' altra curva, che veſtirà l'interna ſuperficie del Cono ſegata dall' eſterna ſuperficie del Cilindro, e lo ſpazio contenuto fra queſte due ſuperficie dimoſtrerà l'interna ſuperficie dell' anello ricercato, come la figura dimoſtra.

Volendoſi in detto pezzo d'anello ritrovare la ſuperficie di commeſſura ſi prenderà la diſtanza D F, ed F A fig. 4., e ſi trasferirà da 56. in 71., e da 71. in 70. fig. 6., e da queſti punti dedurremo due paralelle alla linea 56. 52., quali ſono 71. 67., e 70. 69., indi oſſerveremo a qual taglio appartenga la linea 56. 52., ed appartenendo

do al taglio, o fezione 4. 5. 6. fig. 4. prenderemo la diftanza da 8. in 15. fig. 4., e la trasferiremo da 71. in 66. fig. 6.: 8. 16. fi porterà da 71. in 67., così parimente 9. 13. fig. 4 fi porterà da 70. in 68. fig. 6., e 9. 48. da 70. in 69., ed uniti i punti 68. 66. 62. con una curva, questa rappresenterà la commessura 4. 5. 6. segata dall'interna superficie del Cilindro, e di più se si uniranno i punti 69. 67. 63. con un'altra curva avremo tutta la superficie di commessura chiusa, come resta segata dalle due superficie del Cilindro proposto. Last. 9. Trat.4. Fig. 6.

Se poi si desiderasse ritrovare il pezzo sodo di detto anello contenuto come sopra dalla superficie del Cilindro, si stenderà l'esterna superficie del medesimo Cono nel modo stesso, che si distese l'interna, cioè condotta una retta linea nella fig. 7., quale sia 60. 61., si trasferiranno in essa le misure della linea B C fig. 4., cioè C 7. fig. 4. si uguaglj a 61. 63. fig. 7., C 9. a 61. 62., e C B a 61. 60. Quindi presa la lunghezza della linea H C fig. 4., ed elevata dal punto 60. una normale si porterà in essa la predetta misura H C nel punto 64., indi distesa la curva B 6. fig. 4. si prenderà la medesima misura, e fatto centro in 64. si descriverà un' arco, come anche presa la linea H 7. si porterà dal punto 62., e col medesimo intervallo si descriverà un'altro arco, nella sezione de' quali si segnerà il punto 65., e si uniranno i punti 65. 62. colla retta 65. 62.: allo stesso modo presa la distanza 6. 3., e fatto centro in 65. si descriverà un'arco, e parimente presa la linea H 9., e fatto centro in 63. si descriverà un' altro arco, la sezione de' quali dinoterà il punto 66., e si uniranno i punti 66. 63. colla retta 66. 63., e finalmente presa la linea 3. A fig. 4., e fatto centro in 66. colla medesima apertura di compasso si descriverà un'arco, e presa la linea H B, e fatto centro in 61. coll'intervallo suddetto si descriverà un'altro arco, nell'incontro de' quali si metterà il punto 67., unendo i punti 67. 61. con una retta, ed avremo i punti 67. 66. 65. 64., per li quali condurre una curva, che vestirà l'esterna superficie del Cono tagliata dalla superficie piana B C. Fig. 7.

Ma volendo in detta figura dimostrare il pezzo d'anello sodo nella sua naturale grandezza; si prenderà in primo luogo la lunghezza della linea H B fig. 4., e quella si trasferirà nella fig. 7. da 61. in 67., così parimente preso H 13. fig. 4. si trasferirà da 63. in 72. fig. 7., così H 14. porterassi da 62. in 70., e finalmente H L si porterà da 60. in 68. Lo stesso parimente si farà prendendo le misure nelle linee rette originate da' punti esterni sino all'esterna superficie del Cilindro N M, come sarebbe H N, quale si porterà da 60. in 69., H 45., quale si trasferirà da 62. in 71., e così dell'altre, e così sarà distesa la quarta parte del Cono proposto nella superficie esterna.

Per applicarvi poi la superficie interna al disopra si condurrà alla distanza d'H L una paralella alla linea 60. 61. fig. 7., qual farà 72. 75., e questa necessariamente segherà le linee prima condotte come vedesi in 73. 74.. Ora preso il pezzo della superficie interna 53. 51. 60. 58. fig. 6. s'applicherà colla base 53. 51. sovra la linea 73. 72., in modo che l'avanzo sia anche ripartito egualmente, e trasportando nelle restanti parti la medesima figura interamente, avremo il pezzo

Laft. 9. 71. 70. 69. 68. terminato nella fua naturale grandezza, ed a quefto
Trat.4. modo fi termineranno tutti gli altri, come dalla chiara dimoftrazione
Fig. 7. fatta nella fig. fi può vedere.

Fig. 5. Volendo ultimamente ritrovare l'impreffione, o quel veftigio, che fanno tutte, e tre le fuperficie del Cono nell'interna fuperficie del Cilindro, fi prolungheranno, come vedefi nella fig. 5. tutte le paralelle all'affe 10. 34. di tutte le fuperficie, come 25. 35., 24. 36., 20. 34., 21. 33., 23. 32., e le altre; Quindi mifurata con piccoliffime aperture di compaffo la linea L B fig. 4. fi porterà da 20. in 34. fig. 5., così L 13. fi porterà da 22. in 35., e da 21. in 33., e parimente L 14. da 24. in 36., e da 23. in 32., e per i punti E 32. 33. 34. 35. 36. D fi condurrà deftramente una curva, quale dimoftrerà l'impreffione diftefa dell'efterna fuperficie del Cono, lafciata nell'interna fuperficie del Cilindro, e con lo fteffo ordine fi otterranno sì l'interna, che la media, come meglio dalla figura fi può vedere.

## OSSERVAZIONE SETTIMA.

*Modo di gettare, e ftendere le fuperficie d'un Cono, le quali fiano inclinate tutte in un apice, e che detto Cono fia fegato da una fuperficie piana pofta pendente.*

Fig. 8. SIa il Cono A B C efpreffo nella fig. 8. Laftra 9., il quale fia fegato dalla fuperficie piana D E F G pofta pendente, le di cui fuperficie fieno da gettarfi, e ftenderfi in piano.

Laft. 10. Si defcriva come nella fig. 1. della Laftra 10. un femicircolo dal
Fig. 1. centro O, e fia A B C, che rapprefenta la bafe retta del Cono propofto per la fuperficie efterna, entro del quale a qual fi voglia diftanza fe ne defcriva un'altro, e fia D E F, ciafcuno di effi divifo come prima a piacimento, fi condurranno dalle divifioni fuddette raggj al centro O, come 1. 2. 3. 4. &c., da quefti punti fi faranno cadere perpendicolari alla linea A C, come 1. 5., 2. 6., 3. 7., 4. 8., e le altre, quali tutte fi condurranno al punto I, come viene dalla fig. dimoftrato.

Prolungafi adeffo la linea A C fino in H, ed in qualfifia punto della medefima s'innalzerà una normale, qual farà K 14., nella quale medefimamente fi condurranno da'punti B 2.4., e gli altri paralelle alla H C, come B 6., 2. 9., 4. 10, e le altre, e trasferita la diftanza O I da K in H fi condurranno parimente al punto H da ciafcuno de'punti fegnati nella linea K 14. linee rette, e puntate come nafcono, quali fi prolungheranno dalla parte deftra quanto farà uopo.

Ciò fatto eleggafi l'obbliquità della fuperficie, che fega la figura predetta, qual fia efpreffa per mezzo della linea K M, e fatto dall'altra parte un'angolo eguale all'angolo M K 14., qual fia 14. K L, s'uniranno i punti L K con una retta, la quale dimoftrerà l'inclinazione della fuperficie piana predetta da quella parte, che refta più

pen-

pendente, ed inclinata verso l'apice. Da' punti poi, ove le linee ul- Last.10.
timamente condotte al punto H feriscono le linee K M, e K L si Trat.4.
dedurranno paralelle alla linea K C, come sono M. 14., 18. 17., 26. Fig.1.
24. 28. 27., e le altre: Indi si prolungheranno le linee I C, ed I F quanto
fa di mestieri; e prendendosi la linea 14. M si porterà perpendicolare alla linea A C, fino che incontri la linea I C nel punto 16.,
così presa la linea 17. 18. si porterà dal punto 19. fino in 20., 24.
26. si trasferirà da 22. in 23., e finalmente 27. 28. si porterà da
29. in 30., ed in questa maniera si trasporteranno anche tutte le
misure ricavate dalla linea L K fino alla linea 14. K nella linea A C
verso l'apice del Cono I, da' quali punti notati nella linea 16. I si
condurranno linee al centro O, finchè incontrano la linea F I, come sono 16. 37., 20. 36., 23. 38., 29. 39., e così delle altre, ed
a questo modo sarà compito l'apparato per gettare in piano la superficie del Cilindro segato dalla superficie piana suddetta.

Si conduca adesso dal punto 16. una paralella alla linea A C,
finchè incontri l'asse I B nel punto 31., e dal punto 20. se ne condurrà un'altra finchè incontri la linea I 6. nel punto 32., così dal
punto 23. se ne conduca un'altra, che sega la linea I 8. nel punto 33., e finalmente un'altra dal punto 29., che sega la linea I 34.
nel medesimo punto 34., e così da tutte le altre nascenti da' punti
esterni si condurranno paralelle alla linea A C, finchè incontrino le
linee dell'esterna superficie predetta, ciascuna però nella sua corrispondente, ed avremo i punti, per i quali destramente condurre una
linea curva, che sarà la elissi, la quale vestirà l'interna superficie di
detto Cono segato come sopra dicemmo: Lo stesso anche si osserverà, se desideraremo gettare la superficie interna del Cono prescritto: Dedurremo da' punti interni, cioè da' punti 36. 37. 38. 39. le
altre paralelle alla già detta A C, finchè ciascuna incontri la sua
corrispondente, ed avremo parimente i punti, per quali destramente condurre la interna elissi, come più chiaramente dalla figura s'intende.

Altro ora non resta, che di stendere le superficie in piano, e
volendo per esempio stendere la superficie esterna si prenderà la distanza I A, e dal medesimo centro I si descriverà un arco, qual sarà 40. 41., nel quale si stenderanno con piccolissime aperture di compasso le porzioni del semicerchio B 2. 4., e le altre, quali si condurranno parimente al centro I. Quindi presa la distanza I 16. fig. 1. si
porterà da I in 50. fig. 2. I 20. fig. 1. si trasferirà da I in 49. fig.
2., così I 23. si porterà da I in 48., I 29. si porterà da I in 47.,
e finalmente I C sarà I 41., e colla stessa maniera si potrà procedere
per distendere la superficie dall'altra parte, come dalla medesima fig. 2.
si vede.

Per dimostrare la commessura si prenderà la linea 1. 2., o qual
si sia altra, e si porterà da 40. in 51., e da 56. in 57., e si condurranno da' punti 51., e 57. due linee al punto I, ed appartenendo le
linee 40. I, e 51. I alla sezione, o taglio B E fig. 1., si prenderà
la distanza I 37. fig. 1., e si porterà da I in 52. fig. 2., così I 21. si
porterà da I in 53., così I 36. si porterà dal medesimo centro in 54,

ed

Laft.10
Trat.4.
Fig. 2.

ed I 25. si trasferirà in 55., e così si farà d'ogni altra, unendo i punti 54. 49., e 55. 43. con due rette, le quali chiuderanno tutta la superficie, come si era proposto di dimostrare, e così si farà d'ogni altra.

Laft.11.
Fig. 1.

Se si volesse ritrovare l'impressione, o vestigio, che fa il Cono predetto nella superficie piana suddetta, si condurrà come nella Lastra 11. fig. 1. la linea A B, nella quale si porterà la linea K M fig. 1. Lastra 10., in modo che K M sia A C, e K L sia C B, ciò fatto in qualsisia punto della medesima linea innalzata una normale, come dal punto C, qual farà C D, questa si uguaglierà alla linea K G Lastra 10., e dal punto B suddetto se n'eleverà un'altra, qual farà B E, e si uguaglierà alla linea L P fig. 1. Lastra 10. Ciò fatto si trasferiranno tutte le misure distintamente prese dalla linea L P Lastra 10. nella linea B E Lastra 11., e quelle della linea G K nella C D, K 9. si trasporterà da C in F, e P Q si trasferirà da B in G Lastra 11., unendo i punti G, ed F con una retta prolungata quanto fa uopo. Così preso K 10. Lastra 10. si trasferirà da C in H Lastra 11., e preso P R si trasferirà da B in I, unendo il punto I col punto H con un'altra retta, quale anche si prolungherà quanto fa di mestieri, e colla stessa maniera si condurranno da' restanti punti tutte le altre.

Finalmente presa la lunghezza della linea K M Lastra 10. si trasporterà da C in A Lastra 11., e preso K L si trasporterà da C B, così preso K 18. Lastra 10. si trasporterà da 1. in 2. Lastra 11., così K 26. si trasferirà da H in 3. Lastra 11., e K 28. si trasporterà da F in 4., e per i punti A 2. 3. 4. D, e gli altri provenienti dalle misure prese nella linea K L fino al punto B si condurrà destramente una curva, quale vestirà una superficie, e dimostrerà l'impressione, che fa la superficie esterna del Cono nella superficie piana suddetta posta pendente. Nella stessa maniera si potranno anche ritrovare i punti, per quali condurre un'altra curva, che dimostrerà l'impressione dell' interna superficie del Cono nella superficie piana, come per l'operazione fatta di linee occulte chiaramente si vede, unendo gli angoli, o taglj dell'una, e dell'altra con linee rette, come sono 2. 11., 3. 12., 4. 13., e così d'ogni altra.

## OSSERVAZIONE OTTAVA.

*Modo di ritrovare la superficie d'un Cono scaleno, o sia obbliquo di base circolare, il quale sia segato da una superficie di Cilindro non perpendicolare all'asse.*

Laft.10.
Fig. 3.

LA qui descritta figura resta espressa nella Lastra 10, alla fig. 3., ove vedesi il Cono preteso A B C pendente incontrare nella superficie del Cilindro D E F G non perpendicolare all'asse del Cono, delle quali cose dobbiamo discorrere, non essendo altro la presente figura, che una esposizione all'intelletto di quanto si propone per maggiormente abbondare in facilità, e chiarezza.

Sia

# TRATTATO IV. CAP. IV.

Sia nella fig. 4. della Lastra 10. la base del Cono espressa col semicircolo ABC, entro del quale si descriveranno gli altri, come altrove si è fatto, che rappresentano l'interna, e media superficie del medesimo Cono, quali medesimamente divisi in porzioni a piacimento si condurranno dalle medesime raggi al centro K, come da' punti delle stesse sezioni, normali alla linea AC, e sono 1. 2., 3. 4., 5. 6., 7. 8. &c.; di poi eletta l'obbliquità, o pendenza del Cono si collocherà l'apice del medesimo nel punto D, al quale si condurranno tutte le linee sopra dedutte, come nella data figura si vede. Ciò fatto si descriverà un'arco, che rappresenterà la superficie del Cilindro non perpendicolare all'asse del Cono, che sega il medesimo Cono, qual sarà GH, e finalmente da' punti estremi A, e C si dedurranno due perpendicolari alla suddetta linea CA, come AI, e CF. Ciò fatto osserverassi dove l'arco HG sega ciascuna delle linee inclinate nel punto D, e dalle dette sezioni dal diametro KD verso A si condurranno parallele alla linea AC, finchè incontrano la linea AI, come 9. 10., 11. 12., e GI, e le altre medie, ed interne; lo stesso facendo dall'altra parte si dedurranno dalle sezioni predette parallele alla linea AC, finchè incontrano la CF, come 13. 14., 15. 16., ed HF, e le altre.

Trasferita poi la linea AC fig. 4. nelle linee 20. 21. fig. 5., 40. 41. fig. 6., e 60. 61. fig. 7. si trasporteranno parimente tutte le parti, e misure prese nella detta linea AC nelle dette linee 20. 21., 40. 41., e 60. 61. Quindi divise le linee 20. 21., e 40. 41. per metà come si vede ne' punti 25., e 44. s'eleveranno da' medesimi normali, quali si prolungheranno quanto fa di mestieri. Si prenderà poi rettamente la lunghezza del Cono della fig. 4. dal punto D fino alla linea AC, e si porterà da 25. in 34. fig. 5., e da 44. in 55. fig. 6., e ne' punti 34., e 55. si segnerà l'apice del Cono, al quale si condurranno tutte le linee sopraségnate, quali anche si prolungheranno dalle linee 20. 21., e 40. 41. quanto farà di bisogno. Indi eletta l'obbliquità, o inclinazione, che s'intende dare al Cilindro suddetto, quella s'esprimerà colle linee 23. 22. fig. 5., e 42. 43. fig. 6., quali segheranno l'asse del Cono ne' punti 25., e 44.. Ciò supposto da' punti suddetti 25., e 44. s'eleveranno due normali alle linee 22. 23., e 42. 43., quali sono 25. 24., e 44. 45.. Nella linea poi 25. 24. si porteranno diligentemente tutte le misure della linea AI fig. 4., in modo chè A 10. sia 25. 27., A 12. sia 25. 26., ed AI sia 25. 24., e così s'eseguirà di tutte le altre. Finalmente dal punto 27. dedutta una paralella alla linea 22. 23. si prolungherà finchè incontri colle due rette prossimiori all'estreme ne' punti 28. 29., così parimente dal punto 26. deduttane un'altra si prolungherà, finchè ferisca le due rette più prossime all'asse ne' punti 30. 31., e deduttane un'altra dal punto 24. si prolungherà, finchè incontri l'asse predetto nel punto 32., ed avremo i punti 23. 28. 30. 32. 31. 29. 22., per quali destramente condurre una curva, che vestirà l'esterna superficie del Cono segara dalla superficie del Cilindro obbliquamente posta, e se la medesima operazione si farà intera, otterremo i punti, per quali con-

durre

238　DELL' ARCHITETTURA

Laſt.10　durre ancora le due ſuperficie media , ed interna del Cono, come
Trat.4.　reſta nella fig. 5 eſpreſſo.
Fig.5.6.
　　　Nella ſteſſa maniera anche ſi potrà gettare l'altra parte del medeſimo Cono, eſſendo amendue aſſolutamente neceſſarie per la dimoſtrazione della fig. 7., ſe preſa la linea C F fig. 4. s'adatterà con tutte le parti in eſſa ſegnate ſopra la linea 44. 45. fig. 6., e C 16. ſarà 44. 50., C 14. ſarà 44. 51., e così delle altre, e dedutte come nella fig. 5. da' punti 50. 51. e gli altri paralelle alla linea 42. 43., prolungandole, finchè ciaſcuna incontri la ſua corriſpondente, avremo i punti 43. 46. 48. 52. 49. 47. 42., pe' quali far paſſare un' altra curva, che parimente veſtirà l'eſterna ſuperficie del Cono gettata in piano, ſegata dal Cilindro ſuddetto, come ſi era propoſto, ed allo ſteſſo modo ſi otterranno anche le medie, ed interne projezioni, come meglio dalla figura ſi vede.

Fig. 7.　Per gettare poi tutta la ſuperficie del Cono predetto unita, ſi condurrà come nella fig. 7. la linea 60. 61. con tutte le ſue parti, come di già dicemmo, indi conoſciuto l'angolo della inclinazione cauſato dalla linea A C, ed X D fig. 4., ſi farà l'angolo O della fig. 7. uguale all'angolo X fig. 4., e ſi eſprimerà l'angolo ſuddetto colla linea 62. 70., la quale ſervirà d'aſſe al Cono, e paſſerà parimente per il punto O ſuddetto, e prolungando la linea 60. 61. fino in 63., in detto punto ſi eleverà una normale alla detta linea 60. 61., qual ſarà 64. 65. Ciò ſuppoſto ſi prenderà la diſtanza, che vi è da 22. in 35. fig. 5., e ſi trasferirà da 63. in 64. fig. 7., e dal punto 64. ſi dedurrà una paralella alla linea 60. 61., quale ſi prolungherà, finchè incontri l'aſſe del Cono già detto nel punto 62.; così preſa la diſtanza 29. 21. fig. 5. ſi trasferirà da 63. in 65. fig. 7., e dal detto punto 65. s'innalzerà una paralella alla linea 60. 61. ſuddetta, finchè incontri la linea 66. 70. nel punto 66., così 31. 36. fig. 5. ſi trasferirà da 63. in 67. fig. 7., e dal punto 67. s'eleverà un' altra paralella, quale ſi prolungherà fino in 68., così parimente 25. 32. fig. 7. ſi porterà da 63. in 69. fig. 7., e dal detto punto 69. ſi dedurrà un' altra paralella, qual ſarà 69. A, così 30. B nella detta fig. 5. ſi porterà da 63. in 65. fig. 7., e dal punto 65. parimente ſi condurrà una paralella, finchè incontri la linea 12. 70. nel punto 12., così 28. C fig. 5. ſi trasporterà da 63. in D fig. 7., e dal punto D ſuddetto ſi dedurrà un' altra paralella, finchè incontri la linea 66. 70. nel punto E, e finalmente preſo F 23. ſi porterà da 63. in G fig. 7., e dal punto G ſi dedurrà un' altra paralella finchè incontri l'aſſe predetto 62. 70. nel punto H, e per li punti ultimamente ritrovati conducendo una curva, queſta veſtirà la metà della figura gettata nella ſuperficie eſteriore: Lo ſteſſo abbiamo da oſſervare per la projezione della media, ed interna ſuperficie, come dalla figura ſi vede.

All'incontro poi ſi getterà l'altra parte, conducendo dal punto 60. una normale alla linea 60. 61., qual ſarà I K, indi preſa la diſtanza da 42. in 53. fig. 6. ſi porterà da 60. in L fig. 7., conducendo pur anche dal punto L una paralella alla linea 60. 61., finchè incontri l'aſſe ſuddetto, quale incontrerà nel punto H già ritrovato:

Così

# TRATTATO IV. CAP. IV.

Così prefo 47. 54. fig. 6. fi trasferirà da 60. in M fig. 7., deducen- Iaft.10. do dal punto M un' altra paralella, finchè incontri la linea N 70. Trat.4. nel detto punto N, così parimente prefo 49. P fig. 6. fi porterà da Fig. 7. 60. in I fig. 7. deducendo anche la paralella dal punto I fino in 72., così 52. 44. fi porterà da 60. in L, e fi fegnerà nella linea L H il punto Q, così anche 48. R fi trasferirà da 60. in S, e colla paralella ritrovaremo il punto T, e finalmente 46. 40. fi trasferirà da 60. in K, e con un' altra paralella dedutta dal punto K trovaremo il punto V, conducendo poi per quefti punti una curva, quefta veftirà l'efterna fuperficie del Cono fegato dalla fuperficie inclinata del Cilindro, le commeffure del quale fi chiuderanno con le linee, che paffano per i punti affegnati, come la figura dimoftra.

Se poi fi defideraffe di ftendere le di lui fuperficie, per efem- Fig. 8. pio la fuperficie interna, fi prenderà la diftanza da D in K, e fatto centro in 74. fig. 8. fi defcriverà col medefimo intervallo l' arco 75. 76., nel quale fi ftenderà con piccoliffime aperture di compaffo la fuperficie interna del femicircolo della fig. 4. nella maniera, che fi è fin' ora operato, e come fi vede in 77. 78., quali punti s'uniranno col punto 74. colle due rette in quefta fig. efpreffe; Ciò fatto fi condurranno da' punti interni della fig. 7. le linee paralelle al diametro 60. 61., finchè incontrino la linea 61. 70., per efempio dal punto 79. fi condurrà una linea, che farà 79. 92., dal punto 93. fe ne condurrà un' altra, che farà 93. 68., e dal punto 94. un' altra, che farà la 94. X, e dal punto 95. la 95. Y, e così d'ogni altra qualora fi defideraffe ftendere maggior porzione di detto Cono, indi prefa la diftanza da 70. in 92. fig. 7. fi trasferirà da 74. in 81. fig. 8., così 70. 68. fig. 7. fi porterà da 74. in 10. fig. 8., 70. X fig. 7. farà uguale a 74. 11. fig. 8., e finalmente 70. Y fi renderà uguale a 74. 12., ed unendo i punti 81. 10. 11. 12. con una curva, quefta veftirà l'interna fuperficie del Cilindro fuddetto.

Per ritrovare la fuperficie di commeffura fi ftenderà la commeffura 7. della fig. 4. da 87. in 13. e 14. fig. 8, quali punti s'uniranno parimente col punto 74. fuddetto, e volendo ftendere la commeffura 94. B 12. fig. 7. fi prenderà 70. C procedente dal punto B della fezione media, e fi porterà da 74. in 14. fig. 8., e 70. F procedente dal punto, o fezione 12. fi trasferirà da 74. in 15., ed unendo i punti 14. 15. 11. con una curva, quefta rapprefenterà la fuperficie di commeffura predetta, e così fi farà delle altre.

Volendo finalmente ftendere i pezzi fodi di detta porzione di Co- Fig. 9. no, fi prenderà la medefima diftanza D X fig. 4., e fatto centro in 84. fig. 9. fi defcriverà l'arco 86. 87., nel quale fi ftenderà con piccole aperture di compaffo la fuperficie efterna di detto Cono prefa dal femicircolo efterno della fig. 4., in modo chè A 7. fig. 4. fia 86. 90.; 7. 1. fia 90. 91., ed 1. B fia 91. 87., quali punti tutti fi uniranno al punto, o centro 84. per mezzo della rette, come refta nella fig. efpreffo. Indi prefa la diftanza 70. A fig. 7., quella fi trasferirà da 84. in 87. fig. 9., così anche 70. P fig. 8. fi trasferirà da 84. in 88. fig. 9., così 70. F fi uguaglierà ad 84. 89., e finalmente 70. X fi porterà da 84. in 90., e per i punti fuddetti 87. 88. 89. 90. paffera la

Laft.11.  la curva, che vefte l'efterna fuperficie del Cono diftefa nella fua na-
Trat.4.  turale grandezza. Si prenda ora ciafcuno de' pezzi primieramente di-
fteſi nella fig. 8., e s'adatti fopra il fuo appartenente nella fig. 9.,
in modo chè l'avanzo dall'uno all'altro fia repartitamente divifo. Si
uniranno gli angoli dell'una, e dell'altra fuperficie con linee rette,
quali daranno la forma ricercata a' pezzi fodi del medefimo Cono.

Ultimamente per ritrovare, e ftendere la impreffione, che fa il
Cono predetto nella fuperficie cilindrica, fi condurrà come nella fig.

Fig. 2.  2. Laftra 11. la linea AB, quale fi prolungherà fecondo il bifogno,
e nel punto B fi eleverà una normale, qual farà CD, quindi mifurata nella fig. 5. della Laftra 10. la linea 23. 22., quella fi trasferirà nella Laftra 11. da B in A, e parimente prefa la diftanza 23.25.
fig. 5. Laftra 10, quella fi trasferirà da B in E Laftra 11. fig. 2.,
e dal punto E s'innalzerà una paralella alla CD, qual farà FG, indi prefa, e mifurata con piccole aperture di compaffo la diftanza da
K in H fig. 4. Laftra 10., quella fi ftenderà da E in G Laftra 11.
fig. 2., ed al di fotto mifurata anche la diftanza nella curva dal punto 30. in 33. fig. 4. Laftra 10., quella fi ftenderà da B in D Laftra
11., e fi uniranno i punti D, e G colla retta GD: Così prefo K
15. fig. 4. Laftra 10. fi trasferirà da E in H Laftra 11., e nuovamente prefo 30. 32. Laftra 10. fi trasferirà da B in I unendo il punto H col punto I colla retta IH prolungandola quanto farà neceffario;
così prefo K 13. fig. 4. Laftra 10. fi porterà da E in L fig. 2. Laftra 11., e medefimamente 30. 31. Laftra 10. fi trasferirà da B in
M Laftra 11. unendo il punto L col punto M per mezzo della retta ML, quale anche fi prolungherà fufficientemente. Lo fteffo fi farà dall'altra parte, e prefa la diftanza da K in 9. fig. 4. Laftra 10.
fi trasferirà da E in N, 30. 34. fi porterà da B in O Laftra 11.
fig 2., ed avremo i punti O ed N, per i quali condurre la retta O
N; così parimente prefo K 11., e 30. 35. fig. 4. Laftra 10. fi traf-
feriranno da E in P, e da B in Q fig. 2. Laftra 11., e finalmente
diftefe le curve KG, e 30. 36. della fig. 4. Laftra 10. nelle linee
EF, e BC Laftra 11. per i punti ultimamente ritrovati condurremo
le linee, come abbiamo fatto di fopra. Lo fteffo fi farà per l'eftenfione della media, ed interna fuperficie. Ora dovendo ritrovare la
curvità della linea, che deve rapprefentare l'impreffione fuddetta fi
offerverà da qual parte primieramente s'intende dimoftrare l'operazione, e volendola cominciare dall'inferiore fi prenderà la diftanza da 51.
in 46. fig. 6. Laftra 10., e quella fi trasferirà da L in 2. fig. 2. Laftra 11., e dall'altra parte prefo 51. 47. fi trasferirà da L in 3. Laftra 11., così prefo 50. 48. Laftra 10. fig. 6. fi porterà da H in 4.
fig. 2. Laftra 11., e 50. 49. fi porterà dall'altra parte da H in 5.,
ed avremo i punti A 2. 4. G 5. 3. B, per i quali condurre la curva AGB, che rapprefenta la metà dell'impreffione fatta dell'efterna fuperficie del Cono predetto nella fuperficie cilindrica prefuppofta,
e dall'altra parte prenderemo la diftanza da 27. in 29. fig. 5. Laftra 10., e quella porteraffi da O in 6. Laftra 11. fig. 2., e 27. 28.
fi trasferirà da O in 7., e finalmente prefo 26. 30. fig. 5. Laftra 10.
fi porterà da P in 8., e 26. 31. fi trasferirà da P in 9. fig. 2. Laftra

fra 11., ed avremo i punti, per quali condurre l'altra curva AFB, Laft.11. che dimoftra l'impreffione dell'altra fuperficie efterna del Cono fega- Trat.4. ta dal Cilindro predetto, e collo fteffo ordine, e modo fi potrà profegui- Fig.2. re per la dimoftrazione sì dell'interna, che media fuperficie, come nella fig. meglio fi vede.

## OSSERVAZIONE NONA.

*Modo di gettare, e ftendere in piano la fuperficie d'un Cono di bafe circolare fegato da qualunque fuperficie retta all' affe del medefimo Cono.*

Efprimafi la bafe del detto Cono nel femicircolo ABC, il di cui centro fia O, la groffezza, o fcorza del quale dimoftri l'inter- Fig.3. vallo, che refta dal femicerchio ABC al femicerchio interno GHI, fra quali due fi defcriva un medio, quale fia DEF; fi divideranno detti femicerchj in porzioni a piacimento, come in 1. 4. &c., dalle quali divifioni fi condurranno raggj al centro O, come fono 1. 3., 4. 6., e gli altri. Quindi dalle fezioni de' raggj fuddetti colla perifería del cerchio interno fi condurranno normali alla linea AC, come HO, 3. 7., 6. 8., e le altre, quali fi prolungheranno al punto K per dare la forma al Cono: Eleggafi ora la fuperficie, colla quale s'intende fegare il Cono, e fia LMN, la quale fupponendofi retta all'affe del Cono, dimoftra parimente la projezione fteffa, o fia la figura gettata.

Dovendola adunque ftendere in piano, quantunque per le dimoftrazioni antecedenti fi poteffe ottenere, nondimeno per abbondare in ammaeftramenti fi farà in queft'altra maniera, cioè pigliata la diftanza 8. K fi trasferirà da 8. in 9., e fi unirà il punto 9. al punto 6. per mezzo della retta 6. 9., così prefa la diftanza 7. K fi trasferirà da 7. in 10., e fi unirà il punto 10. al punto 3. fua primaria origine colla retta 10. 3., e parimente OK fi porterà da O in 11., unendo il punto 11. al punto H colla retta H 11., e così dall'altra parte.

Fatto indi centro in K, coll'intervallo K 1. fi defcriverà un'arco, qual farà 1. 12., nel quale fi ftenderà il quadrante G 6. 3. H ne' punti 1. 13. 14. 12., quali s'uniranno tutti al punto K, e fatto nuovamente centro in O coll'intervallo O 16. fi defcriverà l'arco 16. 17., e dal punto 17. s'eleverà una normale alla linea AC, quale fi prolungherà, finchè incontri la linea H 11. nel punto 18., e prefa la diftanza 11. 18., quella fi porterà dal punto K fino in 19. nella linea K 12., così fatto centro in 7. coll'intervallo 7. 20. fi defcriverà l'arco 20. O, e dal punto O s'eleverà parimente una normale alla linea fuddetta AC, finchè incontri la linea 3. 10. nel punto 22., e prefa la diftanza 10. 22., quella fi trasferirà dal punto K in 23. nella linea K 14., e parimente prefo 8. 21. fi defcriverà l'arco 21. 24., e dedutta pur anche un'altra normale dal punto 24., quella fi prolungherà, finchè incontri la linea 6. 9. nel punto 25., e prefa nuo-

Lett. 11. vamente la diſtanza 9. 25. quella ſi trasferirà da K in 26. nella linea
Trat. 4. K 13., e finalmente preſo KN ſi trasferirà da K in 27., e per i pun-
Fig. 3. ti 19. 23. 26. 27. ſi condurrà deſtramente una curva, che veſtirà la
quarta parte del Cono preſuppoſto, diſteſa in piano nella ſua naturale
grandezza; e collo ſteſſo ordine ſi diſtenderà l'altra metà, qualora ſi deſideraſſe l'operazione intera.

  Se ſi deſideraſſero le ſuperficie di commeſſura ſi oſſerva in primo
luogo, qual taglio s'intende ritrovare, e volendo ritrovare, e ſtendere il taglio 1. 2. 3., ſi condurranno parimente da' punti 1., e 2. perpendicolari alla linea AC, come ſono 2. 28., ed 1. 29., quali punti 28.,
e 29. s'uniranno al punto K, e preſa la diſtanza da 28. in K, quella ſi trasferirà da 28. in 34., e ſi unirà il punto 34. al punto 2. pri-
mario colla retta 2. 34., così parimente preſo 29. K ſi porterà da 29.
in C, e ſi unirà il punto C al punto 1. colla retta 1. C. Quindi
fatto nuovamente centro in 28., ed all'intervallo di 28. 35. ſi deſcriverà un' arco, qual farà 35. 30., e dal punto 30. elevata una normale ſi prolungherà ſinchè incontri la linea 34. 2. nel punto 32., e
parimente preſa la diſtanza 29. 36., colla medeſima ſi deſcriverà l'arco 36. 31., e dal punto 31. elevata un' altra ſi prolungherà ſino in
32.. Si dee poi oſſervare a qual linea della fig. gettata appartenga il
taglio 1. 2. 3., ed appartenendo per ordine alla linea 14. K ſi prenderà la diſtanza da 1. in 2., e da 2. in 3., e quella ſi trasferirà da
14. in 37., e da 37. in 38., e ſi uniranno pur anche le linee 37.
38. al punto K; quindi preſa la diſtanza 34. 32. ſi trasferirà da K
in 39., e C 33. ſi porterà da K in 40., e per i punti 28. 39. 40. conducendo una curva, queſta veſtirà la ſuperficie di commeſſura, e così ſi
farà d'ogni altra.

  Quanto ad unire le ſuperficie inſieme, queſto non ſi allontana
dalle antecedenti dimoſtrazioni, onde preſupponendole a ſufficienza
dichiarate rimetto il Lettore a quanto ſi è detto di ſopra.

## OSSERVAZIONE DECIMA.

*Modo di ſtendere in piano le ſuperficie d'un Cono, la di cui baſe ſia elittica,
circolare, o lenticolare, ovvero di qualſiſia altra forma, ſegato da
qualunque ſuperficie retta all'aſſe del medeſimo Cono.*

Fig. 4.  Sia data, come nella fig. 4. della Laſtra 11. la baſe di detto Cono rappreſentata per la mezza eliſſe ABC, dentro della quale
a qual ſi voglia diſtanza, ſe ne deſcriva coll'ajuto de' medeſimi centri, o fuochi un' altra, qual ſia DEF, e lo ſpazio contenuto fra le
medeſime eliſſi denoti la groſſezza della ſcorza del Cono predetto,
fra quali due conducaſi la media, qual ſia GHI: Queſte eliſſi parimente ſi divideranno in porzioni a piacimento, quali ſi condurranno a' loro reſpettivi cerchj O, e K, e dalle ſezioni di raggi predetti
coll'interna eliſſe dedutte normali alla linea AC, come ſono 1. 2.
3. 4., 5. 6., 7. 8., 9. 10., queſte ſi uniranno al punto X apice della conoide. Dopo di queſto ſi deſcriverà la porzione di Cilindro, che

ſega

# TRATTATO IV. CAP. IV.

fega la conoide predetta, qual farà LMN, ed a questo modo farà get- Lafr.11. tata la figura, e compito l'apparato per distendere in piano la superficie Trat.4. Fig. 4. suddetta.

Pigliata dunque la distanza 10. X fig. 4. si trasferirà da 10. in 11. unendo il punto 11. al punto 9. per via della retta 9. 11., così presa la distanza 8. X, quella si trasferirà da 8. in 12. unendo il punto 12. al punto 7. colla retta 7. 12., così anche preso 6. X si trasferirà da 6. in 13. unendo il punto 13. al punto 5. primigenio colla retta 5. 13., e così si farà d'ogni altra misura, come nella fig. 4. operato si può vedere.

Ciò fatto conducasi in disparte, come nella fig. 5. la linea X 16., Fig. 5. quale si uguaglierà alla linea X G fig. 4., indi presa con piccolissimi intervalli di compasso la distanza G 1. si farà centro in 16., e colla apertura suddetta si descriverà un'arco, e presa la distanza 15. 1. fig. 4., e fatto centro in X, colla medesima si descriverà un' altro arco, segnando nella sezione di detti archi il punto 17., così preso l'intervallo 1. 3. fig. 4., e fatto centro in 17. fig. 5. si descriverà un'arco, e presa nuovamente la distanza 14. 3., e fatto centro in X si descriverà un' altro arco, nell' incontro de' quali si segnerà parimente il punto 18., così preso 3. 5., e fatto centro in 18. si descriverà nuovamente un' arco, e presa la distanza di bel nuovo di 13. 5., e fatto centro in X si descriverà un'altro arco, e nella sezione loro si noterà il punto 19., e col medesimo metodo si potranno ritrovare tutti i punti fino in 22., come dalla fig. 5. si può vedere, e conducendo destramente una linea, che passi per i punti ultimamente ritrovati 16. 17. 18. 19. 20. 21. 22., questa chiuderà l'interna superficie della conoide distesa in piano segata dalla linea A C, che rappresenta una superficie piana soprapposta.

Ora volendo soltanto ritrovare quella superficie di Cono, che resta compresa dalla linea LMN verso X apice del medesimo, escludendo la restante porzione contenuta tra la curva LMN, e la retta A C, si prenderà in primo luogo la distanza X 22., e si porterà da X in L, indi fatto centro in 2. coll' intervallo 2. 23., si descriverà un'arco, qual farà 23. 11., e dal punto 11. elevata una normale alla linea A C, questa si prolungherà finchè incontri la linea 1. 15. nel punto 24., e presa la distanza 15. 24. si trasferirà da X in 25. fig. 5., e così fatto centro in 4. coll' intervallo 4. 26. si descriverà l'arco 26. 27., e dal punto 27. elevata una normale alla detta linea A C, questa si prolungherà, finchè incontri la linea 14. 3. nel punto 28.: Indi presa la distanza 14. 28. fig. 4., quella si porterà da X in 29. fig. 5., e presa parimente la linea 13. 5., questa si porrà dal punto X nel punto 19. già ritrovato, e proseguendosi in questa maniera si averà il residuo di detta figura, avvertendo di chiudere detta superficie colla curva L 19. 30., la quale la dimostrerà segata nella naturale sua grandezza, come si è proposto.

Ma desiderandosi di ritrovare anche la superficie di commessura si dedurranno da' punti 31. 32. due parallele alla linea 3. 4. come sono 31. 33., e 32. 35., e si prenderà la distanza 33. X, quale si trasferirà da 33. in 36., unendo il punto 36. al punto 31. per mezzo della

Lafl. 11. della retta 31. 36., e parimente prefo 35. X fi trasferirà da 35. in
Trat. 4. 37. unendo il punto 37. al punto 32. colla linea 32. 37. Indi s'of-
Fig. 5. ferverà a qual taglio della fig. 5. appartenga la commeſſura 3. 31.
32. fig. 4., ed appartenendo per ordine al taglio X 18. fi prenderà
la diſtanza 3. 31., e 31. 32. da 18. in 40., e da 40. in 41. fig. 5.,
e da' punti 40. 41. fi condurranno linee al punto X; di poi fatto centro in 33. fig. 4. all' intervallo 33. 38 fi deſcriverà un' arco, qual farà 38. 35., e dal punto 35. elevata una normale, queſta fi prolungherà fino a fegare la linea 36. 31. nel punto 39., e prefa la diſtanza 39. 36., queſta fi porterà da X in 40., e finalmente prefa la diſtanza 35. 42. fig. 4. fi deſcriverà una porzione d'arco, qual farà 42. 43., e dal punto 43. fi eleverà medefimamente un' altra normale, prolungandola finchè incontri la linea 37. 32. nel punto 44., e prefa la diſtanza 37. 44., queſta fi porterà da X in 41. fig. 5., unendo i punti 41. 40. 29. con una curva, queſta chiuderà la ſuperficie di commeſſura predetta; chiudendofi con lo ſteſſo ordine tutte le altre.

## OSSERVAZIONE UNDECIMA.

*Modo di ſtendere la ſuperficie di qualunque Cono irregolare ſegato da qualunque ſuperficie al ſuo aſſe perpendicolare*

Fig. 6.   IL modo, col quale fi riduce alla pratica queſta Oſſervazione è lo ſteſſo, che abbiamo di fopra inſegnato, imperocchè prima fi ritrovava la ſuperficie del Cono irregolare ABC, e poi fi ritroverà la ſuperficie infiſtente, qual farà DEFG, la quale fia retta all'aſſe del Cono, e nel reſto fi debbono oſſervare tutte le altre regole date nell' Oſſervazione precedente, le quali poſte in eſecuzione fi ſtenderà la ſuperficie HIK fig. 7.

Di poi preſa la diſtanza AG fig. 5., quella fi trasferirà da H in 11. fig. 6., indi fatto centro in 6. fig. 6. coll' intervallo 6. F fi de-
Fig. 7. ſcriverà l'arco F 7., e dal punto 7. elevata una normale fi prolungherà fino in 15., e preſa la linea 15. 16. queſta fi porterà da H in 13. fig. 7., e colla ſteſſa maniera fi termineranno tutte le altre, e farà ſteſa la ſuperficie 11. 13. 14. fig. 7., che è quella, che viene recifa dalla fuperficie infiſtente DEFG fig. 6.

Allo ſteſſo modo anche fi ſtenderanno le ſuperficie di commeſſura, e perchè fi può operare, come dichiarato abbiamo nelle precedenti Oſſervazioni; perciò non è neceſſario, che di vantaggio ne parliamo.

**CAPO**

TRATTATO IV. CAP. V. 245

# CAPO QUINTO

*Del modo di stendere in piano una superficie sferica segata da' circoli paralelli.*

Last. 12.
Trat. 4.
Fig. 1. 2.

A superficie sferica si può ridurre in piano in due guise, o segandola con circoli minori, e paralelli, come nella fig. 1. Lastra 12., o dividendola con circoli massimi, come nella fig. 2. nella stessa Lastra; questa ultima maniera porta seco qualche maggior difficoltà, per la qual cosa per cominciare dal più facile, insegnerò prima il modo di ridurre in piano una sfera divisa da' circoli paralelli, e minori.

## OSSERVAZIONE PRIMA.

*Modo di distribuire una sfera in molte superficie annulari.*

Sia il quadrante d'una sfera A B C, che tanto basta, la superficie della Fig. 3. quale si debba gettare in piano distribuita in tante superficie annulari quanto piace.

Si divida il quadrante A B in quante parti piace, per esempio in cinque, quali sono A 2., 2. 3., 3. 4., 4. 5., e 5. B; Di poi si conduca la CB fino in D, o quanto basti, mancandovi nella Lastra il sito necessario, e per la prima divisione A 2. si faccia passare una linea per i punti suddetti A 2., e si prolunghi fino che incontri la linea C D, quale sarà A 2. E, così per i punti 2. 3. immediati passi una linea, quale vada ad incontrare il Diametro C D nel punto F, e per i punti 3. 4. ne passerà un' altra, che incontrerà il Diametro suddetto nel punto G, così anche producasi da' punti 4. 5. un' altra linea, qual sarà 4. 5. H, e così d'ogni altra. Di poi da' punti 2. 3. 4. 5. si condurranno normali al diametro C D, come sono 2. 6., 3. 7., 4. 8., e 5. 9.; quindi fatto centro in C coll' intervallo C 6. descrivasi il quadrante 6. 10., ed aperto il compasso fino in 7. si descriva il quadrante 7. 11., così presa la distanza C 8. si conduca 8. 12., e finalmente coll'intervallo C 9. il quadrante 9. 13.

Di poi fatto centro in B coll' intervallo B 5. si descriverà l'arco 5. 14., quale uguaglierà il quadrante 6. 10. C, così fatto centro in H all'intervallo di H 5. si descriva l'arco 5. 15., ed aperto il compasso fino in 4. si condurrà l'arco 4. 16., nel quale si trasferiranno le misure del quadrante 7. 11., e da' punti suddetti si condurranno raggj al centro H fino all'incontro della curva 15. 5., così anche fatto centro in G coll' intervallo G 4. si condurrà l' arco 4. 17., e steso il compasso fino in 3. si descriverà l'arco 3. 18., e nella curva 3. 18. ultimamente condutta si trasferiranno le misure del quadrante 8. 12. conducendo dalle medesime divisioni linee al punto G, fino che incontrino la curva 4. 17., e finalmente fatto centro in F coll' intervallo F 3. si descriverà l'arco 3. 19., ed aperto il compas-

Laft.12.
Trat.4.
Fig. 3.

so fino in 2. si descriverà coll'apertura F 2. l'arco 2. 20. rendendo uguale la linea 2. 20. al quadrante 9. 13., e dividendola, e notandovi le porzioni nella maniera già detta, ed allo stesso modo si ritroveranno le altre, tanto che l'anello A 2. 22. 21. coprirà la porzione di sfera contenuta tra A 2., e 6. C, così l'anello 2. 20., e 3. 19. vestirà la porzione 2. 3. 6. 7., e l'anello 3. 18. 4. 17. coprirà la parte 3. 4. 7. 8., e così ogni altro pezzo d'anello coprirà quella porzione di sfera, dalla quale resta originato; e tutte queste superficie distese copriranno il quadrante A B C, che rappresenta un quarto di sfera, osservando, che quanto si è dimostrato per un quarto, si deve intendere per tutta la sfera.

## OSSERVAZIONE SECONDA.

*Modo di gettar in piano, e stendere una superficie sferica segata da una superficie triangolare, dividendola in superficie annulari.*

Fig. 4.

INsegnaremo qui il modo di dividere una sfera in superficie annulari, in modo che le dette superficie di nuovo poste insieme, la dimostrino divisa da una superficie triangolare come si può vedere nella fig. 4., ove la semisfera resta divisa dal triangolo A B C espresso nella base, supponendosi da' lati del medesimo elevarsi normalmente superficie piane, le quali taglino la semisfera in tre parti.

Fig. 5.

Ciò supposto si descriva il circolo A B C D fig. 5. rappresentante una sfera, ed in essa sia inscritto il triangolo E A F posto parallelo al piano, sopra il quale insiste detta sfera; si dividerà uno de' quadranti della medesima, per esempio il quadrante B C in più parti a piacimento, e dalle divisioni suddette si condurranno paralelle al diametro B D come si vede, quali rappresenteranno le superficie annulari della predetta sfera gettate in piano; Quindi prolungato il diametro A C quanto fa di mestieri, si condurranno nel diametro suddetto da' punti immediati le respettive linee, come si è fatto nella figura dell'Osservazione prima, e per i punti 3. 2. si farà passare la retta, che incontri il diametro avanti prodotto nel punto 10., così pe' punti 2. 4. si condurrà la retta 2. 4. 11., per i punti 4. 5. la retta 4. 5. 12., e così degli altri; quindi fatto centro in C coll'intervallo C 5. si formerà l'arco 5. 13., e presa la distanza C 14. si porterà cinque volte da 5. fino in 13., conducendo da' punti delle divisioni linee rette al punto C: Così fatto centro in 12. coll'intervallo 12. 5. si descriverà un'arco, qual sarà 5. 18., e steso il compasso fino in 4. si descriverà l'altro arco 4. 19., nel quale si porterà cinque volte la distanza 14. 15., e così operando come abbiamo già detto, ed osservando quanto si è dichiarato nell'Osservazione prima, avremo i pezzi d'anello, quali vestiranno la quarta parte della palla, o sfera sovra proposta.

Ma siccome la nostra intenzione non è solamente d'insegnare, come vestire si possa qualunque superficie coprendola di carta, o di altra simile materia per darle la forma, ma di più dare qualche cognizione per formare le volte, tagliare le pietre, ed esporre altre indispensadispensabili proprietà dell'Ortografia è necessario sapere, che quando si propone la sfera segata da un triangolo, si deve dall'Architetto intendere un sito triangolare, nel quale si debba fare una volta a somiglianza d'una porzione di sfera come nel caso nostro nella fig. 5.: Così quando si proporrà di segare la sfera con un pentagolo, devesi concepire il medesimo, cioè osservando solamente di far tagliare le pietre per tali volte nel modo, che diremo, e quando fossero di matoni di mettergli in opera nella stessa maniera, come si collocarebbono le pietre lavorate a scarpello.

Last. 12.
Trat. 4.
Fig. 5.

Dovendosi adunque da dette porzioni d'anello ritrovare quella parte, che resta necessaria per coprire il triangolo già assegnato, si condurranno da' punti A F E tre linee al centro O, come sono F O, A O, ed E O, quindi fatto centro in 10. all'intervallo 10. F si condurrà l'arco F 20., ed avremo la porzione d'anello F 20. 3. 24., che coprirà la porzione della sfera 3. F 17. 25.; ma essendo solamente necessario ritrovare quel tanto, che basta per coprire la porzione F 21. 17. 25. del triangolo F O E, s'eleverà dal punto F una paralella al diametro A C, qual sarà F 23., e fatto centro in O all'intervallo di O 23. si descriverà l'arco 23. 26., e dal punto 21. dedutta un' altra paralella al diametro suddetto si prolungherà, finchè seghi l'arco ultimamente descritto nel punto 22. Di poi presa con piccoli intervalli la porzione d'arco 26. 22., quella si trasferirà sopra l'anello da 24. in 27., e dal punto 27. al punto F si condurrà una retta linea, che chiuderà l'anello necessario per coprire quella porzione di sfera proposta, e sarà la porzione nera 24. 20. 27. F quella, che coprirà la parte F 21. 17. 25., ed il residuo 27. 3. F coprirà la parte F 3. 21.: Di poi si prenderà la distanza 24. 27., e questa si trasferirà da 28. in 29., e dal punto 29. al punto 30. si condurrà una retta linea, la quale taglierà dal pezzo dell'anello la porzione necessaria per coprire il triangolo 17. 21. O, come si vede nel trapezio nero, e replicando la medesima operazione, ed adattandola sopra ciascuno de' restanti cinque triangoli avremo il necessario per vestire tutta la superficie triangolare con porzioni d'anello, le quali supposte di pietra, o d'altra simile cosa si chiuderanno insieme corso per corso, ed avranno una forza validissima a sostenere qualunque peso; la di loro unione si può chiaramente conoscere nel triangolo A F E fig. 5. espressa per le rette, le quali rappresentano le commessure.

## OSSERVAZIONE TERZA.

*Modo di gettar in piano, e stendere le superficie d'una sfera segata da un pentagolo, la superficie del quale sia paralella al piano, sopra del quale insiste la sfera suddetta, divisa in superficie annulari.*

Fig. 6.

Sia la sfera espressa col circolo A B C D, dentro di essa s'inscriva il pentagolo A E F G H, ciascuno de' lati del quale rappresenti una superficie piana perpendicolare, che sega la sfera predetta, come si è proposto nella fig. dell'Osservazione seconda, qual cosa supposta

divide-

Lib. 12.
Trat. 4.
Fig. 6.

divideremo la sfera in superficie annulari nello stesso modo detto nelle antecedenti due Osservazioni, come dalla fig. 6. si può vedere. Dovendo dunque ritrovare que' pezzi d'anello solamente, che si ricercono per vestire quella porzione di palla contenuta dalla superficie pentagola, si condurranno da tutti gli angoli della medesima figura linee al centro della sfera, ed il pentagolo sarà diviso in cinque triangoli, quindi fatto centro in I, coll'intervallo IK si descriverà il quadrante KL, indi dedutta dal punto M una paralella al diametro AC, sinchè incontri nel quadrante sopra descritto nel punto N, e presa la distanza LN questa si trasferirà da 2. in 3., e s'uniranno i punti 3., ed F colla retta F 3., e la parte nera F 3. 2. 4. sarà quella, che vestirà la superficie FMIO, ed il residuo dell'anello suddetto K F 3. coprirà il trapezio KFM.

Di poi si prenderà la distanza 2. 3., ovvero LN, e questa si trasferirà da 5. in 6., e fatto nuovamente centro in 8. coll'intervallo 8. 9. si descriverà il quadrante 9. 10., e dal punto 11. elevata un'altra paralella al diametro AC si prolungherà sinchè incontri il quadrante suddetto nel punto 12., e presa la distanza 10. 12. si trasferirà da 13. in 14., unendo i punti 13. 6. colla retta 6. 13., quale taglierà dall'anello disteso la porzione necessaria per coprire la parte di sfera MI 11. 8., e sarà la parte nera 13. 14. 6. 5., restando il residuo necessario per coprire il resto della superficie di palla 9. K 11. M, come dalla fig. meglio si vede, e se per le antecedenti Osservazioni si stenderà l'anello da' punti B 9. si potrà collo stesso metodo tagliare dal medesimo quella porzione necessaria per coprire il triangolo 8. 11. X, ed allora avremo il decimo della superficie sferica segata dal pentagolo distesa in superficie annulari, servendo le medesime per modello per segare gli altri nove decimi, essendo tutti i pezzi della stessa forma di questi, come dalla figura inscritta nel pentagolo si può vedere, osservando in quale modo le unioni, e commessure s'incontrano fra di loro: Dal che si può argomentare, che in tali siti le volte in questa forma costrutte essere d'una forza, e struttura assai maravigliosa.

## OSSERVAZIONE QUARTA.

*Modo di gettare in piano, e stendere le superficie d'una sfera segata da quattro superficie piane poste in quadro, e normali al piano, sopra cui insiste detta sfera divisa in superficie annulari.*

Fig. 7.

Questa Osservazione si può eseguire nella stessa maniera del triangolo, e del pentagolo, collocando il quadrato nella sfera in modo, che uno de' suoi lati sia parallelo alle commessure degli anelli in essa descritti, e con maggior facilità si ritrovarebbono le superficie distese; Ma per abbondare in erudizioni si descriverà come nella fig. 7. il circolo ABCD, la metà del quale si dividerà in porzioni d'anello a piacimento, e diviso il campo con due diametri

normal-

# TRATTATO IV. CAP. V.

normalmente defcritti, de'quali uno fia AB, e l'altro CD, quefti confeguentemente divideranno il cerchio, o sfera fuddetta in quattro parti uguali: Dopo di quefto collocaremo gli angoli del quadrato nelle fezioni dei diametri colla periferia del cerchio, ed i diametri medefimi ferviranno di diagonale al quadrato infcritto: quindi fi prenderà la diftanza A 2., e fatto centro in E fi porterà da E in F, e fi defcriverà un'arco, qual farà 3. 4., di poi prefa la diftanza 2. 7. fi trasferirà dal centro X in 8., e colla medefima fi defcriverà il quadrante 8. 9., e dedutta dal punto 5. una paralella al diametro AB, quella fi prolungherà, finchè incontri il quadrante fuddetto nel punto 10., e prefa la curva 9. 10. fi trasferirà da F in 4., e dall'altra parte da F in 3., di poi fatto centro in 11. coll'intervallo 11. A, ovvero 11. D fi defcriverà il femicerchio A 12. D, il quale lafcia la ftefsa impreffione, che lafcierebbe la fuperficie sferica nella fuperficie AD, che la fega; e condutta dal punto A al punto 12. una linea, della quale prefa la diftanza, e fatto centro in 4. colla medefima fi defcriverà un arco, e trasferito il compafso nel punto E, fe ne defcriverà un'altro, nell'incontro de'quali, che farà nel punto 25. fatto centro coll'intervallo fuddetto fi defcriverà la curva 4. E; lo ftefso facendo dall'altra parte chiuderemo la fuperficie 4. 3. E, che farà quella, che coprirà, e veftirà il triangolo A 5. 7.; Di poi prefa la diftanza O 2., e fatto centro in E, colla medefima fi defcriverà l'arco 13. 14., e prefa nuovamente la diftanza O 15., e fatto centro E fi defcriverà l'arco 16. 17., e prefa parimente la diftanza 18. 15., quefta fi trasferirà da X in 19., e fi defcriverà il quadrante 19. 20., e dedutta nuovamente dal punto 21. una paralella al diametro AB, quella fi prolungherà finchè fega il quadrante 19. 20. nel punto 22., e prefa la diftanza 20. 22. con piccoli intervalli, quella fi trasferirà da G in 23., e da G in 24., e l'arco 13. 14. fi uguaglierà all'arco 3. 4., e prefa nuovamente la linea 12. A, e fatto centro in 14., colla medefima mifura fi defcriverà un'arco, e trafportato il compafso nel punto 24., fe ne defcriverà un'altro, nell'incontro de'quali fi fegnerà il punto 26., nel quale fatto centro fi condurrà la curva 24. 14., così operando dall'altra parte chiuderemo tutta la fuperficie 23. 24. 13. 14., che farà fufficiente a veftire il pezzo di sfera 5. 7. 12. 27.: Di poi prefa la diftanza F 15., e fatto centro E fi porterà fino in H, e colla medefima fi defcriverà l'arco 28. 29., che farà uguale all'arco 23. 24., e prefa nuovamente la mifura da F in 30. fi trafporterà da E in K, e con efsa fi defcriverà l'arco 31. 32., quindi prefa parimente la diftanza 33. 30., e fatto centro X fi defcriverà il quadrante 34. 35., e dal punto 36. dedutta una paralella al diametro fuddetto AB, quefta taglierà il quadrante ultimamente defcritto nel punto 37.; di poi prefa la diftanza 35. 37. fi porterà da K in 32., e da K in 31., e finalmente prefa la linea A 12., e fatto centro in 32., colla medefima fi defcriverà un'arco, e trasferita una punta del compafso nel punto 29. fe ne defcriverà un'altro, nell'incontro de'quali, cioè nel punto 38. fatto centro fi condurrà la curva 32. 29.; lo ftefso anche fi offerverà per la linea 31. 28. dall'altra parte, in modo che il pezzo 28.

fia quello, che ha da coprire la parte di sfera 27. 21. 36. 39., così anche fatto centro in P si prenderà la distanza di P 30., e fatto centro in E si descriverà l'arco 42. 43., che s'uguaglierà all'arco 31. 32., e presa parimente la distanza P 41., e fatto centro in E si trasferirà fino in Q, ed alla medesima distanza si condurrà la curva 44. 45., e presa parimente la linea 46. 41. si trasferirà dal centro X in R, e con quella si condurrà il quadrante R T, e dedutta dal punto V una parallela al diametro A B, questa segherà il quadrante ultimamente descritto nel punto S, e presa la distanza T S, quella si trasferirà da Q in 45., e dall'altra parte da Q in 44., e ritrovati i respettivi centri, si condurranno le curve 43. 45., e 42. 44., e così facendo d'ogni altra avremo un quarto della superficie sferica distesa, contenuta nella superficie del quadrato, ed allo stesso modo si segheranno gli altri quarti, ovvero col modello del presente quarto.

Nella stessa maniera si potrà vestire la sfera suddetta d'una superficie corporea, che abbia grossezza, operando in tutte le parti come si è dimostrato in queste Osservazioni, non rimanendo altro, che dupplicare tutte le essenziali misure sì nel gettarle, che nello stenderle.

## OSSERVAZIONE QUINTA.

*Modo di ritrovare le superficie sferiche, e stenderle in piano, e che siano tagliate da quattro superficie, ma non uguali fra loro, in modo che esprimano un quadrilungo, e siano perpendicolari al piano, sopra cui stà detta sfera.*

Questa operazione siccome è poco differente dall'antecedente, così si può mettere in esecuzione con tal regola poco dalla suddetta diversa.

Fatto adunque un circolo si descriveranno in esso i diametri, che normalmente s'interfechino, si descriverà pure il parallelogrammo A B C D, quale sarà divifo dalle diagonali A D, e B C: Di poi si segneranno le superficie annulari a beneplacito, quali siano parallele al diametro B C, come sono 1. 2., 3. 4., 5. 6., e le altre. Quindi prolungato il normale diametro E F quanto fa di mestieri, si condurranno al medesimo le linee, che passeranno per due punti immediati delle sezioni fatte dalle superficie annulari nella periferia del cerchio, come da' punti F 10. si condurrà la linea 10. F, per i punti 8. 10. passerà la linea 8. 11., per i punti 8. 6. passerà la linea 6. 12., e parimente per i punti 6. 4., si condurrà la linea 4. 13., e così si farà d'ogni altra. Di poi preso l'intervallo 10. F, e fatto centro in G si trasferirà da G in 14., e si descriverà la porzione d'arco 14. 15.; si prenderà poi la distanza 16. 9., quale si trasferirà dal centro O in 17., e si descriverà il semicircolo 17. 18., e nuovamente da' punti 19. 20., ne' quali le superficie del quadrilungo s'incontrano nella superficie annulare, s'eleveranno due parallele al diametro E F, sinchè incon-

# TRATTATO IV. CAP. V.

incontrino l'arco 17. 18. ne' punti 21. 22.: Così presa la distanza da 30. in 21. si trasporterà da 14. in 23., e 30. 22. si porterà da 14. in 15.: Di poi dal punto G s'eleverà una normale alla linea G H, qual farà G K, nella quale si trasferirà la distanza F D, e farà G K. Ciò supposto si eleverà dal punto D una normale al diametro A D, finchè incontri la linea G H in L, e dall'altra parte la linea normalmente opposta 22. 24. nel punto 25., e presa la distanza D L, e fatto centro in 23. colla medesima si descriverà un'arco, e trasferito il compasso nel punto K si descriverà un'altro arco, nell'incontro de' quali fatto centro si condurrà la curva 23. K, e presa nuovamente la distanza 25. D, e fatto centro in 15. si descriverà un'altro arco, e trasferito il compasso nel già detto punto K, se ne descriverà un'altro, nell'incontro de' quali fatto parimente centro si descriverà la curva 15. K, ed avremo la superficie 23. 15. K, che servirà a vestire la porzione di sfera 19. 20. D, rappresentando la linea 15. K la distanza 19. D, e la linea 23. K la distanza D 20.

Lo stesso si farà per stendere le altre superficie, che sono necessarie per coprire il resto della sfera. Presa adunque la distanza 11. 10., e fatto centro in G si trasferirà fino in 39., e si descriva l'arco 39. 40., quale s'uguaglierà con piccoli intervalli all'arco 14. 15., trasportando parimente la porzione d'arco 14. 23. in 39. 26., indi presa la distanza 11. 8. col medesimo centro G si descriverà l'arco 27. 28.: Di poi tolta la misura 29. 7. si farà centro in O, e colla medesima si descriverà l'arco 31. 32. 33., e si eleveranno da punti 35. 34. due paralelle al diametro E F, finchè incontrino l'arco ultimamente descritto ne' punti 36. 37. Misurata finalmente con piccoli intervalli la curva 32. 37., si trasferirà da 38. in 27., e 32. 36. si trasferirà da 38. in 28., chiudendo la detta porzione d'anello nella stessa maniera, che si è altrove insegnata, cioè prendendo la linea 25. D, e fatto centro in 40., si descriverà un'arco, e trasferendo il compasso in 28. se ne descriverà un'altro, nell'incontro de' quali fatto centro si condurrà la curva 28. 40., lo stesso fatto dall'altra parte per mezzo della linea D L avremo la curva 27. 39., che compirà tutto il pezzo d'anello necessario per vestire la parte di sfera 20. 35. 19. 34.

In altra guisa si possono chiudere dette porzioni d'anello, e con più speditezza, se presa la distanza 25. D colla medesima si descriverà un arco, come si vede in M N, e facendo un modello, o regolo di carta della stessa periferia, questo s'applicherà a punti estremi, cioè a' punti 28. 40., e 15. K, e fattone parimente un'altro colla distanza D L, qual farà P Q, s'applicherà il modello suddetto a' punti estremi dall'altra parte, ed avremo le curve 27. 26., e 23. K. come meglio dalla figura si può vedere.

Per proseguire l'intrapresa dimostrazione prenderemo la distanza 12. 8., e fatto centro in G si porterà fino in 41., e si descriverà l'arco 42. 43., il quale si uguaglierà in tutte le sue parti all'arco 27. 28., e steso il compasso da 12. in 6. si porterà dal centro G in 44., e si condurrà l'arco 45. 46., ciò supposto si prenderà la linea 47. 5., e fatto centro in O si descriverà colla medesima il semicir-

colo

Laſt. 13. colo 48. 49. 50., nel quale ſi condurranno due paralelle al diame-
Trat. 4. tro E F, che naſcono da' punti 51. 52., quali ſaranno 51. 53., e 52.
Fig. 1. 54.: Preſa dunque la diſtanza con piccoli intervalli da 49. in 54. ſi
trasferirà da 44. in 46., e 49. 53. ſi porterà da 44. in 45.: Di poi
preſo il modello dell' arco P Q s'adatterà ſopra i punti 45. 42., e ſi
condurrà la curva 42. 45., e dall' altra parte prendendo il modello
dell' arco M N s'adatterà ſopra i punti 43. 46., e ſi condurrà la curva 46. 43., ed a queſto modo ſarà chiuſa, e terminata la porzione d'
anello ſufficiente a veſtire la parte di ſfera contenuta tra le linee 52.
51., e 35. 34., e così ſi farà delle altre.

Tutte queſte ſuperficie annulari diſteſe rappreſentano beniſſimo
quella porzione, che richiedeſi, perchè ciaſcuna copra la ſua parte di
ſfera, ma da tutto ciò non ſi ricava, che la maniera di veſtire una
ſfera d'una ſuperficie molle, cioè di carta, o di ſimile materia; però eſſendo la noſtra idea d'inſegnare la maniera di tagliare le pietre,
acciocchè ſervino per fare volte, archi, e ſimili di maraviglioſa, e
forte ſtruttura, inſegnaremo come da' detti pezzi d' anello antecedentemente diſteſi ſi poſſono ricavare le interne ſuperficie d'una volta con
porzione di ſfera edificata in un ſito quadrilungo, diviſe in minute
parti, dalle quali ſi poſſa ricavare la maniera di tagliarle, acciocchè
unendole aſſieme in opera poſſano aſſettarſi facilmente al proprio
luogo.

Quanto abbiamo detto d'una quarta parte del quadrilungo s'intenderà detto ancora delle tre parti del medeſimo, e però proſegui-
ſco la detta dimoſtrazione. Suppoſto adunque, che il quadrilungo 52.
D 51. O rappreſenti la quarta parte di una volta fatta nel ſito quadrilungo A B C D di pietre, le ſuperficie delle quali ſieno eſpreſſe
per le linee paralelle alle diagonali del quadrilungo, e formino nella figura gettata tanti rombi, e mezzi rombi, altro non reſta, che
dimoſtrare come nelle ſuperficie annulari diſteſe ritrovare ſi poſſano
le dette diviſioni: Per la qual coſa deſiderando in primo luogo di
rinvenire la diviſione fatta dalla diagonale D O in ciaſcuno de' pezzi diſteſi, e primieramente nel pezzo 23. 16. K, ſi dividerà la curva 23. 15. per metà nel punto 47., quale s'unirà al punto K colla
retta 47. K, eſſendo che la linea D O è raggio del cerchio, conſeguentemente s'eſprimeranno le diviſioni fatte dalla medeſima, e da
tutti gli altri raggj con linee rette; qual diſtanza 23. 47 ſi trasferirà da 26. in 48., e dividendo l'arco ſuperiore 27. 28. per metà nel
punto 49. s'uniranno i punti 48. 49. colla retta 49. 48., e trasferito 27. 49. da 42. in 50. divideremo la linea 45. 46. in due parti uguali nel punto 51., unendo il punto 51. al punto 50. per mezzo della
retta 50. 51., e collo ſteſſo ordine ſi procederà nel reſto delle ſuperficie diſteſe come nella figura ſi vede.

Per venire poi al reſtante delle diviſioni reſta neceſſaria qualche
maggiore attenzione; e fatica, imperocchè dedutte da' punti 29. 52.
due paralelle al diametro E F ſi prolungheranno, finchè incontrino
l'arco 31. 32. 33. ne' punti 53. 32., e preſa la miſura da 36. in 53.
ſi porterà da 28. in 54., e 37. 32. ſi trasferirà da 27. in 38.: Di
poi fatto un' arco colla linea R 2. ſi farà del medeſimo un modello,

o regolo,

o regolo, quale adattato a' punti 40. 54., e 26. 38. condurremo le curve 54. 40., e 38. 26., le quali divideranno la superficie annulare in quattro parti, le quali sono le medesime, che le quattro gettate nella figura; così ancora se trasferiremo esattamente le misure della linea 27. 28. nella 42. 43., avremo tutti i punti delle divisioni per una parte, e ritrovandoli per l'altra nel modo dimostrato di sopra avremo i punti, a' quali s'adatteranno i respettivi regoli per la sezione loro, adoperando nella sezione 43. 55., e 42. 56. il regolo ricavato dall'arco fatto col raggio 13. 4., e così se vi fossero da tagliare altri pezzi più discosti dalla linea retta, s'adopreranno regoli, o quadranti minori.

Tast. 13.
Trat. 4.
Fig. 1.

## OSSERVAZIONE SESTA.

*Modo di stendere in piano le superficie d'una sfera segata da quattro superficie poste in quadro, ed ortogonali al massimo circolo d'essa in altra guisa delle precedenti.*

Sia la sfera espressa nel circolo A B C D, e le stesse lettere notino anche il quadrato descritto in essa, i di cui lati A B, B C, C D, e D A sieno fondamenti, e vestigi di quattro superficie, le quali salendo in alto perpendicolarmente al piano, sopra cui insiste la detta sfera, la seghino. Nel quadrato s'inscrivino altri circoli concentrici dal centro della sfera, come 1. 2. 3. 4., 5. 6. 7. 8., e gli altri, e da' punti, ove i circoli segano il diametro E F sieno innalzate normali ad esso, che vadino a finire nel circolo B C D, come 9. 10., 5. 11., 1. C, per questi punti adunque, ne' quali toccano il quadrante B D passino le linee rette, ciascuna per due punti immediati, e vadino a finire nella retta G H prodotta quanto piace, come per i punti 11. C la linea C 11. 12., per li punti 10. 11. la linea 11. 13., e per i punti 10. O la linea O 10., e così le altre. Per intendere adunque le superficie, le quali sono incluse nel circolo minore, si faccia come nell'Osservazione prima di questo capitolo, cioè dal punto O coll'intervallo O 10. si descriva l'arco 10. 14., che si renderà uguale al quadrante 9. 15., dal quale procede; così fatto centro in 13. coll' intervallo 13. 10. si descriverà l'arco 10. 16., nel quale si trasferiranno le misure dell'arco 10. 14., ed aperto il compasso da 13. in 11. si descriverà un'altro arco, che si renderà uguale al quadrante 5. 8., da cui deriva, così parimente presa la distanza 14. 11. colla medesima si descriverà l'arco 11. 17., che si renderà pur anche uguale al predetto quadrante 5. 8., e finalmente steso il compasso da 14. in C si descriverà l'arco C 18., quale s'uguaglierà al quadrante 1. 4., chiudendoli, e dividendoli colle linee rette, ed avremo le sufficienti superficie per vestire quella porzione di sfera contenuta dal circolo 1. 2. 3. 4. e gli altri.

Fig. 2.

Per avere poi le superficie, che coprano il triangolo mistilineo 1. 2. D si prolungherà la linea B D fino in N, ed in essa si eleggerà un centro come N, poi presa la misura F 20. si porterà da N

in

Last.13.
Trat.4.
Fig. 2.

in 22., e si condurrà l'arco 23. 24., quale si renderà uguale al quadrante 1. 2., così preso 20. 21. si trasferirà da N in 25., e si condurrà l'arco 26. 27. uguagliandolo alle curva 28. 29., indi si farà un modello uguale al circolo primieramente descritto A B C D, e quelo s' applicherà agli angoli, o punti ultimamente segnati 27. 24., e 26. 25., e condurremo le due curve, che vestono tutta la superficie, che cuopre la porzione di sfera contenuta tra le linee 1. 2. 28. 29. distesa nella sua naturale grandezza. Per ritrovare poi la superficie necessaria a coprire il triangolo 28. 29. D, si prolungherà la linea D 21., finchè incontri il Diametro A C, e presa dall'incontro delle medesime la misura fino al punto 21., si porterà dal centro N in 30., e si descriverà l'arco 31. 32., rendendolo uguale all'arco 26. 27.: Presa finalmente con piccole aperture la distanza da 21. in D si trasferirà da 30. in N, chiudendo la superficie predetta col modello adoperato nel pezzo precedente, ed avremo quella porzione, che copre il triangolo 28. 29. D.

Circa il taglio delle pietre nelle superficie annulari si noterà in primo luogo, che divisi siano dalla retta D N per metà, quindi condotta, o prolungata la linea 28. 33., finchè ferisca il circolo nel punto 34., si farà passare una linea per i punti D 34., quale si prolungherà finchè incontri il diametro A C, e presa dal punto 34., fino alla sezione ritrovata, la distanza con la medesima si farà un regolo, o modello come di sopra abbiamo detto. Ciò fatto si misurerà con piccoli intervalli la curva 33. 35., e si porterà da 22. in 37., e da 22. in 38., così misurata 28. 36. si trasferirà da 25. in 26., e da 25. in 27., indi a' punti 37. 27. applicato il modello si condurrà la curva 37. 27., la quale poco diferirà dalla retta: Lo stesso facendo dall'altra parte avremo tutta la superficie divisa in minute parti, potendola ancora suddividere in parti più piccole, quando occorresse il bisogno, e così si potrà, replicando lo stesso, stendere in piano tutto il resto della sfera.

## CAPO SESTO

*Del modo di stendere in piano le superficie delle sfere, o corpi elittici, o sferoidi segate da circoli massimi.*

Questo Capitolo è ordinato a distendere in piano le varie superficie delle sfere, ovvero sferoidi, cioè corpi ovali, oppure ancora, benchè non siano adoperati dagli Architetti, i corpi parabolici, cioè fatti di un sesto d'una parabola, oppure iperbolici, cioè che abbiano la curvatura della Iperbole, e per tutti questi corpi serve la stessa regola, purchè sia la sfera segata co' circoli massimi, il corpo però ovale con massimi ovati, ed elissi, così il corpo parabolico con massime parabole, e l'iperbolico con massime iperboli, che possano in quel corpo capire.

OSSER-

TRATTATO IV. CAP. VI.

## OSSERVAZIONE PRIMA.

*Laſt. 1.*
*Trat. 4.*
*Fig. 10.*

*In ogni corpo retto di baſe circolare degli aſſegnati Sferico, Elittico, Parabolico, Iperbolico, ſi poſſono inſcrivere molte piane ſuperficie, che quaſi gli uguaglieranno.*

Sia dato il corpo Sferico, o qualunque altro tondo, come A B C, e ſi divida con diverſi circoli maſſimi, o qualunque altra figura di quelle, che danno il modello al medeſimo corpo, ſe ſarà una ſferoide con varie eliſſi, ſe ſarà un corpo iperbolico con iperboli, ſe parabolico con parabole, le quali paſſino per l'aſſe retto alla baſe loro, come ſono A F E, A T L, ed A G H, e perchè queſti corpi eſſendo di baſe circolare ſi poſſono tagliare con circoli paralelli alla baſe, però ſi preſupponghino tagliati co' circoli M T N, e B L C, ed altri, ed i punti, ove s'interſecano, ſiano congiunti con linee rette, le quali congiungendo gli ſteſſi archi come G H F E, oppure eſſendo ne' piani paralelli G F, ed H E, che ſono ne' piani de' circoli M T N, e B L C, per conſeguenza ſaranno paralelle, ed un piano potrà paſſare per eſſe, e così qualunque corpo predetto ſi potrà compartire in molte parti, ed in eſſe deſcrivere varj piani come G F H E, e G F P O, ed altri ſimili, i quali, ſe ſaranno molti, non differiranno conſiderabilmente dalla ſuperficie de' corpi.

E però ſe queſti poligoni di ſuperficie piane ſi deſcriveranno in piano, ancora le ſuperficie globoſe di detti corpi, con poca differenza ſaranno gettate in piano, com'è 1. 2. 3. eguale al triangolo L A F.

Ora queſto ſiamo per fare nelle ſeguenti Oſſervazioni, nelle quali ragioneremo principalmente della Sfera, benchè le regole ſieno applicabili anche agli altri corpi, purchè ſiano fatti ſopra la baſe circolare, ed ad eſſa abbiano l'aſſe loro perpendicolare, e perciò ſiano figure rette.

## OSSERVAZIONE SECONDA.

*Modo di ſtendere in piano la ſuperficie d'una Sfera diviſa con Circoli maſſimi.*

Sia data la Sfera eſpreſſa nel Circolo A B C, la quale ſia ſegata da' Circoli maſſimi, che s'interſecano nel centro H, eſpreſſi ne' diametri H 2., H 3., H 4., e ſimili, e perchè, come ho inſegnato nell'Oſſervazione terza di queſto Trattato i Circoli elevati dal piano paſſano in ovati, ſe ſi gettano in piano, perciò ſe qualche Circolo ſarà elevato dal piano, quanto è il ſemidiametro H 2., che s'innalza dal piano quanto l'arco C 2., formerà gettato in piano una eliſſe come B E. Così ſi deve dire del Circolo elevato dal piano come il ſuo ſemidiametro H 3., che s'innalza quanto porta l'arco C 3., il quale formerà l'eliſſe B F.

*Laſt. 13.*
*Fig. 3.*

Si deſcriveranno adunque le predette eliſſi, come abbiamo inſegnato

*Lib.13.*  
*Trat.4*  
*Fig.3.*

gnato nel Cap. 2. alla Offervazione 3. di queſto Trattato, cioè conducendo da' punti 3. 4. 5. i ſeni 2. 6., 3. 7., 4. 8. 5. 9. Poi fatto centro in H coll' intervallo H 6. ſi deſcriverà l'arco 6. 10., così coll' intervallo H 7. ſi condurrà l'arco 7. 11., e colla diſtanza H 8. l'arco 8. 12., e ſimili. Quindi da' punti ſuddetti 2. 3. 4. 5., e gli altri ſi condurranno paralelle al diametro A C come ſi vede 2. 14., 3. 15., 4. 16., 5. 17., e preſa la linea puntata K L ſi traſferirà da 13. in 18., così M N ſi porterà da 12. in 19., e parimente O P ſi porterà da 11. in 20., e finalmente Q R ſi traſferirà da 10. in 21., ed avremo i punti B 18. 19. 20. 21. E, per quali condurre una curva, che ſarà porzione d'eliſſe rappreſentante uno de' cerchj maſſimi gettato in piano; oſſervando lo ſteſſo metodo per gettare gli altri, come dalla figura appare.

Per ſtendere poi le ſuperficie della medeſima ſi conduca a parte la linea 22. 23., nella quale ſi ſtenderà con piccoli intervalli la periferia del quadrante B O colle ſue diviſioni, quali ſono 24. 25. 26. 27., dalle quali ſi dedurranno linee in ſquadro alla 22. 23.. Si conduca poi dal punto H al punto T la puntata T H, la quale dividerà la porzione della Sfera H 5. G per metà, e preſa la diſtanza T 5., ovvero T C ſi traſferirà da 22. in 28., e da 22. in 29., così V 30., ovvero V 9. ſi porterà da 24. in 31., e dall' altra parte da 24. in 32., così anche preſo 33. 34., ovvero 33. 8. ſi traſferirà da 25. in 35., e da 25. in 36., e così ſi farà d'ogni altra, unendo i punti 28. 31. 35. 39. 43. 23. con una curva, che veſtirà tutta la ſuperficie, la quale curvandoſi coprirà qualunque pezzo degli aſſegnati nella Sfera.

Ma ſe ſi conſideraſſe detta ſuperficie diviſa in piccole porzioni, o pietre, le quali dovendoſi diſporre in curvo, ſarebbe neceſſario che s' uniſſero in tutti i ſuoi punti, certa coſa è, che ſegata dalle linee rette 28. 29., 31. 32., 35. 36. &c. le parti non s'adatterebbono bene, a ſegno che nelle eſtremità s'incontrarebbono, e nel mezzo vi reſtarebbe un vano, qual difetto potrebbe facilmente correggerſi, come ſi ſuole il più delle volte fare colla calce, ma per dar maggior forza all' opera inſegnerò di tagliare la detta ſuperficie in modo, che meſſa in opera s' uniſca perfettamente; per il chè ſi condurrà da parte la linea 45. 46., quale ſi prolungherà al biſogno, ed in eſſa ſi ſegneranno i medeſimi punti di diviſione, che ſono nella 22. 23.: Quindi dedutte da' due punti immediati del quadrante B C linee rette ſi prolungheranno finchè incontrino il diametro A C, come ſono 5. C 4. 5. 47., 3. 4. 48., 2. 3. 49., e le altre; di poi preſa la linea 5. C ſi traſferirà da 50. in 4., ed ivi fatto centro ſi deſcriverà l'arco 51. 52., e preſa la diſtanza 5. 47. ſi traſferirà da 50. nel punto 53., col di cui centro ſi deſcriverà l'arco 51. 52. oppoſto, così preſo 47. 4. ſi traſferirà da 53. in 46., nel qual punto fatto centro ſi deſcriverà l' arco 54. 55., così parimente preſa la diſtanza 4. 48. ſi traſferirà da 53. in 56., e col medeſimo centro ſi condurrà l'arco oppoſto al già deſcritto 54. 55., così procedendo fino all'ultima linea 57. 58., la quale trovandoſi ſegata dal diametro s'eſprimerà con una linea retta.

Se

Se poi per forte quest'emisfero avrà grossezza, le superficie di com- La st. 13
messura saranno tutte eguali, come restano espresse per i due quadran- Trat. 4.
ti esteriormente descritti, quali sono 59. 60., e 61. 62. colle divisio- Fig. 3.
ni in essi espresse.

Si potrà anche colla medesima maniera, che si sono stese le interne, distendere anche le esterne, dupplicando l'operazione, ma per sfuggire le difficoltà, e la confusione si condurrà solo dal punto 90. una paralella al diametro AC, qual sarà 90. 91., e dal punto H presa la distanza H 91. si descriverà la porzione d'arco 91. 92., qual cosa supposta si condurrà a parte la linea 63. 64., nella quale si stenderà il quadrante esterno 61. 62. colle sue divisioni, quindi dividendo la porzione dell'arco 62. 90. per metà in 65. si condurrà dal detto punto 65. una linea occulta inclinante al punto H, qual sarà 65. 66, e presa la distanza 65. 90., ovvero 65. 62. si trasferirà da 63. in 9., e dall'altra parte da 63. in 61., così 67. 92. si trasferirà da 68. in 69., e dall'altra parte da 68. in 70.: Di poi condotte da' punti 9. 70., e 61. 69. due diagonali si prenderà il pezzo di superficie 28. 29. 31. 32., e s'applicherà sopra il pezzo 9. 61., e 69. 70., in modo che gli angoli dell'interna superficie sieno collocati sopra le diagonali ultimamente condotte, e resterà il residuo ugualmente ripartito da tutti i lati, qual misura, o sij avanzo, portandosi parallelo a tutti i lati restanti della superficie esterna, ritrovaremo nuovamente l'interna superficie già distesa, ed adattata sopra ciascun pezzo suo corrispondente dell'esterna, e rappresentante un pezzo sodo, come nella figura si vede.

## OSSERVAZIONE TERZA.

*Modo di ridurre in superficie piane le superficie d'una Sfera divisa da' Circoli massimi, e segata da una superficie cilindrica perpendicolare al piano del suo massimo circolo, in cui si posa.*

Sia una Sfera espressa nel semicircolo BAC, in cui si debba ri- Fig. 4.
trovare la sua superficie, ma segata da una superficie cilindrica, i vestigj della quale siano DE.

Si getterà dunque la superficie della Sfera in piano come sopra, le parti, o coste della quale sieno CA 10., 10. A 11., 11. A 12., e così le altre, che vestono tutta la superficie, le quali s'esprimeranno con tante elissi dimostranti i circoli massimi gettati in piano secondo che porta l'elevazione loro, come notato abbiamo nella fig. dell' Oss. 2. di questo Capo, e tante saranno le predette elissi, quante sono le divisioni segnate nel semicircolo BAC.

Da' punti adunque, dove queste elissi sono segate dall'arco DE, ch'esprime la superficie cilindrica si condurranno paralelle al diametro BC, finchè incontrino la periferia del semicerchio, come sono 1. 2., 3. 4., 5. 6., e le altre, ed a questo modo sarà compito l'apparato per distendere in piano la desiderata superficie.

Si dividano ora le coste, che restano tagliate dalla superficie cilindrica

Lib.1.3
Trat.4.
Fig.4.
lindrica per metà, le cui fezioni s'efprimono colle puntate A 7., A 8., A D, e le altre, da' quali punti 7. 8. fi condurranno altre puntate paralelle al diametro B C; di poi fi condurrà da parte la linea 10. 14., nella quale fi ftenderanno con piccoliffime aperture le diftanze C 15. 16. 17. 18. 19. 20. in 10. 21. 22. 23. 24. 25. 14., conducendo da' punti 21. 23. 25. perpendicolari alla linea 10. 14., quali fono 25. 31. 23. 32., e 21. 33., le quali ferviranno d'affe alle cofte diftefe, l'eftenfione delle quali abbiamo dimoftrata nell'Offervazione 2. di quefto Capitolo; il che fuppofto fi prenderà la diftanza B 2., e fi trasferirà da 10. in 30., B 9. fi porterà da 21. in 29., e B 4. fi trasferirà da 22. in 28., così profeguendo B 13. farà 23. 27., e B 6. farà 24. 26., e così delle altre fe vi foffero: Unendo finalmente i punti 30. 29. 28. 27. 26. 25. con una curva, quefta dimoftrerà il taglio fatto dalla fuperficie cilindrica D E nella Sfera B A C.

In quefta guifa parimente fi potranno gettare, e ftendere le commeffure, e fuperficie efteriori, moltiplicando l'operazione fatta per l'interna fuperficie nelle altre, il che per non confondere la mente colla moltitudine delle linee nella figura fi è tralafciato. Lo fteffo anche potendofi offervare, qualora foffe recifa da una fuperficie convelfa, o da un Cilindro meffo all'oppofto.

## OSSERVAZIONE QUARTA.

*Modo di ridurre, e ftendere in piano una fuperficie sferica fegata da una fuperficie di Cilindro, che fia fopra il maffimo circolo della sfera in altra guifa dalla precedente differente.*

Fig. 5.
SI faccia il femicircolo C A B, e fi divida a piacimento, per efempio in 10. 12. 13., e da ciafcuna delle elevazioni fecondo li documenti dell'Offervazione 2. fi defcrivano le refpettive eliffi. Data poi la fuperficie cilindrica fegante efpreffa nell'arco E F, nella medefima fi condurranno da' punti 10. 12. 13. A paralelle al diametro C B, come fono 10. 14., 12. 15., 13. 16., ed A F: Di poi dal punto E dedutta una normale alla linea E C, qual farà E H, e prefa la diftanza F H, quefta fi trasferirà da O in P, così 17. 16. fi porterà da O in Q, 18. 15. farà OR, e finalmente 19. 14. farà OS, da' quali punti dedutte altre paralelle al diametro C B, quefte fi prolungheranno finchè fegano la periferia ne' punti I K L M, le quali neceffariamente dovranno fegare le eliffi dedutte per la dimoftrazione della sfera: La linea adunque P I fegherà la sfera nel punto I, la linea K Q la fegherà nel punto V, la linea L R la fegherà nel punto T, e finalmente la linea M S fegherà l'altra eliffe nel punto X, per quali punti I V T X O deftramente condotta una curva, quefta dimoftrerà il taglio caufato dal predetto Cilindro nella fuperficie della sfera.

Per ritrovare poi anche detta fezione nella fuperficie diftefa, fi defcriveranno, o ftenderanno in primo luogo per l'Offervazione 2. di quefto

questo Capo le coste come nella fig. 6., di poi si prenderà la distan- Last.13
za C I fig. 5., e si trasferirà da 21. in 20. fig. 6., così C K si por- Trat.4.
terà da 22. in 23. C L si trasferirà da 24. in 25., e finalmente C M Fig. 6.
sarà 26. 27., e per questi punti 20. 23. 25. 27. 28. si condurrà la
curva 28. 20., la quale dividerà dalle porzioni suddette quel tanto,
che resta escluso dal Cilindro predetto: Nello stesso modo potremo
procedere per le commessure, e per ritrovare le esterne superficie, essendo la medesima cosa.

## CAPO SETTIMO

*Della superficie della Sferoide, o Conoide Iperbolica, o Parabolica.*

Questi corpi, benchè espressi con termini insueti, sono però usati dagli Architetti, e massime le Sferoidi, che sono corpi ovati, e tengono il secondo luogo appresso la Sfera; vi sono anche i Conoidi fatti col modello d'una Iperbola,
o Parabola girata in tondo sopra il suo asse, ma questi rade volte
vengono in uso, e sono o poco, o niente conosciuti dagli Architetti,
con tutto ciò perchè sono simili ad un mezzo ovo, o vogliam dire
Sferoidi, quello, che si dirà di esse, si potrà anche facilmente applicare a questi altri corpi men conosciuti.

## OSSERVAZIONE PRIMA.

*Modo di stendere in piano la superficie d'una Sferoide, o Conoide, la quale sia retta, e circolare.*

Sia il Corpo Elittico detto Sferoide, o Parabolico, o Iperbolico, Last.14.
che si chiama Conoide il Corpo notato colle lettere A B C fig. Fig. 1.
1., e del suo piano circolare formi il quadrante B D E, il semidiametro del quale sia B E, che uguaglj il semidiametro minore A C,
essendo il semidiametro maggiore A B. Ciò supposto si divida la circonferenza del quadrante minore D B a piacimento, per esempio in
cinque parti 1. 2. 3. 4. B: dalle divisioni suddette si dedurranno paralelle alla linea D A, finchè incontrino l'asse A B, come sono 1. 5.,
2. 6., 3. 7., 4. 8., e le altre; da questi punti s'eleveranno normali alla linea A B, come A C, 5. 9., 6. 10., 7. 11., 8. 12. Quindi
per l'Osservazione 2. del Capo precedente si potranno gettare le sezioni massime, ovvero come viene dimostrato dalla fig. 1., cioè lasciando cadere perpendicolari alla linea D A da' punti F G H I 4., e
resteranno impressi nella medesima linea i punti 13. 14. 15. 16. 17.
Di poi presa la distanza E 13. si trasferirà da 8. in 18., così E 14.
si porterà da 7. in 19., E 15. si uguaglierà a 6. 20., E 16. a 5.
21., e finalmente E 17. sarà A 22., e per questi punti 22. 21. 20.
19. 18. B si condurrà destramente una curva, che sarà la elisse rappresen-

presentante una delle sezioni massime gettata in detta Sferoide, e collo stesso metodo facilmente si getteranno tutte le altre.

Lastr.14.
Trat.4.
Fig. 2.

Per distendere adunque queste superficie in piano, si condurrà da parte la linea KL fig. 2., ed in essa si stenderanno con piccole aperture gl' intervalli B 12. 11. 10. 9. C ne' punti 23. 24. 25. 26. L, per i quali passeranno linee in squadro alla predetta KL, come sono 27. 28., 29. 30., 31. 32., 33. 34., indi con ciascuno de' semidiametri inscritto nella elisse, o sferoide si descriveranno i respettivi quadranti, così col semidiametro 8. 12. si descriverà il quadrante 12. 35., e dal punto 18. dedutta una paralella alla linea BA si prolungherà finchè incontri il quadrante 12. 35. nel punto 36., e presa la distanza 35. 36. si trasferirà da 26. in 33., e dall'altra parte da 26. in 34., così descritto colla linea 7. 11. il quadrante 11. 37., si dedurrà dal punto 19. una paralella alla linea predetta BA, finchè lo incontri nel punto 38., e misurata parimente la curva 37. 38. si porterà dal punto 25. in 31., e dall' altra parte in 32. fig. 2.; descritto finalmente colla linea 6. 10. il quadrante 10. A si condurrà nuovamente dal punto 20. una paralella finchè incontri il medesimo nel punto 39., e preso A 39. si trasferirà da 24. in 29., e dall' altra parte da 24. in 30., e così operando ne' due altri semidiametri avremo i punti necessarj per descrivere tutta la fig. 2., per i quali si potranno destramente condurre le linee A 28. 30. L, ed L 29. 27. M, e rimarrà coperta la porzione di sferoide N A B.

Potrebbesi parimente vestire la superficie predetta con porzioni d'anello prolungando il semidiametro AB quanto sia di mestieri, ed in esso conducendo linee rette procedenti da' due punti immediati per ritrovare i centri come operossi nella projezione della sfera s'avranno nella stessa forma tutte le superficie annulari necessarie a vestirla.

## OSSERVAZIONE SECONDA.

*Del modo di ridurre in piano le superficie d'una Sferoide segata con elissi ineguali, cioè che l'una sia maggiore dell'altra.*

Fig. 3.

Siccome la Sferoide si può segare con circoli uno maggiore dell'altro, come abbiamo accennato nella prima Osservazione, o con elissi fra loro uguali, così si può anche segare con elissi paralelle, le quali vadino crescendo secondo che cresce il medesimo corpo.

Sia dunque la Sferoide espressa nell' elisse ABC fig. 3., col semidiametro minore BD si descriva il semicircolo CEF dal centro O, e divisi i due quadranti in porzioni si condurranno dalle medesime normali al diametro EC, quali si prolungheranno fino nella linea AC ne' punti 1. 2. 3. 4., e gli altri, da' quali punti si dedurranno perpendicolari alla linea AC, come sono 1. 6., 2. 6., 3. 7., 4. 8., e BD, e le altre; di poi presa la corda 9. 10. si porterà da 1. in 5., la 11. 12. si trasferirà da 2. in 6., la 13. 14. si porterà da 3. in 7., così la 15. 16. si trasferirà da 4. in 8., e finalmente il semidia-

# TRATTATO IV. CAP. VII.

midiametro O E fi porterà da D in B, e così operando dall'altra parte avremo tutti i punti, per quali far paſſare l'eliſſe A B C. Ciò fatto da' punti 5. 6. 7. 8., e gli altri ſi condurranno gli reſpettivi ſemidiametri al centro D, come ſono D 8., D 7., D 6., e gli altri, come dalla fig. 3. ſi vede. *Laſt. 14. Trat. 4. Fig. 3.*

Deſcritti tutti queſti ſemidiametri deſcrivere ſi debbono le eliſſi fatte da' primi paralelli, e perchè queſte eliſſi ſono paralelle, ſaranno fra di loro ſimili, come provo nel noſtro Euclide al Tratt. 25. nella prop. 11., e però ſi deſcriveranno tutti i ſemidiametri in parti proporzionali, il che ſi farà a queſto modo; ſi duplica ogni ſemidiametro, e ſi accomoda nel triangolo C A E fatto col lato maggiore C A, e col minore C E, miſurandolo ſopra la C E prolungata, e deducendo i reſpettivi archi, come l'arco D 5. doppiamente preſo, ed accomodato ſovra la linea C E, e ſteſo fino in 18., e dal centro C coll'intervallo predetto ſi deſcriverà l'arco 18. 19., e ſi unirà il punto 19. al punto C colla retta 19. C. Così preſo il ſemidiametro D 6., miſurandolo ſopra la D E ſi ſtenderà fino in 20., e ſi dedurrà dal punto 20. una porzione d'arco, qual farà 20. 21., unendo parimente il punto 21. al punto C colla retta 21. C, ed a queſto modo s'accomoderanno anche tutti gli altri ſemidiametri, e così ſaranno diviſi tutti i diametri proporzionalmente, e ſi potranno con eſſi deſcrivere le eliſſi di tal ſorta.

Ciaſcuna dunque delle parti proporzionali ſi traſporti ne' ſuoi corriſpondenti ſemidiametri, cioè la parte 22. 23. ſi porti da D in 24., così la parte 25. 26. ſi traſferirà da D in 27., e parimente preſo 28. 29. ſi porterà da D in 30., e finalmente 31. 32. da D in 33., e così ſi farà d'ogni altra miſura, e per tutti i punti, che s'andranno imprimendo in ciaſcun ſemidiametro, ſi faranno paſſare le curve, che formeranno le eliſſi fino alla linea 4. 15., che formerà l'eliſſe più piccola 4. 34. 35., e gli altri intervalli preſi dalla linea B O nella linea 3. 13. formeranno la eliſſe proſſima alla minore, e così ſi proſeguirà, ed anche dall'altra parte.

Per ſtendere poi le ſuperficie di queſta ſferoide in piano ſi deſcriveranno in primo luogo con ciaſcuno de' ſemidiametri ſovra nominati le reſpettive eliſſi, il che ſi farà a queſto modo: Si dedurranno da' punti 10. 12. 14. 16. del ſemicircolo primieramente deſcritto paralelle al diametro E C, le quali ſi potranno prolungare al di fuori della circonferenza quanto fa di meſtieri, e volendo ſtendere il pezzo D 6. A ritrovaremo in primo luogo le eliſſi formate da' ſemidiametri D 6. D 5. D A. L'eliſſe cauſata dal ſemidiametro D A farà la A B, per ritrovare poi le altre due ſi prenderà la diſtanza D 5., e ſi traſferirà da O in 36., così D 24. ſi traſferirà da 37. in 38., D 39. farà 40. 41., D 42. ſi porterà da 43. in 44., e finalmente D 45. ſi traſferirà da 46. in 47., ed avremo i punti per formare l'eliſſe F 41. 36. Lo ſteſſo facendo colle miſure del ſemidiametro D 6. trasferendole dall'altra parte avremo l'eliſſe 20. F, per mezzo delle quali avremo tutta la coſtruzione neceſſaria per deſcrivere la ſuperficie pretefa.

Debbaſi dunque ſtendere la ſuperficie, che copre A 6. D., ſi
conduca

Laſt.14.  conduca da parte come nella fig. 4. una retta, che ſia 50. 51., ſo-
Trat.4.  pra la quale incominciando dal punto 50. ſi ſtenda l'eliſſe 36. 41. F,
Fig. 4.  come originata dal ſemidiametro D 5., in modo che 36. 33. ſia 50.
52., 33. 41. ſia 52. 53., 41. 44. ſia 53. 54., 44. 47. ſia 54. 55.,
e finalmente 47. F ſia 55. 51.; di poi preſa la diſtanza B 8., fatto
centro in 51., ſi deſcriverà un'arco, e preſo 45. 4., fatto centro in
55., ſe ne deſcriverà un'altro, nell'incontro di queſti ſi noterà il punto 56., quindi preſa la diſtanza 8. 7., e fatto centro in 56., ſi deſcriverà un'arco, e preſo 42. 3., e fatto centro in 54. ſe ne deſcriverà un'altro, nell'incontro s'imprimerà il punto 57., e preſa la diſtanza 7. 6. col centro 57. ſi condurrà un'altro arco, e coll'intervallo 39. 2. fatto centro in 53. ſe ne deſcriverà un'altro, e nella ſezione de' medeſimi ſi metterà il punto 58., così preſo 6. 5., e fatto
nuovamente centro in 58. ſi deſcriverà un'arco, e coll'intervallo 24.
1. fatto centro in 52. ſe ne deſcriva un'altro, e ſi ſegnerà la ſezione loro col punto 59., e finalmente preſo 5. A fatto centro in 59.
ſi deſcriva un'arco, e collo ſteſſo intervallo 5. A dal centro 50. ſe
ne deſcriva un'altro, ed avremo il punto 60., e così avremo tutti
i punti, per i quali condurre una curva, che ſarà 60. 58. 51.: Per
compire l'altra parte prendaſi la diſtanza F 64., e fatto centro in 51.
ſi deſcriverà un'arco, e così preſo 45. 62., fatto centro in 55., ſe
ne deſcriva un'altro, e nell'incontro pongaſi il punto 66., così preſo 64. 65., e fatto centro in 66. ſi deſcriva un'arco, e nuovamente preſo 42. 63. fatto centro in 54. ſe ne deſcriva un'altro, e pongaſi il punto 67., e così proſeguendo avremo gli altri punti, per
quali condurre un'altra curva, dalle quali curve reſta ſufficiente-
mente eſpreſſa la ſuperficie, che richiedeſi per coprire la porzione di
ſferoide contenuta tra le linee D 6. A. Si ha però da notare, che
queſte ſuperficie poſſono venire in intraguardo per non eſſere fatte con
linee paralelle, onde nell'applicarle biſognerà aver avvertenza di ſer-
virſene come quelle, che abbiamo fin'ora deſcritte, che ſono in intraguardo, e ſuperficie veramente piane.

## OSSERVAZIONE TERZA.

*Modo di ſtendere in piano le ſuperficie di qualunque Corpo Elittico,
ovvero Ovato.*

Fig.5.6.  LA propoſizione precedente è comune, e ſerve per le ſuperficie di
tutti i Corpi non ſolamente di quelli, che hanno la lor ſezione,
o piano, che paſſa pel centro, che ſia un circolo, ma anche di quelli, la cui ſezione centrale foſſe Elittica, in tal guiſa, che il Corpo
foſſe Elittico, e per l'altezza, e per la ſua larghezza, che ſi chiama
lente, anzi anche a' Corpi, i quali ſono obbliqui, e perciò in queſta
Oſſervazione ſpecialmente n'ho voluto dar un eſempio.

Sia dunque il Corpo Elittico ABC, che naſca dall'eliſſe DEF,
il di cui aſſe minore ſia GH, ed il maggiore HB: Ora abbiamo da
deſcrivere, e ſtendere quelle porzioni neceſſarie a coprire la parte di
lente

# TRATTATO IV. CAP. VII.

lente $KHL$, perciò condotta da parte la linea 50. 51. fig. 6. si trasferiranno in essa tutte le divisioni, e misure della linea $HO$ fig. 5., da'quali punti si dedurranno normali alla linea 50. 51.: Di poi presa la misura del semidiametro maggiore $HB$ si trasferirà da 51. in 52., così $H$ 2. si porterà da 53. in 54., $H$ 3. sarà 55. 56., e parimente $H$ 4. si porterà da 57. in 58., e finalmente $H$ 5. sarà 59. 60., per quali punti si condurrà una elisse, la quale sarà il maggiore diametro del Corpo proposto; così col diametro $HK$, ovvero $HM$, nella maniera suddetta si descriverà nella fig. 6. l'altra elisse, qual sarà 50. 61., così col semidiametro $HN$ si formerà l'elisse 50. 62., e col semidiametro $HL$ si condurrà l'altra elisse 50. 63., e così sarà compito l'apparato per distendere in piano la superficie pretesa.

Di poi condotta in disparte come nella fig. 7. la linea 6. 7., in essa distribuiremo tutte le parti dell'elisse 50. 62., e trasporteremo tutte le distanze delle due elissi 50. 63., e 50. 61. come nella precedente Osservazione, così preso l'intervallo da 50. in 64. fig. 6. si porterà nel punto 7., e colla medesima si condurrà un'arco, quindi presa nella fig. 5. la distanza 8. 9. si porterà nel punto 10., e si condurrà un'altro arco, nell'incontro de' quali si noterà il punto 11., così preso 10. 65. fig. 6. si porterà nel medesimo punto 7., e si descriverà un'arco dall'altra parte, e presa nella fig. 5. la distanza 9. 12. si trasferirà nel medesimo punto 10., ed ivi fatto centro coll'intervallo suddetto se ne descriverà un'altro, nell'incontro de' quali si porrà il punto 13., e si uniranno i punti 13. 10. 11. colla curva 11. 13., la quale rappresenterà la commessura 8. 12. distesa, così anche presa la distanza 54. 67. fig. 6. si porterà nel punto 11. fig. 7., e si descriverà un'arco, e presa nuovamente la distanza 14. 15. fig. 5. si porterà nel punto 17., e si condurrà un'altro arco, l'incontro de' quali sarà nel punto 18., e parimente preso 65. 66. fig. 6. si porterà nel punto 13. fig. 7., e coll'intervallo suddetto si descriverà un' arco, e presa la distanza da 15. a 16. nella fig. 5. si porterà nel punto 17., e colla medesima si descriverà un'altro arco, l'incontro de' quali sarà nel punto 19. unendo i punti 19. 17. 18. con una curva, come nella figura si vede, ed a questo modo procedendo fino alla linea 20. 21. estrema chiusa colle massime curve 20. 19. 7., e 7. 18. 21., avremo tutta la superficie compita, sufficiente a vestire la parte chiusa delle linee $LHM$.

Allo stesso modo anche coll'ajuto delle elissi 50. 52., e 50. 61. si stenderà il pezzo attiguo, il quale vestirà quella porzione contenuta tra la linea $MHK$, e tale è la regola, con cui si faranno tutte le altre.

CAPO

164   DELL' ARCHITETTURA

# CAPO OTTAVO.

*Dello stendere le superficie d'un anello.*

Er rendere pratici li studiosi di questa professione in ogni sorta di superficie, stimo bene anche d'insegnare il modo, con cui si possano gettare in piano le superficie d'un anello.

## OSSERVAZIONE UNICA.

*Modo di gettare in piano le superficie d'un Anello, o Cilindro curvato in giro.*

Last. 14.
Fig. 8.

Sia il piano di questo Cilindro AHF, e BCE fig. 8., ed il suo tondo sia rappresentato nel semicircolo ABD, e sia di bisogno ritrovare le superficie piane, che siano eguali alla sua superficie rotonda, e circonflessa.

Si divida il semicircolo ADB in quante parti sieno di gradimento, e per due punti delle divisioni immediati si conducano rette fino alla perpendicolare, ch'esce dal centro di tutto l'anello KG, prolungata quanto basta, e sieno B 2. L, 2. 3. 6., 3. 4..7., 4. 5. 8., 5. AC, condotte le quali si farà centro nel punto, in cui segano la KG come in 6. 2. e coll' intervallo 6. 2. si tiri l'arco 2. 9., e di nuovo coll' intervallo 6. 3. si conduca l'arco 3. 7., così fatto centro nel punto 7. coll' intervallo 7. 3. si farà un' arco, e collo stesso centro, ed intervallo 7. 4. se ne descriverà un'altro, e così s'eseguirà d'ogni altro centro, ed intervallo.

Per terminare poi questi archi si conducano al diametro AB da' punti del semicircolo ADB le perpendicolari 2. 11., 3. 12., 4. 13., e 5. 14., poi fatto centro in K, stendendo a ciascuna il compasso, si faranno i circoli, come 11. 15., 12. 16., 13. 17., e 14. 18., si divida poi il quadrante CB in quante parti piace, delle quali una sia B 19., e dal punto 19. si condurrà la linea 19. 20. al centro K; di poi presa la distanza 11. 21. si porterà da 2. in 22., e da 22. in 9., e conducendo da' punti 22., e 9. due rette al centro 6., queste daranno la forma a due pezzi di superficie, quali moltiplicate quanto basta vestiranno la porzione d'anello 11. 12. 16. 15., così preso 12. 23. si porterà da 3. in 24., ed altri punti successivi, da' quali si condurranno linee al punto 7., che formeranno i pezzi adattabili alla parte d'anello 11. 13. 17. 16., e così si opererà per il rimanente, come nella figura si può vedere, e se moltiplicata sarà ciascuna di queste superficie, quanto richiede il numero delle parti nel quadrante BC diviso in ciascun giro, si averà una moltitudine di superficie, che basterà a coprire tutto il quadrante AHBC; lo stesso si replicherà dall'altra parte.

Ma se taluno desiderasse quest' anello concavo, o volesse sapere la superficie di commessura, questo si dimostra all'incontro; Condot-

to

to adunque il femicircolo E N F fi farà un'altro femicircolo eccentrico O T Q, la diſtanza de' quali N P determina la groſſezza dell'anello, che diviſo come l'altro in cinque parti, per i punti delle diviſioni, e pel centro loro fi condurranno rette alla C K G prolungata, quali fono E F K X 30. 31., 32. X 33., 34. X 35., 36. X 37., e le altre, fatto poi centro nel punto 31. della linea X 31. fi tirerà coll'intervallo 31. 30. l'arco 30. 38., e di nuovo ſteſo il compaſſo fino in 39., dallo ſteſſo centro fi deſcriverà un'altro arco, qual farà 39. 40., e coſì gli altri fi condurranno ſeguitamente.

 Si terminerà poi a queſto modo, da' punti ſegnati nel femicircolo O P Q, cioè da' punti 30. 32. 34. 36. fi condurranno perpendicolari alla F E, delle quali una farà 30. 41., e le altre, da' punti adunque, ove cadono, fi tireranno dal centro K gli archi di linee puntate, come l'arco 41. 42., le diviſioni ſegnate nel quale fi miſureranno nell'arco 30. 38. prima condotto, dalle quali condotte le reſpettive rette daranno le ſuperficie di commeſſura, la quale ſe fi prenderà due volte compirà tutta la curvità del quadrante, coſì s'ha da fare nelle altre, come fi può dalla ſteſſa figura raccogliere, e coſì fi poſſono ſtendere le altre, per avere le congiunzioni tanto lunghe, quanto baſta per unire le parti per tutte le lunghezze de' femicircoli.

TRATTATO

# TRATTATO V.
## DELLA GEODESIA.

A Geodesia è una scienza, che secondo il Pedatiano appresso il Clavio nel 6. della sua pratica di Matematica, spartisce i piani a diverse persone. Ora perchè, avanti di fabbricare un sito, molte volte avviene, che per accomodarlo s'abbia da levare qualche parte al vicino per darne il contracambio in altro luogo, o sotto altra forma, o s'abbia da trasformar il sito per abilitarlo a ricever il disegno, e servata l'uguaglianza disporlo in un'altra figura, ovvero essendo di molti, come emmi più d'una volta occorso dare a tutti la sua conveniente parte, con questo che ognuno abbia la sua facciata nella strada, o che tutti parrecipino d'uno stesso fonte, o fare altre simili mutazioni di sito; Quindi è, che l'Architetto almen praticamente non deve ignorare questa sì bella parte della Matematica, che tanto a lui conviene; E perciò il Serlio nel principio de' suoi Libri d'Architettura ne dà qualche rudimento, ma perchè egli ivi è molto scarso, ho stimato necessaria cosa insegnarne con più diffuso discorso almen la pratica; avendo di tutte le Osservazioni, che qui andrò ponendo, già addotte le ragioni Matematiche nel nostro Euclide accresciuto, e principalmente nel Trattato 29., e seguenti, dove ne tratto ampiamente.

## CAPO PRIMO.

*Della trasformazione delle superficie piane rettilinee in altre uguali.*

Lasf. 1.
Tratt. 5

Er cominciare dalle cose più facili propongo la trasformazione delle superficie piane, e rettilinee in altre uguali, senza obbligarmi a servare la stessa misura de' lati.

## OSSERVAZIONE PRIMA.

### PROPOSIZIONE I.

*Modo di trasformare il piano, e superficie d'un triangolo in un paralellogrammo.*

Fig. 1.

SIa dato il triangolo C B D da trasformarsi in un paralellogrammo; alla base C B si conduca una perpendicolare, che sia D G, e poi si spartisca in due parti uguali la base C B nel punto A, dal quale innalzandosi una perpendicolare, uguale a G D, si faccia un rettangolo, lo, o paralellogrammo, quale è AF, e questo sarà uguale al triangolo CDB. *La fi. 1. Trat. 5.*

Si potrebbe anche fare con prendere la metà GI della perpendicolare DG, e tutta la base CB, e farne un paralellogrammo, come BK, perchè questo è parimente uguale al triangolo CDB. *Fig. 1.*

Quindi si deduce, che si può anche al contrario fare ad un paralellogrammo un triangolo uguale, se si farà un triangolo alto perpendicolarmente quanto un lato colla base al doppio dell'altro lato dello stesso rettangolo, cioè alto quanto BF, e di base al doppio d'AB, come è CDB.

## OSSERVAZIONE SECONDA.

### PROPOSIZIONE II.

*Modo di fare un rettangolo uguale ad un triangolo, che abbia un'angolo rinchiuso.*

Sia il triangolo ABC, e l'angolo D, il quale debba avere il rettangolo, che si ha da fare uguale al detto triangolo ABC, si tiri dalla cima A alla base BC la paralella AN, e si divida la base BC per mezzo, e sia la metà HC, di cui si tiri l'HM, che faccia lo stesso angolo che D, come insegno nella Prop. 2., e 5. al Tratt. 1., e poi si tiri al lato stesso HM la paralella CN, ed il paralellogrammo HMNC sarà uguale al triangolo BAC. *Fig. 2.*

## OSSERVAZIONE TERZA.

### PROPOSIZIONE III.

*Modo di trasformare un triangolo, o rettangolo in un' altro, o più stretto, o più largo.*

Si fa allo stesso modo, che il triangolo, ma si prende tutta la base. Sia il triangolo nero BAC; alla base BC si tiri la paralella AF, e poi si faccia il triangolo BEC, che vada a finire col suo vertice in qualunque punto della paralella AF sopra la stessa base BC, come BEC, che sarà uguale al triangolo BAC. *Fig. 3.*

Lo stesso seguirebbe, se fosse il rettangolo ADBC, perchè il rettangolo BECF gli sarebbe uguale.

## OSSERVAZIONE QUARTA.

### PROPOSIZIONE IV.

*Modo d'applicare un rettangolo uguale ad un triangolo ad un' altro rettangolo, ad una linea qualunque sia, il quale abbia un' angolo come piace.*

Fig. 4. Sia dato il triangolo punteggiato BAC, che si debba ridurre ad un rettangolo, ma lungo quanto la linea R eletta a piacimento, e ch'abbia un angolo uguale all'angolo Q.

Si farà prima il rettangolo nero BMCL uguale al triangolo B CA per l'Osserv. 2., ch'abbia l'angolo L uguale all'angolo Q, di poi si produrrà il lato MC in O, e si farà tanto lungo CO, quanto la linea R, e si tirerà la LO sin tanto che incontri il lato MB in G, e dall'O pure si tirerà la paralella, ed uguale OD al lato M G, e CL si produrrà in V, e dal punto G si tirerà la paralella G D, e dal punto L la paralella LH alla MO, che vadino a finire nella linea OD in D, ed H, e così risulterà il rettangolo nero V LHD, che è uguale al primo fatto BMCL, ed è lungo quanto la linea R, ed ha l'angolo più nero presso all' L uguale all'angolo Q.

Da questo ne viene di trasformare un rettangolo in un' altro di data lunghezza, ed angoli assegnati, e si potrà anche con questa maniera fare in contrario, e ridurre un rettangolo in un triangolo, come per sè è manifesto.

## OSSERVAZIONE QUINTA.

### PROPOSIZIONE V.

*Come qualunque quadrilatero si riduca ad un' angolo.*

Fig. 5. Sia proposto il quadrilatero ABCD, e si conduca da un'angolo all'altro la diagonale CA, e si tagli per mezzo in H, e si conduca ML, che faccia con essa l'angolo offerto K, e per l'estremo C di essa si conduca a questa ML la paralella ON, siccome anche per l'apice degli altri due angoli D, e B si conduchino alla diagonale CA le paralelle NL, e OM, e così sarà fatto il paralellogrammo, o rettangolo LMNO uguale al quadrilatero ABCD.

# TRATTATO V. CAP. I.

## OSSERVAZIONE SESTA.
### PROPOSIZIONE VI.

*Della maniera di ridurre qualunque figura equiangola, ed equilatera in un rettangolo uguale.*

Laſt. 1.
Trat. 5.

Queſto ſi farà facilmente, perchè ſi conſtituirà un rettangolo, che abbia un lato CA uguale alla metà di tutti i ſuoi lati, che lo circondano, come EFDP, e l'altro lato BC uguale alla perpendicolare, che cade dal ſuo centro I, ſopra d'un lato, come GI, e compito il rettangolo BCXA ſarà uguale a tutta la figura PE, come è manifeſto, avendo tanti triangoli, ed uguali a quelli, in cui la figura offerta reſta diviſa.

Fig. 6.

## OSSERVAZIONE SETTIMA.
### PROPOSIZIONE VII.

*Dato qualunque rettilineo, modo di coſtituirlo in rettangolo uguale, che abbia un' angolo dato.*

Sia data qualunque figura rettilinea 1. 2. 3., la quale ſi deve riſolvere in altrettanti triangoli con linee, che provengono da un' angolo: Sia poi dato, ovvero eſibito l'angolo D, il quale deve aver il rettangolo, che ſi ha a fabbricare. Deveſi fare come nella ſeconda, e conſtituire il rettangolo ABCE, ch'abbia il C uguale all'angolo D, e ſia eſſo uguale al triangolo 1.

Fig. 7.

Di poi ſi deve fare il paralellogrammo, e rettangolo nero uguale al triangolo 2., che ſia ACMO, che abbia l'angolo M uguale all'angolo C, o D, ed il lato quanto la BE ſecondo l'Oſſervazione 4.; e finalmente a queſto aggiungere BENP collo ſteſſo lato MO, che BE, e l'angolo O uguale all'angolo C, o D, e così ſarà fatto tutto il rettangolo MNPO uguale al multilatero, o rettilineo 1. 2. 3.

## OSSERVAZIONE OTTAVA.
### PROPOSIZIONE VIII.

*Modo di trasformare un triangolo, o paralellogrammo in un altro di maggior, o minor altezza, o di maggior, o minor baſe.*

Sia offerto il triangolo ABC, che biſogni ridurre a minor altezza AD, ſi conduca la paralella DE alla baſe BA, e dal punto E all'angolo B della baſe ſi tiri la retta EB, e poi dal vertice C a

Fig. 8.

queſta

Lift. 1.
Trat. 5.
Fig. 8.

questa B E si spinga la paralella C F, e dal punto, ove sega la base in F si tiri all' E una retta, che sia F E, questa farà il triangolo F E A uguale al triangolo B C A, nello stesso modo si accrescerà in altezza; sia il triangolo A E F, che bisogni innalzare all'altezza A L, si produca A E in C, e si conduca C L, e dal punto C si conduca la C F alla base, e poi dal vertice E del triangolo dato si conduca la paralella E B alla C F, e dal punto, ove sega la base in B si tiri la B C, e sarà fatto il triangolo B C A uguale al triangolo più basso F E A.

## OSSERVAZIONE NONA.

### PROPOSIZIONE IX.

*Modo di trasmutare un rettangolo in un quadrato.*

Fig. 9.

Sia il rettangolo fatto da' lati L H, e H D, quali si stendino nella linea L D, e diviso il lato maggiore per mezzo in E si faccia il circolo L C H A coll' intervallo della metà L E, poi dal punto D si tiri la tangente D A, e questa sarà un lato del quadrato uguale al rettangolo de' lati L H, e H D.

Si farà anche lo stesso, se de' due lati del rettangolo A D, e B C si farà una linea, e divisa per metà in E si farà un semicircolo A D C, e dal punto B termine di un lato si alzerà la normale B D, perchè questa sarà il lato del quadrato uguale al rettangolo, di cui un lato sia A B, e l'altro B C.

## OSSERVAZIONE DECIMA.

### PROPOSIZIONE X.

*A un dato rettilineo s'insegna di fare un triangolo uguale, e sopra qualunque lato dello stesso rettilineo.*

Fig. 10.

Questa è mia invenzione; sia dato un rettilineo A B D E C, che si debba trasformare in un triangolo, che abbia per base il lato A B.

Si prolunghi il lato E D in H, e condotta la E A dall' angolo C si conduca la paralella C H alla A E, e poi si conduca A H, ed il triangolo A E H sarà uguale al triangolo A C E, onde anche il quintangolo B D E C A sarà uguale al quadrangolo B D H A.

Questo dunque quadrangolo B D H A si dividerà colla diagonale H B, ed allungato il lato A H in M, alla B H si conduca la paralella D M, che seghi il lato A H prolungato in M, e da B si condurrà all' M la linea B M, e sarà fatto il triangolo B A M uguale al quadrangolo B D H A in conseguenza al quintangolo B D A C E, a cui era uguale il quadrangolo B D H A, e se avesse la figura proposta

## OSSERVAZIONE UNDECIMA.

### PROPOSIZIONE XI.

*Modo di fare un rettangolo uguale ad un' altro, ma con diversi lati.*

Sia il rettangolo AH compreso dalle rette AC, AB, e che si voglia fare un' altro, ch' abbia un lato più piccolo come CL, si misuri il lato CH in CB, ed il resto AB si divida in due parti in V, coll' intervallo AV della metà centro V si faccia un circolo, di nuovo col centro C all' intervallo del lato desiderato CL si faccia la porzione di circolo LI, e si tiri IC, perchè il segmento, che resta tagliato fuori del circolo CO farà l'altro lato, che farà il rettangolo CK uguale al rettangolo AH, lo provo nella Prop. 36. Tratt. 5. nel lib. 3. degli Elementi. Fig. 11.

Si può anche fare così. Sia il rettangolo fatto di due lati BA, e BC, e ne vorrei un'altro, di cui un lato fosse BD uguale a questo. Congiunto il lato DB al punto B, che faccia qualunque angolo, e per gli tre punti dati come ho insegnato nel Tratt. 1. Osserv. 6. faccio passare il circolo DA, FC, e poi prolungo alla circonferenza in F il lato DB, e farà DF l'altro lato, de' quali DB, e BF, se farò un rettangolo; questo sarà uguale a quello, che aveva prima fatto de' due lati BA, e BC. Fig. 12.

## CAPO SECONDO.

*Del modo d'ingrandire, e diminuire le superficie triangolari.*

Irca l'ingrandire, o diminuire le superficie occorrono due casi, l'uno di voler aggiungere, o levare questa, o quella determinata parte ; l'altro è di aggiungere, o levare proporzionalmente ad un'altra quantità, per esempio, che questa sia tanto maggiore d'un'altra, quanto una linea è maggiore d'un'altra, o qualunque altra sorta di quantità discretta, o continua: Del primo di questi due modi tratteremo in questo Capitolo, dell' altro nel seguente.

## OSSERVAZIONE PRIMA.

### PROPOSIZIONE XII.

*Modo di fare un triangolo d' una data altezza, ma che sia composto di diversi altri triangoli.*

Sieno dati li triangoli BAC, DEF, GHI, i quali si vorrebbono unire tutti in un solo, il quale però non eccedesse l' altezza di BL, tirata prima una linea retta BO indefinita, sopra essa si descriva il triangolo BAC, e poi si riduca all' altezza BL: Il che si farà, come ho insegnato, conducendo dall' angolo C la linea CK, dove taglia la paralella LX alla base BC il lato BA, alla linea poi CK dal vertice A si condurrà la paralella AD, e dove sega la BO dal punto D si condurrà la linea AK, che farà il triangolo BKD uguale al triangolo BAC.

Appresso a questo sulla stessa BO indefinita si ponga il triangolo DEF, si produca la linea LK in M, si conduca la MF, ed a questa la paralella EG, e da G la linea GM, e sarà fatto il triangolo DMG uguale al triangolo DEF.

Appresso a questo sulla stessa BO si ponga il triangolo HGI, e dove taglia NL all' angolo I si tiri la retta NI, indi dal vertice H a questa la paralella HO, e colla retta NO si uniscano i punti NO, e sarà fatto l'ultimo triangolo GNO uguale al triangolo GHI. Ora questi tre triangoli fatti di nuovo tutti della stessa altezza si raccoglieranno in uno a questo modo: si eleggerà il vertice, ove si vuole nell' altezza pretesa di BL, per esempio in T, ed al punto T si condurranno le linee BT, e DT, e GT, ed OT, e faranno i triangoli BDT uguale a BKD, BTG uguale a DMG, e finalmente GTO uguale a GNO, i quali fanno un triangolo solo BTO composto di tre uguali a' tre assegnati BAC, e DEF, e GHI.

Si deduce, che ciò possiamo fare di ogni data figura, dividendola in triangoli, e dopo unendoli in un solamente, e se vorremo un'altra figura quel triangolo, che abbiamo unito di varj triangoli per l'antecedente Capitolo potremo ridurre ad un'altra figura.

## OSSERVAZIONE SECONDA.

### PROPOSIZIONE XIII.

*Modo di aggiungere, o levare una parte data al triangolo, conservando la stessa figura.*

Sia data una superficie come il Rombo ABGH, la quale s'abbia al levare dal triangolo maggiore CDE. Si faccia uguale al triangolo CED il quadrato PK, e lo stesso si faccia del Rombo HBA
G,

G, ed il lato di questo quadrato sia B F si trovi la terza proporzionale per l'Osserv. 3. Cap. 8. Tratt. I., e sia B N come si vede fatto mediante il triangolo F B H. Or questa terza proporzionale si trasferisca nel lato K L, e sia L M, di poi fra il restante K M del lato L K, o K P, e tutto il lato K L si trovi la media proporzionale L O; di poi si trovi alle tre rette K L, e L O, e D E la quarta proporzionale D V in tal guisa, che dica la stessa proporzione K L alla retta L O, che D E a D V, e dal punto V si tiri la paralella al lato E C, che sia V P, e questo pezzo, o trapezio E C V P è la parte levata dal triangolo E C D, ch' è uguale al Rombo, o Trapezio H B A G.

Se poi si vorrà aggiungere, si farà lo stesso, eccetto che la mezza proporzionale L M tra lati de' quadrati L K, e B F s'aggiungerà allo stesso lato del quadrato maggiore, e si farà la linea K X, e fra questa K X, e tutto il lato K L si troverà la media proporzionale X T, di poi al X T, e X K, e D E si troverà la quarta proporzionale, che farà D E, in tal guisa che sia nella stessa proporzione D E a D R conforme si è fatto con le linee punteggiate, e dal punto R si tirerà la paralella R S al lato E C, e nel triangolo E C D sarà aggiunto il Trapezio R S E C uguale al Trapezio H B A G. Tutto ciò provo nel Tratt. 29. del nostro Euclide Prop. 14.

## OSSERVAZIONE TERZA.

### PROPOSIZIONE XIV.

*Modo di levare una parte determinata a un Trapezio, o Triangolo, che sia senza punta, o pur anche aggiungerla.*

Sia dato un Triangolo, a cui manchi la punta, o sia Trapezio A B C D, dal quale con una paralella G E al lato B A s'abbia da levare tal parte, che sia uguale al quadro N M, il quale deve esser minore di tutto lo spazio. Si tiri dall'estremo C la linea C F paralella alla B D, che faccia il triangolo A F C: Di poi a' lati A B, e A F si trovi la terza proporzionale, come ho insegnato nel primo Trattato, che sia A H, come si vede fatto nel Triangolo B A H. Indi alle tre B A, e H A., ed al lato L N del quadrato M N si trovi la quarta proporzionale N K, e sia B A ad H A, come L N ad N K, e si faccia il rettangolo K N coi due lati K N, ed N O, il quale darà la stessa proporzione al quadrato K M, che il Triangolo A F C al Trapezio A B C D; si levi dunque dal Triangolo A F C una parte uguale al rettangolo K O secondo che insegno nella precedente, e dimostrano le linee R Z, e F X, o sia il Trapezio F A O R: Di poi si tiri la diagonale A R fino al lato B D in E, e poi si tiri la paralella E G al lato B A, ed il Trapezio B A G E levato da B A C D farà uguale al quadrato M N, che si doveva eseguire.

Lo stesso si farà se si tratti d'aggiungere, se non che non importa, che il quadrato M N sia maggiore, o minore del Trapezio proposto

posto B A C D, perchè si troverà prima la terza proporzionale A H a due lati A F, e A B, e poi alle tre A B, A H, e L N la quarta proporzionale K L, e sopra questa si collocherà il rettangolo K M; di poi al triangolo A F C si aggiungerà il Trapezio A F O R, secondo si è insegnato nella precedente, e poi si tirerà la diagonale A F O R, e farà A E fino al lato D F prolungato in E, e dal punto G si tirerà la paralella E G al lato A F, ed il Trapezio A E aggiunto al Trapezio C D A F farà uguale al quadrato N M, che s'era proposto di fare.

Per levare il Trapezio A F O R per la precedente primieramente si è trovato il quadrato del lato Z T uguale al rettangolo K O, ed il quadrato di T P uguale al Triangolo F A C, ed a questi si è trovata la terza proporzionale T Q, e levato Q T dal lato T P, tra il residuo, e tutto il lato T P si è trovata la media proporzionale Y X, e finalmente alle tre T P, e Y X, e C A lato del triangolo la quarta proporzionale G O per mezzo delle due paralelle F X, e Z R nel triangolo A F C, per aggiungere poi tra Z Y uguale a P T, e Z B insieme, e Z Y la media proporzionale X B, ed il resto si è fatto come prima, e secondo la precedente.

## OSSERVAZIONE QUARTA.

### PROPOSIZIONE XV.

*Modo di dividere un triangolo secondo le parti, che piacerà da un punto dato nel suo lato.*

Sia il triangolo A B C, che bisogna dividere secondo la proporzione data per esempio in tre parti da un punto dato in uno de' suoi lati. Si divida il suo lato B C in tre parti, e la terza parte sia C E nel triangolo destro, se il punto cadesse in E basterebbe tirare la linea A E, e farebbe il triangolo E A C la terza parte del tutto, Ma se non cade in E, ma altrove come in I, allora si condurrà la linea I A, ed a questa si tiri dal terzo E una paralella F E, e dal punto F, in cui sega l'altro lato B A si tiri la linea F I al punto I, ed il trapezio I F A C farà la terza parte del triangolo B A C.

Ma se il punto I cadesse fuora del terzo E B come nel triangolo sinistro, si farà parimente lo stesso, e tirata l' I A si tirerà la paralella ad essa E F, e dal F si tirerà la retta F I, la quale farà il triangolo I F B uguale al triangolo E A C, che è il terzo del tutto.

Che se si vorrà l'altro terzo come nel triangolo destro, si farà parimente allo stesso modo. Prima si tirerà l' V A, e poi all'A I si condurrà la paralella V S, ed al punto S la retta S I, e così il triangolo B S I farà uguale al triangolo B A V, che è il terzo del triangolo B A C.

## OSSERVAZIONE QUINTA.

### PROPOSIZIONE XVI.

*Modo di segare un triangolo nelle assegnate parti con linee paralelle ad un lato.*

Sia il triangolo A B C da dividersi in tre parti per esempio con paralelle al lato B A si divida l'altro lato C B in tre parti, secondo che si vuol dividere il detto triangolo in D, ed E, e poi fra la parte C D, e tutto il lato C B si trovi la media proporzionale CO, e questa si misuri da C in O, e si tiri da O la paralella al lato B A, che sia O I, ed il triangolo C O I sarà il terzo del triangolo C B A. Fig. 17.

Così si faccia de'due terzi C E, e si trovi la media proporzionale tra C E, e C B, e sia C Q, e da Q si tiri la paralella Q L al lato B A, ed il triangolo Q C L sarà due terzi del triangolo C B A, ed un terzo di più del triangolo O C I, onde saranno tre terzi C O I, e O Q I L, e Q B L A.

## CAPO TERZO.

*Maniera di partire ogni sorta di piani in parti assegnate con paralelle ad un lato.*

Vendo trattato dello spartimento de' triangoli in varj modi, resta da trattare della superficie di qualunque sorta venga offerta, la quale essendo impresa più difficile, è stato conveniente di trattare prima de'triangoli per aprire l'adito più facile a queste operazioni,

## OSSERVAZIONE PRIMA.

### PROPOSIZIONE XVII.

*Modo di segare da un mutilatero una data parte con una paralella a un dato lato.*

Dal dato sessagono F D C A B G si deve levare una parte uguale al dato triangolo P R Q, il quale sia della stessa altezza, che il sessagono, ed in caso, che non fosse, si può ridurre per la Prop. 8., e ciò con una paralella al lato C A. Dall'angolo B si conduca la paralella B E al dato lato C A, e si faccia il triangolo E B H, come s'è insegnato alla Prop. 10. Cap. 1. uguale al residuo del rettilineo E D F G B, e si continuino i lati E D, e B G, e concorrino in L: Di poi si misuri la base Q P da H in K, e sia H K, e condotta da Fig. 18.

276    DELL'ARCHITETTURA

Laft. 1.  B la retta BK farà fatto il triangolo KBH, uguale al triangolo P
Trat. 5.  RQ. Si trovi adunque tra la retta LH, e la LE una media pro-
Fig. 18.  porzionale, che fia IL, e fi conduca l'IV parallela alla EB, e
questa taglierà il pezzo IDFGV del multilatero BACDFG uguale al triangolo PRQ, lo provo nella Prop. 56. al Trattato 29.,
che è tutta di mia invenzione, ficcome la Propof. 10., in cui è
fondata.

## OSSERVAZIONE SECONDA.

### PROPOSIZIONE XVIII.

*Modo di fegare in più parti con paralelle ad un lato una figura irregolare.*

Fig. 19.   Sia una figura irregolare rettilinea AEFGNLMHT, la quale
debba effer partita per efempio in quattro parti. Si faccia un
rettangolo uguale, o a tutto il rettilineo, o a ciafcuna delle fue parti,
dividendolo in tanti triangoli, come ho infegnato nel Cap. 1., e fia
quefto rettangolo BADC, il quale fi fuddivida in quattro parti, e
fia una quarta parte DE, la quale farà anche la quarta parte del
dato rettilineo. Sia dunque neceffario difegnare quefta quarta parte
nel dato rettilineo, in guifa però ch'ella fia divifa dal reftante con
una parallela al dato lato FG.

Si trafmuti quefta quarta parte in un quadrato, che fia KF,
che fi fa trovando tra CD, e CE lati del rettangolo la media proporzionale DF, e cominciando dalla parte finiftra, prima fi deve vedere, fe il triangolo AEF adequi la quarta parte di quefto quadrato
trafmutandolo in un rettangolo, che abbia un lato lungo, quanto KD come s'infegna nella Prop. 4., e fia FH; ora perchè FH
non adequa tutto il quadrato, fiamo ficuri, ch'è meno dello fteffo quadrato, e però meno di DE quarta parte del rettangolo, e però dell'
efibito rettilineo.

Percio dal triangolo MGA 7., la cui punta s'ignora per la
Prop. 15. di quefto fi deve levare una parte, la quale fia uguale al
refiduo del quadrato DH, e però s'ha da tirare una parallela al lato 7. A, che fia FM, e fare il triangolo MFG, ed al rettangolo
DH refiduo del quadrato fi deve fare un quadrato uguale per la 9.
Propof. di quefto, o fia il quadrato DO, di poi alle due AG, e
GF fi trovi la terza proporzionale, e fia N, e poi alle tre alla G
A, ed al N, ed al lato FO del quadrato OD la quarta proporzionale, che fia QO, della quale fi faccia il rettangolo QF all'altezza del lato predetto FO del quadrato OD, e feguendo l'operazione
della Propof. 10. di quefto Trattato fi faccia il trapezio uguale GV,
e condotta la GT diagonale, e dal punto T una parallela al lato
AG farà fatto un trapezio GT, il quale col triangolo FEA è uguale al quarto DE, e però al quarto del rettilineo EGLMH.

Sia di nuovo alla deftra da tagliarfi in un'altra quarta parte dal
predetto multilineo con una parallela allo fteffo lato GF. E primieramente

ramente fi veda, fe tirata dall'angolo H allo ftefso lato FG, qual parte levi dal quadrato PS uguale al quarto DE del rettangolo DB, e fatta l'operazione fecondo i documenti della Propof. 4., farà il triangolo HM 2. uguale al rettangolo RP, che non adequa, ne prende tutto il quadrato PS, e però efsendo meno non adequa il quarto DE, a cui il detto quadrato PS refta uguale. Perciò dall'angolo L condurremo la retta L 3., e trafmutando il trapezio H 3. L 2. nel rettangolo RT già adequa la quarta parte del rettangolo DB, ed in confeguenza il multilineo dato, ma fe non adequafse, allora dal trapezio L 2. 3. 4., o triangolo fenza vertice con la paralella L 3. fi aggiungerà la parte per modo di efempio L 3. H 2., la quale uguaglj il rettangolo RT per la Prop. 15., ma fe apprefso a quefta fi ha da collocare un'altra quarta parte, perchè vi è il triangolo T 3. R, che da' due lati è divifo dal refto, però fi dovrà connumerare in quefto quarto, perciò per la Prop. 4. fi ridurrà in un rettangolo, il quale è XV, che abbia il lato del quadrato IV, che adequa il rettangolo DE, ch'è il quarto del quadrato DB, onde il triangolo T 3. R è meno del quarto, e perciò per arrivare al quarto ricercan afsai più; perchè dunque vi è l'angolo N fi tirerà una paralella al lato GF, e fi farà il trapezio 7. 6. 2., dal quale fi vedrà fe adequa il refto XZI del quadrato IV, e per la 4. Prop. fi troverà, che il trapezio 7. 6. N fa il rettangolo ZY, che nemmeno adequa tutto il quadrato VI, e però al triangolo, di cui non fi sà il vertice 7. 6. N alla linea 7. N s'aggiungerà una parte, che farà 7. 4. N 5. uguale al rettangolo refiduo 1. 5., e così il triangolo 3. TR farà uguale al rettangolo XV, ed il trapezio 7. 6. N uguale al rettangolo ZY, e finalmente 6. 4. 5. nel rettangolo 5. 1. adequeranno il quadrato VI uguale al quarto DE del rettangolo DB uguale a tutto il multilineo, e GKMH, onde dal detto multilineo efsendo già recati i tre quarti, refta l'ultimo quarto nel trapezio TS, e perciò tutto il multilineo è ftato divifo in quattro parti colle paralelle al dato lato GF.

## OSSERVAZIONE TERZA.

### PROPOSIZIONE XIX.

*Modo di ligare qualunque multilineo in qualunque parte con paralelle ad una linea pofta fuori della figura.*

Sia la figura ABICQRT, la quale fi debba dividere con paralelle a MN linea pofta fuora di efsa, e s'abbia da dividere in due parti, che una fia i due quinti del tutto. Si divida prima il detto rettilineo ne' fuoi triangoli, e quefti fi riducano finalmente nel rettangolo BDAC, che farà uguale per confeguenza al dato multilineo ABICQRT, fi divida la di lui bafe in 5. parti, ed ai due quinti fi tiri la paralella FE, e così il rettangolo EACF farà i due quinti di tutto il rettangolo BACD: Di poi nel multilineo all'angolo

278　DELL' ARCHITETTURA

Laſt. 1.
Trat. 5.
Fig. 20.
golo I ſi tiri una paralella alla MN, che ſia GE, e poi il trapezio EAIB ſi faccia per la 4. di queſto un rettangolo uguale alla lunghezza del lato AC, che ſia GIAC, lo ſteſſo ſi faccia del piccolo triangolo ICG, e ſia HLIG, che non adequano i due quinti EF AC; E però dal triangolo TECQ ſenza punta per la 15. di queſto ſi deve levare il trapezio KHEC, che adequi il rettangolo EHFL come ſi vede eſeguito, e coſì tutto il rettangolo EAFC farà uguale al multilineo KABICH, e però a' due quinti di tutto il multilineo ABICQT, onde anche ſi raccoglie, che ſi può dividere in qualunque parte proporzionale tanto per queſta, quanto per la precedente qualunque multilineo, per eſempio in due terzi, in un quarto, come di fatto abbiamo queſto diviſo in due parti, che l'una è i due terzi dell' altra.

## CAPO QUARTO.

*Modo di dividere ogni piano per linee, che naſcono da un aſſegnato punto.*

Erchè talvolta non ſi richiede dividere un ſito in parti con linee paralelle, ma le circonſtanze richieggono, che ſi debba dividere, che prendino origine da un punto: Perciò è neceſſario di ſaper anche in ciò dar ſoddisfazione alle genti, e compire al biſogno; onde è meſtiere inſegnare il modo di dividere i punti in parti con linee, che ſi diramino da un' aſſegnato punto.

## *OSSERVAZIONE PRIMA.*

### PROPOSIZIONE XX.

*Modo di dividere una linea in parti, che fra loro abbiano la ſteſſa proporzione, che i triangoli, in cui ſia diviſo un multilineo.*

Fig. 21.
Sia una figura IGECBA diviſa ne' ſuoi triangoli IAG, e AGE, e AEC, e finalmente ACB, ſi produca BC in D, e ſi conduca ED paralella al lato CA, e poi dal punto D la punteggiata DA, e ſarà uguale il triangolo EAC al triangolo DAC, e di ſopra più avrà la ſteſſa proporzione il triangolo CAB al triangolo DAC; o all' uguale CEA, che la linea CB alla linea CD per la prima del lib. 6. degli Elementi; le quali due linee miſureremo nella linea LP, e ſaranno LM, e MN: Indi s' allungherà il lato EC in F, e ſi condurrà la paralella GF al lato EA, e dove ſega in F ſi condurrà la linea FA, e ſarà come prima uguale il triangolo FEA al triangolo GEA, e diranno la ſteſſa proporzione il triangolo ECA al triangolo FEA, e GEA, che la baſe EC alla baſe EF. Dunque alle tre linee EC, ed EF, o NM la ſteſſa, che D

C

troveremo la quarta proporzionale ON, e così faranno nella ſteſ- Laſtr.1.
ſa proporzione CE a EF, che NM a ON, ed in conſeguenza, che Trat. 5.
il triangolo ECA al triangolo GEA, o l'uguale DCA al triango- Fig. 21.
lo FEA.

Così ſi farà del terzo triangolo GIA, perchè allungata la GE in H, e tirata la paralella HI ſi farà il triangolo HGA, tirando la punteggiata HA uguale al triangolo GIA, e poi alla GE, e GH, e ON ſi troverà la quarta proporzionale PO, e così farà ON a PO, come GEA triangolo al triangolo GIA. Dunque abbiamo fatto LM ad MN, come il triangolo CAB ad EAC, ed NM a ON come ECA a EGA, e ON a PO come il triangolo GEA al triangolo GIA, ſiccome dalla ſteſſa operazione ſi può vedere.

## OSSERVAZIONE SECONDA.

### PROPOSIZIONE XXI.

*Modo di ſegare un dato rettilineo in parti deſiderate, con che partano da un punto, o nel lato d'eſſo, o nell' angolo ſituato.*

Sia data la figura ABGCDF, la quale ſi divida ne' ſuoi trian- Laſtr.21
goli dal dato punto A aſſegnato in un' angolo, e che queſta vo- Fig. 1.
gliamo dividere in due parti, le quali ſiano al tutto, come VZ a TI di due quinti, e l'altra come X a TI di quattro quinti, o qualunque innominata, e vorreſſimo che la parte, che avrà la proporzione di VZ a TI foſſe dalla parte B.

Si trovi per la precedente la linea LS, le cui parti abbiano fra loro la ſteſſa proporzione, che i triangoli, in cui la figura è diviſa, e collo ſteſſo ordine, in tal guiſa, che la LM ſia a MP, come il triangolo GBA al triangolo CAG, e MP ſia a PR, come il triangolo CAG al triangolo CDA, e PR ſia a RS come il triangolo DAC al triangolo FAD. Alle tre dunque IT, e VZ, e SL ſi trovi la quarta proporzionale OL, in tal guiſa, che ſia IT alla VZ, come tutta la SL alla OM, e perchè il termine O cade nella parte MP, la quale appartiene alla baſe CG; perciò ſi trovi di nuovo alle tre PM, e MO, e CG la quarta proporzionale GH, e ſia come PM a OM, così CG a GH, e ſi tiri la linea AH, e così tutto il trapezio ABGH avrà la ſteſſa proporzione a tutto il rettilineo ABGCDF, che la VZ alla IT, che ſarà per eſempio di due quinti.

Piaccia di poi tagliare dalla ſteſſa parte B in altra parte, che abbia proporzione al tutto come X a TI, e ſi farà allo ſteſſo modo, alla TI, e X, e SL ſi troverà la quarta proporzionale, che cadrà in O, e perchè la parte PR appartiene alla baſe del terzo triangolo DC, ſi farà di nuovo, che RT ſia a OP come DC a EC quarta proporzionale, e ſi tirerà l'AE, e così tutto il pezzo ABGCE ſarà a tutto il rettilineo ABGCDF come l'X alla IT.

## OSSERVAZIONE TERZA.

### PROPOSIZIONE XXII.

*Modo di segare un multilineo in parti assegnate con linee, che partono da un punto di mezzo.*

Sia la figura ABCDEF, il punto assegnato sia X, dove più piace, ma non nei lati, e sia da dividere la figura in quattro parti; si tirino dal X le linee punteggiate, che dividano tutto il piano del rettilineo in tanti triangoli, e la linea GO per la 19. sia divisa nelle parti GH, e HI, e IK, e KL, e LM, e MO, che siano seguitamente collo stesso ordine proporzionali, come i triangoli ABX, e BXC, e CXD, e DXE, e EXF, e FXA, e questa si divida in quattro parti in P, Q, R; Perchè dunque la prima divisione P cade nella seconda linea, dovrà dividersi la base BC del secondo triangolo in tal guisa, che siccome HI ad HP, così sia BC a BS, e si tiri la XS, e la figura ABSX sarà il primo quarto di tutto il rettilineo; Così perchè Q cade nella parte KL, che corrisponde per ordine alla base del quarto triangolo, si farà in proporzione come KL, e QK, così la base DE alla base DT, e si condurrà la XT, che distinguerà l'altro quarto, che sarà XSCDT.

Così si farà dalla parte R, la quale richiede la base EF, che si proporzionerà, come LM a LR, così EF a EV, e si tirerà la XV, e TXV sarà il terzo quarto, onde VFAX resterà il quarto, e così sarà divisa la figura in quattro parti.

Si potrebbe anche fare una divisione, che fosse come Z a FG, come per se è manifesto, ed abbiamo fatto nella precedente.

## OSSERVAZIONE QUARTA.

### PROPOSIZIONE XXIII.

*Modo di dividere un rettilineo in due parti, tirando la linea dividente da un punto eletto di fuori.*

Sia proposto il rettilineo ABQBC, da cui s'abbia da levare una parte determinata, tirando la linea dividente dal punto O fuori d'esso. Primieramente si divida tutta la figura ne' suoi triangoli BAQ, e QAB, e BAC, ai quali si faccia il rettangolo uguale MN per la Prop. 7. di questo Trattato, ed in esso ciascun rettangolo corrispondente a ciascun triangolo, cioè il rettangolo MP al triangolo BAQ, il rettangolo PR al triangolo AQB, ed il rettangolo RN al triangolo BAC, e perchè il punto O è dalla parte del triangolo BAC, il rettangolo RN uguale a lui in quella parte, che desideri levare sia il rettangolo TN, e perchè non occupa tutta la parte NR, perciò si potrà levare dal triangolo BAC, che se fosse uguale, o

maggio-

maggiore, allora non si potrebbe levare, o bisognarebbe compartire i triangoli nel rettilineo in altro modo, per esempio in vece del punto A eleggere il punto C, o in altro modo, che detterà l'ingegno. Lastr.2. Trat.5. Fig.3.

Il rettangolo dunque NT si trasformerà nel triangolo ADC, riducendolo prima per la quarta all'altezza XA, se non fosse ridotto come è ridotto il presente, e poi prendendo DC al doppio dell'altro lato, che non s'uguaglia all'altezza AX, e poi coi lati del triangolo AC, e CD si faccia il rettangolo FE, e dal punto O si tiri una paralella MO al lato opposto AC fino alla base prolungata BM, e per la 4. di questo del MO si faccia un rettangolo uguale al rettangolo FE, che sia LF, di cui un lato sia FH uguale a OM, l'altro ritrovato sia TF, il qual lato si misuri dal punto C, e sia CX, e questo CX trasportato in TF, e CM in FS si trovi una media proporzionale FQ, e poi il lato TF si divida per mezzo, e si faccia il circolo TNFP, e dal punto Q si tiri pel centro del circolo la retta QNP: Si prenda dunque la misura QN, e si trasporti da X in R, e si tiri la OR, ed il triangolo XVC sarà uguale al triangolo DAC, e però al rettangolo proposto TN, che si doveva fare; la proposizione è provata da me, siccome tutte l'altre nel Tratt. 29. del nostro Euclide.

Se la figura fosse rettangola facilmente si potrà dividere in quante parti si vuole da un punto dato; come il rettangolo BACD dal punto dato O, perchè si dividerà prima nelle parti proposte con paralelle al lato, per esempio BA, che siano EF, e GH, che divise per mezzo in I, ed L, per queste divisioni dal punto O si tireranno le linee OD, ed OM, le quali segheranno i trapezzi CD F uguale a CMNF, così CMNF uguale al rettangolo MABN, e però il parallelogrammo, o rettangolo BACD sarà diviso nelle parti proposte. Fig. 4.

## CAPO QUINTO.

*Del modo di dividere un Piano con linee condotte, come piace ad ognuno.*

Vendo dato il modo di dividere un piano con linee paralelle ad un lato, o anche ad una linea presa di fuori, siccome anche con linee, che nascono da un punto, o sia fuori, o sia dentro, o negli stessi lati della figura, pare che l'ordine voglia di dare il modo di dividere un piano, benchè le linee dividenti siano condotte a gradimento.

## DELL' ARCHITETTURA

La ſtr. 2.
Tratt. 5

## OSSERVAZIONE UNICA.

### PROPOSIZIONE XXIV.

*Modo di partire qualunque rettilineo con linee dividenti, le quali nè ſiano paralelle, nè vadino a ferire in un ſol punto.*

Fig. 5.

Sia il rettilineo ABCDF, che biſogni ſegare con linee, nè paralelle fra loro, nè che naſcono da un punto.
Si divida la figura ne' ſuoi triangoli, ma ſenza tirar le linee dallo ſteſſo punto, i quali ſono i triangoli AEB, e EBC, e HFD, ſi faccia un rettangolo per la prop. 2. uguale a tutta la figura compoſto di diverſi rettangoli, che ciaſcuno ſia uguale al triangolo ſuo corriſpondente, come QO ſia uguale al triangolo EAB, così TO ſia uguale ECB, e PZ uguale al triangolo HDF, ſi divida poi il lato PQ dal rettangolo PX in tre parti, o come piacerà in S, e R, e ſi tireranno le rette punteggiate RN, e SY, e ſarà diviſo il rettangolo PX parimente in tre parti; ora perchè la diviſione della prima parte RN ſi troverà nel rettangolo TZOI, che appartiene, ed è uguale al ſecondo triangolo BEC, perciò in lui ſi farà la diviſione del primo terzo a queſto modo, alle tre TI, e IR, e BC ſi troverà la quarta proporzionale BL, e ſi tirerà la LE, ed il trapezio ABEL ſarà il primo terzo.
L'altro pure ſi ſegnerà nella ſteſſa guiſa alle tre linee PT, e ST, e DH ſi troverà la quarta proporzionale HV, e ſi tirerà l'FH, e così la figura ELC, FVH ſarà la ſeconda parte delle tre, onde reſterà l'ultima FDV. Queſta prop. ſi prova al Trattato 29. prop. 41.

## CAPO SESTO.

*Del modo di accreſcere le figure, o dividerle in più figure, le quali però reſtino ſempre ſimili alle primiere.*

E parti, o gli accreſcimenti, che fin' ora abbiamo fatto non mantenevano ne' compoſti la medeſima figura, o quelle parti, ch' erano da principio: ora pretendiamo d'aggiugnere, o diminuire, e dividere in più, conſervando la ſteſſa figura, e perciò è neceſſario ſaper prima fare una figura ſimile all' altra.

OSSER-

## OSSERVAZIONE PRIMA.

### PROPOSIZIONE XXV.

*Modo di descrivere sopra una linea offerta un rettilineo simile, e posto similmente, come un altro.*

Sia il piccolo rettilineo segnato X, e sia proposta una linea AB, sopra la quale si debba fare un rettilineo simile, e similmente posto come il piccolo X, si risolva dunque il rettilineo X ne' suoi triangoli, tirando dal punto P la linea PM, PL, che lo dividono nel triangolo bianco, nero, e più nero; Di poi sopra l'AB all'A si faccia l'angolo A nero uguale al nero L, e così si faccia all'altro capo B, che sia uguale all'angolo nero M, come insegno al Cap. 5. Osserv. 1. Tratt. 1., e si tireranno le due AE, e AB, che faranno il triangolo AEB simile al nero MPL.

Lo stesso si faccia sopra la linea AE, facendo l'angolo A bianco uguale al bianco L, siccome l'angolo bianco E uguale al bianco P, e tirate le linee AD, e DE il triangolo bianco DEA sarà simile al bianco OPL, lo stesso si faccia del più nero ECB, e farà simile al più nero PMN, onde tutta la figura ABCED sarà simile alla figura LMNPO.

Si può anche fare in un'altro modo per via di paralelle. Sia la figura PONMA si divida ne' suoi triangoli tirando le linee AO, o AN, le quali se si vuole la figura più grande, tutte s'allungano in C, e B, ed anche i lati AP, e AM in E, e D.

E poi ai lati, che restano PO, e ON, e NM si tirino paralelle, le quali sono EC, e CB, e BD; tutte che si congiunghino insieme negli angoli C, e B, e la figura maggiore AECBD sarà simile all'inclusa APONM, e lo stesso si farà, se data la maggiore AECBD, si volesse la minore APONM, perchè si tirerà la paralella PO al lato EC, e così l'altre all'altre.

## OSSERVAZIONE SECONDA.

### PROPOSIZIONE XXVI.

*Maniera di fare un quadrilatero simile all'altro con un lato lungo quanto piacerà.*

Sia il quadrilatero nero FDEM, e si voglia farne un' altro lungo quanto GF, prodotta la linea MF in G secondo la lunghezza, che si pretende, da G si tirerà la paralella GA all'altro lato FD, e poi si tirerà la diagonale MD, o si produrrà, sin tanto che seghi il lato GA, e dal punto A si tirerà una paralella AB uguale a GF, e prolungato il lato FD in B, ed il DE in H sarà fatto il quadrangolo nero AHBD, e simile al piccolo FDEM, e se si ti-

Lib. 2. reranno gli altri lati M E, e B A si farà un quadrangolo lungo quan-
Trat. 5. to M F, ed F G simile allo stesso piccolo D E F M.

## OSSERVAZIONE TERZA.

### PROPOSIZIONE XXVII.

*Modo di fare un rettilineo simile ad un' altro, e posto allo stesso modo,
ma uguale ad un' altro rettilineo.*

Fig. 8.    Sia dato il rettilineo A per esempio un pentagolo, al quale si deve fare un rettilineo simile, ma uguale al triangolo B.
    Primieramente si divida la figura A ne' suoi triangoli, e si faccia il paralellogrammo, o rettangolo O P uguale ad esso come nella 7. Prop. di questo Trattato ho insegnato, in tal guisa, che ogni paralellogrammo sia uguale a' corrispondenti triangoli segnati 1. 2. 3.:
Di poi appresso a questo si ha a fare per la Prop. 4. il rettangolo nero O H lungo, quanto il lato O P, ma uguale al triangolo B, fatto questo ai lati D P, e P H si deve trovare la media proporzionale P V, come si è insegnato all' Osservazione 5. del primo Trattato: Ora di questa linea P V si faccia la figura nera simile all' A per la precedente, e questa sarà uguale al triangolo B lo prova Euclide lib. 6. p. 25.

## OSSERVAZIONE QUARTA.

### PROPOSIZIONE XXVIII.

*Maniera di far un paralellogrammo uguale a un rettilineo, che ecceda una linea
data, e che l'eccesso sia simile ad un paralellogrammo dato.*

Fig. 9.    Sia data la linea A B, a cui bisogni applicare un paralellogrammo uguale al triangolo seminero dell'altra figura, ma che ecceda la detta linea A B con un' eccesso simile al paralellogrammo X.
    S'innalzi sopra la metà d'A B il paralellogrammo C F B Y posto allo stesso modo, che X, e simile a lui, come per la prop. 14. si può fare, ed a questo paralellogrammo C F Y B si trovi un rettangolo uguale, come si vede fatto nell' altra figura 9., come ho insegnato nella prop. 4., e fatto il lato Z O uguale a C B, nell'angolo Z uguale all' angolo del rettilineo X si farà il paralellogrammo Y Z O I uguale al triangolo seminero, e gli si aggiungerà il paralellogrammo Y I H M uguale al paralellogrammo C F Y B, essendo già Y I uguale a Z O, che uguaglia C B, il quale Z O H M tutto insieme si ridurrà in un rettangolo, e poi gli si farà un quadrato uguale O R per la propos. 9., il quale quadrato si obbliquerà allo stesso modo, che è C F B Y, e sarà Q L N R, conservando però sempre
l'egua-

l'egualità dell'area, e dell'angolo, come s'infegna nella prop. 4., che nel piccolo non fi può sì ben' efprimere. Laft. 2. Tratt. 5

Effendo dunque il rettilineo QNRL fimile al CFBP, quefto che è più piccolo fi circonfcriverà facendolo avanzare verfo G, e farà FPEG, e prolungato il lato EG quanto CA, fi tirerà la paralella KA al lato CE, e farà fatto il rettangolo AKCD, che eccederà nella figura BG fimile al X la linea efibita AB, e tutto farà uguale al triangolo propofto feminero.

## OSSERVAZIONE QUINTA.

### PROPOSIZIONE XXIX.

*Come fi unifcano due rettilinei fimili, e fimilmente pofti in uno folamente.*

Sia fatto un triangolo, che abbia un'angolo retto BAC, e i di cui lati AC, e AB fiano lati di due figure fimili, e fimilmente pofte BFGA, e AHIC, fopra la bafe BC fi defcriva un'altra figura fimile, e fimilmente pofta come BFAG, ovvero AHIC, e quefta fia BECD, e quefta farà uguale alle due predette BFAG, e AHIC, così Euclide lib. 6. prop. 31. Fig. 10.

## OSSERVAZIONE SESTA.

### PROPOSIZIONE XXX.

*Efibite due linee, delle quali fi debbano coftituire due figure in fomigliante maniera, come fi poffa fapere quanto contenga più la maggiore della minore.*

Siano efibite due linee A, e B, delle quali s'abbiano a coftituire due figure fimili, e fi vorrebbe fapere in che fopravvanzi la figura coftituita dalla maggiore fopra quella coftituita dalla minore. Si duplichi la maggiore A, e fia CG, fatto centro nel mezzo E fi giri il femicircolo CHG, fi mifuri poi dal centro E la minore B, e fia ED, e dal punto D fia innalzata una normale a CG, che fia DH, che tocchi in H la circonferenza, e da quel punto H al centro E fi tiri la retta HE: Di poi fopra DH fi faccia una figura fimile, e fimilmente pofta come le figure delle linee A, e B, come per efempio d'A, e B fe fi foffero coftituiti due quadrati, anche un tale fe ne coftituifca di HD, e quefta figura farà quella, in cui avanzerà la figura d'EH, ovvero A fopra la figura fatta di B. Fig. 11.

## OSSERVAZIONE SETTIMA.

### PROPOSIZIONE XXXI.

*Modo di ridurre molti rettilinei somiglianti, e similmente in uno solamente della stessa condizione.*

SE i rettilinei dati fossero dissomiglianti, e diversamente posti si ridurranno in simile figura per la prop. 24 di questo; siano dunque lati di figure simili, e similmente poste le linee A, B, C, D, E, si congiunghino i due primi A, e B ad angoli retti, e siano AO, e OB, e si conduca la base BA, e con questa la linea C s'unisca ad angolo retto in B, e sia BC, e si tiri la base CA, e di nuovo a questa s'unisca ad angoli retti D, e sia DC, e si tiri la base DA; finalmente a questa base s'unisca ad angoli retti la linea E, e sia DE, e si tiri la retta, e base EA, ora sopra questa ultima base si faccia una figura simile, e similmente posta come le altre, e questa figura formata sopra la linea AE sarà uguale alle figure simili, e similmente poste di A, B, C, D, E.

## OSSERVAZIONE OTTAVA.

### PROPOSIZIONE XXXII.

*Modo di spartire un rettilineo in più rettilinei conservata la stessa figura, e proporzione data.*

SI proponga il rettilineo ABCD, del quale bisogni farne di molti, ch'abbiano una data proporzione al tutto, per esempio uno sia, come la linea O, che è un sesto della linea L; l'altro come I, che è due sesti; il terzo come K, che è tre sesti della linea L, quali insieme posti la debbono comporre come fanno le tre O, I, K.

Si divida il lato della figura proposta BA, come la linea L in sei parti, e AO sia una parte, AI ne prenda due, e AH ne prenda tre, come fanno le proposte O, I, K, e dai punti delle divisioni s'alzino le normali al lato BA, che siano HG, e IF, e OE, che vadino a finire nel semicircolo condotto dal centro H coll'apertura d'HA metà del lato BA, ed i punti, in cui finiscono, siano G, F, E, da' quali si conducano rette al punto A, e siano GA, e FA, e EA, delle quali se si faranno rettilinei simili, e similmente posti come BACD, questi insiememente uguaglieranno la figura BACD, e EA sarà un sesto, FA due sesti, e GA tre sesti, così provo colla mia studiata regola al Tratt. 29. Proposizione 29. del nostro Euclide.

# TRATTATO V. CAP. VI.

## OSSERVAZIONE NONA.

### PROPOSIZIONE XXXIII.

*Come dato un rettilineo si possa diminuirlo in qualunque parte simile, e similmente posta conservata la figura, e posizione primiera.*

Sia il quadrato A 3. 3., al quale bisogni levar tanto, quanto il quadrato nero; dal lato D A dal punto D del quadrato nero col compasso si misuri il lato del quadrato maggiore 3. 3., e sia D C, e di A C si faccia il quadrato I, e questo farà il quadrato, che risulta levato il quadrato nero dal bianco, si prova al Tratt. 29. prop. 29. nel Corollario del nostro Euclide. Fig. 14.

## OSSERVAZIONE DECIMA.

### PROPOSIZIONE XXXIV.

*Come dato un rettilineo si possa constituire un' altro maggiore, o minore secondo la data proporzione.*

Sia il rettilineo dato D Q E, che debba farsi quattro volte di più, ma in tal guisa, che sia simile, e similmente situato, che il rettilineo esibito; si prendano due linee una come C quattro volte più lunga dell'altra, che sia B: Di poi alla linea B, e C, e finalmente al lato E D del rettilineo proposto D Q E si trovi la quarta proporzionale H, in tal guisa, che abbia proporzione B a C, come D E a H. Ma se si avesse da diminuire si dovrebbe far al contrario, e fare, che fosse come C a B, così D E a L, e fra queste D E, e H si trovi la media proporzionale K S, e se si dovesse diminuire tra D E, e L la media R F, e sopra K S, o R F si farà un rettilineo simile, e similmente situato come D Q E, che farà, se si tratta d'ingrandire, X K S, se si diminuisce, R T S, ed il rettilineo X K S farà quattro volte più che il rettilineo D Q E, ed il rettilineo F R T farà un quarto, come è B rispetto a C, o C rispetto a B. Fig. 15.

## OSSERVAZIONE UNDECIMA.

### PROPOSIZIONE XXXV.

*Modo di trovare à due rettilinei offerti il terzo proporzionale simile, e similmente posto.*

Sia il rettilineo O P Q R, e sia il rettilineo A C B, tra quali s'abbia a ritrovare il terzo proporzionale simile, e similmente collocato, come il rettilineo B A C, si riduca al trapezio P Q R O Fig. 16.

La fig.2. in un rettilineo uguale ad esso, ma simile, e similmente posto come
Tratt.5  ABC.
Fig. 16.
Il che si farà riducendolo prima in un triangolo uguale, come mostra la figura, indi s'abbasserà all' altezza di ABC come è ML P, e poi ambidue si ridurranno in due rettangoli, BAC nel rettangolo AT, ed MLP nel rettangolo PV, e poi traslati MV, e MP si trovi la media proporzionale, che sia EF, e sopra la linea EF si faccia un rettilineo simile, e similmente collocato come è il rettilineo BAC, che sia EFD, e questo per la Prop. 26. di questo farà uguale al trapezio PQRO: Fatto questo si trovi ai due lati EF, e BA la terza proporzionale HG, e sopra questa si delinei un rettilineo simile, e similmente situato come è EDF, o BAC, che sia HIG, e questo sarà il terzo proporzionale, ed EDF, o il trapezio uguale PQRO sarà a BAC, come BAC è proporzionato al rettilineo HIG.

## OSSERVAZIONE DUODECIMA.

### PROPOSIZIONE XXXVI.

*Modo di trovare il quarto proporzionale a tre rettilinei dati simile, e similmente situato come uno di essi.*

Fig. 17. Siano dati tre rettilinei, ABC triangolo, EF paralellogrammo, e GH trapezio, in questo è mestiere trovar il quarto proporzionale simile, e similmente posto, come esso, in tal guisa, che come il triangolo al paralellogrammo, così sia il trapezio ad un'altro rettilineo.

Al rettilineo ACB si faccia un rettilineo uguale, ma simile, e similmente posto come EMF, quale è KALC paralellogrammo per la prop. 26., e poi alle tre linee KA, e ME, e GN si trovi la quarta proporzionale QP, e sopra QP s'innalzi il trapezio PO simile, e similmente posto, come GH, e sarà fatto quanto si pretende, ed il paralellogrammo KALC, o triangolo uguale BCA sarà al paralellogrammo EMF, come GNH trapezio al trapezio QPO.

## OSSERVAZIONE DECIMATERZA.

### PROPOSIZIONE XXXVII.

*Modo di trovare a' due dati rettilinei un rettilineo medio proporzionale simile, e posto similmente come uno d'essi.*

Fig. 16. Si veda la figura della prop. 35., e sia dato il rettilineo HIG, ed il rettilineo PQRO, e sia necessario trovare un medio proporzionale tra questi due rettilinei.

Primie-

# TRATTATO V. CAP. VI.

Primieramente fi renda P Q R O in una figura, e fimile, e fi- milmente fituata, come è il rettilineo H I G, ficcome abbiamo fatto nella prop. 35., e fia E D F fopra E F fua bafe corrifpondente a H G, indi tra H G, e E F fi trovi la media proporzionale B A, e fia H G a B A, come B A a E F in proporzione. E fopra la B A media s'innalzi un rettilineo fimile, e fimilmente pofto, come H I G, quale è B C A, e farà efeguito quanto fi defidera, perchè il rettilineo H I G farà al rettilineo B C A, come lo ftefso B C A al rettilineo E D F uguale al trapezio P Q R O.

*Laftr. 2. Trat. 5. Fig. 16.*

## DEDUZIONE.

Quefte propofizioni tutte, che rifguardono la proporzione di quefto Capitolo fi debbono intendere non folamente delle figure rettilinee, ma anche curvilinee, che fi poffano far fimili come de' circoli dell' Eliffi, delle Parabole, ed Iperbole, e loro metà. Onde fe fopra a' loro diametri proporzionali fi conftituirà un Circolo, o Eliffe fimile, o qualunque altra figura, purchè fi pofsi far fimile all'altra, confeguirà quelle affezioni tutte di proporzione, e corrifpondenza, che fono efprefse in quefto Capitolo, come diremo apprefso.

## CAPO SETTIMO

### Delle Figure Ifoperimetre.

LE Figure Ifoperimetre fono quelle, che hanno la ftefsa circonferenza, cioè fono circondate da linee uguali pofte infieme, fe fono molte fanno la ftefsa lunghezza, nel che fi ha da fapere, che non per quefto, che una pianezza abbia lo ftefso ambito, o contorno, che un'altra, non per quefto ha la ftefsa capacità, anzi come provo nel Tratt. 29. del noftro Euclide alla prop. 57. e 58. quelle fono più capaci, che hanno più lati, ed angoli, e quefti più uguali fra loro, e però un rettangolo lungo dieci piedi, e largo due, conterrà 20. piedi quadrati, e farà di contorno 24. piedi, e parimente un quadrato di 6. piedi per lato avrà lo ftefso contorno, cioè 24. piedi, ma di continenza molto più, perchè conterrà 36. piedi quadri, ma fe taluno volefse un contorno uguale ad un'altro, e la ftefsa capacità di piano, quefta fi dovrà fare non fenza induftria, come vedremo nelle feguenti Offervazioni.

## OSSERVAZIONE PRIMA.

### PROPOSIZIONE XXXVIII.

*Modo di fare un triangolo equicruro Isoperimetro a un dato triangolo.*

Sia dato il triangolo ACB, a cui si debba costituire un triangolo di gambe uguali, ed Isoperimetre.
Si trasferiscono sulla linea OP i lati AC, CB del triangolo ACB, cioè AC sia OR, e CB sia PR, e poi si divida per mezzo in Q, e delle due parti OQ, e QP si faccia sopra la base AB il triangolo AEB, e sarà fatto quanto si desidera.

## OSSERVAZIONE SECONDA.

### PROPOSIZIONE XXXIX.

*Come si costituisca una figura regolare ad un' altra Isoperimetra dato l'angolo della figura, che si deve costituire.*

Sia il sessagono A, a cui si debba costituire un'altra figura, per esempio un pentagolo d'ugual contorno dato l'angolo del pentagolo G.
Si tiri una linea come MN, e sopra essa si misurino i lati del sessagono per esempio XZ, che sia MP, e così gli altri, e questa tutta si divida secondo il numero de' lati della figura, che si deve costituire, e siano le parti MO, e OQ, e QR, e RS, e finalmente SN. Indi con due di essa si faccia l'angolo C uguale all'angolo esibito G, e così si vada facendo delle altre parti, unendole insieme in tal guisa, che ciascuna faccia con quella, a cui si unisce l'angolo G, e così sarà fatto il pentagolo CDBFE, il quale sarà Isoperimetro al sessagono A.

Dove si ha d'avvertire, che nelle figure Isoperimetre allo stesso modo si diminuiscono i lati, che gli angoli, e che la differenza dal lato maggiore al minore è la quinta parte del minore, come PO è un quinto di MP, è un sesto del maggiore, cioè di MO, e così anche la differenza, che è tra l'angolo DVB, ovvero l'uguale XAT, e l'angolo ZAX, cioè ZAT, è il quinto di ZAX, ed un sesto di TAX.

## TRATTATO IV. CAP. VII.

## OSSERVAZIONE TERZA.

### PROPOSIZIONE XL.

*Come a un dato triangolo si debba constituire un paralellogrammo uguale, ed Isoperimetro.*

Sia il dato triangolo ABC, al quale si debba fabbricare un paralellogrammo uguale, ed insieme Isoperimetro, si stendino i lati CA, ed AB nella retta HL, e siano HM, e ML, e poi si divida per mezzo la linea HL in N, e così la base BC si divida pur per mezzo in E, e preso l'intervallo HN metà della linea del centro E si tiri una porzione di giro, che sega la paralella GA in F, e si conduca la retta EF; lo stesso si faccia dal punto C, e da ove sega in G si conduca un' altra retta GC, e sarà fatto il paralellogrammo GFCE uguale, ed isoperimetro al triangolo C AB.

## OSSERVAZIONE QUARTA.

### PROPOSIZIONE XLI.

*Modo di constituire un rettangolo uguale, ed Isoperimetro ad un' altro non rettangolo.*

Si faccia al paralellogrammo ECGF uguale il rettangolo POC E, che però non sarà Isoperimetro; ora se si desidera renderlo Isoperimetro servata l'ugualità.

Si trovi a' lati CE, e EO del rettangolo CPOE una media proporzionale, che si farà trasportando EO in QR, e CE in RT, e fatto sopra QT come diametro un semicircolo, dal punto R s'innalzerà la normale RS a QT, e questa farà la media proporzionale. Di poi si trasporterà EF in QI, e CE in IV nella stessa linea QV, e sopra QV si farà un semicircolo QSV, e tirata una paralella al diametro QV dal punto S dove sega questo secondo circolo, da quel punto si farà cadere una normale allo stesso diametro in Z, e segherà la linea VQ in Z in due segmenti, che faranno il rettangolo in disparte VQ uguale, ed isoperimetro al paralellogrammo GFCE.

## OSSERVAZIONE QUINTA.

### PROPOSIZIONE XLII.

*Modo di constituire un rettangolo uguale, ed Isoperimetro a qualunque rettilineo, quando si possa fare.*

Fig. 21.  Sia dato il rettilineo A, al quale per le precedenti proposizioni sia già fatto uguale al rettilineo T F, si stenda in una retta come P O la metà del contorno del rettilineo A; Di poi parimente stesi in una linea i lati del rettangolo F T, che siano F Z, e F Y, tra loro si trovi la media proporzionale F G, la quale se sarà uguale alla metà O P, e arriverà in V, questa farà un lato d'un quadrato uguale, ed Isoperimetro al rettilineo proposto A, se sarà maggiore come è F G il caso sarà impossibile, nè si potrà trovare quello si pretende per essere maggiore F G, che il semidiametro P V del semicircolo O L P, se sarà minore, come sarebbe se fosse dato il rettilineo A senza il triangolo nero, al quale fosse uguale il rettangolo Q F, e la media proporzionale fosse F H, e la lunghezza del contorno A fosse P I, misurata la F H media proporzionale in P I resta meno, che la metà I V, onde fatto un semicircolo sopra P I dal mezzo di I P si leverà una perpendicolare al diametro O P, che sia uguale a F H, e dal suo estremo, come si è fatto nell'antecedente si tirerà una parallela al detto diametro O P, e dove sega il semicircolo del diametro P I, dal qual punto si farà cadere una normale in R, che segherà la O P diametro in due parti P R, e R I, delle quali si constituirà il rettangolo O I R uguale, ed Isoperimetro al rettilineo A senza il triangolo nero.

## CAPO OTTAVO.

### *Delle Progressioni Geometriche.*

Uesto Capitolo non verrà giammai in uso all'Architetto, ma perchè inchiude osservazioni altrettanto curiose, quanto vere, le quali ho provate al Tratt. 28. del nostro Euclide; però per non lasciar in dietro cosa alcuna, che appartenga alla trasmutazione de' piani ho voluto toccarne qualche cosa.

Le progressioni adunque Geometriche, delle quali trattiamo, sono piani, che vanno continuamente con proporzione Geometrica diminuendosi come nella figura 22., cioè che sia il piano A al piano B, come B al piano C, e questo a D, come B a C, e così D ad E, come C a D, e così in infinito. Ora di qualunque di queste progressioni intendiamo assegnar il termine, ed anche benchè infinite una superficie, che le uguaglj.

OSSER-

## OSSERVAZIONE PRIMA.

### PROPOSIZIONE XLIII.

*Modo di trovare una lunghezza, in cui finisca una data serie Geometrica.*

Sia data una serie Geometrica A B, BC, CD, D E &c., e si pretenda sapere il punto F, in cui seguitando questa serie và a finire; si levi il secondo termine B dal primo A, e si prenda la differenza, e si trovi a questa differenza, ed alla prima base BA la terza proporzionale, e si troverà la lunghezza A F, onde tutti questi lati de' piani di questa serie arriveranno diminuendosi sempre da A sino a F, ma non passeranno quel termine.

## OSSERVAZIONE SECONDA.

### PROPOSIZIONE XLIV.

*Come date le due prime basi si debba ritrovare a una serie infinita Geometrica continua di un quadrato un rettangolo uguale.*

Siano due le basi de' quadrati A B, e B C nella figura precedente a queste si trovi la terza proporzionale, che sia CD, ed alla serie A B, CD si trovi per la precedente una lunghezza Q, a cui pervenga, ed in cui termini la progressione interrotta B A, C D, e di questa lunghezza Q sia fatto il rettangolo K O, farà uguale a tutta la serie de' quadrati sopra le basi B A, B C, C D di continua proporzione: Lo provo alla prop. 5. Tratt. 28. del nostro Euclide.

## OSSERVAZIONE TERZA.

### PROPOSIZIONE XLV.

*Maniera di ritrovare un piano uguale, e simile a tutta una serie infinita Geometrica continua di molte superficie.*

SI levi B secondo termine da A primo termine, e resterà il gnomone nero nella serie de' quadrati A B C D, il quale si trasformerà in un quadrato simile, e poi per la prop. 33. di questo si troverà al gnomone a tutto il primo quadrato A compreso il gnomone nero, il terzo proporzionale Z, e questo farà uguale a tutta la serie de' quadrati A B , C D E.

Lo stesso si farà se fossero rettangoli, perchè levato M da L resterà P rettangolo, si farà dunque come P nero rettangolo a tutto L compresa la parte nera, così lo stesso L colla parte nera ad un terzo proporzionale rettangolo, che sia simile, o pur anche ridotto nel quadrato Z, e questo farà uguale a tutta la serie de' rettangoli.

## DEDUZIONE.

Da ciò si può vedere, che in qualunque maniera sia continuata la serie di simili figure, che sempre seguirà lo stesso, purchè la differenza del primo al secondo termine si riduca in simile figura, ed a quella, ed al primo termine si trovi un simile terzo proporzionale, che poi si potrà ridurre in qualunque altra figura.

## OSSERVAZIONE QUARTA.

### PROPOSIZIONE XLVI.

*Modo di ritrovare ( dato un quadrato, ed un rettangolo più grande della stessa altezza ) una serie infinita di progressioni geometriche di quadrato, che comincia dal dato quadrato, e sia tutta uguale al dato rettangolo.*

Fig. 1. Sia dato il quadrato DA, ed il rettangolo della stessa altezza BA, si trovi alla base, e lato più lungo del rettangolo AF al residuo levato il lato del quadrato CF, così il lato del quadrato CA ad una quarta proporzionale, che sia CI, e di questa all'altezza di AD quadrato si faccia il rettangolo OICD, ed a questo rettangolo si faccia un quadrato uguale, che sia CL, trovando la media proporzionale IR tra i lati CI, e DI, e poi nella stessa proporzione si continui la serie del quadrato AD al quadrato CL, e questa sarà uguale al rettangolo AB cominciando dal quadrato AD; si prova nella prop. 6. al Tratt. 28. del nostro Euclide.

## OSSERVAZIONE QUINTA.

### PROPOSIZIONE XLVII.

*Modo di fare una serie geometrica infinita di piani simile, che comincia da una data parte simile al tutto, la qual serie sia poi uguale alla superficie rimanente.*

Fig. 2. Sia esibito per esempio il circolo NMRO, dal quale si levi la porzione PVZ simile al tutto, essendo anche ella circolo, e si debba costituire una serie geometrica, che proceda in infinito, che comincia dalla data porzione PVZ, e tutta sia uguale, a tutto il circolo NMRO, si trovi come insegneremo appresso a tutto il circolo NMRO, ed al residuo anello piano levato il circolo VZP, così il circolo ZVP, il quarto proporzionale l'anello nero TSVPZ, e questo si trasfonda in un circolo, che sia C; si ponga dunque per primo

TRATTATO V. CAP. VIII. 295

primo termine il circolo A uguale al circolo ZVP, e per secondo il circolo C uguale all'anello nero, si continui la serie, e così sia A a C, come C a E fino all'ultimo suo termine, e questo sarà uguale all'circolo NMRO, cominciando dalla data parte ZVP simile al tutto; si prova alla prop. 7. del nostro Euclide nel Tratt. 28. La str.3. Trat. 5. Fig. 2.

## OSSERVAZIONE SESTA.

### PROPOSIZIONE XLVIII.

*Modo d'ordinare una serie Geometrica, che comincia da un dato termine, e sia uguale ad un'altra simile serie.*

SI faccia il rettangolo AB in altezza del primo quadrato CD per la prop. 42., il quale sia uguale a tutta la serie infinita AK, e sia poi dato il quadrato LN minore, che il rettangolo AB, al quale s'aggiunga una tal parte MO, che il tutto LO sia uguale al predetto rettangolo AB, e per la prop. 44. di questo Trattato si stenda una serie di quadrati uguale al rettangolo LO, che sia LV, e questa sarà uguale alla serie AK, essendo uguali i rettangoli LO, e AB, a cui s'uguagliono LV, ed AK. Fig 3.

## OSSERVAZIONE SETTIMA.

### PROPOSIZIONE XLIX.

*Come si possa trovare una progressione Geometrica di piani proporzionale ad un'altra.*

SIa data la proporzione di 7. a 4., e si faccia il rettangolo AB adoperando la figura della proposizione antecedente uguale a tutta la progressione geometrica de' piani AK per la 42., e poi s'aggiunga al rettangolo BA una tal parte, che sia AT, la quale sia al rettangolo AB come 7. a 4., e faccia il rettangolo AT con esso. Sia poi un quadrato LN di qualunque sorta, purchè sia minore del rettangolo AT, ed a questo s'aggiunga tanto come sarebbe MO nella stessa altezza, che faccia il rettangolo LO uguale al rettangolo AT per le precedenti proposizioni del Cap. 1. alto quanto è il quadrato LN, ed a questo rettangolo si troverà per la 44. una serie uguale, che sia LV, e questa sarà come 7. a 4. alla serie AK, lo provo alla prop. ultima del citato Trattato. Fig. 3.

CAPO

## DELL' ARCHITETTURA

## CAPO NONO.

*Della quadrazione, spartimento, ed accrescimento geometrico del Circolo.*

Laftr.3.
Tratt.5

Vendo trattato fin' ora de' piani rettilinei, ora bisogna trattare de' curvilinei, tra' quali il primo è il circolo, al quale non solamente insegnerò a trovare un piano uguale, ma ad accrescerlo, e diminuirlo, il che insegna assai oscuramente il Viola, ed anche partirlo, come si potrà vedere.

## OSSERVAZIONE PRIMA.

### PROPOSIZIONE L.

*Modo di costituire alla superficie del Circolo un triangolo, o un paralellogrammo, o un quadrato uguale.*

Fig. 4.

Abbiamo insegnato all' Osserv. 6. Tratt. 1. Cap. 8. di fare la linea curva detta quadratrice, la quale è V X T, e di soprappiù che una terza proporzionale alla linea D B saetta, ed al semidiametro D X sia uguale al quadrante X Y, del circolo di cui D X sia semidiametro, la quale sia R H, se dunque si prenderà quattro volte sarà uguale alla circonferenza. E perchè alla prop. 2. Tratt. 30. del nostro Euclide con Archimede dimostro, che la superficie circolare è uguale ad un triangolo con le due gambe, che serrano l'angolo retto, una uguale al semidiametro, l'altra uguale alla circonferenza, se facciamo con la linea R H quadruplicata, e col semidiametro D X un triangolo, che abbia l'angolo retto compreso da essi, questo farà uguale alla superficie del Circolo.

Che se prenderemo due volte la linea R H per un lato, ed il semidiametro D X per l'altro, e faremo un paralellogrammo, o rettangolo, questo sarà uguale all' istessa superficie. Il qual rettangolo per gl' insegnamenti del primo Capo di questo Trattato, potremo cangiare in un quadrato trovando la media proporzionale tra X D, e R H duplicata, e di quella facendone un quadrato.

Quando poi sarà ridotto un circolo in un quadrato con l' ajuto loro, se ne potranno ridurre molti altri, se si ritrova la quarta proporzione a tre linee, la prima delle quali è il semidiametro D X del circolo conosciuto; la seconda è l' R H presa due volte uguale alla semicirconferenza; la terza il semidiametro del circolo, che si deve cangiar in quadrato, perchè se della quarta proporzionale, ed il semidiametro del circolo, che si deve cangiare si farà un rettangolo, questo uguaglierà il circolo predetto.

## OSSERVAZIONE SECONDA.

### PROPOSIZIONE LI.

*Modo di trasmutare un quadrato in un circolo uguale.*

Bisogna prima per la Proposizione antecedente aver trovato un circolo uguale ad un quadrato, il quale se farà dato, C B farà il raggio, o semidiametro, B F farà la linea uguale alla semicirconferenza, e perchè il lato del quadrato uguale al circolo e mezzo proporzionale tra il semidiametro, e semicirconferenza, però dal punto B s'alzerà la B A, e fatto un semicircolo adoperando per diametro la C B semidiametro dato, e B F semicirconferenza, B A resterà il lato noto del quadrato uguale al circolo, di cui C B è semidiametro, e B F semicirconferenza.

Sia dunque il lato B D del quadrato, che vogliamo farne un circolo, si tiri da D una parallela a C A, che sia L D, ed un'altra E D ad A F, e sarà L B uguale al semidiametro del circolo, che si deve costituire; onde si potrà fare adoperando B L per semidiametro, a cui farà un rettangolo uguale, se si farà de' due lati L B, e B E.

## OSSERVAZIONE TERZA.

### PROPOSIZIONE LII.

*Dato un settore saper trovare un rettangolo uguale a lui, se si saprà, che proporzione abbia il suo arco al circolo.*

Sia data la proporzione dell'arco del settore a tutto il giro, che sia per esempio l'ottava parte, si trovi per le precedenti una linea retta uguale alla circonferenza, e di quella si prenda l'ottava parte, e della metà di questa si faccia un lato del rettangolo, l'altro si faccia del semidiametro, o lato del settore, e sarà uguale al medesimo settore, si può anche prendere una linea, la quale sia uguale all' arco del settore, ma si deve poi prendere la metà del semidiametro, e risulterà lo stesso.

## OSSERVAZIONE QUARTA.

### PROPOSIZIONE LIII.

*Modo di trovare ad un rettangolo esibito un settore uguale in un dato circolo, purchè sia minore di esso.*

Sia il circolo, o un suo quadrante M N X, che tanto basta, e tirata la quadratrice M V T si trovi la linea O F uguale alla sua semi-

Laſtr.3.  semicirconferenza, e OE ſia il ſemidiametro, e fatto il rettangolo
Tratt.5  FE, queſto ſarà uguale al circolo, di cui MNX è quadrante. Sia
Fig. 6.  poi il rettangolo BACD, a cui ſi ha da fare un ſettore uguale, e
ſe è di maggior altezza, che OE, ſiccome è il preſente, ſi riduca
per le precedenti, come ſi vede fatto, all' altezza LH uguale a OE,
e ſia il rettangolo CH, ſi miſuri dunque il lato LC da F in I, e
ſia FI, e ſi alzi la normale IG al lato FO, e ſarà FG un rettangolo uguale a CH, ſi ſeghi poi il ſemidiametro MN proporzionalmente come FO, e ſegato in I, come ſi vede fatto in FK preſa uguale al ſemidiametro MN, e che è ſegata in Q, in tal guiſa, che FQ a FK ha la ſteſſa proporzione, che FI a FO. Si trasferiſca dunque FQ in NM ſemidiametro, e ſia NP, e dal punto P ſi conduca la paralella PV a XN, e dove ſega la quadratrice MVT in V dal centro N ſi tiri la ZN, e ſarà fatto il ſettore NZX, il quale, ſe ſi prenderà quattro volte, ſarà uguale al rettangolo FG, o CH, o all' uguale CB, ciò ſi prova nella prop. 16. Tratt. 30. del noſtro Euclide.

## OSSERVAZIONE QUINTA.

### PROPOSIZIONE LIV.

*Modo di fare un' anello piano uguale a un circolo, e dato un' anello fare un circolo uguale.*

Fig. 7.  SIa dato il circolo APTI, il cui centro ſia C, e ſia dato il ſemidiametro dell' anello piano, che ſi deve deſcrivere EP, il quale deve eſſer maggiore del diametro del circolo CP, s'erga dal centro C al tirato diametro PI una perpendicolare CA, e poi dal punto P all' intervallo PE del ſemidiametro PE ſi tiri un' arco, e dove ſega AC prolungata in H, cioè in E, ivi ſi conduca da P la retta PE, all' intervallo della quale ſi faccia un circolo, di poi all'intervallo EC ſi faccia un' altro circolo, e l'anello chiuſo fra l'un circolo, e l'altro tirato dal centro E ſarà uguale al circolo, il cui centro è C, cioè al circolo APTI: provaſi nella prop. 16. Tratt. 30. del noſtro Euclide.

### DEDUZIONE.

SI raccoglie, che allo ſteſſo modo ſi poſſono conglobare molti circoli in uno, perchè il circolo piccolo CTH, ed APTI ſono uguali a tutto il circolo, il cui diametro è PD, onde anche ſi deve ricordare, che tutte quelle propoſizioni, le quali nei rettilinei abbiamo inſegnate delle figure ſimili, ſi verificano anche de' circoli, eſſendo tutte figure ſimili, e ſimilmente poſte.

## TRATTATO V. CAP. IX.

### OSSERVAZIONE SESTA.

#### PROPOSIZIONE LV.

*Modo di accrescere, e diminuire i circoli proporzionalmente.*

Laft. 3.
Tratt. 5

Sia prima AB circolo, il quale si deve accrescere in proporzione Fig. 8. d'uno a tre, si prenda BE tre volte tanto, e tra BE, e BA si trovi la media proporzionale BI, e col diametro BI si faccia un circolo, il quale è DC, e DC sarà tre volte più grande, che BA; se poi si deve diminuire, si prenda il circolo CD allo stesso modo, e colla stessa proporzione si divida CD in tre parti, e s'aggiunga la terza parte, che sia FD, e tra FD, e DC si trovi la media proporzionale DH, della quale come diametro si faccia il circolo BA, e questo sarà al circolo DC come uno a tre, si prova ciò nel nostro Euclide alla prop. 19. Tratt. 30.

## CAPO DECIMO.

### Della trasformazione dell' Elissi.

 A figura Elittica è molto simile alla circolare, e quasi in ogni sua proprietà emula, ed imitatrice, onde dopo il circolo convenientemente di lei si deve ragionare.

### OSSERVAZIONE PRIMA.

#### PROPOSIZIONE LVI.

*Modo di trasformare una Elisse in un circolo uguale.*

Sia data l'Elisse ABDC, la quale si debba trasformare in un cir- Fig. 9. colo uguale, si trovi tra i semidiametri, o semiassi BE, e DE una media proporzionale; di poi si trasferischino sopra un'altra linea BE, ed EA, e BE sia LI, ed EA sia LH, e fatto il semicircolo sopra esse HOI, dal punto L s'innalzi la normale LO al diametro HI, e con questa, come semidiametro, che sia TV si descriva il circolo SQV, questo sarà uguale all' Elisse BACD; si prova alla prop. 24. Tratt. 30. del nostro Euclide.

### DEDUZIONE.

Quindi è, che una Elisse si può trasformar in un quadrato uguale, trasformandola prima in circolo uguale, indi in quadrato uguale al circolo.

## OSSERVAZIONE SECONDA.

### PROPOSIZIONE LVII.

*Del modo di trasformare un circolo in un' Elisse, di cui sia dato un semiasse.*

Sia QSV il circolo, che si deve cangiar in un'Elisse, e sia il semiasse dato LI nella precedente figura OP, sia il diametro del circolo QV, sopra il quale s'innalzi perpendicolarmente il semiasse esibito, che sia LI, e poi si trovi un circolo, che passi per li tre punti O, I, P, e si stenda LI a toccar il circolo in H, ed LH sarà l'altro semiasse; i quali duplicati, e posti ad angoli retti, che siano BC, e DA si descriverà l'Elisse ABDC, che sarà uguale al circolo QSV.

## OSSERVAZIONE TERZA.

### PROPOSIZIONE LVIII.

*Modo di fare un'Elisse uguale ad un'altra dato un semidiametro di quella, che si deve costituire.*

Sia data l'Elisse ABLN, e se ne debba costituire un'altra, di cui il semiasse sia C, ma uguale alla predetta; Le metà degli assi, cioè FL, e FB si stendino in una linea retta IH, e l'FL sia uguale all'IO, siccome FB a OH, e poi al punto O si congiunga ad angolo obbliquo il semiasse offerto C, che sia OM, e si trovi un circolo, che passi per li tre punti IMH come nell'Osserv. 8. Cap. 6. Tratt. 1., e poi si stenda l'OM in V, e l'OV sarà l'altro semiasse, i quali congiunti in angolo retto faranno l'Elisse PRSQ uguale all'Elisse ABLN, ciò si prova alla prop. 27. del nostro Euclide Tratt. 30.

## OSSERVAZIONE QUARTA.

### PROPOSIZIONE LIX.

*Modo di far un'Elisse uguale ad un'altra, o al circolo, ma con angolo diverso, o posizione diversa.*

Sia data l'Elisse, o il circolo BAD, e per fare un'Elisse obbliqua, si tiri tra le paralelle AE, e BD il semidiametro CE obbliquo come piace, e poi si tirino varie linee paralelle, come HF &c., quanto saranno più, tanto sarà meglio, e poi si faccia NH uguale a LG, e NI a LF, e così si facciano tutte le altre, perchè come

me provo alla prop. 30. Tratt. 30. queste due Elissi B E D saranno Last. 3.
uguali, e non solamente esse, ma se saranno intere, e qualsisia sua Tratt. 5
porzione compresa tra le stesse paralelle.

## OSSERVAZIONE QUINTA.

### PROPOSIZIONE LX.

*Maniera di accrescere l'Elissi di una porzione esibita.*

Questo facilmente si eseguisce, perchè basta aggiungere al diametro qual parte piacerà, o anche diminuirla, e farne un'altra Fig. 12. con quel diametro, lasciando l'altro nella propria lunghezza, e sotto la medesima posizione, o angolo, che faceva col diametro primiero. Così se sarà data l'Elisse E H F G, e se ne voglia fare un' altra, che sia maggior un terzo, si farà il diametro B D, sia qual piace, una volta, e mezza più lungo, che E F, e lasciato l'altro G H nello stesso modo, e nella medesima lunghezza, e situazione, come in I C si farà l'Elisse B I D C maggiore d'un terzo dell' Elisse E H F G lo provo alla prop. 26. 27. Tratt. 30., che se si volessero di altri diametri si potrà fare coll'ajuto della precedente.

## OSSERVAZIONE SESTA.

### PROPOSIZIONE LXI.

*Modo di costituire un' Elisse simile ad un'altra.*

Questa si pone in esecuzione, facendo gli assi della medesima proporzione, che si uniscino cogli stessi angoli, così l'Elisse A Fig. 13. B C D è simile all' Elisse E G F H, perchè A I è a O H come I B a O F, così si definiscono l'Elissi simili al Tratt. 24. def. 14. del nostro Euclide.

## OSSERVAZIONE SETTIMA.

### PROPOSIZIONE LXII.

*Modo di descrivere un triangolo massimo nell' Elisse.*

Sia l'Elisse A C E, e in lei una porzione sua A G C, ed in questa Fig. 14. s'abbia a descrivere un triangolo massimo. Dal centro F pel mezzo della linea C A, cioè per D si conduca la F G, e si compisca il triangolo C A G, tirando da G, in cui sega il giro dell' Elisse, i due lati A G, e C G, e questo sarà il massimo triangolo, perchè se si farà un'altro come A I C sarà minore, perchè A B C tra le paralelle

GB, e AC resta uguale, come abbiamo insegnato di sopra, al triangolo AGC, e perciò AIC compreso in lui sarà minore, e così di ogni altro, che s'inscrivesse eccetto il triangolo AGC.

## OSSERVAZIONE OTTAVA.

### PROPOSIZIONE LXIII.

*Modo di segare in un' Elisse una porzione uguale ad un' altra in essa data.*

Fig. 15. Sia data nell'Elisse APBCOD la porzione APB, e si conduca il semidiametro SP pel mezzo Q della suttenza AB. Dato poi, che al semidiametro SO s'abbi da tagliare dalla parte O un altro segmento, o porzione uguale alla porzione APB

Si conduca la PO, che unisca gli estremi O, e P de' semidiametri SO, e SP, e dal punto Q si conduca una parallela QR, e dove taglia in R si conduca l'applicata DC, la quale si condurrà così alla QR, da' punti estremi A, e B dell' applicata AB, si tireranno due parallele AD, e BC, e dove và a tagliare la circonferenza in D, e C, ivi terminerà la retta applicata al punto R; si prova alla prop. 23. del Tratt. 30. nel nostro Euclide, perchè divisi per mezzo AD, e BC in H, ed I, e condotta la retta HI farà l'Elisse da lei come diametro segata per mezzo, la quale anche lascierà i trapezzi IDHC, ed IABH colle porzioni dell'Elisse, che suttendono l'uguali BH, e HC, e ID, e IA uguali, onde le porzioni rimanenti resteranno uguali APB, e DOC.

## OSSERVAZIONE NONA.

### PROPOSIZIONE LXIV.

*Modo di partire negli stessi settori un' Elisse, ne' quali da' medesimi sia diviso un circolo.*

Fig. 16. Sia data una mezza Elisse ACDB, e si voglia partire in tre settori uguali, come è diviso il semicircolo AQMB ne' settori AQP, e QPM, ed MPB; da Q si faccia cadere una perpendicolare al diametro AB in O dalla sesta del circolo AQ, e dal centro dell'Elisse P si conduca a C, dove taglia la retta CP, ed ACP sarà il sesto dell'Elisse, onde se si farà anche così del punto M, s'avrà l'altro settore DPB, e quel di mezzo sarà CPD, tutti tre uguali. Si potrà anche fare tirata la tangente TV, e la parallela ad essa AD, che darà il punto D, a cui si tirerà la DP, che farà il settore DBP, come prima, e così si farà di qualunque altro settore, che si volesse.

## OSSERVAZIONE DECIMA.

### PROPOSIZIONE LXV.

*Modo di tagliare una Elisse con paralelle nelle stesse parti, nelle quali è tagliato il circolo fatto sul diametro maggiore.*

Questo si farà facilmente, perchè descritto il circolo LMDGK attorno al diametro maggiore LK dell'Elisse LNBEK da qualunque punto assegnato M, ovvero A, D, G si tireranno le paralelle MO, AC, DF, e GH, le quali taglieranno l'Elisse LNBEK nelle stesse parti, che da esse è tagliato il circolo, e GH è al circolo, o semicircolo LMDK, come IHK è all'Elisse LBK, e così ADGCFH è al circolo AMDK, come BEICFH all'Elisse LNEK; si prova nella prop. 28. Tratt. 30. del nostro Euclide. *(Fig. 17.)*

## OSSERVAZIONE UNDECIMA.

### PROPOSIZIONE LXVI.

*Modo di fare una Elisse simile ad un'altra Elisse, ed uguale ad un'altra.*

Sia l'Elisse BACD, alla quale bisogni fare un'Elisse uguale, ma simile all'Elisse PQDO, le quali abbiano il medesimo asse AD, ed OQ, ma l'altro differente, s'uniscano BI, e PL semiassi disuguali in una sola linea EG, e siano EF, e FG, e sopra di essa come diametro il semicircolo EHG, s'innalzi allo stesso semidiametro la normale FH, della quale si faccia un'Elisse simile alla Elisse PQDO per la precedente 6. Osservazione, e sia TRVS. *(Fig. 18.)*

### DEDUZIONE.

Quindi si raccoglie, che allo stesso modo tutte quelle altre proposizioni, le quali si sono poste di sopra nel Capitolo sesto, convenire anche all'Elissi, purchè siano simili, ed in quanto diametri, ed in quanto alla posizione.

## OSSERVAZIONE DUODECIMA.

### PROPOSIZIONE LXVII.

*Come data un' Elisse si possa ridurre un' altra alla stessa altezza, conservando la quantità della superficie primiera.*

Sia data l'Elisse ABCD, la cui altezza è EB, alla quale si deve ridurre FGHI, che sia KL, dal punto L si tiri all'estremo G dell'asse IG la retta GL, ed a questa dall'estremo F dell'asse F H la parallela FN, e KN sarà il semiasse, e KL l'altro semiasse uguale a EB dell'Elisse, che si deve fare, della quale una metà è N OP, la quale è uguale alla metà GFI.

## CAPO UNDECIMO.

### Della trasformazione, e divisione delle Parabole.

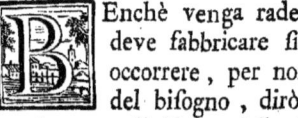Enchè venga rade volte il caso, che gli spazj, in cui si deve fabbricare siano parabolici, perchè talvolta potrebbe occorrere, per non mancare, se mai accadesse, all'esigenza del bisogno, dirò qualche cosa brevemente della trasformazione, e divisione delle Parabole, delle quali nel Tratt. 30. del nostro Euclide abbiamo più diffusamente ragionato.

## OSSERVAZIONE PRIMA.

### PROPOSIZIONE LXVIII.

*Modo di fare un triangolo uguale a una Parabola.*

Si descriva nella Parabola il massimo triangolo, che possa essere, il che si farà, se tirate due linee fra loro parallele ED, BC dalla circonferenza alla circonferenza della Parabola, ambedue si segheranno per mezzo in G, e F, e per questi punti si tirerà il diametro GA, e le FE, e FD, ovvero BG, e GC saranno applicate, il che conseguito, se si congiungeranno con una linea gli estremi del diametro A, e dell'applicate E, e D, ovvero B, e C quello sarà il massimo triangolo, come si vede nella figura NIC, si dividerà poi la suttenza, e base del massimo triangolo NIC in tre parti, ed una di esse sarà CD, e si tirerà dallo stesso estremo I la retta ID, ed il triangolo NID un terzo più grande, che NIC, e sarà uguale allo spazio compreso dalla curva Parabolica NIC; si prova nel nostro Euclide prop. 33. Tratt. 30.

# TRATTATO V. CAP. XI.

## OSSERVAZIONE SECONDA.

### PROPOSIZIONE LXIX.

La ftr. 3.
Tratt. 5

*Modo di tagliare da una Parabola una porzione, che fia uguale ad un'altra.*

Sia offerta la Parabola ABC, e fia di bifogno di tagliare dalla Pa- Fig. 21. rabola GIF, o fegmento, o porzione uguale alla CBA, fi accomodi nella Parabola GIF una linea uguale a CA, il che fi farà mettendo il piede del compaffo in F, o in qualunque punto, e l'altro girando finchè taglj la gamba oppofta della Parabola in G, e tirata la FG s'innalzerà il diametro HI, come ho infegnato nella precedente, e fi farà il triangolo GIF, il quale come provo alla prop. 40. Tratt. 30. del noftro Euclide farà uguale al triangolo CBA, e come ivi pur dimoftro, anche le parabole, o loro porzioni GIF, e CBA faranno uguali.

## OSSERVAZIONE TERZA.

### PROPOSIZIONE LXX.

*Maniera di fare una Parabola più grande d'un'altra fecondo la data proporzione.*

Questo facilmente fi efeguifce. Sia la Parabola NIM; della qua- Fig. 22. le bifogni farne un'altra più grande, per efempio un quarto, fi faccia nella Parabola il triangolo maffimo NIM, e poi fi faccia il triangolo BCA, quanto fi vorrà maggiore, per efempio un fefto, accrefcendo folamente la bafe, o folamente l'altezza di un fefto, ed attorno a quefto per la prop. 62. nel Tratt. 24. del noftro Euclide fi defcriva una Parabola, e quefta farà maggiore un fefto dell' altra, come i triangoli NIM, e BCA fono fra loro, lo provo alla Prop. 36. Tratt. 30.

## OSSERVAZIONE QUARTA.

### PROPOSIZIONE LXXI.

*Modo di levare da un dato punto d'una Parabola una porzione uguale ad un' altra nella medefima.*

Sia data la Parabola ATY, ed in lei fia dato il fegmento, o por- Fig. 23. zione ABTD, e fuo diametro fia BC, e bifogni fegare dalla Parabola un'altra fezione, o porzione, che fia uguale all' efibita,

Qq        la

Laft. 3.
Trat. 5.

che comincia dal punto X, fi congiunghino i due punti X, e D colla linea X D, alla quale fi conduca una paralella, che fia A Y, e fi conduca la retta X Y, fi congiunghino l'eftremità di quefte paralelle, e quefta X Y taglierà la porzione X D P Y uguale alla porzione T X B A.

## OSSERVAZIONE QUINTA.

### PROPOSIZIONE LXXII.

*Come si possa levare dalla Parabola un segmento, o parte proporzionale ad un' altra parte.*

Fig. 24.

Sia la Parabola, o un fuo fegmento F H I, e bifogni da quefto fegarne un' altra parte, alla quale I H F fia come X a V, il quale V dovrà avere proporzione duplicata, ed effere come X a K, e K ad L, ed L a V, e poi fi faccia il diametro H A al diametro A D, come X a L, e pel punto D fi tiri la paralella M N, ed il fegmento I H F farà il fegmento M H N, come X a V, così provo di mia ftudiata invenzione alla prop. 39. Tratt. 30. del noftro Euclide.

### DEDUZIONE.

Effendo come provo nel Tratt. 24. del noftro Euclide alla prop. 51. tutte le Parabole fimili, purchè abbiano la medefima pofizione, fi verificherà anche di quefte figure quello, che abbiamo detto nel Cap. 6. delle figure fimili, maffime che fi faranno Parabole attorno a' triangoli fimili; effendo la Parabola un terzo di più, come abbiamo infegnato, avranno le fteffe proporzioni, che i maffimi triangoli, attorno a' quali fono defcritte.

## CAPO DUODECIMO.

### Della divisione dell' Iperbola.

L'Iperbolica figura fin' ora non fi è potuta quadrare, nè trovare rettilineo alcuno uguale a lei, onde refta folamente lo fpartirla.

## OSSERVAZIONE UNICA.

### PROPOSIZIONE LXXIII.

*Come data una porzione d'un' Iperbola si possa segare dalla stessa in altro sito un' altro segmento uguale.*

Fig. 25.

Sia data nell' Iperbola HFBAD, la porzione tagliata dalla linea AD, ed il punto B, dal quale debba segarsi un' altra parte uguale, si conduca dall'A al B la retta AB, ed a questa si conduca una paralella, che sia DF, e poi si congiunga il punto B, e F colla retta FB, che taglierà fuori il segmento, che suttende uguale al segmento, che suttenda AD. Così se si condurrà FA, ed a questa la paralella DH, e si congiungerà FH, il segmento, che suttende FH farà uguale al segmento, che suttende AD, e lo stesso farà, tirata la HA, e la paralella TD, e la retta, che congiunge gli estremi loro TH, che suttende un segmento uguale all'AD, onde FB, HF, ed HT saranno fra loro uguali.

---

### IMPRIMATUR.

Jo: Albertus Alferius Magister Vic. Gen. S. Officii Taurini.

V. Ab. Bencini M. & P.

Se ne permette la Stampa. Morozzo per S. E. il Signor Marchese Zoppi Gran Cancelliere.

## ERRORI OCCORSI NELLA STAMPA.

| | | | ERRORI | CORREZIONI. |
|---|---|---|---|---|
| Pag. | 41. | Rig. 27. | Piedi sei | Punti sei |
| | 44. | 36. | Claudio | Clavio |
| | | | dópoi | dipoi |
| | 62. | 15. | Eccentrico | Concentrico |
| | 72. | 25. | Ellissi | Elisse |
| | 106. | 20. | delle 12. | delle 21. |
| | 111. | 12. | Moduli | Diametri |
| | 112. | 29. | fiori | fuori |
| | 113. | 16. | Imposcapo | Imo scapo |
| | 122. | 8. | follevata | follevate |
| | 127. | 6. | Cornico | Corinto |
| | 164. | 11. | Caramel | Caramuel |
| | | | superfizie | superficie |
| | 216. | 11. | etto | detto |
| | 275. | 27. | Mutilatero | Multilatero |

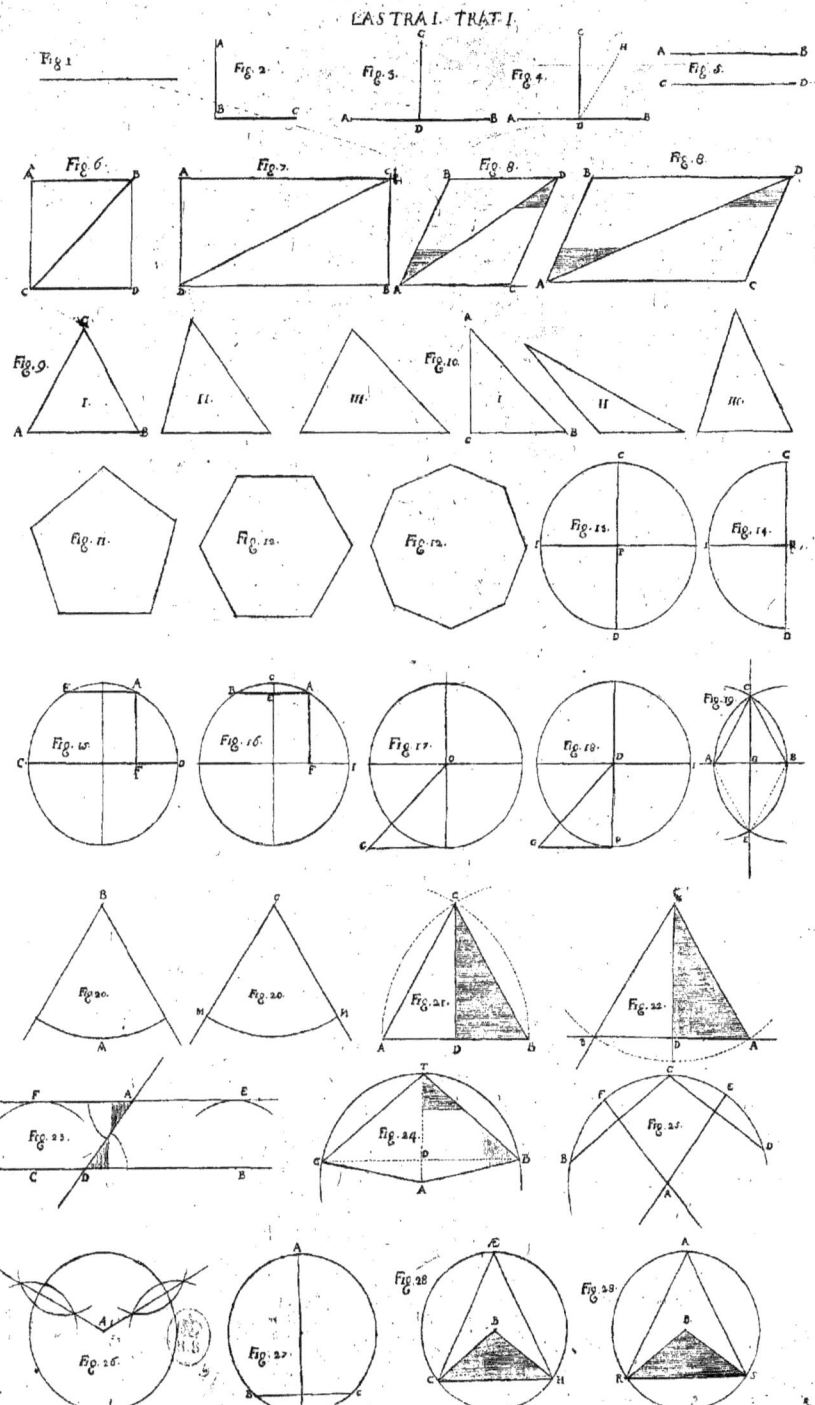

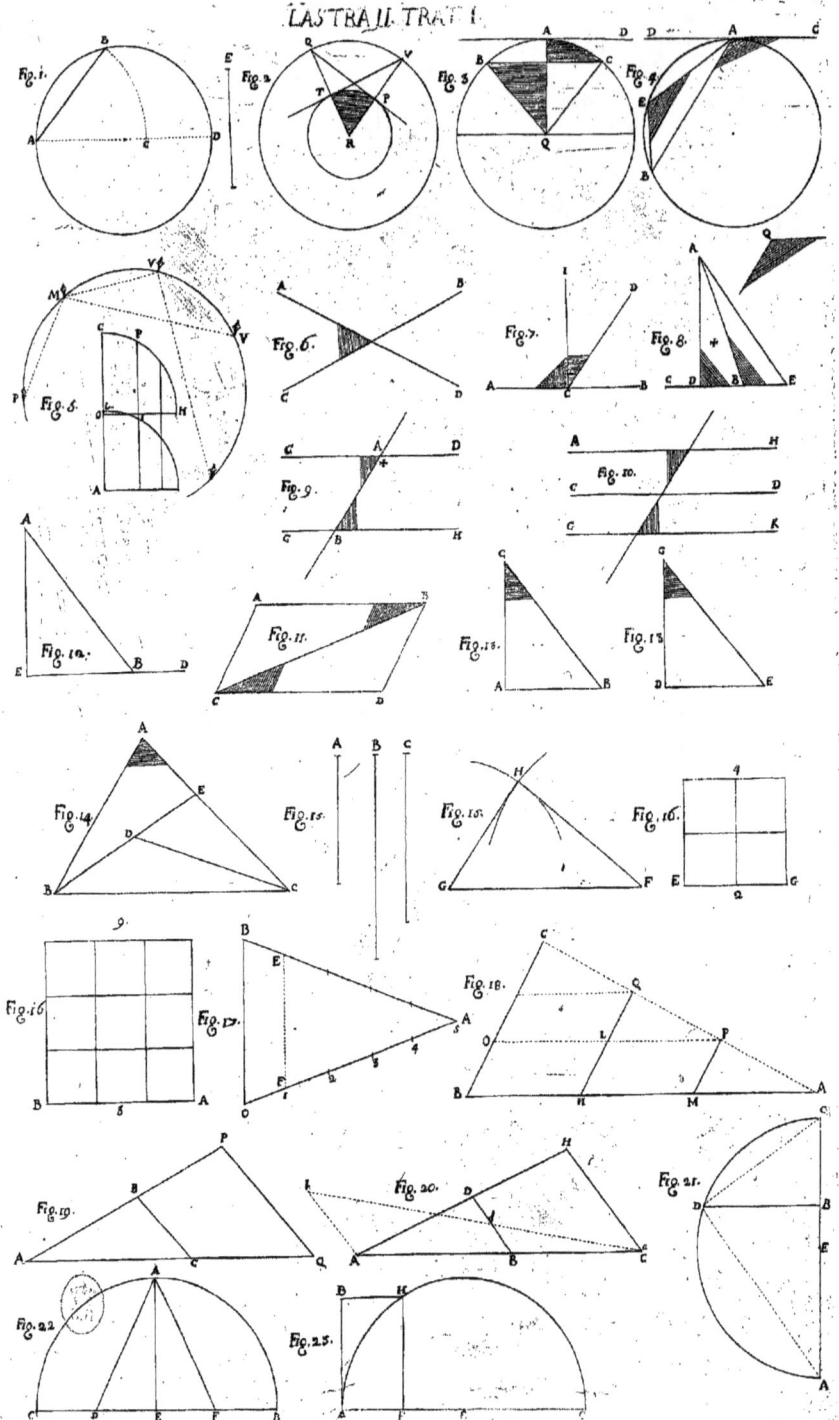

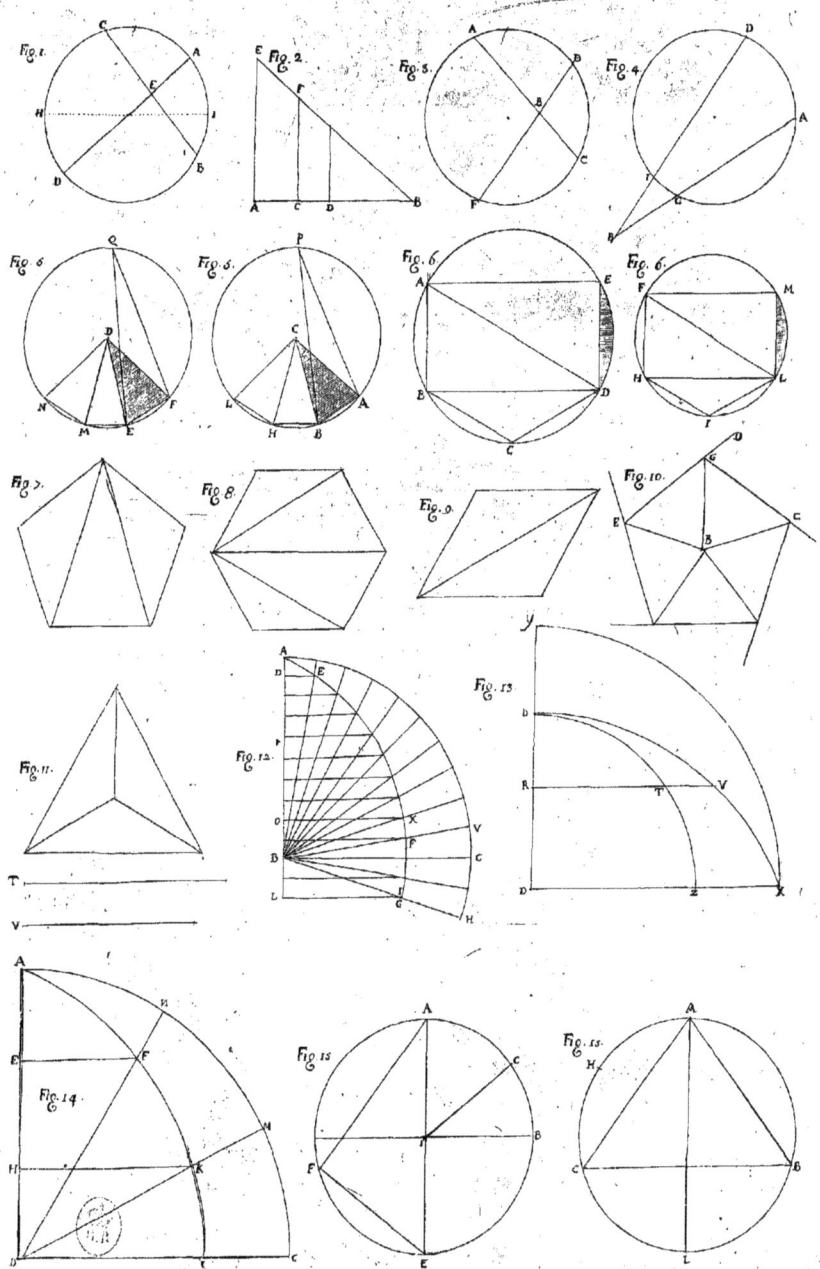

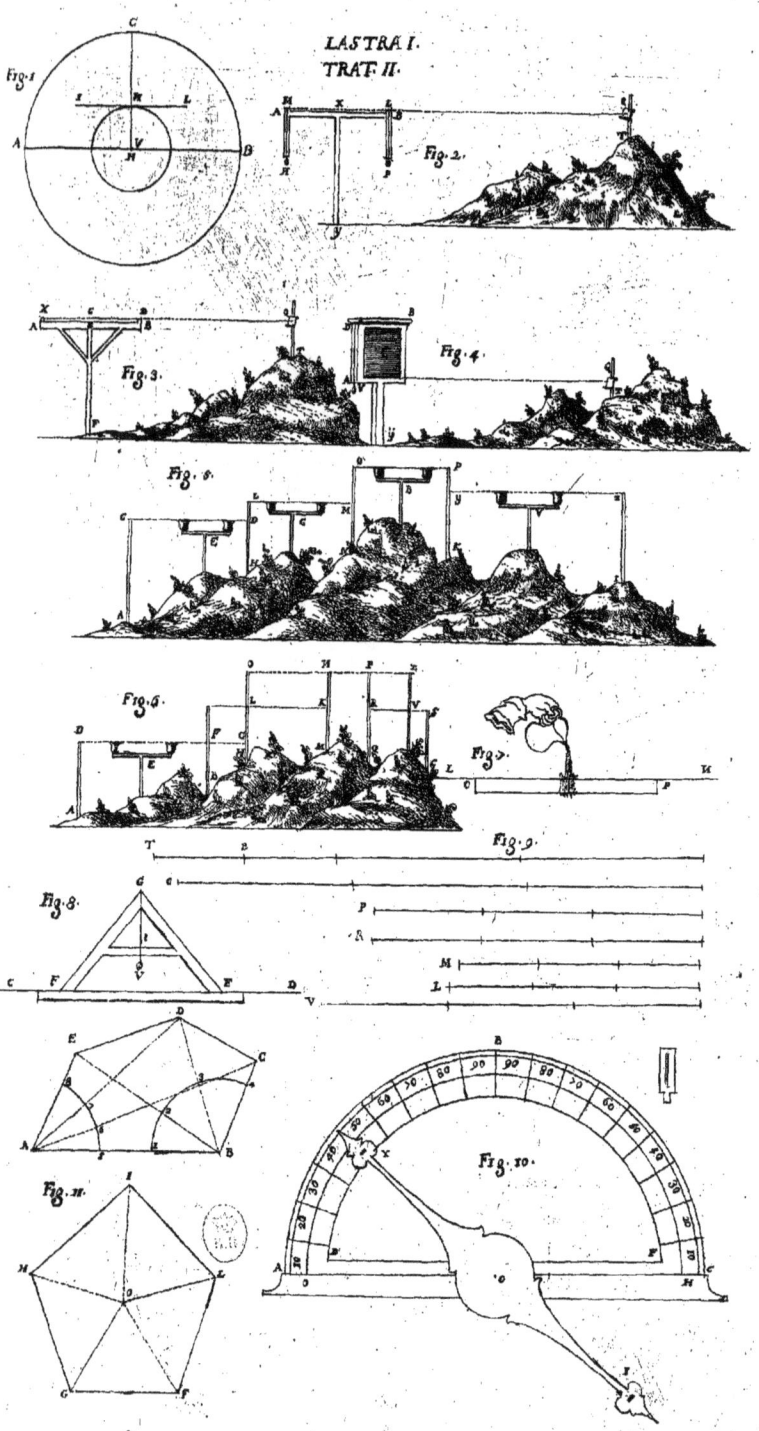

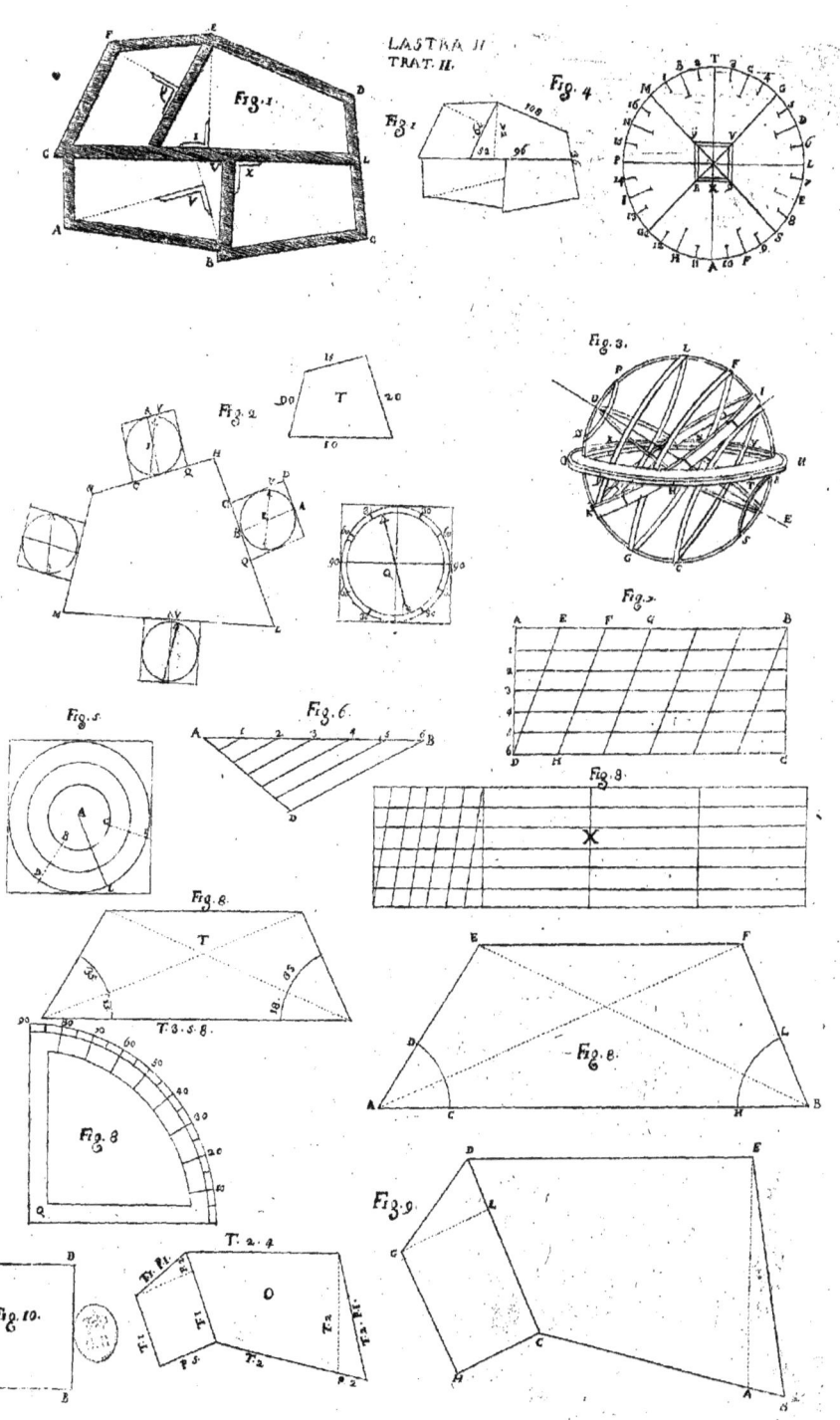

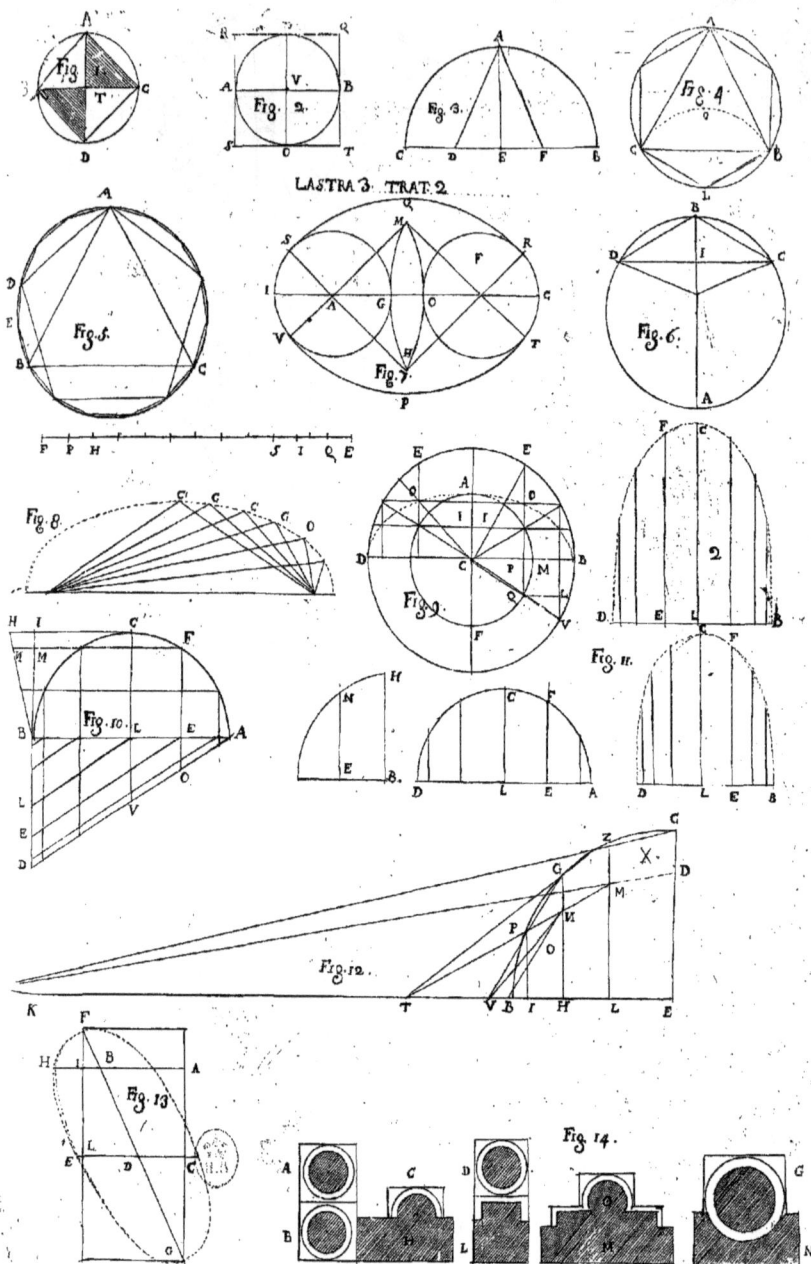

LASTRA 3. TRAT. 2.

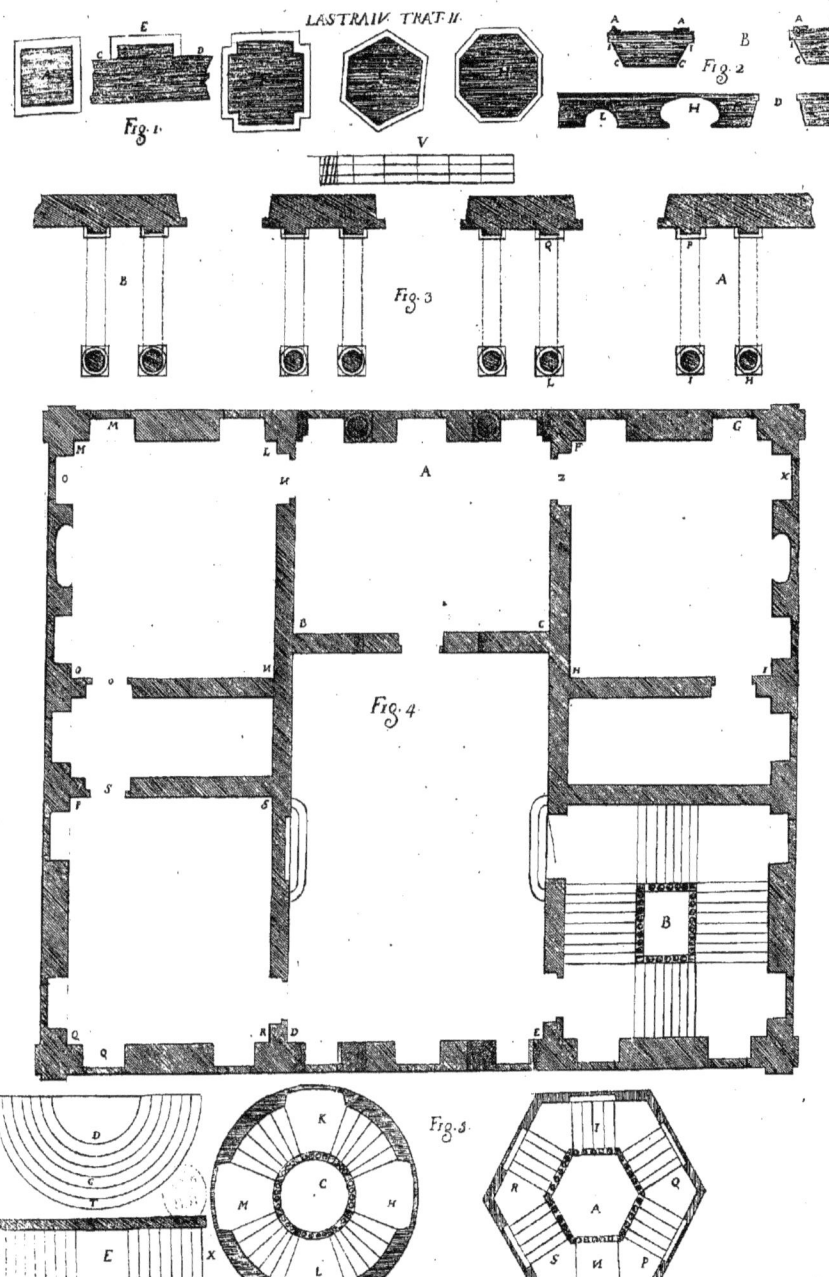

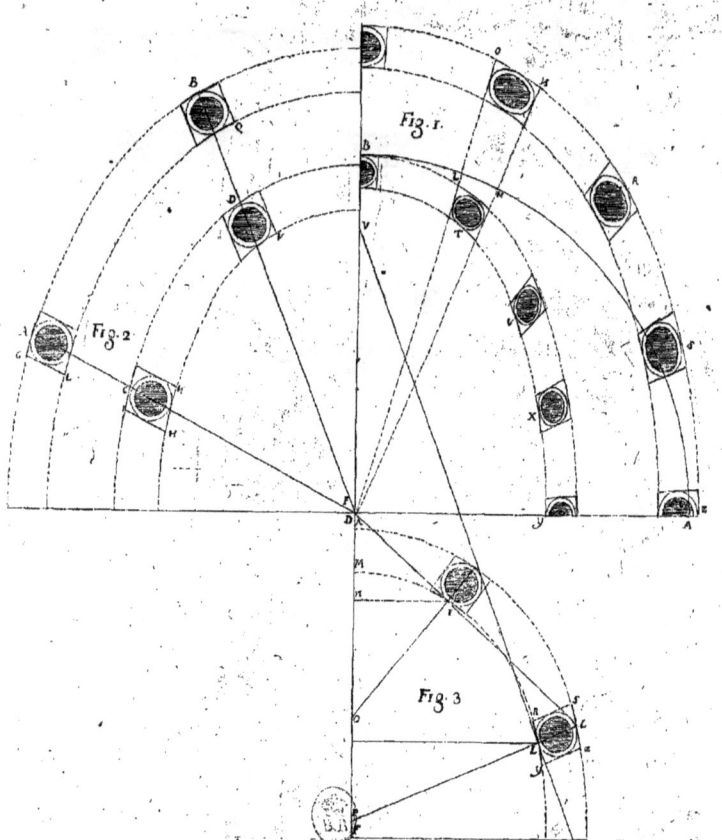

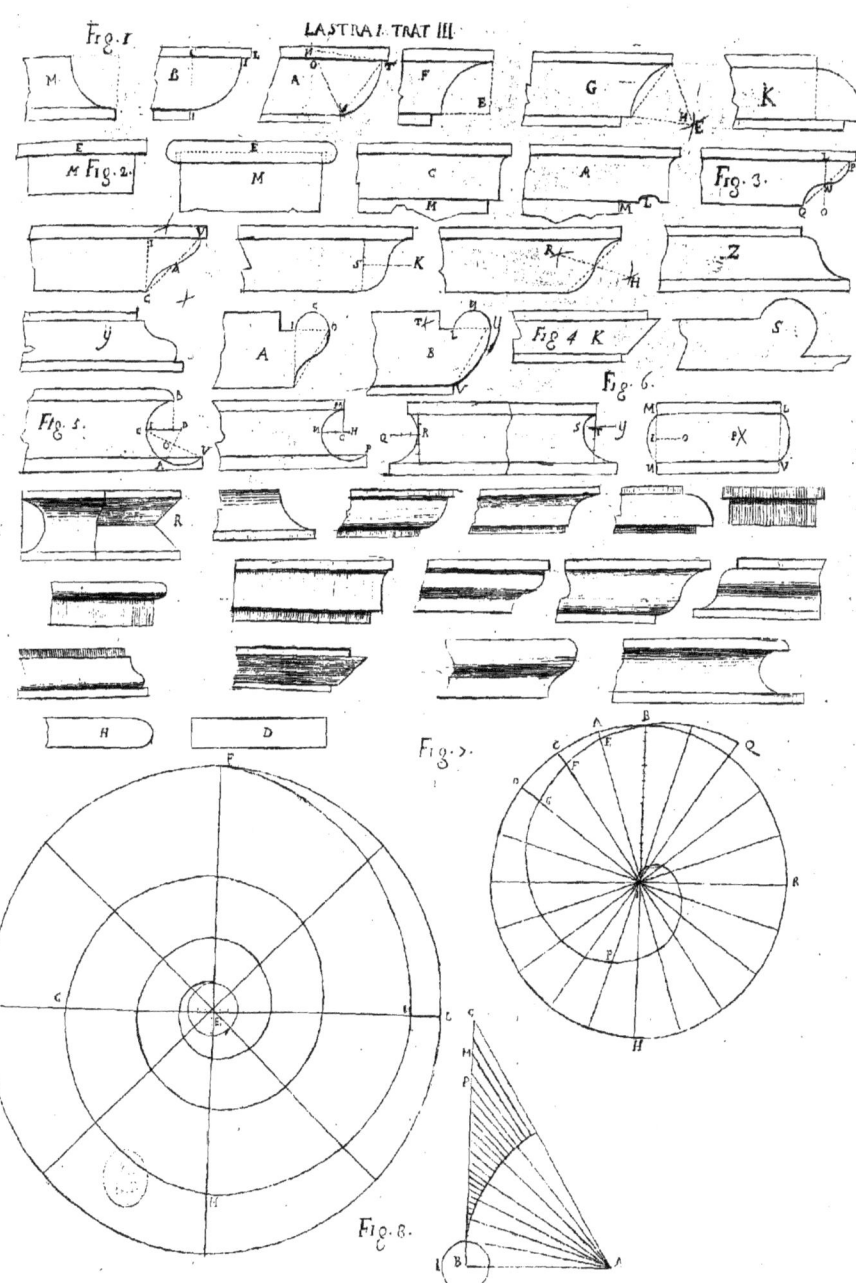

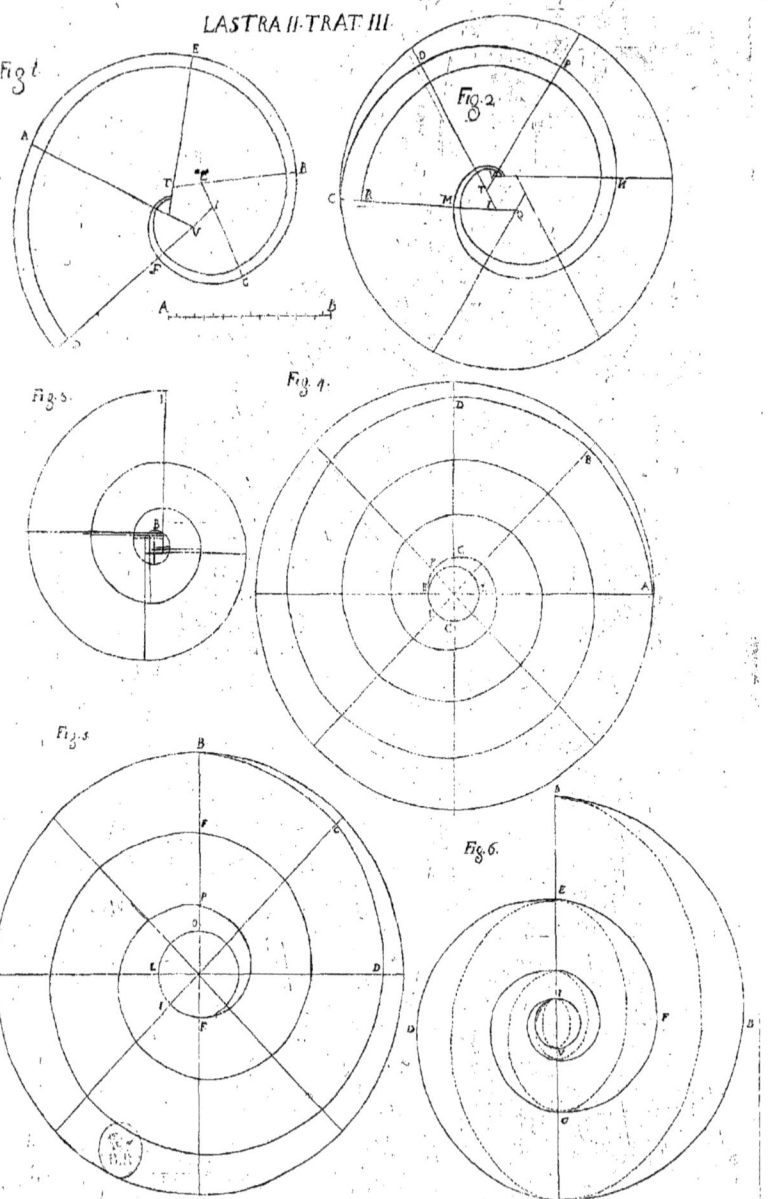

LASTRA II. TRAT III.

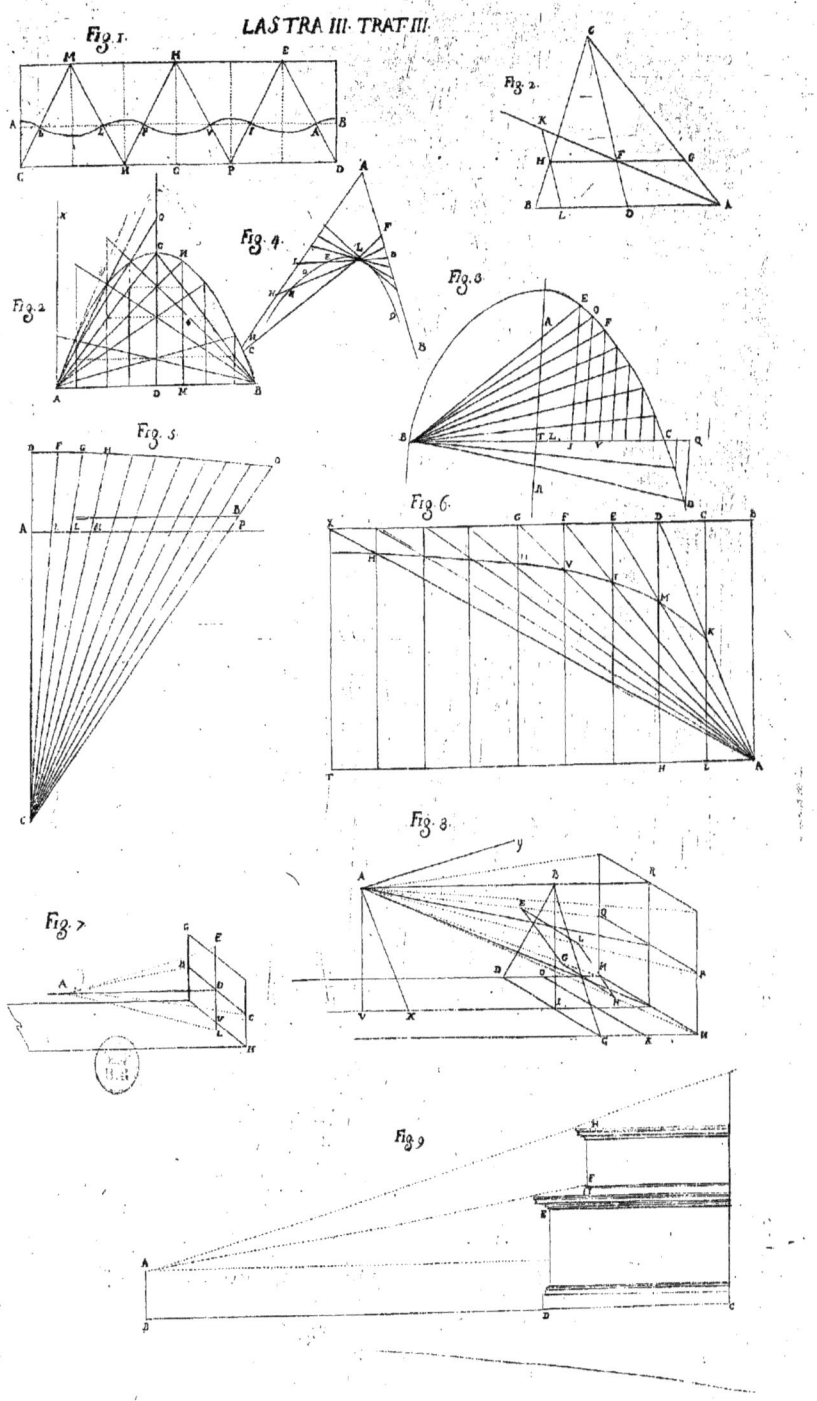

LASTRA III. TRAT. III.

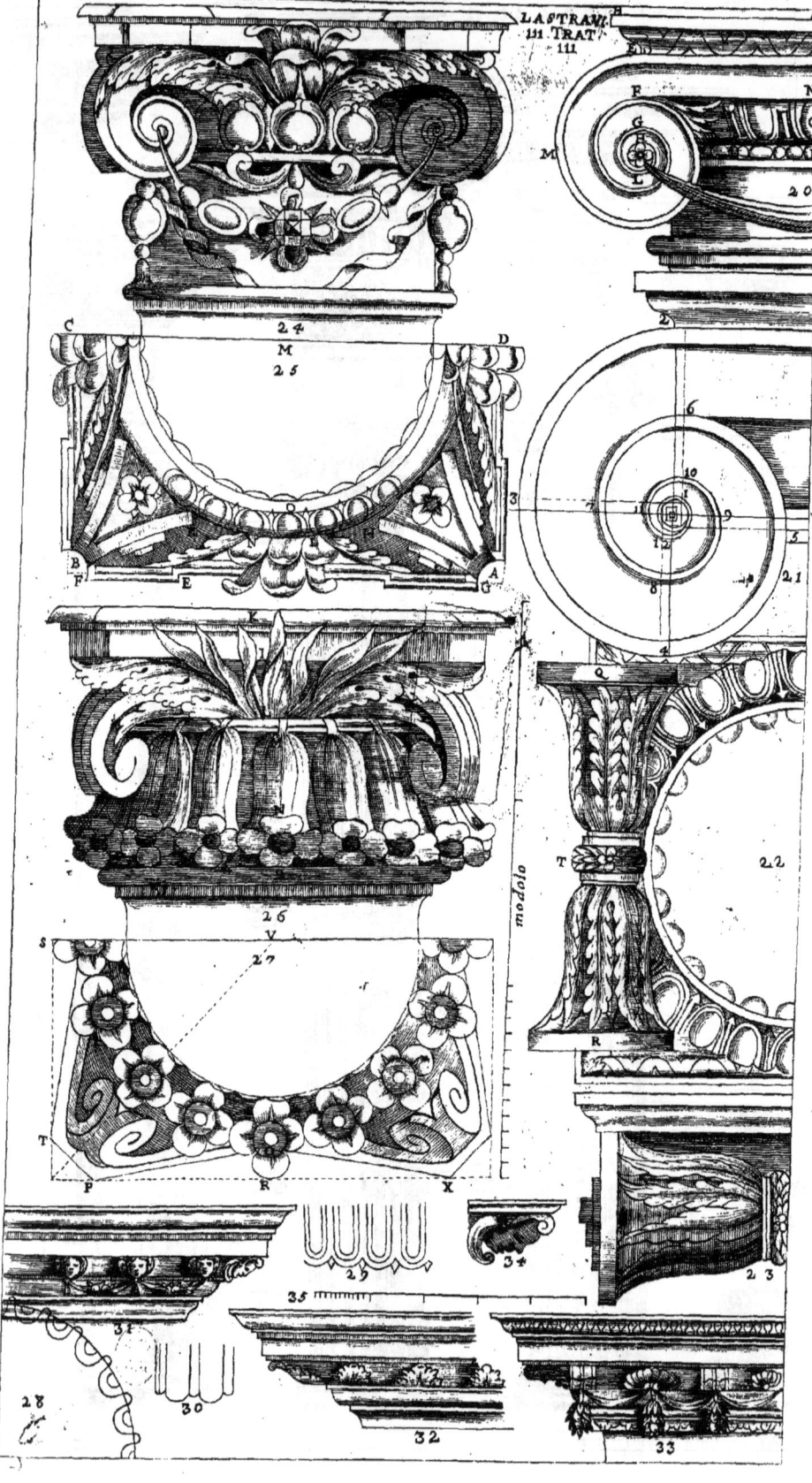

# VIII LASTRA
## TRAT. III

LASTRA VIV
TRAT III

LASTRA 10. TRAT. III.

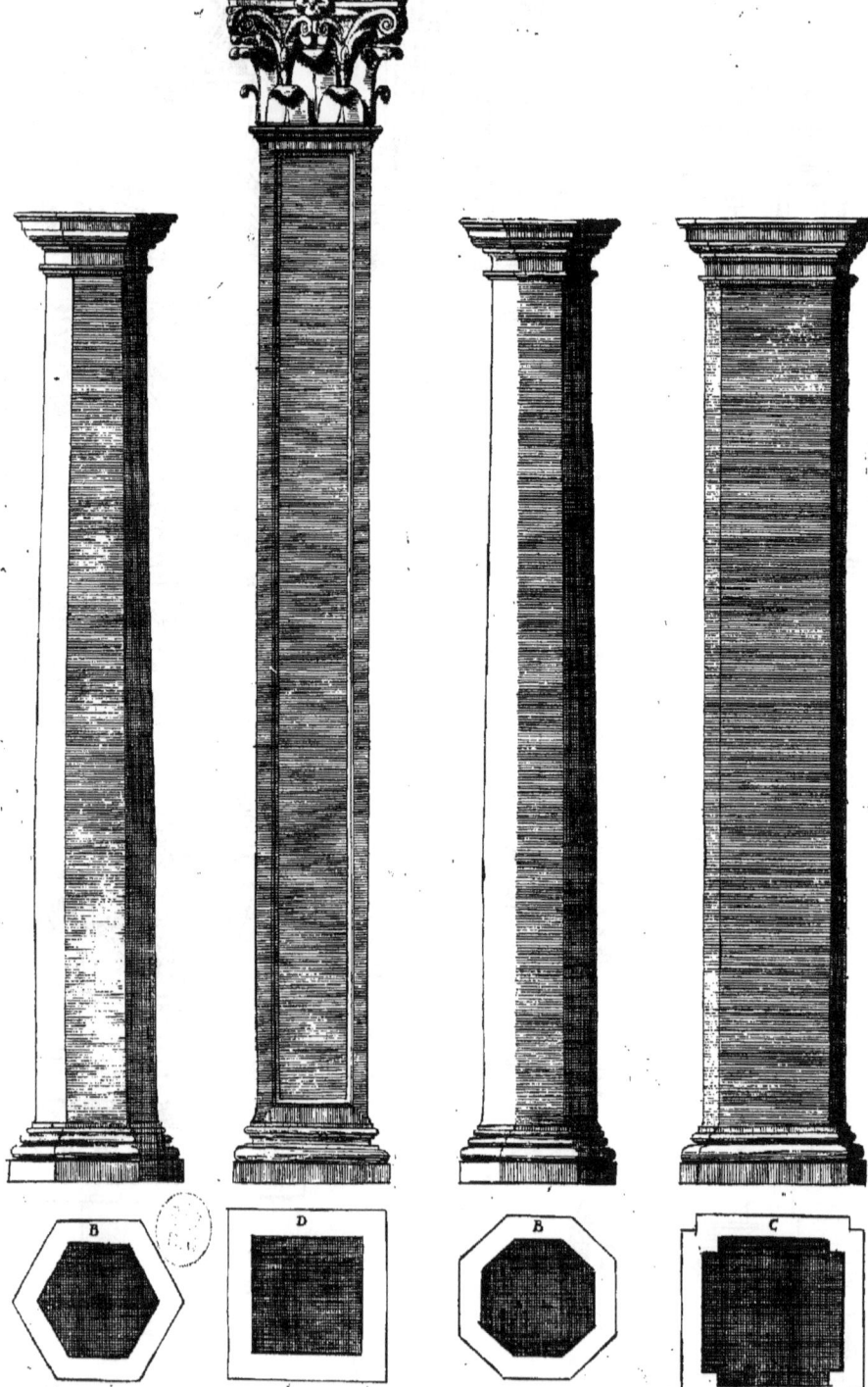

LASTRA XIII

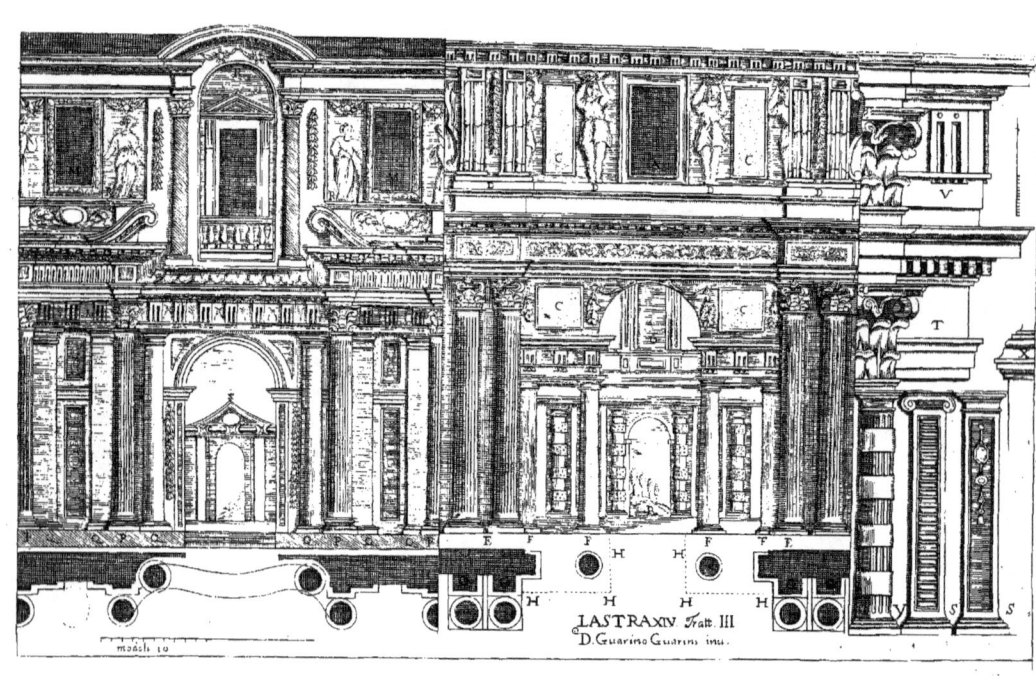

LASTRA XIV Tratt. III
D. Guarino Guarini inu.

LASTRA XV TRAT III

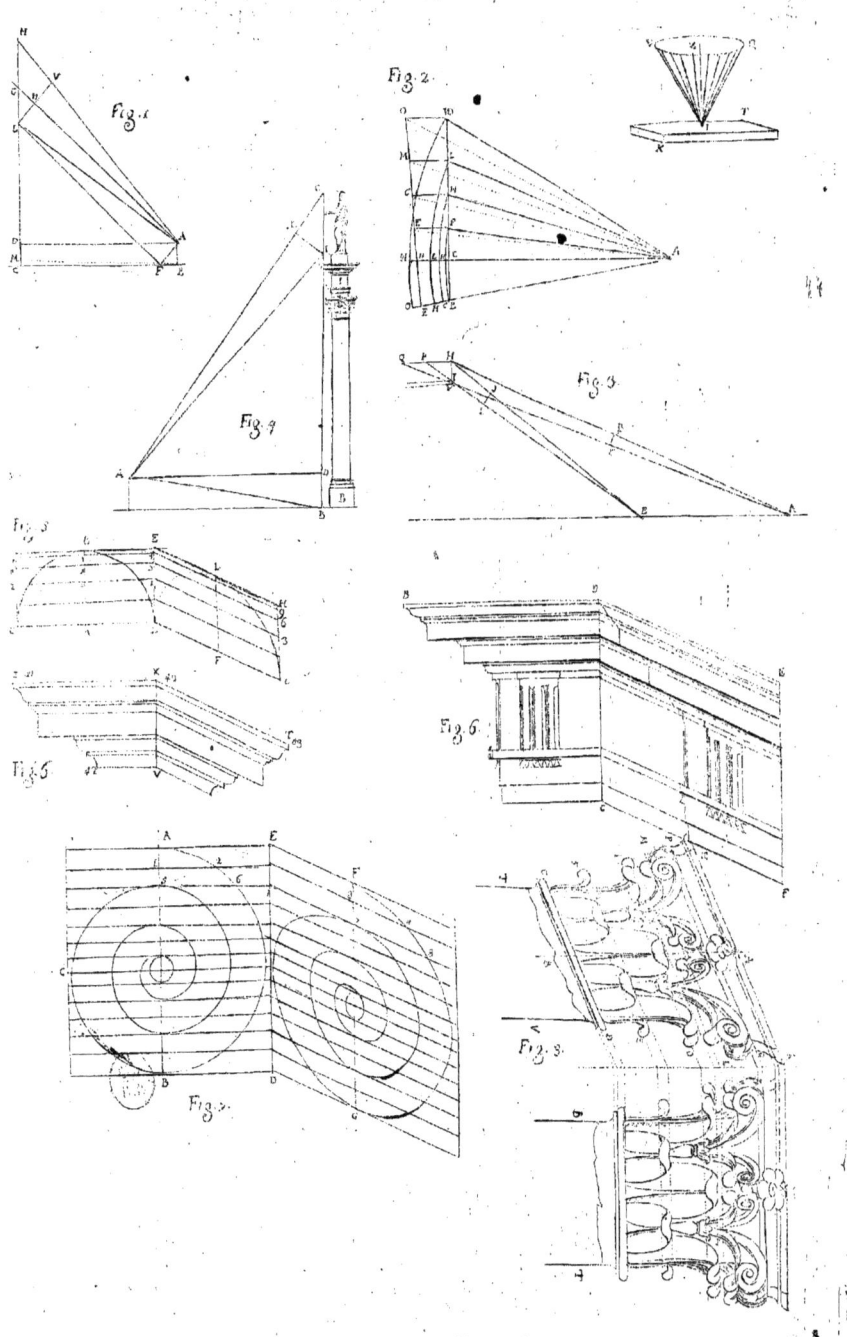

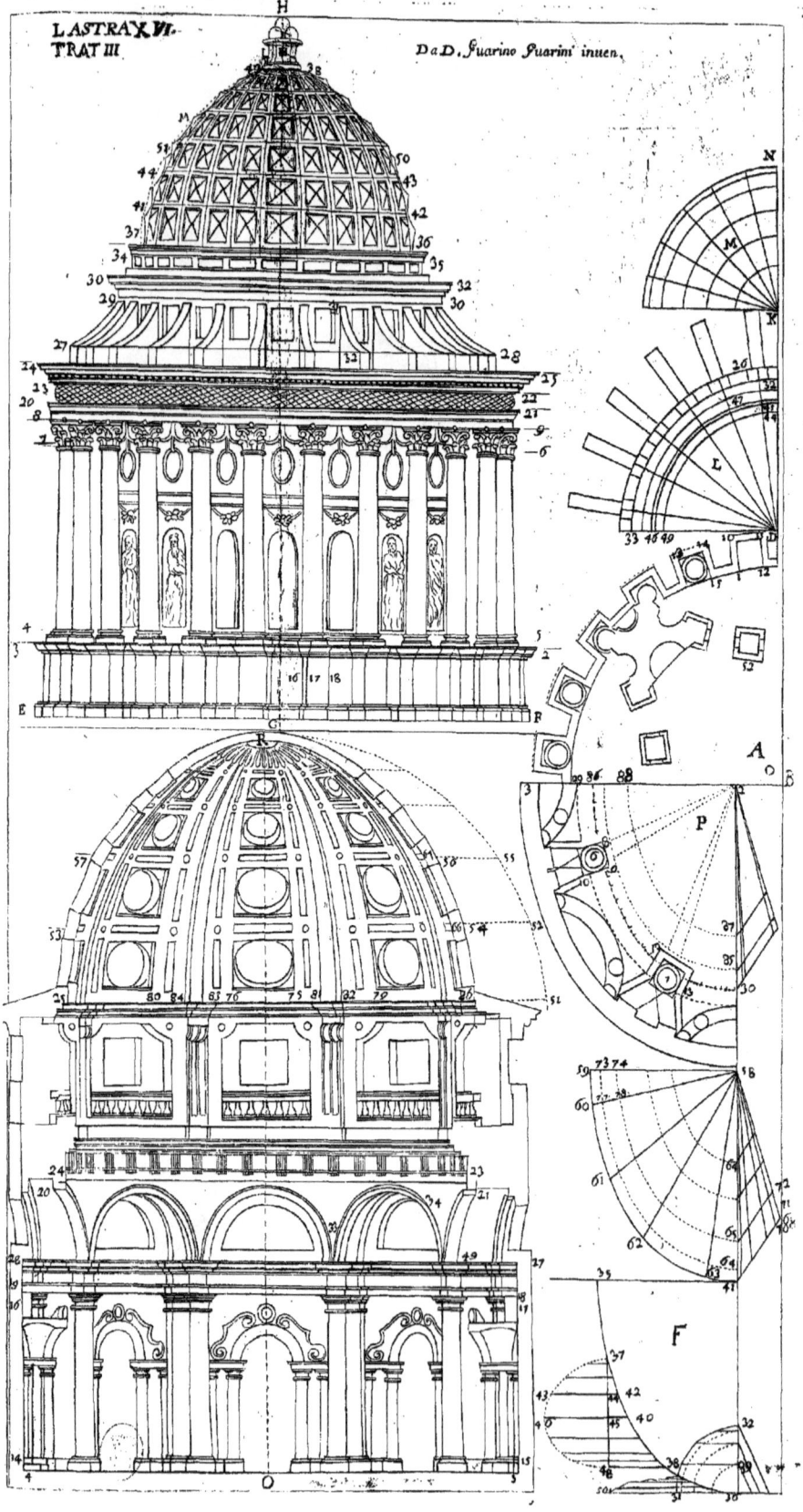

LASTRA XVII. TRAT. III.

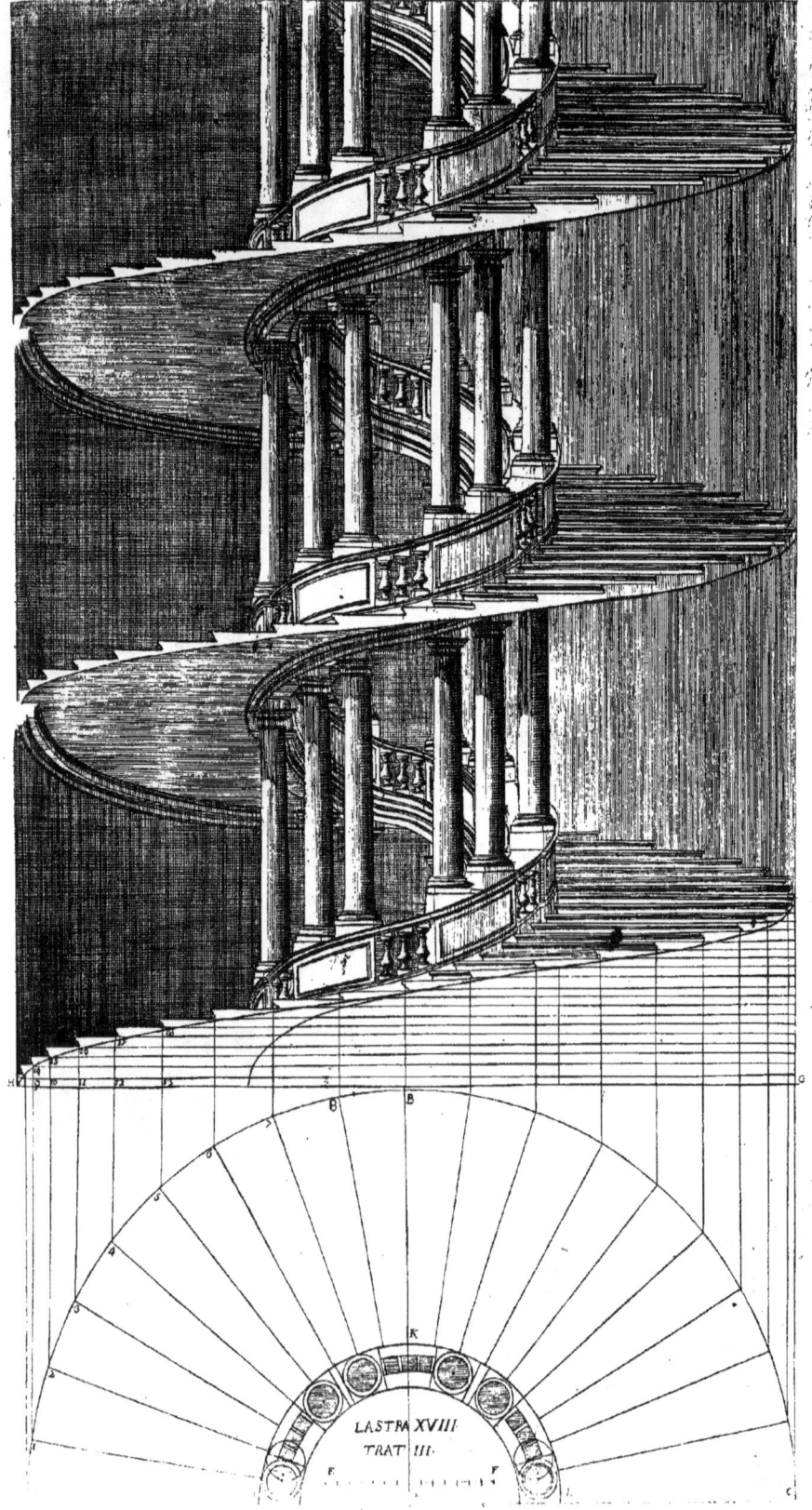

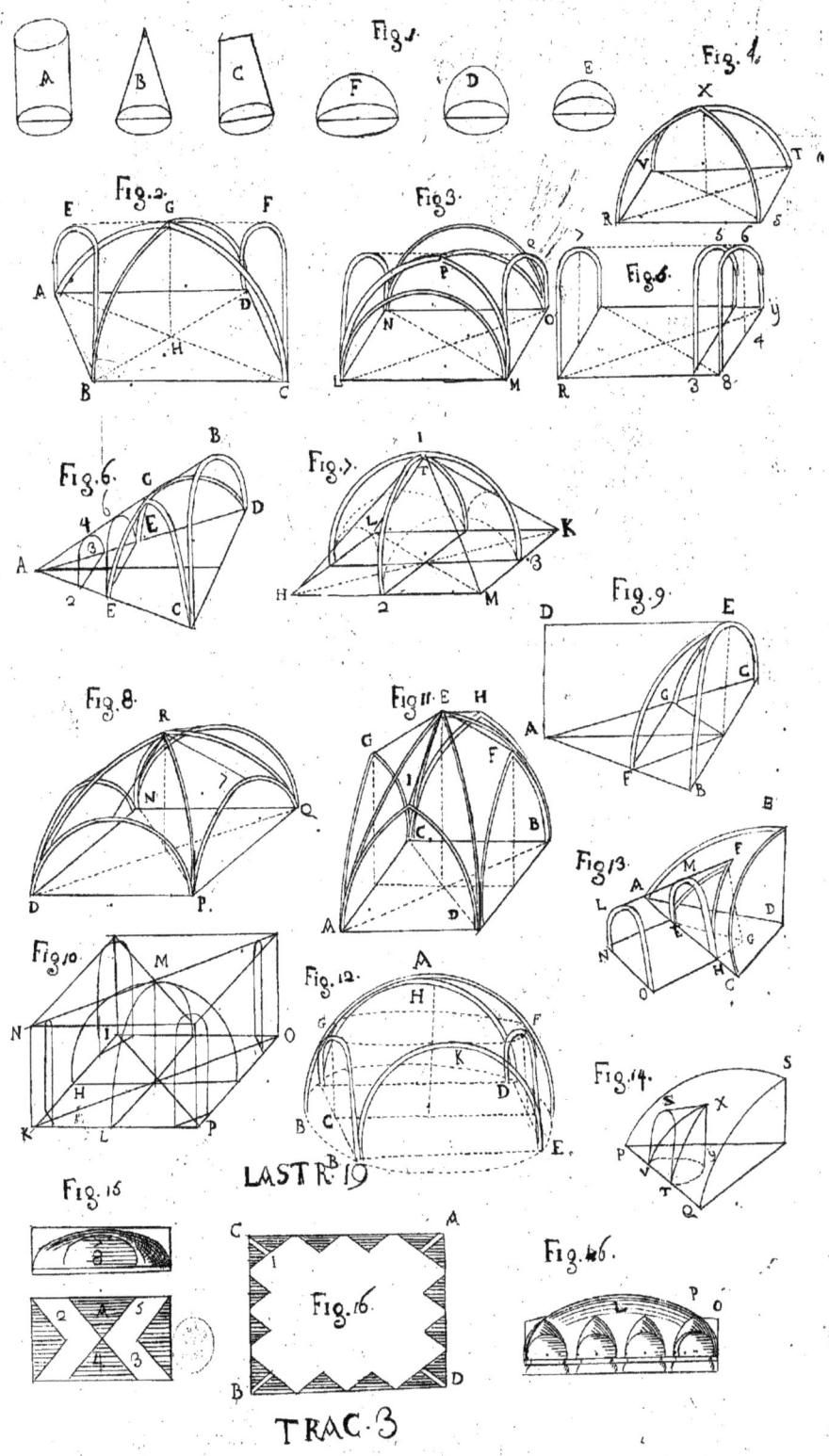

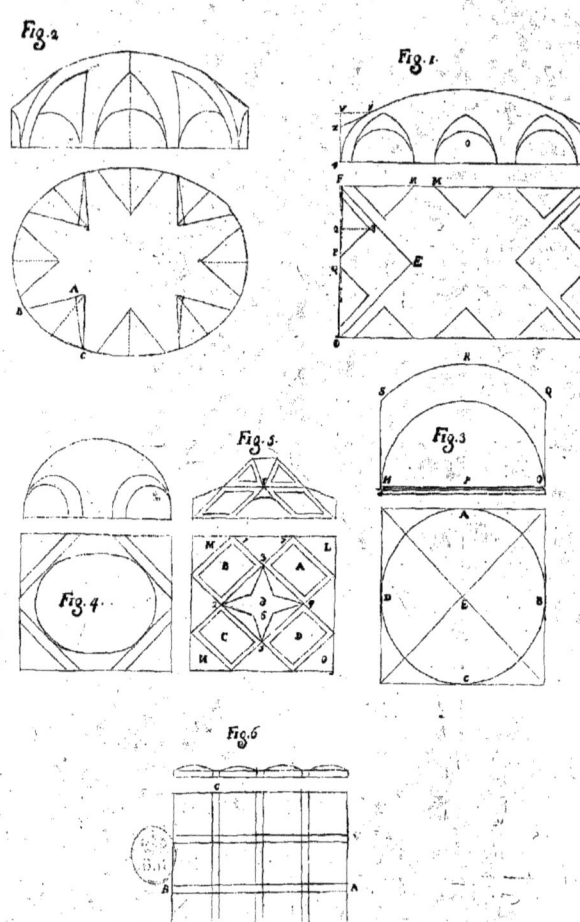

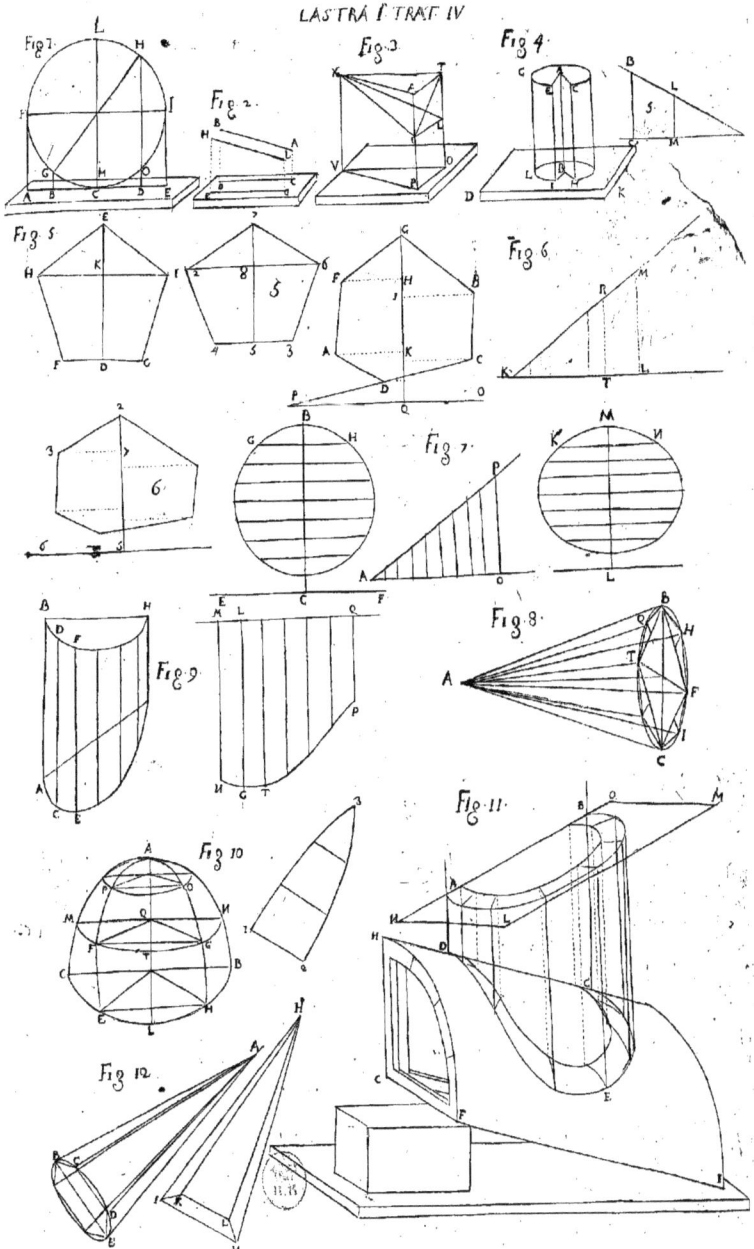

LASTRA I TRAT IV

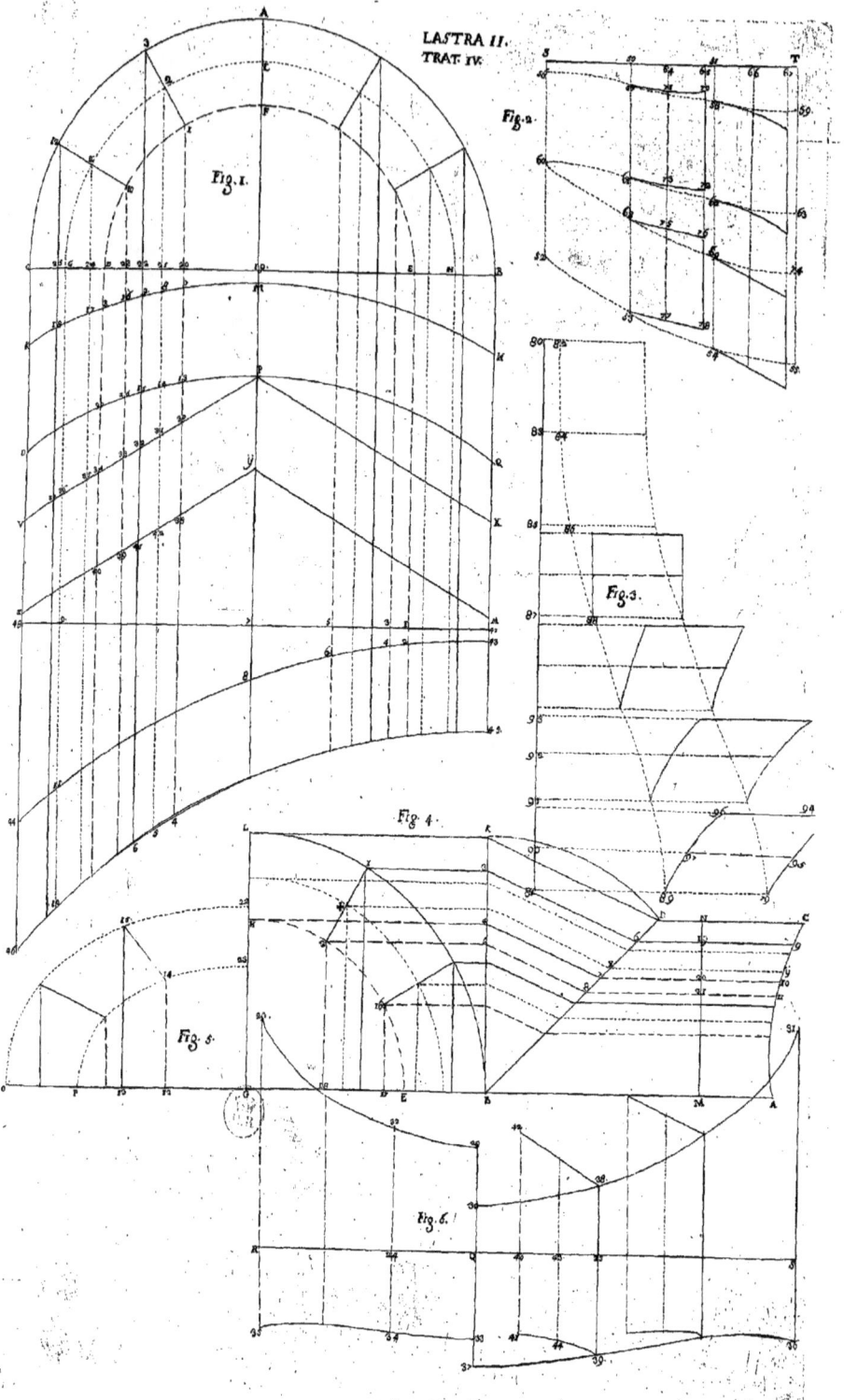

LASTRA III. TRAT: IV.

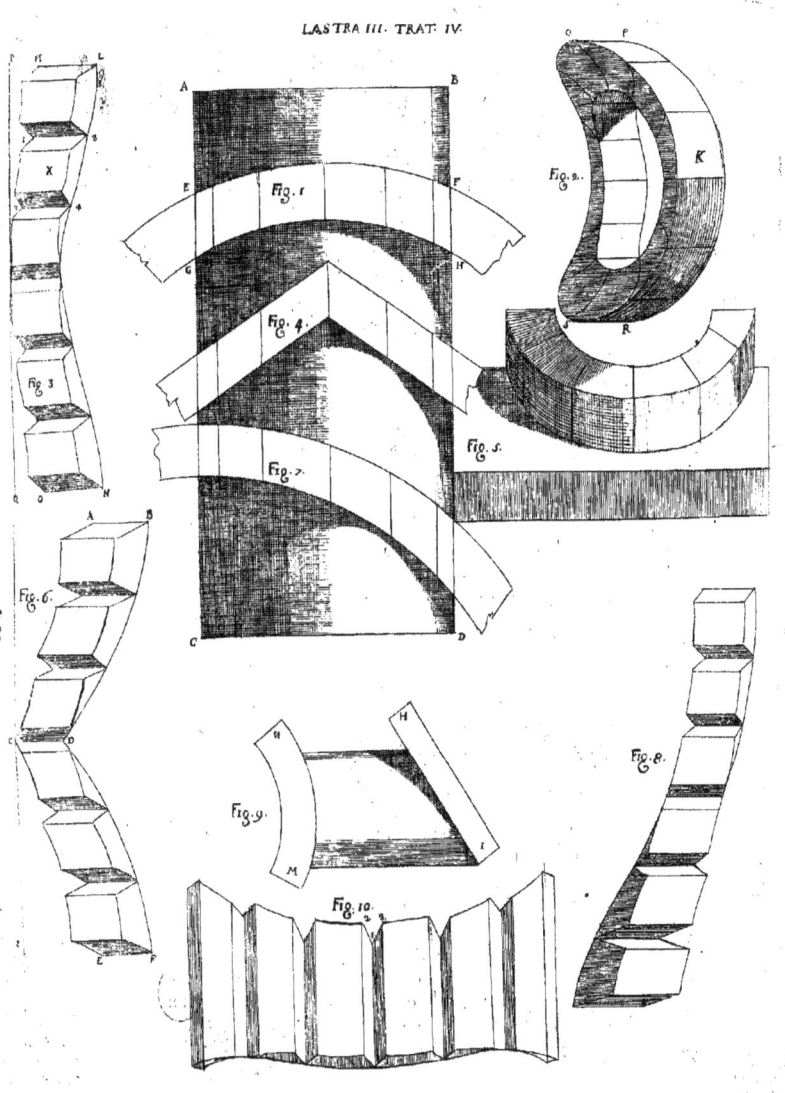

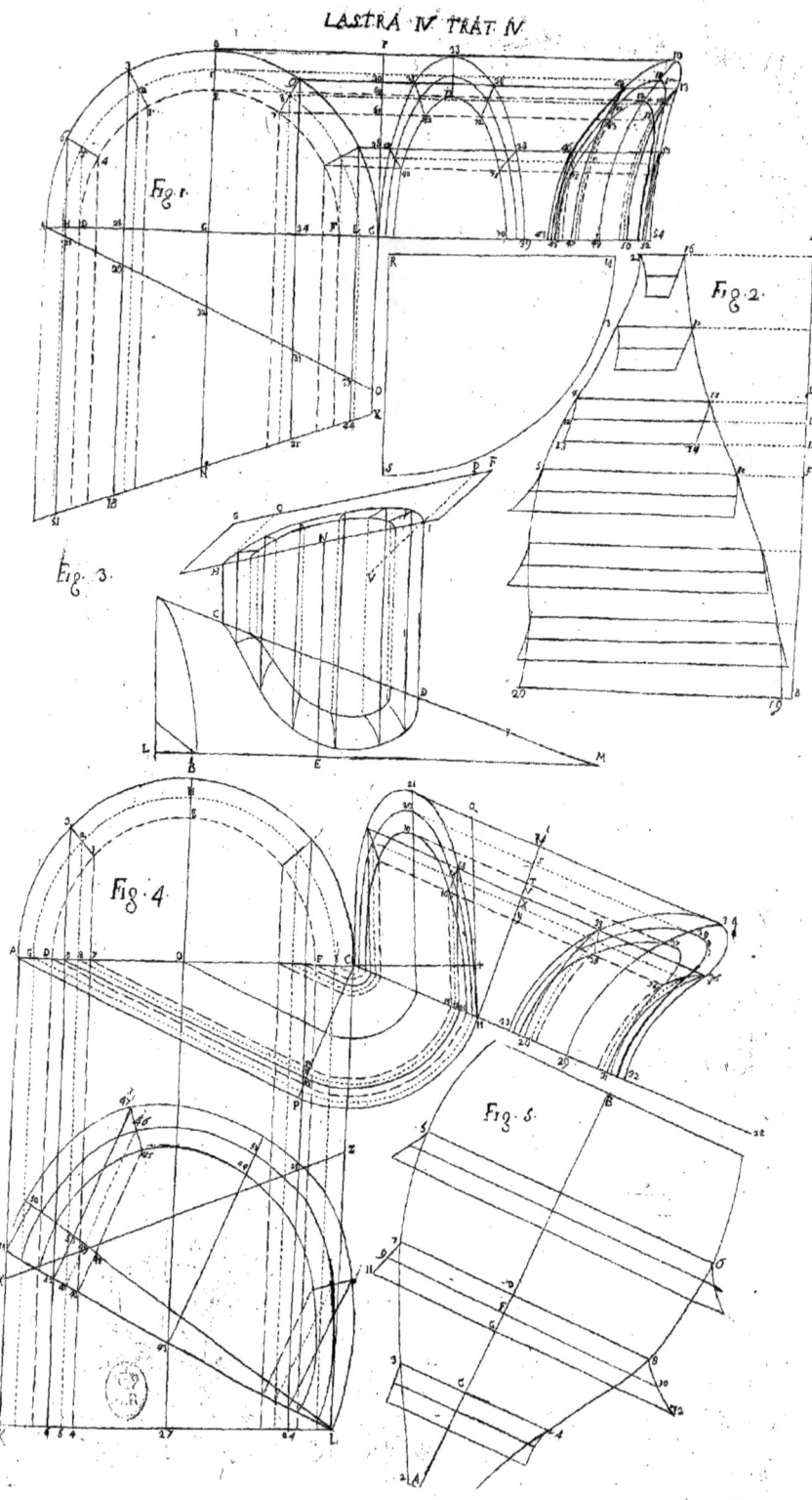

LASTRA V. TRAT. IV.

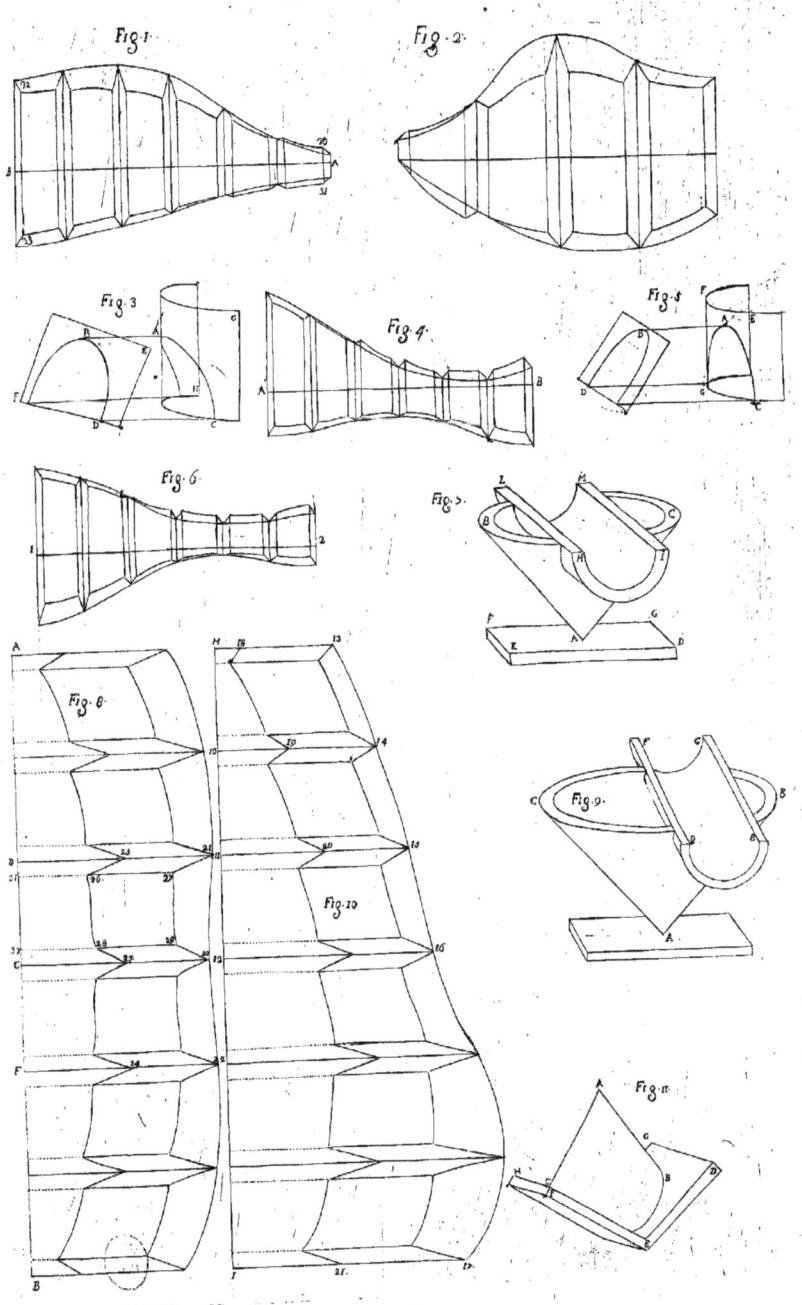

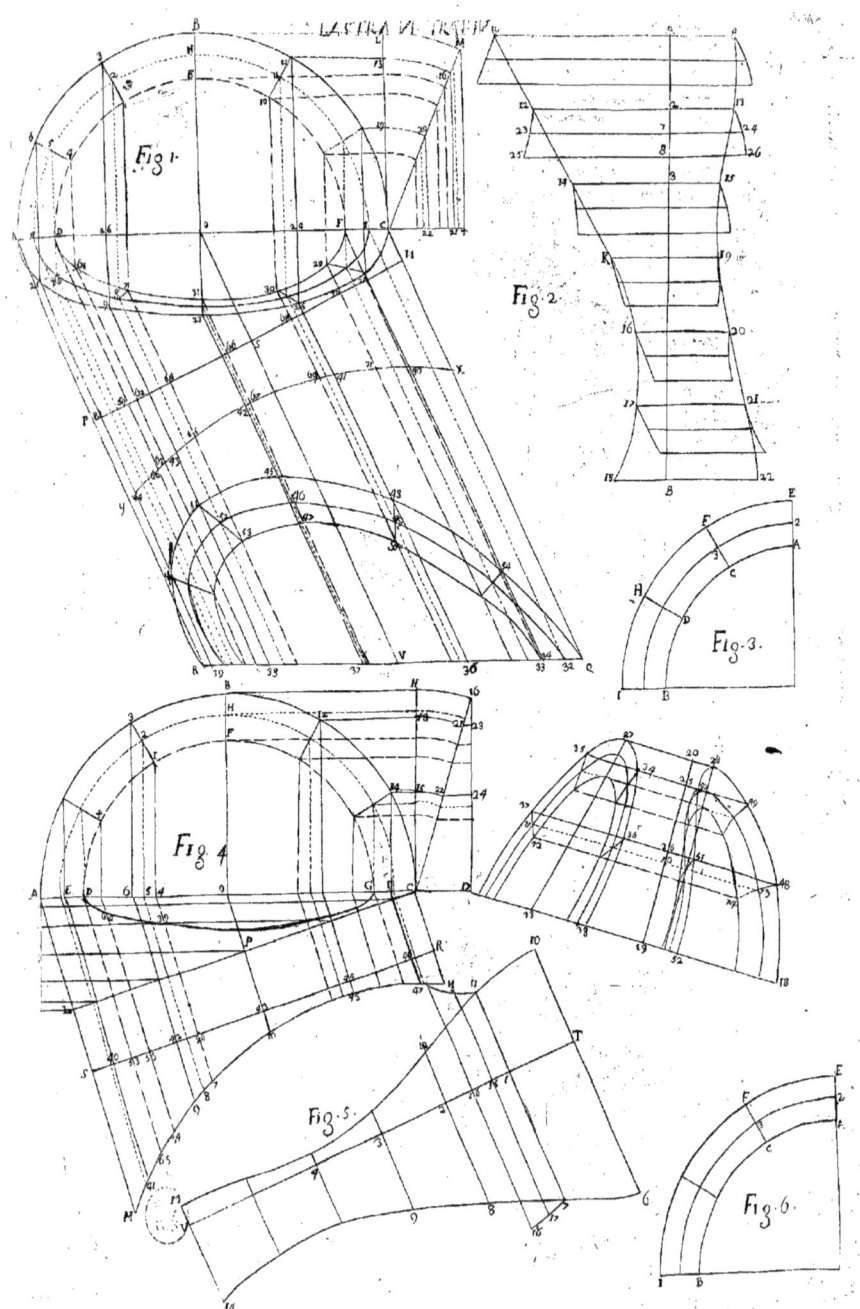

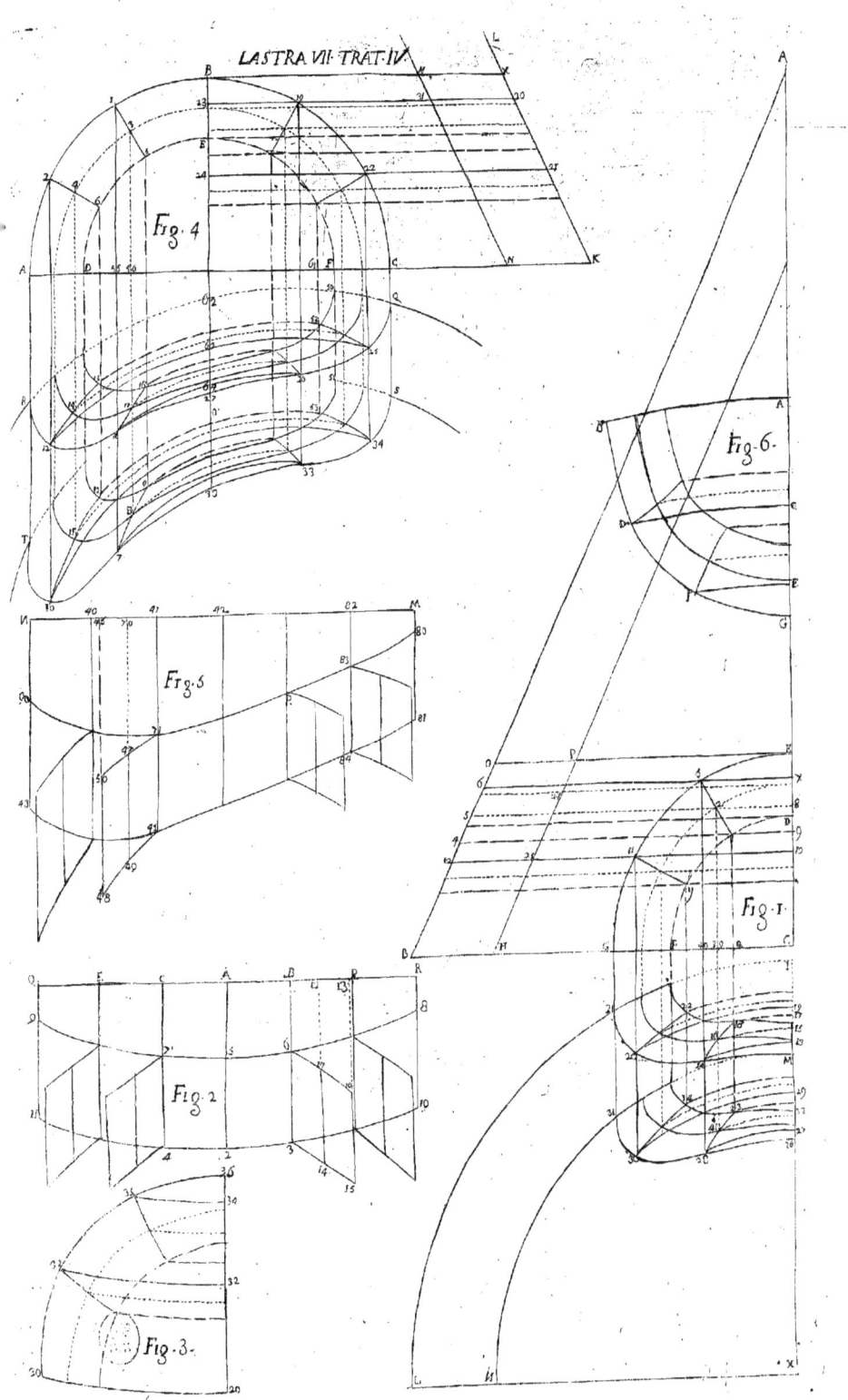

LASTRA VII TRAT IV

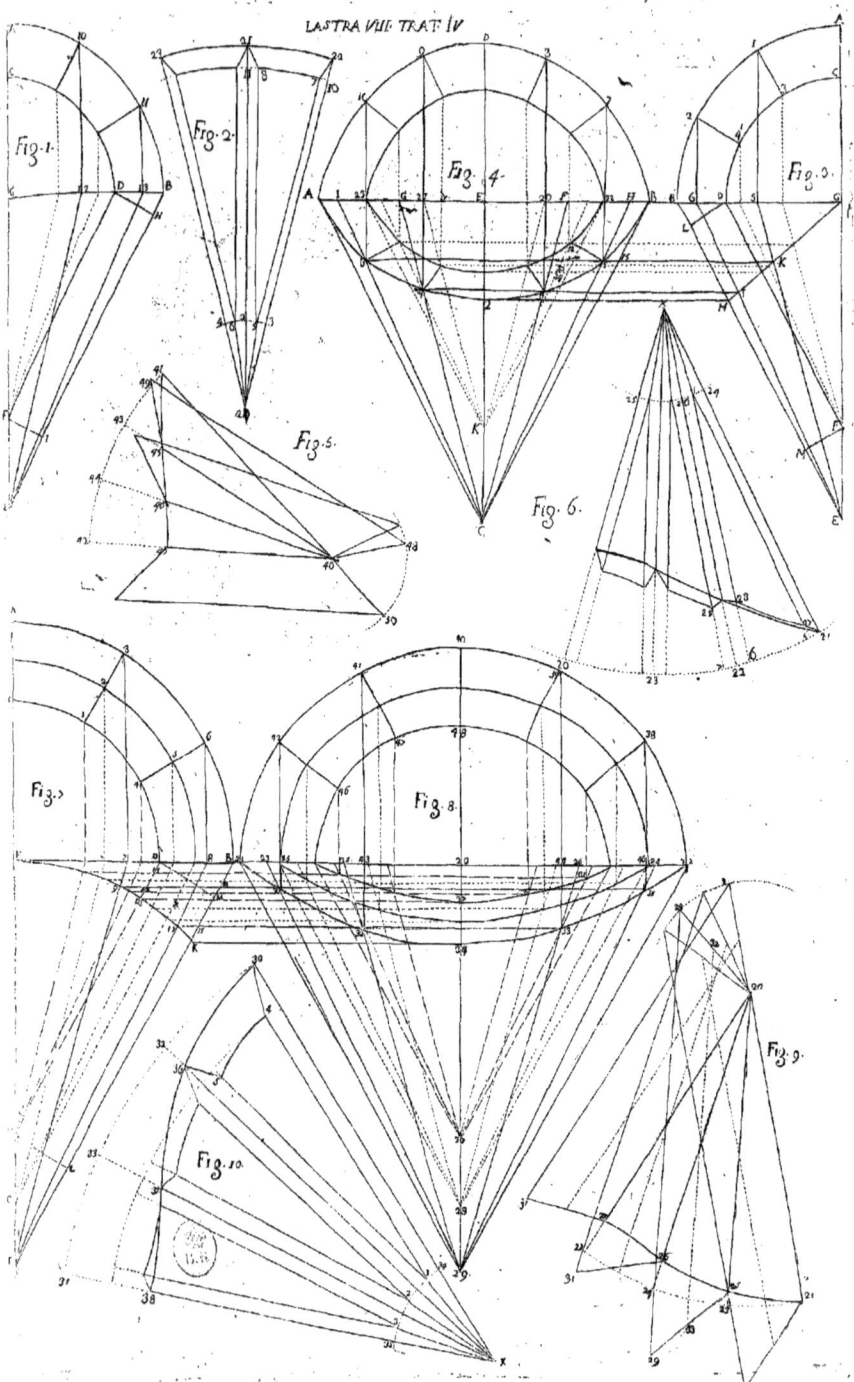

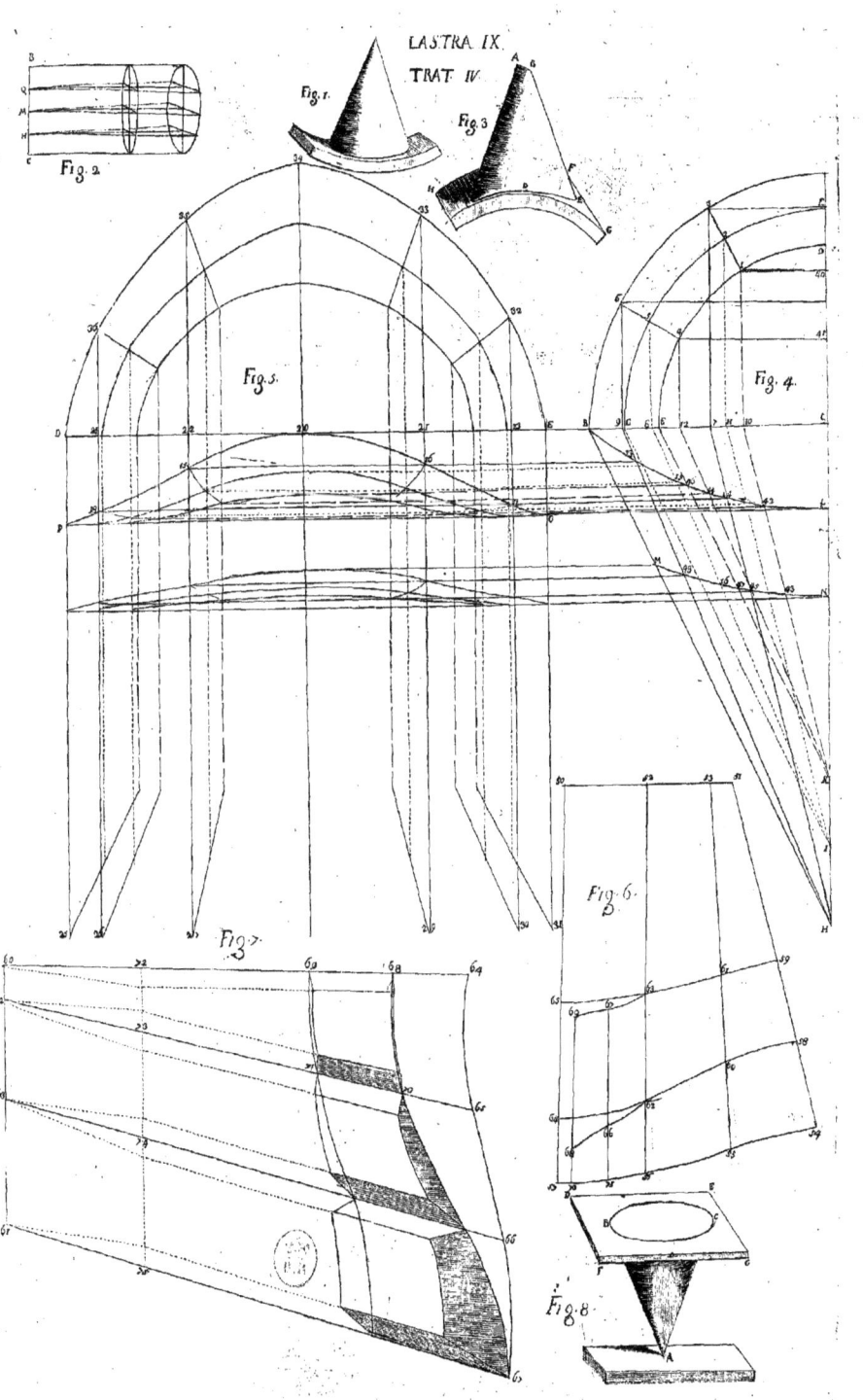

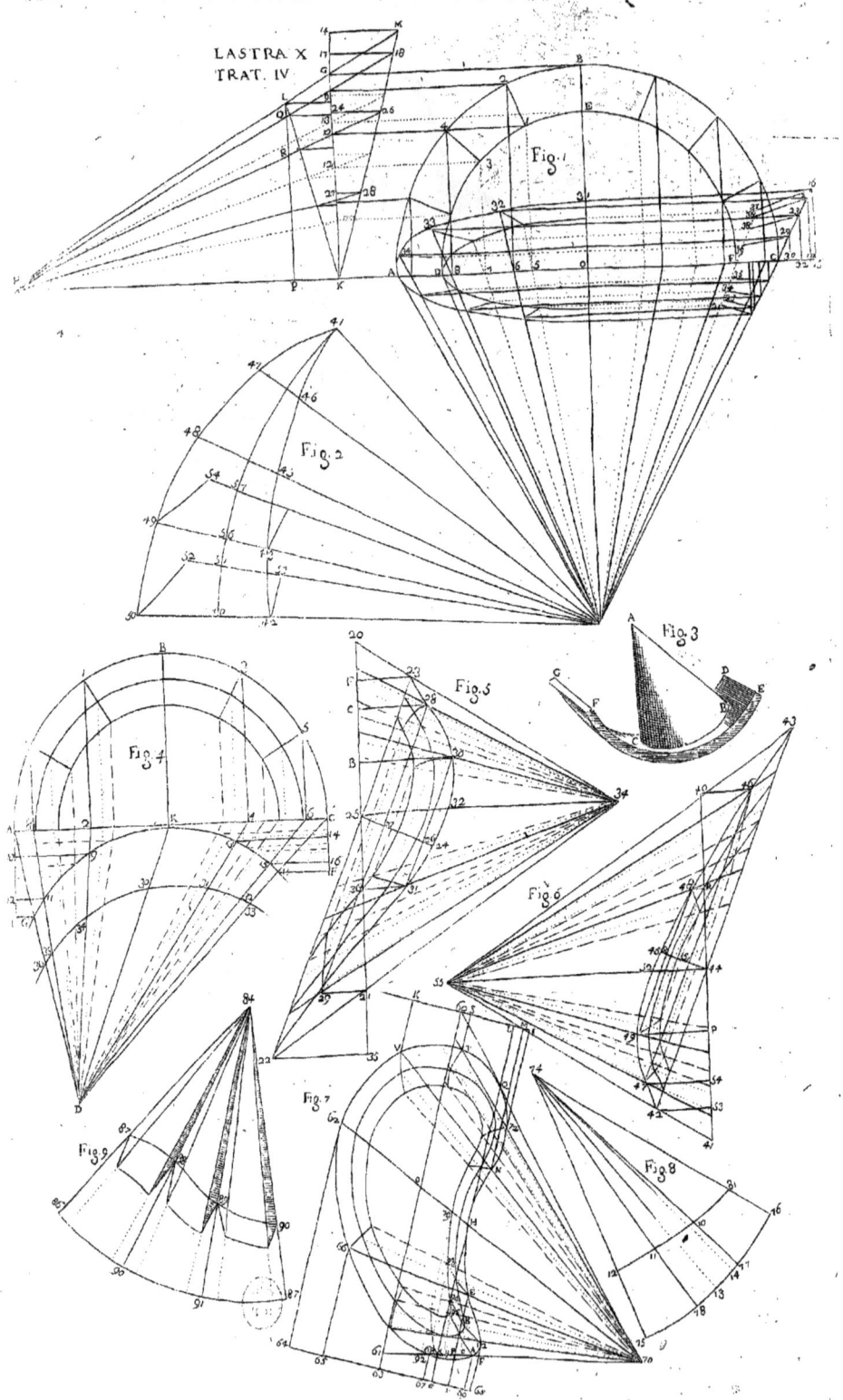

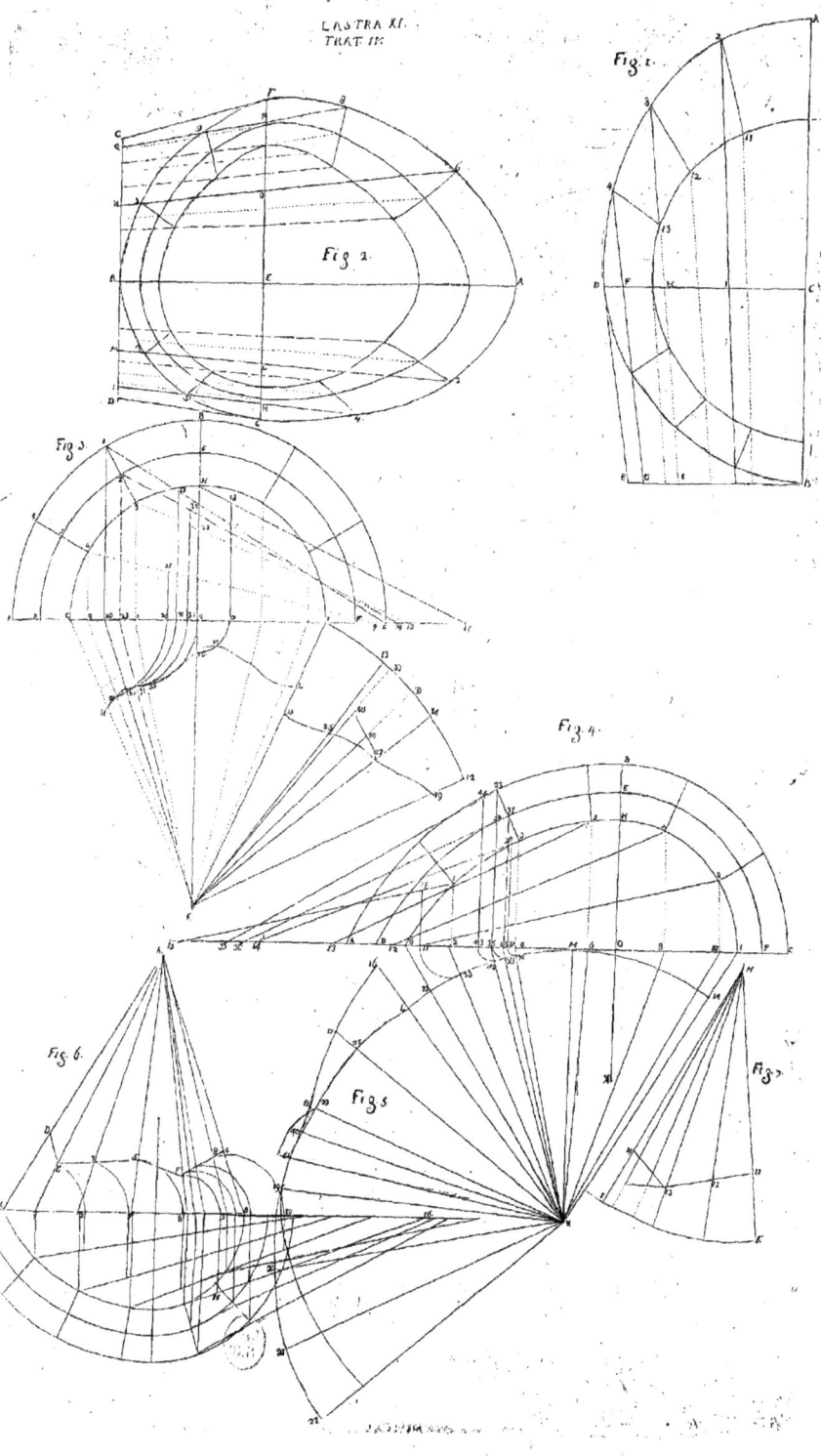

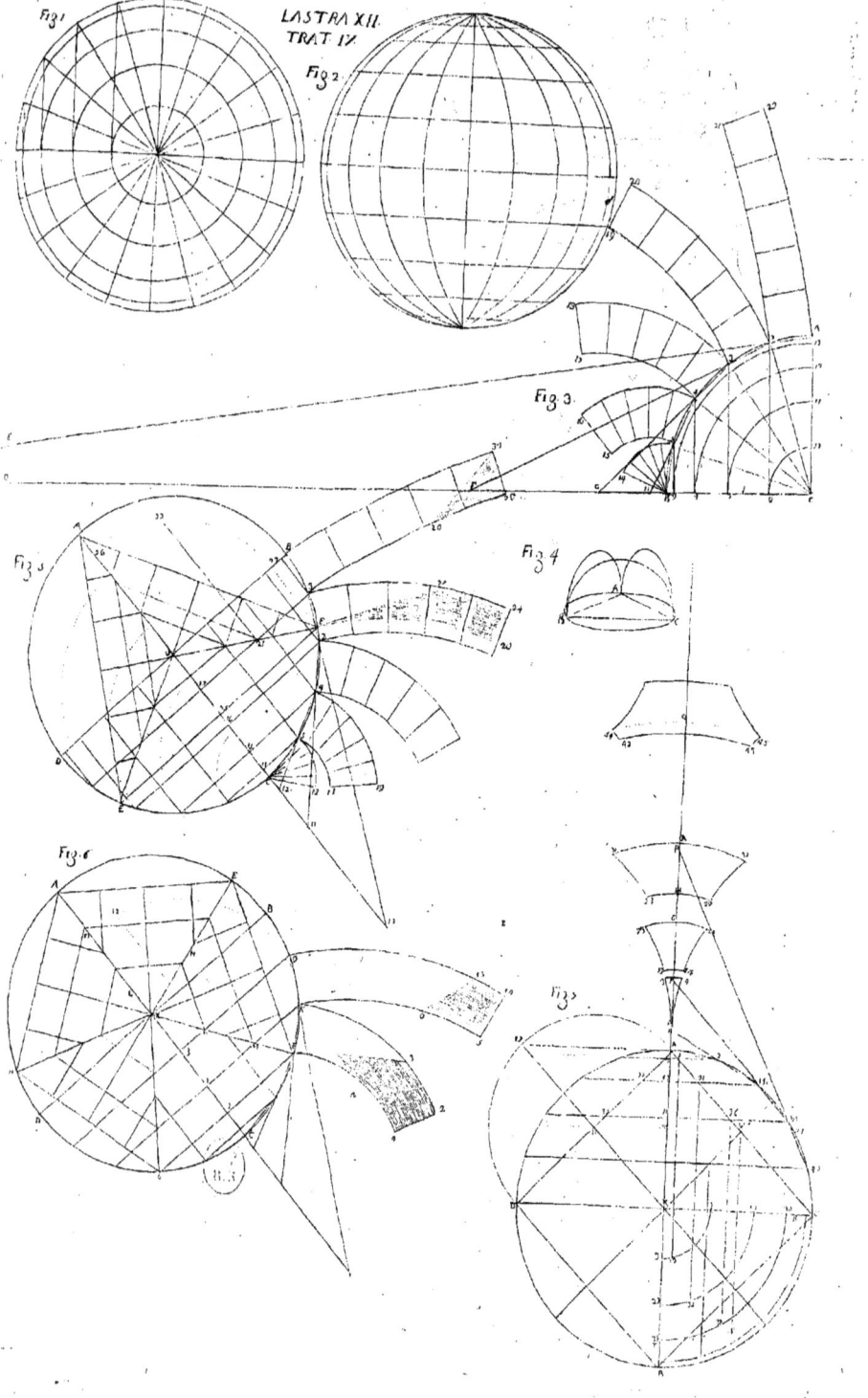

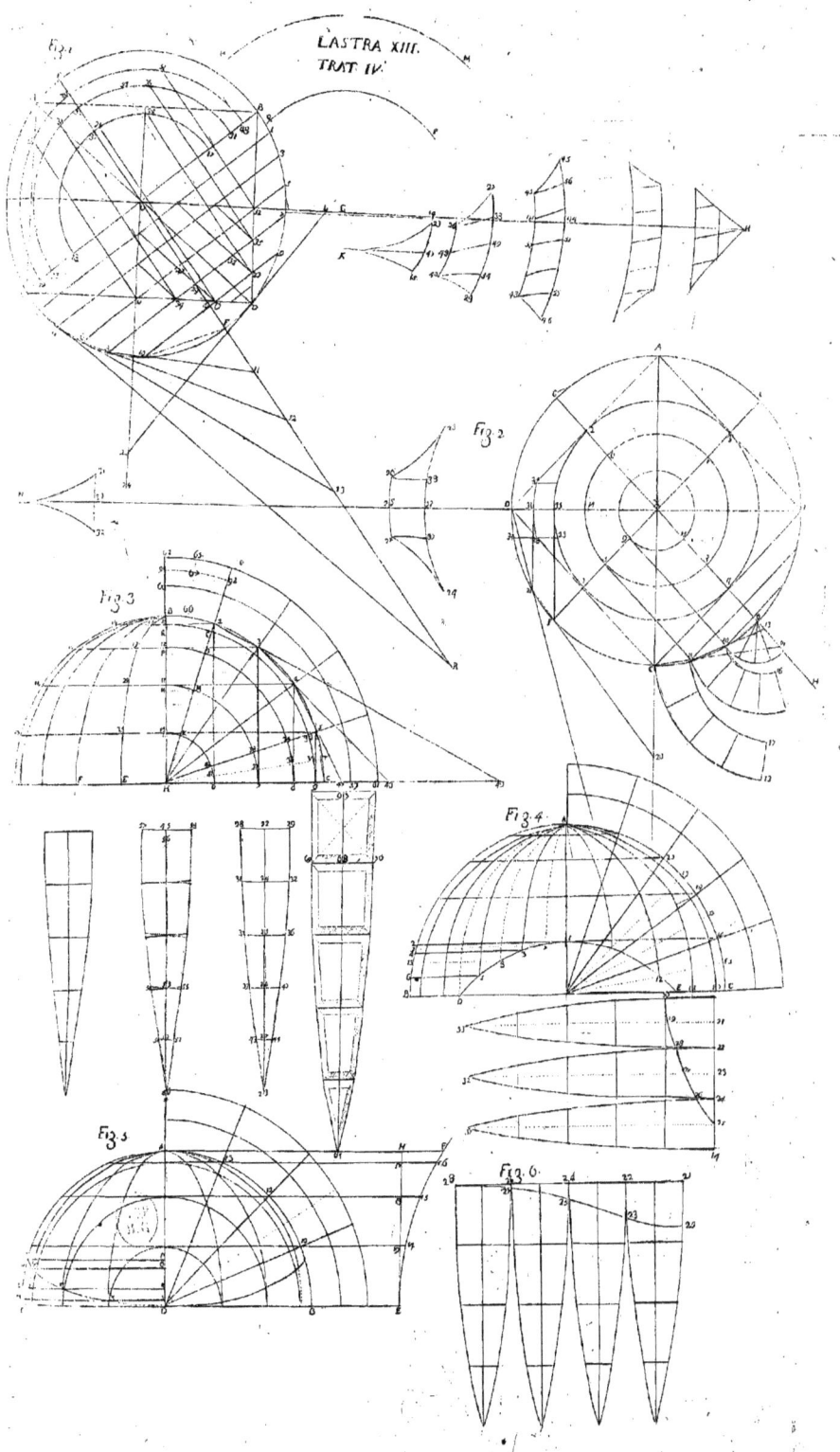

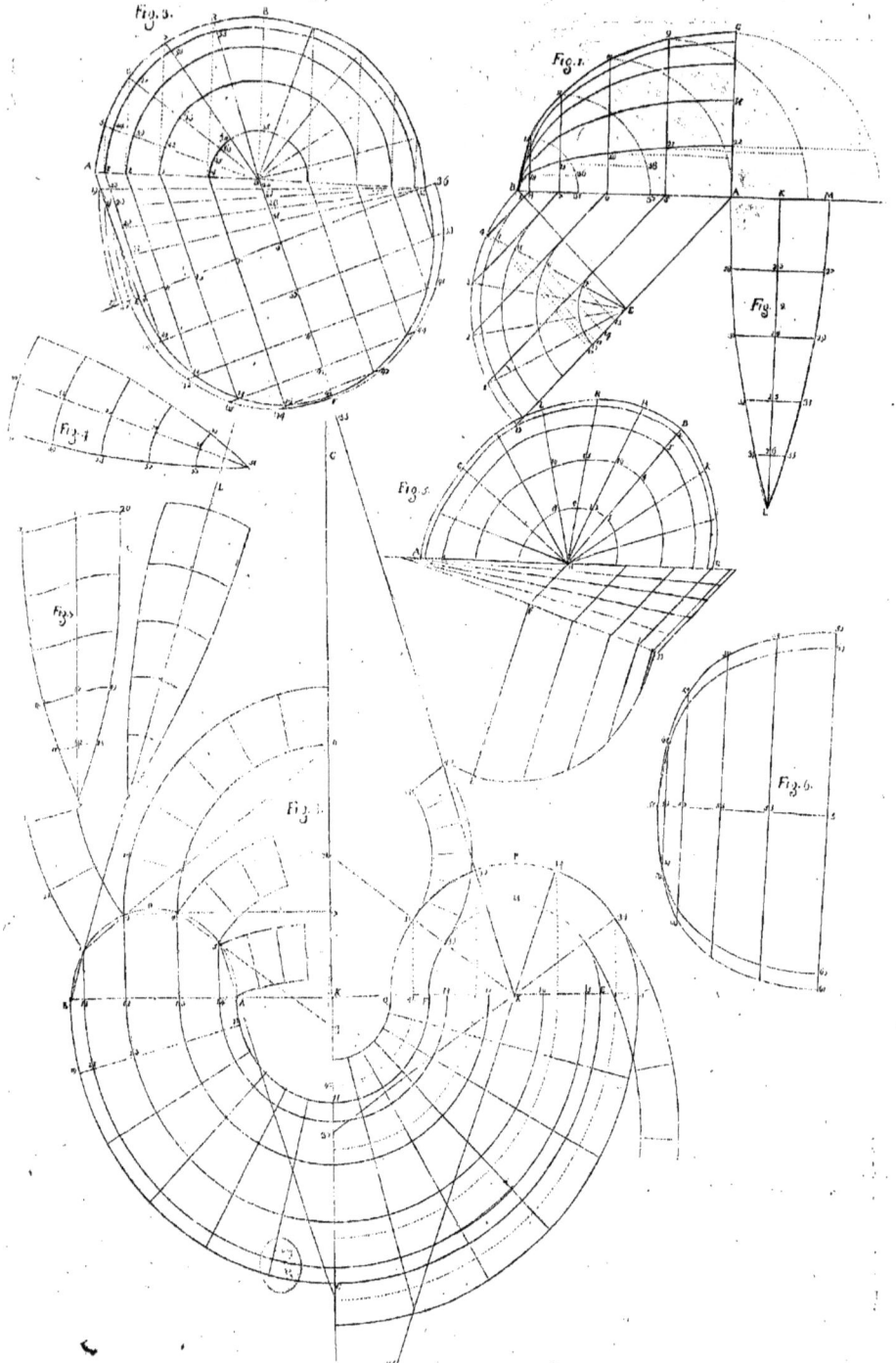

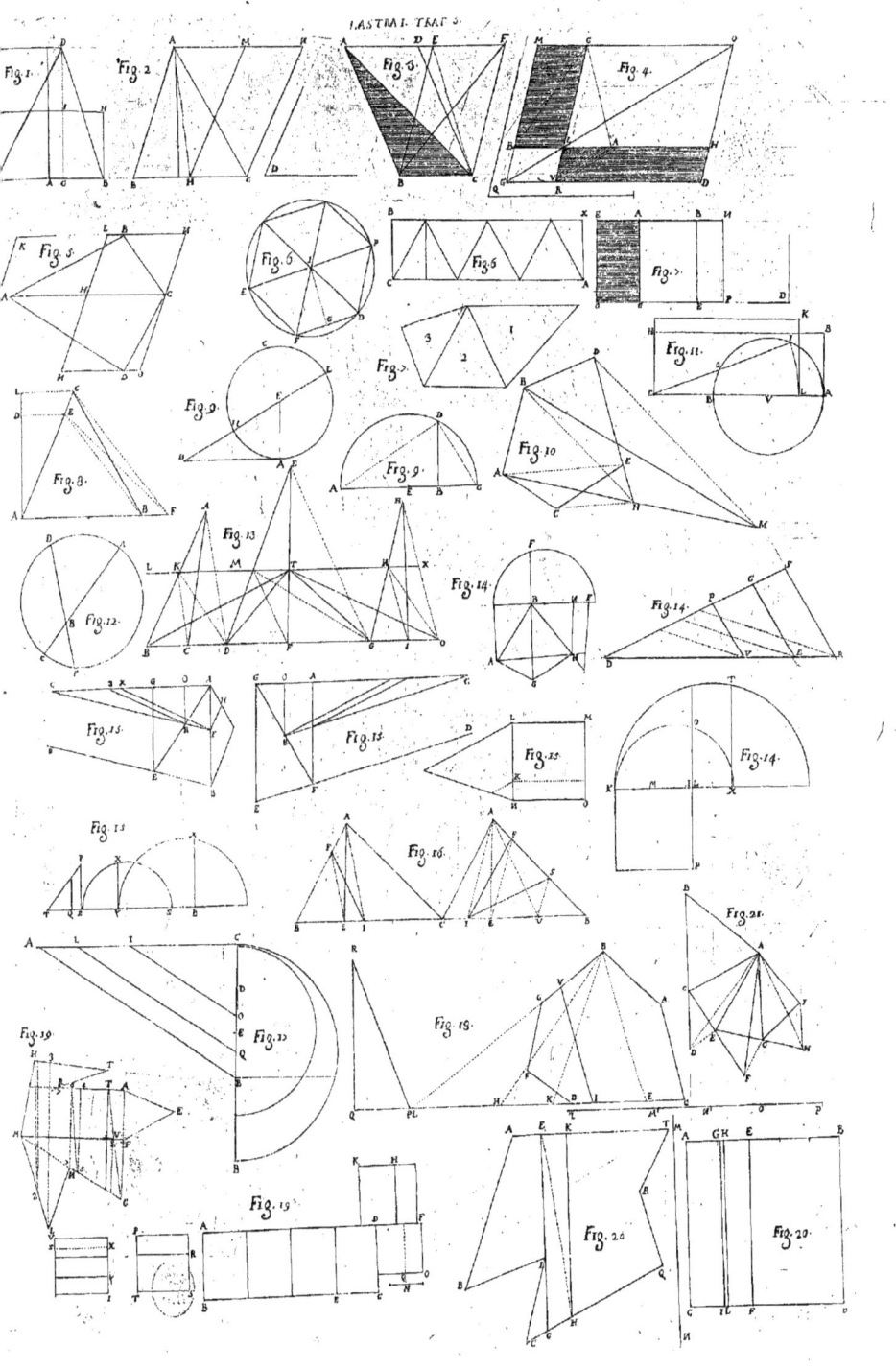

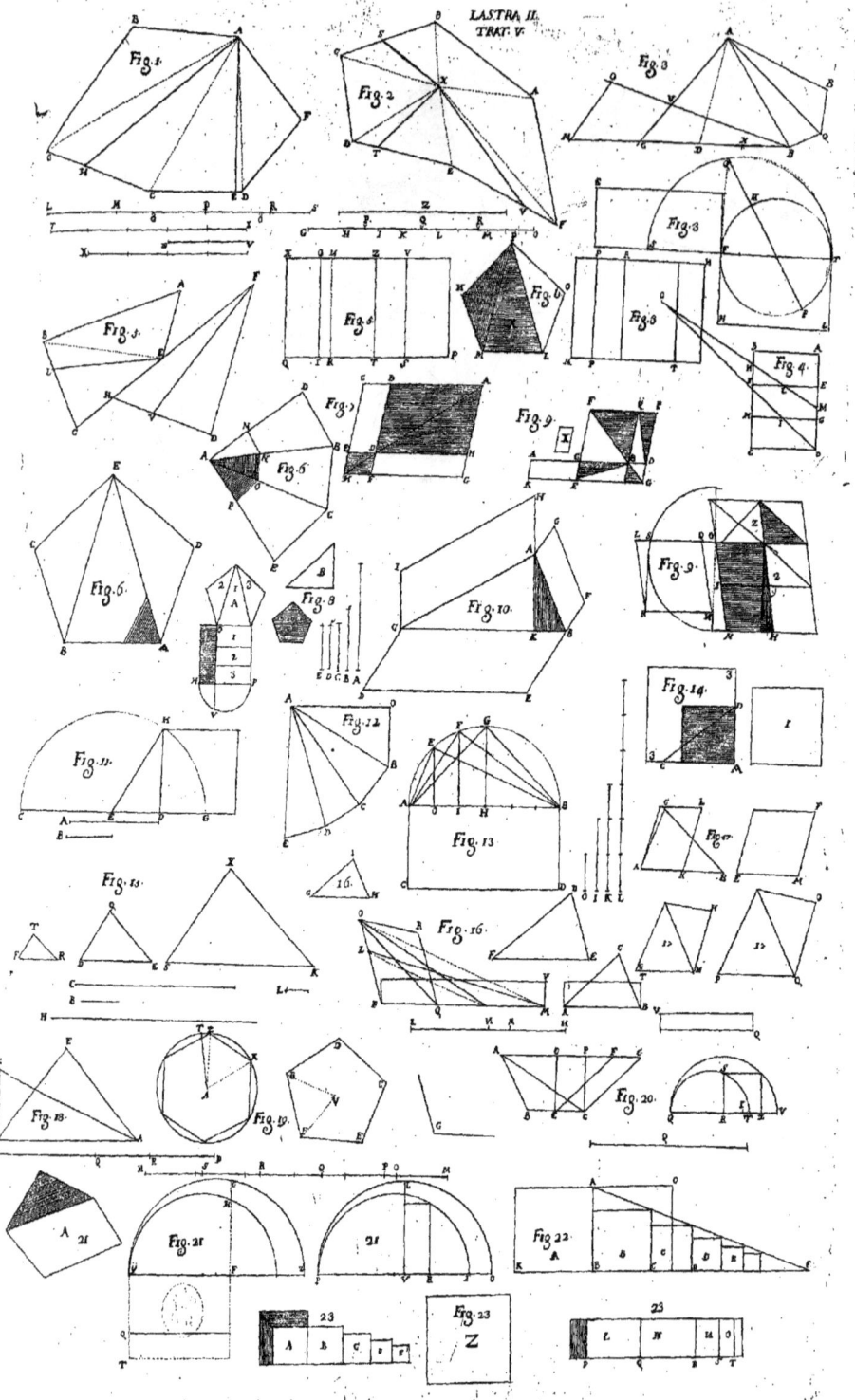

LASTRA III. TRAT. V.

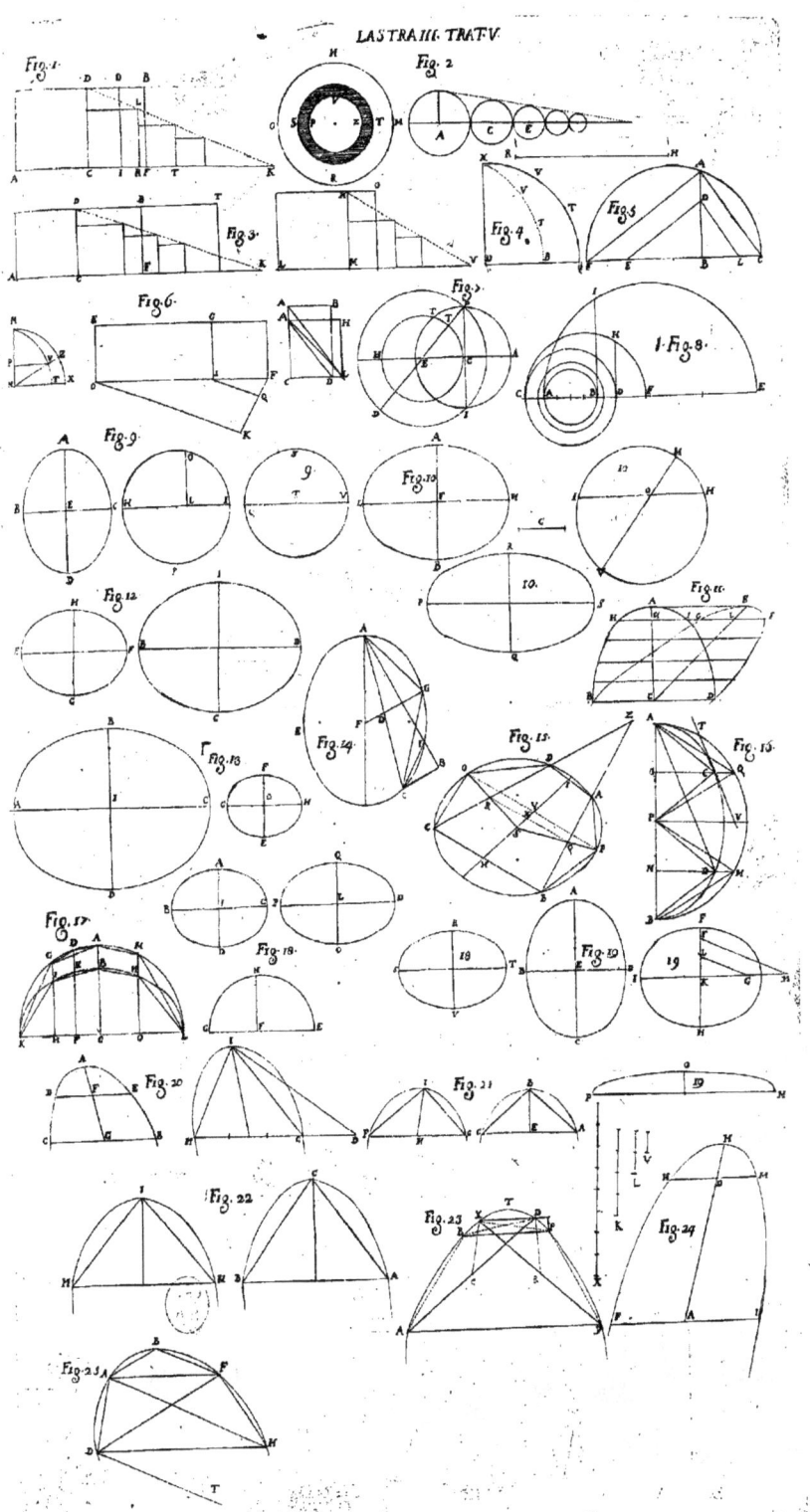

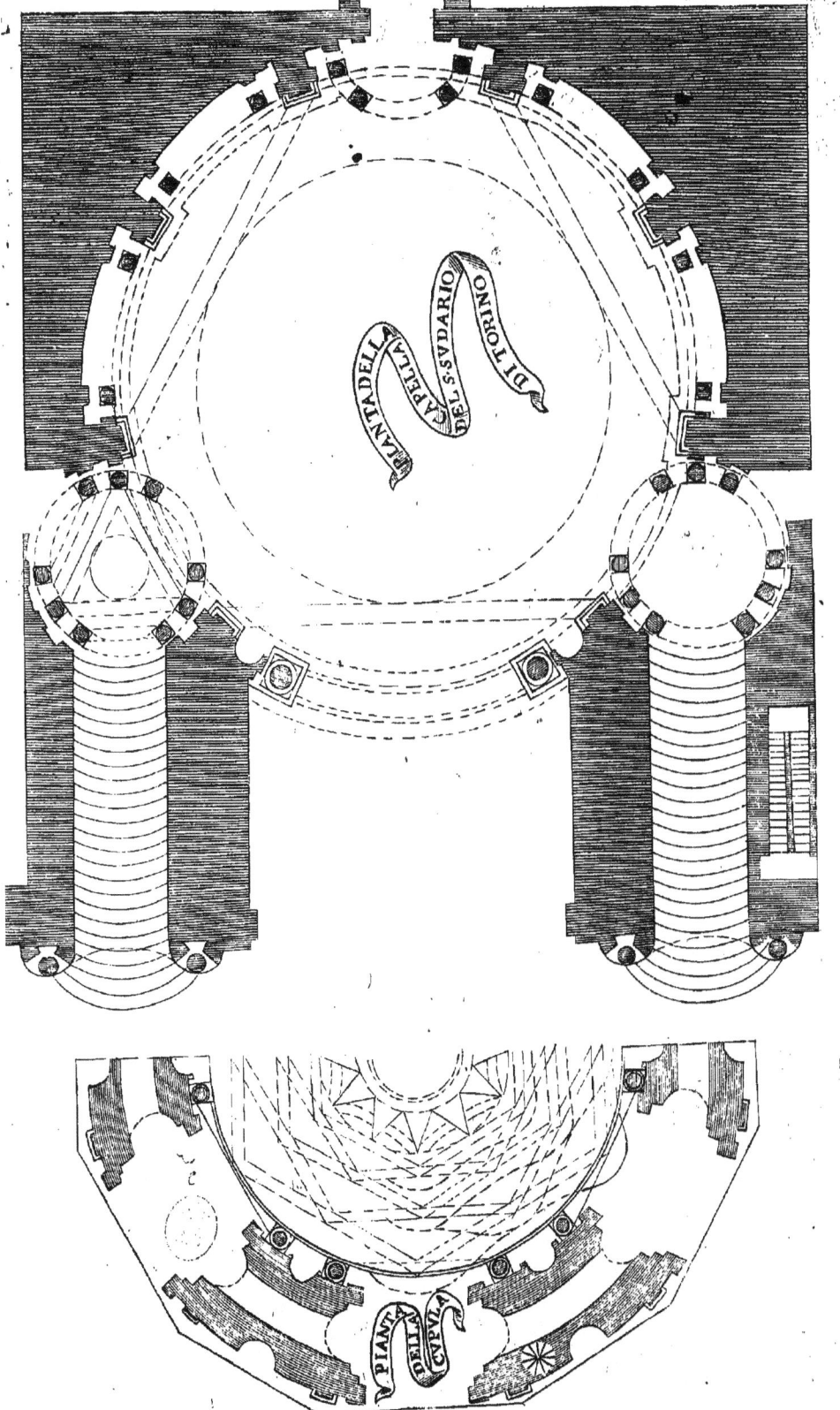

4

VESTIGIVM
S. LAVRENTII
TAVRINI

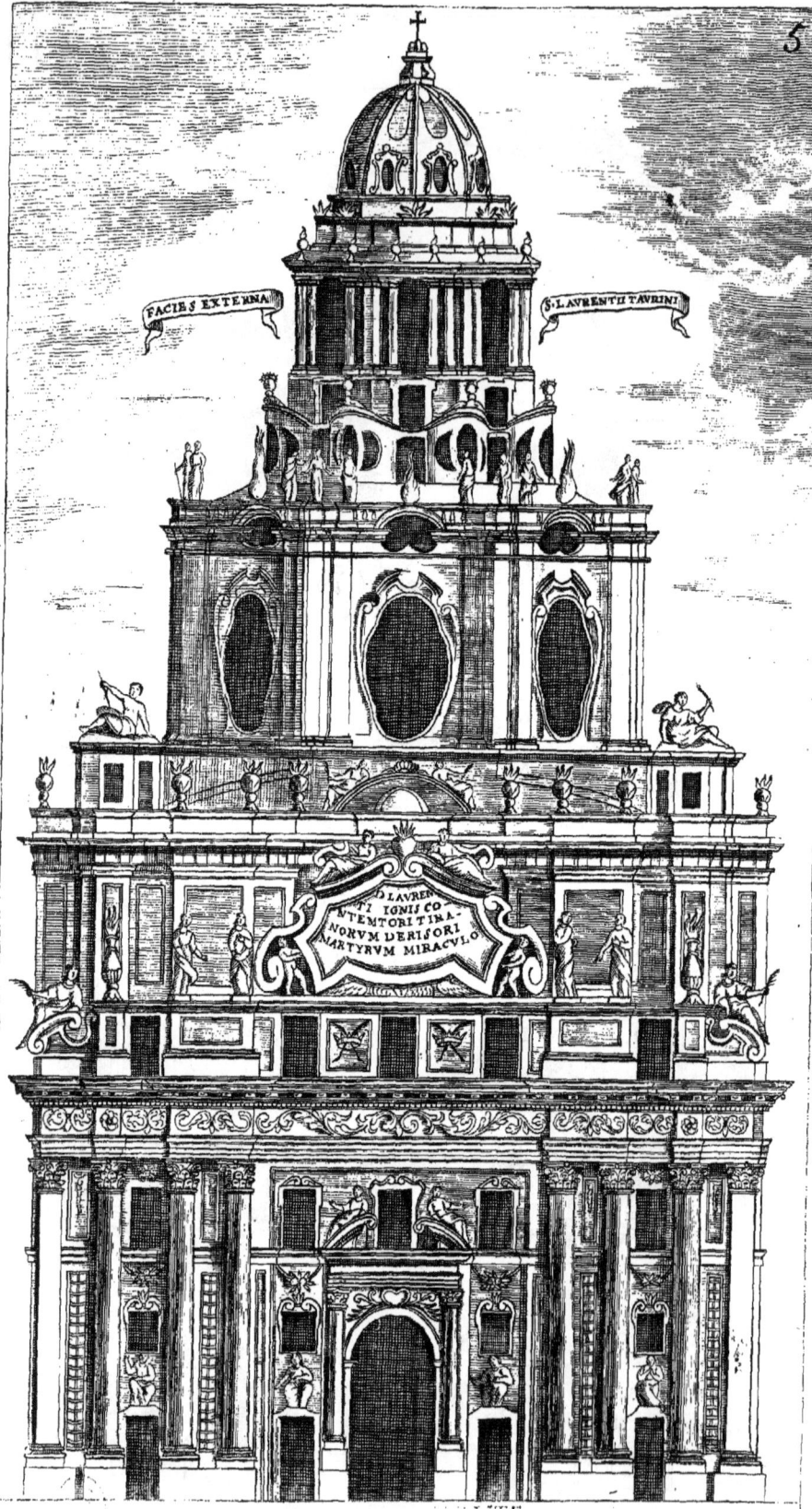

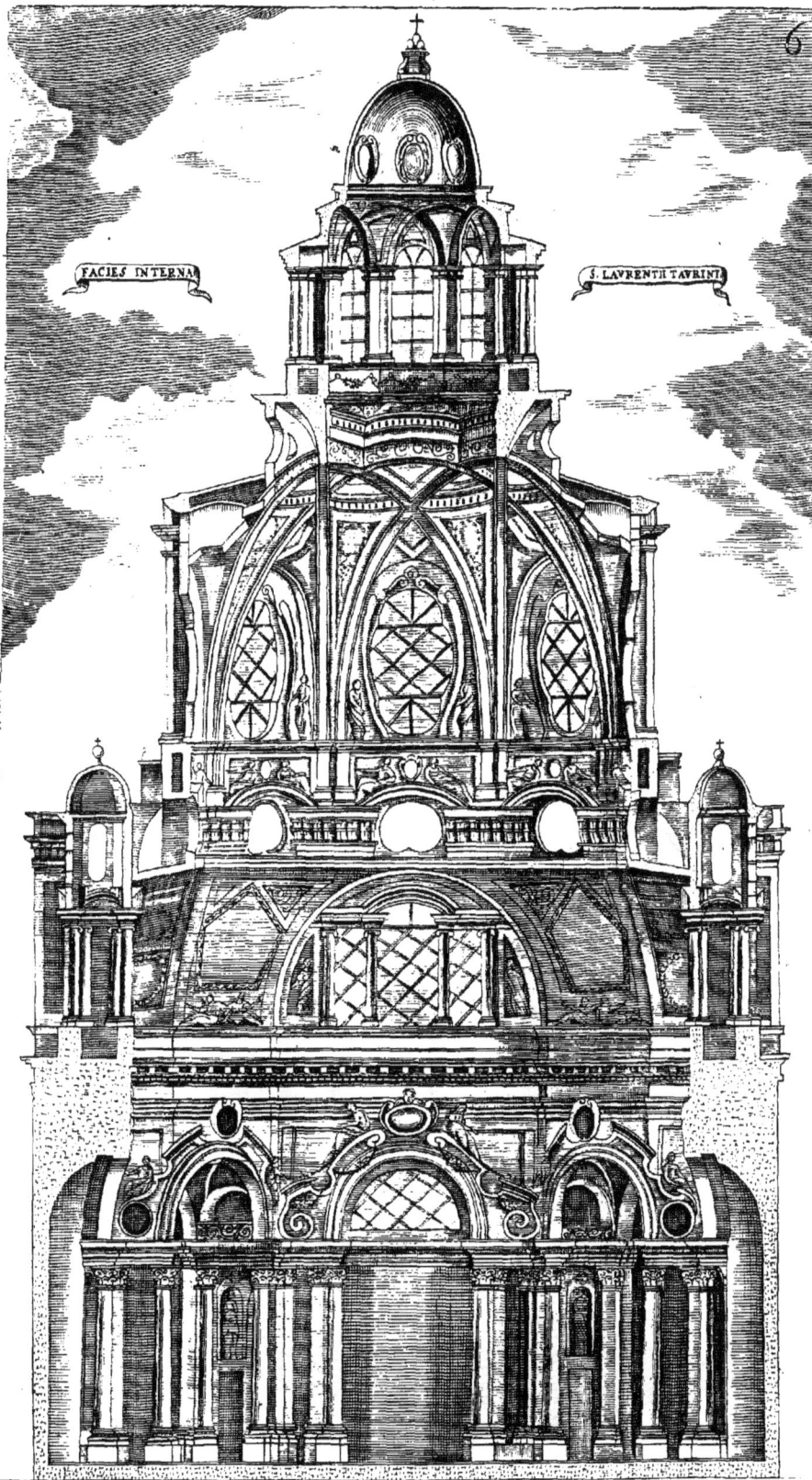

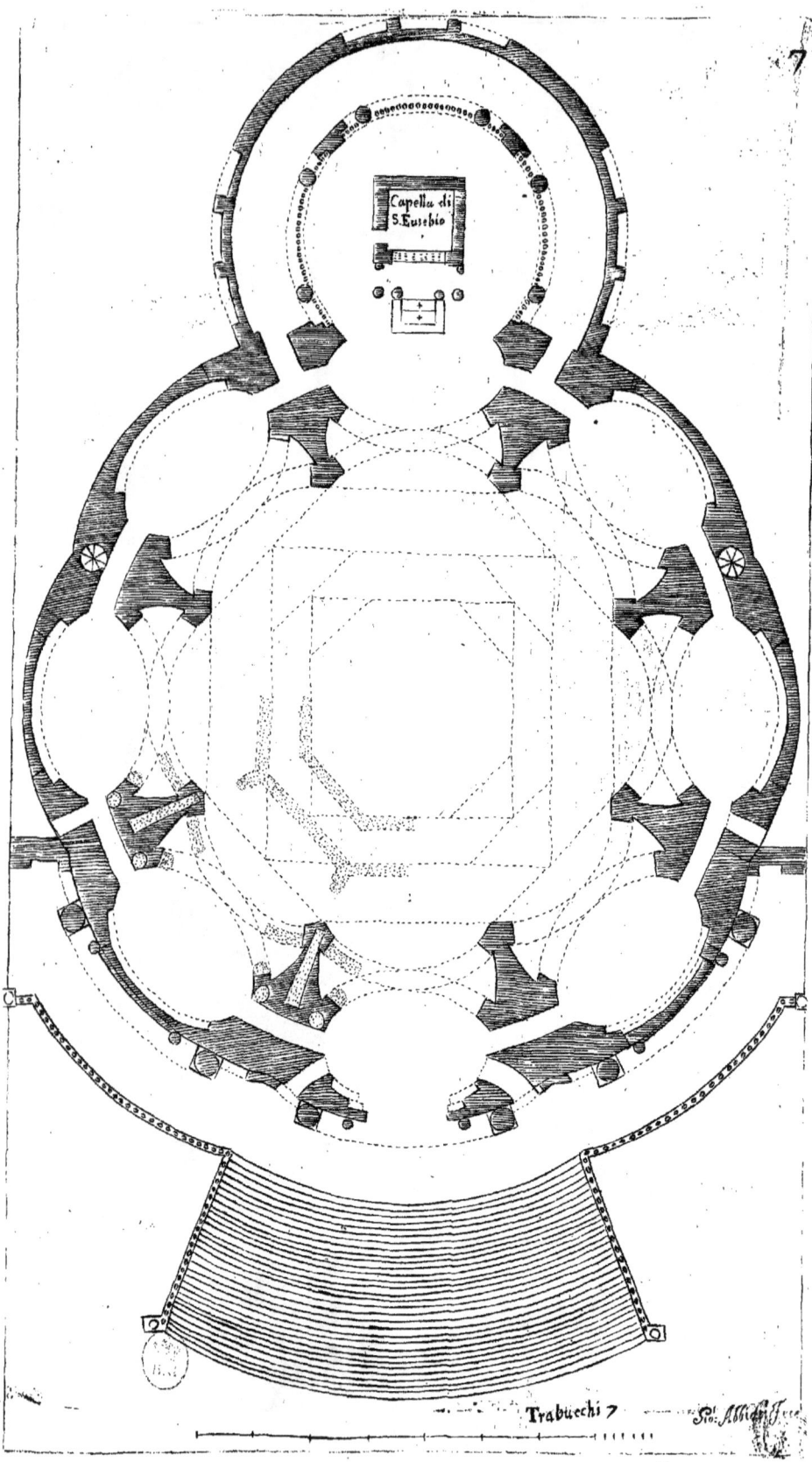

Trabucchi 7

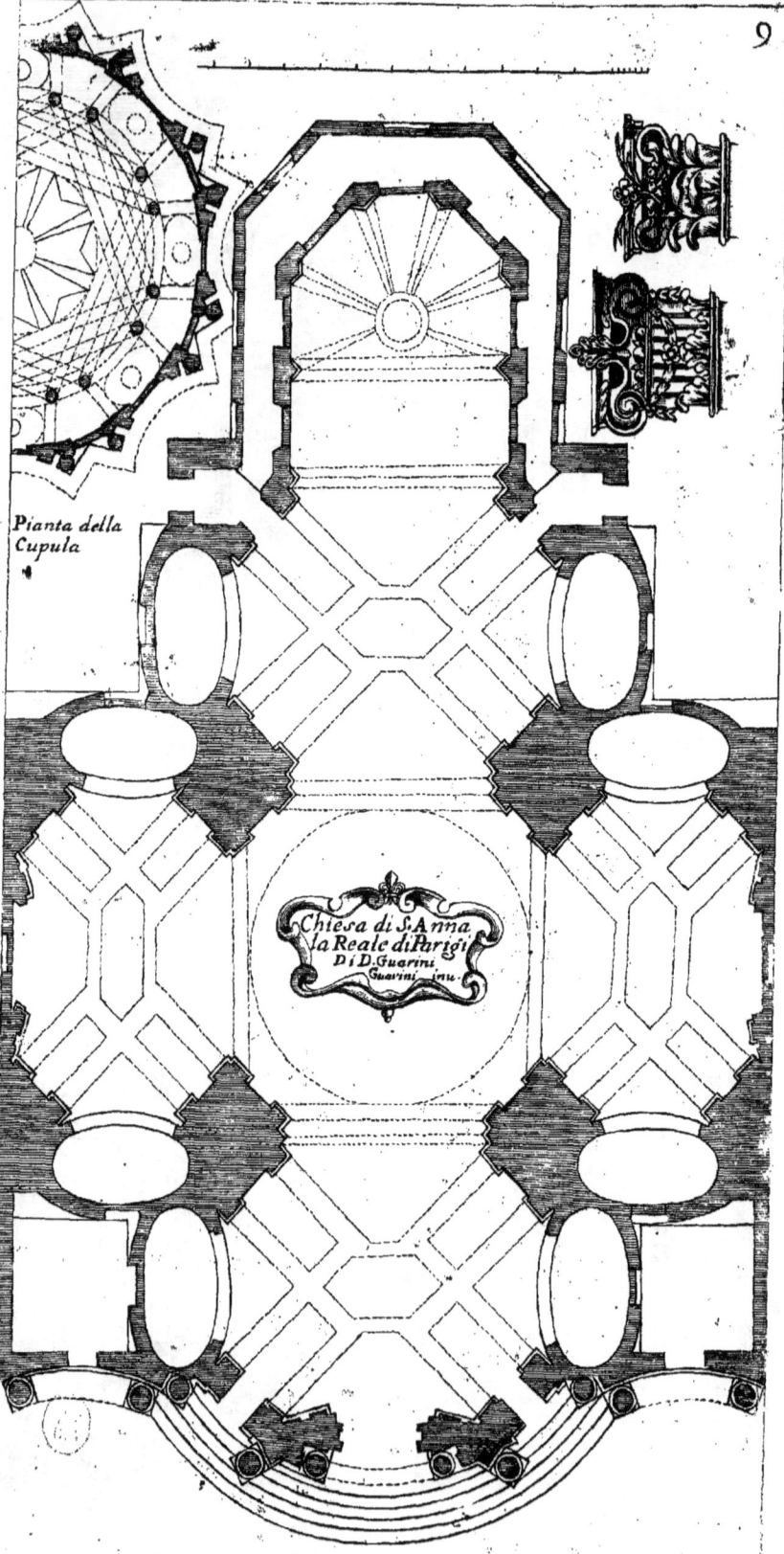

Pianta della Cupula

Chiesa di S. Anna la Reale di Parigi Di D. Guarini

PROSPETTO ESTERIORE DI S. ANNA R.ll di Parigi

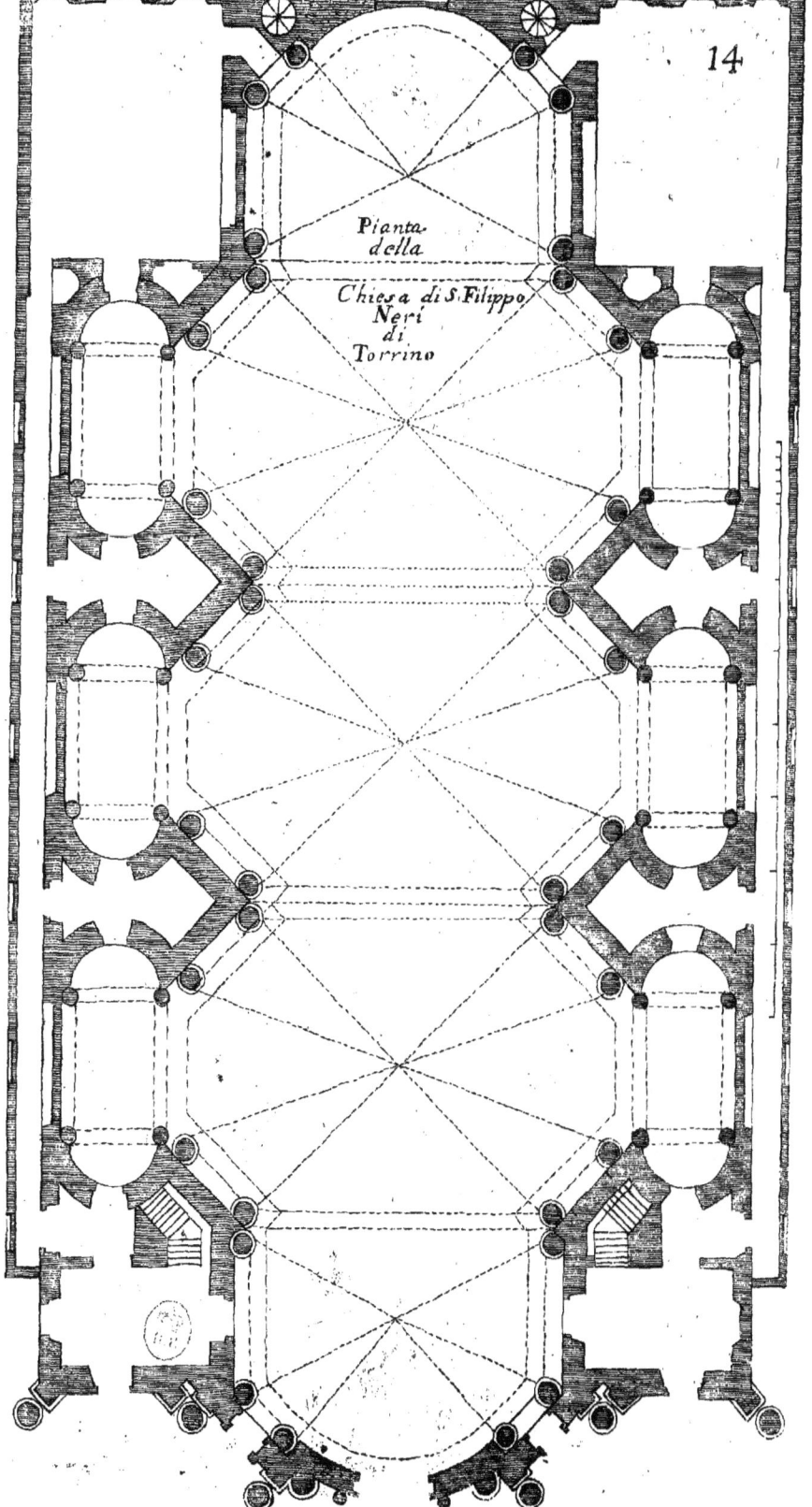

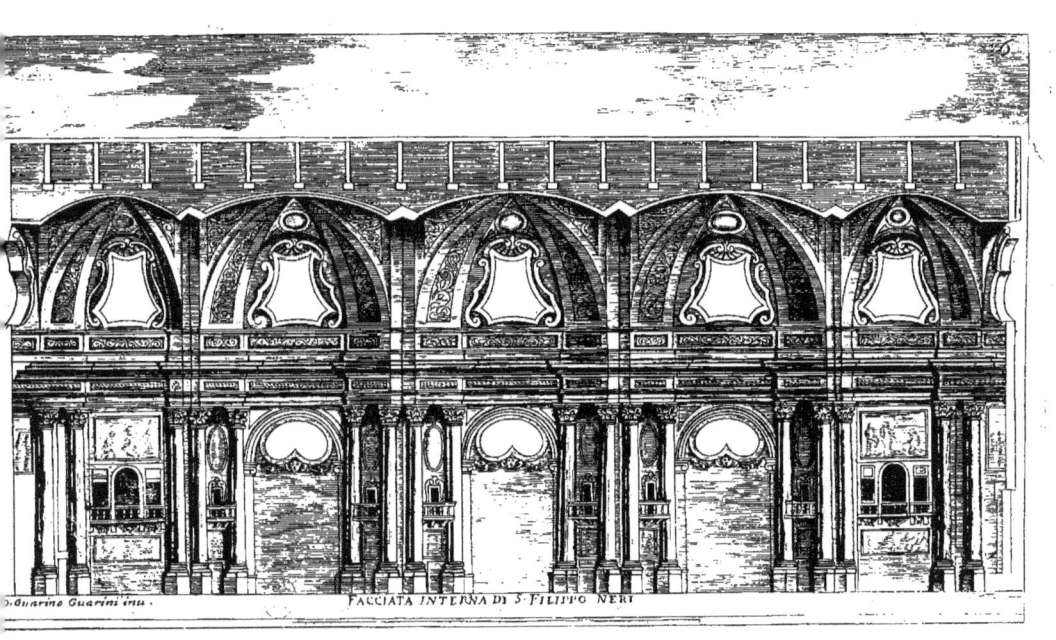

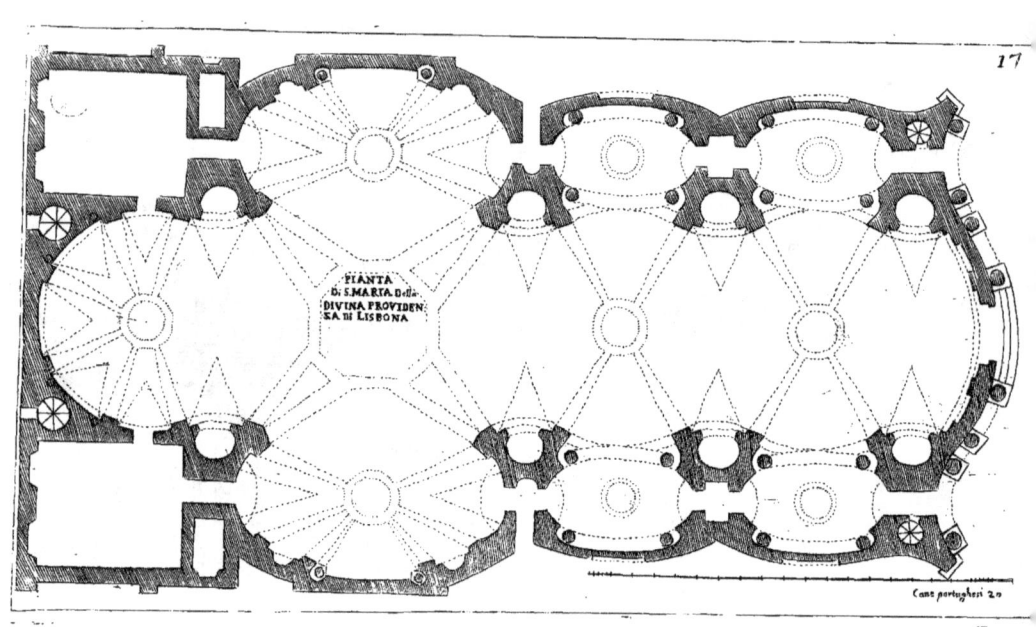

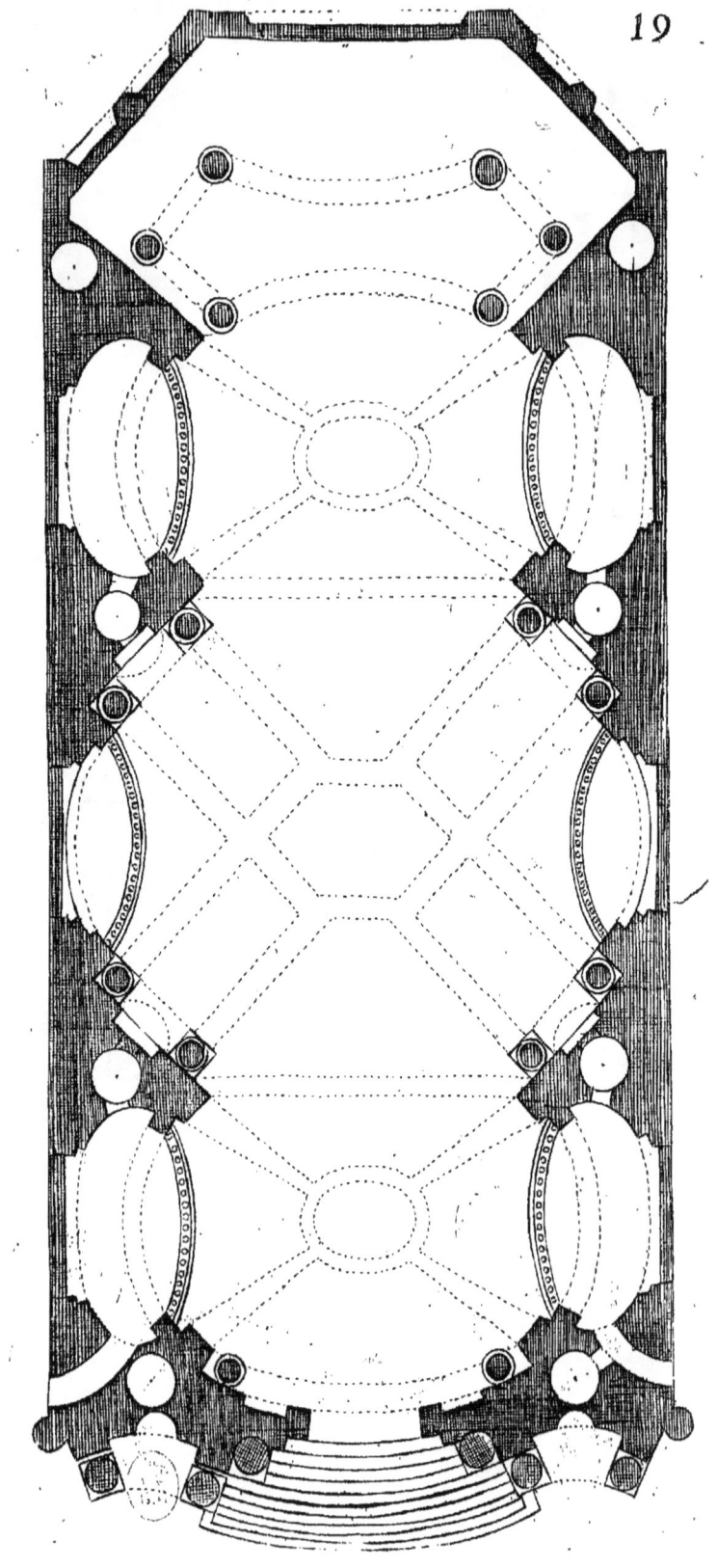
19

20

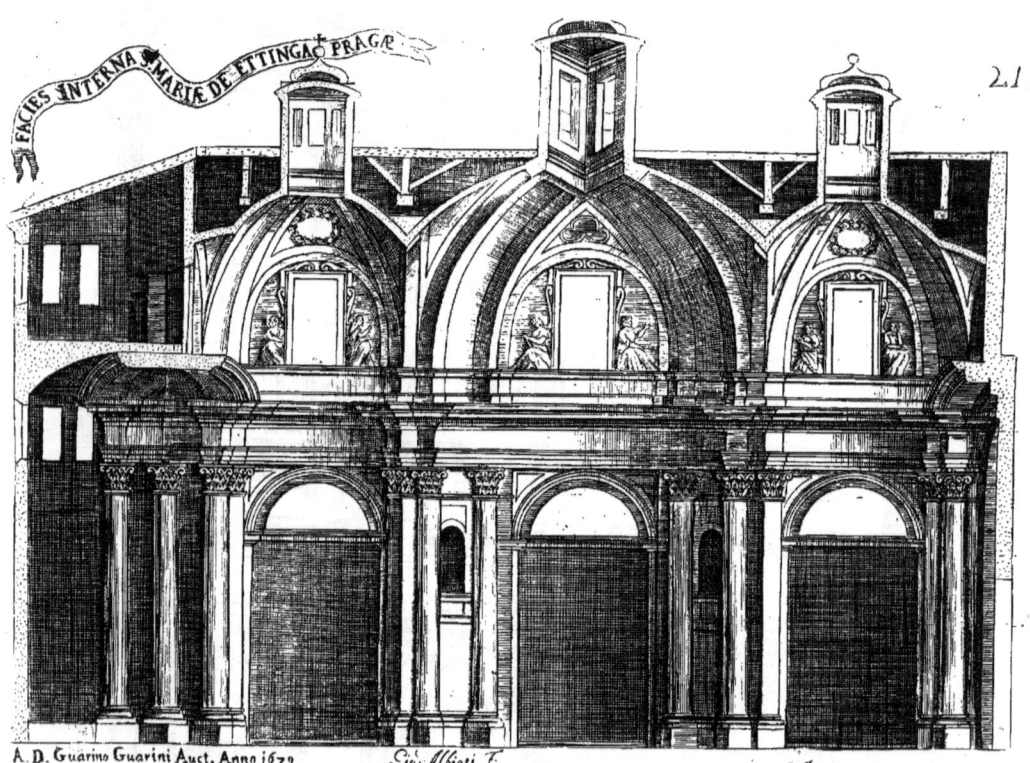

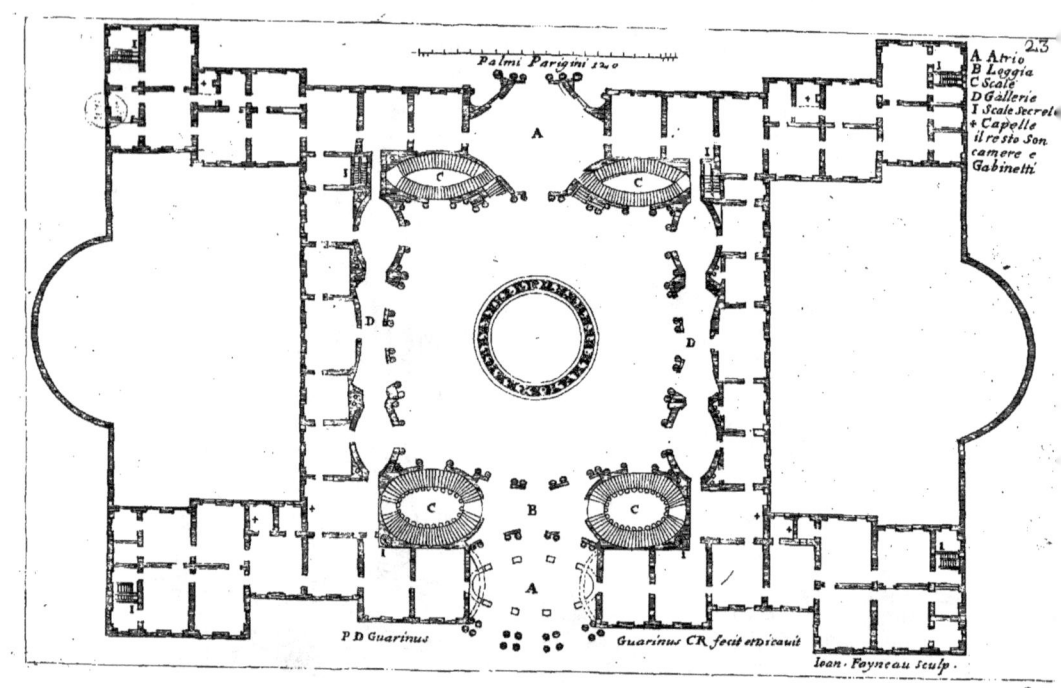

25
Cupula di fuori
Alzato sopra la pianta A
A
A
CVPVLA DI S. FILI
CASALE

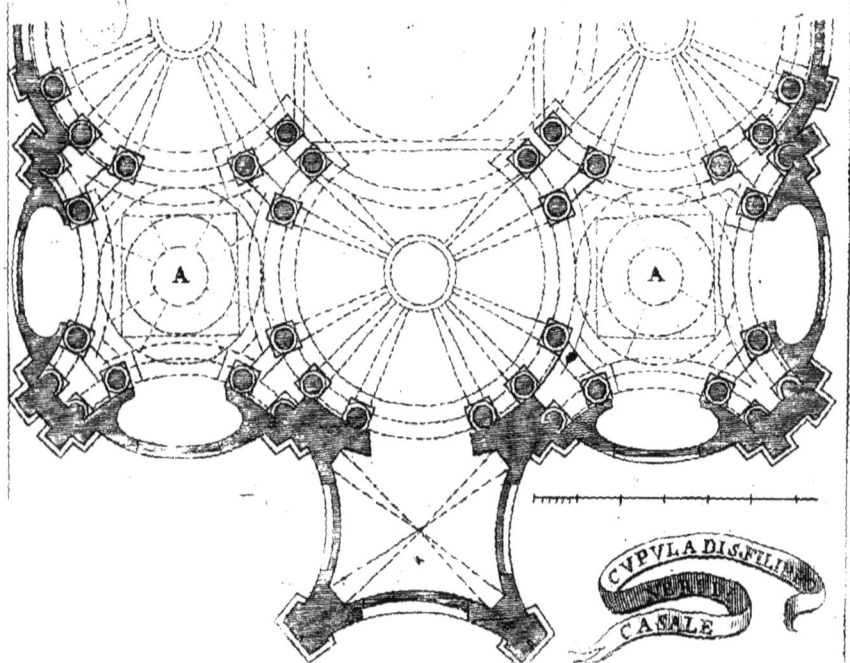

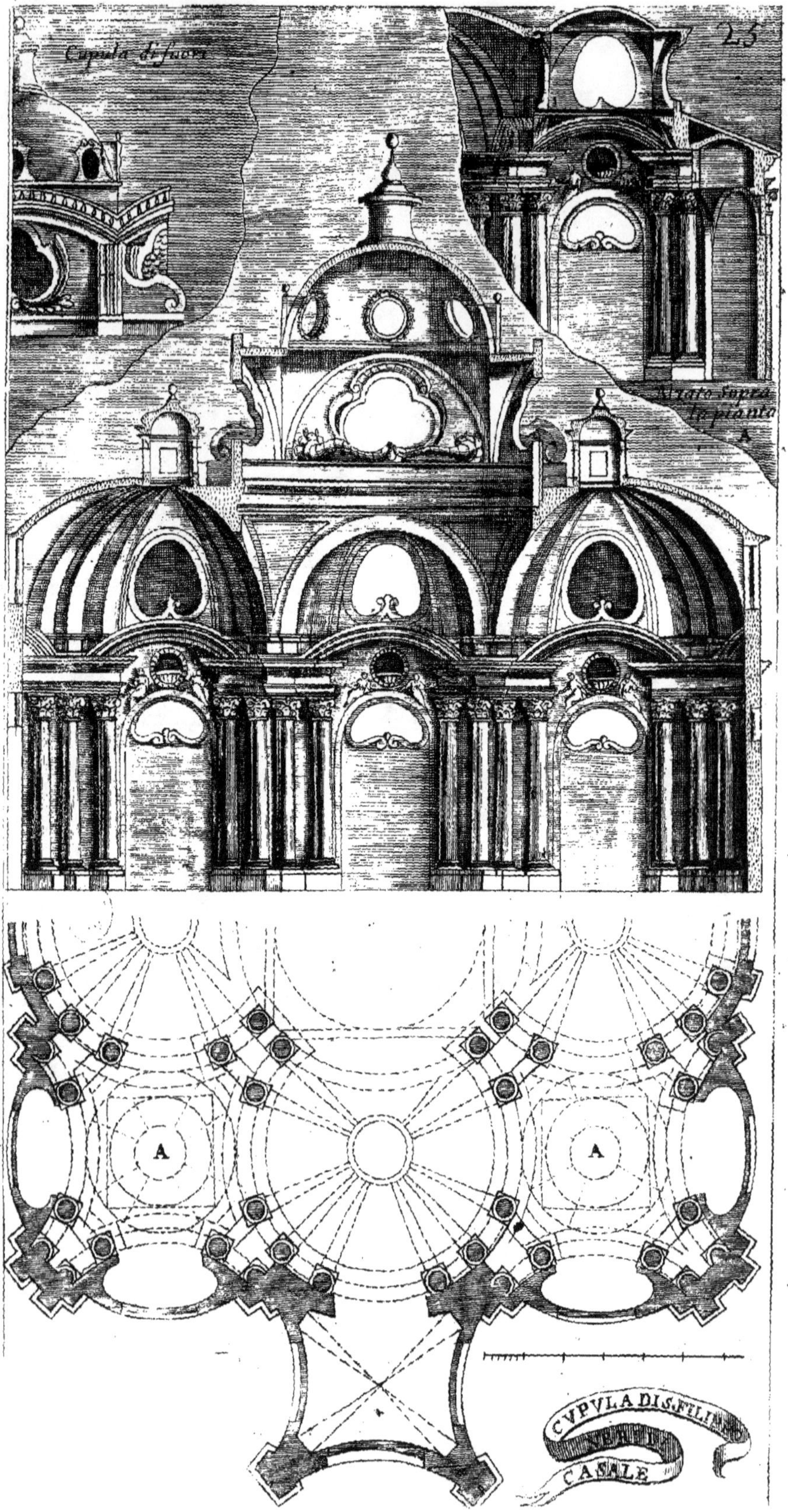

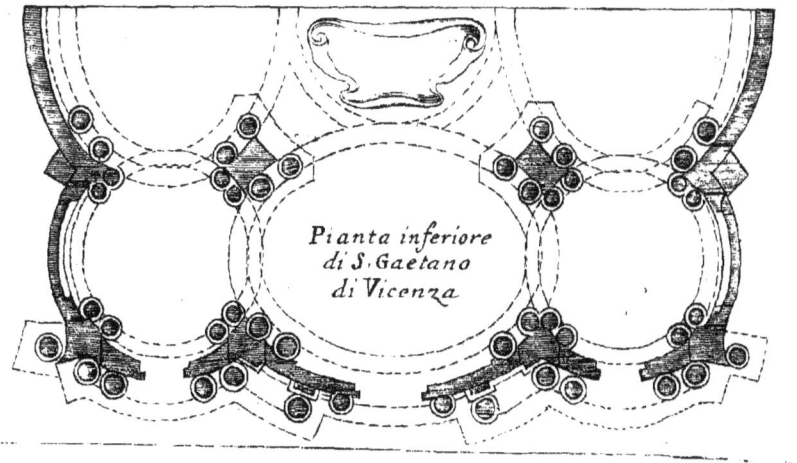

Alzata interno di S. Gaetano di Vicenza inuentata da
D. Guarino Guarini C.R.

Pianta inferiore
di S. Gaetano
di Vicenza

Canē 8 ō uero Palmi Messinesi 64

FACCIATA DELLA S. NVNTIATA DI MESSINA

FACCIA ESTERNA DE PP S OMAS DI MESSINA

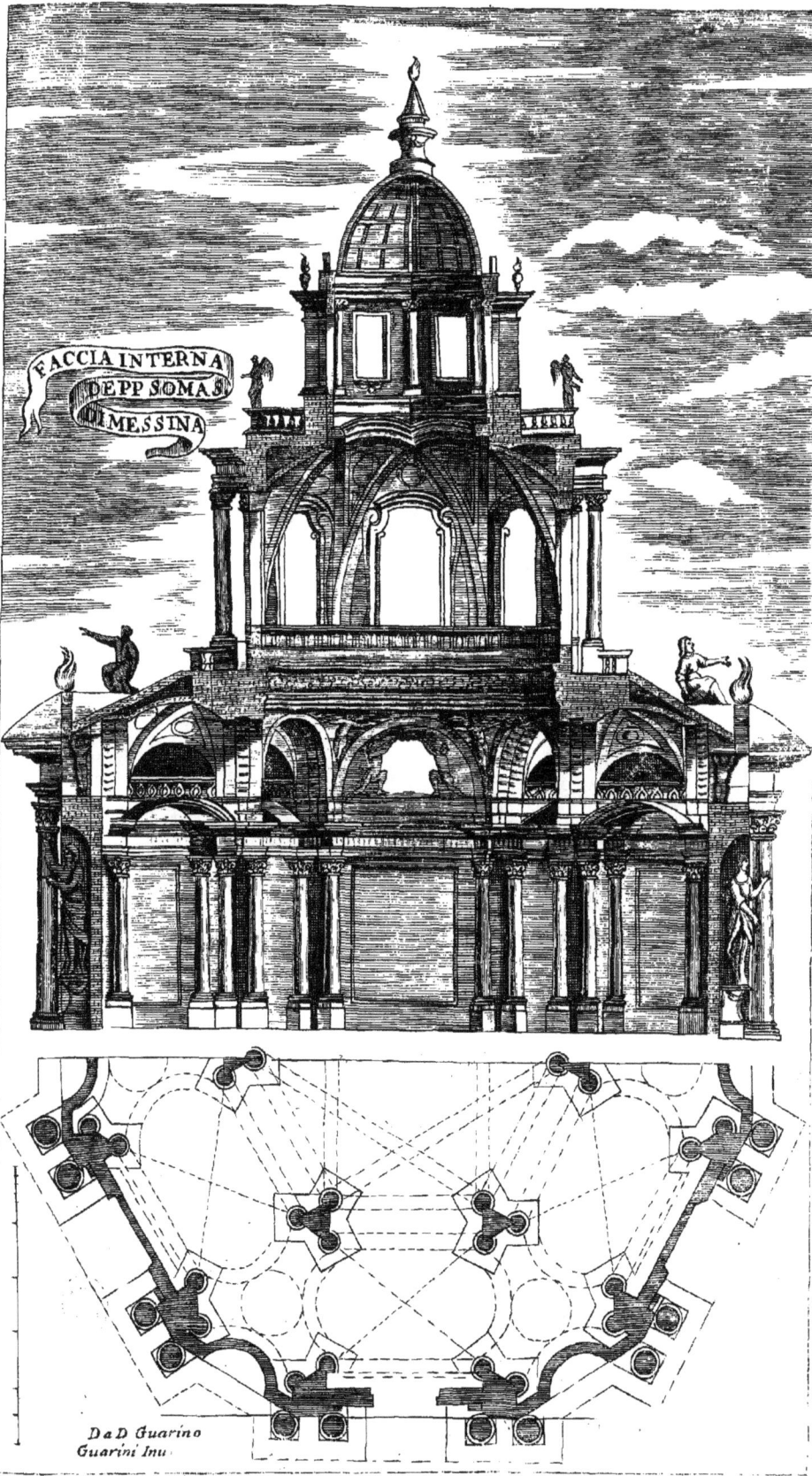

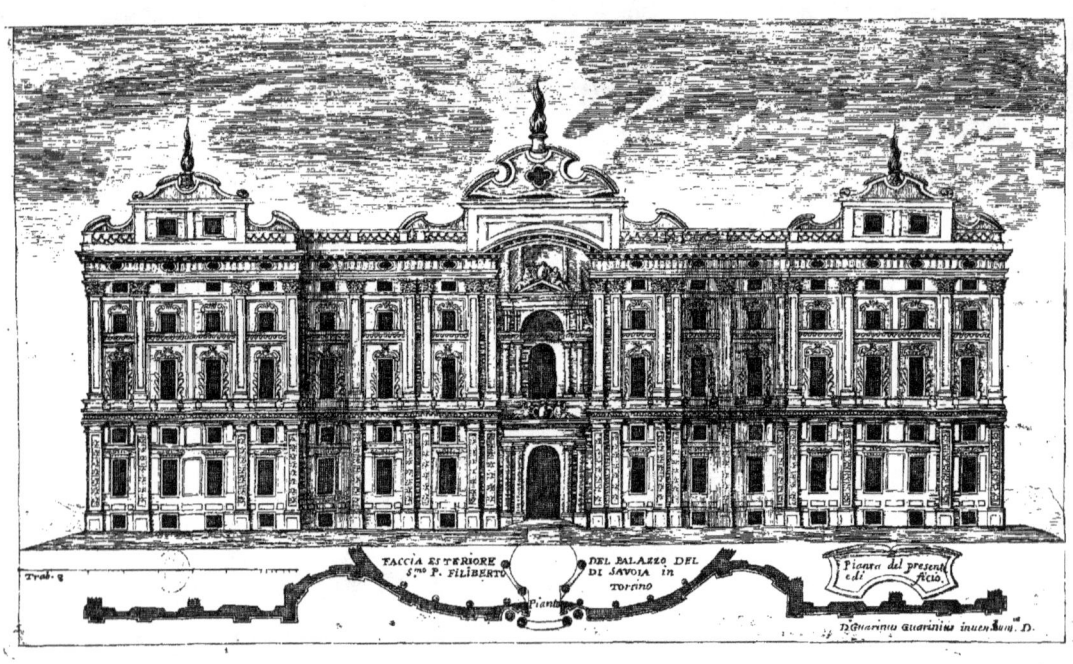

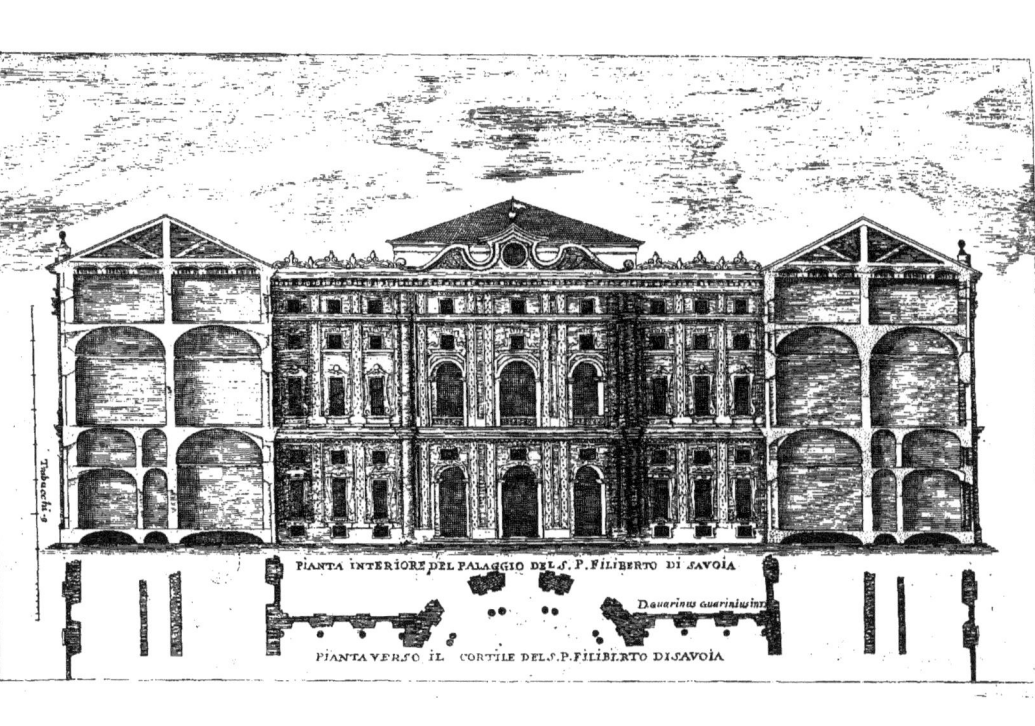

PIANTA INTERIORE DEL PALAGGIO DEL S. P. FILIBERTO DI SAVOIA

PIANTA VERSO IL CORTILE DEL S. P. FILIBERTO DI SAVOIA

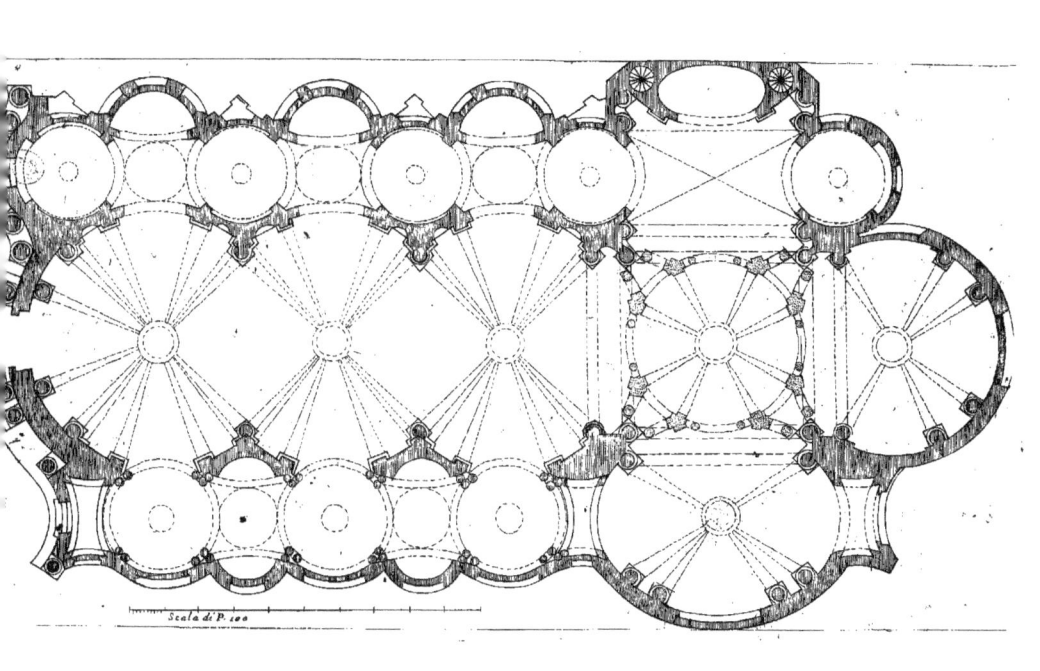

www.ingramcontent.com/pod-product-compliance
Lightning Source LLC
Chambersburg PA
CBHW050432170426
43201CB00008B/643